U0916135

北京市金融年鉴

2023

ALMANAC
OF BEIJING FINANCE
AND BANKING

《北京市金融年鉴》编辑部

（总第37卷）

中国金融出版社

责任编辑：王慧荣
责任校对：孙　蕊
责任印制：陈晓川

图书在版编目（CIP）数据

北京市金融年鉴．2023/《北京市金融年鉴》编辑部编著．—北京：中国金融出版社，2023.12

ISBN 978-7-5220-2270-3

Ⅰ.①北… Ⅱ.①北… Ⅲ.①金融事业—北京—2023—年鉴 Ⅳ.①F832.71-54

中国国家版本馆CIP数据核字（2023）第256186号

北京市金融年鉴2023
BEIJING SHI JINRONG NIANJIAN 2023

出版发行 中国金融出版社
社址 北京市丰台区益泽路2号
市场开发部 (010)66024766，63805472，63439533（传真）
网上书店 www.cfph.cn
(010)66024766，63372837（传真）
读者服务部 (010)66070833，62568380
邮编 100071
经销 新华书店
印刷 河北松源印刷有限公司
尺寸 185毫米×260毫米
印张 39
插页 12
字数 815千
版次 2023年12月第1版
印次 2023年12月第1次印刷
定价 125.00元
ISBN 978-7-5220-2270-3

（内部发行）

2022年8月29日，中国人民银行营业管理部召开冬奥金融服务总结表彰大会。

2022年10月30日，京津冀协调机制会议召开，就京津冀交通一体化贷款进行签约。

2022年10月28日，中国银监会北京监管局党委书记、局长李明肖出席“中关村科创金融服务中心”揭牌仪式。

2022年11月1日，北京举行“北京普惠健康保”发布会，中国银保监会北京监管局局长李明肖致辞。

2022年1月25日，中国证监会北京监管局组织召开北京辖区上市公司2021年年报监管工作会。

2022年9月16日，资本市场金融科技创新试点(北京)总结暨第二批试点动员大会在新动力金融科技中心召开。

2022年9月2日，《"两区"建设绿色金融改革开放发展行动方案》发布仪式举行。

2022年中国国际服务贸易交易会期间，中国农业发展银行北京分行与北京建工集团签署战略合作框架协议。

2022年8月19日，中国进出口银行北京分行行长刘宏彦一行赴瑞钢联集团有限公司调研。

2022年7月20日，中国工商银行北京市分行举办"兴农通"农村普惠金融服务点揭牌暨合作签约仪式。

中国农业银行北京市分行门头沟支行揭牌成立。

中国银行北京市分行作为2022年冬奥会和冬残奥会官方合作伙伴，实现"零感染、零事故、零差错"。

2022年6月30日，中国建设银行北京市分行在隆福文化中心与北京市国有资产经营有限公司签署战略合作协议。双方同意在城市更新、住房租赁、科创金融、不良资产处置、信息化建设、金融创新等方面深化合作，助力首都“五子联动”。

2022年8月31日至9月5日，交通银行北京市分行以“绿融新交行、智创新未来”为主题参加2022年中国国际服务贸易交易会。

2022年8月，浦发银行北京分行参加2022年中国国际服务贸易交易会。

平安银行北京银行开展“平安是福”重阳敬老爱老特色公益活动。

2022年，广发银行北京分行信用卡部成立“美食大队”，以“广发饭票”的形式支持餐饮企业复工复产。

2022年8月31日，兴业银行北京分行携兴业银行数字人民币钱包首次亮相中国国际服务贸易交易会。

2022年，中国民生银行北京分行积极探索乡村金融服务新模式，以金融力量助推滑县农村发展、农民致富，全力推进乡村振兴。

2022年9月17日，中信银行北京分行组织开展“喜迎二十大，忆赶考初心”参观见学活动。

2022年1月25日，中国光大银行北京分行在虎年春节前夕组织开展“新春送福”系列关爱活动。

2022年9月2日，浙商银行北京分行来到丰收中心小学，给孩子们带来一场特殊的人民币知识“班会课”。

2022年4月26日，北京银行在世界知识产权日当天发布科创金融线上产品“科企贷”并与知识产权出版社签署战略合作协议。

共庆奥运，天津银行北京分行女职工开展冰墩墩手工制作活动。

2022年4月19日，大连银行北京丰台支行举行乔迁开业仪式。

2022年8月27日，杭州银行北京分行受邀参加2022第七届金融科技论坛并获“科技创新”优秀案例。

2022年2月21日，盛京银行与大兴区人民政府在大兴区营商中心正式签署全面战略合作协议。

2022年7月18日，上海银行北京分行出席2022年驻华外交官“发现中国之旅”启动仪式，并向与会嘉宾展示了专为短期入境游客打造的移动支付产品“旅行通卡”，邀请驻华外交官现场体验开卡。

2022年5月18日，江苏银行北京分行向朝阳区慈善协会捐赠现金20万元。

2022年，徽商银行北京分行消费者权益保护部通过“金融知识普及月”活动，运用线上与线下相结合的形式，以“漫画+案例”的宣传内容，向老年人群体讲解各类电信诈骗套路，增强老年客户的风险防范意识。

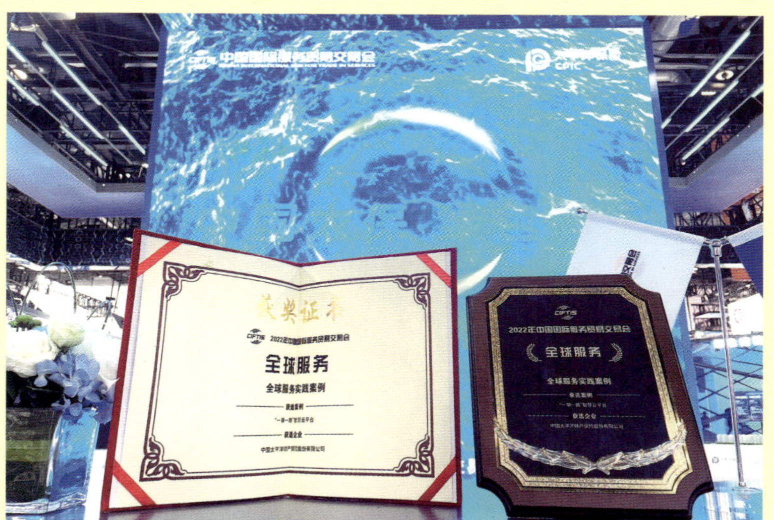

2022年9月3日，太平洋产险北京分公司“一带一路”智慧云平台项目获得2022年中国国际服务贸易交易会“全球服务实践案例”荣誉。

2022年4月，北京农商银行与北京微芯区块链与边缘算计研究院签署战略合作协议，加快数字化转型步伐，加大金融科技应用，全力服务首都经济社会发展。

2022年9月23日，中国邮政储蓄银行联合美团在京举行首发仪式，推出“邮储美团新市民主题骑手借记卡”。

2022年12月22日，中国银联北京分公司参与承办的首届“冬至团圆节”在北京市朝阳大悦城开幕。

2022年9月3日， 平安产险北京分公司开展乡村文明100行动——平谷站。

2022年9月23日，华泰产险北京分公司党委与中再集团基层党支部、中再产险、华泰经纪党支部开展共建活动。

2022年9月15日，太平财险北京分公司举办2022年政企条线职工职业技能竞赛决赛。

2022年，中华财险北京分公司承保全市小麦种植人工及地租成本保险（商业险）第一单。

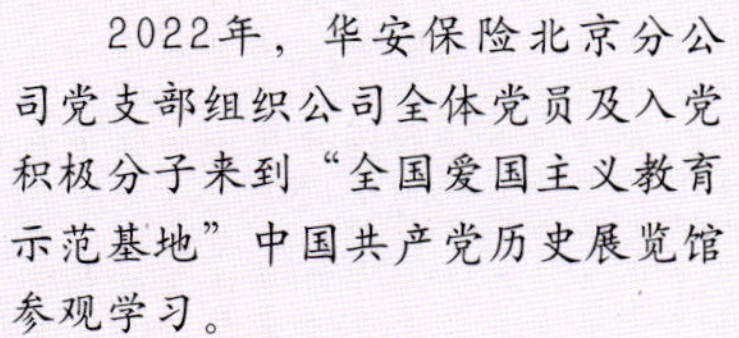

2022年，华安保险北京分公司党支部组织公司全体党员及入党积极分子来到“全国爱国主义教育示范基地”中国共产党历史展览馆参观学习。

2022年7月5日，天安财险北京分公司进行公益宣传活动。

2022年8月31日，中国大地保险北京分公司与中建英大保险经纪有限公司举办总对总业务合作协议签约仪式。

2022年7月17日，太平人寿北京分公司客户节开幕式。

2022年6月28日，民生人寿北京分公司组织开展无偿献血公益活动。

2022年12月，北京国际信托有限公司荣获由《上海证券报》主办的第十五届“诚信托”财富管理品牌奖。

2022年4月13日，北京银行与中国国际金融股份有限公司签署战略合作协议。

2022年6月，浙商银行北京城市副中心分行为通州区卫生健康委员会捐赠价值5万元的抗疫物资。

2022年9月9日，交通银行北京市分行作为“北京新消费品牌孵化创新论坛”独家金融机构合作方，参加北京新消费品牌联盟启动仪式。

北京冬奥会（冬残奥会）期间，中国银行北京市分行受北京冬奥组委邀请，在人民银行货币金银局、数字货币研究所、营业管理部等单位的指导支持下，在国家体育场以数字人民币服务台为依托，提供数字人民币应用与展示服务，让观众在享受开闭幕式视听盛宴的同时，也能感受到中国金融科技创新带来的安全、绿色、便捷的支付体验。

《北京市金融年鉴》编辑委员会

《北京市金融年鉴》编辑部

编辑说明

一、《北京市金融年鉴》是北京市金融行业年鉴，是全面反映北京市金融运行、发展情况的资料性工具书。由中国人民银行营业管理部、中国银行保险监督管理委员会北京监管局、中国证券监督管理委员会北京监管局、北京市地方金融监督管理局、120 多家金融机构以及 10 余家协会、商会、学会、工会共同参与编写，自 1987 年起连年出版，本卷为总第 37 卷。

二、本卷记录的是 2022 年北京市金融业运行与发展情况、重大事件、活动及各金融机构贯彻执行国家金融政策，依法合规经营，防范和化解金融风险，改善金融服务，助力首都经济社会发展等所做的工作和面临的问题。

三、本卷所有文稿、资料均经过各供稿单位相关领导审阅，保证了收录内容的权威性和准确性。

四、本卷收录的金融统计资料由中国人民银行营业管理部、中国银行保险监督管理委员会北京监管局、中国证券监督管理委员会北京监管局提供。请在使用时注意统计口径的差别和适用范围。

五、本卷文稿中“当年”“年内”“全年”“截至年末”均指 2022 年，“上年”指 2021 年；未作特别说明之处，币种均为人民币。

六、本卷对各金融机构的排列顺序名次无高低之分。

七、本卷在编辑过程中得到北京市各金融监管部门、金融机构、协会、商会、学会、工会的大力支持，在此深表谢意。由于编辑水平有限，书中难免有缺陷和疏漏之处，诚请广大读者批评指正。

《北京市金融年鉴》编辑部

2023 年 12 月

目　录

一、形势综述

二、市场运行

三、发展与监管

四、服务与管理

五、机构业务综述

金融管理机构

金融机构

六、文件与规章

七、专题与调研

八、统计资料

（一）金融业务综合统计

（二）机构、人员统计

九、大事记

十、附　　录

（一）北京市金融机构名录

(二) 机构简介

(三) 协会、商会、学会、工会活动简介

（四）2022 年度北京市金融系统先进集体、先进个人名录

一、形势综述

北京市金融运行报告（2023）

中国人民银行营业管理部　货币政策分析小组

一、金融运行情况

2022年，面对复杂多变的外部环境、国内经济发展“三重压力”以及超预期因素影响，北京市金融业担当作为、充足发力，加大稳健的货币政策落实力度，社会融资规模保持合理增长，信贷“量增、价降、结构优”，为稳定首都经济基本盘和助企纾困提供有力支持。

（一）银行业整体稳健，信贷“量增、价降、结构优”

1. 资产规模稳步增长，从业人数有所增加

2022年末，北京市银行业金融机构资产总额31.9万亿元，同比增长6.4%；累计实现利润2 213亿元，同比下降0.6%，降幅较上年扩大0.1个百分点；营业网点和法人机构数量分别为4 435家和124家，从业人数同比增长2.4%。

表1　2022年北京市银行业金融机构情况

机构类别	营业网点			法人机构（家）
	机构个数（家）	从业人数（人）	资产总额（亿元）	
一、大型商业银行	1 705	52 447	18 387	—
二、国家开发银行和政策性银行	18	904	121 312	—
三、股份制商业银行	862	27 909	66 539	—
四、城市商业银行	404	14 752	35 357	1
五、城市信用社	—	—	—	—
六、小型农村金融机构	618	9 212	11 193	1
七、财务公司	76	5 563	48 642	74
八、信托公司	12	4 189	2 006	12
九、邮政储蓄银行	566	3 520	4 413	—
十、外资银行	110	4 026	3 785	9
十一、新型农村金融机构	43	812	311	11
十二、其他	21	4 277	6 714	16
合　计	4 435	127 611	318 659	124

注：营业网点机构数据不包括国家开发银行和政策性银行、大型商业银行、股份制银行金融机构总部；大型商业银行包括中国工商银行、中国农业银行、中国银行、中国建设银行和交通银行；小型农村金融机构指农村商业银行；新型农村金融机构指村镇银行；“其他”包含金融租赁公司、汽车金融公司、货币经纪公司、消费金融公司、民营银行等。

数据来源：中国银行保险监督管理委员会北京监管局。

2. 存款增速稳中趋升，住户存款和非银行业金融机构存款是主要支撑

2022年末，北京市金融机构本外币各项存款余额21.9万亿元，同比增长9.5%，较上年末高3.3个百分点，较年初增加1.9万亿元，同比多增7 239亿元。人民币存款余额21.2万亿元，同比增长10.6%，较上年末高4.5个百分点，其中，住户存款和非银行业金融机构存款是主要支撑因素，同比分别增长20.6%、

15.9%，较上年末分别高 10.6 个、8.1 个百分点。

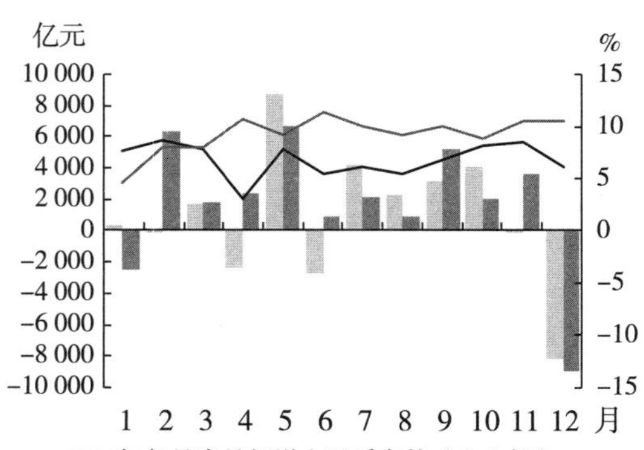

图 1　2021—2022 年北京市金融机构人民币存款增长情况

（数据来源：中国人民银行营业管理部）

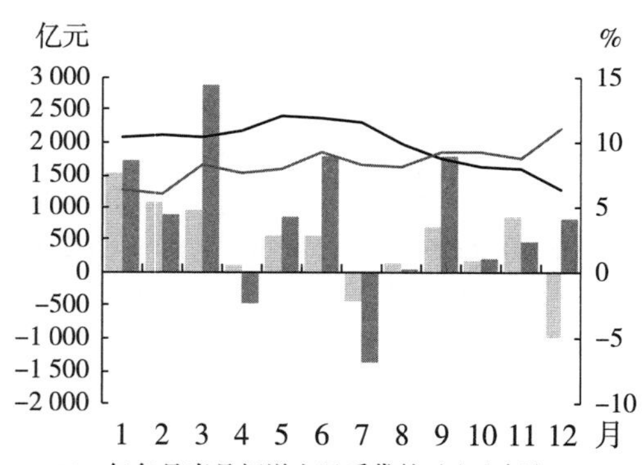

图 2　2021—2022 年北京市金融机构人民币贷款增长情况

（数据来源：中国人民银行营业管理部）

3. 贷款较快增长，新增贷款创历史新高

2022 年末，北京市金融机构本外币

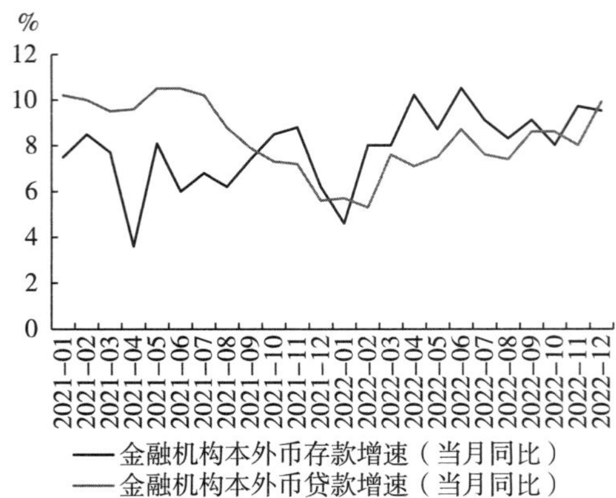

图 3　2021—2022 年北京市金融机构本外币存、贷款增长情况

（数据来源：中国人民银行营业管理部）

各项贷款余额 9.8 万亿元，同比增长 9.9%，比年初增加 8 787 亿元。人民币各项贷款余额 9.5 万亿元，同比增长 10.9%，比年初增加 9 419 亿元，创历史新高。企（事）业单位人民币贷款同比增长 11.2%，其中，企业中长期贷款同比增长 14.7%，全年新增额首次超过 5 000亿元，金融对实体经济中长期投资的支持力度明显加大；住户人民币贷款余额同比增长 8.2%。

4. 发挥货币政策工具总量和结构双重功能，切实服务实体经济

2022 年，累计发放再贷款再贴现资金超过 1 500 亿元，同比增长 20%。持续完善货币政策工具产品体系，实现对民营小微企业以及绿色低碳、科技创新、文化产业等重点领域精准支持约 520 亿元，推动通过普惠小微贷款支持工具和普惠小微贷款阶段性减息支持工具提供激励资金 12 亿元，引导地方法人银行对受疫情影响较大的经营主体加大支持力度。

5. 引导信贷资源聚焦重点领域和薄弱环节，信贷结构进一步优化

牵头出台《金融服务科技创新、“专精特新”中小企业健康发展若干措施》，推动金融支持科技创新发展。中关村科创金融改革试验区创建取得积极进展。牵头出台《金融支持北京市全面推进乡村振兴的实施意见》，联合成立中国·平谷农业中关村金融合作联席会议机制。与北京市生态环境局签署《关于绿色发展与金融支持合作备忘录》，绿色项目库落地启动，推动在京金融机构环境信息披露等取得突破。2022 年，北京市高新技术产业贷款同比增长 55.3%，制造业中长期贷款余额同比增长 48.5%，涉农贷款余额同比增长 19.4%，绿色贷款同比增长 36.4%，文化企业贷款有贷户数同比增长 20.3%。

6. 利率市场化改革红利持续释放，实体经济综合融资成本明显下降

2022 年 12 月，北京市金融机构一般贷款、企业贷款、普惠小微贷款加权平均利率分别为 3.55%、3.09%、4.22%，同比分别下降 52 个、67 个、59 个基点，均创历史新低。2022 年，北京金融业通过利率下行向市场主体让利超过 400 亿元。

表 2　2022 年北京市金融机构人民币贷款各利率区间占比　　单位：%

月份		1	2	3	4	5	6
合计		100.0	100.0	100.0	100.0	100.0	100.0
LPR 减点		60.0	61.2	61.6	58.4	61.3	65.4
LPR		5.9	6.4	5.6	5.5	5.3	4.8
LPR 加点	小计	34.1	32.5	32.8	36.1	33.4	29.8
	（LPR，LPR +0.5%）	11.1	12.5	11.7	14.4	15.1	10.2
	[LPR +0.5%，LPR +1.5%）	11.8	10.8	11.1	11.0	9.3	10.8
	[LPR +1.5%，LPR +3%）	3.9	3.1	4.1	3.8	3.2	3.1
	[LPR +3%，LPR +5%）	5.2	3.7	3.6	4.2	3.4	3.1
	LPR +5% 及以上	2.1	2.4	2.3	2.8	2.4	2.6
月份		7	8	9	10	11	12
合计		100.0	100.0	100.0	100.0	100.0	100.0
LPR 减点		61.2	60.2	62.4	63.4	64.7	74.4
LPR		3.7	1.9	2.8	2.4	2.4	2.9
LPR 加点	小计	35.1	37.9	34.8	34.2	32.9	22.7
	（LPR，LPR +0.5%）	13.3	11.1	12.2	9.0	10.6	7.7
	[LPR +0.5%，LPR +1.5%）	11.1	13.8	12.4	12.4	11.9	8.0
	[LPR +1.5%，LPR +3%）	3.7	4.2	3.4	4.1	3.3	2.3
	[LPR +3%，LPR +5%）	3.4	6.0	4.4	5.6	4.7	2.3
	LPR +5% 及以上	3.4	2.7	2.3	3.1	2.5	2.4

数据来源：中国人民银行营业管理部。

7. 不良贷款率微升，法人银行风险抵补能力充足

2022 年末，北京市银行业金融机构不良贷款率 0.78%，较年初上升 0.1 个百分点，较全国平均水平低 0.9 个百分点。北京市法人银行拨备覆盖率为 222.3%，高出全国平均水平 16.4 个百分点，风险抵补能力充足。

8. 跨境人民币业务快速增长

2022 年，北京市跨境人民币结算 8.5 万亿元，同比增长 13.6%，业务笔数超过 25 万笔。跨境人民币收付涉及的国家和地区已达 221 个。经常项目人民币收付 1.4 万亿元，资本与金融项目人民币收付 7.1 万亿元。截至 2022 年末，已有 121 家跨国企业集团开展跨境双向人民币资金池业务，累计归集跨境收入 9 231 亿元，跨境支出 9 405 亿元；银行已累计开立人民币同业往来账户 880 个，为非居民机构开立人民币结算账户 1 737 个。

专栏1　结构性货币政策工具精准发力
助力稳住首都经济大盘和经济高质量发展

中国人民银行营业管理部坚决贯彻党中央、国务院决策部署，认真落实中国人民银行总行工作要求，聚焦新发展阶段的重点任务，充分发挥货币政策工具总量和结构双重功能，强化对首都经济发展重点领域和薄弱环节的支持力度，为稳住首都经济大盘和高质量发展提供了有力支撑。

一是支农支小再贷款和再贴现资金加量投放，更好发挥精准滴灌作用。2022 年，发放再贷款、再贴现资金超过 1 500 亿元，同比增长 20%，支持市场主体 4 万户。为提升央行资金精准支持作用，建立并持续完善“融”“通”系列专项再贷款、专项再贴现工具，实现对绿色低碳、科技创新、文化产业、乡村振兴等重点领域经营主体资金精准支持约 520 亿元。

二是创新性结构性工具资金直达小微市场主体，“稳预期、强信心”成效显著。2022 年，普惠小微贷款支持工具和普惠小微贷款阶段性减息支持工具两项创新型政策先后出台，旨在强化激励相容，引导地方法人金融机构加大对小微民营企业、个体工商户和小微企业主的支持力度，有效助企纾困、促进实体经济发展。政策有效落地，发放激励资金超过 12 亿元，有效促进北京市普惠小微贷款量增、面扩、价降。2022 年末，北京市普惠小微企业贷款余额 7 783 亿元，同比增长 22%，支持小微经营主体 75 万户；12 月，北京市普惠小微企业贷款加权平均利率降至 4.22%，同比下降 59 个基点。

三是重点领域结构性货币政策工具加速落地，有效发挥杠杆撬动作用。与相关部门通力合作，畅通政银企对接，加强对金融机构的组织和辅导，积极推动碳减排支持工具、煤炭清洁高效利用专项再贷款以及科技创新、交通物流、设备更新改造专项再贷款等在京快速落地，对超过 700 亿元银行贷款提供支持。通过政策性、开发性金融工具及配套融资为北京市基础设施建设和重大项目提供资金支持。

下一阶段，中国人民银行营业管理部将坚持以习近平新时代中国特色社会主义思想为指导，深入学习贯彻党的二十大和中央经济工作会议精神，按照党中央、国务院决策部署，持续提升金融服务实体经济水平，继续发挥结构性货币政策引导作用，加强货币政策与财政政策、产业政策的积极配合，引导金融机构加大对普惠小微、科技创新、绿色低碳等领域的金融支持，为首都经济高质量发展持续贡献金融力量。

（二）证券业稳健发展，上市公司市值规模占比提升

1. 证券机构有序发展，资产规模稳步增长

2022 年末，北京市法人证券公司 18 家，资产规模 1.7 万亿元，同比增长 8.8%，全年实现营业收入 617 亿元，同比下降 13.6%。法人期货公司 19 家，资产规模 1 888 亿元，同比增长 15.6%，全年实现营业收入 51 亿元，同比减少 17.9%。总部设在北京的基金管理公司 36 家，资产规模 825 亿元；公募基金管理资产净值 5.5 万亿元，同比增长 1.8%。

表 3　2022 年北京市证券业基本情况

项　　目	数量
总部设在辖内的证券公司数（家）	18
总部设在辖内的基金公司数（家）	36
总部设在辖内的期货公司数（家）	19
年末国内上市公司数（家）	460
当年国内股票（A 股）筹资（亿元）	2 179
当年发行 H 股筹资（亿元）	150
当年国内债券筹资（亿元）	28 025
其中：短期融资券筹资额（亿元）	13 053
中期票据筹资额（亿元）	7 377

注：证券公司家数为法人机构数量，国内股票（A 股）筹资额包含金融企业 A 股筹资；当年国内债券筹资包含交易所市场发行的公司债、资产支持证券、可转债、可交换债以及银行间市场发行的短期融资券、中期票据、企业债。

数据来源：中国证券监督管理委员会北京监管局。

2. 直接融资规模下降，市值规模占比提升

2022 年，北京市各类企业利用多层次资本市场实现直接融资 9 933 亿元，同比下降 22.7%。其中，IPO 公司 41 家，募集资金 1 434 亿元，同比增长 45%；上市公司定向增发 134 家次，募集资金 745 亿元；通过沪深交易所发行公司债（含 ABS）7 588亿元，同比下降 23.5%。截至 2022 年末，北京市共有上市公司 460 家，总市值 15.5 万亿元，占 A 股上市公司总市值的 19.7%，占比较上年上升 2.1 个百分点。2022 年以来新增境内上市公司 43 家。

3. 北京证券交易所和新三板一体化发展

2022 年末，北京证券交易所上市公司 162 家，全年新增 83 家，总市值 2 110 亿元；全国中小企业股份转让系统（新三板）挂牌公司 6 580 家，其中创新层公司1 658家，全年新增挂牌公司 270 家，同比增长 197%。2022 年，两市场累计发行融资 399 亿元，同比上升 42%；北京证券交易所累计服务政府债券发行 9 502 亿元。经过多项改革创新，北京证券交易所、新三板市场结构功能进一步完备，运行质量显著改善，一体化发展格局稳步推进。

（三）保险保障功能不断增强，改革转型持续发力

1. 保险业务平稳增长

2022 年末，北京市保险业资产总规

模 1.5 万亿元，较年初增长 14.2%。全年累计实现原保险保费收入 2 758 亿元，同比增长 9.2%。北京辖区共有法人保险公司 22 家，其中，财产险公司 6 家，人身险公司 16 家。

表 4　2022 年北京市保险业基本情况

项　　目	数量
总部设在辖内的保险公司数（家）	22
其中：财产险经营主体（家）	6
人身险经营主体（家）	16
保险公司分支机构（家）	116
其中：财产险公司分支机构（家）	49
人身险公司分支机构（家）	67
保费收入（中外资，亿元）	2 758
其中：财产险保费收入（中外资，亿元）	544
人身险保费收入（中外资，亿元）	2 215
各类赔款给付（中外资，亿元）	776

数据来源：中国银行保险监督管理委员会北京监管局。

2. 保险保障能力不断增强

2022 年，北京市保险业承担风险保障 2 558.3 万亿元；累计赔付支出 776 亿元，同比下降 7.5%；寿险和长期健康险准备金 9 556 亿元，同比增长 17.0%。扩大“北京普惠健康保”参保人群至新市民群体，专属养老保险试点投保人数达 5.7 万人次。

3. 改革发展持续推进

财产险公司提质增效，车险综合改革成效显现。2022 年，北京市财产险公司综合费用率 29.3%，同比下降 2.2 个百分点；承保利润率 2.7%，同比上升 1.3 个百分点。车险商业三者险平均保额较改革前提高 87.5 万元，综合成本率低于全国平均水平。人身险公司保障型业务转型明显，2022 年末，普通型人身险业务同比增长 24.6%，人身险业务新单期交率达 63.7%，同比上升 1.6 个百分点。

（四）社会融资规模合理增长，信贷对实体经济支持力度显著加强

1. 社会融资规模稳步增加，人民币贷款发挥重要支撑作用

2022 年，北京地区社会融资规模增加 1.1 万亿元。从结构上看，人民币贷款新增 8 976 亿元，占地区社会融资增量的 78.5%；兑付高峰影响下的企业债券净融资 35 亿元，非金融企业境内股票融资 1 868 亿元，地方政府债 1 795 亿元，三项合计占比 32.3%；存款类金融机构资产支持证券净融资减少较多导致“其他”项减少 375 亿元；委托贷款、信托贷款和未贴现的银行承兑汇票共减少 318 亿元。

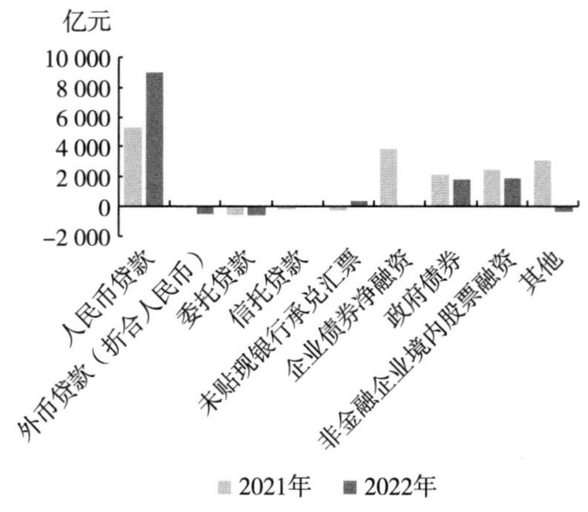

图 4　2021—2022 年北京地区社会融资分布结构

（数据来源：中国人民银行营业管理部）

2. 票据市场运行平稳，票据贴现利率大幅走低

2022 年北京市累计承兑商业汇票 1.4 万亿元，同比增长 8.5%，其中，银行承兑汇票承兑量同比增长 11.6%，商业承

兑汇票承兑量同比增长2.2%；票据贴现额累计4.6万亿元，同比增长22.8%。12月，银行承兑汇票直贴利率同比下降89个基点至1.5%，商业承兑汇票直贴利率同比下降106个基点至2.9%；票据转贴利率下行43个基点至1.5%。

表5　2022年北京市金融机构票据业务量统计

单位：亿元

季度	银行承兑汇票承兑		贴现			
			银行承兑汇票		商业承兑汇票	
	余额	累计发生额	余额	累计发生额	余额	累计发生额
一	4 544.5	2 014.2	6 410.5	10 510.3	1 053.4	1 456.9
二	4 764.9	4 432.4	7 188.5	22 138.1	896.8	2 341.5
三	4 994.7	6 784.3	7 221.1	32 260.1	776.4	2 878.3
四	5 140.1	9 382.0	6 742.1	42 848.9	596.4	3 265.6

数据来源：中国人民银行营业管理部。

表6　2022年北京市金融机构票据贴现、转贴现加权平均利率

单位：%

季度	贴现		转贴现	
	银行承兑汇票	商业承兑汇票	票据买断	票据回购
一	2.44	3.58	2.32	2.17
二	1.84	3.00	1.63	1.69
三	1.71	2.97	1.48	1.83
四	1.59	2.92	1.40	1.93

数据来源：中国人民银行营业管理部。

专栏2　深化绿色金融改革创新　助力首都经济高质量发展

中国人民银行营业管理部坚决贯彻落实党中央、国务院决策部署，把做好金融支持经济绿色转型工作作为贯彻习近平生态文明思想、践行新发展理念的具体行动和重要举措，大力推动北京绿色金融体系建设，支持绿色低碳高质量发展。截至2022年末，北京市本外币绿色贷款余额1.5万亿元，同比增长36.4%；2022年全年北京市非金融企业累计发行绿色债券超过1 900亿元。

一是绿色金融政策合力不断加强。积极利用北京市国家服务业扩大开放综合示范区和中国（北京）自由贸易试验区（以下简称“两区”）先行先试政策引导优势，联合出台《“两区”建设绿色金融改革开放发展行动方案》，切实发挥市级层面考核督导作用。与北京市生态环境局共同签订《合作备忘录》，通过建立全面合作关系，充分发挥双方独有的资源优势，统筹推进绿色低碳转型发展和生态环境高水平保护。

二是绿色金融基础工作不断夯实。开展“绿色信贷+绿色建筑+绿色监理”模式探索，推动绿色金融标准与绿色行业标准衔接；指导华夏银行于2022年发布同时满足《金融机构环境信息披露指南》和气候相关财务信息披露工作组（TCFD）披露要求的环境信息披露报告；加快推动基础设施建设，北京绿色交易所升级为面向全球的国家级绿色交易所，并正式发布上线“企业碳账户和绿色项目库”系统。

三是货币政策工具引导作用有效发挥。2022 年，21 家全国性银行在京分行累计发放符合碳减排支持工具要求的贷款 200 亿元；创新推出“京绿融”支小再贷款、“京绿通”再贴现和能源保供专项再贴现等特色产品，在确保能源供应安全的同时支持经济向绿色低碳转型。绿色金融领域高水平对外开放取得新突破，德意志银行（中国）有限公司和法国兴业银行（中国）有限公司成为首批纳入碳减排支持工具的外资银行。

四是绿色金融资源配置功能持续增强。组织体系不断优化，多家银行机构在京设立绿色支行。绿色金融、科创金融、普惠金融协同发展，创新落地“数字人民币+票据贴现+绿色金融”应用场景。北京银行创新发布“京碳宝”企业碳账户，推出企业低碳积分权益体系。做好绿色金融与转型金融的有效衔接，助力全球范围内单批次最大规模地热“两能”利用系统。开展碳资产金融创新，推出北京市首单 CCER 质押贷款创新产品。

下一步，中国人民银行营业管理部将继续贯彻落实党中央、国务院决策部署，结合首都工作实际，锚定“双碳”目标，支持“绿色北京”战略，进一步加大绿色金融工作力度，切实推动北京绿色低碳高质量发展。

（五）金融供给侧结构性改革持续深化，首都金融业改革开放持续扩大

1. 金融改革创新成效持续深化

北京金融控股集团有限公司获得金融控股公司许可证，成为全国首批、地方首家国资控股的金融控股公司。推动国家金融科技风险监控中心在京设立。

2. 金融对外开放持续扩大

2022 年，“两区”建设金融领域 102 项任务落地 96 项，落地率 94.1%。中国人民银行营业管理部 33 项牵头“两区”任务全部落地。跨国公司本外币一体化资金池试点“扩围增效”，积极推动第二批试点在京落地，累计为企业节约成本超过 2 亿元。本外币合一银行结算账户体系试点在京顺利落地。“外汇衍生品银企服务平台”累计签约金额 66 亿美元，超八成为中小微企业。法兴（中国）和德意志（中国）成为首批纳入人民银行碳减排支持工具范围的外资银行，累计获得政策性资金支持 4 亿元。

3. 跨境贸易投融资便利化水平持续提升

出台《关于开展优质企业贸易外汇收支便利化试点的指导意见》，推动更多银行参与试点、更多优质企业尤其是优质中小企业享受“减单证”“简流程”等优惠政策。截至 2022 年末，北京 12 家试点银行为 100 家优质企业办理便利化收支业务 2 206 亿美元，中小企业占比 55.6%，较年初提升 13.7 个百分点，试点企业、银行家数及业务规模分别是上年同期的 2.3 倍、1.7 倍和 1.9 倍。出台《北京地区深化资本项目便利化改革试点政策实施细则》，再推包括扩大外债一次性登记、简化外汇登记等 6 项便利化改革试点政

策。将等值1 000万美元中关村外债便利化额度试点范围扩大至北京市高新技术及“专精特新”企业，支持更多企业在一定额度内自主借用外债。截至2022年末，共70家高新技术和“专精特新”企业参与试点，有效地降低了融资成本。

（六）区域金融治理体系进一步完善，金融服务和管理水平再上新台阶

1. 首都金融治理体系持续完善

地方党政主要领导负责的北京市金融风险化解委员会成立，形成“一委员会、两机制、一框架”防范化解金融风险工作新格局。修订升级金融稳定会商协调机制。涉金金融企业工商登记前置管理机制运行迈向成熟，累计拒挡涉金融业务字样工商登记申请1.9万件，实现金融风险“打早打小”，风险关口前移实效进一步显现。高风险银行和财务公司化险工作稳妥有序，影子银行风险大幅收敛，涉众型金融活动得到规范治理。

2. 金融服务和管理水平不断提升

率先提供机动车、船舶、知识产权担保登记信息统一查询服务。从支付服务便利化、现金服务保障等方面扎实推动适老金融服务。外汇行政许可好评率100%，政务服务质量持续提升。全面推广电子营业执照应用开户，累计实现开户1.1万户。持续优化“一网通办”平台开户预约功能，成功打通商业银行与政府部门间数据共享链条。制定北京市备付金风险管理应急处置预案，进一步完善备付金风险管理工作机制。“零容忍”打击外汇领域非法金融活动。稳妥做好支付机构推出与兼并重组，持续优化支付服务市场结构。

3. 圆满完成冬奥金融服务保障

构建高效冬奥金融服务指挥体系，在63家闭环酒店创新建立“金融店长制”，为北京冬奥会提供了安全快捷高效的金融服务。自2022年1月4日北京冬奥会金融服务应急保障体系启动实战化运行至3月16日闭环管理结束，北京涉奥场景共发生金融交易46.7万笔、合计1.7亿元。

（七）稳妥推进数字人民币北京全域试点

积极总结数字人民币北京冬奥会场景试点经验，稳妥有序推进北京市数字人民币试点走上新台阶。牵头制订《北京市数字人民币试点实施方案》，总结冬奥会场景试点经验，打通财政零余额账户到数字人民币钱包的业务路径，以数字人民币形式为“专精特新”企业、退役军人发放财政补贴，稳步实现数字人民币应用场景全覆盖。以市场化方式推动试点活动开展，围绕“北京绿色节能消费券发放”“金融街示范街区建设”等主题组织运营机构开展试点活动171次，累计补贴8 651万元。借力全球数字经济大会、服贸会、数字金融论坛等平台，积极宣传展示，提升公众对数字人民币的认知。截至2022年末，北京市累计开立数字人民币个人钱包1 351万个、对公钱包207万个，落地应用场景49.3万个，累计业务发生金额达381亿元。

二、经济运行情况

2022年，北京市坚持以习近平新时代中国特色社会主义思想为指导，认真学习宣传贯彻党的二十大精神，坚持稳中求进工作总基调，以新时代首都发展为统领，持续高效统筹疫情防控和经济社会发展，坚持“五子”联动服务和融入新发展格局，着力稳住宏观经济大盘，切实推动社会民生改善，首都高质量发展取得新成效。全年北京市实现地区生产总值4.2万亿元，按不变价格计算，同比增长0.7%。

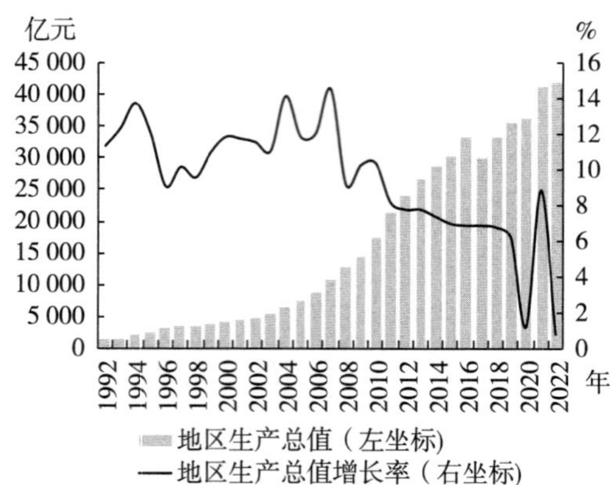

图5　北京市地区生产总值及其增长率

（数据来源：北京市统计局）

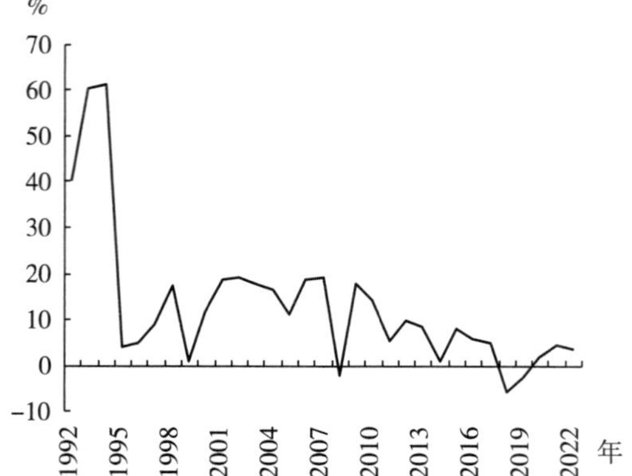

图6　北京市固定资产投资（不含农户）增长率

（数据来源：北京市统计局）

（一）三大需求持续恢复，主要领域稳中有进

1. 固定资产投资稳定增长，重点领域投资增势良好

2022 年，北京市固定资产投资（不含农户）同比增长 3.6%。分项看，制造业投资、基础设施投资、房地产开发投资同比分别增长 18.4%、5.2%、1.0%。分构成看，设备更新改造再贷款政策落地生效，带动设备购置投资增长 14.6%；反映实物工作量的建筑安装工程投资增长 3.2%。分行业看，金融业，科学研究和技术服务业，信息传输、软件和信息技术服务业投资同比分别增长 41.3%、60.7%和 36.0%。

2. 消费受疫情影响较为明显，升级类消费韧性较强

2022 年，北京市市场总消费额同比下降4.9%。社会消费品零售总额同比下降 7.2%，其中，商品零售、餐饮收入同比分别下降 6.6%、15.2%；服务性消费额同比下降 2.9%。分行业看，在新能源汽车置换补贴等促消费政策刺激下，新能源汽车商品零售额同比增长 17.1%；升级类消费韧性较强，金银珠宝、文化办公用品零售额同比分别增长 10.6%、0.6%。

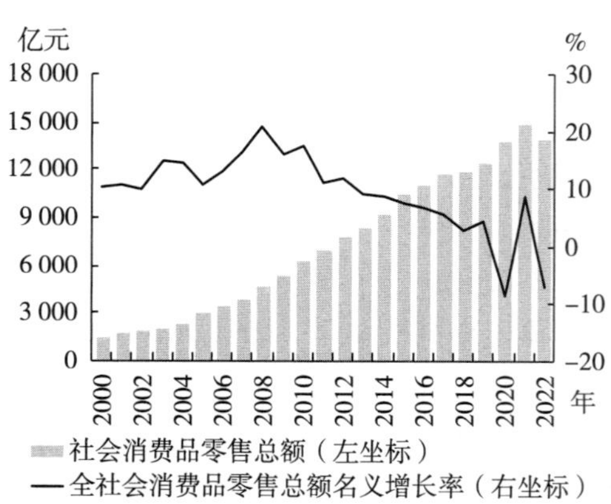

图7　北京市社会消费品零售总额及其增长率

（数据来源：北京市统计局）

3. 对外贸易快速增长，实际利用外商直接投资规模扩大

2022 年，北京市进出口总值 3.6 万亿元，同比增长 19.7%。其中，进口额 3.1 万亿元，同比增长 25.7%，主要受国际原油和天然气涨价因素带动；出口额 5 890亿元，同比下降 3.8%。全年实际利用外商直接投资 174 亿美元，按可比口径计算，同比增长 12.7%。

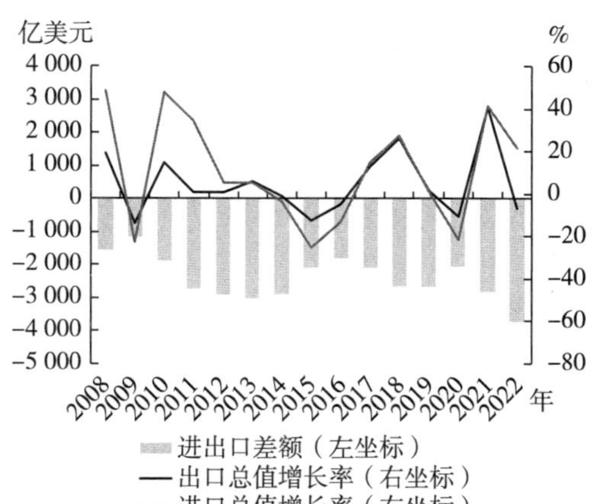

图 8　北京市外贸进出口情况

（数据来源：北京市统计局）

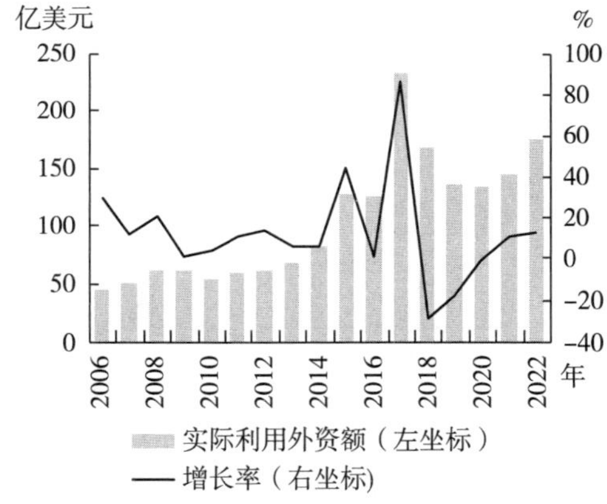

图 9　北京市实际利用外资额及其增长率

（数据来源：北京市统计局）

（二）工业生产有序恢复，服务业总体平稳发展

2022 年，北京市第一、第二、第三产业分别实现增加值 111 亿元、6 605 亿元、3.5 万亿元。三次产业构成比为 0. 3∶15. 9∶83. 8，其中第三产业比重较上年提升 2. 1 个百分点。

1. 农业生产结构调整，都市农业稳步增长

2022 年，北京市农林牧渔业总产值按可比价格计算同比下降 2. 0%，其中，农业（种植业）、林业产值分别增长 2. 3%、1. 4%，牧业、渔业产值分别下降 8. 9%、7. 5%。都市农业稳步增长，设施农业播种面积和实现产值同比分别增长 4. 3%和 3. 3%；农业观光园超千个，实现总收入 18. 4 亿元。

2. 工业受高基数影响呈现降势，部分高端领域增势较好

2022 年，北京市规模以上工业增加值按可比价格计算同比下降 16. 7%，剔除新冠疫苗生产因素后，同比增长 2. 5%。重点行业中，电力、热力生产和供应业增长 9. 8%，计算机、通信和其他电子设备制造业增长 3. 6%，汽车制造业下降 2. 6%，医药制造业下降 58. 3%（剔除新冠疫苗生产因素后，增长 6. 4%）。部分高端或新兴领域产量快速提升，新能源汽车、风力发电机组、气动元件产量同比分别增长 1. 9 倍、45. 6%、36. 5%。

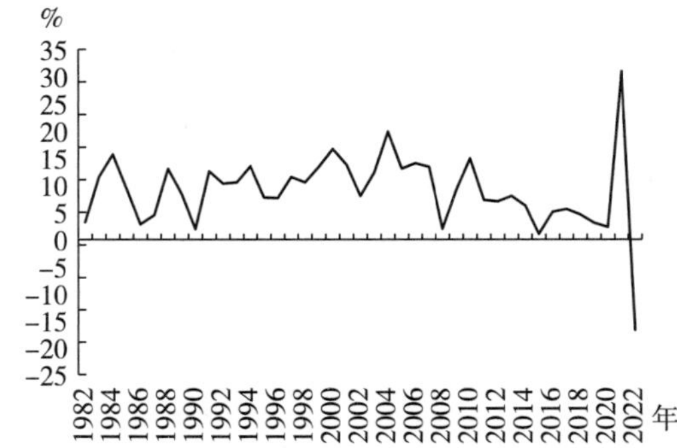

图 10　北京市工业增加值增长率

（数据来源：北京市统计局）

3. 服务业总体平稳发展，现代服务业持续支撑带动

2022 年，北京市第三产业增加值按不变价格计算，同比增长 3. 4%。其中，信息传输、软件和信息技术服务业同比增

长9.8%，金融业同比增长6.4%，科学研究和技术服务业同比增长1.8%，三个行业增加值合计占第三产业的比重为54.8%，较上年提高1.7个百分点。

（三）消费价格涨势温和，居民生活持续改善

1. 居民消费价格涨势温和，工业生产者出厂价格小幅上涨

2022年，北京市居民消费价格同比上涨1.8%，涨幅较上年高0.7个百分点，其中，消费品价格上涨2.8%，服务价格上涨0.7%；北京市工业生产者出厂价格指数同比上涨2.3%，工业生产者购进价格指数同比上涨6.2%，涨幅均高于上年。

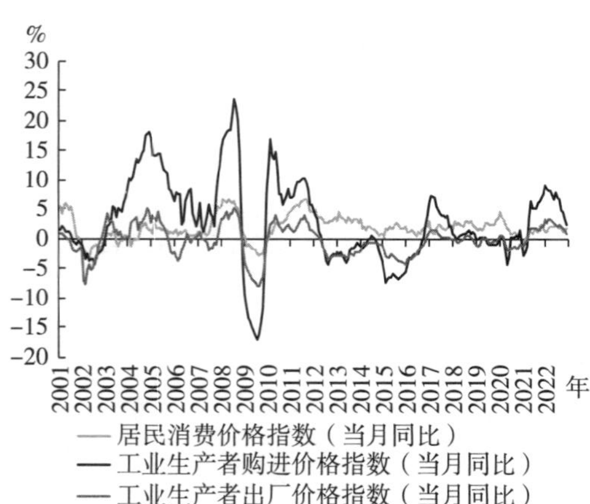

图11 北京市居民消费价格指数和工业生产者价格指数

（数据来源：北京市统计局）

2. 就业形势总体稳定，居民收入稳步增加

2022年，北京市城镇新增就业26.1万人，城镇调查失业率均值为4.7%。北京居民人均可支配收入为7.7万元，同比增长3.2%，其中，城镇居民人均可支配收入增长3.1%，农村居民人均可支配收入增长4.4%。

（四）积极落实减税降费保经营主体，财政收支总体平衡

全面落实减税降费政策，全年累计新增减税降费及退税缓税缓费超过2 000亿元。2022年，北京市完成一般公共预算收入5 714亿元，按自然口径下降3.7%，扣除留抵退税因素后同口径增长2.6%。其中，增值税下降较多，主要是增值税留抵退税力度加大；企业所得税同比增长3.9%，主要是计算机电子设备制造业、汽车制造业等行业经营逐步恢复，利润好转；个人所得税同比增长5.6%，主要与居民收入平稳增长有关。一般公共预算支出7 469亿元，同比增长3.7%。

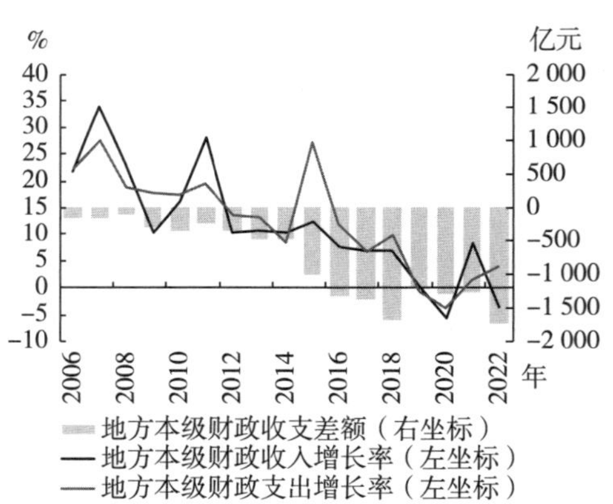

图12 北京市财政收支状况

（数据来源：北京市统计局）

（五）房地产市场运行总体平稳

2022年，北京市完成房地产开发投资4 178亿元，同比增长1.0%。北京市商品房竣工面积1 938万平方米，施工面积1.3亿平方米，新开工面积1 774万平方米。商品房销售面积1 040万平方米。新建商品住宅、二手住宅销售价格指数月度同比平均涨幅分别为5.8%、5.5%。

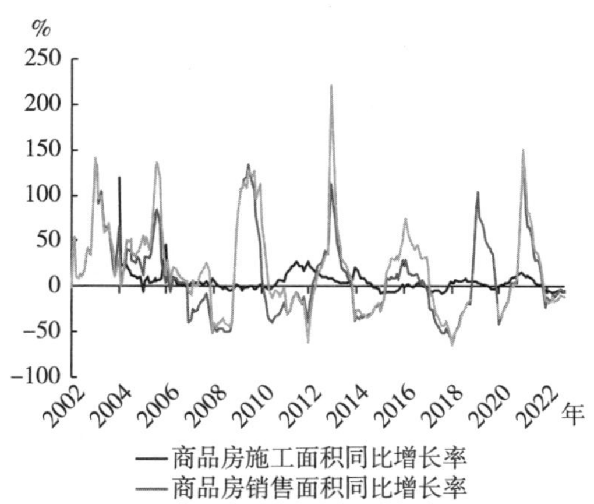

图 13 北京市新建住宅销售价格走势

（数据来源：北京市统计局）

（六）新兴动能加快积蓄，赋能首都经济高质量发展

1. 高技术制造业持续增长

剔除新冠疫苗生产因素后，北京市规模以上高技术制造业和工业战略性新兴产业增加值同比分别增长 5.3% 和 4.9%，增速分别高于规模以上工业 2.8 个和 2.4 个百分点。北京市规模以上工业中，230 余家国家级专精特新“小巨人”工业企业产值同比增长 9.4%。

2. 数字经济释放发展活力

2022 年，北京市数字经济增加值 1.7 万亿元，按现价计算，同比增长 4.4%，占北京市生产总值的比重达到 41.6%，比上年提高 1.2 个百分点。云计算、人工智能等新基建项目固定资产投资比上年增长 25.5%，新增 5G 基站 2.4 万个，进一步夯实数字经济发展基础。

3. 科技创新研发持续蓄力

年末拥有有效发明专利 47.8 万件，增长 18.0%。每万人口高价值发明专利拥有量为 112 件，比上年增加 17.8 件。全年共认定登记技术合同 9.5 万项，增长 1.6%；技术合同成交额 7 948 亿元，增长 13.4%。中关村示范区规模以上高新技术企业技术收入占总收入的比重为 21.7%，同比提高 2.1 个百分点。

4. 新消费新开放表现活跃

2022 年，限额以上批发零售业、住宿餐饮业实现网上零售额占社会零售品销售总额比重为 39.8%，比上年提高 3.5 个百分点。对外开放加快，北京地区对“一带一路”共建国家进出口 1.6 万亿元，增长 28.2%，占地区进出口总值的 43.7%。

三、预测与展望

2023 年，北京市将坚持以习近平新时代中国特色社会主义思想为指导，全面贯彻落实党的二十大和中央经济工作会议精神，深入贯彻习近平总书记对北京一系列重要讲话精神，坚持稳中求进工作总基调，完整、准确、全面贯彻新发展理念，坚持以新时代首都发展为统领，深入实施人文北京、科技北京、绿色北京战略，深入实施京津冀协同发展战略，坚持“五子”联动服务和融入新发展格局，着力推动高质量发展，突出做好稳增长、稳就业、稳物价工作，抓好强信心、扩内需、促改革、惠民生、保健康、防风险，为率先基本实现社会主义现代化开好局起好步。

北京市金融业将坚持稳字当头、稳中求进，精准有力落实稳健的货币政策，进一步加大金融对实体经济支持，更好统筹质的有效提升和量的合理增长，为首都经济回升向好和高质量发展营造适宜的货币金融环境。

中国人民银行营业管理部
货币政策分析小组

总　纂： 杨伟中　姚　力

统　稿： 余　剑　孙　昱　李晓闻
周　炜

执　笔： 赵　北　周方伟　张　哲
阙星文　刘　弘　焦　晔
刘晓丹　张雪晴　汪　沛
杨　玲　李菲菲　朱琳琳
宋　潇

提供材料： 王丝雨　周　凯　谭任杰
吕潇潇　秦碧莹　童怡华
魏辰皓　杨　燚　张　雪
韦文彬　王昀润　杜　鸥
魏　韬　王　芳　陈　娇
赵伟欣　单春妮　杨　光
杨　静

北京市金融稳定报告（摘编）

中国人民银行营业管理部　金融稳定分析小组

2022 年，面对风高浪急的外部环境、国内经济发展“三重压力”以及疫情散发频发等超预期因素影响，北京市以习近平新时代中国特色社会主义思想和党的二十大精神为指导，坚决贯彻落实党中央、国务院决策部署，坚持稳中求进工作总基调，高效统筹疫情防控和经济社会发展，全年经济保持恢复态势，发展质量持续提升，金融业整体发展稳健，为稳定经济大盘贡献坚实力量，金融风险防控体系不断健全完善，确保党的二十大前后首都金融环境稳定。银行业资产和存贷款规模平稳增长，不良贷款率持续处于全国较低水平；证券业经营总体稳健，直接融资规模居全国首位；保险业保费收入平稳增长，保障规模居全国首位。同时，北京市经济恢复的基础尚不牢固，重点领域关键行业防范化解金融风险不容松懈。

一、北京市经济运行情况

（一）基本情况①

1. 经济总量进一步扩大，发展质量持续提升

2022 年，北京市实现地区生产总值 41 610.9 亿元，按不变价格计算，同比增长 0.7%。第一、第二、第三产业增加值占比分别为 0.27%、15.87% 和 83.86%。2022 年，北京市农林牧渔业总产值同比下降 2.0%。规模以上工业增加值同比下降 16.7%，剔除新冠疫苗生产因素，同比增长 2.5%。重点行业中，电力、热力生产和供应业增加值同比增长 9.8%，计算机、通信和其他电子设备制造业增加值同比增长 3.6%，医药制造业增加值同比减少 58.3%（剔除新冠疫苗生产因素，同比增长 6.4%）。第三产业增加值同比增长 3.4%。其中，信息传输、软件和信息技术服务业增加值同比增长 9.8%，金融业增加值同比增长 6.4%，科学研究和技术服务业增加值同比增长 1.8%。

2. 固定资产投资稳步增长，高技术产业投资规模快速扩大

2022 年，北京市固定资产投资（不含农户）同比增长 3.6%。分产业看，三大产业完成投资增速分别为 11.6%、20.5% 和 1.7%。分行业看，科学研究和技术服务业投资增长 60.7%，金融业投资增长 41.3%，信息传输、软件和信息技术服务业投资增长 36.0%。高技术产业投资保持较快增势，高技术制造业投资增长 28.3%，高技术服务业投资增长 41.3%。

3. 消费受疫情影响较大，基本生活类、升级类消费保持增长

2022 年，北京市市场总消费额同比下降 4.9%。从结构看，服务性消费额下降 2.9%；实现社会消费品零售总额

① 本部分数据来源于北京市统计局、北京海关和北京市商务局。

13 794.2亿元，下降7.2%。社会消费品零售总额中，按消费形态分，商品零售12 832.6 亿元，下降6.6%；餐饮收入961.6 亿元，下降15.2%。按商品类别分，限额以上批发和零售业中，与基本生活消费相关的粮油食品类、饮料类商品零售额分别增长6.0%和2.4%；与升级类消费相关的金银珠宝类、文化办公用品类商品零售额分别增长10.6%和0.6%，汽车类商品零售额下降13.4%，其中新能源汽车增长17.1%。限额以上批发零售业、住宿餐饮业实现网上零售额5 485.6亿元，比上年增长0.4%。

4. 外贸增长贡献率居全国首位，利用外资平稳增长

2022 年，北京地区（含中央在京单位）进出口总值3.64 万亿元，同比增长19.7%，占全国进出口总值的8.7%。其中，进口 3.06 万亿元，同比增长25.7%；出口 5 890 亿元，同比下降3.8%。北京地区对全国进出口增长贡献率19.9%，居全国第一位。能源产品拉动北京地区进口增长，机电产品为地区出口主力。2022 年，北京地区能源产品进口1.65 万亿元，同比增长43.5%，占地区进口总值的54.1%。同期，北京地区出口机电产品 2 711 亿元，同比增长0.7%，占地区出口总值的46%。2022年，北京实际利用外资174.1亿美元，同比增长12.7%。

5. 房地产市场运行基本保持平稳

2022 年，北京市商品房销售面积1 040.0万平方米，同比下降6.1%，其中住宅销售面积741.9 万平方米，同比下降15.4%。北京市房地产开发企业到位资金5 631.7 亿元，同比下降13.7%。其中，定金及预收款2 768.7 亿元，同比下降11.1%；自筹资金1 137.3 亿元，同比下降33.7%；国内贷款1 045.8 亿元，同比增长13.2%。2022 年末，新建商品住宅价格指数同比上涨5.8%，二手住宅价格指数同比上涨3.9%。

6. 居民消费价格涨势温和，生产价格同比上涨

2022 年，北京市居民消费价格比上年上涨1.8%。其中，消费品价格上涨2.8%，服务价格上涨0.7%。分类别看，交通通信类价格上涨5.0%，食品烟酒类价格上涨3.1%，生活用品及服务类价格上涨1.6%，其他用品及服务类价格上涨 1.6%，医疗保健类价格上涨0.7%，教育文化娱乐类、居住类、衣着类价格均分别上涨0.6%。工业生产者出厂价格比上年上涨2.3%，购进价格比上年上涨6.2%。

7. 居民收入稳步增加，就业形势总体稳定

2022 年，北京市居民人均可支配收入77 415 元，比上年增长3.2%，其中，工资性收入增长4.6%，转移净收入增长2.6%，财产净收入下降0.3%，经营净收入下降3.9%。分城乡看，城镇居民人均可支配收入84 023 元，增长3.1%；农村居民人均可支配收入34 754 元，增长4.4%。就业保持稳定，2022 年北京市城镇调查失业率均值为4.7%，运行在5.0%的年度调控目标内。

（二）需要关注的问题

1. 经济景气水平持续回升，但经济向好趋势转化为全面恢复仍需时间

世界经济低迷、国际环境复杂多变等仍导致外需走弱。消费及服务业尚未完全恢复，聚集性、接触性消费恢复到疫情前水平仍需要一个过程。民间投资增速下

降，2022 年北京地区民间固定资产投资同比下降 6.1%，占全社会投资比重近五年来首次低于三成。

2. 经济运行中有效需求不足矛盾依然突出，中小企业生产经营压力较大

疫情走势及对经济社会发展的影响仍存在不确定性，受疫情反复、就业压力加大等因素影响，居民收入预期转弱，消费动力有待复苏。疫情长期影响下，企业开工和订单需求受到抑制，企业资产负债表受损，投资风险偏好下降，企业家信心指数仍低于疫情前水平。

3. 房地产开发贷款总体平稳，提前还款导致个人住房贷款增速放缓

2022 年末，北京地区房地产开发贷款余额同比下降 0.6%，全年净减少 171.9 亿元。个人住房贷款余额同比增长 1.6%，增速较上年末下降 5.4 个百分点；全年净增 192 亿元，同比少增 573.6 亿元，主要是受理财产品收益率持续走低等因素影响，居民还款规模为近五年来最高。

二、北京市金融业运行状况

（一）银行业运行状况

1. 基本情况[①]

资产负债规模平稳增长，存贷款主业更加突出。2022 年末，北京市银行业金融机构资产总额 31.87 万亿元，同比增长 6.36%；负债总额 30.38 万亿元，同比增长 6.44%。各项存款占负债总额的比重为 75.56%，同比上升 0.42 个百分点；各项贷款占资产总额的比重为 40.95%，同比上升 0.73 个百分点。

贷款规模稳步增长，对重点领域支持力度增强。2022 年末，北京市金融机构本外币各项贷款余额 9.78 万亿元，同比增长 9.9%，增速比上年同期上升 4.3 个百分点。其中，人民币贷款余额 9.55 万亿元，同比增长 10.9%。制造业中长期贷款余额同比增长 48.5%，比全国平均水平高 11.8 个百分点；绿色贷款余额同比增长 36.4%，增速比上年同期上升 5.1 个百分点。

存款余额保持增长，存款增速明显加快。2022 年末，北京市金融机构本外币各项存款余额 21.86 万亿元，同比增长 9.5%，增速比上年同期上升 3.3 个百分点。其中，人民币各项存款余额 21.24 万亿元，同比增长 10.6%。住户存款余额同比增长 20.6%，新增额是上年的 2.3 倍；非银行业金融机构存款余额同比增长 15.9%，增速比上年同期上升 8.1 个百分点。

银行业不良贷款上升，不良资产处置增加。2022 年末，北京市银行业金融机构不良贷款余额 1 022.84 亿元，同比增长 26.97%；不良贷款率较年初上升 0.12 个百分点，持续处于全国较低水平。全年处置不良资产 1 220.6 亿元，较上年增加 724.4 亿元。

法人银行资管产品投资规模下降，现金管理类产品整改完成。2022 年末，北京辖区法人银行资管产品投资余额 3 309.74亿元，较年初下降 12.82%；法人银行现金管理类产品均已完成整改，余额合计 1 052.21 亿元。

非银行金融机构稳步发展，不良贷款呈现双升。2022 年末，北京辖内非银行金融机构资产和负债余额分别为 5.66 万亿元和 4.76 万亿元，同比分别增长

① 本部分数据来源于中国人民银行营业管理部、中国银行保险监督管理委员会北京监管局。

3.55%和3.24%；不良贷款余额同比增长121.66%，不良贷款率较年初上升0.39个百分点。

2. 值得关注的问题

信用风险防控压力持续加大。2022年，辖内银行业存量信用风险低位上行，不良贷款余额较年初增加217.26亿元，增量达历史同期次高水平。大型企业集团风险暴露仍以信用风险为主要影响因素，部分企业集团新增不良贷款超过百亿元。当前经济整体好转尚需时间，企业经营困境短期内难以缓解，信用风险反弹压力不容忽视。

房地产领域风险不容忽视。受隐性债务清理，住房交易量下降、居民提前还贷增多、部分出险项目处置尚在推进等因素影响，辖内房地产领域信贷增长乏力，资产质量持续承压。截至2022年末，辖内房地产不良贷款同比增长9.59%，逾期贷款同比增长30.33%。

金融领域黑灰产业需引起关注。银行业频现信用卡反催收、修复征信以及恶意投诉等产业，并附带衍生信息黑产、电信诈骗、网络赌博等违法活动，呈现规模化、专业化、科技化、隐蔽化、涉众化、涉黑化等特点，损害消费者与机构权益。

（二）证券业运行状况

1. 基本情况①

证券公司资产规模稳步增长，经营业绩明显下降。2022年末，北京辖区法人证券公司资产总额1.69万亿元，同比增长8.82%；净资产3 764.15亿元，同比增长8.4%。2022年累计实现营业收入617.11亿元，同比下降13.6%；净利润227.13亿元，同比减少19.22%。

公募基金公司经营状况良好，私募基金公司家数减少。2022年末，北京辖区基金管理公司资产总额824.65亿元，同比减少3.99%，占全行业的23.81%；净利润90.31亿元，同比下降16.3%；管理公募基金产品2 388只，管理资产净值5.49万亿元，同比增长1.75%。2022年末，北京地区存续私募基金管理人3 970家，同比减少326家，管理资产规模44 181.76亿元，同比增长3.71%。

期货公司资产规模增长较快，盈利水平同比下降。2022年末，北京辖区期货公司资产总额1 887.94亿元，同比增长15.59%，占全行业的11.11%；净资产228.53亿元，同比增长19.21%；全年营业收入50.63亿元，同比减少17.92%；实现净利润15.12亿元，同比下降10.59%。

上市公司数量增加，总市值和融资规模居全国第一位。2022年末，北京地区共有A股上市公司460家，同比增加35家；总市值15.53万亿元，同比减少5.12%，占A股总市值的19.66%，全国排名第一位。H股上市公司75家，同比增加2家。新三板挂牌公司844家，同比减少54家。全年各类企业利用多层次资本市场实现直接融资9 933.35亿元，同比下降22.65%，占全国的14.74%，稳居全国首位。2022年，北京辖区风险类上市公司数量下降至28家，净压降20%。

2. 值得关注的问题

上市公司股东及董监高违规减持产生恶劣影响。2022年，北京辖区有16名上市公司股东及董监高因违规减持行为被出

① 本部分数据来源于中国证券监督管理委员会北京监管局、中国证券投资基金业协会和Wind。

具了行政监管措施，4 名人员被立案调查。由于股东及董监高所持股份数量较大，取得股份成本较低，有的还具有内部信息优势，其减持行为往往会产生较大的市场效应。近年来，频繁减持、“精准”减持、“清仓式”减持等违规减持现象仍时有发生，一些减持个案对市场和社会造成了恶劣的负面影响。

“雪球”等创新产品风险需持续关注。以“雪球”为代表的场外金融衍生品结构复杂，存在较大的投资风险，也考验产品运营者的盈利能力和风控能力。截至 2022 年末，证券公司场外衍生品存续名义本金合计 2.09 万亿元。其中，场外期权期末存量 1.19 万亿元，占比 57.1%；收益互换期末存量 0.9 万亿元，占比 42.9%。证券业机构在增强产品创新能力的同时，应加强投资者适当性管理，完善压力测试等风险控制措施。

警惕境外大宗商品极端行情向境内传染。俄乌冲突爆发不久，伦敦金属交易所（LME）镍期货价格出现极端波动，导致部分参与套期保值的生产企业及交易商面临巨额保证金追缴要求。近年来，国际资本在复杂经济政治背景下操纵大宗商品市场并波及国内企业的案例时有发生。国内大宗商品企业由于对全球极端行情事件预判不足，未能充分认识金融衍生品风险，而形成的大额损失可能向境内金融市场进一步蔓延。

（三）保险业运行状况

1. 基本情况①

保费收入平稳增长，行业实力稳居前列。2022 年，北京辖区保险业累计实现原保险保费收入 2 758.49 亿元，同比增长 9.16%，规模及增速均居全国第四位。分公司类型看，财产险公司实现保费收入 543.56 亿元，同比增长 2.59%。其中，车险业务保费收入同比增长 1.75%。人身险公司实现保费收入 2 214.93 亿元，同比增长 10.91%。其中，寿险业务、健康险业务同比分别增长 15.01%、0.22%，意外险业务同比下降 21.62%。

保障规模居全国首位，有效服务经济社会发展。2022 年，北京辖区保险业累计承担风险保障 2 558.31 万亿元，居全国首位，占比 18.70%。累计赔付支出 776.02 亿元，其中责任险、企业财产险和寿险的赔付支出同比分别增长 26.08%、12.03% 和 7.03%。为人民群众积累寿险和长期健康险准备金 9 555.70亿元，同比增长 16.99%。发展安全生产责任险，累计为约 7.8 万家次企业提供风险保障 8 200 亿元。扩大“北京普惠健康保”参保人群至新市民群体，专属养老保险试点投保人数达 5.73 万人次。

业务经营稳健发展，行业改革持续推进。2022 年，北京辖区财产险公司综合费用率 29.27%，同比下降 2.23 个百分点；承保利润率 2.65%，同比上升 1.33 个百分点。人身险公司寿险业务新单期交率达 63.71%，同比上升 1.56 个百分点。车险综合改革成效显现，2022 年末辖内商业三者险平均保额较改革前提高 87.5 万元，综合成本率低于全国平均水平。人身险保障型业务转型明显，2022 年末普通型寿险业务同比增长 24.6%。

① 本部分数据来源于中国银行保险监督管理委员会北京监管局。

2. 值得关注的问题

人身险公司盈利能力大幅下滑。2022年，人身险业务放缓，承保利润减少，加之资本市场波动，投资收益下行，人身险公司承保端与投资端双双承压。部分中小人身险公司面临的生存形势更为严峻，个别中小人身险公司净资产收益率跌破50%，亏损严重。

保险公司资金运用风险加大。经济恢复基础尚不牢固，金融市场震荡加剧，保险资金运用面临的市场风险、信用风险显著上升。2022年末，个别保险公司的不良资产率超过10%，个别人身险公司因资金运用损失导致偿付能力不足。

人身险行业面临有组织的佣金套利问题。市场上存在专业套利团队，通过虚假增员、虚假投保等手段套取人身险公司佣金及激励费用，个别套利团队与外部“退保黑产”勾结，诱导投保人全额退保、恶意投诉，严重扰乱市场秩序。

三、地方金融组织运行状况

2022年，北京市加强小额贷款和融资担保行业风险防控，持续清理整顿地方交易场所违规问题，有效防范典当行、融资租赁、商业保理和地方资产管理公司行业风险，地方金融组织总体运行平稳。

（一）小额贷款公司业务规模收缩

截至2022年末，北京市小额贷款公司共有129家，其中试点通过互联网开展业务的3家。注册资本金合计159.20亿元，同比下降6.46%；总资产166.88亿元，同比下降11.34%；总负债10.63亿元，同比下降29.80%。2022年全年累计新增贷款投放148.40亿元，贷款余额合计131.34亿元，同比下降9.41%。

（二）融资担保公司经营平稳

截至2022年末，北京市融资担保法人机构共有53家，其中17家为政策性融资担保公司。资产总额1 281.70亿元，同比下降1.49%；负债总额340.40亿元，同比增长0.95%。在保业务规模6 553.49亿元，同比增长8.87%，其中，融资担保在保业务规模5 983.65亿元，同比增长9.68%。

（三）典当行稳步发展

截至2022年末，北京市典当行法人机构339家，分支机构91家。资产总额135.42亿元，同比增长11.76%；负债总额4.82亿元，同比增长9.79%。典当总额388.12亿元，同比增长3.37%；典当余额99.29亿元，同比增长8.35%；绝当发生额1.50亿元，同比下降43.82%。

（四）融资租赁公司资产规模同比下降

截至2022年末，北京市融资租赁公司共有187家，较上年减少9家。总注册资本734.23亿元，实缴资本金661.29亿元。资产总额3 484.36亿元，同比下降5.48%；其中，融资租赁资产总额2 547.70亿元，同比下降5.90%。融资租赁业务期末余额为2 802.11亿元，同比下降5.0%。

（五）商业保理公司快速发展

截至2022年末，北京市商业保理公司58家，较上年减少2家。注册资本115.28亿元，同比增长25.60%。资产总额526.51亿元，同比增长37.58%；保理融资款余额489.16亿元，同比增长29.50%。

（六）地方资产管理公司稳健经营

截至2022年末，北京市地方资产管理公司2家。资产总额54.75亿元，同比增长18.61%；年内实现净利润1.05亿元，同比下降34.38%；存量收购不良资产投资余额 31.91 亿元，同比增长 48.97%。

（七）地方交易场所规范发展

截至 2022 年末，北京市地方交易场所共有 32 家，注册资本 63.08 亿元。资产总额 347.18 亿元，同比增长 26.27%；负债总额 253.25 亿元，同比增长 34.76%。营业收入总额 55.95 亿元，交易规模 10.08 万亿元，在资源优化配置、助力实体经济发展等方面发挥了重要作用。

（八）区域性股权市场服务质效提升

北京市有 1 家区域性股权市场，注册资本 4 亿元，资产规模 4.18 亿元，累计服务挂牌展示企业 6 488 家、登记托管企业 2 374 家、双向转板企业 306 家，会员机构 320 家，通过市场服务及合作机构服务企业超过 2.5 万家，累计服务企业超过 3.3 万家。帮助企业实现各类融资约 506.08 亿元，其中私募（可转）债融资 78.90 亿元、股权融资 427.18 亿元；投资者 4.88 万户，权益过户累计 9 091 笔、金额 941.29 亿元。

四、金融基础设施发展情况

（一）冬奥金融服务保障圆满完成

牵头构建高效冬奥金融服务指挥体系，牵头成立北京冬奥支付环境建设运行保障指挥部，创设主办银行“金融店长制”，确保金融服务优质高效，共发生金融交易 46.2 万笔、1.6 亿元，冬奥金融服务实现“零差错”“零投诉”，提供安全、快捷、高效的金融服务，为北京冬奥会增光添彩。

（二）数字人民币试点稳妥推进

数字人民币北京冬奥精彩亮相，北京全域试点稳妥推进，联合相关单位推动数字人民币金融街示范街区建设，注重发挥首都“样板”作用。打通财政零余额账户到数字人民币钱包业务路径，向“专精特新”企业发放数字人民币政府补贴款，以数字人民币形式发放退役军人补贴。率先在全国将“鼓励使用数字人民币”写入地方性法规《北京市数字经济促进条例》。

（三）征信服务效能持续提升

出台《全面推动北京征信体系高质量发展促进形成新发展格局行动方案》，着力推动社会信用体系构建。全国率先提供机动车、船舶、知识产权担保登记信息统一查询服务，提升中小微企业融资便利化水平。“京津冀征信链”在全国率先实现商业化应用，金融机构累计调用 719.8 万次，助力商业银行向 649.34 万户小微企业、个人消费者发放贷款近 300 亿元。

（四）金融科技监管保持领先

推动国家金融科技风险监控中心在京设立，打造国家级专业化金融科技风险防控基础设施。北京金融科技创新监管工具实施工作持续领先全国，率先完成 3 个创新应用出箱闭环测评。以“智慧金融”为主题，在北京开展特色应用沙箱测试。

（五）跨境贸易投资改革创新政策扩容升级

中关村外债便利化试点范围扩大至北京市高新技术企业和“专精特新”企业，跨国公司本外币一体化资金池试点进一步扩围。首批开展海外人才用汇便利化试点。“银行 + 外贸综合服务企业”跨境资金结算模式在京落地。汇率风险中性工作落地见效，汇率避险政策体系初步建立。人民币跨境收付金额稳步增长，人民币跨境服务成效显著。

（六）北京证券交易所和新三板一体化发展

截至2022年末，北京证券交易所上市公司162家，全年新增83家，总市值2 110.29亿元；全国中小企业股份转让系统（新三板）挂牌公司6 580家，其中创新层公司1 658家，全年新增挂牌公司270家，同比增长197%。2022年，两市场累计发行融资399.28亿元，同比上升42%；北京证券交易所累计服务政府债券发行9 502.38亿元。经过多项改革创新，北京证券交易所、新三板市场结构功能进一步完备，运行质量显著改善，一体化发展格局稳步推进。

（七）重要登记结算机构平稳运行

2022年，中央国债登记结算有限责任公司支持各类债券发行登记25万亿元，办理付息兑付及手续费拨付19万亿元，支持DVP资金结算2 593万亿元，登记托管各类金融资产133万亿元（其中债券96万亿元）。中国证券登记结算有限责任公司登记存管的交易所证券总市值为99.52万亿元、新三板证券总市值为1.95万亿元，全年沪深市场证券结算总额为2 151.11万亿元。

五、政策建议

（一）有效落实各项调控政策，推进区域经济高质量发展

精准有力实施稳健的货币政策，保持对实体经济的信贷支持力度，用好用足结构性货币政策工具，为促进首都经济运行好转和高质量发展营造良好的货币金融环境。聚焦首都经济发展的重点领域和薄弱环节，着力完善金融支持国内需求和供给体系的体制机制。深化京津冀协同发展金融服务，持续加强金融支持扩大内需战略，加大对民营小微企业支持力度，健全科创金融政策和服务体系，积极支持首都绿色低碳转型发展和文旅行业恢复发展。

（二）健全防控金融风险长效机制，持续防范化解金融风险

健全防范化解金融风险长效机制，履行好北京市金融监管协调机制职责，传达落实好国务院金融稳定发展委员会决策部署。继续推动做好重点领域风险处置，加强对中小金融机构、金融市场和创新型金融业态的风险监测和评估预警。坚持“房住不炒”定位，稳定房地产信贷投放，提升住房租赁金融服务水平，拓宽房地产市场多元化投融资渠道，有效盘活存量固定资产，推动房地产行业向新发展模式平稳过渡。

（三）持续完善区域金融基础设施，全面提升金融管理和服务效能

继续完善北京地区宏观审慎管理，继续做好辖内金融控股公司申设辅导。加强支付行业治理，继续做好平台企业支付业务整改，加大适老化、农村支付环境等薄弱环节支付服务供给。稳妥有序推进数字人民币试点，建设好北京数字人民币金融街示范街区。助力北京证券交易所实现高质量扩容，建设国家级绿色交易所和国家金融科技风险监控中心。持续提升辖内机构征信合规管理水平，完善信用评级管理机制。

（四）深化金融领域改革开放，助力打造高水平对外开放新高地

深化外汇领域改革开放，探索推出符合首都发展需要的外汇创新政策。扩大跨境融资便利化试点和优质企业贸易外汇收支便利化试点覆盖面，让更多市场主体享受政策红利。精准实施海外人才便利化政策，做好人才用汇服务保障。优化中小微企业汇率避险服务，探索丰富跨境金融服

务平台应用场景。稳步提高人民币国际化水平，推动在大宗商品、对外承包工程等重点领域和东盟等重点地区的人民币跨境使用。

中国人民银行营业管理部
金融稳定分析小组

组　长：杨伟中
副组长：王　晋
成　员：周　丹（金稳）　余　剑　周　丹（调统）　蒋湘伶　刘治国　江　山　林晓东

《北京市金融稳定报告摘要（2023）》
编写组

总　纂：王　晋
统　稿：周　丹（金稳）　吴德军　肖　炜
执　笔：张　哲　赵伟欣　张　岩　李　虹
参与写作人员：周　炜　阳　丽　盖　静　胡　月　马　懿　汪　沛

二、市场运行

金融市场

2022 年，北京地区同业拆借市场运行总体平稳，信用拆借交易量与净拆出资金同比均有所增长，拆借利率总体下行；债券回购成交量、净融出资金同比增长，现券交易同比增长，债券发行量小幅增长、净融资同比下降；人民币兑美元先升后贬，银行间外汇市场结售汇和外币对交易小幅下降；黄金市场量价双增；票据市场利率小幅下行，业务规模总体增长。

一、信用拆借成交量、净拆出量双增，拆借利率总体下行；债券回购成交量、净融出资金同比增长，回购利率整体下行

（一）信用拆借成交量、净拆出量双增，拆借利率总体下行

一是信用拆借拆入量、拆出量均同比增长。2022 年，北京地区金融机构[①]网上信用拆借累计成交 113.33 万亿元，同比增长 29.08%；北京地区拆借成交量全国占比 77.19%，较上年同期增长 3.3 个百分点。从资金流向看，拆入 41.05 万亿元，同比增长 8.31%；拆出 72.28 万亿元，同比增长 44.86%。

二是总体净拆出资金增加，大型商业银行净融出资金同比增长 148.89%。2022 年，北京地区累计净拆出 31.23 万亿元，同比增长 160.47%。资金拆出方面，大型商业银行[②]净拆出 32.56 万亿元，同比增加 19.48 万亿元；政策性银行净拆出 8.07 万亿元，同比增加 0.16 万亿元。资金拆入方面，财务公司净拆入 6.80 万亿元，同比增加 2.59 万亿元；城市商业银行净拆入 3.62 万亿元，同比减少 0.79 万亿元（见图 1）。

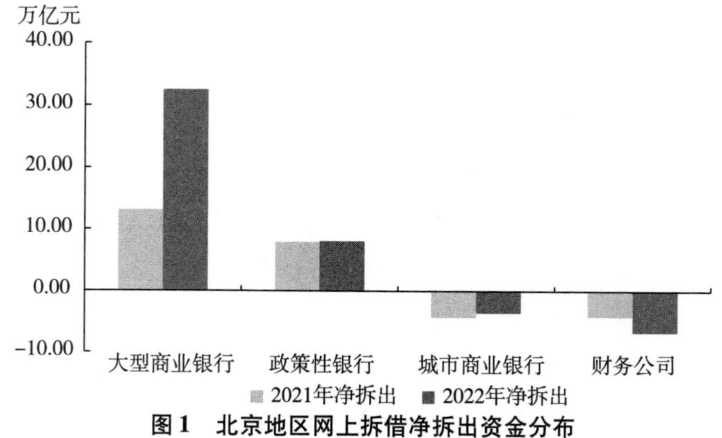

图 1　北京地区网上拆借净拆出资金分布

① 指在北京地区的所有全国银行间同业拆借中心成员单位，包括各政策性银行、各国有商业银行在京总行、各股份制商业银行在京总行、北京银行、北京农商银行、中国邮政储蓄银行、村镇银行、各外资银行在京总行及营业机构，在京各证券公司、财务公司、基金公司、保险公司、信托投资公司、资产管理公司、汽车金融公司、金融租赁公司、消费金融公司，中债信用增进投资股份有限公司。

② 大型商业银行指总部在北京的中国工商银行、中国建设银行、中国农业银行、中国银行、中国邮政储蓄银行。

三是隔夜拆借占比约九成，隔夜品种成交量较上年大幅增长。2022 年，隔夜拆借成交 102.85 万亿元，较上年同比增长 30.58%，占全部交易量的 90.74%（见图 2）；7 天、14 天、21 天、1 个月及以上拆借品种成交量占比结构较上年变化幅度不大，分别占全部交易量的 7.82%、0.82%、0.07% 和 0.55%。

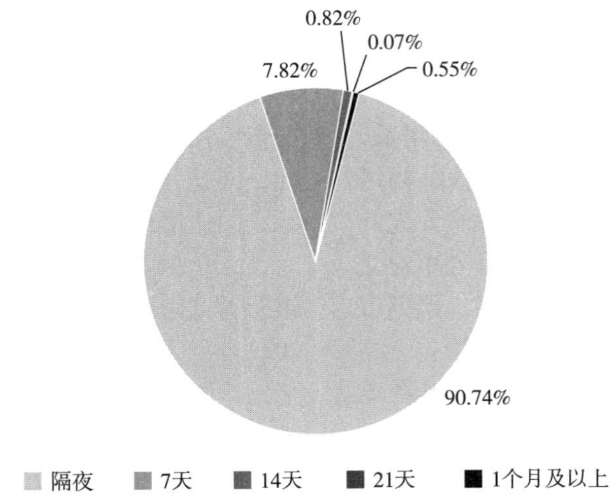

图 2　2022 年北京地区网上拆借期限分布

四是拆借利率总体下行。2022 年，信用拆借加权平均交易利率为 1.51%，同比下行 50 个基点。从期限看，主力品种隔夜、7 天、14 天、21 天、1 个月拆借利率分别同比下行 50 个、39 个、43 个、49 个和 52 个基点（见图 3）。

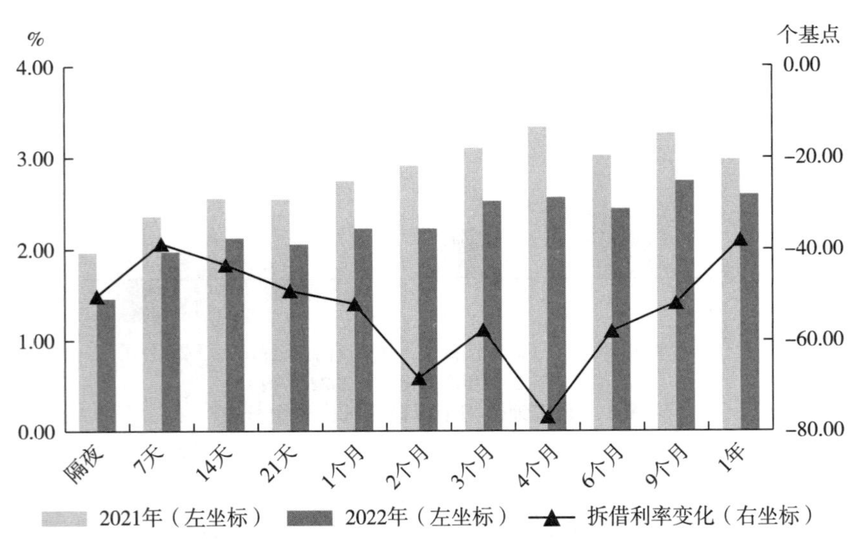

图 3　2022 年北京地区信用拆借各期限加权平均利率及变化

（二）债券回购成交量、净融出资金同比增长，回购利率整体下行

辖区内金融机构债券回购成交量同比增长。2022 年，北京地区金融机构债券回购成交 962.63 万亿元，同比增长 57.40%，占全国交易量的 69.75%，较 2021 年增加 11.24 个百分点。从回购类型看，质押式回购成交 961.73 万亿元，同比增长 57.49%；买断式回购成交 0.90 万亿元，同比下降 2.90%。从交易方向看，正回购成交 259.02 万亿元，同比增长 1.17%，逆回购成交 418.55 万亿元，同比增长 68.10%。

债券回购净融出资金同比增长。2022 年，北京地区金融机构债券回购净融出资金 444.60 万亿元，同比增长 97.13%。分机构看，大型商业银行、政策性银行、股份制商业银行和城市商业银行为主要融出机构，分别净融出 423.93 万亿元、127.14 万亿元、24.75 万亿元和 8.29 万亿元，其中，大型商业银行、股份制商业银行、城市商业银行分别同比增长 189.48%、24.39% 和 39.23%；政策性银行同比下降 4.76%。基金公司、证券公司、保险公司和证券公司的证券资产管理业务为主要资金净融入机构，净融入资金分别为 37.89 万亿元、28.49 万亿元、14.56 万亿元、11.37 万亿元，其中，基金公司、证券公司、保险公司、证券公司的证券资产管理业务分别同比增长 60.81%、39.19%、77.06% 和 523.39%（见图 4）。

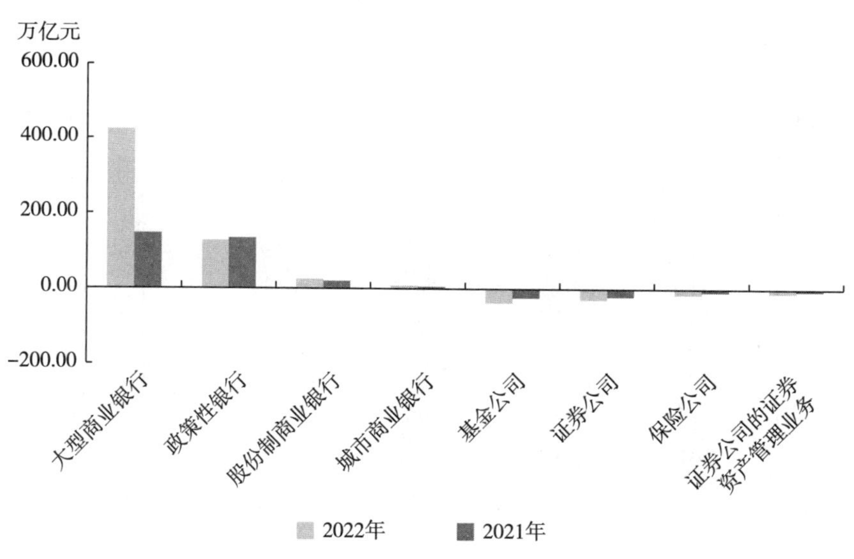

图 4　北京地区债券回购净融出资金分布

分期限看，隔夜回购交易占比同比增长。2022 年，隔夜回购成交 857.19 万亿元，同比增长 68.87%，占全部交易量的 89.05%，占比较上年上升 4.54 个百分点（见图 5）；7 天、14 天、21 天、1 个月及以上期限回购分别成交 80.79 万亿元、19.32 万亿元、2.54 万亿元、2.79 万亿元，其中 7 天、14 天、21 天和 1 个月及以上期限回购分别同比增长 9.21%、20.78%、4.38% 和 17.98%。

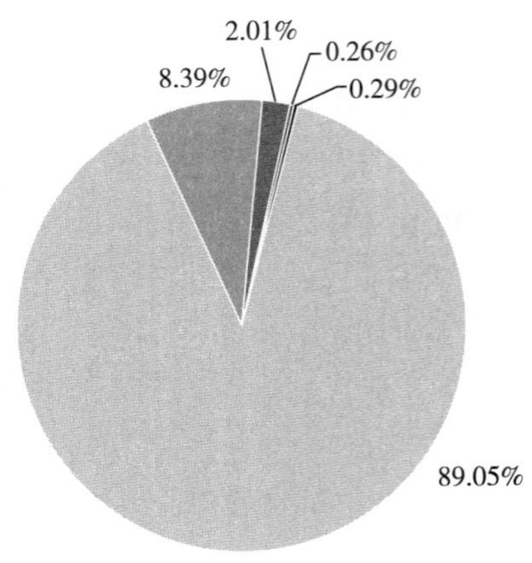

图 5 北京地区债券回购期限结构分布

2022 年，质押式回购、买断式回购加权平均交易利率分别为 1.53%、1.52%，同比分别下行 55 个、60 个基点。质押式隔夜回购利率下行 54 个基点，7 天回购利率下行 39 个基点，14 天回购利率下行 35 个基点，21 天回购利率下行 48 个基点，1 个月及以上回购利率下行 47 个基点（见图 6）。

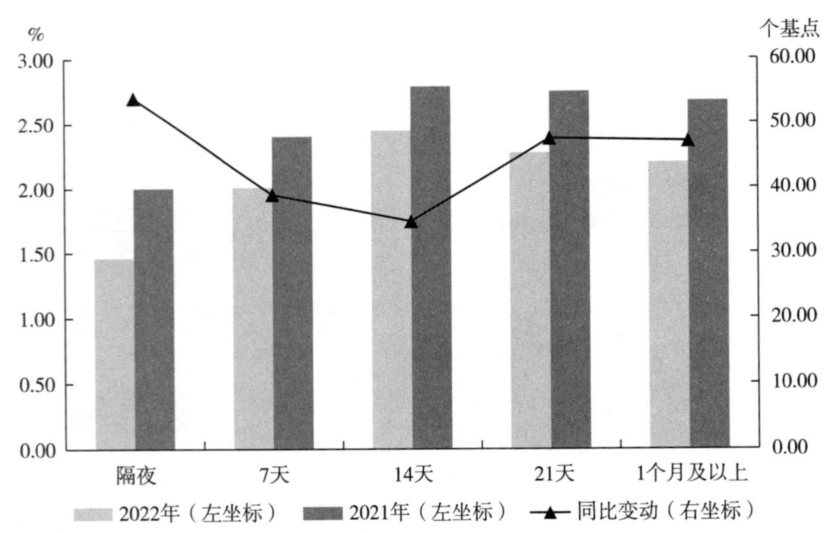

图 6 北京地区质押式回购各期限加权平均利率及变化

二、现券交易同比增长，债券发行量小幅增长，净融资同比下降

（一）现券交易量同比增长，到期收益率全面下行

现券交易量同比增长。2022 年，北京地区金融机构现券买卖成交 96.70 万亿元，同比增长 25.21%，现券买卖成交量占全国交易量的 17.83%，占比较 2021 年下降 0.19 个百分点。证券公司、大型商业银行、股份制商业银行、基金和理财

产品交易量较大，分别成交 45.00 万亿元、14.20 万亿元、11.15 万亿元、6.68 万亿元和 4.01 万亿元，其中证券公司、基金和股份制商业银行成交量分别同比增长 49.06%、30.49% 和 27.46%，大型商业银行和理财产品成交量同比下降 4.58% 和 10.82%。现券交易品种中，政策性金融债、同业存单和国债成交量较大，分别为 27.43 万亿元、24.26 万亿元和 20.19 万亿元，同比分别增长 17.98%、26.63% 和 34.48%。

2022 年，北京地区现券净卖出 3 599.35亿元，较上年同比增长 8.26 倍。从机构类型看，债券卖出方集中为股份制商业银行、大型商业银行和证券公司，分别净卖出 18 660.22 亿元、14 663.22 亿元和 6 218.06 亿元。债券买入集中在基金、政策性银行、理财产品和银行理财子公司理财产品，分别净买入 9 080.13 亿元、9 033.87 亿元、4 863.05 亿元和 4 320.76亿元（见图 7）。从债券品种看，债券卖出集中在国债、超短期融资券、地方政府债和商业银行普通金融债，净卖出金额分别为 5 595.59 亿元、5 563.88 亿元、4 264.62 亿元和 1 568.14 亿元。买入集中在同业存单、政策性金融债和中期票据，净买入金额分别为 10 665.30 亿元、5 176.00 亿元和 780.65 亿元。

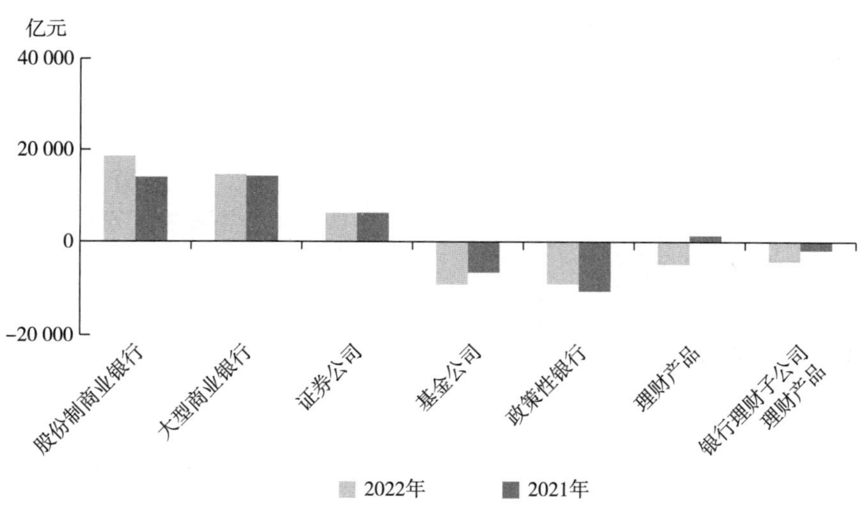

图 7　北京地区各类金融机构净卖出债券分布

2022 年，债券平均到期收益率 2.68%，同比下行 44 个基点。从债券品种看，成交量较大的政策性金融债、同业存单、国债加权平均到期收益率分别为 2.68%、2.21%、2.39%，分别同比下行 42 个、46 个、31 个基点。

（二）债券发行量小幅增长，净融资同比下降

北京地区债券发行量同比增长，净融资同比下降。2022 年，北京地区在全市场累计发行债券（扣除国债、央行票据）17.02 万亿元，同比增长 1.38%；到期 14.01 万亿元，同比增长 11.58%。净融资 3.01 万亿元，同比下降 28.87%。其中，金融债、同业存单、短期融资券、资产支持证券、中期票据、公司债分别发行 7.34 万亿元、6.11 万亿元、1.31 万亿元、0.53 万亿元、0.74 万亿元、0.40 万

亿元，其中金融债、同业存单和中期票据发行量同比增长5.91%、5.85%和33.29%，短期融资券、资产支持证券和公司债发行量同比分别下降11.01%、49.83%和11.85%。

2022年，3年期国债发行利率2.42%，较上年下行46个基点。信用利差和期限利差均呈现缩小态势，2022年3年期中期票据AA+级与AAA级利差34个基点，较上年同比下行32.78个基点；国债10年期和1年期利差82个基点，较上年同比下降1个基点（见表1）。

表1 主要债券品种发行加权平均利率

单位：%

债券品种	2022年	2021年	同比变化（基点）
国债3年期限	2.4242	2.8803	-45.61
中期票据（3年期AAA级）	2.9765	3.4325	-47.04
中期票据（3年期AA+级）	3.3131	4.0969	-78.38
信用利差（中票3年AA+-AAA）（基点）	35.10	66.44	-31.34
期限利差（国债10年-1年）（基点）	82.39	83.83	-1.44

三、人民币兑美元先升后贬，银行间外汇市场结售汇和外币对交易小幅下降

2022年，人民币兑美元呈先升后贬的波动走势，其间，人民币兑美元汇率中间价最大值7.2555，最小值6.3014，波幅15.14%。

（一）结售汇交易小幅下降

2022年，外汇市场结售汇交易合计成交折合26.47万亿美元，同比下降11.81%。其中，结汇降幅较大，结汇累计成交折合13.13万亿美元，同比下降11.92%。按交易品种划分，外汇掉期交易占比最大，累计成交折合17.84万亿美元，同比下降6.59%；外汇即期累计成交折合8.14万亿美元，同比下降19.95%；外汇远期交易累计成交折合956.24亿美元，同比增长16.80%。

（二）外币对交易降幅较小

2022年，外币对累计成交折合1.46万亿美元，同比下降7.21%。外币对交易相对集中在欧元/美元、美元/港元交易，同比分别下降7.04%、25.41%，美元/日元交易增长较大，增长24.06%。从交易品种看，掉期交易累计成交折合1.29万亿美元，同比下降4.75%；即期交易累计成交折合2 267.44亿美元，同比下降19.21%；远期交易累计成交折合44.79亿美元，同比下降4.56%。

四、黄金市场量价双增

2022年，全球黄金需求创近十年新高，受全球黄金需求增加影响，黄金价格总体价格上行，北京地区黄金市场交易量增长明显。

（一）黄金价格上行

2022年，上海黄金交易所现货主力合约品种Au99.99，年初开盘价373.00元/克，年末收于410.49元/克，涨幅10.05%；Au99.99最高价418.00元/克，最低价275.05元/克，波幅74.88%，同比波幅扩大20.60个百分点。

（二）黄金市场交易量增长明显

北京地区黄金交易量同比增长，实际提货量同比下降。2022年，北京地区交易所会员黄金买卖累计成交14 141.93吨，同比增长17.93%。从成交方向上看，黄金买入成交7 601.39吨，同比增长

19.13%，卖出成交6 540.54吨，同比增长16.56%；从交易方式上看，自营交易成交13 408.60吨，同比增长26.79%，代理交易成交733.33吨，同比下降48.21%；实际提货量354.16吨，同比下降25.25%。

五、票据市场利率小幅下行，业务规模总体增长

（一）票据利率小幅下行

2022年，辖内银行票据贴现月加权平均利率小幅下行（见图8）。2022年12月，辖内银行票据贴现月加权平均利率为1.53%，同比下行62个基点，其中贴现、转贴现加权平均利率分别为1.63%、1.48%，同比分别下行90个、43个基点，比6个月（含）期以内的贷款加权平均利率分别低197个、212个基点。

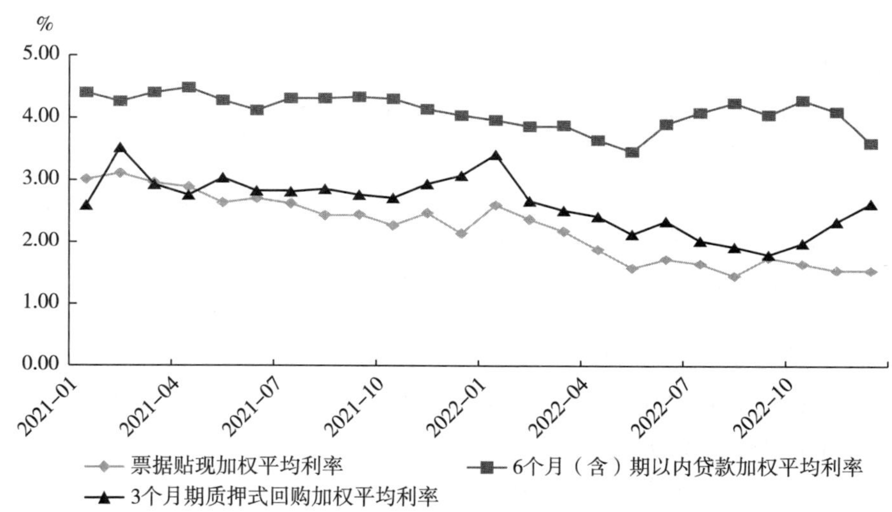

图8 北京地区金融机构票据利率与贷款及质押式回购利率对比

（二）票据业务规模总体增长

辖内金融机构银行承兑汇票贴现累计发生额、再贴现累计发生额同比双增。2022年，北京地区法人金融机构银行票据承兑累计发生额为9 436.37亿元，同比增长7.94%，承兑余额5 036.38亿元，同比增长12.24%。2022年，贴现累计发生额为7 587.97亿元，同比增长15.08%，贴现余额为8 277.83亿元，同比增长32.12%。2022年，再贴现累计发生额为951.32亿元，同比增长0.63%，再贴现余额309.99亿元，同比增长11.12%。

（韦文彬　姜颖）

证券市场

一、证券市场总体运行情况

截至 2022 年末，上证指数收于 3 089.26 点，全年下跌 543.07 点，跌幅 14.95%；深证指数收于 11 015.99 点，全年下跌 3 775.32 点，跌幅 25.52%；沪深 300 指数收于 3 871.63 点，全年下跌 1 046.14 点，跌幅 21.27%；创业板指数收于 2 346.77 点，全年下跌 903.39 点，跌幅 27.80%。

截至 2022 年末，证券行业总资产规模 11.06 万亿元，较年初增长 4.44%；净资产规模 2.79 万亿元，较年初增长 8.56%；净资本为 9 280.81 亿元，客户交易结算资金余额 1.83 万亿元，资产管理业务受托资金总额 9.28 万亿元。

2022 年，行业 140 家证券公司全年实现营业收入 3 949.73 亿元，其中，代理买卖证券业务净收入（含席位租赁）906.10 亿元、证券承销与保荐业务净收入 662.45 亿元、财务顾问业务净收入 74.89 亿元、投资咨询业务净收入 59.74 亿元、资产管理业务净收入 270.97 亿元、证券投资收益（含公允价值变动）1 277.47 亿元、利息净收入 633.21 亿元，全年实现净利润 1 423.01 亿元。

证券公司目前注册从业人员数 350 342 人，其中，一般从业人员 208 162 人，证券经纪业务营销人员 438 人，证券经纪人 43 259 人，证券投资咨询业务（分析师）4 053 人，证券投资咨询业务（投资顾问）74 001 人，保荐代表人 7 890 人，投资主办人 871 人。

二、北京辖区证券市场总体情况

（一）北京辖区市场概况

2022 年北京辖区证券市场继续保持稳健发展态势，实现安全平稳运行。截至年末，北京辖区有 18 家证券公司、629 家证券分支机构，其中，包括 112 家分公司和 517 家营业部。

2022 年，辖区 18 家证券公司资产总额为 16 908.83 亿元，净资产总额为 3 764.15 亿元，净资本总额为 2 810 亿元，累计净利润 227.13 亿元。

2022 年，辖区营业部证券交易金额为 79.37 万亿元，其中，股票交易额 31.48 万亿元，基金交易额 2.69 万亿元。辖区营业部资金账户开户数 1 885.49 万户。

（二）证券业务具体情况

2022 年，辖区证券公司营业收入主要集中在证券经纪业务、证券自营业务、投资银行业务、资产管理业务等。辖区 18 家证券公司营业收入总额为 617.11 亿元，其中，投资收益 315.60 亿元，投资银行业务净收入 149.13 亿元，代理买卖证券业务净收入 110.04 亿元，资产管理业务净收入 29.66 亿元。

1. 经纪业务情况

2022 年，北京辖区证券公司 A 股证券交易金额累计 45.87 万亿元，指定与托管证券市值 10.84 万亿元，客户交易结算资金余额 2 239.99 亿元。

截至 2022 年末，北京辖区证券公司资金账户数为 3 205.20 万户，其中，个人账户 3 197.36 万户，机构账户 7.84 万户。

2. 投行业务情况

2022 年，北京辖区证券公司共完成 170 家公司首发上市，承销金额 3 791.47 亿元；完成 79 家公司增发（含公开增发和非公开发行），承销金额 3 125.56 亿元；完成公司债承销项目 718 个，承销金额 8 561.17 亿元。

3. 资管业务情况

2022 年，北京辖区证券公司受托资金规模 15 166.67 亿元，其中，公募基金（含大集合）管理规模 211.84 亿元，集合计划产品管理规模为 5 005.57 亿元，定向资产计划管理规模 5 985.41 亿元，专项资产计划管理规模 3 963.84 亿元。

4. 两融业务情况

2022 年，北京辖区证券公司信用资金账户数量 75.58 万户，融资融券余额 1 850.57亿元，其中融资金额 1 694.12 亿元，融券金额（市值）156.45 亿元。

（刘姜）

基金行业发展情况

截至 2022 年底，全行业公募基金管理机构管理公募基金产品 10 576 只，管理规模为 260 311.89 亿元。基金管理公司管理的资管产品（含养老金）10 814 只，管理规模为 94 685.06 亿元。基金子公司管理的资管产品 3 521 只，管理规模为 19 202.95 亿元。

一、北京辖区基金业发展情况

北京辖区公募基金管理人管理公募基金产品 2 388 只，基金资产净值合计 54 915.90亿元，占全行业的 21.09%，管理专户产品 2 655 只（含养老金），管理规模为 32 017.72 亿元，占全行业的 33.79%。基金子公司管理产品 1 007 只，管理规模为6 766.58亿元，占全行业的 35.24%。年内辖区共发行基金 354 只，募集规模合计 3 780.45 亿元。

二、主要特点

一是各类基金经营机构业态丰富齐全。截至 2022 年末，北京辖区共有公募基金管理人 39 家（基金管理公司 36 家），基金公司分公司 92 家，基金专户子公司 18 家，基金销售子公司 4 家，独立基金销售机构 32 家，各类基金经营机构呈现多样化发展态势。

二是创新产品主动服务国家战略。2022 年，辖区多家基金公司发行设立基础设施公募基金、北京证券交易所主题基金、科创板主题基金、ESG 基金等创新产品，从专业机构投资者角度支持“双碳”“共同富裕”、第三支柱养老等国家战略。

（汪杰）

私募基金行业发展情况

一、私募基金行业总体情况

截至2022年末，全国存续已登记私募基金管理人23 667家，较上年末下降3.8%；管理基金数量145 048只，较上年末增长1.61%；管理基金规模20.03万亿元，较上年末增长0.11%。

从私募基金管理人类别看，私募证券投资基金管理人9 023家，较上年末增长0.08%；私募股权、创业投资基金管理人14 303家，较上年末下降0.13%；其他私募投资基金管理人332家，较上年末下降1.48%；私募资产配置类管理人9家，较上年末无变化。

二、北京辖区私募基金行业发展情况

截至2022年末，辖区（注册地在北京）存续已登记私募基金管理人3 970家，较上年末下降7.59%；管理基金数量22 914只，较上年末增长16.38%；管理基金规模4.42万亿元，较上年末增长3.76%；涉及投资者25.53万名，较上年末增长9.81%。管理人数量、管理基金数量、管理基金规模分别约占全国的16.77%、15.80%、22.07%，全国排名均为第二位。

其中，私募证券投资基金管理人1 343家，管理基金数量12 956只，管理基金规模8 407亿元；私募股权、创业投资基金管理人2 567家，管理基金数量9 716只，管理基金规模34 549亿元；其他私募投资基金管理人57家，管理基金数量236只，管理基金规模1 220亿元；私募资产配置类管理人3家，管理基金数量6只，管理基金规模6亿元。

（贾若）

期货市场

一、期货市场总体情况

2022年，期货市场运行平稳，成交量较上年有所回落，整体规模依然较大。全年期货和期权新品种上市16个，截至年末，中国场内期货期权品种数量达110只，期货市场产品体系更加完善。全国期货市场客户保证金14 780.89亿元，同比增长25.09%；以单边计算，全年期货市场累计成交量67.68亿手，同比下降9.93%；成交金额534.93万亿元，同比下降7.96%。

二、北京辖区期货市场总体情况

2022年，辖区期货市场继续保持稳健发展态势，总体运行平稳。

机构数量平稳增加，资本实力整体稳定。截至年末，北京辖区共有20家期货公司、119家分支机构，同比增加1家期货公司。辖区3家期货公司年内完成增资，合计26.92亿元。截至2022年末，辖区公司注册资本、净资产和净资本分别为140.25亿元、

228.53 亿元、135.41 亿元，分别同比增长 23.75%、19.12%、11.49%。

客户数量及保证金规模上升，客户结构进一步优化。截至年末，辖区客户账户合计 106.52 万个，活跃账户数为 37.50 万个，同比增长 4.77%。辖区期货公司客户权益 1 581.87 亿元，同比增长 12.61%。其中机构活跃账户 1.37 万个，机构客户保证金规模 1 134.79 亿元，同比增长 15.97%。

市场交易规模平稳，盈利能力下降。全年期货公司代理交易量 13.79 亿手，全国占比 10.19%，期货代理交易额合计 98.57 万亿元，全国占比 9.21%，与上年基本持平。2022 年辖区公司营业收入 50.69 亿元，同比下降 17.85%；手续费收入 30.22 亿元，同比下降 18.95%；净利润 15.03 亿元，同比下降 25.14%。

（王飞）

保险市场

2022 年，北京保险业总体规模稳步扩大，业务经营稳健发展，整体实现“量增速稳质优”。

一、保费整体规模平稳增长

2022 年，北京保险业累计实现原保险保费收入（以下简称保费收入）2 758.49亿元，居全国第四位；比上年增长 9.16%，高于全国平均水平 4.58 个百分点，居全国第四位。其中，财产险业务保费收入 479.13 亿元，比上年增长 8.04%；寿险业务保费收入 1 724.17 亿元，比上年增长 15.04%；健康险业务保费收入 506.69 亿元，比上年下降 2.98%；意外险业务保费收入 48.50 亿元，比上年下降 22.33%。

二、业务经营稳健发展

2022 年，北京地区财产险公司综合费用率 29.27%，比上年下降 2.23 个百分点，且低于全国平均水平 0.14 个百分点；承保利润率 2.65%，比上年上升 1.33 个百分点，且高于全国 1.67 个百分点。人身险公司寿险业务新单期交率达 63.71%，比上年上升 1.56 个百分点，且高于全国平均水平 7.55 个百分点；退保率 1.84%，低于全国平均水平 0.87 个百分点。

三、保险保障作用有效发挥

2022 年，北京保险业累计承担风险保障 2 558.31 万亿元，居全国第一位，占全国的 18.70%。累计赔付支出 776.02 亿元，其中责任险、企业财产险和寿险的赔付支出比上年分别增长 26.08%、12.03% 和 7.03%。积累寿险和长期健康险责任准备金 9 555.70 亿元，比上年增长 16.99%。

（张欣冉）

要素市场

2022 年，北京市要素市场实现交易额 10.29 万亿元。其中，北京产权交易所企业国有资产成交金额 4 358.69 亿元，同比增长 7.78%，中央企业国有产权转让项目、国有增资项目市场占有率均达六成，继续保持全国领先地位；北京电力交易中心完成省间清洁能源交易电量 5 241 亿千瓦时，累计减少标煤燃烧 1.61 亿吨；北京铁矿石交易中心铁矿石现货成交量 6 088万吨，平台交易规模继续保持全球领先地位。

（吴茜）

三、发展与监管

银行业发展与监管

▲政策性银行

一、基本情况和重大变更事项

（一）基本情况

2022年末，中国进出口银行北京分行、中国农业发展银行北京市分行、中国农业发展银行总行营业部（以下简称政策性银行在京机构）资产总额4 945.55亿元，负债总额4 938.44亿元，营业收入11.85亿元，净利润-3.87亿元，各项存款余额717.62亿元，各项贷款余额4 827.65亿元，所有者权益7.10亿元。

（二）重大变更事项

1月26日，中国进出口银行北京分行党委书记、行长李莅因涉嫌严重违纪违法，接受中央纪委国家监委驻中国进出口银行纪检监察组纪律审查和云南省监委监察调查。2022年1月28日，李莅被免去中国进出口银行北京分行党委书记、行长职务。

2月15日，中国进出口银行四川省分行行长刘宏彦代为履行北京分行行长职务。

3月15日，中共中国农业发展银行委员会免去阙刚总行营业部副总经理职务。

5月6日，中共中国农业发展银行委员会任命齐海燕为北京市分行党委委员、副行长。

5月17日，中国进出口银行总行任命原四川省分行行长刘宏彦为北京分行党委书记、行长。

5月23日，中共中国农业发展银行委员会任命陈广林为北京市分行党委委员、副行长。

5月31日，中共中国农业发展银行委员会任命陈书文为北京市分行党委委员、副行长。

6月6日，中国进出口银行总行任命原公司客户部副总经理平凡为北京分行党委委员、副行长。

6月7日，中共中国农业发展银行北京市分行委员会任命吴瑾为大兴区支行党支部书记、行长。

6月8日，中共中国农业发展银行委员会任命李文武为北京市分行党委书记、行长。

6月8日，中共中国农业发展银行委员会免去周桂娟北京市分行党委书记、行长职务。

6月28日，中国进出口银行北京分行成立内控合规处，与风险管理处合署办公。

7月25日，中共中国农业发展银行北京市分行委员会任命白靖为房山区支行行长。

8月5日，中共中国农业发展银行北京市分行委员会任命沈昌为密云区支行党支部书记、行长。

8月19日，中共中国农业发展银行委员会免去王富君总行营业部总经理职务。

8月22日，中共中国农业发展银行委员会免去李楠北京市分行党委委员、副行长职务。

9月30日，中共中国农业发展银行委员会免去杜晓力北京市分行党委委员、副行长职务。

10月13日，中共中国农业发展银行北京市分行委员会任命尹凯为平谷区支行党支部书记、行长。

10月25日，中共中国农业发展银行北京市分行委员会任命李松为西三环支行党支部书记、行长。

10月28日，中共中国农业发展银行北京市分行委员会任命王强为分行营业部党支部书记、总经理，中共中国农业发展银行北京市分行委员会任命曹燕红为顺义区支行党支部书记、行长。

11月7日，中国进出口银行总行决定免去郑伟中国进出口银行北京分行党委委员、纪委书记、副行长职务；中国进出口银行总行决定支昱任中国进出口银行北京分行党委委员、纪委书记。

11月23日，中共中国农业发展银行北京市分行委员会任命张磊为延庆区支行党支部书记、行长。

11月24日，中共中国农业发展银行委员会任命田丰为总行营业部总经理。

11月28日，中共中国农业发展银行北京市分行委员会任命娄向洁为通州区支行党支部书记、行长，任命杨曦为昌平区支行党支部书记、行长，任命刘国云为平谷区支行党支部书记、行长。

二、金融产品创新和金融服务

中国进出口银行北京分行积极发挥政策性金融逆周期调节作用，在支持国家战略、履行社会责任等方面积极服务经济社会发展，取得了一定的成效。一是服务国家战略实施，投放开发性金融工具金额26.76亿元；“一带一路”贷款余额187.76亿元，比年初增加44.19亿元，增长30.78%；能源保供贷款余额110.93亿元，比年初增加29.35亿元，增长35.98%。二是服务外经贸发展，外贸产业贷款余额768.99亿元，较年初增加255.05亿元，增长49.63%；对外贸易贷款余额688.86亿元，较年初增加220.85亿元，增长47.19%。三是信用风险化解取得一定的进展，不良贷款余额和不良贷款率实现“双降”。

中国农业发展银行北京市分行首次开展小微企业转贷款业务，发放涉农小微企业转贷款1亿元，将政策性银行惠农政策延伸至农户、新型农业经营主体和小微企业等对象。加大服务“三农”和乡村振兴政策性金融支持力度，加强特色领域贷款投放。截至2022年末，乡村振兴相关贷款余额119.63亿元，比年初增加6.33亿元，增长5.59%。绿色信贷余额56.93亿元，比年初增加35.05亿元，增长1.6倍。保障性住房相关贷款余额68.53亿元，比年初增加1.35亿元。

中国农业发展银行总行营业部服务国家粮食安全战略，截至2022年末，粮棉油储备贷款余额963.67亿元，比年初增加124.49亿元，增长14.84%；调控粮油贷款余额507.04亿元，比年初增加182.46亿元，增长56.21%。服务保障国家战略物资储备计划实施，相关贷款余额423.32亿元，较年初增加61.71亿元，增长17.06%。

三、存在的问题和风险

业务合规性需进一步提高，内控管理、经营管理存在一定的薄弱环节，数据治理水平需提升，改革发展方向需进一步明晰。信用风险防控形势比较严峻，贷款集中度风险需高度关注，农业发展银行城市分行发展问题相对突出。

四、监管工作情况

一是督导政策性银行在京机构坚守职能定位，积极服务国家战略实施，支持重大项目建设。强化投后管理，规范转贷款业务。二是督导政策性银行在京机构持续加大风险防控力度，层层压实风险管控和不良处置主体责任，前瞻性应对内外部复杂严峻形势，综合多种处置手段，做好重点风险防范化解。三是督导政策性银行在京机构不断加强清廉文化建设，深入排查案件风险隐患，持续跟进相关案件进展。

（刘雅文　孔健）

▲国家开发银行

一、基本情况和重大变更事项

（一）基本情况

2022年末，国家开发银行北京市分行、国家开发银行战略客户部（以下简称开发银行在京机构）资产总额13 621.75亿元，负债总额13 411.94亿元，营业收入94.43亿元，净利润27.81亿元，各项存款余额1 768.69亿元，各项贷款余额12 599.42亿元，所有者权益29.79亿元。

（二）重大变更事项

5月19日，国家开发银行党委免去赵耀中战略客户部总经理职务。任命邵立波为战略客户部总经理。

6月14日，国家开发银行免去李忠阳北京市分行党委委员、副行长职务。

2022年，国家开发银行战略客户部进行机构改革，明确职能定位为负责有关中央企业直营业务并以总行名义对外经营。

二、金融产品创新和金融服务

开发银行在京机构运用开发性金融功能，发挥中长期融资作用，服务国家战略，支持经济社会重点领域和薄弱环节，稳住经济大盘。一是服务国家战略实施。2022年，国家开发银行北京市分行完成3个项目、金额合计9.73亿元基金投放，完成1亿元“保交楼”专项贷款发放，完成0.18亿元设备更新改造专项再贷款发放。截至2022年末，国家开发银行战略客户部能源保供贷款余额273.45亿元，比年初增加196.95亿元，增长3.17倍。二是服务高质量发展。加大对制造业转型升级和高质量发展支持力度，截至2022年末，制造业贷款余额2 155.77亿元，比年初增加346.33亿元，增长19.14%；科技贷款余额703.2亿元，比年初增加218.13亿元，增长44.97%。三是服务薄弱环节取得一定的成效。积极开展小微企业转贷款业务，截至2022年末，小微企业转贷款余额95.90亿元，较年初增加22.9亿元，增长31.37%。

三、存在的问题和风险

内控合规管理仍需加强，信贷业务管理压力较大，信用风险防控形势较为严峻，集团客户风险需重点关注。跨境业务国别风险相对突出。

四、监管工作情况

一是督导开发银行在京机构加大信用风险防控力度。二是督导开发银行在京机构坚守职能定位，发挥开发性金融作用，持续提升服务实体经济质效。三是针对开发银行在京机构风险管理和内控有效性开展现场检查。四是引导开发银行在京机构与中关村科技融资担保有限公司建立“融资+担保”合作机制，探索解决中小微企业融资难、融资贵问题。

（刘雅文　孔健）

▲商业银行（一）工、农、中、建、交、邮储6家银行

一、基本情况和重大变更事项

（一）基本情况

截至2022年末，中国工商银行北京市分行、中国农业银行北京市分行、中国银行北京市分行、中国建设银行北京市分行、交通银行北京市分行、中国邮政储蓄银行北京分行（以下简称辖内大型银行）资产总额125 724.93亿元，比上年增长12.42%，其中各项贷款余额44 904.62亿元，比上年增长12.28%；负债总额124 585.9亿元，比上年增长12.46%，其中各项存款余额95 580.96亿元，比上年增长7.98%。所有者权益总额1 139.03亿元，同比增长8.01%。累计净利润949.37亿元，同比增长10.74%。不良贷款余额比上年增长28.54%，不良贷款率比上年上升0.06个百分点。截至2022年末，辖内大型银行共有机构网点2 270家（含分行），比上年减少46家。其中，分行16家，比上年增加1家；支行1 820家，比上年减少30家；分理处5家，比上年减少7家；储蓄所6家，比上年减少10家；邮政代理营业机构423家，比上年减少1家。共有纳入监管范围的高级管理人员79人。

截至2022年末，辖内大型银行在职员工共56 344人。其中，中国工商银行北京市分行18 374人，中国农业银行北京市分行8 392人，中国银行北京市分行9 702人，中国建设银行北京市分行11 770人，交通银行北京市分行4 361人，中国邮政储蓄银行北京分行3 745人。

（二）重大变更事项

汪旭升任中国工商银行北京市分行行长助理，曲琰不再任中国工商银行北京市分行副行长。

中国工商银行北京中关村支行升格为中国工商银行北京中关村分行。

潘端升任中国工商银行北京中关村分行行长，蒋健、刘强、黄树乾、栗阳任中国工商银行北京中关村分行副行长，赖莹任中国工商银行北京通州分行行长助理。

曹战京任中国农业银行北京自贸试验区分行行长。

阎英狄任中国农业银行北京经济技术开发区分行行长，马胜伟任中国农业银行北京经济技术开发区分行副行长。

江泉任中国农业银行北京城市副中心分行行长，吕兆哲任中国农业银行北京城市副中心分行副行长。陈静不再任中国农业银行北京城市副中心分行行长，冀芳、马胜伟不再任中国农业银行北京城市副中心分行副行长。

王晓明任中国银行北京市分行行长，王志恒不再任中国银行北京市分行行长。颜冰任中国银行北京市分行副行长，田辉、金瑜铭不再任中国银行北京市分行副行长。

杜超任中国银行北京通州分行行长，徐靖不再任中国银行北京通州分行副行长。

张崇任中国银行北京经济技术开发区分行副行长、刘井川任中国银行北京经济技术开发区分行行长助理。

王林、姜杰任中国建设银行北京市分行副行长，吴泼伟、谢东不再任中国建设银行北京市分行副行长。

陆楠任中国建设银行北京中关村分行行长，王威任中国建设银行北京中关村分行副行长。栾文生不再任中国建设银行北京中关村分行行长，胡洁群不再任中国建

设银行北京中关村分行副行长。

白茹任中国建设银行北京通州分行副行长，段云龙不再任中国建设银行北京通州分行副行长。

单继东、梁非任交通银行北京市分行副行长，王冠不再任交通银行北京市分行副行长。

袁文旭、刘林艳任交通银行北京通州分行副行长，张庚、马华不再任交通银行北京通州分行副行长。

周颖辉任中国邮政储蓄银行北京分行党委书记（拟任行长），杜春野不再任中国邮政储蓄银行北京分行行长。

二、金融产品创新和金融服务

（一）普惠金融服务实现增量扩面，让利实体力度更大

2022 年，辖内大型银行不断拓展普惠金融服务的广度和深度，服务普惠小微见实效。一是普惠型小微企业贷款规模快速增长。截至 2022 年末，辖内六家大型银行普惠型小微企业贷款余额较年初增长 26. 46%。其中，中国工商银行北京市分行、中国建设银行北京市分行贷款余额均达 500 亿元以上，合计占辖内大型银行的 58. 1%。二是继续落实好无还本续贷相关政策。截至 2022 年末，辖内大型银行无还本续贷余额 249. 55 亿元，累计续贷率为 34. 92%。三是首贷实现金额和户数“两增”。截至 2022 年末，辖内大型银行首贷金额较上年增长 38. 66%、户数较上年增加 2 114 户。四是普惠型小微企业贷款利率持续压降。2022 年新发放普惠型小微企业贷款平均利率比上年下降 0. 10 个百分点，低于全辖平均 0. 71 个百分点。五是加大乡村振兴领域信贷投放。截至 2022 年末，辖内大型银行涉农贷款余额较年初增长 22. 53%。

（二）立足首都经济社会发展，提升重点领域金融服务有效性

2022 年，辖内大型银行聚焦重大战略实施和重点项目建设，进一步优化重点领域金融服务。一是全力保障北京冬奥金融服务。中国银行北京市分行从组织保障、沟通联系、应急处置等方面完善工作机制，创新冬奥专属产品，为北京冬奥会和冬残奥会提供便捷高效、绿色安全、科技智能的金融服务，实现“零投诉、零差错、零事故、零感染”服务目标。二是构筑北京“两区”建设金融服务优势。辖内大型银行围绕“两区”建设规划，在跨境投融资、离岸金融服务便利化、跨国集团现金管理等方面积极探索，提供有力金融支持。2022 年，辖内大型银行通过升格、新设等方式设立“两区”网点 17 家，其中自贸试验区内网点 1 家。三是大力发展绿色信贷。截至 2022 年末，辖内大型银行绿色信贷余额较年初增长 30. 27%。四是助力全国文化中心建设。截至 2022 年末，辖内大型银行文创产业贷款余额较年初增长 3. 39%。五是加快科创金融产品和工具创新，更好满足科创企业多层次、跨周期的金融服务需求。截至 2022 年末，辖内大型银行科技型贷款余额 2 194. 46 亿元，较年初增长 24. 67%。中关村科创金融服务中心创建以来，中国工商银行北京市分行、中国银行北京市分行、中国建设银行北京市分行充分把握先行先试机会，实现认股权贷款等创新型业务落地。

三、存在的问题和风险

2022 年，受新冠疫情反复、经济结构调整等多重因素影响，辖内大型银行资产质量持续承压，信用风险反弹压力增大。部分银行信贷管理不规范问题仍较为

突出，代销行为需进一步规范，内控合规管理质效仍需提升，操作风险防控机制有待完善，综合金融服务水平有待提升，创新意识仍需增强。

四、监管工作情况

（一）增量提质支持实体经济

督导辖内大型银行落实党中央决策部署，加强对重点行业和领域的支持。推动小微企业贷款降本增量，首贷户和首贷余额实现“两增”。支持中国工商银行、中国农业银行、中国银行、中国建设银行辖内分行首批入驻中关村科创金融服务中心，实现并购贷款、认股权贷款等产品落地。与东城区共建国家文化与金融合作示范区金融服务机制，入选“两区”改革创新实践案例，推动对接文娱企业融资需求。

（二）政策引领服务新市民

首批发布金融服务新市民地方性文件，建立工作督导机制，召开工作推进会、座谈会，并进行实地调研走访；与北京市银行业协会及家政和房地产中介协会建立联系机制，对接新市民聚集行业企业金融需求；研究新市民身份识别方式，建立统计监测月报制度，科技赋能提升工作质效。辖内大型银行全年共推出新市民创业信贷产品 9 种、专属消费信贷产品 3 种、专属银行卡 7 种；专属消费信贷产品贷款余额近 3 亿元，专属银行卡发卡量占全辖区的 41.29%。

（三）防处并举管控信用风险

建立辖内大型银行信用风险排查及跟踪监测机制，逐行、逐户跟进信用风险状况和不良处置情况。调研辖内大型银行不良贷款处置方式，拓展不良贷款处置工作思路。

（四）大数据助力业务治理

运用金融大数据持续筛查辖内大型银行风险预警信息，督促各行深入核查，严肃整改。针对大型企业集团对外融资过度、信用风险频发等问题，探索研发信息数据共享平台，助力银行业金融机构破除信息壁垒，加强事前数据预警，前端防范信用风险。

（五）清廉文化引领案件风险防控

针对大型银行员工和网点多的实际情况，充分发挥监管监督合力，推动加大员工行为排查力度。巩固提升清廉金融文化建设成效，制订实施方案，建立信息报送机制，将政策宣教纳入月度监管走访内容，要求各行宣讲工作实现“双覆盖”。

（六）营造良好金融服务环境

深入开展涉企收费、侵害个人信息权益乱象整治，对辖内大型银行部分网点开展现场督查。依法高效开展举报核查、行政复议和诉讼受理，切实维护金融消费者合法权益。全年完成审批各类行政许可事项 71 件，为近 2 400 家网点更换金融许可证。开展疫情防控线上督查，全力保障金融消费者生命健康安全。

（杨四全）

▲商业银行（二）其他商业银行

一、基本情况和重大变更事项

（一）基本情况

截至 2022 年末，中信银行北京分行、中国民生银行北京分行、中国光大银行北京分行、华夏银行北京分行（含华夏银行北京城市副中心分行）、招商银行北京分行、上海浦东发展银行北京分行、广发银行北京分行、兴业银行北京分行、平安银行北京分行、渤海银行北京分行、浙商银行北京分行、恒丰银行北京分行等辖内股份制商业银行资产总额 66 538.57 亿元，比上年增加 1 434.13 亿元，增速 2.20%，其中贷款余额 22 974.86 亿元，较年初增加2 050.82亿元，增速9.80%。负债总额66 124.21亿元，较年初增加1 477.93亿元，增速2.29%，其中存款余额57 258.62亿元，较年初增加3 797.74亿元，增速7.10%。全年累计实现净利润331.05亿元。截至2022年末，辖内股份制商业银行在京营业机构数共计854家，比上年增加18家。从业人员共计27 909人，其中高管人员（分行级）85名。

（二）重大变更事项

2022年，贺劲松任中信银行北京分行行长，郝超任兴业银行北京分行行长，高奇志任广发银行北京分行行长，王文钢任浙商银行北京分行行长。

二、金融产品创新和金融服务

（一）积极支持小微企业，大力发展普惠金融

一是设置专业机构，加强小微企业服务力度。辖内股份制银行成立普惠金融部，部分银行针对普惠个贷成立营销团队，承担包括普惠型小微企业主、个体工商户贷款的营销服务职能，推动小微企业主客群融资服务。二是创新金融产品，响应小微企业融资需求。中国光大银行北京分行推出“保微贷”产品，向已获得中国投资担保股份有限公司提供的还款保障的小微企业提供满足其正常生产经营需要的短期流动资金，形成对抵押类产品的有效补充。该产品准入门槛较低，无须企业纳税信息，具有操作简便、担保费低、抵押率高的特点。三是降低融资成本。渤海银行北京分行建立内部资金转移优惠机制，在精准核算的基础上，动态调整符合优惠范围业务的内部资金转移价格。

（二）积极支持乡村振兴，加强农业农村现代化金融服务

一是加强组织领导，高度重视乡村振兴工作。部分股份行成立乡村振兴工作小组，明确职责分工，制订工作方案，出台激励措施，加强组织引导，积极履行社会责任，助力脱贫攻坚。二是为乡村基础设施建设提供融资支持。中国民生银行北京分行围绕北京市大兴区农村土地流转项目，对黄村、北臧村镇等农村集体经营性建设用地开发提供融资支持，合计发放贷款13亿元，为当地村民改善生活环境、增加收入提供金融支持。三是为农户及涉农企业提供金融支持。中国光大银行北京分行针对涉农企业融资难点，推出“阳光金仓贷”融资产品，通过“仓单质押+核心企业回购”的模式，满足粮食企业原粮收购阶段的融资需求。中国民生银行北京分行通过数字驱动、平台对接，相继推出多种产品，如以中粮集团为核心企业的“粮E贷”和以全国棉花交易市场为核心企业的“全棉通”定制化产品。四是扩大网点覆盖范围。平安银行北京分行通过网点覆盖的形式提升乡村基础金融服务水平，目前已为房山、昌平、大兴、平谷4个行政区的5个乡村提供了网点基础金融服务。同时布局中关村、北苑、总部基地、亦庄4家小微专营支行，拓展新发地、西南郊、东郊、顺义石门等农贸市场小微企业客户，缓解农贸企业在疫情困境下的资金流不足，助力首都“菜篮子”保供。

（三）发挥金融科技优势，全力支持科创企业发展

一是面向科创企业开发专属金融产品。兴业银行北京分行推出快易贷，面向具备“专精特新”资质的中小微企业，推出全线上专属债权融资产品，由系统自动核定申请企业的授信额度，期限最长可达18个月。上海浦东发展银行北京分行

开发设计包括银税贷、银信贷、云担贷、在线福费廷等在内的多款标准化在线融资产品，针对北京地区科技型上市公司、“专精特新”企业、新三板创新型企业等，推出专项金融服务产品。二是借助大数据，提升贷款效率。招商银行北京分行推出“招企贷”产品，基于客户征信、税务、结算、工商、司法、舆情等数据，为符合条件的企业客户提供线上化、无抵押、纯信用的贷款服务，最高授信额度达300万元。三是加强人才支持，助力企业发展。浙商银行北京分行推出“人才支持贷”，面向特定人才实际参与经营的小型微型企业发放，满足创业创新项目生产经营需要。

三、存在的问题和风险

资产质量存在一定的下行压力，大型企业集团信用风险需持续关注。部分银行内控管理仍存在薄弱环节，风险精细化管理程度有待提升，案件及操作风险需重点关注。个别银行仍一定程度上存在“重业绩、轻合规”现象，合规文化建设和合规管理有待进一步强化。

四、监管工作情况

（一）持续加强监管能力建设，全面提升监管效能

一是搭建沟通平台，强化政策传导。定期向辖内股份制商业银行通报整体经营情况及监管要求。召开纪委书记座谈会，传达监管关注重点。二是聚焦上级决策部署，创新形式督促落实。聚焦支持“专精特新”中小企业、加强新市民金融服务等主题开展走访调研，了解各行创新做法和经营成效，督导各行创新金融产品与服务，推动惠民政策落到实处。聚焦中国银行保险监督管理委员会（以下简称中国银保监会）关于提升金融服务适老化水平的要求，创新联合新闻媒体共同赴辖内营业机构走访，督导机构优化传统和智能化服务，提升金融服务人民群众的广度和深度。

（二）深化风险治理，着力防范重点领域风险

一是多措并举，前瞻性加强信用风险防控。紧盯各行信用风险，督导各行对表内外存量不良资产和大额关注类资产进行逐笔排查，提前制订应对预案。二是标本兼治，全面推进案件风险治理。向辖内股份制商业银行编发经验案例，推动各行在支行层级探索建立合规派驻制。下发专项监管意见，督导各行严格案件报送制度。三是内外联动，妥善处置外部风险传导。针对贷款资金流入“以房养老”骗局等外部风险，积极研判风险状况，切实防范外部风险向银行传导。

（三）全力支持首都经济恢复和高质量发展，提升金融服务质效

一是着力加强重点领域融资保障。引导辖内股份制商业银行持续加大信贷投放力度，增强信贷总量增长稳定性。更好发挥投资关键性作用，积极支持京津冀协同发展等重大战略实施和重点工程建设。丰富大宗消费金融产品，强化新消费领域金融服务，助力北京国际消费中心城市建设。二是提升普惠金融服务水平，有力稳企纾困。督导辖内股份制商业银行落实助企纾困政策，及时满足因疫情遇困企业的合理融资需求，努力实现住宿、餐饮、文旅、交通等受疫情影响严重行业信贷余额稳步增长。三是持续优化营商环境，支持“两区”建设。督导辖内股份制商业银行积极落实北京市高水平建设国家营商环境创新试点城市及5.0改革任务要求，找准自身发展与北京市“两区”建设的结合

点，用好用足政策，实现特色化发展。

（张梦冰）

▲城市商业银行（一）北京银行

一、基本情况和重大变更事项

（一）基本情况

截至2022年末，北京银行资产总额33 478.04亿元，较上年增长10.99%；负债总额30 428.35亿元，较上年增长11.72%；各项贷款余额17 488.89亿元，较上年增长7.50%；各项存款余额19 078.65亿元，比上年增长12.59%；实现利润243.55亿元，同比增长10.60%。

（二）重大变更事项

1. 高管变动情况

2022年，北京银行新选举产生董事长霍学文、独立董事林华，新任董事会秘书曹卓。

2. 机构发展情况

截至2022年末，北京银行设有一级分行14家，其中异地一级分行11家，北京地区3家；二级分行14家；分行级专营机构2家；全行设有支行607家，其中北京地区支行（含总行营业部）233家，并在中国香港和荷兰阿姆斯特丹设有代表处。从业人员17 980人（含劳务派遣人员），比上年增加1 454人。

二、金融产品创新和金融服务

2022年，北京银行持续鼓励加大普惠、零售、绿色、科创、制造业等领域贷款投放，全力支持实体经济发展，行业准入标准扩充至22个板块、135个细分领域。年内推出科企贷、发票贷等普惠金融产品，以及平安普惠消费贷、放心借等线上消费贷款产品，并创新推出儿童综合金融服务；大力推广“专精特新”企业专属信贷产品，全力促进金融活水精准滴灌“专精特新”企业；多方联动持续升级文化金融服务模式；首批开办个人养老金业务；推出新市民金融服务十二条举措，打造新市民综合金融服务体系。截至2022年末，北京银行普惠型小微企业（不含票据融资）贷款余额1 497.43亿元，较年初增加459.25亿元、增幅44.24%；境内投向制造业贷款余额1 466.64亿元，较年初增加236.03亿元、增幅19.18%；绿色贷款余额1 081.45亿元，较年初增加520.56亿元、增幅92.81%；涉农贷款余额885.81亿元，较年初增加159.71亿元、增幅22.00%；科技型企业贷款余额1 947.70亿元，较年初增加340.21亿元、增幅21.16%。

三、存在的问题和风险

公司治理有效性仍需提升，全面风险治理和内控管理有待加强，业务治理规范化水平仍需提升，数据治理基础有待夯实，差异化转型发展需进一步深化。

四、监管工作情况

（一）深化公司治理，推动党建与公司治理深度融合

探索完善党建和公司治理有机融合的具体路径机制，督导北京银行将加强党的领导、党委会职责写入公司章程，及时修订股东大会、董事会及各委员会议事规则等制度规范，持续提升股东股权和关联交易管理水平，加强董事会、高级管理层履职评估。强化清廉金融文化培育，推动清廉金融文化与审慎经营文化有机结合。完善激励约束机制，优化发展战略、治理机制、业务模式，走差异化、特色化、高质量发展道路。

（二）坚守市场定位，聚焦主业服务实体经济发展

坚持金融服务实体经济宗旨，引导银

行持续回归本源、专注主业、深耕本地，加大重点领域金融服务力度，推动小微企业贷款、民营企业贷款、制造业中长期贷款、科技企业贷款和绿色贷款占比稳中有升，切实提升新市民、乡村振兴、区域协调发展等领域金融服务能力。落实新政支持房地产合理融资需求，促进金融与房地产正常循环，持续做好风险监测防控。加快数字化转型，科技赋能金融服务、治理改革和风险防控。持续优化线上线下服务流程，杜绝涉企乱收费行为，加强金融消费者权益保护。

（三）严守风险底线，加强风险早期干预预警

严格落实城商行跨区域经营监管要求，确保银行业务范围与风险管理能力相匹配。持续开展信用风险排查，督导银行做实资产分类和风险处置，切实增强风险抵补能力。督导银行加强资本规划和管理，确保资本规划与业务发展战略、风险偏好、风险管理水平和外部经营环境相适应。盯紧防住流动性风险，督导银行加强主动负债管理，持续压降负债成本，及早识别、预警、报告风险苗头。加强内控合规管理，及时填补问题漏洞，切实防范案件风险隐患。强化上下联动与内外协同，持续做好与中国银保监会、中国银保监会各地监管局以及北京市政府的沟通联动，抓好各项监管要求的贯彻落实。

（四）夯实业务治理，提升重点领域业务监管有效性

继续定期监测城商行表内外投资业务，严防“类信贷”影子银行反弹回潮。强化表外业务风险防控，加强对贸易融资、供应链金融业务的风险管控，确保交易真实合理。加强地方政府隐性债务监管，严防债权悬空或单方面虚假化债。持续规范结构性存款、异地业务、金融衍生品、互联网存贷款等重点领域业务发展，督促银行切实提升管理水平。

（王洁）

▲城市商业银行（二）其他城市商业银行

一、基本经营情况

（一）基本情况

截至2022年末，北京辖内共有11家异地城市商业银行北京分行（以下简称异地城商行），分别为天津银行北京分行、大连银行北京分行、杭州银行北京分行、南京银行北京分行、盛京银行北京分行、上海银行北京分行、江苏银行北京分行、宁波银行北京分行、徽商银行北京分行、锦州银行北京分行、厦门国际银行北京分行。截至2022年末，异地城商行共有支行网点157家（以取得中国银保监会北京监管局开业批复为口径），从业人员6 340人（不含劳务派遣制员工）。

2022年，异地城商行风险处置取得积极进展，资产质量进一步压实；信贷结构逐步优化，集中度风险有序收敛；普惠小微、新市民金融服务有序推进。截至2022年末，资产规模合计8 845.94亿元，较年初微降0.58%；各项贷款余额3 836.59亿元，较年初下降4.76%；负债总额8 867.40亿元，较年初减少0.13%；各项存款余额7 915.88亿元，较年初增长1.80%。

（二）重大变更事项

1. 机构发展情况

2022年，异地城商行无新设支行（以开业批复或报告为准）。

2. 高级管理人员变动情况

2022年，异地城商行新任高级管理

人员共计 13 人。其中，分行行长 2 人、分行副行长 2 人、分行行长助理 7 人，分行营业部总经理 1 人、支行行长 1 人。

二、金融产品创新和金融服务

一是普惠小微金融服务支持力度明显增强。截至 2022 年末，异地城商行普惠型小微企业贷款余额 366.2 亿元，较年初增长 28.26%，高于各项贷款平均增速 31.96 个百分点；普惠型小微企业户数17 578户，较年初增加 10 594 户；普惠小微贷款占各项贷款比重为 9.76%，较年初上升 2.47 个百分点，实体经济服务质效显著提升。二是科技信贷产品创新力度显著加大。上海银行北京分行立足中关村科创金融服务中心，在满足重点科技人才创新创业需求、探索股债联动业务等方面先行先试，更好地满足科创企业切实需求。

三、存在的问题和风险

2022 年，辖内异地城商行信用风险形势依然严峻，资产质量持续承压；服务实体质效仍待提高，转型发展有待加强；合规管理基础较为薄弱，内控有效性有待提升。

四、监管工作情况

（一）加强差异化监管，提升信用风险管控能力

一是做实资产质量。建立大额授信业务监测台账，推动异地城商行定期开展信用风险排查，按月监测、按季评估，动态跟踪风险变动趋势，摸清风险底数，严防大额信用风险暴露。二是加强重点领域风险管控。常态化开展日常风险排查、举报线索核查、重点领域风险筛查，多维度多渠道加强分析研判，做到风险苗头早识别、早预警、早发现、早处置，紧盯重点领域和关键人员，持续压降授信集中度风险，强化异地贷款业务管控。三是稳妥推进风险化解处置。采取差异化、多样化监管措施，针对风险较大的四级行，定期约谈总行主要负责人，督导各总行加大对北京分行风险化解处置的资源倾斜和核销力度，稳妥推进风险处置化解。

（二）强化风险监管，提升内控合规管理水平

一是有效防范舆情风险。提高政治站位、落实主体责任，提高舆情监测的前瞻性和敏感性，稳妥处置应对，确保首都金融秩序平稳安全。二是推动多方协同联动。针对日常监管中发现的问题，加强与中国银保监会其他地方监管局的沟通联动，及时向中国银保监会城市银行部报告，形成监管合力。三是加强合规文化建设。常态化开展警示教育和清廉金融文化宣传教育活动，督导机构将清廉金融文化融入业务发展的各个环节，牢固树立审慎经营理念，从根源上营造风清气正的合规文化氛围。

（三）强化科技赋能，提升服务实体经济质效

一是强化数据治理。持续完善数据治理体系，配备充足的数据治理资源，建立有效的数据治理沟通协作机制，提高监管数据报送质量，切实提升数据治理质效。二是加快数字化转型发展。加大信息科技投入，探索创新协同机制，强化内控合规数字化建设，充分利用科技赋能金融服务、数据治理和风险防控。三是创新服务新发展格局。充分利用北京金融综合服务网平台资源，持续加大对先进制造业、战略性新兴产业的中长期资金支持，更好服务关键核心技术攻关企业和“专精特新”企业，创新绿色金融产品和服务。

（王学宇）

▲农村商业银行——北京农商银行

一、基本情况和重大变更事项

（一）基本情况

截至2022年末，北京农村商业银行股份有限公司（以下简称北京农商银行）共有各层级机构618家，其中总行1家、分行1家、支行225家（管辖支行22家，含总行营业部）、分理处391家。全行在岗员工9 242人。

截至2022年末，北京农商银行资产总额11 194.58亿元，较年初增加442.56亿元、增长4.12%；负债总额10 438.27亿元，较年初增加390.95亿元、增长3.89%；所有者权益总额756.31亿元，较年初增加51.61亿元、增长7.32%；本外币贷款余额4 191.46亿元，较年初增加569.13亿元、增长15.71%；本外币存款余额7 674.21亿元，较年初增加583.27亿元、增长8.23%；实现营业收入152.61亿元；实现利润总额90.74亿元，同比增加3.44亿元、增长3.94%；实现净利润79.06亿元，同比增加3.28亿元、增长4.33%。

（二）重大变更事项

原党委书记、董事长王金山离任，原行长付东升任党委书记、董事长人选。

聘任韩继炀、刘薪屹为行长助理。

二、金融产品创新和金融服务

（一）坚决服务国家战略落地

一是坚持以京津冀协同发展和首都城市功能疏解为导向，支持交通一体化、生态环境保护、产业升级转移、公共服务、基础设施等多个建设项目融资。截至2022年末，累计支持京津冀协同发展项目84个、贷款余额581.33亿元。二是持续加大重点工程营销对接力度，全力做好冬奥金融服务。授信支持市区两级重点项目、城市副中心项目、北京市3个“100”重点工程等重点项目超过430亿元。三是聚焦“双碳”战略实施，健全绿色金融政策体系。通过绿色信贷、绿色债券、碳金融等多元化服务方式，有力支持首都新能源发电、污水处理、集中热力等绿色环保领域众多绿色产业项目，以城市副中心建设国家绿色发展示范区为契机，积极推进绿色金融专营机构试点工作。截至2022年末，绿色贷款余额639.64亿元，较年初增长54%，高于各项贷款平均增速。

（二）聚力北京“四个中心”建设

出台金融支持文化和旅游企业专项行动方案，提出六个方面34项举措，发布《关于进一步解决文化企业融资难、融资贵问题的通知》，落地首笔支持北京市中轴线申遗项目贷款，文创贷款有贷户较年初增长超过70%，积极助力文化和旅游业健康发展。制订发布科创工作行动方案、支持科创领域高质量发展指导意见、“专精特新”企业营销指引等，建立完善政策支持体系，加强对集成电路、新能源与节能环保技术、生物医药、“专精特新”等高精尖行业和重点领域的研究，主动深入重点行业代表园区实地调研。

（三）持续发力支持乡村振兴

发布“十四五”时期金融服务乡村振兴发展规划、年度金融支持首都全面推进乡村振兴行动方案，聚焦农业现代化、美丽乡村建设、农村制度改革、粮食安全、农民增收等重点领域，持续加大信贷支持力度，积极支持鲜活农产品流通中心建设、生猪养殖等民生工程。推出“凤凰助飞”乡村振兴融资服务品牌，落地首笔生猪活体抵押贷款，研发乡村振兴主题信用卡等产品，创新打造“金融+商业”服务新模式。涉农金融服务能力持续提升。截至2022年末，监管涉农贷款余额448.60亿元，较年初增长17.16%；普惠涉农贷款余额22.37亿元，较年初增长32.09%；全年累计投放乡村振兴领域贷款503.93亿元，农业农村部“信贷直通车”模式发放贷款客户总量居全市首位。

（四）创新助力普惠金融发展

围绕“增量、扩面、提质、降本”要求，建立完善普惠金融敢贷愿贷能贷会贷长效机制，从健全配套保障、强化考核激励、保障资源供给、健全服务体系、加强组织实施五个维度，深化普惠金融机制建设和能力建设。建立“融资纾困直通车”机制，大力推广“农商e信通”线上融资服务。用好用足普惠金融专项政策工具，2022年累计办理支农支小再贷款、再贴现241.55亿元。截至2022年末，普惠小微企业贷款余额较年初增长41%，户数较年初增长77%；普惠小微信用贷款余额较年初增长101%；全年延期还本付息率52%；为60家服务业小微企业和个体工商户减免2022年度房屋租金1 882.88万元。

（五）围绕“七有”“五性”服务民生

实现北京市代理公共事业费和社保资金代发全覆盖，代理90余种银政惠民业务。以养老金融服务驿站为核心，打造社区养老商圈，搭建覆盖“金融+生活+养老”的特色金融生态体系，手机银行、远程银行等各渠道适老化水平持续提升，养老助残卡惠及超过530万客群，拓展养老助残商户1.01万户，布放专属POS机终端1.75万台。针对新市民在创业、就业、住房等重点领域的金融需求，积极推广首都职工创业贷、个人消费贷、“农薪通”保函、旅游户贷款等产品，帮助新市民在京“扎根”。持续优化现金使用环境，全行476家营业网点完成网格化责任区域划分，2022年累计为责任区内商户兑换小面额人民币9 499.03万元、残损币4 233.78万元、硬币85.9万元，开展人民币知识宣传2.35万次，积极维护消费者合法权益。

三、存在的风险和问题

公司治理及内部控制仍需完善，高级管理人员年龄结构有待优化，金融消费者保护工作和员工行为管理仍有提升空间。信息科技管理能力仍需提高，信息安全管理亟待加强，业务连续性管理有待规范。信用风险防控仍需持续加强。

四、监管工作情况

（一）推动完善公司治理

推动银行完善公司章程，进一步优化股东大会、董事会运行机制，强化董事职责与履职管理，增加监事职责与监事会职权等内容，提高公司治理水平；推动银行扎实做好相关试点工作，督促建立党建与监管融合相关工作机制，加强后续维护管理；组织开展辖内“送清廉金融文化进基层”活动，宣讲案防及内控合规文化建设，引导银行健全内控机制，提高员工合规意识；推动高级管理人员人才队伍建设，督导银行加强领导班子配备，优化分工。

（二）督促强化风险防控

指导银行完成问题整改，实现全部重点监管指标达标；督促制订隐性不良贷款管理台账和入账方案，真实反映资产质量，加大对存量不良资产的处置力度；督促妥善处置案件风险，严肃开展内部问责，切实加强员工行为管理，防范案件风险；督促银行切实承担信息科技风险管理的主体责任，开展全面排查，制订整改方案，持续健全信息科技治理框架体系，提高信息安全防护能力。

（三）引导坚守定位服务区域经济发展

研究制定2022年度分层监测预警监管指标，引导银行坚守定位、防范风险、稳健发展；指导银行积极支持京津冀协同发展战略及北京“两区”建设，制订金融支持2022年北京市重点工程工作方案；指导银行聚焦老年人、新市民等金融服务薄弱领域，充分利用好北京“两区”政策、养老金融等政策先行先试，积极创新发展普惠金融，加强个人客户信息安全和权益保护，坚守合规底线，精准服务京郊“三农”和小微企业。

（于洋）

▲村镇银行

一、基本情况和重大变更事项

（一）基本情况

截至2022年末，北京地区共有11家村镇银行，分别为北京延庆村镇银行、北京密云汇丰村镇银行、北京怀柔融兴村镇银行、北京大兴九银村镇银行、北京昌平发展村镇银行、北京大兴华夏村镇银行、北京顺义银座村镇银行、北京通州中银富登村镇银行、北京门头沟珠江村镇银行、北京房山沪农商村镇银行和北京平谷新华村镇银行。辖内村镇银行资产总额310.89亿元，负债总额279.08亿元，所有者权益31.81亿元，各项存款余额265.57亿元，各项贷款余额155.57亿元。

（二）重大变更事项

1. 机构发展情况

截至2022年末，北京地区11家村镇银行共有43家营业网点，在册员工817人。

2. 主要人事变更情况

5月，北京昌平发展村镇银行新任董事长吴江、新任行长羿国保任职资格获得核准。

8月，北京房山沪农商村镇银行新任行长戴卿飞任职资格获得核准。

11月，北京怀柔融兴村镇银行新任行长彭明勇任职资格获得核准。

此外，部分村镇银行的副行长、行长助理和董事的任职资格也获得核准，正式开始履职。

3. 股权及注册资本变更情况

3月，北京银行受让包商银行持有的北京昌平发展村镇银行15 300万股股份，受让完成后北京昌平发展村镇银行主发起行变更为北京银行。

3月及11月，广州农商银行向北京门头沟珠江村镇银行2次增资合计2.5亿元，增资后广州农商银行持股比例由84.44%上升至91.33%。

二、金融产品创新和金融服务

（一）业务结构持续优化，支农支小服务水平不断提升

2022年，辖内村镇银行持续加大贷款投放力度，进一步提升支农支小服务水平。截至2022年末，各项贷款余额155.57亿元，占总资产的比重为50.04%，较年初提升2.60个百分点。其中，新增可贷资金用于当地比例达201.18%，较年初提升56.03个百分点；户均贷款金额78.32万元，较年初下降9.43个百分点。

（二）产品创新不断加码，金融服务能力逐步提高

辖内村镇银行以创新为引领，大力推动“新农贷”“助农贷”“乡村振兴助力

贷”“民兴快贷”“建房贷”“光伏贷”等新产品落地，切实提升涉农金融服务能力。以北京通州中银富登村镇银行推出的“光伏贷”为例，产品设计时充分整合光伏供应商资源，让广大村民享受国家光伏补贴政策，累计为通州区169户村民提供了1 525万元专项贷款资金支持，实现了村民及企业“双赢”的金融服务目标。

三、存在的问题和风险

公司治理质效有待提升，合规文化建设有待强化，信息披露管理基础有待进一步夯实。风险防控压力仍然存在，贷款“三查”执行有待加强。内控组织架构需进一步完善，信息科技风险管理水平有待提升，数据治理水平亟须提高。

四、监管工作情况

（一）持续推动村镇银行公司治理水平提升

一是推动“三会一层”有效履职，指导部分机构稳妥有序做好董监事和高管班子人事调整工作，保障村镇银行经营稳定。二是持续开展股东股权和关联交易整治，组织机构开展股东股权和关联交易系统数据质量自查自纠。三是继续加强利润分配监管，引导机构“不分红、少分红、多留存”。2022年全年无村镇银行开展分红。四是着力做好重点机构风险化解处置工作，压实主发起行责任，推动重点机构在资本补充、高管人员配备、不良资产处置等方面取得实效。

（二）紧盯村镇银行风险防范化解工作

一是强化资产质量真实性排查，摸清机构风险底数，推动机构加大不良贷款处置力度。二是强化流动性风险排查，建立存取款日报监测机制，指导各行备足库存现金，完善应急预案。三是以查促改，坚持严监管导向，深入查摆机构存在的违规问题和风险隐患，督促机构有效整改。四是对辖内村镇银行表外业务、大额异地业务、重点领域等开展专项排查。

（三）强化差异化监管及数据治理，引领村镇银行高质量发展

一是持续优化差异化监管指标体系，引导村镇银行坚守定位。加强指标达标督导，重点关注未达标指标进度情况，确保差异化监管指标持续改进达标。二是狠抓数据治理。召开数据治理专项工作会议，分阶段、限期完成数据整改及重报，有效提升监管数据质量。

（朱俊尧）

▲民营银行——北京中关村银行

一、基本情况和重大变更事项

（一）基本情况

截至2022年末，北京中关村银行总资产615.23亿元，较上年增长17.92%；总负债563.78亿元，较上年增长18.77%；各项贷款余额293.18亿元，较上年增长21.82%；各项存款余额430.26亿元，较上年增长27.39%；本年净利润4.43亿元，同比增长23.86%。

（二）重大变更事项

1. 高级管理人员变动情况

2022年，北京中关村银行聘任窦郁宏为首席信息官，聘任高峰为董事会秘书、行长助理，聘任赵汝彬为行长助理，聘任乔丽侠为财务总监，聘任郑伟为审计部负责人。

2. 机构发展情况

2022年，北京中关村银行住所变更为“北京市海淀区丰豪东路9号院2号楼3层2单元301室至306室，4层至10层2单元”，迁址后成为首家入驻北京自贸

区的法人银行机构。截至 2022 年末，从业人员 385 人（含劳务派遣人员）。

二、金融产品创新和金融服务

2022 年，北京中关村银行结合自身战略定位加强金融产品创新，优化金融服务。截至 2022 年末，科技型企业贷款余额 29.86 亿元，贷款户数 247 户。其中，认股权贷款余额 10.30 亿元，贷款户数 136 户，有力地支持了辖内科创企业初创期的融资需求。

北京中关村银行大力支持普惠型小微企业发展，年末贷款余额 117.15 亿元，较上年增长 92.59%，普惠型小微企业贷款占比 39.96%。

三、存在的问题和风险

公司治理有待完善，信用风险防控压力增大，消费者权益保护仍需加强，业务结构仍需优化，内控管理水平有待提升。

四、监管工作情况

（一）督导持续提升公司治理水平

一是督导坚持党中央对金融工作的集中统一领导。推动北京中关村银行党委充分发挥党组织在非公企业中的政治引领作用和凝心聚力作用。二是督导全面落实股东管理有关规定，严格履行股东承诺，规范股东行为，明确监管要求，进一步加强关联交易管理。三是以公司治理评估为抓手，督促提升“两会一层”治理能力，压实董事会主体责任，对发现的问题认真整改，深入开展董监事履职评价。

（二）严守风险底线，扎实做好各项风险防控工作

一是督导做好信用风险防控，认真开展信用风险防控各项工作，加大不良贷款核销力度。二是督导加强流动性风险管理，树牢流动性风险底线思维，密切监测流动性风险状况，加强资产负债管理，认真开展流动性压力测试。三是督导进一步加强内部控制，牢固树立合规文化，提升业务管理水平，进一步完善业务及内部管理相关制度，加强对内部管理相关制度的培训与学习。

（三）强化监管引领，督促提升服务实体经济能力

一是督导坚定落实特色化发展战略，提升服务科技创新能力。进一步加强与创投机构、担保公司、园区等外部机构的合作，加大科技信贷投放力度，提升产品创新能力，提供更优质金融服务。二是切实提升小微和民营企业金融服务能力，落实普惠型小微企业贷款增速和户数“两增”任务目标，积极支持民营企业发展，做好各项金融服务工作。三是大力支持国家战略需要，充分把握经济结构转型期的重点领域、重点客户、重点产品，增加对先进制造业、战略性新兴产业的中长期信贷投放，服务构建新发展格局。

（王洪波）

▲外资银行

一、基本情况和重大变更事项

（一）基本情况

1. 机构设置及人员情况

2022 年末，北京辖内共有外资银行营业性机构 110 家，比年初减少 3 家。其中，外资法人银行 9 家；外资法人银行分行 29 家；外国银行分行 18 家，比年初减少 1 家；支行 54 家，比年初减少 2 家。外国银行代表处 56 家，比年初增加 2 家。辖内外资银行营业性机构从业人员 4 993 人；辖内外国银行代表处共有正式员工 136 人。

2. 行业发展概况及特点

资产规模、各项贷款余额双降，外币贷款占比小幅下降。截至 2022 年末，北

京辖内外资银行资产余额 6 194.81 亿元，较年初下降 6.83%；各项贷款余额 2 247.79亿元，较年初下降 4.26%。外币贷款占各项贷款比例由年初的 8.28% 下降至年末的 7.30%。

各项存款小幅下降，仍以人民币存款和单位存款为主。截至 2022 年末，辖内外资银行各项存款余额 4 528.64 亿元，同比减少 3.98%，降幅较上年有所扩大；占负债总额比例由年初的 81.64% 上升至 82.78%。辖内外资银行存款仍以人民币存款和单位存款为主，2022 年末余额分别为 3 674.73 亿元和 3 706.19 亿元，占比分别为 84.51% 和 85.23%。

表外业务及金融衍生品业务规模均有所下降。截至 2022 年末，辖内外资银行表外业务总体规模 3.40 万亿元，较年初下降 5.56%。金融衍生品业务名义本金合计 2.50 万亿元，较年初下降 7.75%；占表外业务总额的 73.53%，占比较年初下降 1.95 个百分点。

净利润同比大幅下滑。2022 年，辖内外资银行实现净利润 39.99 亿元，较上年度减少 20.51%。其中，利息净收入同比减少 3.85 亿元，下降 4.27%；手续费及佣金净收入同比减少 1.83 亿元，下降 8.47%；交易性收益整体降幅明显。

（二）重大变更事项

1. 机构变更

2022 年，北京辖内外国银行分行新设 1 家、关闭 2 家；外资法人银行支行关闭 2 家；外国银行代表处新设 2 家。

2. 人事变更

2022 年，北京辖内外资银行经核准高管任职资格共 42 人，其中总行级董事长 1 人，行长、副行长 5 人，董事 7 人，合规负责人 3 人，首席运营官 1 人、首席信息官 2 人、首席风险控制官 1 人；分行级行长、副行长 15 人，合规负责人 5 人；外国银行代表处首席代表 2 人。报告类高管任职资格共 2 人，均为分行级副行长。

二、金融产品创新和金融服务

（一）立足全球金融市场资源，强化跨境金融服务“纽带”作用

辖内外资银行立足母行及集团的全球网络，充分发挥区位、协同、专业以及跨境经营优势，不断提高服务实体经济的能力和水平。如德意志银行（中国）有限公司、摩根大通银行（中国）有限公司持续推广贸易外汇收支便利化服务，试点业务进一步升级和扩容，有效提高企业跨境贸易效率；东亚银行（中国）有限公司北京分行为客户境外业务提供多元化融资手段，协助国内大型企业境外发债及承接银团贷款，打造专业、高效的境内外、本外币一站式跨境金融服务。

（二）加力发展探索可持续金融，助力经济绿色转型

辖内外资银行积极响应国家绿色发展的决策部署，大力发展绿色金融产品，加大对绿色、低碳、循环经济活动的支持。例如，法国兴业银行（中国）有限公司、德意志银行（中国）有限公司持续推进绿色金融发展，2022 年成为首批纳入碳减排支持工具的外资机构，服务中国经济绿色转型；西班牙桑坦德银行有限公司北京分行利用集团电力能源业务优势，支持国内绿色企业跨境业务；恒生银行（中国）有限公司北京分行聚焦清洁能源、节能环保和碳减排技术三大重点开发领域，将绿色信贷增速设为发展战略目标。

（三）深植“两区”建设，助力打造改革开放“北京样本”

辖内外资银行紧紧抓住“两区”建

设机遇，结合国家金融服务业扩大开放和区域性自由贸易协定发展趋势，积极推进跨境金融服务和产品创新突破。例如，汇丰银行（中国）有限公司在北京设立汇丰保险经纪有限公司，旨在打造头部保险经纪公司和财富管理机构，服务客户第三支柱养老保障需求，助力北京全球财富管理中心建设；花旗银行（中国）有限公司北京分行积极推动和探索对小微制造企业的金融服务，为冬奥会供应商提供信贷支持；渣打银行（中国）有限公司北京分行深入推进北京地区企业客户跨境本外币一体化资金池第二批试点，与三家在京央企达成合作意向。

（四）创新产业链供应链服务，精准对接企业融资需求

辖内外资银行充分发挥自身平台优势，针对市场有效需求，以龙头企业为核心，推动产业链上下游企业协同发展，助力产业链供应链安全稳定和循环畅通。例如，法国巴黎银行（中国）有限公司北京分行和中国出口信用保险公司推出带有应收账款买断结构的供应链产品；德意志银行（中国）有限公司推出多渠道银企对账系统，为企业提供便利、自动化的资金管理工具。

三、存在的问题和风险

信用风险方面，2022年辖内外资银行不良贷款处置额创历史新高，法人银行大额风险暴露情况总体平稳，资产质量下迁压力有所缓解，信用风险整体可控；市场风险方面，2022年辖内外资银行衍生品业务规模下降，内外部市场波动对辖内外资银行影响有限，市场风险整体下行；操作风险方面，全年辖内外资银行未发生重大操作风险事件，但全年举报投诉量有所上升，操作风险管控压力增大；流动性风险方面，辖内外资银行2022年整体流动性状况较为充裕，相关监管指标持续满足监管要求，需关注期限错配及跨境风险传染隐患。

四、监管工作情况

（一）防风险促发展并举，外资机构本土高质量发展更加稳健

一是稳步化解重点领域风险，坚决守住首都外资银行领域风险底线，压实推进信用风险处置，辖内外资银行不良余额和不良率连续三年“双降”。二是持续改进公司治理，推动9家外资法人银行切实执行监管新规，开展全国外资法人银行板块的公司治理差异化监管机制研究，法人银行公司治理水平不断提升。三是指导规范业务发展，针对重点业务领域综合施策，综合运用监管会谈、风险提示、监管意见书、监管报告和行政处罚等方式，推动外资银行审慎合规开展业务。四是着力提升金融服务质效，对银行机构网点进行走访督导，确保疫情防控不松懈、金融服务不断档，引导外资银行积极参与国内金融市场建设，助力稳外资稳外贸。

（二）纵深推进“两区”建设，首都高水平金融开放稳步扩大

一是推动优化“两区”建设“任务体系、政策体系、统计体系”，推动系列“首发”项目和创新成果率先落地，录入获批项目42个。二是贡献金融开放改革首都经验，加强政策储备，推动相关政策申报纳入“两区”2.0版政策清单，三项案例入选2022“两区”建设改革创新实践案例，两项政策入选“两区”建设十大最具影响力政策。三是为优质机构扎根夯实基础，全年对接9家新设机构项目，以高质效辅导推动4家外资机构在京加速落地，批复1家外资银行筹建北京分行，

新设机构数量为近五年之最。

（三）强化监管能力建设，外资机构监管质效不断提高

一是科技赋能监管履职，强化信息科技与大数据筛查应用，推动辖内外资银行数据融入金融智能平台。二是打造全球视野，聚焦国际金融监管前沿、国内外金融市场热点等领域开展编译、研究。三是注重监管协作合力，强化国际监管协作，参加外资银行国际监管联席会议及双边交流活动，助力监管工作对标国际先进经贸规则。

（王品之）

▲专营机构

一、基本情况与重大变更事项

截至2022年末，辖内共有专营机构21家。其中，信用卡总中心7家、分中心9家，资金运营中心2家，国际结算中心1家，票据中心北京分部1家，汽车消费金融中心北京分中心1家。2022年，渤海银行股份有限公司资金运营中心获批开业，作为持牌专营机构开展业务。

辖内信用卡中心业务发展较为稳健，损失准备水平持续提升，风险抵御能力进一步增强，信用风险整体可控。北京银行资金运营中心内控合规不断完善，各项业务稳步开展，资产负债规模保持稳步增长，资产风险基本可控；昆仑银行国际业务结算中心积极履行社会责任，依托核心企业，深挖链式金融，积极践行金融支持绿色、新能源和民生实体经济发展。

二、金融产品创新和金融服务

一是创新营销举措，进一步拓展金融服务范围。中国光大银行信用卡中心积极做好新市民金融服务，面向大中专毕业生、一线蓝领等客群推出年轻人系列主题信用卡，紧贴新市民消费金融需求，配以饮食、娱乐、出行、购物等权益，提升新市民生活消费的用卡便捷性；北京银行信用卡中心持续优化消费场景，把扩大消费同改善人民生活品质有效结合，打造信用卡“周一充电日”“天天有惊喜”“非常假期”三大品牌营销主题，基于餐饮、商超、观影等场景为客户提供普惠金融服务。

二是丰富业务场景，进一步提升金融服务质量。中国邮政储蓄银行信用卡中心整合电话客服、投诉指南、消费者权益保护及金融宣教，启用在线客户服务大厅，及时解决客户问题，并利用滚动宣传、视频播放进行金融知识宣传与普及；中国民生银行信用卡中心打造远程金融服务中心，优化服务资源配置，形成“电话客服+网络客服+视频客服”全渠道联合服务模式，进一步提升客户投诉处理效率，保障业务连续性。

三、存在的问题和风险

一是信用风险有所上升。受疫情反复及经济恢复缓慢等影响，居民消费意愿及偿债能力有所下降，辖内信用卡中心信贷规模增速放缓，资产质量持续承压，信用风险防控压力较大。二是防范打击“黑灰产”压力不断加大。目前“黑灰产代理”已形成上中下游产业链，以保护消费者权益为借口，通过“代理投诉”进行牟利。

四、监管工作情况

一是建立京沪粤监管联动及辖内信用卡专营机构监管联席会议机制。按季度与中国银保监会上海监管局、深圳监管局就信用卡中心数据进行交互，实现京沪粤三地17家一级分行级信用卡中心数据共享；组织辖内信用卡专营机构召开监管联席会

议，通报京沪粤三地信用卡中心经营及风险数据，提出监管要求，为辖内机构提供交流平台。

二是督导机构落实信用卡新规。向辖内开展信用卡业务的银行机构下发《北京银保监局关于落实促进信用卡业务规范健康发展的通知》，督导其按时完成业务流程及系统改造和存量业务整改工作，同时赴辖内7家一级分行级信用卡中心逐一开展新规宣导工作。

三是持续开展信用卡信访举报处理核查。就举报人反映辖内信用卡中心违反监管规定及侵害消费者合法权益事项认真开展调查、核查，贯彻以人民为中心的理念，切实保护金融消费者合法权益。

四是做好消费者风险提示。针对非法代理处置信用卡债务、反催收等“黑灰产”侵害消费者权益的现象，及时发布《北京银保监局提示：警惕非法“代理处置信用卡债务”陷阱》，提示消费者警惕“黑灰产代理”风险，谨防上当受骗。

（李定）

▲信托公司

一、基本情况

截至2022年末，辖内12家信托公司固有资产2 005.97亿元，较上年末增加115.25亿元，同比增长6.1%；固有负债373.74亿元，较上年末增加73.11亿元，同比上升24.31%；所有者权益1 632.23亿元，较上年末增加42.18亿元，同比增长2.65%；全年累计实现净利润90.7亿元，较上年减少11.35亿元，同比下降11.12%。

截至2022年末，辖内12家信托公司管理信托项目29 387个，较上年末增加6 578个，涉及信托资产规模67 833.78亿元，较上年末增加8 509.77亿元，同比上升14.34%。其中，集合资金信托规模26 291.04亿元，同比增长0.44%；单一资金信托规模11 220.03亿元，同比增长0.43%；财产权信托规模30 322.72亿元，同比上升37.98%。全年12家信托公司共清算交付信托项目3 703个，累计支付信托本金37 293.36亿元，累计分配信托收益2 090.3亿元。

截至2022年末，辖内12家信托公司共有从业人员4 238名，同比下降2.26%。2022年，辖内12家信托公司共24名董事和高级管理人员获得任职资格批复。

二、金融产品创新和金融服务

（一）共促助力公益信托

公益信托具有运作方式公开透明、财产独立等优势，在扶贫济困、医疗教育以及抗险救灾等方面起到重要作用。公益信托包括两类，慈善信托以及其他公益信托。辖内公益信托项目立足精准扶贫、帮教助学、拥军优属、支持国防等公益事业，引导社会力量更多参与具有积极社会意义的活动。

（二）积极推动绿色信托

信托公司以实现碳达峰、碳中和为目标，积极探索绿色信托业务。以国投泰康信托有限责任公司光萤惠农系列单一资金信托为例，通过自主研发的小微系统向农户提供普惠贷款2亿元，用于农户屋顶安装光伏发电，助力乡村振兴。该信托具备“惠农+绿色+科技金融”特色，帮扶山东、河南、河北、浙江、辽宁五省3 000余户农村家庭。农户屋顶光伏发电量预计达16亿度，将减少二氧化碳排放约16亿千克，既为农户带来可观的经济收益，又有效实现了节能减排。

（三）持续发力家族信托

家族信托作为最具信托本源特色的服务信托业务之一，创新产品不断涌现，辖内多家信托公司加大相关规章制度建设、系统开发及完善等工作的力度，促进家族信托业务健康化、持续化、规模化发展。信托公司在满足家族客户的财富管理、传承等需求的同时，不断丰富大类资产配置系列产品，满足家族客户的资产配置需求。

（四）大力拓展资产证券化信托

信托公司在资产证券化领域拥有天然的制度优势和载体优势，辖内信托公司持续关注资产证券化领域的业务机会，包括信贷资产证券化、交易所企业资产证券化以及企业资产支持票据等多种业务类型。项目底层资产更加丰富，包括住房抵押贷款、企业应收账款、商用物业、不良资产等，资产证券化信托业务实现蓬勃发展。

（五）坚持创新服务信托

开展业务试点，助力市场化长租房和保障性租赁住房市场发展。在中国银保监会指导下，建信信托有限责任公司设立专业子公司，增加市场化长租房和保障性租赁住房供给。

三、存在的问题和风险

个别信托公司信托产品发生违约，涉众风险亟待关注。受外部风险影响，信托风险资产规模有所增加，相关风险处置工作需持续推进。新旧业务衔接转换仍需发力，创新业务有待进一步探索发展。

四、监管工作情况

（一）坚守风险底线，持续做好重点领域风险防控

一是做好房地产领域的风险防控及处置。多次开展风险摸排，持续关注市场变化和舆情影响，督促辖内信托公司切实做好集中度管理，审慎防范风险。二是做好信政业务领域风险防控。密切关注辖内信托公司信政业务风险情况，督导信托公司做好债务风险防控。三是持续做好案件管理相关工作，对相关项目开展现场核查，并针对有关问题进行行政处罚。四是做好金融消费者保护工作，探索专人分办、专人审核等投诉举报处理工作机制，耐心细致接待来访人员，高质效完成各项核查回复工作，切实维护金融消费者合法权益。

（二）深化业务转型，全面服务实体经济发展

严格落实中国银保监会工作部署，督导辖内信托公司不得新增金融同业通道业务，持续压降具有影子银行业务特征的融资类业务。督促辖内信托公司积极进行业务转型，持续发展服务信托、绿色信托，积极发力供应链金融业务、财富管理及服务“三农”相关产品，不断丰富业务类型，提升主动管理类信托比例。

（三）坚持科技赋能，全面提升公司数据质量

多次召开辖内信托公司数据治理工作会，推动辖内信托公司完善数据管理制度及流程，加强人才配备，切实提升监管数据质量。不断探索新建、修正优化 EAST 模型，持续提升信托板块大数据监管能力，同时与中国信托登记有限公司建立联系机制，持续推进监管科技化、数字化工作。

（张安鲁）

▲财务公司

一、基本情况

截至 2022 年末，辖内 74 家法人企业集团财务公司表内资产总额 41 891.56 亿元，同比增加 1 916.50 亿元，增长 4.79%；负债总额 36 783.98 亿元，同比

增加1 621.98亿元，增长4.61%；所有者权益合计5 107.58亿元，同比增加294.53亿元，增长6.12%。全年累计实现净利润381.02亿元，比上年减少23.11亿元，减少5.72%。

二、金融产品创新和金融服务

辖内财务公司积极支持制造业及科技型企业发展，不断提升服务实体经济质效。截至2022年末，辖内财务公司向成员单位中战略性新兴企业和高新技术企业分别投放贷款2 724.57亿元、2 619.74亿元；向“专精特新”中小企业和专精特新“小巨人”企业分别投放贷款131.26亿元、82.24亿元。其中，向战略性新兴小微企业和高新技术小微企业分别投放贷款315.19亿元、105.87亿元；向“专精特新”中小微企业和专精特新“小巨人”小微企业分别投放贷款23.54亿元、14.72亿元。此外，积极开展绿色信贷业务，为绿色生产、建设及经营等各环节提供金融服务。截至2022年末，绿色信贷余额合计2 452.44亿元，其中清洁生产产业余额830.61亿元，占绿色信贷余额的33.87%。

三、存在的问题和风险

信用风险防控压力较大，不良贷款和不良资产有所增长，风险管控力度有待加强；公司治理机制有待进一步健全；信息科技基础设施建设有待加强；数据质量仍需夯实。

四、监管工作情况

一是坚守风险底线，坚决落实“稳定大局、统筹协调、分类施策、精准拆弹”总体方针，“一司一策”制定风险处置预案，财务公司风险处置取得明显成效。二是加强财务公司领域数据治理，积极探索利用监管数字化科技化手段加强财务公司领域数据分析，持续提升监管效能。三是强化监管引领，确保新办法落地实施，持续推动机构完成整改。四是非现场监管与现场走访调研结合发力，继续加大基层调研力度，高效完成行政许可。

（宿明明）

▲金融资产管理、金融租赁、汽车金融、消费金融、货币经纪公司

一、基本情况

（一）金融资产管理公司

截至2022年末，辖内4家金融资产管理公司资产总额1 506.87亿元，较年初增加184.36亿元，增幅13.94%，实现净利润－55.06亿元，同比亏损扩大34.1亿元，降幅162.69%。

（二）金融租赁公司

截至2022年末，辖内3家金融租赁公司资产总额2 307.93亿元，较年初减少67.70亿元，降幅2.85%；负债总额1 904.89亿元，较年初减少91.21亿元，降幅4.57%；所有者权益合计403.04亿元，较年初增加23.56亿元，增幅6.21%。全年累计实现净利润23.71亿元，同比减少8.28亿元，降幅25.91%。

（三）汽车金融公司

截至2022年末，辖内7家汽车金融公司资产总额3 257.59亿元，较年初减少340.9亿元，降幅9.47%；负债总额2 489.06亿元，较年初减少376.87亿元，降幅13.15%；所有者权益合计768.53亿元，较年初增加35.97亿元，增幅4.91%。全年累计实现净利润87.52亿元，同比增加4.08亿元，增幅4.89%。

（四）消费金融公司

截至2022年末，辖内3家消费金融公司资产总额331.22亿元，较年初增加20.3

亿元，增幅 6.53%；负债总额 301.51 亿元，较年初增加 17.25 亿元，增幅 6.07%；所有者权益合计 29.71 亿元，较年初增加 3.04 亿元，增幅 11.43%。全年累计实现净利润 3.04 亿元，比上年增加 0.73 亿元，增幅 31.82%。

（五）货币经纪公司

截至 2022 年末，辖内 2 家货币经纪公司资产总额 7.49 亿元，较年初增加 1.44 亿元，增幅 23.75%；负债余额 3.63 亿元，较年初增加 0.91 亿元，增幅 33.69%。全年实现净利润 1.67 亿元，同比增加 0.66 亿元，增幅 64.84%。

二、金融产品创新和金融服务

（一）金融资产管理公司主业持续增长，创新开展非金业务

一是加大金融机构不良资产收购力度。辖内金融资产管理公司全年金融不良资产业务投放增速超过全部业务投放增速，成功实现“一个不低于”的目标。二是除传统非金不良债权收购业务外，加大开展实质性重组业务力度，通过多种方式对问题企业实施援助。

（二）金融租赁公司助力实体经济发展，促进产业转型升级

一是积极服务制造业及科技型企业，2022 年末辖内金融租赁公司投向战略性新兴产业存量业务余额 330.59 亿元，年内累计发放金额 117.39 亿元；投向高新技术企业存量业务余额 188.06 亿元，年内累计发放金额 65.9 亿元。二是发力绿色租赁业务投放，2022 年末辖内金融租赁公司绿色租赁业务余额 627.34 亿元，年内累计发放金额约 234 亿元。

（三）汽车金融公司服务中小微企业发展，促进经济回暖

一是全力以赴做好货运物流保通保畅工作。截至 2022 年末，辖内汽车金融公司共计对货车司机实施延期偿还贷款本金 2 366.84 万元，延期付息金额 287.59 万元，涉及贷款户数 604 户。二是对于受疫情影响严重的中小微企业给予延期展期减免费用等支持政策。截至 2022 年末，辖内汽车金融公司累计对中小微企业、个体工商户实施延期偿还贷款本金 16.75 亿元，延期付息金额 1 296.89 万元。三是开展业务创新，针对二手车、新能源汽车以及新市民群体开发专属金融产品，提高服务覆盖面，提振汽车消费，促进经济回暖。

（四）消费金融公司坚持精细化和差异化发展，有力压降利费水平

辖内消费金融公司立足市场定位和自身禀赋，坚持精细化、差异化发展，深耕消费市场，联动股东资源，开辟消费新场景，提高消费信贷供给与客户信贷需求的适配性。通过提升自主风控能力、提高自营业务占比等方式，不断压降利费水平，切实践行普惠金融理念。

三、存在的问题和风险

金融资产管理公司、金融租赁公司面临业务转型和信用风险防控压力。汽车金融公司二手车业务及附加产品贷款管理需进一步规范。消费金融公司在合作机构管理、信用风险管控、消费者权益保护方面有待加强。货币经纪公司在执行签约服务方面有待完善。

四、监管工作情况

一是坚持不懈防范化解金融风险。深入排查风险底数，有序推进机构风险化解，督导辖内非银机构加大不良资产处置力度。加强合规检查力度，严厉打击违法违规行为。

二是持续引导辖内非银机构回归主责

主业，实现高质量发展。引导辖内非银机构聚焦主业优化金融供给，推动转型发展。督导机构支持稳定宏观经济大盘，做好金融助企纾困，提升服务实体经济质效。

三是强化民生领域服务，保护消费者合法权益。在全系统推广汽车金融交管服务站。积极落实消费金融压降利率政策，督导各消费金融公司压降贷款利费水平，促进普惠金融稳步发展。加强消费者权益保护工作，妥善处理举报投诉。

（李佳）

证券业发展与监管

▲证券公司

一、基本情况

2022 年末，北京辖区共有 18 家证券公司，资产总额 16 908.83 亿元，同比增加 1 370.69 亿元，增幅为 8.82%；净资产 3 764.15 亿元，同比增加 291.65 亿元，增幅为 8.4%，资本实力持续加强。18 家证券公司平均流动性覆盖率为 182.29%，净稳定资金比率为 151.39%，风险覆盖率为 172.37%，资本杠杆率 16.05%，各项主要监管指标符合法规要求，总体运行较为平稳。

在 2022 年度中国证券监督管理委员会（以下简称中国证监会）证券公司分类评价中，北京辖区 15 家证券公司参评（另外 3 家公司同母公司合并评价）。其中，3 家公司被评为 A 类 AA 级，5 家公司被评为 A 类 A 级，1 家公司被评为 B 类 BBB 级，2 家公司被评为 B 类 BB 级，1 家公司被评为 B 类 B 级，2 家公司被评为 C 类 CCC 级，1 家公司被评为 C 类 CC 级。

2022 年末，北京辖区共有 629 家证券分支机构，其中，包括 112 家分公司和 517 家营业部，总体数量与上年基本持平。北京辖区证券分支机构资产总额 2 394.98亿元，同比增加 110.92 亿元，增幅为 4.86%；净资产 115.33 亿元，同比减少 7.74 亿元，降幅为 6.29%。

二、存在的问题和风险

2022 年全面注册制改革持续深化，资本市场各项改革进入深水期，叠加美元持续加息、欧美部分金融机构接连“爆雷”，证券公司发展面临新变化、新挑战。北京辖区证券公司发展阶段不一，呈现小而不美、专而不精、快而不稳、稳而不健、大而不强、强而不优的现状，在功能发挥、文化建设、合规经营等方面的问题显现。

一是功能发挥待提升。全面注册制背景下，保荐机构的业务发展理念、执业能力水平、组织保障与全面注册制的要求尚未完全匹配，“重承揽轻承做”“重数量轻质量”的心态仍然突出，投行业务在尽职调查、增值服务、研究分析、质量控制方面的业务逻辑未完全塑造，距离高质量投行的要求还有一定的差距。

二是文化建设需改善。部分公司对文化建设缺少顶层设计，廉洁从业管控不到位，行业炫富、花边新闻等负面舆情频发，从业人员违法违规、非法利益输送等情况时有发生，对行业形象造成负面影响，行业生态亟待改善。

三是合规审慎经营待强化。参与结构化发债、通道业务、违规标的投资等问题依然存在，业务合规嵌入度和管控能力有待提升，主动合规内生动力不足，存在合规风控意见出于免责心理、与业务人员配合规避监管、问责追责流于形式等问题。

三、监管工作情况

（一）丰富监管举措，强化证券公司监管全链条执法

持续创新监管举措，拓宽监管思路，落实证券公司监管全链条执法。一是创新监管工具，用好重点问题通报手段，广泛使用问询函、提示函、提醒函等方式，对证券公司合规和风险问题抓早抓小抓细；首次设计并向辖区证券分支机构下发合规专项自查单。二是突出发挥行业协会作用，及时规范新展业方式，指导行业协会专业委员会制定北京辖区证券公司互联网营销自律规范，明确风险点位和管理标准，明晰“自选”“必选”动作，对辖区代销金融产品廉洁从业管理进行规范，强化重点领域廉洁风险防范。三是做好“双随机”检查工作，坚持随机抽查与重点风险导向相结合，将抽查事项、检查对象根据风险、举报等要素设置关键性标识，增加随机抽查的精准性，提升监管威慑力。四是不断提升科技监管水平，强化数据管理工作，开展辖区证券经营机构数据补正审查和监督专项工作，强化网络安全事件的调查与处理，持续引导金融科技试点项目落地出箱，辖区2家证券公司的相关项目被评选为首都“金融创新成果奖”的特等奖和一等奖。

（二）加强投行监管，全力推进全面注册制改革

围绕全面注册制改革，多举措提升辖区证券公司投行业务合规管理水平。一是以分类监管为发力点，深化“主体+业务”分类监管，通过监管会议、动态通报和上门督导等方式，引导证券公司准确把握投行业务高质量发展内涵，增强投行服务的针对性。二是以质量评价为切入点，2022年组织辖区首次投行业务质量评价，以评促改，督导辖区证券公司对照结果提升内控建设。三是以现场检查为支撑点，2022年以来对11家证券公司的投行业务和3家证券公司的投价报告业务开展现场检查，首次实现2年对辖区证券公司投行业务检查全覆盖，持续督促辖区证券公司提升执业标准和质量。四是以压力传导为着眼点，深挖风险线索，强化监管震慑，对检查发现问题从严查处，落实机构和人员“双罚”。

（三）加强关键领域监管，推动证券公司风险持续收敛

以维护辖区资本市场安全为底线，强化对重点证券公司和重点业务领域的监管，各领域风险资产规模持续下降。一是创新完成新时代证券股份有限公司接管结束及后续工作，推进完成股权变更，为“明天系”被接管公司中首家完成风险处置的公司。二是精准实施重点业务监管，按照问题导向和风险导向，对证券公司合规风控、投行内控以及私募资管、债券交易、融资融券、金融产品销售、场外期权等违规行为高发、风险外溢性较强的业务重点关注，对相关业务开展现场检查，摸清风险底数，探索建立由审慎监管和指导公司自身合规风控体系重建相结合的监管思路。三是“穿透式”实施治理风险监管，做好股东“源头治理”，防范子公司“末梢失控”，督促各方各司其职、各负其责，强化风险监控。四是积极探索外资

证券公司监管新思路，完善舆情风险监测、处理、报告机制，对于数据跨境安全、资产重组等新问题、新事项，在相关法规依据不完善、监管经验较为缺乏的背景下，按照监管原则，不断探索研究，总结监管思路。五是严审业务许可申请，及时反馈申请存在的问题，完善业务许可审核流程，2022 年批准辖区 3 家公司增加 6 项业务，支持辖区 2 家证券公司开展科创板股票做市交易业务。

（刘姜）

▲证券投资咨询公司

一、基本情况

2022 年度，北京辖区共有 15 家证券投资咨询公司，资产总额 41.59 亿元，同比增加 5.84 亿元，增幅为 16.34%；净资产 20.11 亿元，同比增加 3.95 亿元，增幅为 24.44%，资本实力持续加强。累计营业收入 25.39 亿元，其中，证券投资咨询业务收入 16.96 亿元，累计净利润 3.45 亿元。

2022 年末，存量客户 61.4 万人，其中证券分析软件业务客户 48.06 万人，荐股软件业务客户 1.77 万人，其他业务客户 11.57 万人。

二、存在的问题和风险

证券投资咨询公司业务扩张较快，总资产、营业收入等出现较大幅度增长，同时虚假、不实、误导性营销宣传及变相承诺收益等问题持续显现，部分公司留痕管理不到位，导致调查取证难度加大，处罚难度和周期增加。此外，针对证券投资咨询公司的法律法规仍需完善，业务发展及合规管理制约有限，优化完善现行法律法规成为促进行业合规发展亟待解决的关键事项。

三、监管工作情况

（一）坚持从严监管，持续加大管控力度

秉持从严监管的主基调，持续加大对证券投资咨询公司的监管力度。一是全面摸清辖区证券投资咨询公司及分支机构的监管档案及基础档案，系统梳理前期监管整治情况、公司展业和股权变动情况，根据各公司情况制定针对性的监管手段，扎实推进监管走向深化。二是对辖区证券投资咨询公司开展“回头看”专项整治工作，根据现场检查结果，对相关公司采取相应监管措施，持续巩固专项整治工作成果。三是打击违法违规乱象，加大追责力度，进一步压缩违规获利空间，强化公司责任担当。四是以举报线索为抓手，深入调查公司存在的相关问题事项，下发监管措施和监管提示函，督促公司妥善处理投资者举报，合规稳健经营。

（二）优化管控流程，加强公司进出口管理

持续保持高压监管态势，优化各类业务管控流程，严控北京辖区证券投资咨询公司牌照管理。一是积极论证吊销机构牌照路径，严格监管口径，倒逼机构合规稳健发展，协助对辖区 1 家证券投资咨询公司立案调查。二是严把入口关，对辖区 5 家证券投资咨询机构更换股东的申请严格审核，要求公司按照现有法规逐条论证资质条件，对不符合法规要求的股东采取相应措施，及时阻断股权交易流程。三是妥善推进辖区公司迁址工作，2022 年下半年积极协调辖区 2 家公司外迁及许可证变更工作，并做好向中国证监会的请示报告工作。

（刘姜）

▲基金管理公司

一、基本情况

截至2022年末，北京辖区共有基金公司36家（北京注册22家），获批开展公募业务的资产管理机构3家，基金专户子公司18家，基金销售类子公司4家，基金公司分公司92家，理财中心11家，基金销售机构95家（其中商业银行28家、外资银行10家、其他类银行1家、证券公司12家、期货公司6家、保险机构3家、证券投资咨询机构3家、独立基金销售机构32家）。基金托管机构12家（其中商业银行7家、证券公司3家、其他机构2家），资产管理类外资代表处9家。

辖区有5家基金公司具有社保业务资格，4家基金公司具有企业年金业务资格，34家基金公司具有专户业务资格，11家公司具有合格境内机构投资者（QDII）业务资格。辖区有10家合资基金公司（北京注册7家），8家基金公司在境外合计设立16家子公司。2022年末，辖区基金公司从业人员共计8 037人。

二、存在的问题和风险

（一）需进一步提高产品创新能力

2022年，公募基金行业规模体量实现跨越式发展，基金产品数量和管理规模均创历史新高，但产品同质化问题日益突出。在产品线发展规划上，无论是大基金公司还是小基金公司，都谋求所谓的完整产品线，都想成为所谓的全能型资产管理公司，但有特色的产品或公司却少之又少。在投研能力、渠道竞争力之后，产品设计和创新能力正在成为基金公司竞争能力的“第三极”。各基金公司应当积极拥抱市场变化、深化发展特色业务优势，寻求差异化发展。

（二）需进一步提高金融科技水平

当前，资本市场金融科技试点方兴未艾。辖区基金经营机构应当瞄准未来发展方向，推动行业数字化转型，促进金融科技与监管科技协同发展。一是在充分考虑合规风控等因素的前提下，研究数字人民币钱包在行业的应用场景，进一步加强资金安全和反洗钱管控。二是发挥海量、多元、异构大数据的互联互通价值，改善行业经营机构在数据治理、价值挖掘方面的短板。三是加强对金融活动的“穿透式”分析画像，为识别和防范系统性风险、打击非法证券期货活动提供更多手段和工具，提升科技对资本重大事件及信息的感知分析。四是增进决策智能化、科学化水平，提升运营效率和安全风控能力，实现各类业务的创新性功能融合、效果联动。五是鼓励核心机构及科技子公司加强公共服务基础设施建设，为证券期货市场业务活动提供新型基础性、公共性信息技术服务。

三、监管工作情况

（一）多措并举提升日常监管效能

一是在全国率先建立以风险为核心的基金公司分类评价体系，不断优化分类方式及评价标准，按季度动态调整更新，开展差异化监管。二是建立基金公司、独销机构风险“画像”和季度监测台账，信息全面覆盖公司历史沿革、股权、业务、人员、监管情况，注重监测成果转化运用，实现区别用力、定向施策，风险识别、应对和处置能力进一步提升。

（二）严格执法贯彻“零容忍”方针

周密部署现场检查，从严从快采取监管措施。综合“双随机”方式和问题风险导向，对35家基金经营机构开展现场检查工作，范围涵盖公司治理、廉洁从业、基金销售、投资运作、基金托管等方面。将稽查手段融入日常监管，查实查透重大疑难问题。针对现场检查和非现场核查中发现的违规问题，依法依规对公司及相关责任人采取行政监管措施，有效地打击了违法违规行为。

（三）大力支持辖区机构参与创新业务

积极引导机构主动服务国家战略，发挥基金行业在新发展格局中的作用。鼓励辖区基金公司发行绿色金融、科技创新、北交所等主题基金，创新推出同业存单指数基金，助推投融资良性循环。截至2022年12月31日，辖区36家基金公司中已有22家发行“绿色”概念公募基金，占比达到61%。相关公司累计发行产品73只，覆盖生态环境、低碳经济、清洁能源、节能环保、ESG等主题，基金资产净值规模合计1 108亿元；科创类主题基金21只，规模733亿元；北交所主题基金5只，规模15.89亿元。支持公募不动产投资信托基金（REITs）规范发展，鼓励辖区机构在保障性租赁住房领域先行先试，截至2022年12月31日，辖区共发行公募REITs产品12只，规模439.56亿元。

（四）持续督促辖区机构落实疫情防控措施

深入贯彻落实党中央、国务院、北京市委市政府关于新冠疫情防控工作的重大决策部署，督导辖区机构稳定、安全开展工作。督导辖区机构三针疫苗接种率提升至95%以上；将辖区39家管理人申报纳入市重点保供企业。建立辖区疫情防控工作台账，下发监管通报，宣传相关机构防控经验和强调远程办公合规要求。辖区机构均正常运营，未发生经营风险事件。

（汪杰）

▲私募机构

一、基本情况

截至2022年末，注册地在北京的存续已登记私募基金管理人3 970家，较上年末下降7.59%；管理基金数量22 914只，较上年末增长16.38%；管理基金规模4.42万亿元，较上年末增长3.76%；涉及投资者25.53万名，较上年末增长9.81%。管理人数量、管理基金数量、管理基金规模分别约占全国的16.77%、15.80%、22.07%，全国排名均为第二名。

二、金融产品创新与金融服务

一是指导推动区域股权市场私募份额转让平台建设，落实国务院、中国证监会有关政策，做好与中国证监会市场二部与北京市金融监管局的沟通衔接，指导支持北京股权交易中心，建设股权创投基金二手份额转让平台，助力私募基金行业完善退出机制。

二是高效落实创投基金财税优惠政策，及时组织开展辖区私募创业投资基金享受“财税55号文”税收政策核查认定工作，全年协助办理17只私募创业投资基金的税收优惠申请事项。

三是支持房地产市场平稳健康发展，与中国证监会市场二部协同配合，助力建信信托在京设立300亿元住房租赁基金。

三、存在的问题和风险

北京辖区私募基金管理人数量多、规模大、质量参差不齐、失联及侵害投资人利益事件频发。尤其是自2018年第二季度以来，受国际国内整体经济走势、去杠杆、流动性收紧等多重因素影响，私募股权基金兑付高峰期的逐渐到来，辖区私募基金风险呈现高发态势，“伪私募”“类私募”“乱私募”层出不穷。一是以私募基金名义从事非法集资，违法犯罪风险突出；二是集团化运作导致业务交叉，利益冲突风险突出；三是从事短募长投、期限错配、分离定价的资金池业务，流动性风险突出；四是投资失败导致巨额亏损，高管人员失联“跑路”，兑付风险突出；五是高比例投资非标资产，信用风险突出；六是与 P2P 等互联网金融业务直接或间接关联，风险传导可能性突出。

四、监管工作情况

（一）以问题风险为导向，加强存量基金风险摸排

针对辖区机构鱼龙混杂、两极分化严重、失联及侵害投资人利益事件频发的特点，坚持贯彻依法从严全面监管理念，持续向辖区私募机构传递监管压力。一是落实专项检查工作要求，对多家风险隐患机构开展风险摸排。二是加强违规机构惩处力度，对多家违法违规机构采取行政监管措施，持续推进对部分机构的行政立案调查及处罚工作，向中国证券投资基金业协会通报多批次失联、异常机构，向公安机关移送多件涉嫌犯罪线索。三是在用足行政执法手段的同时，持续督促指导相关机构做好问题整改、风险化解有关工作。

（二）以信息系统为助力，构建风险监测预警机制

为及时有效获取风险线索、掌握风险全貌，依托私募投资基金监管信息系统、舆情监测系统、“冒烟指数”监测平台、外网监管门户等平台，通过各项风险指标全面筛查辖区机构，并结合日常监管情况综合评估，逐步构建和完善辖区私募基金风险监测体系。

（三）以投资者利益为核心，提升投保投教工作质量

坚持宣传引导，强化投资者教育。一是组织辖区证券期货经营机构、投教基地开展防范非法集资宣传月活动，97 家参与机构开展宣传活动 209 次，参与人数超过 18 万人次，发布网络原创作品 2 048 篇，点击转发量超过 2 800 万次。二是依托投资者教育基地，面向私募基金投资者和管理人开展线上培训 8 次，参与人数 1 315人。三是联合举办私募基金投资者保护展，宣传“伪私募”危害，观看量超过 145 万次。

（贾若）

▲期货公司

一、基本情况

截至 2022 年末，辖区共有期货公司 20 家，期货分支机构 119 家。辖区公司资产总额 1 888.67 亿元，同比上升 15.63%，净资本 135.77 亿元，同比上升 11.80%，资本实力整体增强。

截至 2022 年末，辖区公司共代理客户 106.51 万户，同比增长 12.13%；吸收客户保证金 1 581.87 亿元，同比增长 12.83%；代理交易量 14.81 亿手，同比下降 6.89%；代理交易额 98.57 万亿元，同比下降 7.55%。市场交易规模、交易金额均有所回落。

2022 年期货公司分类评价中，北京共有 A 类 AA 级公司 2 家，A 类 A 级公司 4 家，B 类公司 13 家，C 类 CCC 级公司 1 家。辖区 18 家公司具有投资咨询业务资格，18 家公司具有资产管理业务资格，10 家公司设立 11 家风险管理子公司。

二、存在的问题和风险

一是受地缘政治冲突、疫情及欧美加息等因素影响，市场震荡，投资者对期货市场整体走势难以把握，交易量及成交额均出现下降，期货公司业绩表现欠佳；二是期货公司业务范围较窄，经纪业务同质化严重，资产管理业务较为弱势，铝锭风险事件导致多家期货公司风险管理子公司业务受损，影响行业盈利情况；三是人才培养和科技建设不足，发展模式转变困难。居间人过渡期结束，辖区以传统经纪业务为主的中小公司亟须业务转型，重建公司核心竞争力，而短期内实现发展模式转型存在一定困难。

三、监管工作情况

（一）持续强化日常监管，着力提升监管质效

一是聚焦“两金”监管，落实风险监管指标监测监控工作，加强客户保证金监管，深入落实期货公司客户账户管理通知要求。二是继续开展期货经营机构公司治理自查自纠和规范整改工作、开展分支机构自查自纠风险排查工作，下发监管通报，以案为鉴，以案促改，积极传递监管声音。三是深化分类监管，全力保障机构健康高质量发展。四是紧盯居间人、资产管理、风险子公司业务风险，多措并举引导机构稳健运转。五是深入现场检查，发挥一线监管调研优势，开展全面、有针对性的检查，督导机构持续规范整改。六是依法依规办理投诉举报，定位举报症结，切实保护投资者合法权益。七是重视信息安全，指导机构妥善处置网络安全事件，加强经验总结，筑牢行业网络安全防线。

（二）切实做好风险防范，平稳化解风险个案

一是重点关注期货公司内控治理风险防控及化解，及时了解和跟进大股东债券违约、关联交易、股权冻结、高管履职等情况。二是持续跟进风险管理子公司监管和资管业务风险，督导公司妥善处置。三是有序推动存量居间平稳过渡，研究互联网形势下经纪业务展业新模式，加强分析研判。

（三）深入开展监管协作，凝心共聚监管合力

一是立足一线监管，积极建言献策，参与期货法规“立改废释”工作，认真研提反馈法规修订意见，配合推进期货监管转型。二是配合分类评价、网络安全检查、加强居间人管理等重点工作，提升监管视野。三是深化监管协作，积极参与系统内部交流，加大与兄弟派出机构、各交易所、监控中心及中国期货业协会的配合协作力度，提升监管合力。

（四）深化服务实体经济，积极融入发展战略

一是倡导辖区期货公司充分发挥资源整合优势，深入企业进行走访调研，开展基差贸易、场外衍生品、做市业务等风险管理业务，为企业提供仓单服务、策略方案、线上研讨会等服务，丰富企业风险管理工具，有效引导产业、机构客户规避相关风险。二是引导辖区期货公司创新深耕“保险＋期货”，深度参与乡村振兴、积极支持保供稳价。三是引导辖区期货公司密切关注国际时事，充分发挥风险管理子公司专业优势，降低对实体企业的冲击。

（王飞）

保险业发展与监管

▲财产保险公司

一、基本情况

截至2022年末，在京经营业务的财产保险分公司49家，总公司营业部1家。保险公司职工1.1万人，其中营销员0.5万人。全年实现原保险保费收入543.56亿元，同比增长2.6%；赔款支出312.88亿元，同比下降1.6%；综合赔付率68.08%，同比提高0.9个百分点；承保利润11.91亿元，承保利润率2.65%。资产总额688.51亿元，同比增长2.79%。所有者权益总额176亿元，同比增长6.28%。业务经营呈现三个方面的特点。

一是整体业务规模继续增长。2022年，辖内财产保险公司合计实现原保险保费收入543.56亿元，同比增长2.6%，增速同比提高0.5个百分点。其中，车险原保险保费收入231.89亿元，同比增长1.8%。

二是非车险业务加快发展，业务占比进一步提高。2022年，辖内非车险原保险保费收入311.67亿元，占保费总规模的57%，同比提升0.32个百分点。家财险、责任险、信用险、船舶险、农险等险种保费增速均超过10%。意外险、健康险实现由亏转盈。

三是经营指标转好。2022年北京地区财产保险综合成本率97.35%，同比下降1.33个百分点，综合费用率29.27%，成本率和费用率均低于全国平均水平。其中，车险综合成本率为95.67%，同比下降3.52个百分点。

二、金融产品及服务创新

（一）深化车险领域改革创新

一是持续深化交通事故“互碰快赔”机制。利用北京金融综合服务网监测“互碰快赔”数据，促进服务水平提升。截至2022年末，“互碰快赔”累计报案超过128.8万件，服务车主257万余次。二是开展高风险车辆保险服务提升行动。明确不得违规拒绝或者拖延承保交强险；优化摩托车交强险等重点业务投保流程，扩展投保渠道。三是加强智能网联汽车保障，探索形成“车险+财产险+意外险”的完整保障体系，累计为8家高科技企业550余辆次智能网联汽车提供保险服务。

（二）推动农业保险高质量发展

加强高保障型农业保险产品创新，推动在顺义、平谷等地区试点粮食作物完全成本、蔬菜价格、果品产量保险，有效发挥农业保险功能作用，助力乡村振兴战略。2022年，政策性农业保险实现签单保费7.79亿元，提供风险保障159.9亿元，支付赔款6.14亿元，承保生猪、能繁母猪72.85万头，提供风险保障10.57亿元。

（三）强化保险服务首都经济社会发展能力

一是持续推进北京市知识产权保险试点。试点三年以来，累计支持北京市24家单项冠军企业和449家重点中小微企业的4 818件专利，风险保障金额达53.91亿元。2022年，创新推出海外知识产权纠纷法律费用补偿保险，为企业“走出去”提供保险支持，已为7家北京市出口企业提供风险保障，保障金额4 200万元。二是推动辖内两家保险机构正式入驻中关村科创金融服务中心，为企业提供更加便利的保险服务，助力打造科创金融综合服务体。三是支持首都疫情防控及企业纾困发展。印发《关于财产保险支持首都疫情防控及企业纾困发展的通知》等文件，加强对受疫情持续影响行业企业的保险服务，加大重点群体保险保障力度。联合北京市应急管理局等印发《关于北京安全生产责任保险支持参保企业应对新型冠状病毒感染的肺炎疫情的若干措施》，推出六项惠企措施，累计为7万家参保企业减免保费500余万元。

三、存在的问题和风险

车险领域虚列费用等问题时有发生，非车险领域仍存在产品结构同质化问题。部分机构内控合规意识仍有欠缺，在保险产品使用、承保理赔管理、行政许可等领域存在一定的合规风险。融资性信保业务赔付、中小公司车险亏损等市场潜在风险不容忽视。

四、监管工作情况

（一）整治市场乱象，防范化解金融风险

着力整顿车险市场秩序。建立行业自律、非现场监测、费率回溯、窗口指导、现场检查为一体的监管体系，促进车险市场规范有序发展。创新利用EAST数据开展车险非现场风险监测预警。建立新能源车险产品数据监测机制，指导公司严格执行报备条款费率。

（二）践行新发展理念，深化车险领域改革创新

一是统筹推进京冀交通事故车险服务一体化。联合中国银保监会河北监管局和京冀两地公安交管部门印发《关于推动京冀交通事故车险服务一体化有关工作的通知》，优化跨区域车险理赔服务，切实提升两地消费者车险服务体验和社会运行效率。二是持续深化交通事故“互碰快赔”机制。2022年“互碰快赔”项目荣获北京市“金融创新推进奖”。

（三）提升保险服务水平，支持首都经济社会发展

一是完善科技保险服务体系。联合北京市经济和信息化局等印发《北京保险业支持科技创新和高精尖产业高质量发展的通知》，是近年来北京地区首份支持科技保险发展的专项文件。持续推动北京市知识产权保险试点，创新推出海外知识产权纠纷法律费用补偿保险，优化首都营商环境，试点入选2022年“两区”建设十大最具影响力政策。二是助力乡村振兴战略。持续推动病死畜禽无害化处理证明、农村土地确权信息等农业信息与保险行业共享应用，提升保险服务的精准性和有效性。优化承保理赔全流程信息化服务，完善农业保险线上公示功能，充分保障疫情期间农业保险服务。三是督导行业支持首都疫情防控及企业纾困发展。

（王汝燕）

▲人身保险公司

一、基本情况

2022年，在京经营业务的人身保险分公司67家，总公司3家，因京津冀政策在京备案直接经营业务的支公司1家，总公司在京直接经营业务的营业部1家。其中，中资公司49家，外资公司23家。人身保险业务原保险保费收入（以下简称保费收入）2 345.06亿元，居全国第

三位，同比增长 9.65%。非保险合同业务本年新增交费 709.51 亿元，同比下降 26.78%。其中，保户投资款本年新增交费 645.52 亿元，同比下降 20.38%；投连险独立账户本年新增交费 63.99 亿元，同比下降 59.6%。资产总计 10 713.63 亿元，同比增长 14.15%。承保利润 18.12 亿元，同比上升 18.66%。同期，原保险合同赔付支出 473.93 亿元，同比下降 12.42%。退保金 236.72 亿元，同比增长 13.65%，退保率为 2.17%，同比下降 0.03 个百分点；非保险合同本年新增退费 298.16 亿元，同比下降 38.41%，其中保户投资款本年退保 258.84 亿元，投连险独立账户本年退保 39.33 亿元。

二、金融产品创新和金融服务

（一）聚力“病有所医”，推动保险产品供给创新

“北京普惠健康保”将新市民人群纳入保障范围、既往症可保可赔、医保内门诊费用可赔、医保外住院自费费用覆盖以及医保内费用“一站式”理赔，有效契合北京人民群众医疗保障需求。2023 年度“北京普惠健康保”自 2022 年 11 月 1 日正式上线，至 2022 年末累计投保 342.8 万人，其中非北京医保的新市民参保 15.78 万人，既往症人群占比 12.8%，65 岁以上老人占比超过 20%。

（二）着力民生保障，回归保险保障本源

一是积极创新细分领域健康保险保障。部分辖内机构与市政府有关部门合作，在中医治未病、运动康复等方向开发相关产品。二是不断丰富涉老适老保险产品。辖内机构运营的老年人专属意外险、失独家庭综合保障、石景山区长期护理保险试点均取得积极成效，助力改善社会治理效能。三是积极参与第三支柱养老保险创新试点。专属商业养老保险试点以来，辖内共有 11 家保险公司推出 12 款专属产品，累计投保人次达 5.12 万人次，保费规模约 6.62 亿元，人均保费约 1.29 万元；个人养老金制度启动以来，已有 12 款个人养老金保险产品落地北京。

三、存在的问题和风险

产品收益低引发的满期给付与非正常退保和结构调整期的局部现金流风险、非保险金融产品风险的跨行业传递、业外机构“代理投诉”退保风险、舆情事件与案件风险均需持续关注。

四、监管工作情况

（一）风险防范治理

一是对于非正常退保和满期给付风险较高的重点机构进行风险提示与督导，要求保险公司切实履行监管要求，加强存量保单风险监测，规范做好增量业务，尤其要关注远郊区保单、老年人保单相关风险。同时指导辖内分公司与总公司就资金调配进行沟通，保证资金准备充足。二是以销售规范为治理突破点，持续开展人身保险市场乱象整治。持续开展违规销售非保险金融产品乱象治理督导。开展现场督导谈话，组织召开“代理退保”座谈会。三是指导公司防范和化解舆情风波与声誉风险。多次召开会议要求公司加强舆情分析研判，重视舆情应对工作的人才配备和培养，提升舆情应对能力，积极化解声誉风险事件。

（二）监管效能提升

一是出台《关于进一步防范人身保险佣金套利风险的通知》，防范因短期激励、规模导向产生的佣金套利问题，引导辖内机构树立高质量发展经营理念。制度出台后，多家公司实施了佣金延时发放机

制，进一步打击套利团队，强化源头治理。二是夯实代理人队伍规范发展基础。在2021年出台“灰名单”制度的基础上，2022年在平台中新增保单继续率、投诉件数等业务品质类指标。同时，指导北京保险行业协会修订分级分类考试题库，内容涵盖法律法规、金融保险、理财投资以及清廉规范等；扩大考试覆盖范围，将包括增额终身寿险等普通寿险和年金险销售人员纳入考试范围。三是大力提升监管科技化水平。在大数据监管平台建立预警监测模型，并持续开展监管数据质量督导工作。

（三）民生保障工作

一是配合北京市开展深化医改、长期护理保险试点、医药产业发展、国际消费中心城市、老龄工作、健联体建设、灵活就业保障、残疾预防等多项民生工作。二是配合北京市指导公司完善“北京普惠健康保”服务，突出普惠属性；拓宽购买人群，丰富支付方式。三是发展涉老适老保险产品，通过政保合作形成“为老”服务新模式，提升财政资金使用效率。

（吕威潍）

▲保险中介机构

一、基本情况

（一）保险专业中介市场情况

2022年，北京保险中介市场持续保持平稳较快发展。截至2022年末，北京地区共有保险专业中介法人机构381家，比上年减少7家，其中保险专业代理机构165家（包括全国性代理64家），保险经纪机构169家，保险公估机构47家。在京各类保险专业中介分支机构423家，比上年减少45家。

保险专业代理机构、保险经纪机构、保险公估机构在北京地区分别有执业登记从业人员28 038人、30 015人和1 739人。按法人类别统计，保险专业代理法人机构实现代理保费收入547.42亿元，同比增长12.63%，实现代理手续费收入113.01亿元，同比增长22.02%；保险经纪法人机构实现保费收入1 235.62亿元，同比增长18.64%，实现经纪主营业务收入214.04亿元，同比增长9.33%；公估法人机构实现业务收入5.19亿元，同比减少10.64%。

（二）保险兼业代理市场情况

截至2022年末，北京地区共有保险兼业代理机构1 832家[①]，保险兼业代理营业网点4 308家[②]。北京地区保险公司通过保险兼业代理机构实现保费收入1 033.88亿元，同比增长9.98%，占保险公司保费收入的35.62%。财产险公司通过保险兼业代理机构实现保费收入139.91亿元，同比减少4.45%，占财产险公司保费收入的25.10%。人身险公司通过保险兼业代理机构实现保费收入893.98亿元，同比增长12.65%，占人身险公司保费收入的38.12%。其中，人身险公司通过银邮兼业代理机构实现保费收入872.77亿元，同比增长12.63%，占人身险公司保费收入的37.22%；通过其他兼业代理机构实现保费收入21.20亿

① 本数据统计口径为已换发新版许可证的机构数量，另有约700家兼业机构持有旧版许可证，北京地区后续将根据有效期到期情况推进许可证注销工作。

② 因“法人持证、多点一证”改革，这主要为银行和保险公司类兼业代理机构的相关分支机构网点。其他类兼业仍为一个网点一个兼业代理许可证。

元，同比增长 13.50%，占人身险公司保费收入的 0.90%。

（三）保险公司销售从业人员情况

截至 2022 年末，北京地区保险公司在京办理执业登记的从业人员共 102 603 人，同比减少 28 445 人。全年北京地区保险公司通过个人代理人实现保费收入 900.99 亿元，同比增长 6.41%，占保险公司保费收入的 31.04%。其中，财产险公司通过个人代理人实现保费收入 11.70 亿元，同比增长 18.62%，占财产险公司保费收入的 2.10%。人身险公司通过个人代理人实现保费收入 889.29 亿元，同比增长 6.26%，占人身险公司保费收入的 37.92%。

二、存在的问题和风险

保险专业中介机构发展仍然存在不平衡、不充分的问题，且机构业务模式较为同质化，尚未形成自身独特的竞争优势。中介机构在合规经营意识、合规管理、合规资源投入方面仍有不足，合规基础需进一步夯实。互联网保险业务合规性需进一步提升。

三、监管工作情况

（一）推进“多散乱”问题整治

综合施策、稳妥有序实现对北京地区保险中介市场的全面持续清理，优化市场结构，有力推动保险中介行业高质量发展。一是运用机构自查、行业巡查、监管督导的递进处置机制，做好对“三无”分支机构的清理工作。二是运用许可证注销和市场化退出机制，稳步推进“三无”兼业机构清虚。三是持续强化保险机构从业人员管理主体责任，将北京地区保险专业中介机构从业人员异动纳入季度风险监测体系，持续压降无效管理人力。

（二）加强中介监管制度建设

印发《北京地区保险专业中介机构经营异常信息协同联动工作机制的通知》，深化经营异常信息运用，形成多方齐抓共管新格局。印发《北京地区保险专业中介机构销售从业人员信息化管控工作指引》，引导机构依托信息技术加强销售人员管理。印发《北京银保监局办公室关于进一步规范“首月 1 元”类互联网保险业务的通知》，整治互联网保险营销乱象。

（三）持之以恒防范化解风险

妥善处理各类信访举报投诉，防范化解风险问题，保护消费者合法权益，严查重处共性问题，加大监管震慑力度，持续营造严监管氛围。坚持分组分类监管，常态化监测经营数据异常机构，采取质询等措施督促整改。

（赵美芳）

其他机构发展与监管

▲小额贷款公司

一、基本情况

截至 2022 年末，北京市共有小额贷款公司 129 家，较上年减少 2 家，实现全市 17 个区（包括北京经济技术开发区）全覆盖。总注册资本 159.2 亿元，2022 年全年累计新增贷款投放 148.40 亿元，贷款余额 131.34 亿元。

二、行业运行情况

一是行业放贷规模收缩。首先，金融机构市场的政策变动。2022 年 5 月的国务院常务会议在金融政策方面，将普惠小微企业贷款延期支持工具转换为普惠小微贷款支持工具，2022 年至 2023 年 6 月底将额度和支持比例较之前增加 1 倍，解决帮扶困难群体的资金问题，金融机构的持续让利，在一定程度上影响了小额贷款行业的市场需求。其次，几家头部小贷公司经营情况变动。京汇小额贷款公司按平台经济整治要求于 2022 年退出，其 2021 年累计发放贷款额为 13.27 亿元列全市第一位。其他几家处于 2021 年头部的小额贷款公司，发放贷款额在 2022 年均有不同程度的滑落。二是贷款类型多为经营贷、个人贷。2022 年全年，全市小额贷款公司累计向个人发放贷款 47.35 亿元，占放款总额的 58.91%；累计发放经营贷 73.4 亿元，占放款总额的 91.32%。在涉农方面，累计发放涉农贷款 18.05 亿元，占放款总额的 22.45%。其中，大多数经营贷主要用于资金周转。通过监测系统可以看出，除资金周转外，资金主要用于批发和零售业，信息传输、软件和信息技术服务业，卫生和社会工作等，对实体经济发展作出了积极贡献。三是各公司经营活跃情况不均。从开展业务的情况来看，整体活跃度下降。全年保持 100 天（含）以上有业务的仅有 5 家，较上年减少 2 家；50 天（含）至 100 天有业务的小额贷款公司也仅有 5 家，较上年减少 1 家；大多数小额贷款公司集中在 5 天（含）至 49 天有过业务，一共有 35 家，较上年下降 9 家；1 天（含）至 4 天有业务的小额贷款公司有 13 家，较上年下降 5 家；70 家小额贷款公司全年未开展业务，较上年增加 17 家。从小额贷款公司的维度来看，呈现出“一超多强”的态势。2022 年全年，中关村小额贷款公司累计发放贷款额 13.27 亿元，居全市第一位，与 2021 年业务情况基本持平，呈现出较为稳定的发展态势。除中关村小额贷款公司之外，有 20 家小额贷款公司的发放额处于 1 亿～6 亿元的水平，该群体总发放金额占全市总体放款金额近七成。从各区情况来看，强弱差距明显。海淀、朝阳、丰台、平谷四区的发放贷款额占全市七成以上。其中，海淀区发放贷款 31.51 亿元，占全市发放贷款额的 39.21%，中关村小额贷款公司的贡献最大。朝阳区发放贷款额主要来自 4 家小额贷款公司，金额分布平均。丰台区、平谷区贷款额主要来自区内 1 家小额贷款公司等。四是加权平均利率同比下降。2022 年全市贷款加权平均利率为 13.48%，较上年的 13.99% 相比，利率有所下降。与 4 倍一年期 LPR（14.6%）相比较，全市有 22 家小额贷款公司放款加权平均利率超过该利率水平，占有业务小额贷款公司数量的 37.93%。从月度情况来看，2022 年全年仅有 2 月和 3 月的贷款加权平均利率超过 4 倍一年期 LPR（14.6%），且相比上年，2022 年下半年的利率水平持续处于低位。

三、行业面临问题

2022 年，小额贷款公司面临较高信用风险，行业不良率升高，经营效益下降；在业务合规方面，存在超比例放贷、审贷不分离、未足额计提准备金等问题。2022 年现场检查发现，单户集中度超标情况相比上年下降 4 家。通过对小额贷款公司单户最高放款金额占注册资本金比重分析，有 13 家小额贷款公司存在单笔贷款额超过或等于注册资本金5%的情况。

四、监管情况

一是发布配套实施性规则。研究制定并发布《北京市地方金融组织行政许可实施办法》《北京市地方金融组织监管评级与分类监管办法》中小额贷款公司相应内容。《北京市小额贷款公司监督管理办法》经监管协调机制会议审议通过。二是行政执法机制基本构建，更新权力清单、责任清单，以及行政处罚裁量基准。2022年完成调整审批、备案事项，更新权力清单、责任清单，制定并发布行政处罚裁量基准。三是开展全覆盖现场检查。2022年8月起，北京市地方金融监督管理局（以下简称市金融监管局）会同各区金融管理部门对小贷行业开展全覆盖现场检查，以“全面体检”方式对地方金融组织的违规问题进行系统性检查，了解掌握地方金融组织合规经营情况。现场检查工作完成后，会同区办向问题机构下发整改通知，明确整改时限，督促机构按时完成问题整改。四是严格审批备案。2022年，市金融监管局全面系统地对小额贷款公司审批备案工作所需的材料项目和具体流程进行梳理，持续优化申报材料，严格依照规定时限办理审批备案件。全年累计办理小贷变更审批备案43件。五是加强非现场监管。依靠科技手段加强监管，依托小贷非现场监管系统，着重在监测成果应用方面加大工作力度，将非现场监管系统中的监测数据转化为监管工作开展的重要依据，每月形成小贷行业非现场监管报告，并对照监测报告筛查可能存在的违规行为。扎实做好金融消费者保护，信访、信息公开、12345办理等群众工作。市金融监管局根据个案情况，妥善处理每个信访件、信息公开申请、12345投诉，深入做好信访隐患的排查化解工作，切实保护人民群众合法权益，解决群众诉求，制作信访件办理单，全程记录信访件从分派到完成答复的全部流程。提高受理规范性、时限控制度、告知和答复明确性。全年处理小贷机构相关信访件75件，信息公开申请2件，12345工单10件。开展监管约谈，加强监管威慑力，对于在工作过程中发现存在问题的机构，持续加大约谈工作力度。全年累计约谈小贷公司共计22家次，有效地提升了行业规范运行水平。六是落实行业相关监督工作。认真开展各级领导及部门交办的重点工作。行业防疫方面，向小贷行业下发疫情防控落实工作通知5份，开展疫情防控抽查工作，共计对20余家小额贷款公司进行现场抽查，对30余家公司进行电话抽查，督促落实防疫措施，召开防疫检查视频工作会。按要求，每周统计小贷行业从业人员疫苗接种情况。开展失联企业清退工作，通过引导将业务能力差，违规未整改，评级比较差的公司自行退出，对于长期不开展经营、不报送业务数据、未进行年度检查等公司的公示退出，对已吊销经营许可的直接注销资质等方式，开展不良小额贷款公司清理工作，净化行业环境。

（吴茜）

▲融资担保机构

一、基本情况

截至2022年末，北京市融资担保法人机构共有53家，其中国有控股机构34家，民营及外资机构19家；上述法人机构共设立19家分支机构。根据年度现场检查情况看，北京市融资担保行业公司治理结构完善，业务操作规范，拨备覆盖率较高，信用水平良好，资产负债率较低，资产流动性达标，基本能够坚持审慎经营原则，总体风险程度较低。行业在普惠金融发展、缓解融资难和融资贵等方面发挥了重要作用，服务实体经济质效显著提升。

二、行业运行情况

一是国有控股融资担保公司持续占据主导地位。34 家国有控股融资担保公司年末融资担保在保余额、实收注册资本、从业人数分别占全市融资担保公司同类型指标的 87.55%、83.23%和 87.79%，对北京市融资担保行业的发展引领作用和业务贡献程度持续占据主导地位。单从年末融资担保在保余额来看，国有控股融资担保公司体量大、业务覆盖面广、业务规模实现了增长；民营融资担保公司普遍资本实力小，业务品种较少，业务规模呈现下降趋势。二是支持金融服务实体经济作用明显。截至年末，北京市融资担保机构直接融资担保余额 2 994.36 亿元，放大倍数 3.31 倍。其中，小微企业融资担保余额 1 097.48 亿元，小微企业在保户数 34 809户，2022 年直接融资担保综合年化费率为 1.36%。北京市融资担保机构本年直接融资担保代偿额 100.76 亿元，担保代偿率 1.09%。从在保余额和责任余额放大倍数角度衡量，北京市融资担保行业在引导金融服务实体经济方面作用明显，发挥了良好的信用带动作用。

三、行业面临问题

一是合规管理意识有待进一步提升。部分融资担保公司在变更董事、监事、高级管理人员、经营地址等事项后，未按相关规定开展变更备案流程，造成监管部门掌握的机构信息滞后于企业实际情况，影响监管工作的精准性和风险防控的前瞻性；未按规定报送文件、资料和业务开展情况，影响监管部门对其业务开展情况的核验、检查工作。二是受疫情冲击新受理业务有所下降。2022 年，受到新一轮疫情冲击，北京市融资担保机构面临到岗率不足、不能实地访谈尽职调查、线上业务能力支撑不足等现实困难，业务开拓受到较大影响，新受理业务有所下降，业务储备不足，导致融资担保业务呈现先扬后抑、总体平稳、略有下滑的态势。三是代偿核销困难，导致核销抵税无法享受。目前执行的税收优惠政策，允许有关融资担保机构按要求提取的担保赔偿准备金和未到期责任准备金，可以在企业所得税税前扣除，由于目前融资担保机构实际发生的代偿损失难以核销确认，造成无法冲减已计提的准备金，导致核销抵税税收优惠无法享受。四是数字化转型进展缓慢。融资担保机构在服务小微、“三农”过程中呈现高风险、低收益特征，现有尽职调查模式成本较高，开展批量化业务能够扩大服务覆盖面、降低业务成本。但由于政府性融资担保机构尚未接入金融信用信息基础数据库，面临信用信息获取难的问题，不利于开展批量化业务，制约融资担保量增、价降。五是部分民营融资担保机构面临经营困难问题。民营融资担保机构资产规模普遍较小，单笔业务规模受限，无法开展大额担保业务。同时由于缺乏政府信用背书，银行对其担保能力存在较多疑虑，担心承担风险而不愿与民营融资担保机构合作开展新增贷款担保业务，进一步恶化民营融资担保机构生存环境。个别民营融资担保机构在经营业绩较差的情况下，未完成公司终止程序便自行停止运营。

四、监管情况

一是进一步规范融资担保相关行政许可事项程序。为落实《北京市地方金融监督管理条例》要求，加强地方金融组织监督管理，明确对地方金融组织实施行政许可的事项、条件、程序，保护行政许可申请人合法权益，2022 年 8 月，北京市出台《北京市地方金融组织行政许可实施办法》，进一步规范和明确了融资担保公司的设立、变更、终止具体事项、条件和程序。二是积极推动《北京市融资担保公司监督管理办法》出台。前期，北京市已按相关要求完成行业座谈、专家论证、相关单位意见征求、法制审核、公平竞争审查、市金融监管局办公会议审议、市金融监管协调机制会议审议等程序。2022 年，北京市进一步完成社会稳定风险评估、社会公开征求意见，并对照《北京市地方金融组织行政许可实施办法》调整相关表述、合法性审核等工作。三是加强分级分类动态监督管理。为加强北京市地方金融组织的事中事后监管，实现对地方金融组织的分级分类动态监督管理，促进持续健康发展，北京市于 2022 年 6 月发布《北京市地方金融组织监管评级与分类监管办法》，进一步完善地方金融组织监管规制，为强化分级分类动态监管提供制度支撑，有利于合理分配监管资源，提升监管工作效能。根据《北京市地方金融组织监管评级与分类监管办法》，北京市将于 2023 年对融资担保公司开展监管评级工作。四是优化提升非现场监管信息系统。前期，北京市已建成融资担保公司非现场监管系统，2022 年，北京市继续着重在监测成果应用方面加大工作力度，将非现场监管系统中的监测数据转化为监管工作开展的重要依据，每月形成小贷、融担行业非现场监管报告，并对照监测报告筛查可能存在的违规行为。五是持续提升现场检查成效。北京市已连续 3 年组织实施融资担保公司全覆盖现场检查工作，将合规处置与风险提示相结合，检查范围涵盖企业财务、业务、管理等多方面情况。现场检查过程中，与企业实控人或负责人进行深度访谈，提示经营风险。检查结束后，针对检查中发现的问题，向企业逐一下发整改意见书，建立整改工作台账，督促各机构按时完成整改。通过现场检查做到全面摸清底数、发现问题，帮助企业在内控、财务、业务规范、人员管理、资金使用等多方面进行了完善，对提升行业发展质量起到了积极作用。六是加大行政执法与机构退出。2022 年，北京市 1 家融资担保公司三级资产比例不符合规定被立案调查，拟给予 15 万元处罚。通过约谈等手段，引导 3 家公司交回融资担保许可证，净化行业环境。

（吴茜）

▲交易机构

一、基本情况

截至 2022 年末，北京市共有 32 家交易场所，注册资本 61.86 亿元，从业人员 1 438 人。名称中含有“中国”“全国”字样的 6 家，包含“交易所”字样的 16 家。截至年末，北京市交易场所共实现交易额超过 10 万亿元。在交易规模、市场占有率继续保持全国第一位的基础上，在中央各部门的支持指导下，围绕“两区”建设，积极推动各交易场所创新发展。

二、行业运行情况

一是积极推动北京知识产权交易中心建设工作。截至年末，中国技术交易所（北京知识产权交易中心）已与 178 家机构建立合作关系，为科技型企业提供登记交易、价值评估、融资咨询等全链条服务 2 万余家次，登记北京市科技成果 2 975 项，交易规模 7.6 亿元，服务知识产权质押融资规模 9.17 亿元。二是积极开展“两区”建设工作。推动北京市大宗商品类交易场所依法合规探索开展非标准仓单交易。目前，北京市地方金融监督管理局已批准全国棉花交易市场开展非标准仓单交易业务。三是积极配合市生态环境局推动北京绿色交易所承建全国自愿减排（CCER）交易中心。按照《国务院关于支持北京城市副中心高质量发展的意见》中“推动北京绿色交易所在承担全国自愿减排等碳交易中心功能的基础上，升级为面向全球的国家级绿色交易所”要求，目前，北京绿色交易所已完成 CCER 交易系统和注册登记系统一期建设工作。四是积极配合北京市经济和信息化局建设北京国际大数据交易所。按照市经济和信息化局先行成立数据交易运营公司，再组建数据交易所的工作思路，北京金融控股集团有限公司牵头成立了北京国际大数据交易有限公司，作为北京国际大数据交易所运营主体。五是推动交易场所转型升级工作。积极发挥中国林业集团、中国石油天然气集团、中国中化控股有限责任公司央企优势，推动中国林业产权交易所、北京石油交易所进行股权重组。

三、监管情况

一是做好交易场所现场检查工作。根据《北京市地方金融监督管理条例》的相关规定和中国证监会的有关工作要求，建立市区两级协同检查工作机制，市金融监管局会同各相关单位、区金融办及中介机构对交易场所、区域性股权市场实现全覆盖现场检查，全面检查了交易业务、内部控制、系统安全等内容。二是优化非现场监管手段。建设北京市交易场所统一登记结算平台，逐步实现交易场所交易信息的全面登记和交易资金的统一结算。建立交易场所数据监测系统，涵盖 22 项风险监测指标、14 个风险监测模型，通过对交易场所数据进行统计、加工、分析、比对，实现对交易场所数据信息的实时监测、风险预警，从源头上防控和化解风险。发挥首都要素市场协会在自律管理、风险提示、纠纷调解等方面作用。

（吴茜）

▲典当行

一、基本情况

截至 2022 年末，北京市存续典当法人机构 339 家，分支机构 91 家。典当行总注册资本 120.60 亿元，资产总额 135.42 亿元，典当总额 388.12 亿元，典当余额 99.29 亿元，绝当金额 1.50 亿元。

二、监管情况

一是全覆盖开展现场检查。2022 年，市金融监管局抽选 74 家典当行开展现场检查，并指导各区对其余典当行进行现场检查，形成市区两级现场检查全覆盖。建立企业问题整改台账，对检查发现的问题进行跟踪式督促整改。通过现场检查，有效规范行业经营，典当行业务合规持续加强，内部治理不断完善，监管配合度稳步提升。二是线上开展典当年审工作。根据中国银保监会《关于加强典当行监督管理的通知》（银保监发〔2020〕38 号）要求，2022 年市金融监管局抽选 119 家典当行进行年审，采取企业自查、各区金融办初审、市金融监管局复审三级审核方式，同时结合现场检查问题整改情况，确定年审结果，通过年审引导行业健康合规发展。三是持续高效开展非现场监管。不断优化典当数据监管系统，提高实时监测能力，加强数据统计分析，掌握行业整体情况、企业发展情况及风险隐患。

（吴茜）

四、服务与管理

货币金银管理

2022年，面对复杂严峻的外部环境和疫情的反复冲击，中国人民银行营业管理部（以下简称人民银行营业管理部）坚持稳字当头，稳中求进，圆满完成北京市货币金银管理各项工作。妥善处置多起涉疫突发现金供应事件，全力打造适老化现金服务模式，有效保障首都现金供应和服务；圆满完成数字人民币北京冬奥会场景试点任务，稳步推动数字人民币全域试点工作，在数字政务、绿色金融、购物消费等领域落地标志性项目；强化货币管理，巩固完善整治拒收现金长效机制；聚焦假币侵害群体，精准反假，形成打防结合、宣教并举的综合治理新格局；以做好发行库新制度宣贯为契机，全面提升发行库规范化管理水平；北京重点库运行平稳，货币金银业务转型工作有序推进。

一、有效保障北京市现金供应

（一）科学调拨发行基金

建立科学的现金供应机制，有效提高应对突发情况的能力。妥善处置北京振远押运中心南十里居站点及朝阳北路基地、北京农商银行元亨金库封闭、医保政策变更导致北京银行取款增大等突发情况给现金供应带来的影响。截至2022年12月31日，北京市发行基金投放同比增长7.52%，发行基金回笼同比减少16.55%，净投放发行基金同比增长160.44%。

（二）做好普通纪念币预约及兑换工作

为保障预约与发行工作顺利进行，在普通纪念币发行前，组织辖内涉及普通纪念币发行的商业银行会议，部署发行工作，严格发行纪律；建立“24小时接诉即办”制度，及时处理有关普通纪念币预约兑换方面的举报和投诉；实施疫情期间的延期兑换措施，有效保障公民的金融权益，圆满完成北京市2022年贺岁普通纪念币、2020年以来部分普通纪念币余量兑换工作。

（三）统筹做好重点领域的现金服务

牵头制订《北京2022年冬奥会和冬残奥会闭环管理签约酒店本外币现金服务及机具运维工作方案》，周密部署，加强演练，以“干净、安全、便捷、友善”的现金流通环境保障了冬奥赛时和赛后现金服务。根据总行领导批示及北京市政府要求，与北京市地方金融监督管理局、中国银行保险监督管理委员会北京监管局（以下简称北京银保监局）协调联动，牵头制定老年人群现金服务保障工作预案，指导商业银行通过提前预约、“银行—社区”联动等有效措施，解决老年人用现难题，提升现金服务适老化水平。

二、稳步推进数字人民币试点工作

一是圆满完成数字人民币北京冬奥会场景试点任务，实现冬奥组委园区和冬奥安保红线内数字人民币场景全部落地，红线外实现交通出行、医疗卫生、旅游观光等七大类场景全覆盖，66家冬奥酒店和27家定点医院全部完成数字人民币软硬钱包受理环境建设。二是稳步推进数字人民币全域试点工作。牵头制订《北京市数字人民币试点实施方案》；强化政府引导、市区联动，在数字政务、绿色金融、购物消费等领域落地标志性项目；指导运营机构聚焦政务、民生等场景，推动一批创新型、普惠性特色场景落地；充分利用全球数字经济大会、中国国际服务贸易交易会、中国（北京）数字金融论坛、“奋进新时代”主题成就展、金融街论坛等重要展会，宣传展示数字人民币。

三、加强人民币收付业务管理

（一）巩固完善拒收现金整治长效机制，维护人民币合法地位

一是依法依规开展拒收现金专项整治，对5家违法单位及责任人给予警告并处54万元罚款。二是加强源头管理，与北京银保监局、北京市卫生健康委员会等行业主管部门协商，构建信息共享、协同整治的工作机制。三是组织开发“北京现金服务”微信小程序“现金服务网格化管理”功能模块，搭建管理流程化、内容可视化、操作智能化的现金管理服务平台，将整治拒收现金与文明城市建设、优化营商环境、社会治理等工作有机结合。

（二）加强银行业金融机构现金业务监管

依法开展对中信银行总行、北京农商银行的综合执法检查，进一步规范人民币收付业务、全额清分业务和反假货币业务。落实中国人民银行领导指示及货币金银局工作要求，开展窗口指导，妥善处置中关村银行停办现金收付业务事宜。持续开展流通中人民币整洁度监测、全额清分、现金服务第三方调查等工作，组织开展《不宜流通人民币　纸币》新标准宣贯工作，确保标准有效落地。

（三）依法依规开展行政许可审批工作

优化黄金及黄金制品进出口行政许可管理，通过设置受理审批专岗、加强部门协作、安排专人与企业对接等方式，保障受理审批通道畅通，助力京沪黄金制品进出口企业复工复产。进一步加强人民币图样使用行政许可管理，对2家被许可企业滥用许可进行虚假宣传和炒作行为完成执法调查。截至12月31日，办理人民币图样行政许可审批17笔，《黄金及黄金制品进出口准许证》315笔。

四、落实反假货币各项措施

（一）收缴假币，净化货币流通环境

截至12月31日，北京市共计收缴、没收假人民币2.17万余张、187.07万余元，同比分别下降26.61%和23.15%。其中，来自银行系统的假人民币收缴量为2.15万余张、185.20万余元，同比分别下降25.55%和23.14%；来自公安系统的假人民币0.02万余张、1.87万余元，同比分别下降70.77%和23.98%。

（二）深入开展整治打击假币违法犯罪工作

一是召开反假货币工作联席会议联络员会议，联合成员单位共同开展假币整治工作。二是加快推进“四位一体”货币鉴别体系建设，运用数据挖掘和数据分析技术，做好打击假币犯罪工作的数据支撑。三是进一步深化警银合作，在朝阳区、丰台区等假币案件高发地区开展专项整治，加大打击假币违法犯罪力度。

（三）深入开展反假宣传月活动，提高公众识别防范假币能力

聚焦农村群众、老年人群等易受假币侵害群体，综合运用“线上＋线下”宣传方式，组织开展多场反假货币宣传活动。宣传月期间，全市开展反假货币集中宣传3 150场，其中农村反假货币宣传176场，老年人群体反假货币宣传1 726

场，发放资料 604 322 份，网络（网站、两“微”、移动客户端等）宣传推送量 396 849 次，点击量 677 655 次，宣传活动被媒体报道 101 次，线上宣传活动参与人数 6 958 909 人。

五、强化发行库管理，构建风险防范长效机制

一是结合北京立体库实际，修订《人民币立体发行库实施细则》《人民币发行库突发事件应急预案》，提升发行库制度的针对性、可操作性和指导性。二是有序推动查库队伍人才库的建立与管理，为人民银行营业管理部查库队伍人才库补充新鲜血液。三是抽取查库队伍人才库成员组成检查组，对辖内 8 家代理发行库进行全面检查与量化评估工作，推动代理发行库管理规范化进程。

（王雷）

国家金库业务

2022 年，国家金库北京市分库强化党建引领，认真履行国库服务和国库监督“双支柱”职责，积极贯彻落实总库各项部署要求，紧紧围绕中国人民银行国库局重点工作，依法履行经理国库职责，积极为群众办实事、解难题，国库高质量发展取得积极成效。

一、加速推进增值税留抵退税政策，安排金融纾困“及时雨”

一是与北京市税务部门沟通、商定工作方案，各级国库开辟退税绿色通道，安排专人优先办理，实现“即来、即审、即退”。2022 年 4 月 1 日至 12 月 31 日，各级国库共办理增值税留抵退税 10 万余笔、金额逾千亿元，惠及企业 10 余万户次。二是设置台账逐日登记异常行为，掌握第一手情况，把好国库监督审核关。三是详细统计各项基础数据，加强数据分析和调研评估，形成多篇研究成果。

二、促成全国首笔冬奥会退税在京成功落地，勇当合格“探路者”

人民银行营业管理部与北京市税务局等相关部门密切配合，精心制订《北京 2022 年冬奥会和冬残奥会退税工作方案》，升级完善业务系统，制定应急处置机制，建立退税工作专班，压紧压实主体责任，提升人员、网络等保障能力，确保北京冬奥会退税工作万无一失。2022 年 1 月 19 日，成功办理全国首笔冬奥会退税业务，从业务受理至退付资金到账仅用 1 小时。

三、推进储蓄国债下乡，充当国债销售“领头雁”

贯彻中央乡村振兴要求，落实中国人民银行国债“下乡”精神，引导承销行扩总量、调结构、优服务，提升国债服务水平。一是制订科学工作方案，选取农村网点多、销量占比大的承销机构，通过增加窗口、设置专员等方式促进乡镇国债销售。二是深化部门合作，采用绕口令、相声小品等形式普及国债知识，增强农村地区购债热情。三是组织开展乡镇地区国债投资需求调查了解认购需求。截至年末，共销售储蓄国债 14 期，北京市销量占全国销量近四分之一，其中京郊乡镇地区销售额明显提升。

四、个税退税“红包”加速落袋，唱响金融为民“好声音”

与税务部门建立协同联动、信息共享机制，提前研判总量，统筹协调业务分布。压紧压实各方责任，用“小时督”跟踪办理进度；与税务部门同频共振，用“当天报”梳理退税情况，确保退税资金直达纳税人账户。优先为“上有老、下有小”和看病负担较重的两类纳税人办理个税退税，实现即来即办、即办即达，有力诠释“央行国库、为民服务”理念。

五、积极推动跨省异地电子缴税业务增量、扩面，种好金融惠民“责任田”

指导银行加速实施系统升级改造，优化异地电子缴税业务流程，与辖内银行协同联动，依托FM87.6北京文艺广播电台“我们出发吧”栏目、官方微信公众号、官方网站等渠道，“广投放”“走出去”“请进来”三位一体开展政策宣传。2022年，新增上线10家银行，实现全市48家银行支持办理跨省异地电子缴税；覆盖全国32个省份，有效提升异地税款入库效率，向跨省经营的纳税人提供了优质、便利的国库服务。

六、实现中关村中心支行承接海淀区国库监督职能目标，划好国库监管“延长线”

以“积极推进、稳步承接”为指导原则，请海淀区财税专家、代理支库业务骨干开展多轮国库业务培训或研讨，联合开展代理支库现场调研、储蓄国债网点巡查等。2022年7月13日，正式授权中国人民银行中关村国家自主创新示范区中心支行（以下简称中关村中心支行）承接海淀区国库监督相关工作，拓展了中关村中心支行功能型职能和创新型发展。

七、依法履行国库监督职责，守好国库业务“基本盘”

一是对中信银行股份有限公司、北京农村商业银行股份有限公司开展代理国库业务的综合执法检查，依法履行监督管理职责。二是完成部分代理支库标准化管理现场评估，持续提高其业务的专业性、全面性。三是持续实施国库监督综合报告制度，定期通报监督结果，督导各行不断提升基础业务水平。四是举办北京市国库经收业务培训视频会议，统一解答业务办理中的难点、堵点、疑点，制作下发《常见问题操作指南》。

八、热线、巡查和暗访，划好服务“标准线”

指派专人回复“9550热线”国债业务咨询，解答群众关注热点问题。坚持“巡查+暗访”机制，规范国债发行秩序，现场巡查25家承销机构的63个网点，覆盖全部承销机构。对全市1 020个销售网点实行“神秘人”式暗访，发现并整改问题800余例，有效提升储蓄国债服务水平。

九、多措并举保运转，下好疫情防控“先手棋”

新冠疫情以来，各级国库及时成立应急领导小组；北京市分库设立应急办公点并搭建备份系统，各代理支库设置突发事件应急处置联络人，在重要业务岗位设置AB岗，配备驻行人员，确保发生突发事件时“人员找得到、业务做得了”，保证疫情防控不掉线，国库业务不断档。

（李天懋）

支付结算清算管理

2022年，人民银行营业管理部始终秉承“支付为民”理念，圆满完成冬奥金融服务保障，全面优化账户服务，本外币合一银行账户体系试点在京落地，减费让利助企纾困见实效，涉赌涉诈“资金链”治理开创新格局，举报案件及人数出现“双降”局面，支付市场结构不断优化。

一、圆满完成冬奥金融服务保障任务，首都支付环境再上新台阶

赛事筹备期间，牵头27家单位成立北京市2022年冬奥会支付环境建设领导小组、牵头17家单位设立运行保障指挥部，召开调度会24次，指挥部全体大会6次，高效完成66家签约酒店本外币银行卡刷卡、ATM布放、本外币双向兑换及数字人民币受理等新增任务。闭环区域内3家中国银行临时网点顺利对外营业，共布放POS机具2 669台、ATM 75台、自助外币兑换机17台。赛时期间，成立赛时运行指挥中心，开通12363“冬奥投诉直通车”及7×24小时涉奥服务值班电话，密切关注闭环金融服务和舆情动态，及时处置刷卡故障问题，保障赛时系统安全、服务有序。1月4日至3月16日，闭环区域内发生金融交易46.7万笔、合计1.7亿元，实现冬奥金融服务“零差错、零投诉、无重大负面舆情”。赛后阶段，管好用好冬奥金融服务遗产，复盘总结冬奥金融服务经验。冬奥会支付环境建设助力首都金融基础设施再上新台阶，用户体验更加安全、便捷、高效，为首都国际消费中心城市建设打下坚实基础。

二、巩固减费让利成果，不断提升支付服务实体经济质效

创新采用“商业银行自查＋人民银行督查”工作模式，通过“人民银行抓商业银行分行、分行抓网点”三级责任体系，开展减费让利督查，破解北京“网点多、分布广泛”的难题。全年累计开展3轮督查暗访和“回头看”，实现全市70余家商业银行多轮次全覆盖，3次通报督查中发现的问题，对落实不力的2家银行下发工作提示函，通过“边督查、边培训、边通报、边总结”巩固实效。截至12月底，全市支付领域降费9.7亿元，惠及市场主体超过276万户。通过人民银行营业管理部微信公众号编发宣传文章3期，指导机构开展进企进园宣传6 000余次，形成宣传稿件597篇、阅读量超过430万次。

三、持续优化银行账户服务，金融服务水平大力提升

持续深化世界银行营商环境评价工作。完善工作机制，深入开展跟踪调研，新版世界银行营商环境评价电子支付指标研究取得新进展。试点取消政务服务缴费领域代收三方协议，企业通过简化授权模式办理公积金缴存缩短至0.5天，压降企业开办成本。提升账户服务电子化水平，中资银行全面推广电子营业执照应用开户，累计实现开户1.14万户。持续优化“一网通办”平台开户预约功能，支持个体工商户与企业享受同等待遇办理预约开

户，“e 窗通”平台累计为 2.3 万余家企业提供预约开户服务，向社保、税务、公积金部门共享开户信息 4.4 万余笔，实时反馈预约账号 8 000 余户，成功打通商业银行与政府部门间的数据共享链条。狠抓总行优化账户服务两项指导意见落实，建立台账督导，各种形式暗访 5 473 次，存量问题基本完成整改。持续简化业务办理流程，辖内网点简易开户功能全覆盖，2022 年通过简易开户服务开立账户 2 582 户，其中为无固定经营场所等新业态小微企业开户 551 户。推动本外币合一银行结算账户体系试点落地。12 月 15 日，组织辖内中国工商银行、中国农业银行、中国银行、中国建设银行、招商银行 5 家银行的 62 家营业网点正式开展本外币合一银行结算账户体系试点工作，各项业务运行平稳，客户认可度较高。探索适老化工作北京模式，找准老年人支付便利的痛点和堵点，将占全市银行网点总量 70% 的 8 家商业银行列为适老化工作重点银行，发挥好重点银行“头雁效应”，暗访发现辖内 42 家银行均已完成相关任务。

四、压实银行主体责任，签署《合作备忘录》，推动“资金链”治理向纵深开展

严格落实《关于加强打击治理电信网络诈骗违法犯罪工作的意见》，积极宣贯《反电信网络诈骗法》。压实银行机构账户管理主体责任。建立反诈工作台账，持续推进“资金链”治理 40 余项举措。截至 12 月底，银行、支付机构通过风险排查等手段发现异常并采取管控措施，涉及单位账户 5.71 万户、个人账户 35.32 万户。持续深化“警银”协作。与北京市公安局签署的《合作备忘录》，强化警银三级协作，形成反诈“资金链”治理精准防控新局面。2022 年以来，涉案账户数量呈现逐月环比下降趋势，涉案账户数压降效果显著。指导银行与支付机构健全风险识别、预警、处置全流程防控机制，截至 12 月底，商业银行和支付机构分别新建账户风险监测系统或功能模块 563 个和 41 个，累计拦截可疑交易 110.46 万笔、132.95 亿元，银行柜面堵截异常开户 2 176 起，其中警银协作破获涉诈案件 423 起。以宣促防，积极开展反诈集中宣传。接受《21 世纪经济报道》专访，积极宣传“资金链”治理部署各项举措及成效。组织银行和支付机构广泛开展宣传培训，通过广播、电视、报刊等媒体宣传 1 930 次，官网、微信公众号等媒体宣传 15 210 次，现场宣传 69 784 次，其他特色宣传 1 246 次，覆盖 3.07 亿人次。

五、坚持监管常态化，持续净化支付市场环境，健全市场监管长效机制

大力优化支付市场结构。依法履职，敢于亮剑，清理、清退百联优力等 7 家风险机构或中小机构，指导北京银联商务股份有限公司、北京数字王府井科技有限公司、北京理房通支付科技有限公司等 5 家机构开展牌照整合和兼并重组，首都支付市场供给结构进一步优化。严守备付金安全底线。制订北京地区备付金风险管理应急处置预案，进一步完善备付金风险管理工作机制。与银联、网联密切配合，核查处置相关机构备付金异常情况，加强重点机构监测，严守备付金安全底线。稳妥推进平台企业支付业务整改。督促辖内 5 家平台类支付机构按照“两不加、两不减”原则，稳妥有序推动整改措施落实到位。目前各项整改工作均已基本完成，进入收尾或常态化监管阶段。深化“放管服”，严格依法行政。进一步强化行政许可审批事项管理，规范办理流程，同时坚决杜绝通过备案变相实施行政许可，并将监管中心从事前严准入转移至事中强监管、事后严执法。2022 年，共办理行政许可和备案事项 20 余次。多措并举强化日常监管。约谈机构 61 次，下发监管意见 4 份，风险提示 5 次，对 13 家机构开展现场检查，监管走访 11 家，从严监管毫不动摇。

六、坚持稳字当头主基调，确保支付基础设施安全稳定运行

狠抓支付系统业务连续性管理，牢牢守住安全生产底线。严格履行主体监管责任，做好北京冬奥会、党的二十大等重要时期系统运行保障。夯实制度基础，下发业务连续性规定，提出资金清算等五个方面工作要求。保障中央银行会计核算系统（ACS）安全生产，不断改进央行服务水平。服务总行，全力做好央行会计核算，全年通过 ACS 处理各类业务 53.21 万笔。持续做好 ACS 线上渠道推广，积极参与总行系统建设，服务货币政策实施。稳妥应对疫情等突发事件，确保首都金融服务顺畅。针对突发疫情，数次向辖内商业银行下发支付业务应急处置指引，调整 ACS 对账时序和同城票据交换时序，保障支付系统及 ACS 业务平稳运行，票据、社保、税务、国库罚没等业务正常开展。

（张雪晴）

征信系统建设与征信管理

2022 年，人民银行营业管理部积极践行“征信为民”理念，出台《全面推动北京征信体系高质量发展促进形成新发展格局行动方案》，推动“京津冀征信链”在全国率先实现商业化应用，建设地方征信平台助力小微企业获得金融服务取得成效，扎实完成辖区内“征信修复”乱象专项治理任务，在全国率先实现机动车、船舶、知识产权担保登记信息统一查询，持续推动辖区内个人征信机构朴道征信规范发展，探索推动辖区内信用评级机构高水平“走出去”，以严监管促进辖区内征信市场规范化水平明显提升，打造“信用北京查”服务品牌更具有广泛影响力，全面系统推进覆盖全社会的征信体系建设，为首都高质量发展提供有力支撑。

一、面向实体经济，不断提升征信有效供给能力和水平

（一）大力推进辖区内地方征信平台建设，助力小微企业金融服务取得显著成效

联合北京市政府有关部门，推动建成“金融公共数据专区 + 创信融 + 京云征信”，共同构建独具北京特色的地方征信平台，并不断完善小微企业敢贷愿贷能贷会贷长效机制，创新数据驱动小微企业信贷融资服务模式，显著提升商业银行为小微企业提供金融服务的能力。截至 2022 年 12 月末，“创信融”平台已接入 17 家试点银行，平台模型结果被调用 70 万次，信用贷款率 100%，平均利率 4.3%，帮助近 1 万多家中小微企业累计获贷超过百亿元；北京市金融公共数据专区已汇聚 14 个部门机构、276.08 万个市场主体（含大量信用

白户）的工商登记、社保、医保、不动产、公积金、政府采购、行政处罚等政务数据共1 796项，总计3.87亿条，已累计提供查询4 769万次，为5.41万户企业、2 188.48亿元融资发放提供支持。

（二）深入推进“京津冀征信链”建设，在全国率先实现征信链商业化应用

落实京津冀协同发展战略，联合人民银行天津分行、石家庄中心支行打造“京津冀征信链”平台，稳健实现区块链下征信信息的互联互通，有序规范实现数据资源社会效用最大化。2022年3月，首款产品在链上发布，“京津冀征信链”在全国率先启动商业化应用探索。2022年11月，首款跨区域征信产品在天津金城银行上链部署并实现异地实时调用。全年，金融机构累计调用719.75万次；授信主体户数649.34万户；累计授信金额299.95亿元，已逐步形成金融机构参与“京津冀征信链”的良好示范效应。

（三）持续开展央行内部（企业）评级工作，引导辖区内金融机构精准助力实体经济

持续完善辖区内央行内部（企业）评级工作机制，加强对辖区内有需求的金融机构的业务指导，助力完成信贷政策支持再贷款发放工作，精准纾困帮扶中小微企业。截至2022年11月末，北京辖区央行信贷政策支持再贷款余额约556.4亿元，切实增强了辖区内金融机构服务实体经济的质效。

（四）不断完善以评级质量为核心的动态管理机制，探索推动辖区内信用评级机构高水平“走出去”

一是积极配合开展“全国信用评级质量监管信息平台”建设工作，组织辖区内多家机构参与多轮测试，妥善做好系统上线前各项准备工作，为探索建立以评级质量为核心的信用评级机构动态管理机制。二是推动辖区内本土评级机构借力“一带一路”加快“走出去”。中诚信国际信用评级有限责任公司联合亚洲信用评级协会举办“中国—亚洲信用评级业高峰论坛”，大公国际资信评估有限公司成功承做欧亚开发银行等境外主体评级项目，我国信用评级业国际话语权稳步提升。三是推动辖区内评级机构在地方信用建设、金融风险防范化解等工作中发挥积极作用。指导辖区内信用评级机构积极协助地方政府稳妥处置区域性金融风险，探索建立北京地区债券风险预警机制。

（五）有序推进社会信用体系建设，着力构建辖区诚信建设长效机制

一是加强政策指引，出台《全面推动北京征信体系高质量发展促进形成新发展格局行动方案》，着力推动构建以覆盖全社会的征信体系为核心、经济金融领域和社会治理领域相互促进的社会信用体系，获得了热烈的市场反响。二是配合北京市经济和信息化局出台《2022年北京市社会信用体系建设重点工作任务》等政策文件，参与第四批社会信用体系建设示范区评比打分，与北京市税务局依法实施联合惩戒，积极推进北京市智慧城市建设、企业破产退出、打击假冒侵权等重点任务。三是作为指导单位，参与举办“2022信用北京（第八届）信用中关村高峰论坛暨京津冀（晋）信用协同交流会”。

二、严监管促规范，持续夯实辖区内征信业高质量发展根基

（一）扎实完成辖区内“征信修复”乱象专项治理任务，规范征信市场秩序取得阶段性成果

2022年3月至6月，在北京地区组

织开展“征信修复”乱象专项治理“百日行动”。通过成立专项工作组，落实“一把手”责任，细化工作方案，强化协同治理，加强机构自律，打好“宣传牌”等措施，扎实完成“征信修复”乱象专项治理工作，取得了显著成效。全年，完成1 613家带有“征信”字样机构排查，清理4个违法广告；组织180家接入机构建立征信合规自律机制，排查144家接入机构征信合规风险；并通过支付宝、抖音新媒体平台开展“征信修复”乱象治理宣传活动，引导群众正确维护征信权益，培养良好信用习惯，获得了广泛关注。

（二）积极贯彻落实《征信业务管理办法》，配合抓好辖区内个人征信机构朴道征信的规范发展

一是落实年度执法检查计划，以检查促规范、以检查促发展，组织完成了对个人征信机构——朴道征信有限公司的现场执法检查工作。二是协调北京市有关方面，督促朴道征信有限公司加快自身业务系统建设，积极落实平台“断直连”整改工作，助力征信市场平稳运行。三是加大对《征信业务管理办法》的宣传力度，持续做好相关解释沟通指导工作。

（三）加强现场检查，着力提升征信合规现场检查工作效果，维护辖区内征信、评级市场健康规范发展

以严监管态势依法依规开展征信合规执法检查工作，加大监管执法力度。落实年度执法检查计划，对辖区内1家法人银行和1家财务公司开展征信合规现场检查。持续督促辖区内征信、评级机构合规展业，组织完成对度小满征信有限公司、北京中北联信用评估有限公司的行政执法检查工作，并对联合信用评价有限公司进行行政处罚。对辖区内元素征信有限责任公司、北京冠捷时速信用管理有限责任公司进行行政处罚，分别处以6.5万元、4万元罚款。同时，指导被检查机构边查边改，并举一反三，及时反馈问题，最大限度地发挥检查效果。主动跟踪执法检查整改情况。

（四）提高非现场监管水平，有效提升发现问题的精度和准度

一是深化监管信息系统应用，依托人民银行征信管理监测系统和北京地区企业征信机构风险监测预警系统开展企业征信非现场监管。通过报表监测、重点监管、约谈高管等方式，初步实现对辖区内企业征信机构的全覆盖监管。二是进一步加强信用评级非现场监管，建立健全非现场监测联系机制，多措并举提高评级机构报送数据的准确性、及时性、完整性，并及时上报辖区内信用评级机构经营发展、合规建设和重大舆情情况。

（五）加快监管科技建设，逐步实现征信监管流程的标准化、线上化

以征信维权提升整治为重点，率先在全国建设征信科技监管平台，建立“维权管理＋动态监测＋现场检查”一体化征信监管体系，逐步建立北京征信业务合规行业标准，初步实现征信维权数字化管理。2022年12月，启动征信科技监管平台试运行工作。

三、坚持守正创新，更好满足人民群众多元、高效、便捷的征信服务需求

（一）精心打造“信用北京查”服务品牌，着力构建全覆盖、多元化的首都征信查询服务体系

为更好实现“数据多跑路，群众少跑腿”，倾力打造全国首个征信服务引导平台——“信用北京查”，累计访问量超

过百万次，成为群众了解征信的重要窗口。大力推动金融机构积极参与首都征信查询服务网络建设，并在北京地区征信查询网点实施统一标识挂牌服务，持续优化全辖自助查询布局，依托征信查询智能服务系统开展商业银行柜台查询，构建“线上+线下”自助查询全覆盖、多元化的首都征信查询服务体系，基本实现“半小时征信查询服务圈”。

目前，北京地区共15家商业银行开通网上银行或手机银行征信查询服务，全辖共设立商业银行自助查询网点103个，布放自助查询机107台，其中89台自助查询机可提供个人和企业“二合一”征信查询服务。2022年，全市共提供征信查询服务209万余次，同比增长16%，自助查询占比99%。

（二）在全国率先实现机动车、船舶、知识产权担保登记信息统一查询，切实提升征信助企服务质效

2022年5月30日起，依托中国人民银行征信中心动产融资统一登记公示系统，北京在全国率先实现机动车、船舶、知识产权担保登记信息统一查询，成为全国首个完成此项改革的试点城市，为全国提供可复制可推广的“北京经验”，助力提高企业获得信贷率，进一步优化北京营商环境。

（三）践行“征信为民”理念，创新举措推动征信维权工作取得明显成效

创新构建征信维权工作机制，搭建全国首个线上维权和解平台，并覆盖京津地区，累计处理京津地区4 797笔（天津3 646笔）征信争议。同时，积极拓宽金融机构线下征信异议渠道，加强对金融机构精准管理，着力解决群众“急难愁盼”的征信问题。全年共妥善处理征信维权事项7 161笔，其中处理征信投诉307笔、通过线上渠道处理维权事项1 139笔、督导辖区内金融机构及时处理征信异议共5 715笔。全年征信维权发生量实现三年来首次下降，征信维权工作取得阶段性成果。征信维权总量、征信投诉量、电话接诉即办咨询量分别同比下降20%、36%、41%。

（四）创新应用“大数据+新媒体”的征信宣传模式，有效实现对重点人群的精准触达

围绕“征信修复”乱象治理主题，通过支付宝、抖音等新媒体平台开展征信宣传活动，通过短视频、互动游戏、问答、知识打卡等方式揭秘“征信修复”骗局，加大征信主体权益和征信知识宣传力度。2022年，支付宝平台的征信宣传活动累计推送1 617万人次，刷新了该平台金融类宣传的活跃度纪录。抖音平台的“dou做征信守护人”话题，首日视频播放量近亿次，群众参与度高涨，一度登上金融类话题榜首。

（五）推动符合要求的P2P网贷机构规范接入征信系统，切实助力防范化解金融风险

积极落实中共中央办公厅、国务院办公厅及人民银行工作要求，攻坚克难、先行先试，联合市金融局指导存量P2P网贷机构规范完成数据清理、建立健全征信业务流程、逐笔核实报送征信业务信息。同时，对P2P网贷机构报送的征信数据进行抽查督导，扎实做好异议争议处理工作，切实防止因处置风险引发新风险。6家符合条件的P2P网贷机构均已对接征信系统，共上报逾期业务45.44亿元（99.11%为逾期180天以上业务），成功收回欠款3 467.17万元。

四、树立底线思维，织密织牢征信信息安全防护网

（一）全面落实接入机构考核评级工作，以评促改强化征信信息安全管理意识

积极贯彻落实中国人民银行关于征信合规与信息安全线上考核评级工作要求，组织完成对辖内171家接入机构的线上年度考核评级。首次将4家金融资产管理公司、6家全国性银行信用卡中心全量纳入考评范围。同时，向各机构逐家通报其考评结果详细信息，督导其整改征信合规工作中不足，积极发挥考核评级的引导作用。

（二）强化源头风险管控，切实筑牢征信信息安全第一道防线

一是以“二代征信系统”建设为契机，重点推动69家机构上线签名验签服务器，推动2家融资租赁公司和2家融资担保公司从互联网接入模式转为金融城域网接入模式，有效减少征信信息安全管理隐患。二是将新申请接入征信系统机构的监管关口前移，及时对获批接入机构进行专项培训，指导机构完善征信内控制度，督促做好数据质量、信息安全等工作。三是加大督导，形成有侧重的异常查询监测工作机制。及时下发征信系统异常查询数据，督导金融机构逐条逐项认真核实，重点关注疑似未授权等特殊情形，抽查业务档案，2022年，共组织47家机构核实697万笔异常记录，未发现违规查询问题。

（三）优化完善征信信息安全风险防控机制，进一步突出非现场监管成效

一是积极发挥征信信息安全报告工作机制效果，不断提升接入机构征信合规内审制度作用。持续关注接入机构整改问题情况，优化例会、培训内容，指导机构及时掌握征信合规工作重点。2022年北京地区未发现征信信息风险事件。二是开展个人信息安全自查，及时发现并排除多处信息安全管理风险隐患，推进信息合规工作取得实际效果。三是积极参与人民银行征信管理案例编写工作，撰写行政案例2篇、刑事案例1篇。通过宣传引导，以案说法，提升社会对征信合规工作的认识和了解。四是认真做好征信信息安全事件应急处置预案。2022年北京地区未发生征信信息安全应急处置事件。

（四）保持行政处罚高压态势，提升征信合规管理震慑力度

始终坚持打击涉及征信异议处理、个人不良信息告知等高发违规行为，按照过罚相当的原则，切实提高违法成本。2022年，扎实做好对上年度发现征信违规问题的1家商业银行、1家信托公司及2名责任人的行政处罚工作。

（汪沛）

金融信息化建设

2022年，在中国人民银行科技司和人民银行营业管理部党委坚强领导下，人民银行营业管理部金融信息化建设工作坚持稳中求进工作总基调，不断增强科技工作的政治意识、法治意识和风险意识，全面提高科技工作的政治性、人

民性和自主可控性，科技服务与管理水平持续提升。

一、赋能数字央行创新履职，推进信息科技自立自强

一是优化信息化项目管理机制，统一管理全行所有类型信息化项目，以计划和立项为抓手，协同推进应用系统整合、数据管理等多项专项任务，确保信息化项目监督和绩效评价落到实处。

二是示范引领应用系统整合，形成自建信息系统“一本台账”，制定线路图和时间表，严格控制新建信息系统数量，2022 年实现 13 个应用系统整合、6 个应用系统下线。

三是深入拓展大数据平台应用。加强数据治理，在全国率先完成全行 28 个处室 116 类数据的分类定级工作；与北京市政府大数据平台实现对接，累计接入 15 大类 14 亿多条业务数据；不断深化 12 个数据创新应用场景，支持首都实体经济发展。“创信融” 等两个大数据应用项目获首都金融创新推进奖。

二、筑牢新时期网络安全屏障

一是严格落实网络安全责任制，组织做好北京冬奥会、冬残奥会和党的二十大等重要时期辖区金融业网络安全保障工作。提升全辖金融业网络安全防护水平，依托金融网络安全态势感知平台向辖内金融机构发布网络安全风险提示 32 次，共享疑似网络攻击 IP 地址近 2 000 个，支持指导辖内金融机构开展网络安全渗透测试和攻防演习。

二是组织开展金融网络安全宣传活动。联合北京市互联网信息办公室、商业银行开展金融网络安全宣传进社区活动，累计举办宣传活动超过 5000 场。

三是夯实网络安全基础，积极做好重要系统突袭式应急演练，使全国会计集中核算系统（ACS）综合前置切换总时长和切换操作时长均符合 RTO 和 RPO 要求。严格落实人民银行业务网安全能力提升工作部署，全面整改渗透测试、漏洞扫描发现的高危漏洞，高质量通过业务网网络安全等级保护测试，切实夯实网络安全保障基础。

三、持续优化完善金融信息基础设施

一是协助人民银行推进房山区、大兴区数据中心建设，积极协调市、区政府相关部门，配合中国印钞造币集团有限公司完成立项材料准备并通过区级联席会。

二是持续强化金融城域网接入管理，圆满完成同城转接中心与支付系统本地备份接入系统网络互联工作，进一步提升基础设施保障能力和服务水平。圆满完成新一代业务网迁移试点等工作，稳步有序完成网络、机房等基础设施既定更新任务，为金融业务提供更加稳定可靠的基础支撑。

三是深入推进辖内金融机构 IPv6 规模部署和应用，积极探索“IPv6 +”新业态模式，扎实推进金融信息基础设施管理平台数据报送和数据质量治理，助力促进互联网演进升级与金融行业的深度融合。参与编写《金融数字基础设施发展指导意见》和《金融行业绿色数据中心调研》。落实“过紧日子”要求，持续清理电话、专线和互联网接入线路，累计节约资金 106 万元。

四、不断提升金融科技应用和管理水平

一是全力推动在京设立国家金融科技风险监控中心，牵头组织成立风控中心筹备组，有序开展注册登记等相关筹备工作。

二是深化金融科技创新监管。配合人民银行细化完善“出盒”测试评价方案，推动创新监管工具在北京辖内稳步实施，累计发布五批共计 26 个金融科技创新应用，其中，22 个应用顺利“入盒”测试，3 个创新应用成功通过“出盒”测评。探索建立数据合规使用评估规则引擎，以监管规则数字化加强金融科技创新过程中的数据合规管理；聚焦数据合规和伦理治理，以“智慧金融”为主题，在北京开展金融科技创新特色主题工具实践。

三是认真贯彻落实新阶段金融科技发展规划。组织制订规划实施工作方案，建立规划落实台账，持续征集数字化转型、乡村振兴等规划落实优秀案例，推动规划落地见效。有序推进金融数据综合应用试点，强化跟踪督导，组织外部专家对 44 个试点项目开展中期评估，推动试点工作按计划顺利进行。制订《北京市金融数字化转型提升工程实施计划》，建立包括 5 个方向 110 项任务的实施台账，推动数字化转型提升工程有序开展，着力提升数字化转型能力，助力金融数字化转型取得新成效。积极开展辖内金融科技人才队伍建设调研课题，参与《金融科技人才能力规范》行业标准编制，为金融科技人才队伍建设出谋划策。

五、发挥金融标准化引领作用

一是贯彻落实《国家标准化发展纲要》和《金融标准化“十四五”发展规划》。编制北京辖区金融标准化工作规划，组织开展“质量月”主题宣传活动，组织辖内机构积极参与金融领域企业标准“领跑者”活动，形成知标准、守标准、用标准的行业共识。大力推广标准收发器部署应用，已推广企业 246 家，数量位居全国前列。稳步推进“企业标准化良好行为评价与管理”试点，探索金融行业“标准制度综合体”可行性路径；指导北京金融科技产业联盟顺利通过国家级服务业标准化试点中期评估工作，推动建立完善金融科技创新应用服务标准体系。

二是积极参与《金融服务生僻字处理指南》金融行业标准的起草工作。牵头制订《银行营业网点生僻字客户服务指南》，推动行业标准、国家标准在辖内贯彻落实，助力解决金融业生僻字问题，切实为群众办实事，服务普惠金融高质量发展。

三是积极支持人民银行和北京市标准化工作。参与《金融科技风险管理数据元》行业标准编制，协助编写完成《中国金融标准化报告（2021）》，配合首都标准化委员会编制《首都标准化战略纲要 2035》和《关于加快培育实施高质量团体标准的意见》。

六、强化科技服务和内部管理

一是认真落实开展“制度执行年”活动，持续完善科技管理制度规程，全面提升人员制度意识和执行力。全年共制定科技管理各类制度规范、内部规程 7 项，修订 15 项，废止 1 项。做好金融机构信息管理，全年完成北京地区金融机构编码新增 76 家，变更 1 710 家，及时解答各类咨询 200 余次，充分践行金融为民服务理念。

二是保障视频会议运行，合规高效开展电子设备管理，为疫情期间人民银行营业管理部高效履职、有效应对极端疫情冲击提供坚实支撑。在业务网、金融城域网、北京市政务网等网络建成视频会议系统，按需增配视频会议设备，合理有效调度会议支持人员，全年保障各类视频会议

838场，服务场次和时间较2021年增长约70%；不断提高视频会议质量，为各业务部门搭建应急备份操作环境，确保在任何状况下通信不中断、业务不断网、服务不断档。

（薛金川）

金融法制建设

▲中国人民银行营业管理部法制建设

2022年，人民银行营业管理部深入贯彻习近平法治思想，全面落实法治央行建设各项要求，金融法制建设不断走深走实，为北京优化营商环境、建设首善之区贡献央行力量。

一、持续加强党的领导，法治央行建设推进机制更加完善

人民银行营业管理部党委将“深入实施法治央行建设”确立为2022年重点推动的工作之一，就新时代新征程全面推进法治央行建设作出周密部署，形成党委负总责、牵头行领导具体负责、法律事务处牵头推动，各相关部门协同配合的工作格局。严格落实重大行政决策程序，通过党委会、主任办公会等议事制度，确保重大行政决策严格履行合法性审查和集体讨论决定程序。坚持“以上率下”，打造党委会“会前学法”品牌活动，以“关键少数”带动“绝大多数”，形成营业管理部干部职工踊跃学法、尊法、守法、用法的良好氛围。主要负责同志认真履行推进法治建设第一责任人职责，带头深入学习习近平法治思想、《宪法》和相关法律法规，将习近平法治思想、《宪法》等相关内容的学习列为党委理论学习中心组重要学习内容，组织集体学习，充分发挥示范表率作用。组织召开依法行政领导小组会议，定期部署推进，确保重点任务落到实处。

二、加强立法支持和规范性文件管理，金融领域法律制度体系更加系统完备

一是坚持服务总行，全力支持配合总行立法工作。派员支持总行重要立法项目，顺利完成立法调研、征求意见等相关工作任务。积极参与总行条法司各项课题研究，为立法研究提供决策参考，3篇研究文章入选金融法治优秀报告并集结出版。

二是坚持服务北京，助力首都金融法治事业行稳致远。参与北京地方立法相关工作，助力北京“两区”建设、金融审判体制机制改革创新等重点工作稳妥有序推进。加强与北京金融法院等司法机关的联动协作，通过委派特邀监督员、建立青年理论学习实践联盟等多种方式，推动金融监管与金融司法良性互动，营造首都良好金融法治环境。

三是科学动态管理，规范性文件管理持续完善。完善规范性文件制定、审核、清理长效机制。根据要求，就现有规范性文件与修订后的《中华人民共和国行政处罚法》等规定的一致性等开展专项清理，对与现行规定不一致的规范性文件进行“一揽子”批量修改，确保衔接顺畅、施行高效。全面启动规范性文件清理自查工作，废止规范性文件12件，保留有效的规范性文件44件，并在人民银行营业管理部子网站公示。

三、扎实推进依法行政，严格规范公正文明执法有效落实

一是加大处罚力度，有效震慑金融违法违规行为。持续对金融领域违法违规保持高压态势，全年共对29家机构、21名责任人作出行政处罚。配合做好平台经济专项整改，对2家平台类支付机构作出处罚；首次适用《中国人民银行行政许可实施办法》作出处罚，首次对信托业机构开出征信类违法行为的罚单，明确相关领域合规经营“红线”；严惩拒收现金违法行为。

二是落实执法新规，执法检查质效持续增强。加强执法检查标准化管理，就修订后的《中国人民银行执法检查程序规定》等执法新规对执法人员进行多轮次培训，有效落实严格规范公正文明执法要求，保障执法检查工作依规有序开展。加强行政执法监督，定期开展依法行政问题整改摸排，有效提升执法规范化水平。

三是持续规范行政许可事项，“放管服”改革深入推进。积极落实“放管服”改革部署，研究更新行政许可事项目录清单、服务指南。依法依规完成各项行政许可，配合开展金融控股公司的辅导工作。配合人民银行条法司录制完成行政许可法领域专题课程，获得好评。

四、创新履职工作机制，社会矛盾纠纷化解体系更加健全

妥善处理复议诉讼案件，有效防范化解涉诉风险。坚持涉诉风险源头治理，优化投诉举报办理流程，及时进行涉诉法律风险提示，筑牢防范复议诉讼风险的“防火墙”。充分发挥外聘法律顾问和营业管理部工作人员的优势，协同开展合同、政务公开及投诉举报答复等事项的日常法律审核，有效防范营业管理部履职法律风险。

五、提高针对性实效性，金融法治宣传教育不断强化

“七五”普法成果丰硕，人民银行营业管理部法律事务处被中共中央宣传部、司法部和全国普法办公室评定为“全国普法工作先进单位”。印发金融普法宣教相关制度文件，就加强习近平法治思想宣传学习、进一步做好普法宣教工作作出统筹部署，确保“八五”普法起好步、开好局。通过“线上＋线下”“定点＋流动”方式，持续推进“央行法律服务站”建设。紧抓重要时间节点，实现法治教育培训全覆盖见实效。认真组织参加第十八届全国法治动漫微视频作品征集活动，开展全民国家安全教育日宣传教育活动、民法典宣传月、宪法宣传月等系列宣传活动，引发热烈反响。

（刘源）

▲银行业保险业监管法制建设

2022年，北京银保监局深入学习贯彻习近平法治思想，认真落实党中央、国务院决策部署和中国银行保险监督管理委员会（以下简称中国银保监会）工作安排，持续加大金融领域行政执法力度，深化“放管服”改革，健全制约监督机制，加强监管执法能力建设，监管法制工作对北京银行业保险业高质量发展的引领、规范、保障作用持续增强。

一、严格规范执法，持续保持行政处罚高压态势

一是严格查处惩治各类金融违法行为。2022年，北京银保监局共查处行政处罚案件57起，对57家银行保险机构及

69名责任人给予行政处罚，罚款合计4 979万元。其中，银行业领域共作出行政处罚决定42件，处罚机构42家次，罚没款合计4 585万元，处罚责任人55人次，罚款70万元，与上年基本持平，其中对7名责任人给予禁止从业、取消任职资格的行政处罚；保险业领域共作出行政处罚决定15件，处罚机构15家次，罚没款金额合计251万元，处罚责任人14人次，罚款73万元，对1人给予撤销任职资格处罚。

二是聚焦重点领域，提高金融机构违法成本。从严开展对房地产贷款领域违法违规案件的查处，对16家银行及23名责任人给予罚款合计1 435万元；依法对5家高风险财务公司及12名责任人作出行政处罚决定，罚款合计710万元，对其中2名高级管理人员给予“双禁”的处罚；首次对2家信用卡中心违法违规催收行为实施行政处罚；严厉查处跨区域经营、销售误导、未执行经备案的保险费率等行为，对2起可回溯制度执行不到位、2起聘任不具有任职资格的人员、1起利用业务便利为他人牟取不当利益等违法违规行为实施处罚，监管执法的警示震慑作用不断增强。

三是着力提高行政执法效能。扎实推进信息化建设，稳步推进行政处罚业务管理系统应用，进一步规范行政处罚权力运用，大幅度提高行政处罚效率。结合中国银保监会行政执法配套制度修订动向，进一步规范法律适用。加强宣传培训，组织举行行政处罚法适用若干问题专题培训会，全年围绕重大、复杂、疑难行政执法案件开展法律适用问题会商20余次。

二、深化“放管服”改革，推动首都银行业保险业改革开放

一是持续深化“放管服”改革。修订行政许可事项分类审批办法，有效提升审批效率。建设获得信贷“一件事”集成服务场景，实现企业融资需求和资格认定材料“一口进”、融资结果“一口出”。

二是积极引导优质金融机构在京布局。2022年，共高效核准16家分行（公司）级以上机构、37家支行（公司）级以下机构在京新设，其中包括2家外国银行分行。核准2家外国银行在京设立代表处、1家外资银行筹建北京分行。推动保险中介开放政策出台后全国首家外商独资保险经纪公司落地。外资金融机构在京聚集效应更加显著。

三、健全制约监督机制，促进监管权力规范透明运行

一是强化行政规范性文件制定监督管理。顺应金融监管需要，联合北京市高级人民法院印发《关于推进个人贷款业务送达地址确认及完善金融纠纷多元化解机制的通知》，有力解决个人贷款业务贷后管理阶段相关材料“送达难”问题，推进金融纠纷多元化解机制建设；印发《关于进一步规范佣金套利的通知》，防范不当激励导致的佣金套利风险。开展规范性文件合法性审核机制落实情况专项自查，围绕工作机制建设、审核范围、审核标准、审核程序、审核职责履行、审核工作方式、审核管理等方面开展深入自查，不断提升规范性文件制定水平，充分保障行政相对人的合法权益。

二是严格落实公平竞争审查机制。2022年，共对11件规范性文件、政策措施实施公平竞争审查，均不具有排除限制竞争效果。开展公平竞争审查制度落实情况专项自查工作，对公平竞争审查制度建设、审查范围、审查程序、审查标准、审查结论等开展全面自查，切实防止出台排除、限制竞争的政策措施，保障市场主体公平竞争。

三是提升行政行为法律审查质效。2022年，共完成监管强制措施、举报答复、依申请信息公开答复等各类法律审查事项920余件次，围绕行政程序合法性、行政履职充分性、法律适用准确性及表述规范性等方面进行严格审查，从源头上防范行政履职法律风险。

四是全面主动落实政府信息公开。坚持以公开为常态、不公开为例外，确保法定主动公开内容全部公开到位，不断提升依申请公开办理工作质量。2022年，累计公开行政许可、行政处罚、规范性文件、公告通知、行业统计数据、监管动态信息等900余条，依法处理政府信息公开申请380余件，切实保障人民群众合理信息需求。

四、持续加强执法队伍建设，提升依法监管能力

一是扎实开展金融法制研究。配合开展《银行业监督管理法》《商业银行法》《保险法》等重大监管法律修订工作，围绕股东、股权监管和监管措施等研提多条意见建议。聚焦银行保险监管处罚中主观过错要件的适用、保险机构股权监管、监管执法信息公开等监管执法重点难点堵点问题开展前瞻性调查研究，为监管立法与执法实践提供理论参考。

二是加强行政执法人员资格管理。落实监管执法人员持证上岗和资格管理制度，统筹完成行政执法人员资格考试、证件制发等工作，向符合条件的300余名执法人员发放执法证；加强对执法证使用行为的监督管理，明确执法证使用规则，不断提高监管执法规范化水平。

三是加强公职律师队伍建设。2022年，共完成36名公职律师年度备案，统筹推进公职律师全面参与行政案件办理工作。公职律师全年共办理行政复议、行政诉讼89件，已成为化解行政纠纷的重要力量。

四是持续开展监管法制培训与金融法制宣教工作。组织多期“明法纪·强监管·善作为”法律知识竞答主题活动，切实提升监管干部依法行政能力。积极组织辖内银行保险机构开展“八五”普法宣教活动，结合年内重要普法节点，紧扣普法重点，做好“12·4”宪法宣传周、公平竞争政策宣传周等普法宣教活动。

五是依法规范开展行政争议处置化解工作。2022年，共处理行政复议案件、行政诉讼案件500余件，不断提高案件办理质量和效率，妥善化解行政纠纷，2022年已审结诉讼案件均获得法院支持。

五、强化监管协作，健全行刑衔接机制

一是持续推进首都银行保险领域常态化扫黑除恶斗争，开展金融放贷领域行业整治，抓好《反有组织犯罪法》学习宣传贯彻实施工作。督促指导辖内银行做好涉案账户资金网络查控平台建设工作，持续优化数据质量，提高涉案银行账户资金和金融理财产品查询、冻结工作效率。

二是创建北京市金融行业反黑灰产“三联”工作机制。指导北京市银行业协会、北京保险行业协会组建行业反黑产专业委员会，推动行业形成对黑产的统一认识和类案的统一处理标准。创设多部门参与的监管联席会议机制，加大执法联动追责力度。密切保持与行业专委会、联席会议成员单位的信息共享、线索移送、案件会商等外部工作联动，力求形成对黑灰产的标准化应对机制。

三是推动建立打击整治养老诈骗行刑协同治理机制。与北京市人民检察院、北京市公安局等部门在线索移交、档案调取、联合宣教、协同打击等方面积极对接、高效协同。与北京市人民检察院联合组织开展“防范处置非法集资、打击整治养老诈骗”以案释法专题讲座，面向辖内中外资商业银行及信托公司，通过检察官对金融机构涉养老诈骗、非法集资等真实违法案例的讲解，全面揭示金融机构及从业人员在信贷领域的刑事犯罪法律风险，督促辖内机构严格遵守落实信贷监管法律法规、切实强化内部控制和风险管控、加强从业人员行为管理、加大防骗反诈宣传力度。

（李曼）

▲证券业监管法制建设

2022 年，中国证券监督管理委员会北京监管局（以下简称北京证监局）坚持以习近平新时代中国特色社会主义思想为指导，深入学习贯彻党的二十大精神，在局党委的正确领导下，深化服务、严格执法、防范风险、全面普法，积极应对依法行政压力，着力提升和改进监管能力，有力推动辖区资本市场法治化建设。

一、全面贯彻执行“两办意见”，落实“零容忍”执法理念

北京证监局坚决贯彻执行中共中央办公厅、国务院办公厅《关于依法从严打击证券违法活动的意见》，坚持以“事实清晰、证据确凿、程序严谨、适用准确、处罚公平”的执法标准开展行政处罚工作，依法从严打击辖区各类证券期货违法行为。

一是秉持“零容忍”理念，有力打击震慑证券违法活动。秉持“零容忍”执法理念，公正、清廉、从严、高效执法，行政处罚工作成效显著。2022 年全年审结案件 21 件，召开听证会 26 场，行政处罚决定书涉及 90 名当事人，罚没款金额 9 000 余万元，均创历史新高，其中罚没款金额增加超过 45%。案件类型除了上市公司信息披露违法违规、内幕交易等常规案件外，首次审理会计师事务所未勤勉尽责、评估师事务所从事证券业务未备案、私募基金管理人未备案、上市公司持股 5% 以上股东违法减持、科创板核心技术人员违法减持等新型案件。全年共对 8 名当事人作出市场禁入决定，其中终身禁入 2 人，对证券违法活动形成有力打击和威慑。

二是积极开展重大无先例事项研究，提高审理规范化水平。通过建立备忘录机制探索类案审理标准和处罚量罚标准、召开重大无先例事项研讨会等方式积极开展重大无先例事项研究，提高审理规范化水平。持续提升研究能力，积极探索热点难点问题解决方案，形成多篇法律适用研究报告。目前，已形成包括案件合议、专题讨论、听证复核、审理会商、文书把控等一整套比较完整的制度标准，确立了比较成熟的案件审理体制机制。

三是切实推进罚没款执行催缴工作，提升行政处罚威慑效果。开展集中催缴活动，综合采取电话催缴、下发催告函、申请法院强制执行等综合措施，实现催缴工作全覆盖。全年共向 18 名当事人进行催告，就 23 名当事人向法院申请强制执行，罚没款执行金额 1 798. 31 万元。

二、积极推动地方政府落实“两办意见”，构建打击证券违法活动联合防线

一是加强对外沟通协作，凝聚执法司法共识。加强与司法机关联系，参与法院关于证券期货违法行为专家研讨会。围绕行刑衔接、行政处罚案件送达、执行工作等问题与相关司法机关开展座谈交流，凝聚监管机构与司法部门的共识，推动个案办理，推进长期合作。

二是深化与市司法机关的执法司法合作，构筑证券监管执法合力。与北京市人民检察院签署建立辖区证券期货行业执法检察联络工作机制备忘录，推进“发现、识别、预警、惩治”的证券期货违法犯罪风险防范体系构建，加强行政执法与刑事司法的衔接；持续与北京市检察系统人员交流工作，在案件调查、审理方面加强合作，形成常态化的联络合作机制。全年接待全国各地公安司法机关来访 22 次，协助打击非法证券期货违法活动。

三、加强证券法律业务监管，督促中介机构归位尽责

北京证监局综合运用调查研究、现场检查、监管协作、互动交流等工作方式，以压实中介机构责任为抓手，探索律师事务所监管新模式，推动提高北京辖区证券法律服务机构的工作质量，提升律师事务所合规意识和底线意识，强化辖区资本市场服务实体经济的能力。

一是依法履行监管职责，压实中介机构责任。秉持“强监管”理念，开展律师事务所从事注册制首次公开发行股票并上市证券法律业务专项检查工作，不断压实律师事务所的中介机构责任，护航全面注册制改革，促进辖区律师事务所加强内部管理，提高执业质量。认真开展律师事务所相关的举报核查和办理，将现场检查和举报办理作为督促辖区证券法律服务机构尽职履责的常态化方式与有效抓手。

二是深化律师事务所监管协作机制。联合北京市司法局共同开展辖区律师事务所现场检查及问题反馈，有效发挥“联合检查约谈执法”协作机制，共同通报问题，警示行业，形成监管合力，督促辖区律师事务所归位尽责，充分发挥资本市场“看门人”作用。

三是丰富交流途径。联合北京市司法局、北京市律师协会编印《律师事务所从事证券业务法律服务工作文件汇编》，组织编写《证券法律业务监管工作通讯》，通报监管案例，传导监管理念，提高行业从业人员的合规意识。通过多种方式开展《关于加强注册制下中介机构廉洁从业监管的意见》宣传，督促引导辖区律师事务所深刻认识和高度重视注册制下廉洁风险防范的重要性，勤勉尽责，廉洁自律。

四、妥善办理复议诉讼和法律会签，积极化解法律风险

一是妥善应对复议诉讼，维护执法公信力。2022 年，北京证监局新收行政复议 62 件，行政诉讼 48 件，民事诉讼 3 件，申请法院强制执行 23 件。全年复议诉讼量较 2021 年增长近 250%，类型涉及行政处罚、投诉举报、监管措施、政府信息公开等方面，数量多、压力大。面对激增的复议诉讼，北京证监局积极应对，严守依法行政底线，稳妥应对监管执法复议诉讼案件。全年所有复议及诉讼案件均获复议及司法机关支持，全年未出现法律风险。

二是积极发挥法律把关作用，严守合规底线。2022 年，围绕疑难复杂的举报投诉、政府信息公开及行政监管措施等事项，北京证监局在相关风险防范化解过程中严控各项风险，积极把好法律风险内控关口，严防严控法律风险，提升行政执法质量。

五、深化诚信机制建设，营造良好诚信氛围

北京证监局始终重视诚信建设工作，通过加强资本市场诚信建设，引领资本市场主体诚信自律，为资本市场健康稳定发展提供保障。

一是强化资本市场诚信系统建设与应用。2022年，继续通过线上方式接收证券期货市场诚信信息查询申请材料，落实疫情防控要求，提高诚信查询工作效率，便利满足市场主体查询需求。全年共完成局内外诚信档案查询申请及反馈诚信报告650人次，比2021年增长51%。

二是积极参与北京市社会信用体系建设工作。继续参加北京市社会信用体系建设联席会议，协助配合北京市社会信用体系建设工作，对北京市相关信用建设制度研提意见，助力首都诚信体系制度建设。

六、持续做好普法宣传、司法接待工作，提升法治化水平

综合统筹推进普法宣传、诚信反馈与司法接待等工作，形成相互协同、共同推进的局面，不断提升辖区市场主体守法合规意识。2022年共完成普法宣传活动5次、司法接待22次、公众留言回复3次。多渠道开展普法宣传，通过日常工作联动实现普法效果。通过以案说法、以案为鉴，加大稽查执法宣传力度，加强法治宣传，维护执法公信力；积极开展第七个全民国家安全教育日普法活动，辖区合计733家市场主体开展了相关普法活动，各机构根据自身工作特点和业务开展形式，将法治宣传与投资者教育相结合，取得了较好的宣传效果。

（陈洁）

反洗钱工作

2022年，人民银行营业管理部坚持风险为本理念，深入推进反洗钱监管体系建设；创新开展“平行审查”工作方式，加强执法检查与其他监管手段的衔接并用；强化跨部门合作力度，持续推进北京市洗钱入罪判决取得实效；充分发挥调查职能优势，不断提升反洗钱监测分析能力；运用新媒体技术，创新反洗钱宣传培训模式。

一、着力提升执法检查力度，推动被查机构深入整改，加强执法检查与其他监管手段的衔接并用

一是提高执法检查质效，强化风险为本监管理念。逐步完善风险为本执法检查方法的应用，根据非现场风险评估、机构涉及可疑交易报告、行政调查等情况制订有针对性的检查方案，不断提升检查效率。年内，共对6家机构合计处罚2 290.79万元，对7名相关责任人合计处罚54.5万元。

二是推动被查机构深入整改，多措并举验收整改效果。针对检查发现问题，及时督促被查机构报送整改计划。运用现场检查与走访督导相结合的监管方式，针对前期检查过的高风险机构，通过“回头看”监管走访验证其整改效果，现场审核违规问题的整改情况，指导其进行机制性、系统性整改。

三是创新开展“平行审查”工作方式，加强执法检查与其他监管手段的衔接并用。进一步整合各项监管措施，“因病施策”，精准监管，针对部分重要内控制度有缺陷的法人机构，创新开展通过非现场平行审查相关制度的方式进行摸底，通过总结“平行审查＋执法检查”发现的高风险客户领域违规情况，向全辖发布典型问题通报，要求义务机构对照问题自查自纠，提高风险防控能力。

二、以风险评估为基础，紧握监管评估和机构自评估双抓手，深入推进风险为本反洗钱监管体系建设

一是贯彻落实风险为本、分类监管理念，调整优化评估评级工作方法。根据不同行业的风险差异采取繁简得当的评估指标，通过同类机构横向对比、历史风险纵向对比等多个维度，保证评估结果客观反映金融机构面临的洗钱风险及反洗钱工作实际。全年共完成辖区内196家法人金融机构风险评估工作，基本实现了对辖内主要类型法人义务机构的全覆盖。

二是根据评估结果建立风险监测机制，灵活运用各项监管措施，实施风险为本分类监管。针对固有风险较高且控制措施较弱的机构，进行约见谈话；针对存在洗钱风险隐患且反洗钱工作存在明显漏洞的机构，下发监管提示函；针对发现的问题需要现场核实的机构，进行监管走访。

三是积极推进义务机构洗钱风险自评估工作。2022年起，人民银行营业管理部在日常监管中与北京地区100余家重点行业的法人金融机构进行了有效沟通，向各机构提供了自评估原理、方法等方面的指导意见，并帮助各机构解决部分实际困难。

三、深耕长效机制建设，强化跨部门合作力度，持续推进北京市洗钱入罪判决取得实效

一是进一步强化机制建设，夯实打击洗钱犯罪制度基础。为贯彻落实中国人民银行、公安部等十一部门部署开展的打击治理洗钱违法犯罪三年行动计划，联合北京市公安局等十一部门联合印发《北京打击治理洗钱违法犯罪三年行动工作方案（2022—2024年）》。联合市公安局、监察委、法院、检察院、国安等部门共同印发《关于表扬北京市打击洗钱犯罪成绩突出集体和个人的通报》，对近年在洗钱犯罪案件立案、起诉、判决过程中成绩突出的集体与个人予以通报表扬，有效地调动各部门打击洗钱犯罪的积极性和主动性。

二是多维度开展部门合作，打牢洗钱入罪判决的合作基石。多次组织召开北京市打击洗钱犯罪联合工作专班会议，提前沟通案件办理过程中的重点难点问题，形成由检察院提前介入、对接公安机关具体洗钱犯罪侦查、取证环节的合作模式，大幅提升工作推进质效。2022年立案侦办洗钱案件51起，洗钱案件起诉20起22人，洗钱案件判决12起13人，包括3起自洗钱案件和1起北京首例走私洗钱案件，实现了洗钱上游犯罪类型的全覆盖。

四、围绕服务国家治理大局，充分发挥调查职能优势，不断提升反洗钱监测分析能力

一是围绕重点领域开展反洗钱分析调查工作，有效发挥反洗钱调查分析的职能作用。围绕涉众金融风险重点开展工作，推动监测分析转化为重大风险研判成果。督导房地产特定非金融机构承担识别可疑交易的义务和责任，主动挖掘房地产领域高质量线索。全年分析接收重点可疑交易报告160份，移送线索61起，全年开展反洗钱调查40余起。

二是落实专项行动工作，积极开展常态化扫黑除恶斗争工作。联合北京市地方金融监管局、北京银保监局共同牵头北京金融放贷专项整治工作，配合北京市地方金融监管局起草制订北京市金融放贷专项整治方案，制订人民银行营业管理部《关于金融放贷行业领域整治工作的实施方案》。积极开展打虚打骗及打击留抵退税专项行动，联合北京市税务局、北京市公安局、北京市人民检察院、北京海关、北京外汇管理部共同印发《北京市打击骗取留抵退税违法犯罪工作实施方案》。

三是加强洗钱类型研究和风险提示，指导义务机构提高可疑交易监测分析质量。全面总结北京地区面临的主要洗钱威胁、风险分布、可疑交易活动特征，形成《北京地区2021年洗钱类型分析报告》，指导和推动辖内反洗钱义务主体筑牢反洗钱工作防线。向辖内义务机构制定并下发《中国人民银行营业管理部关于2021年重点可疑交易报告及监测分析情况的通报》，指出部分义务机构存在的可疑交易报告问题。

五、发挥联合宣传优势，运用新媒体技术，创新反洗钱宣传培训模式

一是联合北京市检察院共同制作反洗钱案件纪实节目，在北京电视台《法制进行时》播出，介绍北京最大洗钱案件，加大打击洗钱犯罪宣传力度，提高打击治理洗钱犯罪工作效率。二是围绕洗钱、电信诈骗、地下钱庄等热点问题，联合北京市检察机关、金融机构拍摄系列宣传片。三是组织辖内机构开展渠道广泛、内容丰富的集中宣传活动，在发挥厅堂宣传的传统优势上，扩展线上渠道，延伸宣传工作的触角。四是在传统线下培训模式基础上，运用现代媒体技术制作访谈类系列宣教节目《反洗钱大家谈》第三期，邀请人民银行、执法司法部门、义务机构等专家作为主讲嘉宾，围绕反洗钱热点问题进行授课。五是联合北京市司法机关召开反洗钱专题培训，从立法本意以及洗钱案例实践等角度面向全市基层司法工作人员进行了授课。

（文京）

跨境人民币业务

2022年，北京地区跨境人民币业务稳健发展，成效突出。

一、人民币跨境使用规模稳步增长

2022年，北京地区跨境人民币结算8.50万亿元，同比增长13.56%；与187个国家和地区发生跨境人民币结算，业务笔数25.26万笔。具体来看，北京地区经常项目人民币收付1.36万亿元，其中货物贸易人民币收付9 149.14亿元，服务贸易人民币收付2 152.27亿元；资本与金融项目人民币收付7.14万亿元，其中直接投资人民币收付8 346.78亿元，证券投资人民币收付6.22万亿元。人民币在“一带一路”共建国家的使用不断深化，2022年，北京与“一带一路”共建121个国家（地区）开展跨境人民币业务，实现跨境结算2.04万亿元，同比增长2.98%。与境外国家和地区银行的合作日益加深，截至2022年末，北京地区银行已累计开立人民币同业往来账户1 015个，为非居民机构开立人民币结算账户1 748个。

二、服务实体经济发展，进一步提升辖内跨境人民币贸易投资便利化水平

（一）推动“两区”创新政策，持续推动贸易投资便利化

指导自律机制制定实施相关政策，打通政策落地“最后一公里”，积极推动对外承包工程类优质诚信企业跨境人民币结算业务便利化试点。截至2022年末，北京地区商业银行共为291家优质诚信企业办理跨境人民币结算业务，金额超过6 700亿元；为87家承包工程试点企业提供便利化结算服务，金额超过81亿元。

（二）围绕重点领域、重点区域、重点企业推动扩大跨境人民币使用

围绕“三个重点”形成“政策+产品+基础设施”三位一体工作机制，积极推动东盟地区、“一带一路”共建国家跨境人民币使用。支持北京冬奥组委与境外参与方签订以人民币计价的合同，借助国际体育赛事助推人民币国际化，提升企业使用跨境人民币的积极性。

（三）持续加强跨境人民币政策宣讲

通过业务宣讲、专题推荐会等形式，开展多层次、多角度的政策宣讲活动。利用北京市投资服务促进中心“京企课堂”服务平台，宣讲跨境人民币政策框架，20余万家企业在线参与；落实“金融服务常态化包区对接”机制，开展政策宣讲、业务介绍与线上答疑。

（张若愚）

金融消费权益保护

▲中国人民银行营业管理部金融消费权益保护工作

2022年以来，人民银行营业管理部全面贯彻落实党的十九大和十九届历次全会精神，深刻领悟学习党的二十大精神，坚决贯彻总行金融消费权益保护各项决策部署，切实增强“四个意识”，坚定“四个自信”，做到“两个维护”，突出服务总行、服务北京，金融消费权益保护工作做出新成绩、新亮点。

一、突出党建引领，凝聚奋进共识，以实际行动迎接党的二十大胜利召开

人民银行营业管理部党委高度重视“金融为民”理念的贯彻落实，深入引导党建业务融合，将“切实提升金融消费权益保护水平”作为2022年工作重点，充分利用“三会一课”固定机制，就廉政建设、意识形态、青年理论武装等重要内容进行指导。先后6次组织与外部单位（北京市金融法院、北京市金融监管单位、中国金融教育发展基金会、银行业金融机构）联学联建，交流党建和业务先进经验。

二、突出服务大局，强化消保监管，多项重点工作取得突出进展

一是高效落实在京大型互联网平台涉金融业务自查和整改对接，有力、有效开展持续监测。分3轮以“线上+现场”

双核查的方式，就个人信息保护等五大类316项问题进行审核，严格清理侵犯金融消费者权益的线索；持续监测互联网金融类违法广告线索并展开核查；制定大型互联网平台消保日常监管指标体系；压实辖内平台广告治理责任，甄别、下架处置各类违法金融广告线索近400条。

二是深度参与《中国人民银行金融消费者权益保护实施办法》适用工作，参与检查手册、裁量基准撰写专班，对平台类支付机构适用情况进行检查和处罚。参与消保行政处罚裁量基准、执法检查手册、典型案例适用专班；严厉查处部分支付机构违法违规行为，对机构处罚191万元，处罚责任人6万元，有效打击利用平台影响力侵犯金融消费者权益的行为。

三是协助筹备“关于加强金融教育宣传品牌建设”座谈会，承办2022年四部门金融联合宣教全国启动仪式，积极支持中国金融教育发展基金会工作。参与金融联合宣教调研专项工作，对8 400名机构从业者和金融消费者开展问卷调查，形成《北京地区关于提高金融教育有效性的调研报告》，向人民银行刘国强副行长做专门汇报。承办四部门金融知识联合宣教全国启动仪式，与全国5地分支行形成联动会场，“消保行长说”等节目环节充分体现金融教育工作的政治性、人民性特点，央视等主流媒体报道近700次，受到媒体的广泛关注和高度评价。积极参与中国金融教育发展基金会开展“星海计划——金融宣教进百县”活动，获“星海计划特别突出贡献—特别支持单位”。

四是剑指金融黑产，出台合规指引，统筹联动压实金融广告治理“一线”责任。联合北京市市场监督管理局等广告治理联席单位出台《关于规范本市金融投资理财类广告发布活动的通知》，共建共治共享良好金融营销生态；依托北京市消费者权益保护监管协调机制，建立北京市金融行业反黑产专项合作机制，共享典型案例、共建疑似黑产组织信息名单，凝聚监管合力，共同净化首都金融营商环境。

三、把“听需求，解难题”作为检验金融为民理念的实践标准，三项“直通车”解决金融消费者维权难问题

一是12363暖心热线“直通群众需求”。北京冬奥会期间全程零差错，贡献大赛北京经验。赛时期间，北京地区12363建立“T+0”快速办结、彩铃一键直达及外语人才双驻场、极速接诉通道、日报督办4项机制，确保冬奥金融消费环境满足各方需求，运行出一套行之有效的国际盛会“接诉即办”模式，为全国提供先进经验；经历北京冬奥会、党的二十大、疫情封控等数次“大考”，全年接通率保持90%以上。

二是北京市金融消费纠纷人民调解委员会“直通双方诉求”。公平、公正化解行业疑难案件。全年调解2 749件，成功率98.44%，“枫桥经验”在金融领域有效落地；突破纠纷化解地域限制，充分拓展线上调解惠及人群。全年组织2 636场线上调解，为人民群众创造更为宽松、便捷的纠纷解决环境。

三是多元解纷机制“直通司法裁决”。北京市金融消费纠纷人民调解委员会直接入驻“总对总”法院调解平台，强化与在京各级法院和各金融机构签订的合作协议。全年接收法院委派的线上调解共2 679件、线下调解70件。

四、把“刚性执法　柔性监管”作为提升金融监管水平和服务人民水平的重要手段

一是突破了北京地区消费者权益保护

"有查而无罚"的局面，对平台支付机构进行"双罚"，将执法检查和消费者权益保护评估协同推进。适用《中国人民银行金融消费者权益保护实施办法》开出对涉平台业务的支付机构首笔罚单，对机构罚款 191 万元，处罚责任人 6 万元，有效落实"双罚制"；对辖区 139 家机构开展年度评估，就体制机制和行为规范进行全面检查；牵头开展对中信银行总行、北京农商银行的执法检查；拓展金融消费者权益保护监测数据领域，对在京头部互联网平台实施常态化跟踪监管，集中清理平台涉金融业务中侵犯金融消费者权益的情形，净化网络金融环境。

二是查实查处一批侵犯金融消费者知情权、自主选择权举报案件。受理举报 181 笔，判定疑似黑灰产举报 96 笔、群体性举报 30 件、职业举报人举报 21 件，判定机构有责 9 笔，约谈 4 家责任机构，有效维护金融消费者合法权益。

三是关口前移警示风险，通过风险提示等传导监管态度。主动报送监测信息；以季度通报、风险提示、举报办理等方式提示经营风险，曝光侵犯消费者知情权、个人信息权的违规现象共计 12 次，约谈涉事机构并提出整改要求。

五、把"关切人民　服务民生"作为实现金融育民、服务共同富裕的中心参照，对话机制直达金融机构和金融消费者两端

一是推动辖区金融宣教育民工程深入人心。健全金融教育协同机制，发挥"几家抬"合力，提升 3 月、6 月、9 月传统宣传月生命周期，全年组织辖区上百家机构开展 2 万余次线下、线上宣教活动，累积覆盖受众超过 1 亿人次。坚持精品带动，强化首善之区的宣教引领。全年投放 23 部精品资源，6 件被人民银行总行刊发，连续 3 年承办总行 2022 年金融知识普及月启动仪式，形成大型活动北京招牌。

二是金融知识终身教育制构建步履不停。联合金融机构创设"线上 + 线下"并行的金融教育示范基地，在中国网老年大学研究设立"老年人财商教育课题"，联合中央财经大学教授开立老年人素养培育和风险管理相关课程；指导开展大学生辩论赛，聚集清华、北大等 16 所高校围绕"信用消费是/不是陷阱"激烈碰撞观点，最高观看峰值突破 47 万人，触达消费者 100 余万人。

三是金融教育形式和内容持续创新。"云端宣教"平台实现三个全国首创：全国首部少儿消费者权益保护真人秀节目《京娃学金融》、打造首个多彩消费者权益保护 3D 数字展厅、推动金融消费话题首次进入大学生辩论赛，持续打造金融教育优质品牌；以"设于一线　教于一线"为宗旨，联合中国教育发展基金会等创设了"金社工程—体街社区"金融知识社会实践基地，联合辖区银行创设"老年大学""线下 + 线上"融合金教基地，联合金融机构创设"乡村金融"融合金教基地，以北京市金融消费纠纷人民调解委员会为依托设立"以案释法"类金融基地，辖区 11 家金教基地互为补充、相互促进，向精细化宣教持续迈进。

六、把"根植普惠　区域协同"作为推动普惠金融高质量发展的立足点，推动京津冀指标体系、金融健康评估更新优化

一是进一步优化京津冀普惠金融协同指数体系，积极利用指数结果开展政策效果研究。继续牵头评估 2021 年度三地普惠金融领域协同发展水平；摸清京津冀普惠金融协同发展的现状，提炼影响京津冀普惠金融协同发展的关键因素，对2020年度、2021年度指标进行对比分析，确定京津冀普惠金融协同发展的实施路径。

二是积极开展金融健康调研，做好辖区老年人金融素养指数构建工作，完成普惠金融问卷和指标体系填报等常规工作。圆满完成2021年度辖区普惠金融问卷调查和普惠金融指标数据填报，对指标数据进行全面挖掘、深入分析，向人民银行、北京市政府报送普惠金融指标分析报告及相关信息；主动开展金融健康调研相关工作，完成辖区老年人金融素养调查，准确把握该群体在金融教育领域中存在的薄弱环节，分析原因并提出政策建议，构建北京地区老年消费者金融素养指数。

（舒昱）

▲中国证券监督管理委员会北京监管局投资者保护工作

2022年，北京证监局以习近平新时代中国特色社会主义思想为指导，坚持“以人民为中心”发展思想和“大投保”理念，紧密围绕中国证监会关于注册制改革和监管转型的重大决策部署，突出投保机制建设和方法创新，将投资者保护工作要求贯穿到辖区资本市场监管各项工作之中，持续推动北京辖区投资者保护事业高质量发展。

一、多措并举开展投资者保护和教育工作

一是开展丰富多彩的各类投教活动。认真落实中国证监会工作部署，扎实做好3·15“明规则识风险　理性投资壬寅年”、第四届5·15全国投资者保护宣传日“心系投资者，携手共行动——筑牢注册制改革基础，保护投资者合法权益”“退市中的投资者教育保护”“基础设施公募REITs投资者教育保护”等专项投教活动。在中国证监会投资者保护局指导下，联合中国青年报社开展“2022投保同行——大学生金融素养提升活动”，历经1个半月，全国累计参与高校2 534所，参与人数246 576人，累计答题高达315.45万人次，原创系列投教短视频播放量累计590.48万次，金融素养知识答题59.45万次，微博平台话题“#金融素养提升活动#”的阅读1.52亿次。

二是做好投教基地建设与监督考核工作。先后完成国家级基地工作底稿核实报送工作和辖区省级基地的考核。辖区6家国家级投教基地在考评中4家基地优秀、1家基地良好，优良率达83%。省级投教基地考核方面，对辖区和君商学院投教基地予以取消命名处理，并将取消命名情况向社会公布。召集辖区期货公司宣讲投教基地申报命名有关政策，开展摸底调研。积极支持指导辖区工银瑞信投教基地创新设立“投知里”投教品牌，推动其为基金行业投教事业贡献更大力量。

三是有序推进投教纳入国民教育工作。指导推动辖区市场主体与166所大中小学开展合作，其中包括137家高校、8家职业教育和继续教育学院以及21家中小学。共开展讲座、知识竞赛以及各类社会实践等活动3 042场，活动覆盖33.41万人次；开展师资培训26场，培训覆盖教师600人次。与中国人民大学新闻学院签署合作备忘录，投教进校园范围进一步扩大。联合市民政局共同举办“北京高校投资者教育主题辩论赛”，首场辩论赛由清华大学对阵北京大学，通过抖音与微博两大平台直播，全场观看人数达到140万人，一小时直播产生评论近9 000条。

四是积极推动投资者维权救济机制建设。在纠纷多元化解方面，建立健全辖区诉调对接机制，加强调解业务培训，督促调解组织妥善开展调解工作，全年组织调解组织参加调解员培训7次。指导北京证券业协会举办纠纷调解工作培训暨经验交流会，召集调解组织调解业务座谈会，调研了解业务发展掣肘以及解决办法。在代表人诉讼方面，成立证券纠纷代表人诉讼工作领导小组，并印发工作方案，夯实代表人诉讼常态化开展的制度基础。加快推进代表人诉讼工作，积极开展代表人诉讼备选案件征集，强化与北京金融法院的沟通联络。邀请投服中心有关专家就持股行权业务和证券纠纷特别代表人诉讼制度进行授课，辖区171家上市公司581名董监高人员参加培训。

五是统筹做好投保检查工作。对辖区市场主体投资者适当性管理、投资者诉求办理、投资者关系管理、投教基地建设与管理等方面开展核查，全面覆盖上市公司、证券公司、公募基金、期货公司、独立基金销售机构、投资咨询、私募基金、投教基地等业态，向市场主体传递监管理念，压实市场主体保护投资者合法权益的主体责任。

六是顺利完成两项投保课题研究工作。应中国证监会投资者保护局委托开展“投资者教育基地考核指标体系”课题，围绕基地考核难点痛点问题开展研究，旨在解决投教基地数量快速增长、类型逐步多元的现状下原有考核评价体系不适应、不协调的问题。并受托开展“投资者适当性管理”相关课题研究，推动修订《证券期货投资者适当性管理办法》，压实证券期货基金经营机构履行适当性管理义务主体责任，切实保护投资者合法权益。本年度内完成课题研究并形成研究成果。

七是多方协作开展投资者调查等工作。联合中证金融研究院开展《个人投资者股票投资决策及财富管理问卷调查》，摸清投资者底数，分析投资者行为与认知，为资本市场监管工作提供坚实的底层数据。联合投服中心开展《2022年投资者知权、行权、维权现状调查》。配合中证中小投资者服务中心和中国证监会山西监管局做好《股东来了》2022宣传推广工作，力保山西片区注册人数挺进第一位。积极维护和推广中国投资者网，提供投教产品193件。协助做好防范非法集资宣传月相关工作，切实加大对非法证券活动的打击力度和曝光度。

二、积极稳妥做好信访举报工作

牢固树立“首都无小事、事事连政治”“看北京要首先从政治上看”的意识，在办理信访举报过程中遵照“敢于担当、不怕困难、关口前移、挺在前面”的十六字方针，既严格按照上级相关要求依法依规调查处理，又参考北京市委、市政府“接诉即办”原则妥善维护首都社会稳定，敢于担当，关口前移，化解风险。2022年共办理举报2 514件、信访173件、12386热线转办2 692件，总计5 379件，同比增长8%；接待来访138批次，其中个体来访128批次，5人以上（含）群访10批次；接听来电3 613次；办理12386热线督办工单185件；办理公众留言65件。

三、有序推动营商环境评价工作

积极做好营商环境改革与评价工作，重点配合北京市开展优化营商环境相关工作，世界银行迎评工作一体推进。一是积极开展国内营商环境改革和创新试点工作，抓好任务落地。按照北京市相关实施方案，梳理任务清单，加大相关处室部门统筹协调推进力度，扎实推进改革任务落地。针对作为牵头单位或责任单位的5项任务（中小投资者保护领域、多层次资本市场直接融资领域、知识产权领域、融资信贷领域和司法保障领域），总结贯彻落实材料和典型经验案例，报送北京市发展和改革委员会以及北京市地方金融监督管理局、北京市知识产权局等相关营商环境改革任务牵头单位。二是跟踪学习世界银行新评价体系，配合北京市开展迎评准备工作。学习世界银行新评价体系，借鉴一系列有力的营商措施，倒逼推动改革，支撑首都高质量经济发展，是稳住经济大盘的重要措施。北京证监局作为责任单位之一，在世界银行新评价体系“获取金融服务”“促进市场竞争”等指标方面积极配合参与迎评。

（朱君）

五、机构业务综述

金融管理机构

中国人民银行营业管理部

2022年，中国人民银行营业管理部加大稳健货币政策落实力度，实现全年存贷款同比增长10.7%；33项“两区”建设牵头任务全部落地；为北京冬奥会提供安全快捷的金融服务保障。

截至年末，辖内金融机构发放符合碳减排支持工具、科技创新、交通物流专项再贷款标准的贷款超过500亿元。全年累计投放再贷款再贴现1 538亿元，同比增长20%。实现全年存贷款增长10.7%。人民币贷款全年累计新增9 419.4亿元。融资成本不断降低，12月企业贷款利率3.09%，全年通过利率下降让利435亿元。截至年末，普惠小微贷款余额、有贷户数分别同比增长22.0%和50.5%。“银企对接系统”促成融资累计突破1 000亿元，“创信融”平台助力超万家小微企业获贷款超百亿元。

精准有效支持重点领域和薄弱环节。2022年全年，全市发放高新技术产业贷款同比增长55.3%。12月末，制造业中长期贷款余额同比增长48.5%。全市创业担保贷款余额同比增长近9倍。发放符合碳减排支持工具要求的贷款148亿元，“京绿融”“京绿通”为企业提供融资超过105亿元。截至年末，北京市本外币绿色贷款同比增长36.4%。

文化、乡村振兴领域金融服务提质增效。“京农融”再贷款专项产品额度提升至100亿元。12月末，北京市涉农贷款余额同比增长19.4%。文化企业贷款有贷户数同比增长20.3%。

全力维护房地产市场稳健运行。高频监测调度主要银行房地产贷款业务。指导国家开发银行北京市分行用好保交楼专项借款。支持符合条件的民营房企发债融资。加大支持保障性租赁住房项目建设，12月末，保障性租赁住房开发贷款余额38.0亿元。

金融监管和风险防范取得新突破。建立市党政主要领导负责的北京市金融风险化解委员会，构建“一委员会、两机制、一框架”防范化解金融风险工作新格局。建立高风险地方金融机构通报制度。制定《中国人民银行营业管理部重点金融机构监测预警工作机制》。

“两区”建设金融领域改革深入推进。“两区”建设33项任务全部落地，20余项政策被列为“两区”建设“五个一批”成果，2项政策入选“两区”十大最具影响力政策。推动设立国家金融科技风险监控中心。金融科技创新监管工具3个应用在全国率先出箱。全国首批15家企业参与试点跨国公司本外币一体化资金池，累计为企业节约成本约2亿元人民币。推动本外币合一银行结算账户体系试点在京落地。开展海外人才用汇便利化试点。“外汇衍生品银企服务平台”累计签约金额66.4亿美元，超八成为中小微企业。推动银行就京津冀交通一体化项目贷款与企业签约超过500亿元。支持银行为链上企业落地低成本贷款超过100亿元。

"京津冀征信链"助力商业银行发放贷款近 300 亿元。

金融管理手段、水平全面提升。推动设立全国首批、地方首家国资控股的北京金融控股公司。与北京市公安局签署《合作备忘录》，构建反诈"资金链"治理精准防控体系。"零容忍"打击外汇领域非法金融活动，发现地下钱庄案件线索，移送公安部门立案查处。推动全国洗钱金额最大案件成功宣判。成功宣判北京首例走私洗钱案件和首例"自洗钱"案件。对金融领域违法违规保持高压态势。全年合计开展现场执法检查 16 家次，其中开展综合执法检查 2 家次。2 次对平台企业相关支付机构作出处罚，处罚金额居全国前列；首次适用《中国人民银行行政许可实施办法》作出处罚，首次对信托业机构开出征信类违法行为的罚单；严惩拒收现金违法行为。全年累计对 45 家机构、27 名个人作出行政处罚，罚没金额共计 1.4 亿元。配合中国人民银行完成对 5 家互联网平台企业金融消费权益保护整改非现场验收工作，督促辖区 9 家平台企业落实整改方案。持续督导朴道征信全面落实整改要求。6 家符合条件的 P2P 网贷机构均已对接征信系统，成功收回欠款 3 467.2万元。

提升金融服务水平，建设国际一流营商环境。构建高效冬奥金融服务指挥体系，在 63 家闭环区域酒店创新建立"金融店长制"，涉奥场景共发生金融交易 46.2 万笔、金额 1.6 亿元。推动数字人民币金融街示范街区建设。数字人民币在北京地区已累计落地场景 49.1 万个，发生金额 338 亿元。率先在全国将"鼓励使用数字人民币"写入地方性法规《北京市数字经济促进条例》。出台《全面推动北京征信体系高质量发展促进形成新发展格局行动方案》，推动社会信用体系构建。全国率先提供机动车、船舶、知识产权担保登记信息统一查询服务。推进支付手续费减费让利，累计降费近 10 亿元，惠及市场主体超过 260 万个。推动增值税留抵退税政策在京落地 10.8 万笔、金额 1 021 亿元，惠及企业 10.3 万户次。

树牢中关村科技金融品牌。制订《新时代中关村中心支行高质量发展行动方案》。发挥"中关村示范区再贴现窗口"作用，累计发放再贴现 189 亿元。

（曾晓曦）

国家外汇管理局北京外汇管理部

2022 年以来，国家外汇管理局北京外汇管理部（以下简称北京外汇管理部）坚持以党建和业务双促进为着力点，主动担当、靠前发力，高效统筹外汇领域"促便利、防风险"各项重点工作任务，圆满完成冬奥外汇服务保障，全面加大稳经济稳外贸和助企纾困力度，为首都统筹做好疫情防控和稳定经济增长提供有力外汇支撑。全年，北京地区进出口、跨境收支总额再创新高，经济保持恢复态势，外汇市场运行总体平稳，外汇管理各项工作取得新的成绩。

一、以“升级版+组合拳”推动外汇改革创新提质增效，持续激发市场主体活力

受错综复杂国际环境和散发多发国内疫情双重影响，稳经济稳外贸工作面临困难挑战超出预期。北京外汇管理部坚决落实国务院33项稳经济措施和中国人民银行、国家外汇管理局“金融23条”政策安排，从地区实际出发，锚定目标、集中发力，密集出台一揽子“升级版”便利化政策，打出高水平开放政策“组合拳”。

（一）重点领域先行先试再推“升级版”

推动优质企业贸易外汇收支便利化试点扩容升级，试点企业同比增加2.3倍，业务办理时间缩短50%，更多优质中小企业享受到“减单证、简流程”政策便利。截至年末，累计办理便利化业务6.48万笔，金额2 206亿美元。跨国公司本外币一体化资金池试点“扩容升级”，前后两批共15家企业享受本外币资金跨境统筹的政策红利，截至年末，跨境收支规模超过450亿美元，为企业节约财务成本超过2亿元人民币。跨境融资便利化试点“双扩大”，试点金额提高至1 000万美元，试点范围扩大至全市高新技术和“专精特新”企业，支持更多试点企业在一定额度内自主借用外债，助力北京国际科创中心建设，截至年末，共70家企业开展跨境融资便利化试点业务。

（二）打出重点区域高水平开放政策“组合拳”

高标准支持“两区”高质量开放发展，出台《关于支持北京“两区”建设提升地区跨境贸易投融资便利化水平的意见》，从深化金融领域开放创新、提高跨境投融资便利度、提升跨境贸易便利化水平、推动政策落地见效四个方面提出16项支持举措。主动研究对接国际高水平经贸规则，积极参与“两区”建设国际收支便利化、投资自由便利化、离岸贸易等多个领域全环节改革方案的制定实施工作，为首都高水平开放提供有力金融支撑。

（三）部分“首创”试点取得积极成效

落地全国首笔“银行+外贸综合服务企业”传统货物贸易线上化跨境结算业务，进一步拓宽贸易新业态结算渠道，货款到账时间平均缩减3～5个工作日，有效提高资金结算效率，助力贸易新业态创新发展。实现外资支付机构在京开展跨境外汇业务的突破，批准贝宝支付（北京）有限公司开展跨境外汇收支及结售汇业务，助力地区金融市场双向开放。

二、不断优化外汇业务“服务包”，促进银企双向便利

践行外汇惠民理念，依托“常态化包区对接”等下沉服务机制，班子成员带队、党支部联合组团，赴顺义、门头沟等地调研支柱产业和“专精特新”、外资外贸企业经营状况，集中开展外汇便利化政策、汇率风险中性等宣讲，及时回应市场主体诉求，指导金融机构落实落细便利化措施，打通政策落地“最后一公里”。

（一）企业汇率避险服务精准见效

积极构建“理念普及—减费让利—政策支持—监测督导”工作闭环，全链条精准服务企业汇率风险管理。2022年，北京地区人民币与外汇衍生品签约额1 355.5亿美元，同比增长15.8%，首办户占比56.3%。充分发挥外汇衍生品银企对接公共服务平台作用，通过“需求牵引供给”，实现供求精准对接，截至年末，平台累计签约66.5亿美元。2022年，中小微企业家数占比超过九成。创新“汇心为民”线上宣讲品牌，打造“理念—产品—政策”标准化宣讲新模式，12次宣讲覆盖企业1 400余家，做到助企汇率避险和疫情防控两不误。积极搭建政策支持环境，推动市区两级政府分别出台外汇套保支持政策，远期结售汇政策性担保产品“远期保”顺利落地，政策性担保费率降至千分之一，处于全国最低水平。指导银行加大减费让利力度，累计减免外汇套保保证金逾9亿元，减收费用超过1亿元。

（二）圆满完成冬奥外汇服务保障任务

将冬奥外汇服务保障作为2022年开局的首要任务和头等大事，系统谋划、高位推进。构建高效外汇服务保障体系，成立冬奥支付环境建设运行保障指挥部，创新建立签约酒店“金融店长制”，高效应对闭环区域内外汇服务难题。畅通冬奥外汇政策“绿色通道”，将北京冬奥组委纳入贸易外汇收支便利化试点，简化冬奥相关外汇账户开立、资金汇兑等业务办理流程和材料，建立涉奥机构代码赋码业务快速办理通道，充分保障涉奥机构用汇便利。冬奥会期间，外汇服务实现“零差错”“零投诉”。

（三）个性化、电子化服务打通业务“卡点堵点”

克服疫情影响，在服务市场主体的下沉深度、覆盖广度上下功夫。建立特殊外汇业务处置机制，采取集体审议、窗口指导等方式，为20余家企业解决关联机构超期限代垫薪酬款偿付、跨境融资等个案难题。指导银行积极探索电子化外汇服务。推动经常项目外汇业务使用电子单证办理，提升外汇资金结算效率。支持通过合并单证、线上办理等方式提高资本项目收入支付便利化水平，自试点业务开展以来累计线上办理资本项目收入支付便利化业务11.8万笔，金额合计120.3亿美元，占辖内银行同期办理资本项目收入支付便利化业务笔数近六成。

三、筑牢适应高水平开放的“风险防护网”，切实维护地区外汇市场良性秩序

主动增强安全发展意识，依托地区跨境资金流动风险监测预警工作机制，积极发挥本外币协同优势，不断强化外汇形势分析研判，有效防范跨境资金流动风险。充分发挥数据研判中心作用，大幅提升主动发掘线索能力，精准打击外汇领域违法违规行为。

（一）加强外汇形势监测分析，着力提升风险防控的精准性和有效性

地区跨境资金流动监测预警持续加力。坚持多角度、全渠道监测内外部环境，构建多维度监测指标体系，持续对跨境资金流动总体形势、主要渠道、重点主体和热点问题等进行监测分析。

调查研究服务上级决策能力不断提升。围绕新冠疫情影响、企业直接投资和跨境融资意愿等主题，开展银企座谈，搜集掌握一手信息，开展专题研究。

数据统计基础进一步夯实。通过加强业务宣传、培训和督导，引导申报主体合规意识不断提升，确保地区国际收支统计数据质量。2022年，辖区贸易信贷统计实现“零差错”，间接申报和直接申报数据质量明显提升。

（二）以非现场监管能力建设为抓手，“零容忍”打击外汇领域非法金融活动

非现场监管新优势持续构筑，地下钱

庄、跨境赌博等大要案查处取得突破。充分发挥国家外汇管理局数据研判中心（北京）在线索挖掘、数据拓展、集中分析、跨部门合作等方面的优势，首次自主发现地下钱庄案件线索，并成功移送公安部门立案。

清理整治非法网络炒汇平台成效明显。综合采取申请屏蔽、对外移送、约谈整改及通知下架等方式，成功清理群众反映强烈的多个非法 App 和网站。

（曾昱昕）

中国银行保险监督管理委员会北京监管局

2022 年，中国银行保险监督管理委员会北京监管局（以下简称北京银保监局）统筹推进首都银行业保险业改革开放，有效防范化解重大金融风险，全力推动首都经济社会和银行业保险业高质量发展。

2022 年末，辖内制造业中长期贷款余额 9 651. 1 亿元；创建“中关村科创金融服务中心”，年末科技型企业贷款较年初增长 16%。联动东城区共建国家文化与金融合作示范区金融服务机制，年末辖内文创产业贷款达 2 128 亿元。绿色信贷同比增长 24. 5%，绿色信托规模逾 450 亿元。全面升级北京市贷款服务中心，已完成首贷审批 5. 76 万笔、金额 2 479. 3 亿元。辖内小微企业无还本续贷业务同比增长 23. 2%，节约过桥成本超过 10 亿元。将外地在京创业人员纳入创业担保贷款补贴范畴，年末创业担保贷款余额达 40 亿元。推动北京金融综合服务网与 9 个政府部门实现政务数据共享，覆盖金融服务网点 4 100 余个，累计服务小微企业 577. 3 万家次、个人金融消费者 990. 1 万人次，帮助企业和个人获得信贷资金 1. 57 万亿元。深化交通事故“互碰快赔”机制，累计服务车主超过 250 万人次，减少事故二次占道 50% 以上。为约 7. 8 万家次企业提供安全生产责任险风险保障 8 200亿元。扩大“北京普惠健康保”参保人群至 350 万人。

持之以恒防范化解金融风险。推动各类金融机构增资超过 150 亿元。2022 年末，辖内个人住房贷款余额 1. 2 万亿元，同比增长 1. 7%，其中首套房占比 86%。为 11 万人次提供抵押贷款纾困服务，涉及贷款金额 34. 9 亿元。截至年末，北京辖内金融同业通道业务、融资类信托业务余额较年初分别下降 47. 62% 和 15. 34%。清退 54 家“三无”分支机构，注销 359 家专兼业机构业务许可证。全年共对 68 家机构、99 名责任人实施行政处罚，处罚机构家次、责任人数同比分别上升 48% 和 38%，罚没款合计 7 362 万元，给予撤销任职资格、行业禁入处罚 11 人次。

深化银行业保险业改革开放。推进北京全球财富管理中心建设。推动外商独资保险经纪公司——汇丰保险经纪有限公司落地。2022 年共高效核准 16 家分行（公司）级以上机构 16 家、37 家支行（公司）级以下机构在京新设，其中包括 2 家外国银行分行。核准 2 家外国银行在京设立代表处、1 家外资银行筹建北京分行。2022 年末，辖内商业第三者责任险平均保额较改革前提高 87.5 万元；2022 年末，普通型寿险业务同比增长 24.6%。

（任雅菲）

中国证券监督管理委员会北京监管局

2022 年，中国证券监督管理委员会北京监管局（以下简称北京证监局）坚决落实党中央、国务院、中国证券监督管理委员会党委及北京市委、市政府重大决策部署，统筹疫情防控与经济发展，以首善标准扎实推进辖区资本市场改革发展稳定各项工作。全年辖区各类企业利用多层次资本市场直接融资 9 933 亿元。全年首发 A 股上市公司 41 家，吸收合并和转板上市 2 家。截至 2022 年末，辖区共有境内上市公司 460 家，总股本、总市值全国占比分别为 37.06%、19.66%，均居全国首位。

（李梦洁）

北京市地方金融监督管理局

2022 年，全市金融业实现增加值 8 196.7 亿元，同比增长 6.4%，高出 2021 年增速（4.5%）近 2 个百分点，超过全国平均增速 0.8 个百分点，占地区生产总值的比重为 19.7%，为有史以来（年度数据）最高，为稳定全市经济大盘贡献了金融力量。实现地方级一般公共预算收入 1 150.9 亿元，占比 20.1%。2022 年完成税收收入 5 676.3 亿元，占全市的 41.5%，占比较 2021 年同期上升 1.1 个百分点，在各行业中税收规模居首，其中地方级税收收入 1 121.5 亿元，占比 22.8%，是北京税收最重要的支撑。

一是落实落细稳增长各项举措。用好用足政策性资金，做好普惠小微、科技创新等专项再贷款、贷款支持工具以及政策性开发性金融工具的对接，推动 3 只专项基础设施基金落地北京。创新优化金融纾困服务，“畅融工程”累计举办 225 场，服务金融机构 4 100 余家次，对接企业 1.1 万余家次；持续发挥金融服务快速响应机制作用，做到第一时间收集、第一时间分发、第一时间协调、第一时间反馈；“融资纾困直通车”向 862 家企业发放融资共计 74.3 亿元。出台发挥政府性融资担保基金作用，进一步深化政银担合作的若干措施。做好民生保障领域金融服务，指导“北京普惠健康保”完善产品方案，支持开发针对安全生产责任、疫情防控、疫苗接种、餐饮等领域的保险产品，配合做好“保交楼、稳民生”工作。

二是进一步完善资本市场功能。服务北京证券交易所（以下简称北交所）建设，与北京市科学技术委员会、中关村科技园区管理委员会共同出台支持创新型中小企业在北交所上市融资发展的若干措施，建立推动北交所上市工作机制，推动北交所首只指数“北证50”正式上线，融资融券业务规则发布实施；首次实现在交易所市场发行国债，已发行国债和地方政府债券9 502.38亿元。截至年末，北交所上市公司共162家，是北交所开市时上市公司家数的2倍，其中北京地区15家。推动企业上市融资，截至年末，全市共有境内上市公司460家，2022年以来新增境内上市公司43家。落地全国首批公租房REITs项目，京东物流REITs正式获批，成为全国首个平台企业“绿灯”投资案例。持续推动股权投资和创业投资份额转让试点，支持北京股权交易中心在全国首批获准认股权登记转让试点、区块链应用示范试点，支持清科、英国科勒资本等在京新设S基金。

三是扩大金融业对外开放。“两区”建设取得新突破，《气候友好银行北京倡议》入选自贸试验区高质量发展创新实践案例在全国复制推广，知识产权保险试点、合格境内有限合伙人（QDLP）试点两项开放政策获评“两区”建设十大最具影响力政策。支持金融机构在京发展，中国信托金融控股公司和北京金融控股集团在全国首批获批牌照。成功举办2022年中国国际服务贸易交易会金融服务专题展、金融街论坛·全球系统重要性金融机构会议等重量级活动。推动全球跨境支付服务公司TTMFS中国总部落地。优化金融营商环境，印发《北京市“十四五”时期金融业发展规划》，在全国率先实现机动车、船舶、知识产权担保信息的统一查询，出台进一步优化北京银行业综合服务能力及提升首都金融国际化服务水平的有关措施。

四是推进金融业改革创新。印发“两区”建设绿色金融改革开放发展行动方案。推动北京绿色交易所发布“企业碳账户和绿色项目库”系统。指导通州区和密云区获批成为国家气候投融资试点地区。深化金融科技创新试点，率先启动第二批资本市场金融科技创新试点，试点项目数量保持全国领先。印发推进北京全球财富管理中心建设的意见。积极申创国家级科创金融改革试验区，发布对科技创新企业给予全链条金融支持的若干措施及金融服务北京地区科技创新、“专精特新”中小企业健康发展若干措施。引导金融机构加大对文化金融专营力度。推动京津冀协同发展，多举措开展东西部协作和支援合作。

五是做好地方金融监管工作。截至年末，全市纳入地方金融监管的“7+4”类地方金融组织法人机构合计802家（不包括投资公司和社会众筹机构），分支机构94家。发布实施《北京市地方金融组织行政许可实施办法》《北京市地方金融组织监管评级与分级分类监管办法》，制定7类机构行业监管办法。严把准入关，优化地方金融组织准入审批服务和流程。

六是维护首都金融安全稳定。建立健全金融风险防范与应急处置工作体系，落实属地风险防范化解职责。持续开展“蜜蜂计划”“百千万宣教工程”等品牌活动，提高金融消费者风险防范意识和风险辨别能力。

（武玉坤）

中国人民银行中关村国家自主创新示范区中心支行（国家外汇管理局中关村国家自主创新示范区中心支局）

2022年，中国人民银行中关村国家自主创新示范区中心支行（国家外汇管理局中关村国家自主创新示范区中心支局）深入推进科创金融工作，积极申创中关村科创金融改革试验区，促进金融支持科技创新体系不断完善；稳妥有序承接海淀国库监督工作，科技赋能增强征信服务能力，持续优化示范区营商环境；积极发挥基层央行风险防范前哨作用，筑牢金融风险防控底线；着力推动外债便利化政策升级扩园，支持中关村示范区实现高水平科技自立自强。

一、坚持创新驱动发展战略，提升金融服务科创能力，积极助力北京国际科创中心建设

一是积极申创中关村科创金融改革试验区。在人民银行营业管理部党委的协调推动下，中关村科创金融改革试验区申创工作取得积极进展，总体方案完成部委会签程序。按照“边申请，边落实”的思路，提前谋划方案实施相关工作，依托科创金融政策研究专班机制，同步开展政策储备，为政策落地做好准备。

二是充分发挥再贴现等货币政策工具对科创企业支持作用。优化中关村示范区再贴现窗口功能，稳妥承接“京创通”再贴现专项产品，增强货币政策的精准性、直达性，服务科创小微企业发展。2022年，中关村示范区再贴现窗口累计发放再贴现55.83亿元，其中，科技和民营、小微占比99.35%。促进规范管理，持续完善再贴现业务流程，提升业务合规性。加强业务督导，赴多家银行现场调研，引导加大对科创企业的支持力度。

三是引导提升辖区科技金融工作质效。加强政策协同，主动对接海淀区金融服务办公室，共同推动包区对接工作常态化，搭建政银企沟通交流平台，与市科学技术委员会、中关村科技园区管理委员会联合研究中关村示范区促进科技金融深度融合创新发展支持资金管理办法。抓实抓细科技金融专营组织机构监测评估工作，丰富对科技金融专营组织机构的引导和鼓励手段，初步拟定科技金融领军示范机构工作思路和工作方案。2022年末，中关村科技金融专营组织机构对中关村高新技术企业贷款余额同比增长33.47%，较北京市贷款余额同比增速高22.57个百分点，贷款利率和不良贷款率实现双降，信贷结构进一步优化，股债联动、知识产权质押等多种融资方式占比稳步提升，普惠小微贷款、无信贷户拓户成效明显。

二、坚持人民至上，全面提升金融管理和服务精细化水平，持续优化示范区营商环境

一是稳妥有序承接海淀国库监督工作。落地实施国库监督工作，承接海淀代理支库专项监督、规范经收业务、开展国债巡查，截至12月末，已对30余家银行网点开展国债发行兑付现场巡查。加强与区财政、税务部门沟通交流，积极谋划构建适宜海淀区的国库监督检查机制，挖掘国库监督与信贷、科创协同发力点，探索构建服务科创新模式。

二是科技赋能提升金融服务能力。优化升级征信智能服务系统，持续提升银行柜台服务便捷性，强化银行端与互联网征信查询互补性，切实提升征信查询服务能力，便利人民群众就近获得高质量征信服务。深挖数据价值，应用数据挖掘、数据展现等技术手段，持续做好辖区经济金融形势、高新技术企业信贷、企业账户服务和风险等研究监测工作，平衡好“放管服”与防风险关系。

三是主动服务与精准对接市场主体需求。建立创新业务多方协调机制，实现全国首家红筹股回归A股主板筹资账户开立，推动首例金融同业专户支取数字人民币业务在京落地，预估辐射带动全国约6亿元数字人民币需求，切实提高数字金融服务水平。精心辅导重点企业业务，为20家企业办理便利化外债登记业务，帮助人工智能、生物医药、信息科技等国家重点扶持行业企业突破融资瓶颈并获得境外资金支持，大幅降低融资成本约500个基点。为24家中关村科学城高新技术企业办理38笔资本项目行政许可材料简化业务，办理效率得到优化提升。

四是创新开展综合金融知识宣传和政策宣讲。联合辖内商业银行，聚焦海淀核心区及重点高校，开展“帮‘信’即帮‘凶’　全民反诈在行动”“征信修复是骗局，依法维权是正道”系列宣传活动，提升社会公众金融知识水平和风险防范能力。主动赴3家网点多、业务量大的银行进行“一对一”指导，宣讲账户监管政策，开展疑难业务答疑，有效解决账户业务难点，近百个网点200余人参加。制作外债登记业务办理指南讲解视频，依托现场调研、联合相关政府部门开展线上宣讲会、座谈会等方式，向企业宣传讲解中关村外汇管理改革创新试点政策，扩展创新政策宣传覆盖面，扩大政策红利释放。

三、坚持系统观念，切实加强风险监测，坚决筑牢金融风险防控底线

一是积极发挥基层央行风险防范前哨作用。构建200家关联企业动态信息监测平台，及时获取企业异常和违规信息，推动微观监管落实到位。建立信息专报机制，及时将日常监测中发现的苗头性问题向有关部门反馈。探索科技监管，积极推进信息化系统建设，依托大数据完善监测分析与风险防控平台，全方位监测企业基本信息、经营情况、风险信息、资质许可、股权结构、新闻舆情等情况，实现对辖内近3万家高新技术企业多维度监测，有效提升金融风险监测预警能力。截至2022年12月末，共监测企业负面高风险信息近600条，为上级风险防控决策提供有力支撑。

二是切实履行示范区金融稳定职责。建立央行评级主体风险舆情监测机制，有效提升央行评级工作质效。通过日常风险监测和现场核查有效监控辖内重要金融机构风险，全年开展央行评级工作5次，完成对19家财务公司及1家银行的初始评级，完成5次现场评级。统筹监管资源多维度开展风险监测，做好微观主体监管，全面提升风险防控履职水平。

三是强化重点领域和重点主体风险监测。建立完善“行业＋企业”科创企业监测分析体系，选取新一代电子信息技术、高端制造业、生物医药等重点行业设立监测群组，实时监测75家重点企业发展动态，及时掌握关键企业经营和涉外业务形势。加强对头部科技企业的跟踪监测，及时反馈企业全貌及舆情。加大对重点领域风险监测和预警，完善常态化、全流程监管体系，持续加强针对“五重一大”的监测核查。

四、坚持守正创新，支持中关村示范区实现高水平科技自立自强，打造对外开放新高地

一是着力推动外债便利化政策升级扩园。报送《关于在中关村示范区进一步实施资本项目高水平开放试点政策的请示》，建议在中关村示范区进一步深化外债便利化政策和外汇管理改革试点政策。积极宣传推广便利化试点政策，推动企业便利开展人民币跨境结算和投融资业务，促进人民币跨境使用，进一步提升服务示范区企业质效。

二是积极落实外汇管理改革创新试点政策。助力“两区”建设，探索赋予中关村科创企业更多跨境金融选择权，为科技型企业提供个性化融资服务。截至12月末，共为91家中关村高新技术企业办理125笔外债便利化业务，新增签约金额合计58.13亿美元，其中，为14家“专精特新”企业办理17笔便利化额度试点业务，登记金额合计6.82亿美元，预计每年为企业节约财务成本约14.12亿元人民币；为19家中关村高新技术企业办理24笔一次性外债登记试点业务，申请额度合计990.91亿元人民币，企业资金使用效率大幅提升。

三是完善“宏观审慎+微观监管”两位一体管理框架。积极参与北京地区跨境资金流动监测预警工作机制，对跨境资金流动总体形势、重点业务和重点企业资金流向、国际国内宏观环境等做好监测分析和评估预警，撰写月度监测分析报告。充分利用跨境资金本外币数据全视角监控优势，持续提升监测核查敏锐度，完善常态化监测核查体系。截至12月末，召开4次核查座谈会，对20家现场核查企业进行政策提示。对1 010家企业经常项目业务开展非现场核查，核查相关数据80余万笔，其中货物贸易非现场核查企业762家，服务贸易重点监测企业248家，核查资本项下数据信息11 588笔。

（齐雪菲）

金融机构

国家开发银行北京市分行

2022年末，国家开发银行北京市分行信贷资产总额4 073亿元，同比增长1.29%，其中表内人民币贷款余额3 266亿元，外汇贷款余额116亿美元。发放本外币贷款2 026亿元，比上年增长28%。

服务国家发展战略，聚焦重点领域投放 发放轨道交通、机场、铁路贷款428亿元，助力京津冀交通一体化。发放贷款31亿元，支持地下综合管廊、城市副中心周转房、公租房建设。向北控水务集团有限公司、北京京能清洁能源电力股份有限公司、北京城市排水集团有限公司等企业发放贷款200亿元，助力绿色发展。

服务科技创新中心建设，支持制造业高质量发展 向京东方科技集团股份有限公司、长鑫集电（北京）存储技术有限公司、北汽福田汽车股份有限公司等企业发放制造业贷款350亿元。实现科技创新和基础研究专项贷款发放100亿元。与北京中关村科技担保有限公司合作，累计发放贷款9.68亿元。

服务保障和改善民生，助力城市更新和乡村振兴 向北京首农食品集团有限公司等企业发放乡村振兴贷款139亿元。向西草红庙街区更新、西总布街区申请式退租等项目发放贷款9亿元。向北京保障房中心通州丁各庄项目等发放保障性住房贷款33.84亿元。

服务实体经济发展，维护市场主体稳定 发放春耕备耕专项贷款80亿元，支持中国供销集团有限公司等企业保障农资农副产品供应。向北京能源集团有限公司等企业发放贷款27.92亿元，支持电力保供；投放电力行业基础设施基金7.9亿元。

助力疫情防控，保障产业物流安全稳定 向北京建工集团有限公司、北京九州通医药有限公司等企业发放贷款6.83亿元。向物美科技集团有限公司等企业发放贷款13亿元。向小米通讯技术有限公司发放贷款39.5亿元。

服务金融供给侧结构性改革，推动政策工具落地见效 向基础设施投资基金3个项目投放额度共计9.725亿元。完成本市全部保交楼项目1亿元放款。推进设备更新改造专项再贷款，签订23.8亿元贷款合同，发放贷款8 100万元。

（刘宇）

中国进出口银行北京分行

2022年末，中国进出口银行北京分行本外币贷款余额1 045.03亿元，其中，人民币贷款余额1 010.67亿元，较年初增加134.06亿元，增长15.29%。

服务国家战略和实体经济发展 投放京津冀协同发展专项主题金融债首期50亿元。全年累计发放支持京津冀协同发展贷款102.8亿元。全年累计发放制造业贷款385.11亿元，战略性新兴产业贷款595.70亿元。全年累计发放绿色信贷金额98.89亿元。全年新发放外贸产业贷款653.16亿元。

（赵子郡）

中国农业发展银行北京市分行

2022年末，中国农业发展银行北京市分行（以下简称农发行北京市分行）总资产783.92亿元，比年初增加148.34亿元。年末各项贷款余额618.07亿元，比年初净增116.24亿元，增长23.16%；负债总额799.09亿元，比年初增加160.30亿元，其中各项存款余额140.87亿元，比年初增加20.2亿元。各项收入27.70亿元，同比增长2.61亿元。FTP利润-10.84亿元，同比减少11.02亿元。

截至年末，农发行北京市分行共有13个支行（部），全行在岗员工405人。

政策性粮油信贷业务 2022年末，粮棉油贷款余额220.83亿元，贷款日均余额达241.09亿元，有力保障首都粮食安全和粮油市场稳定。全年累计发放中央和地方粮油政策性信贷资金54亿元，支持推陈储新，确保国家粮食战略目标的实施。积极拓展粮油市场化信贷业务，全年累计发放信贷资金55.33亿元，支持企业开展购销业务。加大对棉纺企业的支持力度，全年累计发放产业化龙头企业贷款21亿元，支持企业棉花采购资金需求。

化肥、农药等储备贷款业务 2022年，累计发放国家储备化肥贷款16.16亿元和农业生产资料贷款15亿元，支持企业开展化肥、农药等农业生产资料购销储业务。

政策性中长期信贷业务 全力服务区域发展战略，围绕京津冀协同发展、北京市总体规划和服务“四个中心”功能定位建设，支持北京城乡一体化发展。城乡一体化贷款净增12.03亿元，改善人居环境贷款净增6.82亿元，水利建设贷款净增1.17亿元，生态环境建设贷款净增5.1亿元。年末，中长期贷款余额95.50亿元，较年初减少11.19亿元。

投资业务 截至年末，农发重点建设基金累计投放236.93亿元，累计收回106.69亿元，2022年度收回14.13亿元，余额130.24亿元，实现投资收益1.1亿元。

票据业务 全年累计办理票据交易309亿元，年末转贴现资产余额127亿元。

国际业务 重点支持大豆、棉花、化肥等农业相关贸易，本外币协同营销，稳步推进跨境金融服务。全年办理国际结算业务80笔，金额1.69亿美元，同比减幅88.16%。办理贸易融资业务10笔，金额3 447.93万美元，品种为减免保证金开证业务，贸易融资业务量较上年全年增加1 774.67万美元，增幅106.06%。

扶贫贷款业务 以东西部扶贫协作、“万企帮万村”为平台，全力服务脱贫攻坚，全年累计发放扶贫贷款30.63亿元，年末，扶贫贷款余额49.53亿元。

创新业务 全力支持农业农村现代化，聚焦服务乡村振兴，促进林业、种养殖业和农村流通体系建设、支持农业科技创新和涉农小微企业发展，累计发放贷款210.03亿元。年末，农村流通体系建设贷款余额195.68亿元，农村土地流转及规模经营贷款余额18.48亿元，产业化龙头企业贷款余额12.63亿元，农业生产资料贷款余额31.29亿元，农业科技贷款余额11.83亿元，农业小企业贷款余额1.02亿元。

（赵敏岑）

中国工商银行股份有限公司北京市分行

2022 年末，中国工商银行股份有限公司北京市分行本外币总资产 5.55 万亿元，比上年增加 4 427 亿元。实现营业收入 845.12 亿元、本外币账面拨备前利润 672.79 亿元、净利润 479.62 亿元，同比分别增加 12.24 亿元、16.92 亿元和 69.92 亿元。

存款业务 截至年末，本外币全部存款余额和人民币全部存款余额分别为 5.37 万亿元、5.13 万亿元。其中，人民币对公存款余额 3.05 万亿元，较年初增加 1 542.98 亿元；人民币储蓄存款余额 1.34 万亿元，较年初增加 1 980.76 亿元；同业存款余额 7 390.87 亿元，较年初增加 317.71 亿元。外币全部存款余额 355.92 亿美元，较年初减少 19.81 亿美元。人民币全部存款付息率 1.73%。

融资业务 截至年末，本外币各项贷款比年初增加 1 213.99 亿元，余额达到 1.29 万亿元。其中，人民币公司贷款较年初增加 1 288.33 亿元，余额 9 848.51 亿元；个人贷款较年初增加 52.51 亿元，余额 2 393.65 亿元。全年审批重点工程项目 30 个，金额 670 亿元；审批城市更新项目 30 个，金额 249 亿元。截至年末，制造业、战略性新兴产业、科技贷款余额分别达到 1 622 亿元、2 125 亿元和 1 706 亿元，分别较年初增加 512 亿元、762 亿元、210 亿元；绿色金融、民营企业、普惠贷款余额分别达到 2 248 亿元、1 388 亿元和 577 亿元，分别较年初增加 462 亿元、162 亿元、143 亿元。全年累计通过首贷中心审核放款金额 224.36 亿元。全年投放贷款 400 亿元。为防疫、保供企业融资近 150 亿元；拓展首贷户 3 314 户，为小微企业、个体工商户等办理延期还本付息贷款近 96 亿元，减费让利 3.4 亿元。

经营转型 全年实现中间业务收入 121.04 亿元。截至年末，个人客户净增 77 万户，总量超过 3 400 万户。代发工资额 5 133 亿元，代发客群金融资产 9 895 亿元，净增 980 亿元。新增优质收单商户 3.64 万户，个人、法人手机银行月均动户数分别增长 27%、24%。零售营业贡献突破 224 亿元。全年国际结算量为 7 293亿美元，跨境人民币结算量实现 3.65 万亿元。全年建成 48 家农村普惠金融服务点。年内完成 44 项数字化转型任务。全年累计承销非金融企业债 2 924 亿元，承销量较上年增加 285 亿元。截至年末，资产托管规模 5.85 万亿元，投融资业务余额 3 683 亿元。

政务民生服务 服务市区两级 2 000 余家财政预算单位，占比超过 30%，全年代理业务金额超过 2 400 亿元。代理北京市 16 家国库支库，配备专兼职人员 141 人，2022 年完成近 6 000 万笔业务。参与承销地方债 375 亿元。全年服务社保缴存客户 15 万户，归集社保资金近 2 600 亿元，占全市社保总归集量的 70%。上线北京市“社银同窗”自助服务项目，全年业务量 8 万多笔。

风险防控 全年不良贷款额 26.79 亿元，不良率 0.21%，实现双下降。

（王戈）

中国农业银行股份有限公司北京市分行

2022年末，中国农业银行股份有限公司北京市分行本外币存贷款规模19 409亿元，比上年增加3 456亿元，增长21.7%；本外币存款余额13 759亿元，比上年增加2 859亿元，增长26.2%；本外币各项贷款余额5 649亿元，比上年增加597亿元，增长11.8%；实现营业收入218.44亿元，同比增加20.24亿元，增长10.21%；实现净利润114.90亿元，同比增加49.01亿元，增长74.39%；实现中间业务收入31.38亿元。

服务实体 全年累计向实体经济领域投放贷款3 447亿元。截至年末，普惠型小微企业贷款余额225亿元，比上年增加60亿元；绿色贷款余额1 334.26亿元，比上年增加385亿元；制造业中长期贷款、战略性新兴产业贷款余额分别为426亿元、638亿元，分别比上年增加130亿元、142亿元。落地北京市区级重点工程项目26个，年内承销地方债375亿元。创新“市场e贷”产品，为北京多家批发专业市场提供信贷支持近4 000万元。截至年末，个人住房贷款、经营贷款余额分别为963.13亿元、39.16亿元，分别比上年增加15亿元、10亿元。

乡村振兴 为北京首农食品集团有限公司、北京顺鑫控股集团有限公司、北京大北农科技集团股份有限公司等稳产保供重点企业提供信贷支持43.5亿元。截至年末，涉农贷款、县域对公贷款余额分别为213亿元、127亿元，分别比上年增加45亿元、50亿元。

风险控制 截至年末，大口径不良贷款余额104.07亿元、不良率1.84%，分别比上年减少26.92亿元、下降0.75个百分点。

（袁芳）

中国银行股份有限公司北京市分行

2022年末，中国银行股份有限公司北京市分行本外币总资产12 179.01亿元；本外币汇总折人民币各项存款余额9 206.92亿元，比上年增加77.51亿元，增长0.85%，其中，人民币各项存款余额8 467.59亿元，比上年增加51.61亿元，增长0.61%；本外币汇总折人民币各项贷款余额6 683.59亿元，比上年增加799.26亿元，增长13.58%。其中，人民币各项贷款余额6 427.83亿元，比上年增加767.96亿元，增长13.57%。实现净利润110.53亿元，同比增加21.41亿元，增长24.02%。

公司金融业务 截至年末，支持京津冀协同发展实质合作项目96个，贷款余额736亿元；已批城市副中心项目52个，授信金额总计694.29亿元，已投放316.76亿元，授信余额116.95亿元；民营新投放贷款711.3亿元，较上年增加51亿元，民营投放占比16.21%，民营贷款有贷款余额户数16 413户，较上年增加1 980户；制造业贷款余额较年初新增165.72亿元，增长41.92%，制造业中长期贷款余额较年初新增126.63亿元，增长63.42%。全年实现全口径金融市场业务交易量3.3万亿元；代客结售汇履约量实现903亿美元，同比增长17%。截至年末，金融机构本、外币日均存款余额6 553.92亿元，金融机构人民币资产余额3 118.27亿元；托管运营资产规模26 916亿元，同比增长0.85%。截至年末，普惠金融业务银保监重点领域贷款余额402.96亿元，同比增长30%；普惠型涉农贷款余额32.3亿元，较年初新增17.23亿元，贷款增长达114.31%。入驻北京贷款服务中心，累计为1 100余家小微企业提供贷款业务，金额超过70亿元；为454家企业申请首贷补贴，补贴金额348万元。

个人金融业务 截至年末，个人贷款余额926.17亿元，较年初新增9.01亿元。借记卡发卡75.61万张，实现消费额2 445.12亿元。服务信用卡客户近180万户，实现消费额541.94亿元。

中间业务收入 全年实现中间业务收入53.22亿元，其中金融机构、个人数字金融、交易银行条线分别实现中间业务收入12.24亿元、11.26亿元、7.31亿元。实现托管费收入11.45亿元，同比增长24.82%。实现债券承分销手续费2.6亿元。实现对公表外理财销售规模935.6亿元，实现中间业务收入1.6亿元。资产证券化业务累计发行615亿元，实现中间业务收入3 595万元。

互联网金融 截至年末，手机银行累计注册客户640.64万户，手机银行年活跃客户314.84万户，年交易客户227.1万户。截至年末，B2C网关支付和借记卡快捷支付产品实现线上交易额1 592亿元；报关即时通交易额1 311.22亿元，B2B商户交易额808.19亿元，跨境电商间连交易额151.61亿元。

风险管理 2022年，化解不良资产金额89.85亿元，其中现金清收62.93亿元，呆账核销6.65亿元，抵债资产20.27亿元，不良率0.73%。

（陈锐）

中国建设银行股份有限公司北京市分行

2022年末，中国建设银行股份有限公司北京市分行本外币资产总额25 727.13亿元，比上年增加4 699.94亿元，增长22.35%；负债总额25 543.09亿元，比上年增加4 714.34亿元，增长22.63%；营业收入319.68亿元，比上年减少33.11亿元，下降9.38%；利润总额184.33亿元，比上年减少14.12亿元，下降7.12%。全口径本外币各项存款余额23 324.63亿元，比上年增加4443.73亿元，增长23.54%；本外币各项贷款余额12 087.64亿元，比上年增加1 265.15

亿元，增长 11.69%；不良贷款余额 49.04 亿元，不良贷款率 0.41%。

住房租赁 承建“安居北京”平台；支持城市更新项目 141 个、投放贷款 535 亿元，协同子公司收持租赁房源 7 万多套；承销全国银行间市场首单住房租赁类 REITs，托管全国首批和系统内首单住房租赁公募 REITs。公积金贷款余额超过2 000 亿元。

普惠金融 截至年末，普惠金融贷款投放超千亿元。向科创企业投放贷款 1 500余亿元，与 622 户科创企业签署股债联动协议。为中小微企业减少利息支出 2.15 亿元、节约费用 0.89 亿元，惠及近 24 万家企业。

公司金融业务 截至年末，承销债券 2 000 余亿元。发放绿色贷款突破 2 700 亿元，承销绿色债券 180 亿元。战略性新兴产业贷款新增 577 亿元，增长 64%；制造业贷款新增 403 亿元，增长 39%。向 157 家抗疫企业发放抗疫贷款 403 亿元。依托“叮咚”系统跨行联动服务客户 753 户，新开账户 293 户，完成异地银团联动项目 85 个。

国际金融业务 截至年末，全口径存款余额 84.65 亿美元，外汇贷款余额 26.94 亿美元。全年为 10 家“专精特新”中小试点企业办理经常项目便利化业务 1 249笔，金额合计 20.36 亿美元。累计开立境外保函 19.26 亿美元。“全球撮合家”助力京城老字号出海，依托区块链平台落地全国首笔跨行再保理业务。

个人金融业务 截至年末，本外币个人存款时点余额 7 534 亿元，较年初新增 901 亿元。个人加权有效客户 4 238.06 万户。资产 600 万元以上私人银行客户 14 376人，金融资产达 1 519 亿元。搭建“3+2+1”养老金融服务体系，累计开立账户 17.26 万户。

信用卡业务 截至年末，“建行生活”平台入驻商户 1.31 万家，其中重点商户 0.92 万家。助力北京市政府“一刻钟品质生活节”活动，拉动消费约 4 亿元；承接市政府首期餐饮消费券发放，核券 5 500 余万元，拉动消费 2.35 亿元。

乡村振兴及其他 帮助 1 000 多个行政村上线智慧村务平台，创新“银政担”“农链金融”“农业保险+信贷”“乡村振兴+绿色金融”等新模式，涉农贷款新增 117 亿元，增长 42%。完成系统内首笔“惠懂你”数字人民币贷款、首单数字人民币车险业务。

风险管理 截至年末，不良贷款（审计后口径）额率“双降”。全年处置不良资产 56.61 亿元，其中现金回收 38.39 亿元，回收已核销不良资产 3.72 亿元。“员工异常行为预警平台”上线 62 个模型，发现并确认违规 254 人次。严抓账户反赌反诈，对公和个人涉案账户数量同比下降 67% 和 22%。堵截金融诈骗 1 465起、涉及金额 5 306 万元。

（杜国增）

交通银行股份有限公司北京市分行

2022 年末，交通银行股份有限公司北京市分行本外币资产总规模 11 540.59

亿元，较上年增加 976.23 亿元，增长 9.24%；本外币各项存款余额 9 761.90 亿元，较上年增加 891.98 亿元，增长 10.06%；本外币各项贷款余额 5 530.23 亿元，较上年增加 1 034.10 亿元，增长 23%；经营利润 121.26 亿元，较上年增加 1.4 亿元，增长 1.2%。

公司金融业务 人民币对公贷款当年增量近千亿元。为中国国新控股有限责任公司发行 200 亿元能源保供特别债。落地全国首个数字人民币智能合约预付资金监管场景。在交通银行系统内首创互联网贷款模式，面向京东平台内优质商户推出线上小额信用贷款“京彩贷”。

个人金融业务 人民币储蓄存款日均余额较年初净增 416.6 亿元。上线“支小蜜”智慧校园、“监所无接触购物系统”等多个项目；手机银行平台引进北京西风国际旅行社有限公司（环球影城票务代理商）、首约科技（北京）有限公司（首汽约车）等合作商户入驻领券中心；开发上线行员、教师、医护、代发、养老 5 个手机银行特色专区，为北京地区客户提供专属金融服务。上线花乡奥莱村商圈场景项目。推广“惠民贷”“车位贷”“信用付”等产品。

金融科技 2022 年，开立个人钱包 93.73 万个、对公母钱包 4.66 万个，完成人民银行营业管理部北京市数字人民币金融街示范街区建设工作。推出“元管家”数字人民币智能合约预付资金管理项目场景，研发业内首个互联网电商平台数字人民币清分系统。

（何华伟）

招商银行股份有限公司北京分行

2022 年末，招商银行股份有限公司北京分行表内总资产 13 062 亿元，同比增长 12.6%；全折自营存款余额 11 837 亿元，同比增加 1 664 亿元，增长 16.4%；全折自营贷款余额 4 542 亿元，同比增加 591 亿元，增长 15.0%；全年实现利润总额（计提资产减值损失后）144 亿元，同比增加 21 亿元，增长 16.9%。不良贷款率 0.39%。

公司金融业务 2022 年，对公自营存款年日均 7 619 亿元，较上年增加1 024 亿元，增长 16%；人民币对公贷款规模 2 346亿元，较年初增加 361 亿元。有账户对公客户数 29.1 万户，较年初增加 4 611户。

零售金融业务 2022 年，零售营业净收入 165.2 亿元，管理总资产突破 2 万亿元，人民币储蓄存款余额突破 4 600 亿元，零售客户存量超过 1 200 万户，其中非零客群超过 1 000 万户、资产 5 万元以上客群数量达到 214 万户。年末零售信贷资产余额达 1 873 亿元，较年初增加 173 亿元，小微贷款余额 686 亿元，较年初增加 73 亿元。

投行资管业务 2022 年，投行资管业务总收入 13 亿元，其中非息收入 8.9 亿元。债券承销业务实现规模 1 930 亿元，衍生对公存款年日均 104 亿元；对公财富管理业务实现中间业务收入 2.69 亿元，公司理财产品日均余额 1 313 亿元；

资管业务实现非息收入 1.43 亿元，实现项目类资产投放规模 468 亿元；并购业务实现非息收入 1.94 亿元，全年落地业务 30 笔，业务笔数同比增长 50%；市场交易业务实现投放规模 447.59 亿元。

（刘莉颖）

上海浦东发展银行股份有限公司北京分行

2022 年末，上海浦东发展银行股份有限公司北京分行资产总额 5 235.75 亿元。按照中国人民银行统计口径，本外币一般性存款余额 4 570.65 亿元，其中，非银存款余额 340.4 亿元。本外币各项贷款余额 2 469.42 亿元。实现经济利润（EVA）21.68 亿元。

公司银行业务　当年新增“京系号”客户 465 户，净增有价值客户 2 390 户。新增机构客户 190 户，机构客户存款规模比上年增长 19%。新增离岸贷款投放 38.92 亿美元，比上年增长 168%。截至年末，按照中国银行保险监督管理委员会（以下简称中国银保监会）统计口径，本外币一般对公存款余额 3 264.83 亿元，本外币对公贷款（含票据）余额1 709.68 亿元，实现公司银行业务净营业收入 44.28 亿元，实现净中间业务收入 7.88 亿元。

投资银行业务　截至年末，中长期贷款余额 851.61 亿元，当年净增 153.55 亿元。承销中国铝业股份有限公司 2022 年度第二期中期票据（转型）与大唐国际发电股份有限公司 2022 年度第五期中期票据（转型）。落地锡林浩特泰富大型风电示范项目贷款。落地北京隆福文化街区修缮更新、北京工人体育场改造复建、动物园批发市场腾退改造等城市更新改造项目银团贷款。落地河北张家口怀来大数据产业基地的建设项目贷款。

服务中小企业　2022 年，上线“科创快贷”在线产品；上线小微企业标准化在线融资产品“在线房抵快贷”；打造“北鸣”系列产品；推出“专精特新企业专项融资方案”。截至年末，监管口径，公司普惠贷款余额 31.94 亿元，比上年净增 10.22 亿元，增长 47.05%。小企业授信客户数达到 2 169 户，比上年净增 945 户，增长 77.08%。科创企业客户数达 7 499户，比上年增长 17.95%；科创企业贷款客户数 691 户，比上年增长 8.48%；科创企业贷款余额达到 419.48 亿元，比上年增长 1.41%。

零售银行业务　实施“监管 + 按揭 + N”的融合发展路径，全年结算性存款日均增长超过 20 亿元。实现交易资金监管业务零售网点全覆盖年末交易资金监管量达 619 亿元。全年代发金额 555 亿元，累计百人代发 70 户。信用卡渠道获客能力持续增强，双卡联动获客量较上年翻倍提升，汽车分期累计放款 20.72 亿元。截至年末，本外币个人金融资产余额 1 978.36 亿元，比上年增加 214.21 亿元。本外币储蓄存款余额 965.42 亿元，比上年增加 280.74 亿元。个人贷款余额（不含信用卡）759.73 亿元，比上年增加 139.17 亿元。零售营业净收入 33.75 亿元，零售中间业务净收入 11.15 亿元。

金融市场业务 全年同业借款投放规模达1 914.5亿元。全年新增企业资产证券化（ABS）业务投放60笔，金额合计105亿元，同比增长33%。疫情期间为近60家医药企业提供了低息融资支持。全年发行公募基金8只，总规模119亿元；全年新增托管保险产品18只，保险托管规模新增438亿元。截至年末，自营同业借款余额1 945亿元，比上年增加422亿元。金融市场业务净营收29.72亿元，金融市场业务净中间业务收入7.0亿元。资产托管规模2.04万亿元，实现托管收入3.97亿元。

合规内控管理 截至年末，不良贷款余额13亿元，较上年减少0.78亿元；不良率0.53%，较上年下降0.07个百分点；实现不良资产现金清收9.45亿元。

（鲍霓）

广发银行股份有限公司北京分行

2022年末，广发银行股份有限公司北京分行总资产达到3 879.32亿元，实现报表营业收入32.60亿元，实现净利润11.01亿元，整体不良率1.15%。人民币基础存款日均规模2 658.8亿元，较上年增加395.5亿元，增长17.5%，对公基础存款日均规模2 235.5亿元，同比增长15.7%；个人基础存款日均规模423.3亿元，增长28.1%。新增债券承销规模398.1亿元，同比增长103.63%；新增资管规模139.6亿元，同比增长108%；国际结算量387亿美元，同比增长29%；托管规模10 725亿元，同比增长12.6%。对公结算有效户、广发北京分行价值客户分别较年初增长14.6%、18.1%；零售基础客户、财富管理客户、私人银行客户分别较年初增长5.5%、9.3%、10.5%，个人养老金账户开户4.56万户。

积极支持国家战略 截至年末，人民币贷款余额996.7亿元，较上年增加98.2亿元，其中科技贷款余额176.55亿元，较年初增加18.11亿元；战略性新兴产业贷款余额198.26亿元，较年初增长112.86亿元；绿色信贷余额62.98亿元，较年初增加27.39亿元；民营企业贷款余额208.88亿元，较年初增加18.71亿元；制造业贷款余额160.57亿元，较年初增加18.07亿元；其中制造业中长期贷款余额57.14亿元，先进制造业58.74亿元，高技术中长期贷款20.30亿元。年内，与188家“专精特新”小微企业建立授信合作，贷款余额20亿元，同比增长264%；为中国联通集团员工开展“E秒贷”业务开户1 647户，发放贷款1.14亿元；首贷户专项营销实现新增203户。落地国家设备更新改造专项贷款项目，落地“碳中和”基金、风电发债等绿色项目，托管规模557亿元。

金融创新 上线“账户集中可视”业务。实现在京中央企业集团公司清晰、全面查询下属公司的各类账务信息的功能。

“北京普惠健康保”销售 代销“北京普惠健康保”，年内实现销售82 865件。

（陈悦喆）

兴业银行股份有限公司北京分行

2022年末，兴业银行股份有限公司北京分行本外币资产类总计9 757.21亿元，比上年减少1 229.47亿元，下降11.19%；本外币负债类总计9 754.29亿元，比上年减少1 189.39亿元，下降10.87%；本外币营业收入64.48亿元，比上年减少0.45亿元，下降0.69%；实现本外币利润2.12亿元，比上年减少40.53亿元，下降95.04%；本外币所有者权益2.92亿元，比上年减少40.08亿元，下降93.21%；不良贷款余额41.58亿元，比上年增加14.63亿元，增长54.28%，不良贷款率1.95%，增长0.72%。本外币存款余额4 936.72亿元，比上年减少245.07亿元，下降4.73%；本外币贷款余额2 135.97亿元，比上年减少55.34亿元，下降2.53%。

企业金融业务 截至年末，本外币表内对公贷款余额1 395.44亿元，较年初增加11.26亿元。资产规模实现增长，本年共投放园区贷款15笔，金额46.87亿元；楼宇贷款6笔，金额82.90亿元；地产贷款6笔，金额48.29亿元；政府平台贷款32笔，金额163.39亿元。

零售业务 与北京金房暖通节能技术股份有限公司开展合作，落地供暖商户100余家，留存企业金融存款1亿元并落地代发工资500余人；与北京中诺口腔医院开展合作，落地代发工资300余人。截至年末，综合金融资产年日均1 762.05亿元，新增104.04亿元；本行理财年日均887.78亿元，新增44.90亿元；个人存款年余额615.69亿元，新增179.79亿元；个人贷款余额655.28亿元，新增12.80亿元；考评贵宾客户51.69万户，新增4.29万户。

金融市场业务 2022年，同业存款余额1 613亿元，比上年减少400亿元，下降19.9%；资产托管业务规模20 273亿元，比上年增加1 879亿元，增长10.2%。

绿色金融 截至年末，绿色信贷本外币合计（余额）146.13亿元，同比增长25.21%。支持理想汽车北京顺义工厂及配套设施建设、首都机场绿色仓储物流园、国家气象防灾减灾大数据应用研发中心、平谷区洳河水处理再生水厂等北京市重点项目超过28亿元。

乡村振兴 截至年末，涉农贷款余额达64.75亿元，同比增长172%；农业龙头企业上下游客户贷款余额0.51亿元，同比增长100%；农批贷贷款余额1.09亿元，同比增长100%；累计支持北京地区国家级、市级农业产业化龙头企业贷款达12亿元。

普惠金融 全年普惠小微贷款余额较年初新增超过25亿元，贷款户数较年初新增647户。

（文道永）

平安银行股份有限公司北京分行

2022年末，平安银行股份有限公司北京分行本外币存款余额3 170.35亿元，较年初增加340.98亿元，增长12.05%，其中人民币存款余额3 131.86亿元，较年初增加421.16亿元，增长15.54%。本外币贷款（含贴现）余额1 472.45亿元，较年初增加207.03亿元，增长16.36%，其中人民币贷款余额1 456.06亿元，较年初增加260.48亿元，增长21.79%。实现账面营业收入59.71亿元，同比增加3.71亿元，增长6.63%，实现中间业务收入7.39亿元，同比增加0.27亿元，增长3.80%。不良贷款余额3.04亿元，不良贷款率0.21%。

公司业务 截至年末，已合作“专精特新”中小企业400余家，较年初增长260%，授信额度超过400亿元，授信业务余额10.6亿元；给予某国家级重点大基地绿色项目授信额度40亿元、给予某整县域分布式光伏项目授信额度3.2亿元、某垃圾发电项目授信额度6.3亿元等。截至年末，制造业贷款余额53.27亿元，其中长期制造业贷款余额19.00亿元，占总体制造业贷款的比重为35.66%；制造业信用贷款余额为9.33亿元，占总体制造业贷款的比重为17.84%。2022年起，城市更新类项目已获批近20笔，总计获批金额近150亿元。

零售业务 截至年末，管理资产余额3 941亿元，较上年增长13.6%；存款较上年增加239亿元，增长34%；整体贷款规模突破800亿元大关。小微企业贷款余额已突破500亿元并稳步增长。开放银行新客有效户17.27万户，活存年日均净增0.97亿元，管理资产总额净增3.03亿元，管理负债总额净增30.39亿元。

（杨春）

中信银行股份有限公司北京分行

2022年末，中信银行股份有限公司北京分行资产总额11 153.52亿元，负债总额11 093.22亿元；各项存款余额10 589.90亿元，各项贷款余额2 426.46亿元，比上年增加244.08亿元，增长11.18%；不良贷款余额13.00亿元，不良贷款率0.54%；实现净利润48.54亿元。

公司银行业务 截至年末，本外币公司一般性存款月末时点余额均值达7 273亿元，较上年末增加410亿元。战略性新兴产业贷款余额345亿元，较上年末增加113亿元；绿色信贷余额161亿元，较上年末增加55亿元；制造业中长期贷款余额126亿元，较上年末增加46亿元。民企贷款余额507亿元，较上年末增加7亿元；同时，涉农贷款、农林牧渔业贷款、新型农业经营主体余额增量分别为10亿元、3亿元、4亿元。为124家科创类企业提供授信服务，其中制造业单项冠军、“专精特新”小巨人等新经济客群占比超过75%。

零售银行业务 截至年末，零售管理资产时点余额4 352.06亿元，增加485.06亿元。个人存款时点余额1 755.08亿元，增加444.25亿元。个人信贷类贷款余额共939.20亿元，较上年末增加74.26亿元；个人信贷类业务新发放贷款共计349.16亿元。新发放普惠金融房抵个人经营贷款业务151.72亿元，较上年度增加46.23亿元，增长44%；规模增加67.49亿元，较上年度增量增加53.49亿元，增长382%。零售客户数达到818.54万户，其中私人银行客户1.08万户，贵宾客户数16.25万户，富裕客户数28.20万户。零售非货币理财销量2 128.60亿元，非货币基金销量49.59亿元，保险销量36.43亿元。手机银行月活客户数达到126.91万户，年增量13.13万户。移动支付活跃合约数达到147.99万户，新增激活借记客户30.74万户，大众基础客户124.68万户。

金融市场业务 截至年末，本外币金融机构存款余额2 192亿元，票据直贴累计发生额1 175亿元。实现国际业务轻资本收入3.57亿元，同比增长2.3%；实现营业净收入6.16亿元，同比增长52%；办理国内证项下融资173亿元；签约衍生品业务金额48.6亿美元，同比增长119%；实现跨境收付汇量739亿美元，同比增长22%。实现托管业务轻资本收入13.46亿元；非余额宝托管收入7.79亿元，实现逆势增长。托管规模2.23万亿元，其中非余额宝托管规模占比69%，较上年提升3%。

风险管理 截至年末，制造业中长期贷款余额较年初增长57.6%；绿色信贷业务余额较年初增长50.5%；高新技术产业贷款余额较年初增长73.4%；科创企业贷款余额较年初增长102.1%；支持乡村振兴（涉农）贷款余额较年初增长19.4%，普惠型小微企业法人贷款余额较年初增长59.1%。不良贷款额及不良贷款率较年初实现双降，不良贷款较年初减少16.72亿元；不良贷款率较年初下降0.82个百分点。

法律保障 全年实现表内资产及资管业务现金清收11.68亿元，完成表内不良资产处置23.9亿元。

（冯涵）

中国光大银行股份有限公司北京分行

2022年末，中国光大银行股份有限公司北京分行资产总额6 870亿元，比上年增加225亿元。一般存款时点余额6 102亿元，比上年增加344亿元，增长6%；一般存款日均余额6 175亿元，比上年增加611亿元，增长11%。一般贷款时点余额1 666亿元，比上年增加193亿元，增长13%。营业收入132.44亿元，增长8%；中间业务收入33.65亿元，增长5%；风险调整后利润67.38亿元，较上年增加 7.1 亿元，增长 12%。不良贷款率 0.68%，比上年下降 0.17 个百分点；关注贷款率 0.38%，比上年下降 0.24 个百分点。

公司金融业务 截至年末，公司金融业务一般存款时点余额 4 581 亿元，比上年增加 11 亿元；一般存款日均余额 4 856 亿元，比上年增加 404 亿元；活期存款日均 1 308 亿元，比上年增加 72 亿元，占比 26.9%。对公客户融资总量（FPA）余额 4 838 亿元，比上年增加 308 亿元，增长 7%。其中，居间业务余额 235 亿元，比上年增加 178 亿元；投行业务余额 1 584 亿元，比上年增加 110 亿元；同业投资余额 531 亿元，比上年增加 51 亿元；对公贷款 899 亿元，比上年增加 48 亿元。制造业贷款余额 254.70 亿元，比上年增加 55.19 亿元；制造业中长期贷款余额 184.91 亿元，比上年增加 37.58 亿元；绿色贷款余额 96.93 亿元，比上年增加 72.21 亿元；清洁能源产业贷款余额 11.46 亿元，比上年增加 7.06 亿元。营业收入 76.79 亿元；对公存款利息收入 41.26 亿元；对公贷款利息收入 2.18 亿元；同业利息收入 11.91 亿元，比上年增加 0.87 亿元；中间业务收入 17.17 亿元，比上年增加 0.52 亿元。累计销售机构理财规模 1 450 亿元，余额 868 亿元，比上年增加 260 亿元，中间业务收入 2.9 亿元；新增对公有效户超过 500 户、价值户超过 200 户。成立"专精特新"专营支行，新增专精特新客户 392 户，授信余额 8.39 亿元。

零售金融业务 截至年末，零售客户资产规模（AUM）时点余额 3 551 亿元，比上年增加 468 亿元，增长 15%；零售存款时点余额 1 521 亿元，比上年增加 333 亿元，增长 28%；零售存款日均余额 1 319 亿元，比上年增加 207 亿元，增长 19%；核心存款时点余额 1 407 亿元，比上年增加 371 亿元，增长 36%；核心存款日均余额 1 190 亿元，比上年增加 232 亿元，增长 24%；价值存款时点余额 581 亿元，比上年增加 141 亿元，增长 32%；价值存款日均余额 489 亿元，比上年增加 65 亿元，增长 15%。财富类产品收入超过 9 亿元；代发个人客户 42.3 万人、金额 461.8 亿元。新增保险金 134 笔、家族信托立项 10 笔。零售营收占比 40.9%，比上年提升 3.6 个百分点；零售存款新增 333 亿元，增长 28%，零售信贷新增 100 亿元，增长 17%，占比分别提升 4 个和 1 个百分点。绿色中间业务收入 22.3 亿元，增长 11%。零售客户总量 1 450 余万户；私人银行客户突破 1 万户，财富客户 17 万户。信用卡新增 14 余万户，手机银行、云缴费、阳光惠生活三大 App 月活跃度 380 余万户。

风险防控与合规管理 全年主动退出正常类对公授信客户 14 户、金额 6.48 亿元，完成不良资产核销 11.4 亿元，现金清收超过 3.73 亿元。

履行金融央企责任 制造业贷款增长 28%，制造业中长期贷款增长 26%。完成北京诚通科技有限公司增资鞍钢集团有限公司 45 亿元并购银团投放；向海淀区人民政府国有资产监督管理委员会成功投放 50 亿元银团贷款。向京沪高速铁路股份有限公司发放贷款 36.9 亿元，累计支持地铁 3 号线投放贷款 12 亿元；累计承销 47.6 亿元政府债券，助力轨道交通、棚改等项目建设。为中国国新控股有限责任公司发行 100 亿元能源保供特别债；成功发行中广核风力发电有限公司、华能天成融资租赁有限公司绿色票据、碳中和债，绿色金融贷款增长292%、清洁能源贷款增长160%。普惠金融贷款余额191.12亿元，增长46%。连续四年开展“雷锋日”品牌宣传活动，成功续存“雷锋存折”10万元；发行乡村振兴主题卡1.3万余张，保障4万余名农民工工资按时足额支付9.9亿元。

（潘远发）

中国民生银行股份有限公司北京分行

2022年末，中国民生银行股份有限公司北京分行本外币总资产余额9 607.29亿元，同比增长9.82%。各项存款余额9 188.58亿元，同比增长8.05%，其中人民币存款余额8 828.47亿元，同比增长15%。各项贷款余额2 902.28亿元，同比增长4.92%。全年营业收入100.82亿元，营业支出51.56亿元，实现营业利润49.26亿元，同比增长33.38%。

公司业务 截至年末，中长期制造业贷款比上年增加43亿元；涉农贷款余额比上年新增近22亿元。债券承销规模突破149亿元、企业资产证券化业务投放329亿元。截至年末，国家高新技术企业贷款余额105.33亿元，中关村科技园区高新技术企业贷款余额182.46亿元，科创企业贷款余额195.54亿元，“专精特新”企业贷款余额18.9亿元。

零售业务 截至年末，储蓄存款余额1 663.7亿元，比上年增加335.8亿元；金融资产余额3 352.5亿元，比上年增加310.6亿元。贵宾客户数43.14万户，比上年增加5.99万户；私人银行客户突破7 300户，比上年增加680户。消费信贷余额438.68亿元，比上年增加20.37亿元。零售网络金融平台用户数488.48万户，比上年增加42.1万户。

普惠金融业务 小微贷款平均发放利率4.17%，较年初下降52个基点；小微抵押贷款平均发放利率4.10%，较年初下降51个基点。当年新增小微首贷客户439户，累计发放小微贷款379笔，贷款规模19.57亿元。截至年末，科创企业（含“专精特新”、高新企业等）贷款余额46亿元。普惠贷款余额320.9亿元，较上年增加3.52亿元，其中信用贷款规模13.14亿元，余额较上年增加7.03亿元，同比增长达到115%。

金融市场业务 截至年末，同业资产业务余额1 033亿元，同业负债业务余额3 511亿元。代客外汇业务交易量突破42亿美元。债券撮合交易规模达789.5亿元。托管业务规模突破3万亿元，当年新增超过5 000亿元，其中公募基金增加230亿元、信托计划增加近600亿元、保险资金增加890亿元、客户资金监管规模增加超过1 500亿元。

（崔谊楠）

华夏银行股份有限公司北京分行

2022年，华夏银行股份有限公司北京分行资产总额3 945.77亿元，比年初增加437.79亿元，增长12.48%，其中各项贷款2 273.42亿元，比年初增加360.99亿元，增长18.88%；负债总额3 932.63亿元，比年初增加472.28亿元，增长13.65%，其中各项存款3 803.93亿元，比年初增加488.34亿元，增长14.73%，全年累计实现营业收入（考核口径）68.89亿元。

公司金融业务 截至年末，北京地区各类投融资服务达到3 000亿元。开展业务合作的区属、乡域及农工商企业348户，一般性存款日均达到133.56亿元；用信余额达到215.58亿元，信贷投放超过50亿元。机构存款年日均达到561.23亿元，较年初增加84.63亿元。京津冀协同发展重点项目投融资共计261.15亿元。绿色信贷余额265.06亿元，较年初增加84.88亿元，增长47.11%；绿色信贷占比11.66%，较年初提升2个百分点。

个人金融业务 截至年末，个人存款余额735.97亿元，较年初增加166.21亿元，增长29.17%；个人线下贷款余额较年初增加39.21亿元，达到290.69亿元，增长15.59%。截至年末，个人线上贷款业务在贷余额212.22亿元，较年初增长148.85%。个人客户数达到361.22万户，财私客户数达到42.78万户。信用卡新增发卡8.27万张。华夏速通卡签约客户突破80万户。

科技金融业务 截至年末，科技用信户681户，信贷融资总额331.89亿元，同比新增科技用信户210户，新增信贷融资总额114.99亿元；“专精特新”企业155户，信贷融资总额21.06亿元，同比新增专精特新用信户73户，新增信贷融资总额8.39亿元。全年新增219家科技企业结算户。

文化金融业务 截至年末，累计为1 201户北京市文化企业提供各类融资服务562亿元，协助为445户北京市小微文化企业申请政府贴息10 850万元；落地首单科创文创园区租赁住房类REITs项目，共计投资6 000万元。累计与47家老字号企业建立合作关系，为老字号企业及所属集团提供授信支持超过150亿元。

金市投行业务 截至年末，债券承销业务规模536.82亿元；撮合业务规模达387.32亿元。同业借款累计投放发生额419亿元，实现利差收入2.0731亿元。企业理财销售规模49.14亿元，余额196亿元；同业存款、同业存单发生额达到3 400.73亿元；票据业务新增发生额91.82亿元；全年资产托管业务余额3 373.14亿元。

普惠金融业务 截至年末，普惠条线贷款规模354.46亿元，较年初净增30.08亿元。普惠型小微企业贷款余额212.98亿元，较年初增加0.85亿元。贷款客户数达到24 708户，较年初增加10 993户。“普惠助农贷”累计为4.14万户农户提供近30.4亿元的信贷支持，户均7.34万元。为364家科创型小微企业提供资金支持30.867亿元；服务首都实体通过贷款服务中心审批首贷业务1 138笔，审核通过金额101.89亿元，累计为小微企业贴息共计166.58万元；疫情期间助企纾困，当年无还本续贷贷款累放金额54.75亿元。

（车喆）

渤海银行股份有限公司北京分行

2022年末，渤海银行股份有限公司北京分行本外币总资产918.78亿元，同比增加162.33亿元，增长21.46%；本外币各项存款余额706.42亿元，同比增加134.18亿元，增长23.45%；本外币各项贷款（含贴现）余额638.02亿元，同比减少28.36亿元，下降4.26%；全年实现营业收入16.92亿元，同比减少0.77亿元，下降4.35%；2022年末实现净利润8.39亿元，同比减少0.5亿元，下降5.73%；不良贷款余额4.88亿元，不良贷款率0.76%。

公司金融业务 截至年末，“一带一路”倡议相关领域贷款规模1亿美元，清洁能源产业贷款规模6.20亿元，新增2.46亿元。绿色贷款业务余额4.70亿元，贷款新增2.41亿元；2022年投放4笔制造业贷款，合计5 200万元：承担首笔房地产预售资金现金保函业务、承销发行交易商协会首单“续发型”单SPV① 结构商业抵押贷款支持票据（CMBN）、开立首笔金租客户银行承兑汇票、投资全市场首只中央企业并表类不动产投资信托基金（REITs）。

消费金融业务 截至年末，个人贷款余额（不含普惠）155.12亿元。中、短期消费贷款快速增长，余额突破3亿元。

（王军）

浙商银行股份有限公司北京分行

2022年末，浙商银行股份有限公司北京分行本外币各项存款余额2 163亿元，比上年增加235亿元，增长12.22%；本外币各项贷款余额1 189亿元，比年初增加86亿元，增长7.8%。实现营业净收入60.23亿元，净利润28.32亿元，不良贷款率0.36%。

大零售业务 截至年末，零售资产业务余额19.2亿元，较年初净增10.05亿元，其中信用卡（消费金融）余额10.51

① SPV指特殊目的结构的公司或机构。其职能是在离岸资产证券化过程中，购买、包装证券化资产和以此为基础发行资产化证券，向国外投资者融资。

亿元，较上年增长306%。

大公司业务板块 截至年末，全口径存款余额1 935.84亿元，较年初增加212.51亿元；人民币公司存款余额1 720.60亿元，较年初增加223.89亿元。

大投行业务板块 截至年末，投资银行融资总量（FPA）629.4亿元，落地本行承兑汇票回贴115亿元，托管规模余额3 437.36亿元。

大资管业务板块 大资管业务实现营业增加值2.09亿元，非息收入约1.36亿元。新增对接理财投资标准化资产规模76.11亿元。

大跨境业务板块 截至年末，大跨境资产规模38.1亿元，实现营业收入1.56亿元，营业增加值1.34亿元。

内控合规和风险管理 截至年末，不良贷款余额4.3亿元，不良贷款率0.36%，较年初均实现双降。

搭建经济周期弱敏感信贷资产结构 截至年末，经济周期弱敏感资产实现营收12.91亿元，较上半年增加近6.7亿元，占整体营收的21.4%。

打造链式金融优势 截至年末，供应链金融业务余额163.6亿元，供应链上下游累计客户数1 950户。

（陆炜）

北京银行股份有限公司

2022年末，北京银行股份有限公司资产总额3.39万亿元，较年初增长10.76%，实现归母净利润247.60亿元，同比增长11.4%。

公司业务 截至年末，公司贷款累计投放3 331亿元，较上年同期增加569亿元。服务北京市77%的创业板、71%的科创板、73%的北交所上市企业、71%的“新三板”创新层挂牌企业以及近50%的“专精特新”企业。实现辖内区域已上市公募REITs投资业务的全覆盖；首创“科企贷”，推出特色产品“领航贷”；落地北京市自愿减排量（CCER）质押贷款、首笔碳中和支持贷款；发行首只“乡村振兴”主题小微金融债。

普惠业务 2022年，累计发放对公普惠线上贷款同比增长144.66%。首贷支持小微企业8 210户、金额729.26亿元；办理小微企业无还本续贷516笔、金额29.17亿元。年内新发放普惠型小微企业（含个体工商户和小微企业主）贷款平均利率水平4.93%，较上年下降7个基点。

零售业务 截至年末，零售营收占比达到34.1%，较年初提升6个百分点；零售资产管理规模（AUM）达到9 749.4亿元，较年初增长10.23%；储蓄存款增长21.7%；个人贷款较年初增长8.69%。服务零售客户超过2 700万户。创新推出“京萤计划”“小京压岁宝”累计销售突破26亿元，“小京卡”发卡52万张，儿童金融客户规模增长41%，累计服务超过138万户家庭。累计开立个人养老金资金账户超过20万户。新市民专属创业贷款“创赢贷”授信总规模突破60亿元。手机银行月活客户MAU同比增长29%。

金融市场业务 截至年末，金融市场管理业务规模达3万亿元，货币市场交易量超过40万亿元，优质客户规模较年初增长25.34%。开展“京创通”“京绿通”专项再贴现产品，累计服务小微、个贷等客户超过7 000户。

（王昕芳）

大连银行股份有限公司北京分行

2022年末，大连银行股份有限公司北京分行资产总额258.67亿元，比上年减少157.13亿元，下降37.79%；负债总额260.70亿元，比上年减少160.97亿元，下降38.17%。全年实现营业收入6.94亿元，完成拨备前经济利润3.82亿元。各项存款余额195.09亿元，比上年减少178.36亿元，下降47.76%。各项贷款余额122.89亿元，比上年减少77.14亿元，下降38.57%。

对公业务 截至年末，对公存款171.17亿元，对公贷款107.39亿元。

零售业务 截至年末，零售日均存款13.31亿元，较基数增加2.52亿元；资产管理规模月日均45.14亿元，较年初增加8.49亿元。

普惠业务 截至年末，普惠贷款全年累计投放约4.83亿元，共计112户，累计年化利息收益约2.14亿元；完成“无还本续贷”业务投放6户，金额总计约4.9亿元。投放普惠供应链金融贷款13笔，金额总计约1.96亿元。

（高敏）

天津银行股份有限公司北京分行

2022年末，天津银行股份有限公司北京分行资产总额351.34亿元，各项贷款余额146.00亿元。负债总额349.06亿元，各项存款余额271.37亿元。

个人金融业务 截至年末，北京地区共计入网商户64 415户，累计交易1.62亿笔，结算量263.84亿元。上线投产“天行用呗”“宅抵e贷”“360小微贷”“银税e贷”4项小微产品。截至年末，普惠型小微企业贷款余额5.35亿元，较年初净增3.19亿元，普惠型小微企业贷款户数3 922户，较年初净增3 569户。

国际业务 落地“共赢证”业务，进口汇款项下押汇业务实现“零突破”。实现新增优质保理租赁客户11户，业务投放23笔，拉动营收上千万元。

金融市场 截至年末，实现考核口径产品销售量364亿元，其中，吸收同业定期负债304亿元，承销债券43亿元，美元掉期17亿元。参与华能天诚、中关村租赁资产支持票据（ABN）等项目的投标与承销。

资产保全 截至年末，共清收不良资产现金9 000余万元，完成呆账核销金额总计300余万元。

（王京）

杭州银行股份有限公司北京分行

2022年末，杭州银行股份有限公司北京分行本外币资产总额为921.48亿元，比上年减少6.65亿元，下降0.72%，资产项目中贷款总额为426.49亿元，比上年增加55.23亿元，增长13.96%；不良贷款余额2.75亿元，比上年减少1.51亿元，不良贷款率0.64%，比上年下降0.50%。2022年末，本外币负债总额为911.49亿元，比上年减少7.66亿元，下降0.83%，负债项目中各项存款总额为855.40亿元，比上年减少41.39亿元，下降4.62%；实现营业收入14.68亿元，利润10.01亿元，增长11.47%。

公司业务 年内公司日均存款691.21亿元，较上年同期新增70.45亿元。

零售业务 零售存款日均67.08亿元，较上年新增8.64亿元，零售资产管理规模191.38亿元，较上年新增18.37亿元。

（杨乐晨）

南京银行股份有限公司北京分行

2022年末，南京银行股份有限公司北京分行资产总额1 151.73亿元，比上年增加258.34亿元，增长28.92%。各项存款余额1 026.11亿元，比上年增加261.87亿元，增长34.27%。

公司金融业务 2022年，存款规模突破千亿元。绿色金融贷款余额51.77亿元。

交易银行业务 2022年，“鑫e伴”企业手机银行品牌，累计签约手机银行客户1 820户。全年办理跨境结算80亿元。

金融市场业务 截至年末，同业负债规模达到281.62亿元，较上年末增加156.12亿元，增长124.4%；资产托管规模达到2 320亿元。

普惠金融业务 截至年末，普惠金融贷款余额48.39亿元，贷款户数1 311户，分别较年初增长21.6%、15.5%。全年实现首贷户投放129户、投放金额5.1亿元。年内累计新增走访系统内客户532户，投放户数新增187户。开展银税互动小微企业贷款，年末余额0.8亿元，贷款户数32户；“鑫知贷”知识产权质押融资产品，年末余额0.79亿元，贷款户数9户。全年降低普惠贷款融资成本0.77个百分点。

零售金融业务 截至年末，个人客户26万余人，个人贷款客户近5万户，个人客户金融资产规模超过460亿元。

（黄玥）

盛京银行股份有限公司北京分行

2022年末，盛京银行股份有限公司北京分行资产总额829.98亿元，比上年减少43.35亿元；其中各项贷款余额81.16亿元，比上年减少29.85亿元。负债总额824.94亿元，比上年减少49.02亿元；其中各项存款余额818.74亿元，比上年减少46.09亿元。实现利润5.05亿元。

公司金融业务 与大兴区政府签署全面战略合作协议。落地区政府专项债财政资金拨付链存款，首次获得农民工工资代发业务资格。“盛易贷”产品实现企业流贷全流程线上签约、提款、还款；“盛银快赎通”产品落地。

个人金融业务 近三年储蓄存款时点、日均余额增长明显，零售客户突破18万户。

普惠金融业务 2022年，通过供应链金融模式服务小微企业398户，累计投放业务金额2.59亿元。与北京兴展融达融资担保有限公司、北京亦庄国际融资担保有限公司、北京首创融资担保有限公司、北京海淀科技企业融资担保有限公司等政府性融资担保机构合作。推出担保贷、采购贷、科技贷等多款小微企业线下融资产品，开发“税易贷”“房易贷”等多款线上信用贷款产品。

（董静）

上海银行股份有限公司北京分行

2022年末，上海银行股份有限公司北京分行本外币各项贷款余额719.47亿元，本外币各项存款余额939.53亿元。

个人金融业务 截至年末，个人存款余额74.32亿元，较上年增加8.23亿元，增长12%；零售自营贷款余额68.34亿元，较上年增加13.19亿元，增长19%。

公司金融业务 截至年末，普惠贷款余额53.43亿元，同比增长66%。支持超过千户小微企业融资纾困。入驻中关村科创金融服务中心，重点服务医药健康、集成电路、智能制造与装备等“北京智造”科创产业发展。截至年末，科创有贷户、科创贷款余额同比均实现翻番。

金融同业业务 截至年末，同业资产余额为762.7亿元。其中，全年累计投资信用债资产金额10.8亿元；资产托管余额1 916亿元。2022年，落地托管绿色资产（风电、光伏等绿色新能源项目）支持计划总额10亿元；中小微民营企业票据再贴现业务发生额共计18.09亿元。

投资银行业务 为企业实现融资852.015亿元。主承销全国首批能源保供特别债券；主承销全国首单科创资产支持票据；主承销革命老区资产支持商业票据；主承销乡村振兴债券；主承销碳中和债券、绿色债。

跨境业务 为中国机械设备工程股份有限公司绿色清洁能源项目——乌克兰光伏电站项目提供1.04亿欧元出口押汇融资。为客户办理“非接触”跨境结算业务，全年共计为客户线上办理4 583笔业务，累计金额约92亿美元。

互联网金融业务 截至年末，互联网派生存款30.91亿元，较上年增加22.63亿元，增长率达278%。

（黄正一）

江苏银行股份有限公司北京分行

2022年末，江苏银行股份有限公司北京分行资产总额857.57亿元，比年初减少31.09亿元，下降3.50%，其中各项贷款余额624.22亿元，比年初减少9.69亿元，下降1.53%。表外资产余额87.54亿元，比年初增加0.33亿元，增长0.38%。负债总额843.69亿元，比年初减少29.48亿元，下降3.38%，其中各项存款余额750.43亿元，比年初减少0.77亿元，下降0.10%。

公司业务 截至年末，供应链金融云平台投放量达到59.11亿元，其中“棉e通”项目放款量达到26.89亿元，“棉e融”项目放款量达到25.48亿元。“832平台”（脱贫地区农副产品网络销售平台）业务，目前已服务平台商户超过6 000家。绿色信贷规模达到83.27亿元，比年初增加21.70亿元，增长35.24%。

国际业务 截至年末，外汇存款总额达到47.55亿美元，国际结算量达到132.65亿美元。落地国内证福费廷业务26.04亿元。落地江苏银行首笔对客人民币跨境支付系统（CIPS）账户集中可视功能业务，落地北京分行首笔跨境支付业务、首笔“租证通”业务、首笔美元存单质押开银票业务、首笔资本项目结汇项下的外汇区间期权业务、首笔资本项目结汇项下的外汇区间期权业务。

投资银行业务 截至年末，投行业务规模达到1 079.87亿元。债务融资工具承销规模达到767.23亿元，资产证券化业务规模达到142.42亿元。落地绿色债券、科创票据、革命老区债及能源保供特别债等5笔银行间市场创新类产品与3笔交易所创新类产品。落地11笔撮合业务，撮合金额达到123.10亿元，带动存款规模达到82.00亿元、托监管规模达到41.60亿元。

零售业务 截至年末，储蓄存款余额为157.83亿元，比年初增加55.30亿元，增长53.41%。个人客户数比年初增加3.98万户，增长12.31%。信用卡分期业务规模提升，信用卡分期累放金额达到23.14亿元。

普惠金融业务 截至年末，普惠贷款规模达到37.51亿元，比年初增加6.00亿元，增长19.04%。普惠授信户数达到1 777户，比年初增加568户，增长46.98%。落地分行首笔普惠投融贷创新业务。普惠网贷产品“经营随e贷”规模达到11.76亿元，比年初增加5.41亿元，增长85.20%。

（张君霖）

宁波银行股份有限公司北京分行

2022年末，宁波银行股份有限公司北京分行资产总额1 386.18亿元，负债总额1 376.88亿元，各项一般性存款余额1 194.20亿元，各项贷款（含贴现）367.95亿元，不良贷款率1.01%。

公司银行 截至年末，已服务基础客户6 884户，其中国企、央企客户1 066户，上市体系客户786户；存款规模同比增长8.7%。

国际业务 全年累计完成国际结算量465.20亿美元，同比下降2.13%，收益实现3.10亿元，同比增长0.32%。

资产托管 截至年末，托管规模达到4 253亿元，外包规模达到734亿元。

金融市场 截至年末，累计实现代客交易量140亿美元，较上年增长13%。

零售公司 截至年末，存款余额280.73亿元，较上年增加74.86亿元；普惠贷款余额36.68亿元，较上年增加3.72亿元。

个人银行 截至年末，个人储蓄存款余额107.23亿元，同比增长61.25%，各类理财保有量合计117.81亿元，同比增长25.85%。

（王杜坤）

徽商银行股份有限公司北京分行

2022年末，徽商银行股份有限公司北京分行资产总额187.05亿元，各项贷款余额127.60亿元；负债总额191.45亿元，各项存款余额179.02亿元。

公司银行业务 2022年，实现平台客户资金投放66.3亿元。

投行及金融市场业务 2022年全年累计投资52.5亿元，较上年增加47.34亿元，增长917.44%。全年投行业务量达67.24亿元，实现投行中间业务收入1 395.16万元。全年同业负债发生金额150.64亿元。

普惠金融业务 截至年末，小企业普惠贷款余额10.62亿元，较年初新增3.75亿元；普惠型个体工商户和小微企业主贷款余额突破20亿元，较年初增加4亿元。截至年末，续贷和延期金额2.31亿元。

零售银行业务 储蓄存款日均47.77亿元，较年初新增14.88亿元，增长45.25%。推出“快e贷”“徽银e贷”“装修e贷”等线上产品，加大个人消费类贷款（不含住房抵押贷款）投放力度。

（何苗）

中国邮政储蓄银行股份有限公司北京分行

2022 年末，中国邮政储蓄银行股份有限公司北京分行资产规模为 4 805 亿元；各项贷款余额为 2 050.63 亿元；各项存款余额为 3 334.1 亿元；实现自营收入 82.6 亿元、利润 48.93 亿元；不良贷款率 0.51%。

零售业务　个人客户 AUM 规模达 1 182亿元，同比增长 16.72%。建成商圈 69 个，服务首都商户 11 348 户，带动批零商户 AUM 规模 45.5 亿元。拓展数字人民币商户场景 8 245 户；推出“新市民”亲情暖心钱包和“丽泽数币一卡通”。

公司业务　服务京津冀协同发展项目 49 个，累计贷款支持 303 亿元，全年新发放贷款 164.1 亿元。公司客户新增 6 398户，为首都 3.5 万户公司客户提供高质量金融服务。同业客户全年新拓 28 户，累计拓展客户 163 户。公募基金托管规模较年初增加 337.65 亿元。

社会责任和绿色发展　绿色贷款余额 594.8 亿元。邮储银行密云区绿色支行，成为密云区内首家绿色信贷专营机构，朝阳姚家园路支行被评为总行级“绿色支行示范网点”。

普惠金融和乡村振兴　成立乡村振兴及普惠金融管理委员会，全力服务首都粮食安全和重要农产品稳产保供，涉农贷款结余 158.95 亿元，年净增 21.04 亿元。推出助企纾困“十项措施”，普惠型小微企业贷款余额 167.47 亿元，高出各项贷款增长 23 个百分点。

（张政杰）

北京农村商业银行股份有限公司

2022 年末，北京农村商业银行股份有限公司资产总额 11 193.39 亿元，比上年增加 431 亿元，增长 4%；各项存款余额 7 839.37 亿元，比上年增加 601.45 亿元，增长 8.31%；各项贷款余额4 193.46 亿元，比上年增加 575.06 亿元，增长 15.89%；资本充足率为 15.68%；全年实现营业收入 152.57 亿元；实现利润总额 90.78 亿元，同比增加 3.54 亿元，增长 4.06%。实现净利润 79.01 亿元，同比增加 3.24 亿元，增长 4.28%。

公司金融　2022 年，全年累计投放对公一般贷款超过 2 200 亿元，累计支持京津冀协同发展项目 84 个、贷款余额超过 580 亿元。授信支持市区两级重点项目、城市副中心项目、北京市“3 个 100”重点工程等项目金额超过 430 亿元。支持首都科技创新业务发展，高新技术产业贷款余额增长超过60%、对公有贷户增长近40%。截至年末，科创、绿色贷款余额分别比上年增长66.56%、53.97%；文创有贷户数比上年增长超过70%。

涉农金融 大力支持生猪养殖、鲜活农产品流通中心以及平谷农业中关村建设，落地全市首笔生猪活体抵押贷款。截至年末，监管涉农贷款余额448.60亿元，比上年增长17.16%；普惠涉农贷款余额22.37亿元，比上年增长32.09%。全年累计投放乡村振兴领域贷款超过500亿元。

普惠金融 全年累计办理支农支小再贷款、再贴现241.55亿元。截至年末，普惠小微企业贷款余额比上年增长41%，户数增长77%。普惠小微信用贷款余额比上年增长101%；全年延期还本付息率52%。为60家服务业小微企业和个体工商户减免2022年度房屋租金1 882.88万元。

民生金融 实现北京市代理公共事业费和社保资金代发全覆盖，代理90余种银政惠民业务，全年实现代发民政社保类资金276.60亿元，现金投放超过1 100亿元。提升手机银行、远程银行等各渠道适老化水平，养老助残卡惠及536万客群，拓展养老助残商户超过1万户。推出首都职工创业贷、“农薪通”保函、旅游户贷款、市场经营贷等业务。打通金融服务的“最后一公里”，全市各类物理服务渠道超过2 600家，其中乡村便利店等轻型物理渠道超过2 000家，基础金融服务覆盖所有乡镇。

金融市场 利率债累计投标量超过500亿元，地方债参团覆盖10个省份。实现债券净额清算、黄金询价拆借和掉期业务等落地。2022年，累计办理再贴现业务69亿元，服务小微、民营企业近2 600家。推进委外投资和专户管理。截至年末，货币资金交易量突破15万亿元，现券交易量和债券借贷交易量均突破1万亿元。

风险管理 截至年末，五级不良贷款率1.06%，较年初下降0.11个百分点。

（张嘉芸）

北京密云汇丰村镇银行有限责任公司

2022年末，北京密云汇丰村镇银行有限责任公司各项存款余额14 528万元，较年初增加274万元，增长1.92%；各项贷款余额为22 420万元，较上年增加1 435万元，增长6.84%。注册资本11 000万元，资本充足率为45.72%，流动比率为69.53%；不良贷款率为0.04%。

产品与服务 2022年，持续优化个人无抵押贷款产品，将新客户的首次申请额度提升至50万元，贷款期限延长至3年。增加信用贷款，有效满足农户及小微企业的融资需求。

（南全喜）

北京延庆村镇银行股份有限公司

2022年末，北京延庆村镇银行股份有限公司资产总额127 759.81万元，比上年增加5 737.38万元，增长4.70%。负债总额114 627万元，比上年增加5 541.12万元，增长5.08%。营业收入2 651.73万元，比上年减少201.3万元，下降7.06%。利润总额423.18万元，比上年减少476.63万元，下降52.97%。所有者权益13 132.81万元，比上年增加196.26万元，增长1.52%。贷款余额66 155.56万元，比上年增加6 077.25万元，增长10.12%，贷款不良率为1.45%。

贷款业务 截至年末，贷款余额66 155.56万元，其中企业贷款8 293万元，个人经营性贷款57 862.56万元，普惠小微企业占比超过98%。抵质押贷款51 428.8万元，占比77.74%，担保贷款6 546万元，占比9.89%，信用贷款8 180.76万元，占比12.37%。普惠小微企业贷款增长10.3%，与其他贷款增长持平；小微企业申贷获得率为100%；小微企业户数增长51户。农户和小微企业贷款占比98.89%，户均贷款108.81万元。

现金及存放中央银行款项业务 截至年末，现金及存放中央银行款项8 004.08万元，比上年增加1 474.03万元，增长22.57%。

同业款项存放业务 截至年末，存放同业款项54 270.33万元，比上年减少1 620.07万元，下降2.90%；同业存放业务余额为零。

负债业务 截至年末，存款余额107 642.37万元，比上年增加4 638.83万元，增长4.50%。

（张帆）

中国华融资产管理股份有限公司北京市分公司

2022年末，中国华融资产管理股份有限公司北京市分公司（以下简称中国华融北京市分公司）总资产规模481.28亿元（扣除减值准备与公允价值变动损失），较年初资产规模增加86.84亿元，增长22.03%。其中，商业化项目资产规模（扣除减值准备）465.57亿元，政策性资产13.11亿元。

截至年末，中国华融北京市分公司在岗审批员工共80人。

业务开展情况 北京地区业务、问题企业重组、不良资产包业务规模上升明显、占比持续提升。围绕中央企业客户拓展业务，重点就“两非两资两金”、并购重组、上下游应收账款等业务合作模式进行交流和营销，一批重点项目先后落地，成功实现央企业务由0到1的突破和由1到N的发展。积极发挥逆周期和救助性金融服务的独特优势，问题企业重组、共益债投资、不良资产包业务规模显著提升，为受困企业化险提供综合金融服务的能力进一步增强。发挥协同优势，为客户提供一揽子金融服务。借助中信集团资源优势，协同联动，加强与集团子公司在客户、产品、渠道、营销等方面的协作。先后与中信集团各板块公司积极探索基于实质性重组的不良资产处置新领域，围绕以投行为核心技术的新“大不良＋”主业生态体系开展深入沟通交流。

（吕莉）

中国长城资产管理股份有限公司北京市分公司

2022年末，中国长城资产管理股份有限公司北京市分公司（以下简称中国长城北京市分公司）资产总额为173.53亿元。

截至年末，中国长城北京市分公司在职员工总数59人。

主要业务 助力燕东微电子增资扩股项目成功上市。2021年，中国长城资产北京市分公司响应国家和北京市集成电路产业政策，通过认购政策性债转股企业燕东微电子增资扩股部分份额，投资成套国产装备的特色工艺12吋集成电路生产线技改项目，扩充燕东微电子的产线产能，提升产业规模并同时占领目前晶圆制造工艺制高点。燕东微电子已于2022年12月正式在上海证券交易所科创板挂牌上市，成为首家在科创板上市的北京市属国资企业。

联合上海青岸投资管理有限公司认购广发基金持有的勒泰ABS项目。围绕化解金融风险和支持实体经济，聚焦资本市场中违约债及高收益债的收购机会，中国长城北京市分公司积极拓展违约ABS证券收购业务，力争把握细分市场的业务机会，推动中小金融机构风险的防范和有序化解。

（董张驰）

中国东方资产管理股份有限公司北京市分公司

2022年末，中国东方资产管理股份有限公司北京市分公司（以下简称东方资产北京市分公司）资产管理总规模358.36亿元，同比增长19.85%。实现现金回收83.34亿元，新增项目投放136.2亿元。

截至年末，东方资产北京市分公司正式员工共计45人。

业务创新 2022年，东方资产北京市分公司坚持创新引领发展，各项渠道建设取得重要进展。年内投放的某大型国企央企实质性重组项目被国家发展和改革委员会评选为“盘活存量资产扩大有效投资典型案例”；完成系统内首单不良商业地产抵押贷款支持证券（CMBS）、类不动产投资信托基金（REITs）违约产品收购。

（段文静）

中国信达资产管理股份有限公司北京市分公司

2022年，中国信达资产管理股份有限公司北京市分公司（以下简称信达北京市分公司）全年新增投放规模142.0亿元，现金回收73.8亿元，实现税前考核利润7.8亿元，年末经营性资产余额544.8亿元。

截至年末，信达北京市分公司共有正式员工93人，平均年龄39岁。

业务经营 2022年，经营业绩稳步提升，成功收购北京银行等5个资产包，投放36.9亿元，市场占有率45%，排名第一位。制定《收购信托不良债权及合作清收业务指引》，探索以信托为重点的传统不良资产业务模式创新，并成立信托营销小组，主动对接信托机构，成功收购北京国际信托有限公司、光大兴陇信托有限责任公司、五矿国际信托有限公司、中建投信托股份有限公司等不良资产，投放32.7亿元。围绕城市更新成立法拍基金，积极参与法拍项目，投放30亿元。成立央企、北京市国企营销小组，投放33.5亿元，助力北京东方园林环境股份有限公司、居然之家新零售集团有限公司等实体企业发展。参与房地产风险化解，纾困浙江中南建设集团有限公司、世茂集团、北京首都创业集团有限公司等房地产企业，投放12亿元。

（李苏轩）

北京国际信托有限公司

2022年末，北京国际信托有限公司（以下简称北京信托）全年实现营业收入4.67亿元，同比下降76.77%。实现利润总额5 887万元，同比下降95.97%；净利润5 024万元，同比下降95.47%。公司固有资产总额1 658 776万元，比年初下降5.11%；净资产总额1 068 921万元，比年初下降2.75%。各项税款入库合计6.86亿元。

截至年末，北京信托共有46个部门，下设二级公司2家，其中全资子公司1家，控股公司1家；共有员工293人，员工平均年龄36.8岁。

主要业务 截至年末，受托管理的实收信托规模1 575.46亿元，其中，集合信托规模1 172.34亿元，占比74.41%；单一信托规模222.97亿元，占比14.15%；财产权信托规模180.15亿元，占比10.13%。主动管理规模占比79.55%，主动管理类业务占比稳步提升，公司产品结构进一步优化。与上年末相比，实收信托规模减少390.84亿元，同比下降19.88%。全年新增信托规模1 054.82亿元。其中，集合信托新增规模977.72亿元，占比92.69%；单一信托新增规模50.70亿元，占比4.81%；财产权信托新增规模26.40亿元，占比2.5%。实现105个项目的到期兑付，规模1 445.6亿元；其中，集合产品规模1 105.05亿元。

业务创新 聚焦清洁能源、基础设施绿色升级，与承担基础设施建设任务的地方国有企业开展项目合作，以绿色信托形式支持安徽省马鞍山市雨山区停车场新能源配套升级改造项目，共改造15个安置房小区的地下停车场和新建1座地上停车场，实现了以绿色信托形式支持长江流域绿色低碳发展和生态保护。

北京信托·惠爱益生家庭信托—家庭保障信托系列产品为普通中产家庭设立家庭保障系列信托，提供委托财产的保护和管理服务；根据委托人的意愿制订个性化的家庭保障服务方案，为委托人及其指定的受益人提供家庭保障服务，按照委托人的意愿对其指定的受益人提供满足其教育、婚嫁、生育、事业、养老等现金流需求的信托利益分配服务。

将供应链金融与资产证券化业务有效结合，开拓可循环购买的供应链资产证券化产品。信安国际商业保理有限公司2023年度第一期定向资产支持票据，通过委托人受让应收账款债权，在银行间市场发行供应链资产支持票据的方式，向山东能源集团提供10亿元资金支持，为交易对手提供可有效盘活上游供应商应收账款的供应链资产证券化融资方案，进一步降低企业融资成本。

（高源）

中国银联股份有限公司北京分公司

2022年末，中国银联股份有限公司北京分公司（以下简称北京银联）累计实现跨行清算交易154 955万笔，同比上升11.59%；清算金额21 925亿元，同比下降16.78%。银标卡月均活卡量1 602.58万张，其中银标信用卡活卡量785.2万张，银标借记卡活卡量817.4万张。

截至年末，北京银联下设8个部门，在岗职工71名。

一、以巩固零售消费业务收入为主线，提升线上线下交易规模

推动辖内各商业银行开展云闪付绑卡、落地云网平台，年内陆续与7家银行完成云闪付一键绑卡促销协议，全年新增绑卡约324万张，同比提升20%。截至年末，云网平台北京地区新增用户121万户。分批分别在百货、酒店、家电、家具、加油、汽车等卡基场景，开展立减类优惠活动。开展面向北京市场全量卡基商户交易的抽取信用卡还款券用户侧活动，累计核销率达96.01%，直接带动卡基交易笔数约10.95万笔。

落地小额高频场景银联产品解决方案。围绕商超场景银联优惠日活动，开展本地化传播和运营，将区域性商超品牌纳入营销项目，持续开展商户端运营工作。承接北京餐饮消费券项目，全部23个活动日，云闪付平台累计发券84.65万张，平台补贴金额带动的到店消费、外卖消费订单金额578.85万元。加强与服务商和行业协会的合作，拓展促活本地区域性餐饮商户，扩大可受理可营销商户规模。

推进线上消费业务收入增长，重点推动京东、美团、去哪儿网等线上头部电商的线上消费业务增长，拓展线上商户，制定并推广线上商户拓展激励政策及营销配套方案。年内推动快手、爱奇艺、美团等商户上线了银联产品并开展深度联合运营，联合收单机构推动环球网校、快题库、数字心动、JJ斗地主等商户上线银联产品；针对腰部商户，策划开展有针对性的收银台营销及铺底营销活动。

二、持续开展流量经营，提升用户规模及质量

拓展云闪付获客渠道，与7家银行开展“一键绑卡”渠道拓新合作；与亿通行、中国移动、中国联通等行业方开展基于出行、公缴等场景的渠道获客合作；与京东、百度地图、高德等互联网平台开展获客合作。

推动零售场景C端跨场景导流，开展以京城U惠为主入口的零售场景C端活动，小程序累计访问人数83.2万人，页面浏览器量日均保持在5万以上。开展出行场景C端流量运营，与百度地图合作推广云闪付乘车码、撬动云闪付拉新促活；持续运营乘车码周月卡活动，2022年第二季度启动“低碳里程”权益运营，自建本地“U惠车票”小程序汇集出行各类优惠、设计积分里程。截至2022年末，访问用户数39.68万人，访问次数630.37万次。开展银联云闪付会员经营，年内62VIP新增3.12万户，积点用户新增127.94万户。

三、强化全行业解决方案能力，持续加强行业场景的拓展

协调推进北京地铁人脸过闸业务，年底前完成所有地铁线路人脸设备的安装与调试，2023年1月启动“白名单”测试；与北京市医疗保障局开展医保移动就医项目合作，与SAAS服务商（药店软件平台服务商）合作，实现北京地区北京同仁堂有限责任公司、叮当快药（北京）科技有限公司等39个品牌连锁药店银联会员一码付产品改造；协调推动北京市税务局、北京银商商务有限公司开通银联聚合支付宝、微信缴纳社保业务；推动中国石油化工股份有限公司北京石油分公司实现北京地区全部418家加油站管理信息系统（MIS）改造受理云闪付。

四、加强风险管理，持续做好受理市场秩序规范工作

加强对特殊商户入网和业务的规范管理，将全量支付机构收单的非标商户纳入常态化管理措施；对出现问题的商户开展限额管控、剔除非标等操作；对真实商户触发限额开展提醒、提额工作；对辖内机构非标商户开展常态化交易监测；落实消费者权益保护，开展微信公众号风险宣传及线下风险宣传工作。全年共处理银联系统产生的风险案例1 290笔，邮件转递风险协查97次，人工转发反洗钱协查1 368个。

（颜畅）

北京高华证券有限责任公司

2022 年末，北京高华证券有限责任公司总资产 21.72 亿元，比上年下降 33%；总负债 12.55 亿元，比上年增长 31%；所有者权益 9.17 亿元，比上年下降 60%；2022 年营业收入 3.75 亿元，比上年下降 61%；营业支出 7.89 亿元，比上年增长 22%；净亏损 5.09 亿元，比上年下降 368%。证券成交 9 698.33 亿元，比上年增加 2 559.05 亿元，同比增长 35.84%；客户结算资金 14 325.74 亿元，比上年增加 10 102.49 亿元，同比增长 239.21%。

诚通证券股份有限公司

2022 年末，诚通证券股份有限公司总资产 1 915 933.35 万元，比上年增加 124 943.42 万元，同比增长 6.98%；总负债 956 873.87 万元，比上年增加 89 937.01万元，同比增长 10.37%；所有者权益 959 059.48 万元，比上年增加 35 006.41万元，同比增长 3.79%；实现营业收入 80 747.06 万元，比上年减少 24 138.76万元，同比下降 23.01%；营业支出 54 328.38 万元，比上年减少 15 872.06万元，同比下降 22.61%；实现利润总额 26 308.76 万元，比上年减少 6 287.91万元，同比下降 19.29%；净利润 34 809.40 万元，比上年增加11 896.99 万元，同比增长 51.92%。

证券经纪业务　2022 年，经纪业务实现营业收入 58 652.98 万元，较上年同比下降 15.98%；业务成本 29 475.00 万元，较上年同比下降 11.80%；实现营业利润 29 177.98 万元，较上年同比下降 19.82%。营业部实现股基交易量 7 159.40亿元，较上年同比下降 25.50%。当年累计新开户 8.41 万户，期末结存客户数 130.76 万户，较上年末增长 6.51%。期末托管客户资产 765.85 亿元，较上年末下降 8.90%（沪深 300 指数同期降幅 21.63%）。

投资银行业务　2022 年，发行 3 只公募债券，融资总规模达 40 亿元；如期兑付 7 只债券。新三板业务完成定向发行项目 2 个。截至年末，股权类持续督导企业 7 家、持续督导的非上市公众公司 53 家。

资产管理业务　2022 年，资产管理业务实现营业收入 2 613.39 万元，实现业务成本 1 689.75 万元，实现营业利润 923.64 万元。

融资融券业务　截至年末，融资融券余额 34.88 亿元，融资融券余额市占率 2.26‰。全年信用账户开户 750 户，合格信用账户结存 25 947 户，相比上年末，信用账户数增长 2.04%。截至年末，融资融券业务整体维持担保比例为265.73%，全年未发生重大风险事件。

投资顾问业务 截至年末，签约客户数量205户，较上年末减少46户。签约客户资产1.30亿元，较上年同比降幅20.73%。投资顾问岗位人员综合创收合计257.32万元。

期货中间介绍业务 截至年末，参与中间介绍业务的营业部共有31家。参与期货中间介绍业务的投资者共273户，全年实现期货中间介绍业务的佣金收入27.46万元。

大和证券（中国）有限责任公司

2022年末，大和证券（中国）有限责任公司总资产878 321 354.81元，比上年下降4.13%，总负债57 446 216.50元，比上年增长72.09%，所有者权益总额820 875 138.31元，比上年下降7.01%；全年实现营业收入47 739 258.30元，比上年下降16.12%，营业支出130 399 087.11元，比上年增长6.01%，2022年净亏损61 887 059.77元。

证券经纪业务 2022年，国内机构投资者新开3户，共服务客户数4家，累计交易金额为700 407 647.81元，全年实现经纪业务收入383 557.93元。

自营业务 2022年，使用自有资金规模6亿元，年末持仓面额5.8亿元，全年交易量906.89亿元。

投资银行业务 完成境内外资控股证券公司美心翼申新三板挂牌。成功协助兰考县兴兰农村投资发展有限公司完成绿色乡村振兴债券发行，完成市场第1例日资企业收购中国新三板挂牌公司控制权的交易。

东兴证券股份有限公司

2022年末，东兴证券股份有限公司总资产1 017.53亿元，比上年末增加27.88亿元，同比增长2.82%；总负债756.65亿元，比上年末增加33.93亿元，同比增长4.69%；净资产260.89亿元，比上年末减少6.04亿元，同比下降2.26%。实现营业收入34.29亿元，同比减少19.47亿元，下降36.21%；营业支出28.80亿元，同比减少4.92亿元，下降14.60%；实现净利润5.17亿元，同比减少11.35亿元，下降68.70%。

经纪业务 2022年，股票基金代理买卖累计成交金额为2.72万亿元，累计实现证券经纪业务净收入（含席位租赁）6.54亿元，客户数量2 145 259个、资金总额117.41亿元、资产规模10 686.85亿元。实现代理销售金融产品净收入5 297.05万元。

自营业务 2022年，实现营业收入3.51亿元。场外衍生品业务累计新增交易规模连续三年超过百亿元。

投资银行业务 2022 年，实现营业收入 9.08 亿元。根据同花顺统计数据（发行日），证券股权主承销规模（不含可交债和并购重组配套融资）169.83 亿元，其中，IPO 主承销规模 117.55 亿元；债券主承销规模 486.69 亿元，其中，主承销 48 只公司债、11 只金融债、13 只非金融企业债务融资工具。新三板业务督导挂牌 79 家，完成挂牌项目 3 个，完成新股发行 3 次，累计融资 0.30 亿元。

资产管理业务 2022 年，营业收入 1.03 亿元。年末，受托资产管理规模 183.66 亿元。2022 年末，基金管理总规模为 223.78 亿元，同比增长 68.99%，非货币基金管理规模为 108.78 亿元，同比增长 35.90%。

信用业务 2022 年，实现营业收入 12.77 亿元。年末，融资融券本金余额 168.11 亿元，实现融资融券利息收入 11.21 亿元，两融业务的整体维持担保比例为 258.54%。机构客户两融业务余额同比增长 37.58%。自有资金股票质押业务余额为 17.51 亿元。

其他业务 2022 年，实现营业收入 3.48 亿元。期货业务年末客户权益 47.92 亿元，完成“保险 + 期货”项目 39 个。另类投资业务年末存续股权投资项目 13 个，投资规模合计 9.55 亿元。私募基金管理业务年末存续管理 7 只私募股权基金，投资 15 个项目。

（林天温）

方正证券承销保荐有限责任公司

2022 年末，方正证券承销保荐有限责任公司资产总额 29.86 亿元，比上年减少 7.4 亿元；总负债 5.29 亿元，比上年减少 6.43 亿元；所有者权益 24.58 亿元，比上年减少 0.97 亿元；实现营业收入 5.35 亿元，比上年增加 0.93 亿元；营业支出 6.47 亿元，比上年增加 2.03 亿元；扣除所得税费用后的净利润 -0.97 亿元，比上年减少 1.03 亿元。

投资银行业务 截至年末，全年完成股权承销金额合计 70.89 亿元，其中，完成赛伦生物（688163.SH）、维海德（301318.SZ）、伟测科技（688372.SH）和甬矽电子（688362.SH）4 家公司首次公开募股（IPO），为企业募集资金 43.58 亿元；完成 6 家上市公司再融资，募集资金 27.31 亿元。公司“新三板”业务持续督导企业 92 家，包含创新层 19 家，基础层 73 家。股权业务实现收入 1.99 亿元，同比增长超 3 倍。完成公司债、企业债、非政策性金融债、地方政府债等各类债券承销规模 371.89 亿元，其中公司债、企业债承销规模 294.05 亿元。

业务创新 2022 年，发行承销重庆市江津区珞璜开发建设有限公司 2022 年非公开发行“一带一路”公司债券（第一期）（简称“22 珞璜 01”），总规模 6 亿元。发行承销河南省中豫小镇建设管理有限公司 2022 年面向专业投资者非公开发行乡村振兴公司债券（第一期）（简称“22 小镇 01”），总规模 15 亿元。

客户服务 2022 年，完成铂科新材

(300811. SZ)、法本信息(300925. SZ)、京源环保(688096. SH)、奥特维(688516. SH)、斯迪克(300806. SZ)、宇晶股份(002943. SZ)等上市公司再融资市场发行工作。全年共承销一般企业债券、公司债券、地方政府债券、项目收益债券、绿色债券等各类品种债券171只。

高盛高华证券有限责任公司

2022年末,高盛高华证券有限责任公司总资产52.62亿元,比上年增长26%;总负债17.89亿元,比上年增长85%;所有者权益34.73亿元,比上年增长9%。实现营业收入6.12亿元,比上年减少16%;营业支出4.77亿元,比上年减少24%;净利润1.08亿元,比上年增长33%。

投资银行业务 2022年,发行承销1只A股科创板IPO及4只A股非公开发行公司债,并在其中1只A股非公开发行中担任独家保荐人角色,承销总金额达到83.54亿元。独家配售代理进行3笔A股大宗交易。

国都证券股份有限公司

2022年末,国都证券股份有限公司资产总额348.89亿元,较年初同比增长6.71%;负债总额245.19亿元,较年初同比增长9.92%;归属于母公司的所有者权益102.09亿元,较年初同比下降0.03%;实现营业收入9.38亿元,比上年下降48.62%;营业支出6.64亿元,比上年下降21.84%;归属于母公司净利润3.55亿元,比上年减少4.77亿元。

证券经纪业务(含信用交易业务) 2022年,托管资产峰值达1 600余亿元,增长16.9%。

履行社会责任 开展以“金融知识下乡 助力乡村振兴”为主题的投资者保护活动、扶贫慰问生活困难家庭等,累计助力帮扶金额147.83万元。承销重庆三峡银行股份有限公司“兴渝”2022年第一期微小企业贷款资产支持证券,金额6 000万元。

(李岩)

国开证券股份有限公司

2022年末,国开证券股份有限公司合并口径资产总额446.16亿元,同比增加22.82亿元,增长5.39%;所有者权益164.89亿元,同比增加2.37亿元,增长1.46%；负债281.26亿元；全年实现营业收入16.45亿元，同比增加5.78亿元，增长54.13%；净利润5.01亿元，同比增加2.78亿元，增长124.12%。

投资银行业务 2022年，完成金开新能非公开发行股票联合保荐项目，参与拓荆科技股份有限公司IPO、深圳佰维存储科技股份有限公司IPO、淮北矿业（集团）有限责任公司公开发行可转债等项目。推进地方政府融资平台转型财务顾问业务，承做萍乡创投、新建国资、景洪国资、贵州腾龙实业等项目。

债券承销业务 2022年，全年债券承销融资规模8 317亿元，承销份额为2 233.9亿元，分别同比增长71%和93%。

资产证券化业务 2022年，发行中国石油化工股份有限公司绿源雄安新区地热供热收费权绿色ABS；发行三一重工股份有限公司应收账款ABS；发行陕西建工控股集团有限公司供应链1期、2期ABS。

资产管理业务 2022年，资产管理业务债券主动投资规模及收入实现增长，单个产品规模超过7亿元。

服务国家战略 承销“两新一重”领域债券规模3 868.59亿元，同比增长42.12%。承销全国首单中央企业科创债等产品，累计融资67亿元。全年累计融资3 137.54亿元，支持长江经济带、黄河流域生态保护、粤港澳大湾区建设、京津冀协同发展、成渝双城经济圈和海南自贸港等国家重大区域战略建设。

支持绿色低碳 2022年，绿色债券累计承销融资规模突破1 000亿元，其中国家开发银行绿色金融债、深圳地铁集团有限公司绿色公司债、开滦集团有限责任公司低碳转型挂钩公司债、中国石油化工股份有限公司绿源雄安新区地热供热收费权绿色ABS等重大项目，为推进实现双碳目标起到了引领和示范效应。完成金开新能源定向增发项目。承销淮北矿业可转债项目，助力地方煤炭企业低碳绿色转型。

履行社会责任 支持乡村振兴5个示范区项目融资，承销延安旅游集团、邯郸交建乡村振兴专项债，秦农农商行“三农”专项债，完成永安双创债全额回售转售。参与海宁市城市发展投资集团社会领域专项债。向贵州省务川县捐赠资金100万元，大力支持柏村镇生物质燃料加工厂建设。持续支持贵州务川、湖北蕲春等5个对口帮扶脱贫县经济社会发展。

国新证券股份有限公司

2022年8月，公司正式更名为国新证券股份有限公司（以下简称国新证券）。截至年末，国新证券（审计报告合并口径）总资产384.64亿元，比上年减少100.27亿元，下降20.68%；总负债279.02亿元，比上年减少104.87亿元，下降27.32%；所有者权益105.62亿元，比上年增加4.60亿元，增长4.55%；实现营业收入5.97亿元，比上年减少2.29亿元，下降27.76%；营业支出1.11亿元，比上年减少5.29亿元，下降82.64%；实现净利润5.01亿元，比上年增加3.20亿元，增长176.43%。

证券经纪业务 截至年末，财富业务累计账户总数达到137.8万户，较上年末增长5.2%；代销金融产品业务保有规模为60.67亿元，与上年末持平；公司融券规模达到1 241万元，较上年增长45.99%。

投资银行业务 截至年末，完成保荐承销项目3个，其中IPO项目2个、上市公司再融资项目1个，募集资金总规模为50.75亿元，承销规模37.48亿元。督导“新三板”挂牌公司33家（含1家北京证券交易所上市企业），年内共完成“新三板”挂牌项目2个，“新三板”定向增发项目1个，定增规模0.1亿元。完成债券承销项目16个，项目总规模425.85亿元，公司承销规模52.36亿元；全年共承销地方政府债74只，承销规模32.98亿元。

资产管理业务 截至年末，资产管理业务整体管理规模192.07亿元。全年新发产品6只。

融资融券业务 截至年末，融资融券业务规模为32.53亿元。

投资顾问业务 通过“人工+智能”为客户提供一站式投顾服务。截至年末，投顾产品签约收入同比增长近80%。

期货中间介绍业务 2022年，具备IB业务展业条件的营业部由年初的34家增长至43家，开展IB业务的营业部由年初的12家增长至34家。

客户服务 2022年，为2家企业提供IPO服务并成功上市，分别有286家网下投资者管理的7 465个配售对象，290家网下投资者管理的5 585个配售对象成功参与网下申购；为1家上市公司提供再融资服务，3位投资者成功参与申购；公司为11家企业提供债券、ABS融资服务，为包括银行、证券、基金、保险在内的机构投资者提供优质的投行产品。

瑞信证券（中国）有限公司

2022年末，瑞信证券（中国）有限公司总资产1 499 249 828.62元，比上年减少237 063 608.77元，下降13.65%；负债总额237 780 068.49元，比上年增加17 452 429.56元，增长7.92%；所有者权益总额1 261 469 760.13元，比上年减少254 516 038.33元，下降16.79%；营业收入288 699 324.22元，比上年减少208 268 984.97元，下降41.91%；亏损总额252 722 640.06元，同比增亏313 801 014.65元，下降513.77%；证券股基债交易量为3 206.88亿元，比上年减少4 320亿元，下降57.39%；客户交易结算额为196.87万元，比上年增加2.24万元，增长1.15%。

投资银行业务 截至年末，实现投资银行业务收入1 006万元，同比下降94.03%。报告期内，手续费及佣金净收入6 561.57万元，较上年同期下降约72.70%。

证券经纪业务 2022年，经纪业务佣金同比减少47%。报告期内，经纪业务手续费净收入10 622.57万元，较上年同期下降46.44%。

（李梦丽）

瑞银证券有限责任公司

2022年末，瑞银证券有限责任公司母公司统计口径总资产为3 804 787 834元，比上年下降1%；总负债1 547 472 802元，比上年下降11%；所有者权益2 257 315 032元，比上年增长7%；实现营业收入1 107 037 333元，比上年增长10%；营业支出844 741 460元，比上年增长1%；实现利润总额263 093 182元，比上年增长50%；净利润196 931 236元，比上年增长51%。

首创证券股份有限公司

2022年末，首创证券股份有限公司总资产397.32亿元，比上年增加71.31亿元，增长21.87%；总负债276.19亿元，比上年增加47.49亿元，增长20.77%；所有者权益121.12亿元，比上年增加23.82亿元，增长24.48%。全年实现营业收入15.88亿元，比上年减少5.25亿元，下降24.87%；营业支出9.13亿元，比上年减少1.1亿元，下降10.72%；实现净利润5.54亿元，比上年减少3.05亿元，下降35.54%。

资产管理业务 截至年末，资产管理净值规模达到1 072.54亿元，同比增长23.66%。公司不含专项资产管理计划在内的资产管理产品505只，产品净值规模895.04亿元，比上年末增长38.8%。全年资产管理业务实现收入66 222.73万元，同比增长72.16%。

固定收益投资交易业务 2022年，固定收益投资交易业务自有资金投资交易收益率8.85%，同期中债综合财富（总值）指数累计涨幅为3.31%。

新三板做市业务 截至年末，公司新三板做市企业数量82家；其中，创新层企业75家，占比91.46%。

股权融资及财务顾问业务 保荐曙光数据基础设施创新技术（北京）股份有限公司成功上市融资，承销金额2.60亿元；截至年末，累计完成117个推荐挂牌项目，持续督导挂牌公司112家，持续督导企业中有25家挂牌公司为创新层企业，占督导公司总数的22.32%。

债券承销及资产证券化业务 2022年，主承销商债券40只，金额153.87亿元。其中，新疆阿克苏地区绿色实业开发有限公司2022年非公开发行乡村振兴公司债券（第一期），为西北五省首只“乡村振兴”公司债券。全年作为计划管理人共发行12只ABS产品，发行规模69.08亿元；共销售18只ABS产品，销售规模53.22亿元。

证券经纪业务 截至年末，新增客户6.04万户，比上年增长9.32%，期末客户总数超过70万户；全年代理买卖股票基金交易额5 725.58亿元，线上业务办理量占比达83.4%，比上年提高12.56%。

信用业务 截至年末，融资融券客户数量比上年增长4.22%，融资融券余额为19.50亿元；维持担保比例为251.56%。截至年末，待回购融资余额（不含息）为4.18亿元，期末平均质押率38.25%。

（王祎男）

信达证券股份有限公司

2022年末，信达证券股份有限公司总资产657.50亿元，比上年增加10.89亿元，同比增长1.68%；总负债515.69亿元，比上年末减少2.50亿元，同比下降0.48%；所有者权益141.81亿元，比上年增加13.39亿元，同比增长10.42%。全年实现营业收入34.38亿元，比上年减少3.66亿元，同比下降9.61%；营业支出19.09亿元，比上年减少4.34亿元，同比下降18.52%；实现归母净利润12.27亿元，比上年增加0.56亿元，同比增长4.75%；加权平均净资产收益率达到9.39%，比上年减少0.50个百分点。

证券经纪业务 截至年末，证券经纪业务实现营业收入14.17亿元，同比下降15.90%。

证券投资业务 截至年末，实现证券投资营业收入2.47亿元，同比增长12.80%。

投资银行业务 截至年末，投资银行业务分部实现营业收入1.69亿元。

资产管理业务 截至年末，全年实现营业收入人民币3.44亿元，同比增长3.79%。

期货经纪业务 截至年末，期货经纪业务实现营业收入2.08亿元，同比增长1.92%。

其他业务 截至年末，研究业务、公募基金管理、私募股权投资基金、另类投资等其他业务实现营业收入9.55亿元，同比增长32.65%。

中德证券有限责任公司

2022年末，中德证券有限责任公司总资产1 263 839 928元、总负债150 706 286元、所有者权益1 113 133 642元；实现营业收入214 184 154元、营业支出316 915 093元，净亏损79 336 742元。

投资银行业务 截至年末，实现营业收入214 184 154元，其中，投行业务净收入186 868 936元。完成97个投行项目。

股权业务 截至年末，完成永东化工可转债项目，申报同德化工非公开发行项目。

债券业务 截至年末，完成太原龙投公司债、山西文旅公司债、太原重工公司债、晋控电力公司债、山西焦煤可续期公司债、山煤集团可交债等项目。

财务顾问业务 截至年末，年内完成太原煤气化、晋控装备、燃气集团收购蓝焰控股股权等财务顾问项目，其中蓝焰控股财务顾问项目的完成解决了国资国企改革的痛点和堵点。

（刘思邈）

中国银河证券股份有限公司

2022年末，中国银河证券股份有限公司合并资产总额6 252.16亿元，同比增长11.62%；合并负债总额5 226.03亿元，同比增长13.32%；合并所有者权益总额1 026.13亿元，同比增长3.67%。实现合并营业收入336.42亿元，同比下降6.51%；实现合并净利润77.61亿元，同比下降26.20%。股票和基金交易量（不含租赁席位）15.75万亿元，同比下降16.7%；托管客户证券资产约3.50万亿元，同比增长2.7%，客户资金余额814.12亿元，同比增长3.6%。

证券经纪业务 截至年末，经纪业务客户数1 424万户，比上年末增长7.6%。销售金融产品925亿元，年末，金融产品保有规模1 933亿元，比上年末增长4.7%。

自营业务 截至年末，金融资产规模为3 002.32亿元，同比增长27.09%。服务国家战略股票投资52只，参与首批碳中和交易所交易基金（ETF）做市，首批取得上市证券做市资格。场外衍生品业务规模同比增长53.80%。

投资银行业务 截至年末，完成IPO项目5个、再融资项目5个，股权承销109.21亿元；承销债券2 525.30亿元，同比增长10.95%，其中，金融债承销金额701.55亿元，地方政府债承销金额1 348.11亿元。

资产管理业务 截至年末，受托资产管理规模1 149.99亿元，其中主动管理规模714.59亿元，占比62.1%。

融资融券业务 截至年末，融资融券余额793亿元，市场占有率5.15%，较上年末提升3个基点；平均维持担保比例256%，整体风险可控。

投资顾问业务 累计签约客户超过30万人次，签约资产超过2 000亿元。

期货中间介绍业务 截至年末，共计195家分支机构获得期货中间介绍业务资格，存量客户4.64万户，期末客户权益45亿元。

客户服务 2022年，新增客户300余家，累计投行客户3 000余家，其中国有企业近千家。

中国国际金融股份有限公司

2022 年末，中国国际金融股份有限公司总资产 6 487.64 亿元；比上年下降 0.16%、总负债 5 492.89 亿元，比上年下降 2.79%、归母净资产 991.88 亿元，比上年增长 17.49%；全年实现营业收入 260.87 亿元，比上年下降 13.42%、营业支出 169.59 亿元，比上年下降 1.13%、实现归母净利润 75.98 亿元，比上年下降 29.51%。

投资银行业务 2022 年，完成科创板、创业板 IPO 融资规模超过 620 亿元。绿色发展战略相关项目交易规模超过 7 000亿元。普惠金融助力中小微企业融资规模超过 2 400 亿元。健康中国建设相关行业项目交易规模超过 1 000 亿元。乡村振兴战略相关项目交易规模超过 450 亿元。2022 年，承销 A 股 IPO 项目 32 个，金额 528.63 亿元。承销 A 股再融资项目 46 个，金额 1 256.61 亿元。作为保荐人主承销港股 IPO 项目 31 个，规模 35.88 亿美元；作为全球协调人主承销港股 IPO 项目 34 个，规模 22.80 亿美元；作为账簿管理人主承销港股 IPO 项目 34 个，规模 10.12 亿美元。港股 10 大 IPO 中承销 7 个。作为账簿管理人主承销港股再融资及减持项目 10 个，规模 4.76 亿美元。2022 年，境内债券承销规模为 9 181.51 亿元，同比上升 10.2%；境外债券承销规模为 50.77 亿美元，同比下降 59.4%。协助广州富力地产股份有限公司、龙光控股集团及融创房地产集团有限公司完成总金额分别为 135 亿元、224 亿元及 160 亿元的境内债券整体重组展期。2022 年，已公告并购交易 94 笔，涉及交易总额约 995.95 亿美元，其中境内并购交易 83 笔，涉及交易总额约 912.77 亿美元，跨境及境外并购交易 11 笔，涉及交易总额约 83.18 亿美元。

股票业务 2022 年，股票业务部累计覆盖境内外机构投资者 9 000 余家，整体交易额超过 10 万亿元。其中，合格境外机构投资者（QFII）交易的客户市占率持续领先，达 56%，交易量近 3 年实现超 40% 年化增长；极速交易业务交易量近 3 年实现超 150% 年化增长。2022 年，场外期权存续业务规模逆市增长 40%。双向跨境业务规模超过 1 500 亿元，日均交易额超过 200 亿元。中金（新加坡）已成功落地产品业务；中金（英国）获批成为全球首家及独家完成沪、深交易所对德国、英国、瑞士 3 国备案的互联互通全球存托凭证（GDR）跨境转换机构，并成为首家获批加入卢森堡证券交易所的中资上市和交易会员。

固定收益及自营业务 2022 年，银行间做市业务规模 279 338.21 亿元，银行间回购业务（包含质押和买断）交易量 5.32 万亿元，拆借业务交易量 3.37 万亿元。债券通业务成交总量 6 759.98 亿元。2022 年，利率业务现券交易量 198 698.12 亿元，利率衍生品交易量 16 721.573亿元。2022 年，全年利率业务双边做市、请求做市和匿名点击成交总量 75 206.67 亿元。全年信用业务双边做市、请求做市和匿名点击成交总量7.75万亿元。ABS交易规模超过2 700亿元，同比增长约10%。截至年末，为已上市的23只REITs提供流动性服务。大宗商品场内外累计交易量约1.8万亿元，较上年同比提高125%。外汇自营业务通过中国外汇交易中心共计达成外汇交易38 720笔，名义本金合计2 982.69亿美元。境内达成代客即期结售汇和人民币对外汇衍生品交易共计83笔，名义本金合计约3.43亿美元，达成人民币结构性产品（QUANTO）交易共计793笔，名义本金共计约881.24亿元人民币。投资顾问业务规模244.04亿元，比上年增长13.70%。投资中小微类债券237笔，金额82.57亿元，绿色金融债券12笔，金额3.46亿元，公募REITs 19笔，金额3.18亿元，合计占产品规模的36.56%。截至年末，累计与超过400家企业客户对接企业风险管理业务需求，其中已与40余家客户落地交易170余笔，交易名义本金超过140亿元。

财富管理业务 2022年，财富管理业务的产品保有量超过3 400亿元，较上年增长超过10%；买方投顾产品保有量稳定在近800亿元。财富管理客户数量达581.65万户，较上年增长28.30%，客户账户资产总值2.76万亿元。其中，高净值个人客户3.44万户，高净值个人客户账户资产总值7 796.02亿元。

资产管理业务 截至年末，资产管理部业务规模7 024.79亿元。集合资管计划和单一资管计划管理规模（含社保、企业年金、职业年金及养老金）分别为2 306.69亿元和4 718.10亿元，管理产品828只。

公募基金业务 2022年，中金基金全年新发公募产品11只，推出同业存单指数基金及中金基金首只基金中的基金（FoF）。截至年末，中金基金管理资产规模1 110.57亿元，同比增加258.69亿元。其中，公募基金规模增加至1 009.74亿元，同比增长24.20%。

私募投资基金业务 截至年末，中金资本管理部在管的资产规模达到3 595亿元。新募集基金认缴规模超过500亿元。

中信建投证券股份有限公司

2022年末，中信建投证券股份有限公司集团资产总额5 099.55亿元，比上年增长12.62%；负债总额4 166.67亿元，比上年增长11.77%；归属于本公司股东的权益932.44亿元，比上年增长16.82%。全年实现总收入及其他收入275.65亿元，比上年下降7.72%；归属于本公司股东的净利润75.07亿元，比上年下降26.68%；每股收益0.86元，比上年下降31.20%；加权平均净资产收益率为9.99%，比上年下降5.81个百分点。

投资银行业务 截至年末，完成股权融资项目79个，主承销金额1 333.88亿元；完成19个可转债项目，主承销金额397.23亿元；完成新三板挂牌13家，完成新三板挂牌企业定增18家，募集资金6.40亿元；完成债券主承销项目2 501

个，主承销规模13 067.62亿元；完成发行股份购买资产及重大资产重组项目12个，交易金额285.79亿元。

证券经纪业务 截至年末，托管证券市值市场占比5.93%；A股资金账户数市场占比3.83%。公司股票和混合公募基金保有量723亿元、非货币公募基金保有量807亿元。

资产管理业务 截至年末，受托资产管理规模4 774.51亿元，较上年末增加501.79亿元，同比增长11.74%。

托管业务 截至年末，资产托管及运营服务总规模达4 044.35亿元，同比增长34.81%。其中资产托管产品2 589只、运营服务产品2 454只，分别同比增长42.96%和48.10%。

期货业务 2022年，中信建投期货有限公司实现代理交易额14.87万亿元，同比增长6.64%；新增客户数同比增长30.28%；期末客户权益规模同比增长36.32%。

私募股权投资业务 2022年，中信建投资本管理有限公司全年完成投资超过40亿元，已投项目中完成上市8个，过会6个。截至年末，中信建投资本在管备案基金63只，基金管理规模超过650亿元。

境外业务 2022年，中信建投（国际）金融控股有限公司累计代理股票交易金额604.43亿港元。2022年，在中国香港市场共参与并完成IPO保荐项目7个，股权融资规模37.03亿港元；在离岸市场参与并完成债券承销项目81个，承销规模1 740亿港元，其中全球协调人项目35个，承销规模634亿港元；在中国香港市场参与并完成财务顾问类项目1个。

基金管理业务 截至年末，中信建投基金管理有限公司资产管理规模1 025.71亿元，其中公募产品管理规模564.60亿元，同比增长16.92%；专户产品管理规模458.98亿元，同比增长299.27%；ABS产品管理规模2.14亿元，同比增长89.22%。截至年末，中信建投基金共管理公募基金48只（含2022年新成立的15只产品）。

另类投资业务 2022年，中信建投投资有限公司全年完成项目投资42笔（其中科创板IPO跟投项目14笔），投资金额20.97亿元。

中国银河证券股份有限公司北京分公司

2022年末，中国银河证券股份有限公司北京分公司北京辖区营业部营业收入13.9020亿元，实现税前利润8.3499亿元。

证券经纪业务 截至年末，辖区新开客户15.21万户，开户市场占有率1.03%，较上年增长44.41%；客户总资产10 592.5亿元。

融资融券业务 2022年，新开两融账户1 026户，融资融券日均余额111.52亿元。

金融产品 2022年，累计销售金融产品146.73亿元，销售收入总计2.13亿元。

（颜畅）

北信瑞丰基金管理有限公司

2022年，北信瑞丰基金管理有限公司（以下简称北信瑞丰）全年收入为4 627.15万元，比上年减少5 752.16万元，比上年下降55.42%，其中管理费收入3 475.62万元；营业支出8 558.97万元，比上年减少1 467.23万元，比上年下降14.63%；净利润－5 468.74万元，比上年减少5 803.59万元。截至年末，总资产为20 406.25万元，比上年减少7 292.80万元，比上年下降26.33%；负债7 151.67元，比上年减少1 824.06万元，比上年下降20.32%；所有者权益为13 254.58万元，比上年减少5 468.74万元，比上年下降29.21%。

公募基金完成股票交易68.21亿元，比上年减少110.57亿元，同比下降61.85%；交易所回购222.4亿元，比上年减少187.7亿元，同比下降45.77%；银行间回购857.46亿元，比上年减少293.04亿元，同比下降25.47%；交易所债券9.54亿元，比上年减少5.86亿元，同比下降38.05%；银行间债券226.3亿元，比上年增加17.97亿元，同比增长8.63%。专户产品完成股票交易15.38亿元，比上年减少95.47亿元，同比下降86.13%；交易所回购227.97亿元，比上年减少26.3亿元，同比下降10.34%；银行间回购零亿元，比上年减少10.75亿元，同比下降100%；交易所债券10.24亿元，比上年增加6.67亿元，同比增长187%；银行间债券12.32亿元，比上年减少20.22亿元，同比下降62.14%。截至年末，北信瑞丰公募基金管理规模约28.50亿元，比上年减少49.60亿元，同比下降63.51%，共计26.79亿份，比上年减少42.73亿份，同比下降61.47%。

截至年末，北信瑞丰共有一家子公司——上海北信瑞丰资产管理有限公司，一家分公司——北信瑞丰基金管理有限公司上海分公司。公司员工数量合并口径职工共95人，其中正式职工95人，无外聘职工。北信瑞丰基金管理有限公司单体口径82人，子公司上海北信瑞丰资产管理有限公司13人，北信瑞丰上海分公司1人（公司总部员工兼任）。

公募基金业务 2022年，北信瑞丰全年公募基金业务共计实现管理费收入2 749.71万元；截至年末，共计有17只存续公募基金，其中货币市场基金2只、债券型基金3只、混合型基金9只、股票型基金3只，公募资管规模达28.50亿元。

特定客户资产管理 2022年，北信瑞丰新增2项特定客户资产管理计划，新增规模0.73亿元，特定客户资产管理计划全年共计实现管理费收入725.90万元，主要投向定向增发股票、银行间及交易所债券等。截至年末，存续资产管理计划24只，规模36.59亿元，其中单一产品21只，受托规模36.11亿元；集合产品3只，受托规模0.47亿元。

（祁菁）

东方基金管理股份有限公司

2022年末，东方基金管理股份有限公司（以下简称东方基金）总资产12.95亿元，较上年减少0.22亿元，下降1.66%；总负债3.51亿元，较上年减少0.80亿元，下降18.46%；所有者权益9.44亿元，较上年增加0.58亿元，增长6.50%；归属母公司股东权益7.39亿元，较上年增加0.66亿元，增长9.78%；全年实现营业收入6.75亿元，同比减少0.21亿元，下降2.97%；营业支出5.72亿元，同比增加0.10亿元，增长1.82%；实现净利润0.77亿元，比上年减少0.24亿元，下降23.60%。其中，归属母公司净利润0.66亿元，较上年减少0.15亿元，下降19.08%。

截至年末，东方基金共有员工222人，设有北京、上海、广州、成都、海口5家分公司及1家专户子公司东方汇智资产管理有限公司。

公募基金业务 2022年末，共管理62只公募基金，规模合计为694.56亿元，较2021年末减少8.85亿元，下降2.64%。其中，非货币基金保有规模600.12亿元，较2021年末减少49.80亿元，降幅为7.66%。

受托投资管理业务 2022年，共新成立私募资产管理计划15只，初始募集总规模6.97亿元，年内终止产品7只。截至年末，管理专户产品40只，规模425.90亿元，投资运作情况良好。

新业务开展情况 2022年，共计新发成立基金9只。其中，股票型基金2只，混合型基金6只，债券型基金1只。

（杨笑尘）

东兴基金管理有限公司

2022年末，东兴基金管理有限公司（以下简称东兴基金）资产总额为25 892.59万元，比上年增加2 825.11万元，增长12.25%，负债总额为2 839.23万元，比上年增加1 639.56万元，增长136.67%，所有者权益为23 053.36万元，比上年增加1 185.55万元，增长5.42%。2022年，全年实现营业收入12 753.49万元，比上年增加10 459.86万元，增长456.04%，实现利润总额1 626.81万元，比上年增加2 903.72万元。基金份额为21 813 735 977.28份，比上年增加8 893 234 015.82份，增长68.83%，基金净值为22 377 500 123.11元，比上年增加9 135 786 592.71元，增长68.99%，客户数量为176 036个，增加105 869个，增长150.88%。

截至年末，东兴基金共有员工75人。

公募基金业务 截至年末，东兴基金共管理公募基金19只，公募基金管理规模达到223.78亿元，比上年增长68.99%。

（付兴辉）

方正富邦基金管理有限公司

2022年末，方正富邦基金管理有限公司（以下简称方正富邦基金）总资产534 401 287.32元、总负债83 244 608.04元、所有者权益451 156 679.28元；实现营业收入255 563 992.48元，比上年增加74 175 145.36元，增长40.89%；营业支出228 376 790.08元，比上年增加24 738 539.01元、增长12.15%；公司盈利27 248 246.29元，扭亏为盈，比上年增加47 157 455.20元。股票交易量3 274 310.66万元，比上年增加242 758.57万元，增长8%；交易所市场债券交易量770 099.80，比上年减少470 384万元，增长-3.79%；银行间市场债券交易量[①] 17 530 820万元，比上年增加9 546 140万元，增长119.56%；客户数量6 833 562户，比上年增加298 051户，增长4.56%。

截至年末，方正富邦基金设有1家子公司（方正富邦创融资产管理有限公司），共有员工147人（正式职工143人、外聘人员4人）。

公募基金业务 2022年，方正富邦基金非货币基金产品规模达到236亿元。截至年末，旗下已成立基金共42只、资产管理规模合计494.38亿元（货币规模258.2亿元、非货币规模236.18亿元），比上年产品数量增加6只、非货币规模增长27.12亿元。2022年，全年新发公募基金7只，募集规模64.61亿元。其中，年内发行的首只机构定制开放式债券基金——方正富邦稳丰一年定期开放债券型发起式证券投资基金，募集规模25.10亿元；成功发行公司首只持有期型“固收+”产品，方正富邦泰利12个月持有期混合型证券投资基金，募集规模3.67亿元；方正富邦中证同业存单AAA指数7天持有期证券投资基金年底获中国证监会批复。方正富邦基金公司形成主动权益、指数及指数增强、ETF、货币、固收等各类型的多元化产品谱系。指数类规模63.71亿元，主动权益类规模41.81亿元，固收类规模130.66亿元，货币类规模258.20亿元，其中，固收类规模从88.97亿元增加至130.66亿元，增幅46.86%。

2022年，方正富邦基金公司持续优化客户服务，提升客户黏性，搭建多元化活动平台，全年新增机构客户31家，累计478家。天天基金和蚂蚁金服两大电商平台持有人户数达到42.8万户，非货币基金保有规模分别增长42%和-21%。

特定客户资产管理业务 截至年末，方正富邦基金专户存续产品30只，管理规模115.72亿元，比上年增加4.13亿元，增长3.70%。其中，固定收益类产品18只，规模109.68亿元；权益类产品

① 银行间市场债券交易量为交易中心本币数据。

4 只，规模 3.27 亿元；混合类产品 8 只，规模 2.77 亿元。为各类金融机构、大中型企业和高端个人投资者提供优质的资产管理服务。资产配置坚持以债券投资为主导，截至年末，共有 18 只固定收益类产品，其中，集合资管计划 11 只，单一资管计划 7 只，规模合计 109.68 亿元，占专户产品总规模的 94.78%。新增私募 FOF 产品 3 只，规模合计 2.23 亿元。

（周游）

格林基金管理有限公司

2022 年末，格林基金管理有限公司（以下简称格林基金）总资产 11 164.94 万元，比上年增加 3 348.17 万元，增长 42.83%；总负债 5 889.00 万元，比上年增加 4 637.20 万元，增长 370.44%；所有者权益 5 275.93 万元，比上年减少 1 289.03万元，下降 19.64%；实现营业收入 7 337.85 万元，比上年增加 459.68 万元，增长 6.68%；营业支出8 627.10万元，比上年增加 1 790.33 万元，增长 26.19%；亏损 1 289.03 万元，比上年增加亏损 1 330.13 万元，增长3 236.07%；客户数量 283 418 户，其中持仓客户数量 52 417 户。

截至年末，格林基金设有天津、上海、深圳 3 家分公司，共有正式员工 90 人，无外聘员工。

公募基金业务 截至年末，共管理 23 只开放式证券投资基金（1 只货币市场基金、14 只债券型基金、8 只混合型基金），资产规模 1 973 737.42 万元，比上年增加 342 588.38 万元，增长 21.00%，持仓客户数量 52 134 户。

特定资产管理业务 截至年末，共管理 32 只特定客户资产管理计划，资产规模 1 494 652.96 万元，比上年减少952 384.78 万元，下降 38.92%，持仓客户数量 283 户。

投资咨询业务 截至年末，投资顾问业务累计收取咨询服务费 23.41 万元。

（侯彦君）

工银瑞信基金管理有限公司

2022 年末，工银瑞信基金管理有限公司（以下简称工银瑞信）合并总资产为 203.73 亿元，比上年增加 27.23 亿元，增长 15.43%；所有者权益 167.85 亿元，比上年增加 26.96 亿元，增长 19.13%；全年营业收入 63.44 亿元，比上年下降 0.66 亿元，下降 1.02%；净利润 26.78 亿元，比上年下降 1.16 亿元，下降 4.15%。2022 年末，资产管理总规模 17 245.73亿元，比上年增加 17.70 亿元，增长 0.10%。共管理 227 只公募基金，660 个非公募组合。

截至年末，工银瑞信共设有3家分公司、2家子公司，共有员工760人。

公募业务 2022年，共发行新基金22只，募集规模414.51亿元。截至年末，公募基金管理规模7 881.02亿元，比上年下降2.37%；其中债券及货币基金规模6 279.10亿元，比上年增长7.83%。

非公募业务 2022年末，工银瑞信管理的专户、年金社保、专项等各类非公募组合规模合计9 363.71亿元，比上年增长23.03%。其中，年金社保等第一、第二支柱养老金资产规模为6 974.44亿元，比上年增长8.15%。

创新业务 2022年，第三支柱个人养老金业务成功落地，当年共有5只产品成功进入中国证监会公布目录，年内上线1个多月销量超过2.5亿元，客户数超过3.2万户。

国金基金管理有限公司

2022年末，国金基金管理有限公司（以下简称国金基金）总资产为347 981 565.51元，比上年增加21 270 065.98元，增长6.51%；总负债为119 412 658.14元，比上年增加17 214 167.26元，增长16.84%；所有者权益为228 568 907.37元，比上年增加4 055 898.72元，增长1.81%；营业收入为166 639 910.88元，比上年增加21 332 843.05元，增长14.68%；营业支出为162 701 595.83元，比上年减少9 854 761.47元，下降5.71%；实现净利润4 055 898.72元，比上年增加31 951 777.52元，增长114.54%。

截至年末，国金基金公募基金及特定客户资产管理计划规模合计408.38亿份，管理资产净值462.69亿元。

截至年末，国金基金设有1家分公司——国金基金管理有限公司上海分公司，一家专户子公司——北京千石创富资本管理有限公司，一家销售子公司——上海国金理益财富基金销售有限公司。拥有正式员工137人，其中具有硕士及以上学历的员工70人。

公募基金业务 截至年末，管理公募基金26只，其中混合型基金11只、货币型基金3只、股票型基金3只、债券型基金8只、基础设施基金1只，管理规模合计379.98亿份，基金资产净值共计432.66亿元（货币基金管理规模251.26亿元，非货币基金管理规模181.40亿元）。

特定客户资产管理业务 截至年末，管理专户产品29只，管理规模合计28.60亿份，资产净值30.03亿元。

（马正一）

国融基金管理有限公司

2022年末，国融基金管理有限公司（以下简称国融基金）总资产5 731.36万元，总负债524.55万元；所有者权益5 206.81万元；全年营业收入634.83万元，营业费用4 444.28万元，营业利润-3 809.45万元。

截至年末，国融基金设有1家分公司，共有正式员工51人。

公募基金业务 截至年末，新发1只公募基金，公募基金数量共计8只，公募基金规模4.34亿元，比上年增加1.55亿元，增长55.56%。

特定客户资产管理业务 截至年末，专户产品数量共计7只，专户规模7.17亿元，比上年减少8.33亿元，下降53.74%。

（洪莉）

国寿安保基金管理有限公司

2022年末，国寿安保基金管理有限公司（以下简称国寿安保基金）总资产32.64亿元，比上年增加2.35亿元，增长7.77%；总负债5.37亿元，比上年减少0.49亿元，下降8.30%；净资产27.27亿元，比上年增加2.84亿元，增长11.62%；实现营业收入10.73亿元，比上年减少1.06亿元，下降8.95%；营业支出6.98亿元，比上年减少0.21亿元，下降2.98%；实现净利润2.84亿元，比上年减少0.62亿元，下降18.00%。截至年末，国寿安保基金管理规模合计3 360.09亿元，比上年减少44.63亿元，下降1.31%；个人客户数突破4 500万户，比上年增长46.02%；个人投资者持有资产规模接近857.12亿元，比上年增长8.26%。

截至年末，国寿安保基金设有2家分支机构、1家子公司，共有员工260人。

公募基金业务 2022年，国寿安保基金共成立9只公募基金，截至年末，公募资产规模2 303.49亿元，其中公募非货币规模1 285.42亿元。

特定客户资产管理业务 截至年末，国寿安保基金专户规模914.85亿元，比上年增加104.16亿元，增长12.85%。

（张正蕙）

国新国证基金管理有限公司

国新国证基金管理有限公司（以下简称国新国证基金）成立于 2019 年 3 月 1 日，是经中国证监会批准设立的首家落户雄安新区的公募基金管理公司。2022 年 6 月 23 日，中国证监会批复同意公司实际控制人变更为中国国新控股有限责任公司。

2022 年末，国新国证基金资产总额 13 619.62 万元，较上年末减少 4 436.15 万元，同比下降 24.57%；负债总额 2 522.29万元，较上年末增加 384.83 万元，同比增长 18.00%；所有者权益 11 097.33万元，较上年末减少 4 820.98 万元，同比下降 30.29%。2022 年全年实现营业收入 1 715.04 万元，较上年减少 253.53 万元，同比下降 12.88%；净利润 -4 820.98 万元，较上年减少 1 812.75 万元，同比下降 60.26%。截至年末，国新国证基金客户总数约 65.13 万户，日均管理规模超过 52.20 亿元，同 41 家代销渠道建立销售合作关系。

截至年末，国新国证基金共有正式员工 61 人，外聘人员 7 人，设有 1 家分支机构（北京分公司）。

公募基金业务 截至年末，共管理公募基金 10 只，产品线覆盖货币型、债券型、偏股混合型及 FOF，资产管理规模达 58.02 亿元。其中，非货币型基金的管理规模达 41.47 亿元。2022 年新发行 3 只产品，规模合计 10.36 亿元，其中，新发中央企业债主题基金 1 只，是助力中央企业高质量发展的首只特色基金产品。

泰达宏利基金管理有限公司

2022 年末，泰达宏利基金管理有限公司（以下简称泰达宏利基金）资产总额 10.73 亿元，比上年末 10.00 亿元增加 0.73 亿元，增长 7.3%；负债总额 2.44 亿元，比上年末增加 0.43 亿元，增长 21.4%；所有者权益总额 8.29 亿元，比上年末增加 0.31 亿元，增长 3.9%；2022 年，营业收入 4.36 亿元，比上年增加 0.76 亿元，增长 21.1%；营业支出 3.95 亿元，比上年增加 0.95 亿元，增长 31.7%；利润总额 0.41 亿元，比上年减少 0.18 亿元，下降 30.5%。资产管理规模达 801.73 亿元，其中，公募基金非货币基金规模 434.93 亿元，公募（含货币基金规模）645.15 亿元，专户管理规模为 156.58 亿元。旗下共管理 62 只公募基金，其中包括 9 只股票型基金，28 只混合型基金，16 只债券型基金，3 只货币市场基金，1 只合格境内机构投资者（QDII）基金，5 只 FOF 基金。

2022年初，存续的私募资产管理计划29只，其中单一资产管理计划17只，集合资产管理计划12只，私募资产管理计划资产规模总计116.79亿元。2022年，新设立资产管理计划1只，到期清算资产管理计划13只。2022年末，存续的私募资产管理计划17只，其中单一资产管理计划13只，集合资产管理计划4只，私募资产管理计划资产规模总计156.58亿元。截至年末，认购23.57亿元，比上年减少59.87亿元，下降71.75%；申购571.35亿元，比上年减少115.24亿元，下降16.78%；赎回546.14亿元，比上年减少118.45亿元，下降17.82%；年末份额569.06亿份，比上年增加101.13亿份，增长21.61%；年末净值645.15亿元，比上年增加69.54亿元，增长12.08%；客户数2 286 900人，比上年增加654 032人，增长40.05%。

截至年末，泰达宏利基金设有北京、上海、广州3家分公司，共有正式员工157人，外聘员工10人。

公募基金业务 2022年，全年共募募发行5只公募基金产品，募集规模合计为25.25亿元。

特定客户资产管理 2022年，新设立资产管理计划1只，到期清算资产管理计划13只。截至年末，存续资产管理计划17只，其中单一资产管理计划13只，集合资产管理计划4只，资产规模总计156.58亿元。

（张强）

泓德基金管理有限公司

2022年末，泓德基金管理有限公司（以下简称泓德基金）总资产14.10亿元，总负债2.96亿元，所有者权益11.14亿元；全年实现营业收入8.65亿元，营业支出5.65亿元，税后净利润2.62亿元。总资产管理规模达到709.72亿元，总份额为644.88亿份，规模比上年减少482.35亿元，同比下降40.46%。其中公募基金管理规模约669.74亿元，总份额为607.27亿份，规模比上年减少315.56亿元，同比下降32.03%，包含26只主动偏股型公募基金，7只债券型基金和2只货币基金，共计管理公募基金产品35只。特定客户资产管理规模约39.98亿元，份额为37.61亿份，规模比上年减少166.79亿元，同比下降80.66%。全年股票交易量为893.39亿元，比上年减少511.49亿元，同比下降36.41%，债券交易量为384.95亿元，比上年减少11.02亿元，同比下降2.78%，基金的交易量为17.94亿元，比上年减少40.21亿元，同比下降69.15%。全年期货交易量为6 821手，比上年同期减少8 581手，同比下降55.71%。期货交易额为84.81亿元，比上年同期减少137.07亿元，同比下降61.78%。截至年末，公司客户数为3 139 273户，比上年增加498 667户，同比增长18.88%。

截至年末，泓德基金设有2家分支机构、无子公司，共有员工138人。

（王天骄）

华商基金管理有限公司

2022年末，华商基金管理有限公司（以下简称华商基金）总资产1 582 701 287元，比上年增加179 747 058元，增长12.81%；总负债348 920 275元，比上年增加123 623 033元，增长54.87%；所有者权益1 233 781 012元，比上年增加56 124 025元，增长4.77%；实现营业收入777 268 889元，比上年增加145 136 454元，增长22.96%；营业支出624 533 176元，比上年增加100 173 187元，增长19.10%；实现净利润113 124 025元，比上年增加32 320 610元，增长40.00%。

截至年末，华商基金设有上海、深圳2家分公司，共有员工194人。

公募资产管理业务 截至年末，公募基金数量共计79只，其中股票型基金7只、混合型基金51只、FOF型基金4只、债券型基金16只、货币型基金1只。公司资产管理规模1 152.58亿元，比上年增加418.75亿元，增长57.06%。其中公募资产管理规模971.71亿元，比上年增加338.01亿元，增长53.34%；非货币公募资产管理规模909.06亿元，比上年增加299.89亿元，增长49.23%；私募资产管理计划180.87亿元，比上年增加80.74亿元，增长80.64%。旗下华商嘉悦平衡养老目标三年持有期混合型发起式FOF、华商嘉悦稳健养老目标一年持有期混合型发起式FOF、华商嘉逸养老目标日期2040三年持有期混合型发起式FOF 3只养老目标基金Y类份额均被首批纳入个人养老金投资基金产品和销售机构名录。

私募资产管理业务 截至年末，管理的私募资管计划44只，资产规模176.51亿元。首次引入TOF产品模式，成立华商基金鼎睿混合投资1号集合资产管理计划。

履行社会责任 华商基金公司在回报社会、强化担当、积极履行社会责任、在不断为客户创造回报、认真维护基金行业公信力的同时，积极参与各类公益事业，践行企业公民的社会责任，做有担当的资产管理公司。自成立以来，累计捐款捐物达427.95万元，其中2022年组织捐款达56.2万元，包括继续巩固对青海科巴艺术团的帮扶，资助青海科巴艺术团15万元；向汾西县凤祥小学捐助20万元用于乒乓球场建设；向甘肃省武山县杨河镇西山小学捐助4万元，帮助其补充、完善学生活动设施；向甘肃省兰州市七里河区捐赠米面粮油等生活必需物资12.2万元，助力七里河区抗击疫情；向甘肃省红十字会捐赠口罩、防护服等防疫物资5万元。

（董志宏）

华夏基金管理有限公司

2022年末，华夏基金管理有限公司（以下简称华夏基金）整体资产规模17 788.01亿元（含联接基金、子公司），其中，本部资产管理规模17 216.22亿元，比上年末增长3.61%。公募基金规模11 374.77亿元，比上年末增长9.54%。子公司管理规模571.79亿元。实现合并营业收入74.75亿元，发生营业支出46.22亿元；归属于母公司净利润21.63亿元。截至年末，华夏基金合并总资产176.50亿元，合并负债总额为52.61亿元，合并所有者权益总额为123.89亿元。

华夏基金总部设在北京，截至年末，设有8家分公司及3家子公司，共有正式员工1 448人（含子公司）。

公募基金 2022年，全年共发行56只公募产品。截至年末，华夏基金非货币非理财基金规模7 541.56亿元；偏股型基金规模5 560.75亿元。

业务创新 养老目标基金Y类份额持营累计销量4.38亿元，新增客户数6.87万户，累计有9只产品纳入并设置Y类份额。获批并成立了5单公募REITs。

（常悦）

汇安基金管理有限责任公司

2022年末，汇安基金管理有限责任公司（以下简称汇安基金），总资产348 678 111.17元，比上年减少104 257 409.52元，下降23.02%；总负债182 486 850.55元，比上年减少145 185 172.43元，下降44.31%；所有者权益166 191 260.62元，比上年增加40 927 762.91元，增长32.67%；全年实现营业收入345 079 079.28元，比上年减少5 536.64元，下降0.0016%；营业支出286 447 997.14元，比上年减少27 443 770.87元，下降8.74%；实现净利润40 927 762.91元，比上年增加20 867 441.22元，增长104.02%。截至年末，管理的公募基金份额总额为38 420 244 724.31份，比上年减少4 142 223 840.49份，下降9.73%；基金净值总额为39 352 406 051.51元，比上年减少7 739 294 353.94元，下降16.43%。资产管理计划份额总额为43 535 133 456.26份，比上年增加7 431 579 982.93份，增长20.58%；资产净值总额为49 007 246 964.38元，比上年增加6 458 664 630.25元，增长15.18%。

截至年末，汇安基金共有4家分公司，共有员工139人。其中正式职工135人，平均年龄为35岁，硕士以上学历的员工比例为71%；外聘人员4人。

（赵庆玲）

惠升基金管理有限责任公司

2022 年末，惠升基金管理有限责任公司（以下简称惠升基金）总资产12 985.10万元，比上年增加 1 328.76 万元，增长 11.40%；总负债 2 403.86 万元，比上年增加 1 145.90 万元，增长91.09%；所有者权益 10 581.24 万元，比上年增加 182.86 万元，增长 1.76%；实现营业收入 13 474.82 万元，比上年增加 2 915.01 万元，增长 27.60%；营业支出 13 114.91 万元，比上年增加 2 972.31 万元，增长 29.31%；实现利润 359.91 万元，比上年减少 57.30 万元，下降13.73%。公募基金和专户合计份额为356.51 亿份，比上年增加 49.99 亿份，增长 16.31%；合计资产净值 351.59 亿元，比上年增加 36.88 亿元，增长11.72%。全年证券交易量（股票、基金、债券等）为 1 903.18 亿元，比上年增加 1 308.72 亿元，增长 220.15%。客户交易结算额认购 119.68 亿元，比上年减少 8.15 亿元，下降 6.37%；申购237.06 亿元，比上年增加 227.16 亿元，增长 2 294.55%；赎回交易金额 303.79 亿元，比上年增加 263.66 亿元，增长657.02%。客户数为 24.77 万户，比上年增加 8.46 万户，增长 51.83%。

截至年末，惠升基金设有 3 家分支机构、无子公司，共有员工 71 人。

公募基金业务 截至年末，惠升基金管理的公募基金共 24 只，资产份额354.64 亿份，基金净值 350.18 亿元。年内共成立 6 只公募基金产品，其中，债券型基金 2 只，混合型基金 4 只，募集资金119.00 亿元。全年新增合作销售机构18 家。

特定客户资产管理业务 截至年末，惠升基金管理的特定资产管理计划共 4只，资产份额 1.87 亿份，资产规模 1.41亿元。其中单一资产管理计划 1 只，集合资产管理计划 3 只。

业务创新 2022 年，惠升基金申报惠升和润 39 个月封闭式债券型证券投资基金，为行业内首批获批的混合估值债券型基金之一。

（陈保胜）

汇泉基金管理有限公司

2022 年末，汇泉基金管理有限公司（以下简称汇泉基金）总资产 10 026.29 万元，比上年减少 1 133.62 万元，下降10.16%；总负债 1 261.92 万元，比上年减少 202.51 万元，下降 13.83%；所有者权益 8 764.38 万元，比上年减少931.11 万元，下降 9.60%；实现营业收入 3 886.66 万元，比上年增加 526.5 万元，增长15.12%；营业支出4 939.67万元，比上年增加1 542.21万元，增长45.39%；实现利润－1 053.01万元，比上年减少1 137.61万元，下降1 344.76%。

截至年末，汇泉基金共有员工50人。

公募基金业务 截至年末，产品5只，资产规模261 908.70万元。

私募资产管理业务 截至年末，产品4只，资产规模12 090.31万元。

（颜如雪）

江信基金管理有限公司

2022年末，江信基金管理有限公司（以下简称江信基金）总资产11 624.26万元，比上年减少7 436.68万元，下降39.02%；总负债810.37万元，比上年减少765.53万元，下降48.58%；所有者权益10 813.88万元，比上年减少6 671.15万元，下降38.15%。全年实现营业收入738.97万元，比上年减少6 948.16万元，下降90.39%；全年营业支出6 728.7万元，比上年减少3 310.53万元，下降32.98%；全年实现净利润－6 671.15万元，比上年减少4 555.26万元，下降215.29%。

截至年末，江信基金设有1家分公司，共有正式员工70人。

公募基金业务 截至年末，江信基金共管理9只公募基金产品，其中混合型基金2只、债券型基金6只、货币市场基金1只，公募基金管理规模30.38亿元，比上年增长21.81%。

私募资产管理业务 截至年末，江信基金共管理10只资产管理计划，管理规模8.53亿元，比上年下降66.71%。

（徐培宁）

嘉实基金管理有限公司

2022年末，嘉实基金管理有限公司（以下简称嘉实基金）总资产123.05亿元，全年实现营业收入60.62亿元，实现净利润15.07亿元。（集团）总资产管理规模达到14 553.44亿元。

截至年末，嘉实基金共有员工1 048人，在北京、深圳、成都、杭州、青岛、南京、福州、广州、武汉设有10家分公司。旗下现有嘉实资本管理有限公司、嘉实财富管理有限公司、嘉实国际资产管理有限公司、嘉实远见科技（北京）有限公司等数家持牌与非持牌业务公司。

公募基金业务 截至年末，嘉实基金共管理298只开放式证券投资基金，基金资产规模7 867.99亿元，比上年减少70.63亿元。

非公募业务 嘉实基金服务于全国社保理事会、企业年金、保险公司、银行、财务公司、合格境外机构投资者（QFII）等金融机构与一般企业客户，通过个性化的产品设计，为客户提高资金运作效率、改善财务绩效及实现理财需求。截至年末，嘉实基金所管理的非公募资产规模超过5 207.60亿元，比上年增加485.01亿元。

（吴怡）

建信基金管理有限责任公司

2022年末，建信基金管理有限责任公司资产管理总规模1.43万亿元，同比增长4.77%。公募业务规模7 816亿元，同比增长16%，专户业务规模3 941亿元，继续保持行业前列；建信资本管理规模2 489亿元。全年实现营业收入24.97亿元，合并净利润11.71亿元。

截至年末，公司共有分公司5家（北京、上海、广州、深圳、成都），境内控股子公司建信资本1家，境外设全资控股香港子公司1家，员工总数642人（其中劳动合同制员工637人、劳务派遣制员工5人）。

创新业务 获批全市场首批全现金跨银行间债券——建信中债7~10年政策性金融债ETF；推出2只业内首批养老Y份额；落地公司首只同业存单基金——建信中证同业存单AAA指数7天持有期基金；全年成立4只不同持有期限的中短债基金。

北京京管泰富基金管理有限责任公司

2022年末，北京京管泰富基金管理有限责任公司（以下简称京管泰富基金）合并总资产21 583.00万元，比上年减少3 710.74万元，下降14.67%；合并总负债2 153.12万元，比上年减少466.71万元，下降17.81%；所有者权益19 429.89万元，比上年减少3 244.03万元，下降14.31%；全年实现营业收入331.60万元，比上年增加2 458.22万元，增长115.59%；营业支出3 554.04万元，比上年增加292.25万元，增长8.96%；净亏损3 244.03万元，比上年减少2 259.37万元，亏损下降41.05%。截至年末，京管泰富基金管理公募基金资产份额500 999.90万份，比上年增加500 999.90万份；管理公募基金资产净值501 119.81万元，比上年增加501 119.81万元。客户数量2户，比上年减少8户，下降80%。

截至年末，京管泰富基金设有1家子公司——北京京管泰富资产管理有限公司，京管泰富基金员工40人，京管泰富资管员工6人。

公募基金业务 截至年末，京管泰富基金管理1只公募基金，管理规模为50亿元。

私募资产管理业务 截至年末，京管泰富基金正在清算的资产管理计划2只，计划新发行资产管理计划1只。

（刘欣灿）

九泰基金管理有限公司

2022年末，九泰基金管理有限公司（以下简称九泰基金）资产总计228 365 141.57元，比上年减少58 955 688.83元，同比下降20.52%；负债合计99 810 525.13元，比上年增加4 111 826.32元，同比增长4.30%；所有者权益合计128 554 616.44元，比上年减少63 067 515.15元，同比下降32.91%；全年实现营业总收入52 180 095.36元，比上年减少141 648 085.19元，同比下降73.08%；营业总支出115 588 333.03元，比上年减少52 883 813.17元，同比下降31.39%；本年净亏损63 067 515.15元，比上年减少73 359 763.76元，同比下降712.77%。

截至年末，九泰基金存续的公募基金共24只，基金份额24.05亿份，比上年减少14.52亿份，同比下降37.65%；基金资产净值24.95亿元，比上年减少24.20亿元，同比下降49.24%；完成九泰锐升18个月封闭运作混合型证券投资基金的到期转开放，完成3只产品新增C类份额的工作，完成8只“迷你”基金的清算。存续的专户共8只，专户份额5.72亿份，比上年减少7.37亿份，同比下降56.30%，专户资产净值7.76亿元，比上年减少7.91亿元，同比下降50.48%；完成2只产品的修订工作，完成8只产品的终止清算工作。基金和专户合计份额29.77亿份，比上年减少21.89亿份，同比下降42.37%，合计资产净值32.71亿元，比上年减少32.11亿元，同比下降49.54%。

截至年末，九泰基金存续客户804 040户，比上年增加27 567户，同比增长3.55%，其中保有份额的客户210 049户，比上年减少7 716户，同比下降3.54%。

截至年末，全年证券交易额（股票、基金、债券等）25 323 597 410.00元，比上年减少34 330 830 720.00元，同比下降57.55%。期货交易额19 472 280.00元，比上年减少2 021 431 940.00元，同比下降99.05%。

截至年末，九泰基金设有2家分公司，1家子公司。其中，总部127人，上海分公司正式职工人数1人、深圳分公司正式职工人数1人，九泰基金销售（北京）有限公司3人。合计员工人数131人。

客户服务 截至年末，九泰基金共有基金客户1 174 189户，其中个人客户1 136 314户，机构客户37 875户。

鹏扬基金管理有限公司

2022年末，鹏扬基金管理有限公司（以下简称鹏扬基金）总资产764 164 399.26元，比上年增加2 663 930.80元，增长0.35%；总负债284 665 503.16元，比上年减少79 342 194.39元，下降21.80%；所有者权益为479 498 896.10元，比上年增加82 006 125.19元，增长20.63%。全年实现营业收入586 203 840.17元，比上年减少151 760 868.91元，下降20.56%；营业支出509 611 925.85元，比上年减少81 282 913.3元，下降13.76%；实现净利润79 960 415.02元，比上年减少52 439 944.49元，下降39.61%。

截至年末，鹏扬基金在北京、上海和深圳设立3家分公司，共有正式员工240人，无外聘人员。

公募基金　截至年末，共成立公募基金68只；基金份额合计91 753 539 359.47份，比上年增加8 973 268 810.50份，增长10.84%；基金净值合计92 864 237 281.28元，比上年增加2 542 069 712.10元，增长2.81%。公募规模较2021年基本持平，专户规模2022年末超过510亿元，较上年稳步增长。债券型公募基金规模增速超过20%，短债基金规模增长近2倍。货币基金规模突破50亿元，增长超过4倍。成功发行债券指数基金及同业存单指数基金，实现了两类产品零的突破。股票及混合型基金管理规模有所下降。专户业务实现规模持续增长。

特定客户资产管理　2022年，鹏扬基金共成立69只私募资管计划。截至年末，专户资产管理规模为36 296 610 135.00元，比上年减少9 718 065 077.24元，下降21.12%。其中，单一专户规模为11 803 863 677.91元，集合专户规模为24 492 746 457.09元。专户产品的存量机构客户447户。

（吉瑞）

泰康基金管理有限公司

2022年末，泰康基金管理有限公司（以下简称泰康基金）总管理规模909.72亿元，与2021年末相比规模减少103.09亿元，下降10.18%。2022年，旗下基金实现分红12.49亿元，为逾500万户客户提供公募基金投资理财服务。

截至年末，泰康基金共有正式员工185人，硕士及以上人员占比75%。

新产品布局　2022年，全年共完成11只新基金产品发行，总募集规模77.2亿元。泰康新锐成长混合型证券投资基金首发规模14.4亿元；募集成立3只定期开放债券型基金。

个人养老金业务　泰康基金旗下管理

的3只目标风险基金均入选证监会首批个人养老金基金名录，目前3只基金的Y份额已在25家代销渠道上线（包括2家银行、16家券商、7家三方销售机构）；除传统代销渠道外，同步针对泰康集团内部客户、企业年金客户进行开户宣导和产品推介。完成直销App个人养老金业务模块的开发和上线，目前已支持直销客户通过App完成资金账户开立和Y份额下单。

（夏英杰）

先锋基金管理有限公司

2022年末，先锋基金管理有限公司（以下简称先锋基金）总资产为51 106 166.23元，比上年减少17 080 322.32元，下降25.05%；总负债为10 060 963.51元，比上年减少6 181 420.12元，下降38.06%；所有者权益为41 045 202.72元，比上年减少10 898 902.20元，下降20.98%；全年实现营业收入35 996 869.57元，比上年减少11 511 866.66元，下降24.96%；营业支出46 973 913.47元，比上年减少13 096 831.24元，下降22.40%；实现亏损10 898 902.20元，比上年减少亏损1 616 469.14元。

截至年末，先锋基金设有1家分公司；共有正式员工45人。

公募基金业务 截至年末，先锋基金管理公募基金9只，管理规模合计3 153 471 028.38元，比上年减少629 316 869.97元，下降16.65%。

私募资产管理业务 截至年末，先锋基金存续私募资产管理计划1只，管理规模合计21 774 303.19元。

新沃基金管理有限公司

2022年末，新沃基金管理有限公司（以下简称新沃基金）总资产4 246.58万元，比上年减少906.00万元，总资产规模同比下降17.58%；总负债1 017.40万元，比上年增加53.96万元，总负债规模同比增长5.60%；所有者权益3 229.18万元，比上年减少959.96万元，所有者权益同比下降22.92%。全年实现营业收入1 050.88万元，比上年减少1 489.82万元，同比营业收入下降58.64%；营业支出2 250.84万元，比上年减少671.30万元，同比营业支出下降22.97%；全年净利润-1 199.96万元。

截至年末，新沃基金共有分支机构1家，为新沃基金管理有限公司北京分公司。新沃基金共有正式职工37人，无外聘人员。

公募基金业务 2022年末，新沃基金存续的公募基金产品共有6只，其中3只混合型基金，2只债券型基金，1只货币市场型基金，合计管理规模为52.96亿元，比上年减少1.09亿元，规模下降2.01%。

特定客户资产管理业务 截至年末，新沃基金存续的私募资产管理计划共3只。

（吕茵）

益民基金管理有限公司

2022年末，益民基金管理有限公司（以下简称益民基金）资产合计36 921.21万元，比上年减少15 257.68万元，下降29.24%；负债合计11 630.02万元，比上年减少4 069.78万元，下降25.92%；所有者权益合计25 291.19万元，比上年减少11 187.89万元，下降30.67%；营业收入合计50.98万元，比上年减少9 737.04万元，营业支出合计5 988.09万元，比上年减少262.65万元，营业利润－6 106.71万元，比上年减少9 169.60万元。

截至年末，益民基金下设北京、深圳、上海3家分公司，下设国泓资产管理有限公司1家子公司，母公司员工总计49人，子公司员工总计25人。

公募基金业务 截至年末，益民基金旗下公募基金产品6只，其中偏股混合型基金2只、灵活配置混合型基金4只，管理的基金资产规模合计10.42亿元。

私募资产管理业务 截至年末，清盘私募资产管理计划4只，均为单一资产管理计划。

（王洁）

银华基金管理股份有限公司

2022年末，银华基金管理股份有限公司（以下简称银华基金）（合并口径）总资产为662 401.12万元，同比增长1.00%；总负债为272 267.69万元，同比下降5.81%；所有者权益390 133.44万元，同比增长6.36%；资产管理规模（含子公司）为9 086.62亿元。全年实现营业收入36.80亿元，同比下降7.67%；实现利润总额10.95亿元，同比下降10.95%。

截至年末，银华基金设有3家分公司、2家全资子公司，共有员工627人。

公募基金业务 截至年末，银华基金共发行新基金28只，新产品首发规模为292.23亿元。共管理公募基金184只，管理基金份额为3 925.04亿份，管理基金资产净值5 601.32亿元。

社会责任 2022年，银华基金及员工个人通过公益基金会积极践行社会责任，响应行业号召，以助学、济困、救灾为重点开展公益项目。全年，开展“花儿书屋”“花儿成长”等助学类公益项目

12个；开展内蒙古兴和县养老助老、广东省宋庆龄青少年健康关爱等扶贫济困类项目7个；针对新冠疫情，对包括公司深圳、北京办公室所在社区等6个灾害救助类项目开展捐助。2022年，深圳市银华公益基金会完成各类公益项目捐款合计432.05万元。

英大基金管理有限公司

2022年末，英大基金管理有限公司（以下简称英大基金）总资产为12.76亿元（全口径，含子公司），总负债为7 286.71万元（全口径，含子公司），所有者权益为12 039.36万元（全口径，含子公司）。实现营业收入21 392.33万元，比上年增加6 385万元，增长43%（其中资产管理业务收入占营业收入的93%）；营业支出12 878.13万元，比上年增加367万元，增长3%；实现利润5 011.60万元，比上年减少2 614万元，下降34%；净利润4 469.32万元，比上年减少2 966万元，下降40%；营业收入利润率25%，比上年下降27%；资产负债率6%，比上年上升2%；全员劳动生产率204万元/人，比上年增加77万元/人。

截至年末，英大基金设有3家分公司（上海分公司、北京分公司、深圳分公司）、1家子公司（北京英大资本管理有限公司，以下简称英大资本），共有员工118人（含子公司19人）。

资产管理业务 截至年末，英大基金全口径资产管理规模为1 033.40亿元（含公司资产管理规模961.82亿元、子公司资产管理规模71.58亿元）。其中，管理公募基金规模为487.52亿元、私募资产管理计划规模为545.88亿元（含子公司管理资产规模71.58亿元）。全年实现全口径资产管理业务收入19 993.46万元，比上年增长55%。截至年末，管理资产管理产品共52只。

公募基金管理业务 截至年末，公募基金管理规模为487.52亿元，比上年减少12%；公募基金管理业务收入为16 293.95万元，比上年增长30%。

2022年，开发公募基金10只，发行公募基金10只（截至年末，管理公募基金共22只。其中，货币市场基金1只、债券基金11只、混合基金7只、股票基金2只、FOF1只）。

私募资产管理业务 截至年末，私募计划管理规模474.30亿元，比上年增长16%；私募资产管理业务收入3 699.51万元，比上年增长857%。成立“碳系列”私募计划16只，新发金嘉1号、绿色华夏1号等16只私募计划。截至年末，管理私募计划共30只，其中固定收益类22只、商品及金融衍生品类5只、混合类3只。

业务创新 开发英大中证ESG120策略指数基金、英大碳中和主题混合基金等绿色金融产品，并于2022年第一季度联合中证指数有限公司发布中证500ESG优选策略指数。布局由6只养老目标日期FOF组成的养老金融产品矩阵，力求满足2035—2060年退休人员的个人养老金投资需求。成立英大中证同业存单指数基金、英大安盈零售债基、英大安益中短债基金。建立公募基金跟踪评估机制，跟踪分析在管产品运作情况，通过对标行业评估自身，提供业务优化建议。子公司英大资本着力塑造投行、资管协同发展新格局。首只ABS产品“三亚环投供水收费收益权一期绿色资产支持专项计划”成功发行并获行业最高级绿色评估认证。首只绿色私募资产管理计划成功备案，产品发行加速推进。

（董大鹏　王维哲）

长盛基金管理有限公司

2022年末，长盛基金管理有限公司（以下简称长盛基金）资产总额14.57亿元，净资产12.15亿元，管理资产规模995.67亿元。全年实现营业收入4.23亿元，同比下降7.92%；实现净利润0.53亿元，同比下降22.97%。

截至年末，长盛基金设有2家子公司、3家分支机构，共有员工191人（含子公司）。

公募基金　长盛基金公募基金资产管理规模为598.89亿元，比上年末增加48.17亿元。

社保基金　长盛基金社保类资产合计管理规模为243.15亿元。

私募资产管理计划　长盛基金私募资产管理计划规模为153.63亿元。其中，母公司私募资产管理计划规模为12.09亿元，子公司私募资产管理计划规模为141.54亿元。

中航基金管理有限公司

2022年末，中航基金管理有限公司（以下简称中航基金）单体口径资产总额为37 465.77万元，比上年增加1 347.57万元，增长3.73%；负债总额为2 658.48万元，比上年减少465.12万元，下降14.89%；所有者权益金额为34 807.29万元，比上年增加1 812.69万元，增长5.49%。当年，公司单体口径实现营业收入11 856.47万元，同比增加2 979.86万元，增长33.57%，其中证券投资基金管理费收入8 293.47万元，同比增加3 125.51万元，增长60.48%，资产管理计划管理费收入2 828.15万元，同比减少91.57万元，下降3.14%；营业支出9 616.45万元，同比增加2 977.89万元，增长44.86%；利润总额2 240.43万元，同比增加2.38万元，增长0.11%。

截至年末，中航基金公司客户总数为481 732户，持有公募基金客户数量为481 310户，比上年增长110.99%，持有私募资产管理业务客户数量为422户，比上年增长3.94%。

2022年，资管产品份额总额为27 475 141 554.25份，比上年减少2 671 466 347.29份，下降8.86%；资管产品净值总额28 871 562 888.72元，比上年减少4 008 082 368.01元，下降12.19%；公募基金份额总额21 721 999 602.25份，比上年减少1 640 713 490.21份，下降7.02%；公募基金净值总额23 320 296 308.20元，比上年减少2 358 978 262.23元，下降9.19%；资产管理计划份额总额5 753 141 952.00份，比上年减少1 030 752 857.08份，下降15.19%；资产管理计划净值总额5 551 266 580.52元，比上年减少1 649 104 105.78元，下降22.90%。

截至年末，中航基金有上海一家分公司，员工数量为93人，无外聘人员。

公募基金 全国首单光伏发电公募REITs项目——中航京能光伏封闭式基础设施证券投资基金已获上海证券交易所正式受理，该项目是促进我国能源转型、产业高质量发展的重大创新；发行大飞机指数基金——华证商飞高端制造产业主题指数（995069.SSI）基金，助力大飞机产业发展；上报行业内首批混合估值基金，混合估值模式即对在基金剩余封闭期内持有到期策略的固定收益类金融资产采用摊余成本法进行估值核算，其他固定收益类金融资产、股票资产等投资标的采用市值法进行估值核算。混合估值基金为投资者提供了中长期锁定期的、具有稳定的中等目标收益的、适合保险、年金等中长期机构投资者持有，适合个人中长期投资的基金产品，有利于引导长期资金入市，提高中长期资金占比。截至年末，中航基金管理公募基金14只，净资产规模23 320 296 308.20元，比上年下降9.19%；公募基金客户数量为481 310户，比上年增长110.99%；公募基金管理业务收入为82 934 678.52万元，比上年增长60.48%。全年向中国证监会新申报基金产品7只，年度内成立新基金3只。

私募资产管理业务 截至年末，已备案且在运作过程中的私募资产管理计划共24只。其中，权益类资产管理计划3只，混合类资产管理计划9只，固收类资产管理计划12只。截至年末，私募资产管理业务资产净值总规模为5 551 266 580.52元，比上年下降22.90%；全年私募资产管理业务的收入为28 281 470.70万元，比上年下降3.14%；私募资产管理业务客户数量为422户，比上年增长3.94%。

（于代佳）

中加基金管理有限公司

2022年末，中加基金管理有限公司（以下简称中加基金）总资产18.29亿元，比上年增加1.44亿元，增长8.55%；总负债4.97亿元，比上年减少0.25亿元，下降4.79%；所有者权益13.32亿元，比上年增加1.69亿元，增长14.53%；全年实现营业收入5.00亿元，比上年增加0.56亿元，增长12.61%；营业支出2.46亿元，比上年增加0.03亿元，增长1.23%；全年实现净利润19 605.25万元，比上年增加3 683.96万元，增长23.14%。

截至年末，中加基金设有1家分支机构、2家子公司，共有正式员工214人。

公募基金业务 2022年，全年共成立公募产品14只，在管公募基金产品75只，客户总数约为34.57万户，管理总规模共计1 219.20亿元，其中非货币公募基金总规模1 125.05亿元，非货币公募基金规模比上年增加72.32亿元，增长6.87%。

特定客户资产管理业务 2022年，全年共发行14只私募资产管理计划。截至年末，中加基金公司在管私募资产管理计划38只，管理总规模共计470.65亿元，全年管理费收入4 400万元。

（王金州）

中金基金管理有限公司

2022年末，中金基金管理有限公司（以下简称中金基金）总资产7.11亿元，比上年增加2.00亿元，增长39%；总负债3.21亿元，比上年增加1.78亿元，增长125%；所有者权益3.90亿元，比上年增加0.22亿元，增长6%；实现营业收入3.09亿元，比上年增加0.64亿元，增长26%；营业支出2.87亿元，比上年增加0.44亿元，增长18%；实现利润0.22亿元，比上年增加0.20亿元。

截至年末，中金基金设有上海分公司和厦门分公司，共有员工161人。

公募基金业务 2022年，中金基金成立11只公募基金，包括2只债券型基金、3只混合型基金、3只股票指数型基金、2只公募REITs、1只FOF。截至年末，存续运作公募基金共45只，规模1 009.93亿元，较上年增长24.21%。

特定客户资产管理业务 2022年，中金基金成立4只私募资产管理计划，均为固定收益类单一资产管理计划。截至年末，中金基金存续运作私募资产管理计划13只，规模100.84亿元，较上年增长159.63%。

业务创新 2022年，中金基金成立首只FOF基金——中金金选财富进取6个月持有期混合型FOF；布局中金中证同业存单AAA指数7天持有期发起式证券投资基金。成立中金中证科技先锋交易型开放式指数证券投资基金；成立中金中证500ESG基准指数增强型证券投资基金及中金华证清洁能源主题指数发起式证券投资基金2只绿色主题股票指数型基金。发行上市中金厦门安居REIT和中金安徽交控REIT，中金普洛斯仓储物流封闭式基础设施证券投资基金入选国家发展和改革委员会“盘活存量资产扩大有效投资典型案例”。

（邱嘉妮）

中融基金管理有限公司

2022年末，中融基金管理有限公司（以下简称中融基金）总资产123 868.25万元，比上年增加5 787.84万元，增长4.90%；总负债13 680.32万元，比上年增加5 597.38万元，增长69.25%；所有者权益110 187.93万元，比上年增加190.46万元，增长0.17%。营业收入43 702.83万元，比上年减少3 425.00万元，下降7.27%；营业支出43 100.93万元，比上年增加5 507.62万元，增长14.65%；实现利润总额208.29万元，比上年减少9 436.33万元，下降97.84%。

截至年末，中融基金设有2家分公司、1家子公司，共有正式员工210人。

公募基金业务 截至年末，公募基金管理规模1 104.65亿元，存续公募基金82只；非货币公募基金管理规模834.45亿元，比上年末增加20.45亿元，增长2.51%。年内新成立公募基金11只，包括债券型基金5只，混合型基金5只，FOF基金1只。成立首只养老目标基金——中融养老目标日期2045三年持有期混合型FOF，成立创新产品同业存单指数基金——中融中证同业存单AAA指数7天持有期证券投资基金。

特定客户资产管理业务 截至年末，私募资产管理计划管理规模285.92亿元，存续私募资产管理计划30只，年内新成立私募资产管理计划7只。

（朱思娜）

中信建投基金管理有限公司

2022年末，中信建投基金管理有限公司（以下简称中信建投基金）总资产75 956.85万元，比上年增加3 218.86万元，增长4.43%，总负债12 759.85万元，比上年增加913.01万元，增长7.71%，所有者权益总额63 197.00万元，比上年增加2 305.85万元，增长3.79%。2022年，实现营业收入30 557.97万元，同比增加8 080.15万元，增长35.95%，营业支出26 956.37万元，同比增加6 447.65万元，增长31.44%，实现利润总额3 585.28万元，同比增加1 676.19万元，增长87.80%，净利润2 305.85万元，同比增加707.56万元，增长44.27%。

截至年末，中信建投基金设有子公司1家，共有员工212名，其中正式员工205名、外聘员工7名。

公募基金业务 截至年末，中信建投基金新成立公募基金15只，其中6只混合型，7只债券型，2只股票型，有效认购共127 258户，共募集218.45亿元。全年共管理公募基金48只，管理规模564.60亿元，同比增长16.92%。全年管理费收入2.53亿元，同比增长42.84%，有效客户数111.23万户，同比增长8.25%。

特定客户资产管理业务 2022年，中信建投基金鑫享现金管理类业务新增规模200亿元；特定客户资产管理部门通过债券市场评估择时策略叠加可转债引入资金100亿元；落地复旦微、南网科技、德龙激光等一批战略配售投资项目，规模10亿元，项目数量30余家。子公司存续产品11只（含资产支持专项计划），总规模24.2亿元，同比下降19.17%。2022年特定客户资产管理业务管理费收入0.32亿元，同比下降47.18%，其中中信建投基金特定客户资产管理业务管理费收入0.29亿元，同比下降40.29%，子公司管理费收入0.03亿元，同比下降72.45%。

（皮伟）

中邮创业基金管理股份有限公司

2022年末，中邮创业基金管理股份有限公司（以下简称中邮创业基金）资产规模为256 598万元，同比增加1 056万元，增长0.41%；负债规模为24 613万元，同比上年减少1 193万元，下降4.63%；营业收入51 363.08万元，比上年减少1 051.81万元，下降2.01%；年度营业成本13 102.15万元，同比上年减少684.39万元，下降4.96%；全年度归属于母公司营业净利润为6 324万元，同比下降35.7%。

截至年末，共完成股票交易指令37 851笔，其中指令数量75.1亿股，成交数量72.7亿股，成交金额1 635亿元。新股申购阶段共完成申购指令1 569笔，涉及配售对象公募基金20只。2022年，场外交易债券笔数合计9 392笔，交易金额合计14 801.65亿元。其中，银行间市场现券交易笔数2 615笔，交易金额936.36亿元；质押式回购交易笔数5 994笔，交易金额13 708.13亿元；上海固收平台现券交易笔数360笔，交易金额74.8亿元；协议回购交易笔数388笔，交易金额73.97亿元；深圳协议平台现券交易笔数35笔，交易金额8.39亿元。交易所场内债券交易6 622笔，成交金额150亿元。完成交易所场内回购业务3 704笔，成交金额6 720亿元。

2022年，完成了9笔专户产品账户开立业务，2笔经办人变更业务。具体包括7只资产管理计划在5个直销柜台及2个代销平台的开户及变更业务。基金申购、赎回、基金转换等各项业务合计60笔指令，共计21.24亿元。

截至年末，中邮创业基金仅设有上海分公司，母公司及分公司共有正式编制人员211人；中邮创业基金设有首誉光控资产管理有限公司、中邮创业国际资产管理有限公司2家子公司。

公募基金业务 2022年末，全年共发行5只新产品，募集总金额共计27.01亿元。

管理公募基金共57只，其中权益类基金37只，固定收益类基金20只。公募基金管理规模为535.2亿元，其中权益类公募基金管理规模218.93亿元，同比上年减少97.13亿元，下降30.73%。固定收益类公募基金管理规模316.27亿元，同比上年增加15.83亿元，增长5.27%。

特定客户资产管理业务 截至年末，中邮创业基金管理公司旗下管理特定客户资产管理计划共21只，其中一对一主动管理产品16只，一对多主动管理产品5只，特定客户资产管理业务管理规模约为104.59亿元，同比上年减少4.51亿元，下降4.13%。

第一创业期货有限责任公司

2022年末，第一创业期货有限责任公司（以下简称第一创业期货）总资产54 352.97万元，比上年增加7 401.15万元，增长15.76%；总负债39 523.54万元，比上年增加8 070.20万元，增长25.66%；所有者权益14 829.43万元，比上年减少669.06万元，下降4.32%；全年实现营业收入1 350.05万元，比上年减少1 516.15万元，下降52.90%；营业支出2 111.71万元，比上年减少271.89万元，下降11.41%；净利润－669.06万元，比上年减少1 066.40万元，下降268.38%。

截至年末，第一创业期货客户数量9 781户，比上年增加401户，增长4.28%；客户权益3.80亿元，比上年增加0.82亿元，增长27.52%；全年期货交易量3 087 625手，比上年减少565 252手，下降15.47%；代理成交金额4 990.50亿元，比上年增加916.82亿元，增长22.51%。

截至年末，第一创业期货无下设营业部、无下设子公司，共有员工39人。

期货经纪业务 第一创业期货股东为第一创业证券股份有限公司，目前股东中间介绍业务服务分布至40余家证券营业部及分支机构，基本覆盖全国重点行政区域中心城市。其中，IB业务客户数量8 298户，比上年增加395户，增长5.01%；客户权益1.39亿元，比上年减少0.36亿元，下降20.57%；全年交易量2 613 300手，比上年减少646 145手，下降19.82%；代理成交金额1 813.80亿元，比上年减少782.73亿元，下降30.15%。

（孙艳霞）

中天期货有限责任公司

2022年末，中天期货有限责任公司（以下简称中天期货）总资产140 114.91万元，比上年增加17 051.77万元，增长13.86%；总负债115 960.7万元，比上年增加16 015.83万元，增长16.02%；所有者权益24 154.21万元，比上年增加

1 035.94 万元，增长 4.48%；总客户数19 556 户，比上年增加 1 340 户，增长7.36%；实现营业收入 6 255.81 万元，比上年减少 1 043.37 万元，下降14.29%；营业支出 4 867.82 万元，比上年减少 771.9 万元，下降 13.69%；实现净利润 1 035.94 万元，比上年减少675.85 万元，下降 39.48%。

截至年末，中天期货设有 3 家期货营业部，7 家分公司，共有员工 119 人。

期货经纪业务 2022 年，中天期货经纪业务净开户数 1 340 户，比上年下降25.8%；期末客户权益 11.2 亿元，比上年增长 18.16%；累计交易量 1 461.88 万手，比上年下降 48.3%；交易额 9 660.4 亿元，比上年下降 41.63%。

（郑翠玉）

中衍期货有限公司

2022 年末，中衍期货有限公司（以下简称中衍期货）资产总额为 331 963.01 万元，比上年增加 71 583.63 万元，增长27.49%；扣除客户保证金后的资产为63 640.72万元，比上年增加 4 932.63 万元，增长 8.40%，其中货币形态的资金和交易性金融资产合计占公司自有资产的23.27%。长期股权投资及会员资格投资占自有资产的 36.33%，固定资产、无形资产及其他资产占自有资产的 1.63%。负债总额为 288 165.50 万元，比上年增加 70 124.65 万元，增长 32.16%；扣除客户保证金后的负债为 19 843.22 万元，比上年增加 3 473.64 万元，增长21.22%。所有者权益为 43 797.51 万元，比上年增加 1 458.98 万元，增长 3.45%。全年实现营业收入 22 892.45 万元，比上年增加 2 870.12 万元，增长 14.33%；营业支出 16 312.37 万元，比上年减少1 763.02万元，下降 9.75%；实现税前利润总额 6 651.95 万元，比上年同期增加4 209.28万元，增长 172.32%。

全年交易量为 7 816.05 万手，比上年增加 1 997.52 万手，增长 34.33%；交易额 46 401.89 亿元，比上年增加8 739.68亿元，增长 23.21%；客户数量89 535 户，比上年增加 13 469 户，增长17.71%；客户保证金 26.83 亿元，比上年增加 6.67 亿元，增长 33.05%。

截至年末，中衍期货设有 5 家分支机构，1 家风险子公司，共有员工 146 人。

期货经纪业务 2022 年，全年期货经纪业务收入为 195 712 364.61 元，较上年下降 6.36%，其中手续费净收入为80 897 936.67元，交易所手续费返还及减收为 114 814 427.94 元。客户日均权益创新高，全年开户 14 176 户，销户707 户，净开 13 469 户，较上年增长17.71%。“互联网 + 直客”模式效果初显，逐渐取代公司传统的居间模式，居间业务在公司经纪业务中占比显著降低。

资产管理业务 截至年末，中衍期货正常运作的资管产品 2 只，规模为430 916 411.68元。其中“中衍期货有限公司—进取 1 号资产管理计划”共有 4 名委托人，均为一般机构客户，截至年末，该产品基金资产净值为403 177 545.22元，基金单位净值为1.87元。“中衍期货—中衍博孚利优选1号FOF集合资产管理计划”共有25名委托人，其中，2名为一般机构客户，23名为自然人客户，截至年末，该产品基金资产净值为27 738 866.46元，基金单位净值为1.01元。全年资产管理业务收入为4 903 597.2元，比上年增长79.32%。

基金销售业务 截至年末，上线两家基金公司共150只基金产品。全年总计新增开户数量2户，新增开户量比上年下降60%；截至年末，共有3 353户客户开立基金交易账号，其中个人客户3351户，机构客户2户。全年认购、申购金额合计526 510元，比上年下降98.96%；总赎回金额64 125.40元，比上年下降99.85%；净申购金额462 384.60元，比上年下降92.82%。全年公募基金代销业务收入合计1 198.61元，比上年下降94.03%。

（武雅倩）

北京首创期货有限责任公司

2022年末，北京首创期货有限责任公司（以下简称首创期货）总资产5 039 132 253.44元，比上年增加458 800 362.23元，同比增长10.02%；总负债4 679 558 052.76元，比上年增加436 537 530.58元，同比增长10.29%；所有者权益359 574 200.68元，比上年增加22 262 831.65元，同比增长6.60%；实现营业收入132 082 492.49元，比上年减少31 895 744.40元，同比下降19.45%；营业支出103 183 045.30元，比上年减少19 225 830.20元，同比下降15.71%；实现利润总额28 553 225.68元，比上年减少12 837 404.94元，同比下降31.02%；净利润21 396 312.59元，比上年减少9 697 509.36元，同比下降31.19%。

截至年末，首创期货设有19家期货营业部；共有员工231人，比上年增加5人。

期货经纪业务 截至年末，期货交易量32 000 234手，比上年减少5 507 268手，同比下降14.68%；成交额2 303 584 050 061.50元，比上年减少586 572 211 110.50元，同比下降20.30%；客户数量37 577户，比上年同期增加1 917户，同比增长5.38%；客户保证金4 588 807 000.00元，比上年同期增加438 851 565.40元，同比增长10.57%。

资产管理业务 截至年末，在运行产品3只，存续规模约为45 525 694.02元，比上年有所减少。

期货投资咨询业务 截至年末，期货投资咨询业务共收取客户服务费用2 591 408.59元，客户数量4 772户。

期货中间介绍业务 截至年末，期货交易额7 548 090 595.00元，客户数量总计372个，期末权益7 417 532.21元。

居间业务 截至年末，首创期货居间人28人，均为自然人。居间人客户数486户，期末客户权益368 419 826.61元。

（陈君）

宏源期货有限公司

2022 年，宏源期货有限公司（以下简称宏源期货）实现营业净收入 5.2 亿元，同比下降 14%；实现净利润 1.22 亿元，同比下降 27%；在期货公司分类评价中获评 A 类 A 级。

截至年末，宏源期货设有 15 家营业部，10 家分公司，1 家子公司，在职员工 492 人。

经纪业务 2022 年，金融期货开户 1 056户，期货期权开户 2 038 户，股票期权开户 14 户。2022 年日均客户权益 145 亿元，同比增长 25%，成交量 12 754.10 万手，同比下降 19.88%；成交额 105 563.88万元，同比下降 16.39%。累计服务产业客户 1 212 个，同比增长 12.33%；服务中小微企业 155 家，减免手续费 191.73 万元。

风险管理业务 2022 年，开展“保险＋期货”项目27 个，承保货值4.39 亿元，实现赔付金额 1 090.54 万元。在新疆开展红枣、棉花“保险＋期货”项目，覆盖现货规模5.1 亿元，为7 600 余户种植户提供保价服务；实现含税现货贸易规模83.24 亿元，惠及实体企业客户 201 家；通过期现业务为 83 家中小企业提供 25.59 亿元资金支持；场外衍生品业务新增名义本金 91.89 亿元，新开发空气气囊、指数增强结构等策略。

做市业务 2022 年，做市品种数量增至 15 个，业务收益率保持 8% 以上。

资产管理业务 截至年末，存续资产管理产品 33 只，管理规模 10 亿元，同比下降 10.95%。

交易咨询业务 截至年末，开展交易咨询业务 37 笔，实现收入 56.12 万元，同比下降 84%。

IB 业务 IB 业务驻点对接服务证券分支机构增至 69 家，IB 业务客户权益同比增长 38%。

乡村振兴工作 2022 年，继续在新疆吉木乃县、甘肃会宁县等 16 个地区开展定点帮扶工作，累计投入帮扶资金 156.56 万元。通过开展产业帮扶、消费帮扶、人才帮扶等，帮助 2 322 户脱贫户持续巩固脱贫成果，帮助 1 067 人就业创业，持续助力乡村振兴。

（刘思维）

方正中期期货有限公司

2022 年末，方正中期期货有限公司（以下简称方正中期期货）资产合计 2 612 305.40 万元，比上年增加 591 712.65万元，同比增长 29.28%；负债合计2 421 735.22万元，比上年增加566 344.19万元，同比增长30.52%；所有者权益合计190 570.18万元，比上年增加25 368.46万元，同比增长15.36%。2022年实现营业收入84 958.08万元，比上年减少13 390.14万元，同比下降13.62%；营业支出53 428.55万元，比上年减少9 993.06万元，同比下降15.76%；实现净利润25 368.46万元，比上年减少1 501.20万元，同比下降5.59%。代理成交量25 493.51万手，比上年减少1 876.41万手，同比下降6.86%；成交额1 968 604 331.76万元，比上年减少153 572 932.33万元，同比下降7.24%，降幅略低于行业。截至年末，公司总客户数232 397户，新增客户23 330户，比上年增加2 219户，同比增长10.51%。年末客户保证金2 375 622.81万元，比上年增加562 606.54万元，同比增长31.03%。在中国证监会组织的期货公司分类评价中获得A类A级评级。

截至年末，方正中期期货下设1家风险管理子公司，设有36家分支机构，共有员工696人。

期货经纪业务 2022年，期货经纪业务实现手续费收入60 939.22万元，比上年减少12 176.16万元，同比下降16.65%，客户日均权益226.01亿元，同比增长44.54%；期末权益237.55亿元，同比增长30.99%。

中间介绍业务（IB业务） 2022年，IB业务日均权益19.97亿元，成交量3 678.27万手，留存手续费6 055.39万元，累计客户数量68 011户，比上年增加7 833户，同比增长13.02%。

资产管理业务 截至2022年末，受托资产规模58.92亿元，其中自主管理产品规模27.73亿元，占总管理规模的47.06%；其中个人客户占比2.95%，机构客户占比97.05%。

股票期权业务 2022年，股票期权累计开户62户，同比下滑49.59%，成交量529.93万张，同比下滑21.17%；日均客户权益1.46亿元，同比下降35%。

（马丹莉）

中粮期货有限公司

2022年末，中粮期货有限公司（以下简称中粮期货）资产总额达到2 931 121.91万元，比上年增加415 871.24万元，增长16.53%；负债总额2 589 402.35万元，比上年增加402 654.70万元，增长18.41%；所有者权益总额341 719.56万元，比上年增加13 216.54万元，增长4.02%。全年实现营业收入509 731.77万元，比上年减少166 564.31万元，下降24.63%；营业支出481 992.28万元，比上年减少158 616.04万元，下降24.76%；净利润21 923.46万元，比上年减少6 135.69万元，下降21.87%。2022年末，公司净资本111 460.38万元，比上年减少27 803.71万元，下降19.96%。全年新开金融客户186户，日均权益222.41亿元，同比增长15.02%，成交量（双边）12 346.96万手，同比增长3.71%。

截至年末，中粮期货设有20家分支机构，3家子公司，共有正式职工500人。

期货交易咨询业务 2022年，交易咨询业务收入为66.80万元，占期货母公司总收入比重为0.16%，客户数量为5户。

风险管理业务 中粮祈德丰（北京）商贸有限公司全年实现基差贸易额55亿元；场外衍生品业务实现名义本金2 232亿元，较上年增长122%。承做“保险+期货”项目30个，总承保货值8.43亿元，较上年增长27%。

资产管理业务 全年新发行资产管理产品21只，截至年末，存续产品共计29只，存续管理规模45.92亿元，规模比上年增长189.35%。

国际业务 截至年末，营业收入3 366.06万元，比上年增长83%；净利润2 121.56万元，比上年增长196%；客户权益29.64亿元，比上年增长42%。

做市业务 中粮祈德丰投资服务有限公司截至年末参与30余个品种做市报价交易，实现业务收益5 342.40万元，较上年增长约20%。

业务创新 2022年，中粮祈德丰（北京）商贸有限公司积极探索场外金融衍生品、场外价差互换、商业化“保险+期货”等业务模式，在做到风险可控的同时取得了良好的成绩。2022年累计服务中小微企业300余家，设计及承做的青岛棉花跨境风险管理项目、南宁白糖场外期权项目、山东玉米“仓单+基差”项目入选中国期货业协会2021年年度期货经营机构服务中小企业优秀案例，云南省西盟橡胶“保险+期货”荣获上海期货交易所“保险+期货”一等奖和北京期货市场服务中小企业优秀案例三等奖，各项目得到《中国证券报》《经济参考报》等中央媒体大力转载宣传。荣获“第十五届中国最佳期货经营机构暨最佳期货分析师评选”中最佳风险管理子公司服务创新奖。

（徐侥）

国元期货有限公司

2022年末，国元期货有限公司（以下简称国元期货）总资产1 241 602.80万元，比上年增加495 867.98万元，增长66.49%，总负债1 113 386.32万元，比上年增加455 702.08万元，增长69.29%，所有者权益128 216.48万元，比上年增加40 165.90万元，增长45.62%。实现营业收入144 588.50万元，比上年增加34 820.15万元，增长31.72%，实现净利润10 165.90万元，比上年增加1 102.16万元，增长12.16%。在中国证监会组织的期货公司分类评价中获得A类A级评级。

截至年末，国元期货设有13家分支机构（6家分公司，7家营业部）、1家全资子公司，共有员工309人。

经纪业务 2022年，新增开户1.92万户，比上年增长3.66%。日均权益

97.45 亿元，比上年增长 84.80%；期末权益为 111.50 亿元，同比增长 70.36%；客户权益突破百亿元。客户累计成交 9 852.80万手，比上年增长 12.93%；成交金额6.86 万亿元，比上年增长 12.57%。

IB 业务 截至年末，IB 业务新增开户 702 户，有效户率 52.71%，IB 业务日均权益 3.71 亿元，比上年增长 13.80%，留存手续费 606.45 万元。当年共组织 50 期投资者教育线上培训，37 场线下培训，惠及 IB 客户 8 090 户。

资产管理业务 截至年末，资管存续产品数量 27 只，存续规模 28.25 亿元。产品数量同比增长 350.00%，规模同比增长 25.16 倍。安睿一号产品在全年股市大幅波动情况下年化收益率为 11.00%、最大回撤仅 2.56%；修订资管制度 6 个、新增资管制度 17 个，规范资管各类业务的运作；完成电子签约平台建设、实现资管合同电子签约等；以流程优化为目的，精简各类审批流程并完成资产管理业务章的启用。

风险管理子公司业务 截至年末，风险管理子公司累计实现营业收入 11.19 亿元，比上年增长 50.82%，净利润 3 465.95 万元，比上年增长 203.04%。2022 年，场外衍生品业务累计实现名义本金 31.76 亿元，比上年增长 266.75%；累计赔付金额超过 6 000.00 万元，其中“保险 + 期货”赔付近 3 000.00 万元；共申报大连商品交易所“企风计划”场外期权项目 7 个、互换项目 10 个，围绕乡村振兴开展“保险 + 期货”项目 47 个、“订单收购 + 期货”项目 3 个，再度中标郑州商品交易所河南省花生“保险 + 期货”项目。

期货业务 期现业务规模仍继续保持快速增长。2022 年，期现业务实现贵金属销售 133.00 吨，一般商品销售 44 096.00吨，全年累计营收达到 10.39 亿元。服务客户数量 101 个，比上年增加一倍，其中中小微企业 59 家，上市公司 24 家，主要涉及品种为白银、有色金属和橡胶等。

做市业务 2022 年，做市业务实现收益 2 858.69 万元，比上年翻番；新增玉米、沥青期货做市品种和白糖一般回应期权做市资格，做市品种总数达到 13 个。

（张敬涛）

九州期货有限公司

2022 年末，九州期货有限公司（以下简称九州期货）总资产 75 495.59 万元，比上年减少 38 831.63 万元，下降 33.97%；总负债 40 020.06 万元，比上年减少 39 241.14 万元，下降 49.51%；所有者权益 35 475.53 万元，比上年增加 409.51 万元，增长 1.17%；实现营业收入 9 191.76 万元，同比减少 16 359.03 万元，下降 64.03%；营业支出 10 259.95 万元，同比减少 9 400.07 万元，下降 47.81%；实现净利润 409.51 万元，同比减少 4 024.46 万元，下降 90.76%；期货交易量 623.01 万手，同比减少 386.62 万手，下降 38.29%；交易额 41 694 754.57

万元，同比减少20 129 266.14万元，下降32.56%；客户数量35 036户，比上年增加2 537户，增长7.24%；客户保证金34 372.29万元，比上年减少35 679.48万元，下降50.93%。

截至年末，九州期货设有4家期货分公司，分别为上海分公司、大连分公司、江苏分公司和成都分公司。九州期货共有员工107人（其中正式职工107人，无外聘人员）。

期货经纪业务 截至年末，九州期货客户总数35 036人。当年累计成交金额为4 169.48亿元，同比减少2 012.92亿元，下降32.56%；当年累计成交手数为623.01万手，同比减少386.62万手，下降38.29%。截至年末客户保证金1.62亿元，比上年减少5.38亿元，下降76.82%。

期货中间介绍业务 截至年末，期货中间介绍业务客户权益为431.63万元。

资产管理业务 截至年末，已累计向基金业协会设立备案资产管理计划21只，已到期终止（含提前终止）资产管理计划18只，存续资产管理计划3只、受托资金规模约为4.13亿元。

（刘钰）

中钢期货有限公司

2022年末，中钢期货有限公司（以下简称中钢期货）总资产222 145.06万元，比上年增加11 929.80万元，增长5.68%；总负债188 827.68万元，比上年增加16 321.63万元，增长9.46%；所有者权益33 317.38万元，比上年减少4 391.83万元，下降11.65%；实现营业收入1 094.15万元，同比减少4 072.33万元，下降78.82%；营业支出5 600.15万元，同比增加558.18万元，增长11.07%；实现利润总额－4 505.59万元，同比减少4 636.93万元，下降3 530.54%。

截至年末，中钢期货设有4家期货营业部、3家分公司，共有员工108人。

经纪业务 2022年末，客户权益162 510.77万元，比上年增加16 381.64万元，增长11.21%。实现经纪业务收入1 422.98万元，同比减少1 057.32万元，下降42.63%。

资产管理业务 2022年，实现资产管理业务收入0.18万元，同比减少72.5万元，下降99.75%。

（李艳）

首创京都期货有限公司

2022年末，首创京都期货有限公司（以下简称首创京都期货）资产总额为179 898万元，比上年减少10 277万元，下降5%；负债总额为117 910万元，比上年减少10 280万元，下降8%；所有者权益61 989万元，与上年基本持平。2022年公司实现营业收入3 729万元，净利润4万元。

截至年末，首创京都期货设有2家分公司，共有正式员工70人，其中67人已取得期货从业资格，占员工总人数的95.71%。

期货经纪业务 2022年，经纪业务日均权益13.74亿元，日均权益同比增加4.62亿元，增长50.63%。实现经纪业务收入1 874.85万元，同比增加182.38万元，增长10.78%。2022年，客户累计成交量为579.23万手，增长19.85%。成交额5 397.95亿元，增长7.87%。截至年末，客户数量为5 698户，其中，全年新增客户272户。客户保证金11.62亿元，下降7.93%。

期货中间介绍业务 截至年末，IB业务资格备案的证券营业网点共有36家，IB客户数量为1 398户，账户权益规模为1.48亿元。

期货资管业务 截至年末，新备案产品3只，月均资管规模为6.62亿元，年末资管规模为5.11亿元。

生猪战略 利用生猪等品种的研发优势，服务生猪产业链相关客户作为公司发展重要战略。生猪业务数据排名靠前。截至2022年末，生猪品种在公司内部持仓排名稳居第一位。市场认可度大幅提高。生猪产业、风险子公司、期现公司等类型头部企业加大在首创京都期货的业务力度，行业内重点企业实现新增开户或入金。行业影响力逐步提升。受邀编写的《生猪期货》投教丛书已出版发行；参与中央电视台5次生猪专题报道；生猪投研报告获《农民日报》及《期货日报》等主流媒体刊发；公司“猪贝贝”及“Hogboard”投研商标主题投教活动等内部输出备受好评、被中国肉类协会评为“2022中国肉类食品行业先进团队”。

机构改革 2022年，新设大连分公司，强化机构客户作为重点服务对象。截至年末，机构和特殊法人账户的资金权益为8.79亿元，占公司整体权益的75.66%；成交金额为2 735.35亿元，占公司总成交金额的50.67%。

（宋扬）

银河期货有限公司

2022年末，银河期货有限公司（以下简称银河期货）实现营业收入170.60亿元，同比增长12.84%；实现净利润7.36亿元，同比下降3.93%。

截至年末，银河期货设有12家分公司，34家营业部。

经纪业务 截至年末，经纪业务成交量为35 706万手，市场占有率同比增加0.11个百分点，成交额为26.9万亿元，市场占有率2.52%，同比下降0.03个百分点。全年客户日均权益560亿元，同比增长35%。12月末客户权益544.4亿元，同比增长2.4%。

期权业务 截至年末，场内金融期权成交量市占率为1.37%，金融期权经纪业务收入同比增长47.39%。

资管业务 截至年末，资产管理规模58.16亿元，同比增长108.16%，其中自主管理规模26.6亿元，同比增长115.4%。

IB业务 截至年末，IB客户日均权益规模46.08亿元，实现IB业务收入1.34亿元，净利润6 198.36万元。

衍生品业务 截至年末，衍生品业务收入（不含子公司）7 822.65万元，同比增长33.2%。

投资咨询业务 2022年共开展19项新业务，加上6项存续业务，全年共开展25项投资咨询业务。截至年末，尚存14项业务。其中，金融企业客户7家，实体企业客户9家（有4家实体企业2021年存续业务结束后，2022年又签订了新的投资咨询业务合同）。截至年末，业务实际收入共计299万元。

“保险+期货”业务 全年开展“保险+期货”业务418笔，其中地方商业项目376笔、交易所项目42笔（23个项目）。覆盖玉米、生猪等农产品58.21万吨。名义本金48.34亿元，目前已产生赔付3.8亿元。充分运用金融创新手段，提升金融服务“三农”的深度和广度。连续五年在甘肃省静宁县开展郑州商品交易所苹果“保险+期货”项目，并进一步创新开展甘肃省最大牛饲料玉米“保险+期货”项目，全面服务静宁“南果北牛”产业布局，实现静宁产业帮扶再升级。在辽宁省海城市，进一步开展了大连商品交易所生猪专项项目，创新引入AI物体识别技术，积极打造“价格+养殖”双重保障，进一步提升养殖户的保障效果。在广西防城港市，创新采用玉米、豆粕、生猪合成利润指数作为保险标的，在2022年新冠疫情、生猪价格波动频繁、养殖生产投入成本不断升高的背景下，项目综合保障了养殖户的养殖收入，在当地取得了极大的经济效益与社会效益。

风险管理子公司业务 上线个股彩虹期权业务，与银河国际共同举办碳金融产品研讨会，推广欧洲碳期货跨境互换业务。48个期货期权品种的做市商（年内新增18个），涵盖期货交易所主要品种。通过设计期权策略等方式协同期货分支机构业务拓展。截至年末，子公司营业收入158.47亿元，同比增长15.63%；净利润为2.95亿元，同比增长21.42%。

（徐丽）

民生期货有限公司

2022年末，民生期货有限公司（以下简称民生期货）总资产4 045 531 559.91元，比年初增加1 480 998 354.65元，增长57.75%；总负债3 577 948 032.26元，比年初增加1 453 884 976.36元，增长68.45%；所有者权益467 583 527.65元，比上年增加27 113 378.29元，同比增长6.16%；营业收入158 366 293.86元，比上年增加26 956 293.05元，同比增长20.51%，营业支出122 452 944.23元，比上年增加20 190 021.35元，同比增长19.74%；实现利润总额36 107 151.57元，比上年增加7 337 510.41元，同比增长25.50%；净利润26 928 762.81元，比上

年增加 5 864 805.85 元，同比增长 27.84%。在中国证监会组织的期货公司分类评价中获得 B 类 BBB 级评级。

截至年末，民生期货设有 9 家分公司，9 家营业部，1 家子公司；共有员工 248 人。

经纪业务 2022 年，全年实现经纪业务净收入 12 282.74 万元，比上年增加 2 597.43 万元，同比增长 26.82%；公司新开户数量 12 493 户，客户累计净入金 20.71 亿元，客户日均权益 26.91 亿元，比上年增加 7.66 亿元，同比增长 39.79%；期货代理成交量为 4 776.86 万手，比上年增加 1 324.37 万手，同比增长 38.36%，成交额 31 547.58 亿元，比上年增加 7 056.02 亿元，同比增长 28.81%；市场占比 2.93‰，同比增长 39.16%。

资产管理业务 截至年末，资管共 4 个系列产品，新增产品 13 只，其中有 2 只成立但未通过基协备案（城债稳健 3 号和智锐），产品总资产 25.31 亿元，净资产 17.76 亿元。资产管理业务净收入 562.61 万元，比上年增加 550.93 万元。

IB 业务 IB 业务期末权益 1.73 亿元，占公司总权益的 4.90%；成交量 270.86 万手，占公司总成交量的 5.67%；成交额 2 107.70 亿元，占公司总成交额的 6.68%；全年实现 IB 业务收入 185.33 万元，占公司全年经纪业务净收入的 1.51%。

（常琛）

国都期货有限公司

2022 年末，国都期货有限公司（以下简称国都期货）总资产 74 587.36 万元，比上年减少 7 185.25 万元，下降 8.79%；负债总额 54 704.47 万元，比上年减少 6 094.44 万元，下降 10.02%；所有者权益 19 882.90 万元，比上年减少 1 090.81万元，下降 5.20%。实现营业收入 1 983.60 万元，同比减少 1 832.04 万元，下降 48.01%；营业支出 3 475.12 万元，同比减少 500.13 万元，下降 12.58%；实现净利润 -1 090.81 万元，同比减少 1 014.59 万元。

截至年末，国都期货共有员工 78 人，并在上海、合肥设有营业部。

经纪业务 2022 年，经纪业务手续费收入 1 921.91 万元，同比下降 31.83%；全年成交量 559.43 万手，同比下降 16.19%；交易额 4 470.32 亿元，同比下降 17.97%；年末客户权益 5.25 亿元，比上年下降 10.19%。其中法人客户日均权益 2.80 亿元，比上年同期的 3.25 亿元，同比下降 13.85%。

IB 业务 全年，IB 客户日均权益 29 024.73万元，比上年降低 12.31%；新增客户数比上年增长 51.37%。特殊法人客户成交量、成交金额分别比上年增长 27.02%、21.20%；产业客户成交量、成交金额分别比上年增长 66.67%、64.18%。

（肖春玉）

晟鑫期货经纪有限公司

2022年末，晟鑫期货经纪有限公司（以下简称晟鑫期货）总资产7 310万元，比上年增长10.86%；总负债4 659万元，比上年增长52.75%；所有者权益2 652万元，比上年下降25.17%；营业收入395.93万元，比上年下降29.32%；手续费收入（主营业务）233.39万元，比上年下降50.22%；公司营业总支出1 288万元，比上年减少19万元；利润比上年下降19.54%；期货交易量107万手，比上年下降10.8%；交易额267.83亿元，比上年下降11.98%；客户数量2 001户，比上年增长3.14%；客户保证金2 782万元，比上年增长46.61%。在中国证监会组织的期货公司分类评价中获得B类BB级评级。

截至年末，晟鑫期货有分支机构数量5家，分别为北京营业部、上海营业部、大连营业部、石家庄营业部、太原营业部；员工数量74人。

（刘海涛）

中国国际期货股份有限公司

2022年末，中国国际期货股份有限公司（以下简称国际期货）总资产76.17亿元，比上年增加6.40亿元，增长9.18%；总负债60.33亿元，比上年增加5.73亿元，增长10.5%；所有者权益15.84亿元，比上年增加0.67亿元，增长4.41%；实现营业收入2.09亿元，比上年下降18.93%，营业支出1.42亿元，实现利润0.54亿元，较上年有所下降。在中国证监会组织的期货公司分类评价中获得B类BBB级评级。

截至年末，国际期货设有25家分支机构，2家子公司，共有正式员工241人。

期货经纪业务　2022年，国际期货在国内四大期货交易所代理交易量0.41亿手，比上年减少0.14亿手，约占期货市场的0.30%；代理交易额3.13万亿元，约占期货市场的0.29%；共有客户7.07万户，比上年增长1.40%；客户保证金规模51.66亿元，下降5.03%，实现手续费收入1.13亿元，比上年减少0.45亿元。

资产管理业务　截至年末，共有2只资管产品，管理资产总额2 000.02万元，业务规模比上年增长100%。

其他业务　截至年末，股票期权业务新开户6户，成交量1 437 758张，成交额53 859.35万元，商品期权业务新开户544户，成交量2 073 975手，成交额192 594.44万元，原油期货业务新开户477户，成交量325 043手，成交额

21 106 869.15万元。投资咨询业务方面，与2020年开发的国有大型银铅冶炼公司成功续约，继续为其提供投资咨询服务，2022年全年投资咨询费收入24万元。

（郭一帆）

格林大华期货有限公司

2022年末，格林大华期货有限公司（以下简称格林大华期货）总资产123.79亿元，较上年增加35.96亿元，同比增长40.93%。总负债107.51亿元，较上年增加32.25亿元，同比增长42.84%。所有者权益16.28亿元，较上年增加3.71亿元，同比增长29.52%。营业收入27 564.44万元，较上年减少2 594.80万元，同比下降8.60%。营业支出17 958.98万元，较上年增加1 020.50万元，同比增长6.02%。营业利润9 605.46万元，较上年减少3 615.29万元，同比下降27.35%。净利润7 098.43万元，较上年减少2 998.09万元，同比下降29.69%。

2022年度，期货交易量4 871.76万手，同比下降10.21%。成交金额50 711.47亿元，同比下降0.48%；截至年末，客户权益105.91亿元，同比增长45.04%；客户数量58 772户，同比增长4.76%。

截至年末，格林大华期货设有24家分支机构，共有员工351人，无外聘人员。

资产管理业务 截至年末，资产管理部存续产品共计5只，其中自主交易类产品5只，资产管理规模共计1.5亿元。

赋能乡村振兴 2022年，扎实推动以党建引领期货赋能乡村振兴，与山西省、新疆维吾尔自治区等地区的10个基层党组织建立了党建共建关系，与13个地区延续或新建立了乡村振兴结对帮扶关系，在“保险+期货”、产业帮扶、人才帮扶等方面多点开花、全面落地。格林大华“阿拉尔模式”品牌效应显著提升，带动经纪业务权益增长，项目创收大幅提升。新疆兵团第一师阿拉尔市红枣“保险+期货”项目进一步扩大规模，承保规模共计1.23亿元，争取交易所和政府支持720万元，惠及农户1 049户，种植面积约2.45万亩。持续深耕天然橡胶产业，2022年争取到上海期货交易所支持280万元，分别在海南白沙县和云南绿春县开展橡胶“保险+期货”项目，承接了3 500吨天然橡胶价格险，最终赔付251万余元，保障了胶农收入。捐赠55万余元用于产业帮扶或者项目保费，购买了特色农产品21万余元。2022年，公司“保险+期货”项目的数量、规模均实现大幅增长，以产业赋能农业现代化，实现期货专业助力乡村振兴的“力度+速度”。

（皮蕊）

英大期货有限公司

2022年末，英大期货有限公司（以下简称英大期货）总资产471 762.90万元，同比减少37 499.76万元，下降7.36%；总负债361 219.93万元，同比减少39 921.33万元，下降9.95%；所有者权益110 542.97万元，同比增加2 421.56万元，增长2.24%；实现营业收入87 576.01万元，同比增加59 660.07万元，增长213.71%；实现利润总额3 236.21万元，同比增加451.58万元，增长16.22%。在中国证监会组织的期货公司分类评价中获得B类BB级评级。

截至年末，英大期货设有11家分支机构，1家全资风险管理子公司，共有员工169人。

经纪业务 截至年末，英大期货期末权益为31.85亿元，下降12.31%；实现经纪业务收入1.10亿元，同比减少0.34亿元，下降23.73%。

资产管理业务 截至年末，实现资产管理业务营业收入566.77万元，增长11.30%。

风险管理子公司业务 截至年末，实现营业收入71240.02万元，利润总额811.48万元。

（张梦洲）

金鹏期货经纪有限公司

2022年末，金鹏期货经纪有限公司（以下简称金鹏期货）资产总额125 507.28万元，下降5.44%；负债72 574.02万元；所有者权益52 933.26万元，下降3.32%；营业收入－649.84万元，下降103.97%；利润－1 816.42万元，下降115.33%。在中国证监会组织的期货公司分类评价中获得B类BBB级评级。

截至年末，金鹏期货共有分支机构4家，员工总数52人。

经纪业务 期货交易量5 716 585手，下降36.12%；交易额32 461 097.77万元，下降45.00%；客户数量10 151户，增长1.4%；年末客户权益69 979.75万元，下降5.26%，经纪业务收入1 419.73万元，同比减少1 255.4万元，下降47%。

资管业务 2022年，实现资产管理业务收入24.67万元。

（史琳）

冠通期货股份有限公司

2022年末，冠通期货股份有限公司（以下简称冠通期货）总资产310 676.86万元，总负债280 263.65万元，所有者权益30 413.21万元；实现营业收入9 553.18万元，营业支出8 381.09万元，实现利润855.44万元。在中国证监会组织的期货公司分类评价中获得B类BBB级评级。

截至年末，冠通期货设有18家分支机构，共有员工195人。

期货经纪业务 2022年，全年累计代理成交量5 480.81万手，较上年减少2 355.84万手，下降30.06%；累计代理成交金额31 974.24亿元，较上年减少6 720.94亿元，下降17.37%；客户数量2.7418万户，较上年增加0.5354万户，增长24.27%；期末客户保证金274 620.12万元。

资产管理业务 2022年，新发行资产管理计划3只，存续资产管理计划1只，共持续募集资金6 209.99万元。1只产品由于单一委托人全部退出，提前清算。

（郭云娜）

中国人民财产保险股份有限公司北京市分公司

2022年，中国人民财产保险股份有限公司北京市分公司（以下简称人保财险北京市分公司）累计实现保费收入166.43亿元，同比上年增长4.6%，全险种市场占有率30.8%；累计提供风险保障116.82万亿元；累计支付赔款92.97亿元，赔付率69.36%。

车险 2022年，全年实现车险保费收入93.65亿元。

商业非车险 2022年，安全责任险承保企业超过2.58万家，提供风险保障3 174亿元。为全市1 835家养老机构提供91.75亿元保险保障。再次中标北京市知识产权保险试点国内项目，并独家中标海外项目，三年试点项目期间共承保437家企业的4 521件专利。参与研发针对60岁以上老年人及未成年人疫苗接种相关保险产品，截至年末，人保财险北京市分公司疫苗服务团队已在北京市16个区的208个乡镇、街道开展高龄老人及未成年人预防接种意外保险专项服务工作，实现保费收入155万元，为市区内近12.6万人提供631亿元风险保障。

农业险 2022年，共计承保林果干果、主粮作物、设施蔬菜等种植面积达104.61万亩，承保生猪、奶牛、肉鸡等畜禽7 150.24万只，为3.57万户次农户提供风险保障350.73亿元，承担了全市农业生产区45.33%的农业风险保障需求。处理农户理赔报案7 500余件，向3.26万户次农户支付赔款总计2.43亿元。

健康险 2022年，落地“北京普惠健康保”项目，为307万人提供风险保障。医疗意外险累计承保23万余人，承担约500亿元风险责任。重点服务美团、饿了么、闪送、达达、货拉拉、快狗打车、58到家等多家新业态平台，为24万新业态群体提供职业伤害风险保障。全年累计受理2 347名新业态人员报案申请，为347名新业态人员支付职业伤害保障金额865万元。

（李璐）

中国平安财产保险股份有限公司北京分公司

2022年，中国平安财产保险股份有限公司北京分公司（以下简称平安产险北京分公司）全年保费收入116.37亿元（含信保），同比增长6.6%，其中车险保费收入60.10亿元，非车险保费收入56.30亿元，累计为全社会提供超过72万亿元的风险保障；累计承接有效理赔报案80.03万件，累计结案赔付金额51.82亿元，为近33.75万客户提供理赔服务；已拥有592万线上用户，237万个人客户，超过18万企业客户，服务超过11万家小微企业。

车险业务 搭建11大平台和9个App工具；通过平安好车主App，为车主提供车保险、车服务、车生活一站式线上车服务平台，与北京线下超过800家服务网点深入连接，服务范围已涵盖加油、停车、年检代办、道路救援、洗车、违章查询等80余项功能服务和20余项增值服务；通过平安好生活App，为客户提供“保险+服务”为核心的生活服务平台；通过企业宝App为企业用户提供企业保险、企业服务、企业交流的一站式服务。

非车险业务 为某化学工程集团提供专属境外保障产品“PA24”；推出“平安心安”系列务工意外险产品，为北京常住新市民群体提供差异化、高质量的保险产品和服务。凭借平安产险企业宝平台，为广大企业用户提供快速、便捷、高效的企业保险管理服务和企业增值服务。截至年末，平安企业宝App累计注册认证企业140 000家，其中2022年活跃企业数超过6万家，客户线上活跃率43.57%。

重大承保 2022年2月，首席承保长征八号遥二运载火箭航天保险项目，总保额4.79亿元。

重大理赔 2009年8月，平安产险北京分公司承保了某化工公司进口的22.8万公吨原油，保险金额1.14亿美元，由某轮公司承运。2009年9月，某轮公司在宁波港外锚地与其他轮船发生碰撞，造成船体和螺旋桨受损、主机故障并搁浅。2014年4月，平安产险北京分公司收到国际著名理算机构出具的共损理算报告，要求分摊752万美元及利息。2009—2022年，该案历经13年共计10次庭审，平安产险北京分公司理赔部及法律合规部全程参与当庭抗辩，最终于2022年6月30日收到最高人民法院签发的终审裁定书，仅需承担该案件共同海损分摊143万美元及相应利息。

（杨蕾）

华泰财产保险有限公司北京分公司

2022年末，华泰财产保险有限公司北京分公司实现保费收入62 357.32万元，其中车险保费收入19 028.70万元，非车险保费收入43 328.62万元。

（童文静）

中国太平洋财产保险股份有限公司北京分公司

2022年，中国太平洋财产保险股份有限公司北京分公司实现全险种保费收入64.66亿元，同比增加0.78亿元，增长1.2%；其中，车险保费收入37.02亿元，非车险保费收入27.63亿元。全险种赔款支出37.17亿元，同比减少1.09亿元，下降2.9%；综合赔付率为69.5%，同比增长0.1%。

服务国家战略 独家承保2022年中国国际服务贸易交易会保险保障，方案总保额超过2 000亿元。

（杨晓旌）

太平财产保险有限公司北京分公司

2022年，太平财产保险有限公司北京分公司（以下简称太平财险北京分公司）实现总保费收入8.00亿元。其中，车险保费收入2.57亿元，水险保费收入0.74亿元，非水险保费收入3.95亿元，意外健康险保费收入0.74亿元。累计赔款支出4.72亿元，比上年减少6.14亿元，综合赔付率为70.24%，比上年增长5.3%。截至年末，太平财险北京分公司总资产8.38亿元，总负债6.65亿元，所有者权益1.73亿元。

主要业务 累计承保在建工程或在运营清洁能源电站200余个。参与承保海外项目82个。落地通州区旧城保护定向安置房建工安责险项目；承保中小微企业及各类灵活用工方式雇主责任险。落地建筑工程质量潜在缺陷保险（IDI）项目14个。

（陈思然）

中华联合财产保险股份有限公司北京分公司

2022年，中华联合财产保险股份有限公司北京分公司（以下简称中华财险北京分公司）累计实现保费收入13.53亿元，同比增长3.39%。其中，车险保费收入4.74亿元，同比增长5.32%；非车险业务实现保费收入7.59亿元，同比增长1.07%；农险业务实现保费收入1.2亿元，同比增长12.55%。非车保险合计占比达到66%。

业务发展 推出老年人疫苗接种意外医疗保险，在全市范围内为投保老年人提供风险保障258.78亿元；为风电、光伏全产业链提供风险保障381.66亿元。成为北京市市级、区级行政事业单位公务用车保险供应商。

服务“三农” 推出“小麦种植人工及地租成本商业保险”，为北京市顺义区6 000余亩麦地提供完全成本保险。

重大理赔 2022年，中华财险北京分公司在平谷区经营的5个镇域范围内，承保附加桃产量损失保险4 285户次26 117.5亩，承保面积占经营镇域桃种植总面积的90%以上。6月特大雹灾及后续风灾，导致附加险的受损面积与承保面积基本持平。经实地测产数据，核定附加险赔款金额合计为1 776.19万元，约为种植户挽回了超过60%的经济损失。

（袁婕）

天安财产保险股份有限公司北京分公司

2022年，天安财产保险股份有限公司北京分公司（以下简称天安财险北京分公司）实现保费收入28 997.33万元，同比上年增加6 553.40万元，同比增长29.20%；其中车险保费收入5 880.74万元，同比上年增加3 888.56万元，增长195.19%；非车险业务保费收入23 116.60万元，同比上年增加2 664.85万元，增长13.03%。责任险业务保费收入9 791.45万元，占总保费收入的33.77%，同比上年增加641.30万元，同比增长7.01个百分点。责任险赔款支出4 805.71万元，同比上年减少51.10万元，同比下降1.05个百分点；综合赔付率52.39%，同比下降8.92个百分点。

重大承保和理赔 2022年，某省医责共保项目，实现累计保费收入2 827.92万元。车险保费收入5 880.74万元，同比上年增加3 888.56万元，同比增长195.19%。

承保某车险于2022年发生交通事故，造成两笔机动车商业险（2015）分别赔款108.98万元、105.49万元，共计214.47万元，是天安财险北京分公司2022年赔付最高的两笔机动车商业险案件。

（孙鑫海）

华安财产保险股份有限公司北京分公司

2022年，华安财产保险股份有限公司北京分公司实现保费收入27 585.88万元，较上年同期增加405.97万元，同比增长1.49%。其中，累计车险保费收入9 142.88万元，累计非车险保费收入18 443.00万元，累计支付赔款13 068.73万元。

重大承保、理赔 2022年，为新市民就业的企业提供雇主责任险保障，保险保费920.19万元，累计保障金额2 907 031万元；为新市民提供意外伤害保障保险保费661.58万元，累计保障金额1 741 396万元。为1 191名先天性患儿提供医疗手术意外险保障；为文化娱乐业提供演艺人员意外险、拍摄器材财产险等各项保障保险金额达到436 309.14万元。

（张佳颖）

中国大地财产保险股份有限公司北京分公司

2022年末，中国大地财产保险股份有限公司北京分公司（以下简称中国大地保险北京分公司）实现全险种考核保费65 108.58万元（含分入5 496.25万元），同比增长10.25%（不含分入增长14.72%）。其中，车险保费14 836.75万元，同比增长4.53%；财产险保费41 360.42万元（含分入5 496.25万元），同比增长37.73%；意外险保费5 401.34万元，同比增长46.22%；健康险保费1 557.49万元，同比下降25.65%；非车险业务占比77.21%，同比增长1.25个百分点。

常规业务 2022年，中国大地保险北京分公司“111项目”同比增长19%，安责险同比增长113.00%，诉责险同比增长85.00%；车险21单和22单赔付率分别为74.10%和65.90%，较上年同期分别下降10.4个百分点和18.6个百分点；“车+X”成本率101.80%，较上年末优化15.60个百分点；车险全年效益险投保率占比336.50%。

特色业务 落地系统内首单创新绿色建筑性能责任险；在生猪、玉米等“保险+期货”项目上累计出单413.84万元；参与国家电力投资集团有限公司广东区域海上风电运营期、建工期保险；中标国家电力投资集团有限公司资产统保15标段首席承保人，中标中国铝业集团安责险、环责险统保；新能源车签单保费1 549万元，同比增长62.00%。

（孙天宇）

中国人寿保险股份有限公司北京市分公司

2022年，中国人寿保险股份有限公司北京市分公司实现总保费122.62亿元，同比下降1.56%。首年期交保费21.07亿元，同比增长3.39%；十年期及以上首年期交保费8.64亿元，同比增长3.47%。2022年累计理赔85.5万人次，累计理赔金额12.1亿元。

服务大局 2022年，全年实现个人养老金业务签单保费1 732万元，承保客户2 116人次。全年赠送包含新冠身故/伤残保障、虎年如意宝、疫苗保等赠险11万件，销售北京普惠健康保逾10万件。为包括航天、地产、船舶、环保、基建等实体经济领域提供保险保障，覆盖人数超过35万人次，赔款支出3.9亿元。全年战略性新兴产业保费收入4 349万元，绿色保险保费收入269万元。

（夏海）

中国平安人寿保险股份有限公司北京分公司

2022年，中国平安人寿保险股份有限公司北京分公司（以下简称平安人寿北京分公司）实现规模保费收入268.98亿元，同比增长1.93%。其中，个险总保费全年累计250.98亿元，同比增长1.13%；银保总保费全年累计17.92亿元，同比增长14.64%；团险总保费751.30万元。截至年末，客户数量超过668万户，累计为北京市民提供人身保障29 273亿元；累计有效保单5 135 123件，办理个人理赔116 174件，赔款、死伤医疗给付累计15.30亿元，年金及满期给付40.25亿元。

个人营销业务 2022年，推出平安管家居家养老服务，为3 578位客户送去居家养老服务权益。

银行代理业务 截至年末，代理业务年度首年期交规模保费达成68 915万元，同比增长2.0%，其中，外部渠道年度首年期交规模保费达成2 993万元，同比增长70.1%；客户经营渠道年度首年期交规模保费达成1 827万元，同比增长35.8%。

重大承保与理赔 2022年，平安人寿北京分公司个人理赔案件117 379件，总赔付金额16.5亿元。持续提供“闪赔”服务案件3.7万件，闪赔金额4 010.9万元，最快闪赔用时1.7分钟。客户M女士因确诊急性心肌梗死，获赔重大疾病理赔金579.8万元，这是平安人寿北京分公司当年理赔金额最高的案件。客户W先生投保“颐享世家”，累计承保保额2亿元，这是平安人寿北京分公司当年累计最高人身险保额承保新契约。客户Z女士投保“平安六福”，累计承保保额411.3万元，这是平安人寿北京分公司当年累计最高重疾险保额承保新契约。客户 D 女士投保“御享金瑞”，累计承保保费 2 445 万元，这是平安人寿北京分公司当年累计最高保费承保新契约。

社会公益 2022 年，组织平安志愿者 10 批 100 余人次，赴朝阳区孙河地区养老院开展养老爱老公益活动。展现企业社会责任，投身乡村振兴，2022 年分别从对口帮扶企业采购爱尚菇粮干香菇、杞翔中宁枸杞、阴山优麦燕麦米和燕麦片、广老大上林香米、鑫意八渡笋丝等帮扶物资为职工发放，消费扶贫金额共计 911 334. 2元。

（戴书敏）

中国太平洋人寿保险股份有限公司北京分公司

2022 年，中国太平洋人寿保险股份有限公司北京分公司（以下简称中国太保寿险北京分公司）实现保费总收入 61. 04 亿元，赔款支出 3. 51 亿元。

保费业务 截至年末，实现总保费收入 61. 04 亿元，增长 5. 29%；新单保费收入 13. 66 亿元，同比增长 16. 32%；个人业务新单保费收入 10. 11 亿元，同比下降 6. 18%；团体业务新单保费收入 3. 50 亿元，同比增长 265. 06%。累计 13 个月继续率 95. 07%，同比提升 4. 46 个百分点。

服务民生 2022 年，北京普惠健康保私域参保 10. 2 万人。

重大承保 2022 年 12 月，客户于女士为自己及爱人分别投保 500 万元 3 年交老来福 B 年金保险，这是中国太保寿险北京分公司个险渠道承保年度保费最高保单。

重大理赔 客户廖女士，2015 年起投保中国太保寿险北京分公司多款保险产品。2022 年 2 月，廖女士不幸身故，受益人提交理赔申请，理赔申请提交两个工作日后即获赔 859 万余元。

（李晶晖）

泰康人寿保险有限责任公司北京分公司

2022 年，泰康人寿保险有限责任公司北京分公司共实现原保险保费收入 119. 24 亿元，同比增长 4. 61%。其中，个人代理渠道原保险保费收入 96. 25 亿元，同比增长 19. 85%；银邮代理渠道原保险保费收入 12. 76 亿元，同比增长 4. 79%；公司直销渠道原保险保费收入 5. 06 亿元，同比下降 15. 67%；其他渠道原保险保费收入 5. 17 亿元，同比下降 66. 62%。各项赔款和给付共计 24. 88 亿元，同比增长 5. 42%。其中，退保金支出 4. 64 亿元，占比 18. 64%；赔款支出 0. 67 亿元，占比 2. 68%；死伤医疗给付 3. 14 亿元，占比 12. 62%；满期给付

7.24 亿元，占比 29.12%；年金给付 9.19 亿元，占比 36.94%。

个人营销业务 2022 年，健康险年度标准保费达成 12 亿元，新单价值 6 亿元，签约“幸福有约”系列产品 2 489 件。

银行保险业务 2022 年，银保系列全年保费达成 5.89 亿元，同比增长 54%；新单价值总额达成 1.76 亿元，同比增长 9%；“幸福有约”产品 855 件，同比增长 48%。

重大赔付 客户 H 先生体检后就医，确诊为肝癌，2022 年 2 月，H 先生不幸离世。公司接到报案后，立即开展理赔工作，于 3 月 7 日向客户家属赔付身故保险金 1 717 万余元，这是泰康人寿保险股份有限公司迄今为止最高额赔案。

客户服务 借助“直赔医院 + 高端网络”医疗资源全面推进涵盖预防、诊疗、赔后健康管理的全流程健康服务。截至年末，泰康人寿健保通网络内医院在全国已达 2 600 余家，支持 100 余种保险产品。目前已与北京朝阳医院、北京燕化医院等 8 家医院达成健保通直赔协议；健保通快赔通过第三方平台与北京协和医院、北京同仁医院、北京积水潭医院等 74 家医院达成合作。2022 年，健保通结案 1 514件，健保通结案率 20.63%。

（石岚希）

新华人寿保险股份有限公司北京分公司

2022 年末，新华人寿保险股份有限公司北京分公司实现规模保费收入 117.02 亿元，同比下降 3.17%。新契约总体保费收入 32.11 亿元，同比下降 13.33%，续期保费收入 84.91 亿元，同比增长 1.31%。个人新单规模保费 9.45 亿元，同比下降 14.93%，银代新单规模 6.45 亿元，团体规模保费 16.21 亿元，同比增长 22.92%，短险保费收入 6.40 亿元，同比增长 4.51%，个人续期保费 79.55 亿元，同比增长 0.32%，银代续期保费 5.09 亿元，同比增长 21.77%。

理赔服务 2022 年度为 90.94 万人次提供保险理赔服务；全年累计赔付 15.94 亿元，获赔率达 99.55%，申请至支付时效平均 0.52 天，5 日结案率达 99.57%。

服务民生 2022 年，累计承保企业客户 2 193 家、保额 0.76 万亿元。为北京市失独家庭提供“暖心计划”保障，累计承保保费 26 768 万元，承保 95 976 人次，支付各项保险金 20 457 万元，受益人 64 540 人次。承保湖北、湖南、云南、四川、内蒙古、湖北、山西 7 个省份的部分地区中国乡村儿童大病医保项目，覆盖近 30 万乡村儿童，累计承保保费 6 453万元，理赔 4 353 万元，理赔 7 903 人次。

（袁帅）

太平人寿保险有限公司北京分公司

2022年，太平人寿保险有限公司北京分公司（以下简称太平人寿北京分公司）总保费收入72.95亿元，同比增长6.60%。全年处理个险、银险理赔共计10 344件，赔款及死伤医疗给付累计2.46亿元，满期给付及年金给付累计8.89亿元。

个人营销业务 截至年末，个险业务新契约保费7.16亿元，同比增长14.6%；续期保费39.74亿元，同比增长5.7%。

银行保险业务 截至年末，银保业务新契约保费5.50亿元，同比增长9.4%；银保业务13个月累计保费继续率99.0%，银保业务13个月累计保费继续率97.7%，银保业务25个月累计保费继续率97.8%。

重大承保 2022年9月，太平人寿北京分公司高端客户李女士同时为丈夫、孩子双被保人投保保额1 606万元，年交400万元保费的“太平岁有余庆终身寿险”。

重大理赔 周女士自2012年起，就陆续为自己和家人购买寿险、重大疾病保险、医疗保险、年金保险等多种全面保险保障。2022年6月，周女士因病离世，太平人寿北京分公司立即与客户家属取得联系，主动提交理赔申请，仅一周顺利赔付220余万元。

（贺景卉）

民生人寿保险股份有限公司北京分公司

2022年末，民生人寿保险股份有限公司北京分公司（以下简称民生人寿北京分公司）实现原保险保费收入21 297.82万元，同比下降0.1%。全年办结理赔案件723件，获赔率99.74%，总赔付金额为1 159.03万元，赔款、死伤医疗给付累计672.71万元，最快结案时效1.5小时，年金及满期给付累计8 468万元。

个人业务 2022年，全年实现个险新单保费收入1 050万元，同比下降2.1%，年度13个月累计保费继续率92.8%，25个月累计保费继续率95.3%。

重大理赔 客户李先生购买“民生如意鑫康终身重大疾病保险”，2022年确诊癌症，获赔46.25万元，是民生人寿北京分公司当年理赔金额最高的案件。

履行社会责任 2022年，民生人寿北京分公司积极履行社会责任，开展志愿服务活动，协助社区进行疫情防控工作，累计服务人次超过25 000人。开展无偿献血公益活动，总献血量1 600毫升。

（赵彬）

六、文件与规章

中国人民银行营业管理部
北京市地方金融监督管理局

中国人民银行营业管理部 北京市地方金融监督管理局 关于印发《北京市数字人民币试点实施方案》的通知

银管发〔2022〕43号

各区政府，市政府各委、办、局，各市属机构，各运营机构：

经人民银行报国务院同意，在北京冬奥会结束后，北京市全域转为数字人民币试点测试地区。为顺利开展北京市数字人民币试点工作，经人民银行同意并报北京市委、市政府，人行营业管理部与市金融监管局联合制定《北京市数字人民币试点实施方案》（以下简称《方案》），现予印发。

一、请各区政府结合本区特点，制定相关实施细则，明确工作机制，加强组织保障和资源保障，加大创新力度，引导区内企事业单位、市场主体和社会公众广泛参与数字人民币试点，探索开展数字人民币创新场景应用。

二、请市政府各部门将此《方案》转发主管行业市场主体，并结合行业特点对数字人民币试点工作给予政策支持，在公共缴费、智慧政务、文化旅游等方面积极探索，为全市数字人民币试点应用营造良好的政策环境。

三、各运营机构要充分利用数字人民币的特点和优势，积极创新数字人民币应用场景与业务模式，进一步加大资源投入，加大推广力度，力争试出特色、试出成效。

附件：略

二零二二年四月二十八日

中国人民银行营业管理部　国家外汇管理局北京外汇管理部
中国银行保险监督管理委员会北京监管局
中国证券监督管理委员会北京监管局
北京市地方金融监督管理局
北京市科学技术委员会、中关村科技园区管理委员会
北京市经济和信息化局　北京市财政局
北京市商务局　北京市知识产权局

关于印发《金融服务北京地区科技创新、“专精特新”中小企业健康发展若干措施》的通知

银管发〔2022〕98号

为贯彻党中央、国务院关于支持科技创新自立自强、支持中关村新一轮先行先试改革的有关指示精神，落实人民银行、银保监会、证监会、外汇局等国家金融管理部门以及北京市委、市政府的相关工作要求，加快推进北京国际科技创新中心建设，围绕“四个中心”功能定位，人行营业管理部、北京外汇管理部、北京银保监局、北京证监局、市金融监管局、市科委、中关村管委会、市经济和信息化局、市财政局、市商务局、市知识产权局等部门以及北京金控集团共同研究制定了《金融服务北京地区科技创新、“专精特新”中小企业健康发展若干措施》，现予印发，请认真贯彻执行。

附件：略

二零二二年九月二十二日

中国银行保险监督管理委员会北京监管局
北京市高级人民法院

北京银保监局　北京市高级人民法院关于推进个人贷款业务送达地址确认工作及完善金融纠纷多元化解机制的通知

京银保监规〔2022〕1号

辖内银行保险机构，北京市银行业协会、北京保险行业协会，北京秉正银行业消费者权益保护促进中心；北京市第一、第二、第三、第四中级人民法院，北京知识产权法院，北京金融法院，各区人民法院、北京互联网法院：

为推动解决个人贷款业务贷后管理阶段催收函件、调解阶段调解材料和诉讼阶段诉讼材料“送达难”问题，提高不良贷款处置和诉讼效率，持续推进金融纠纷一站式、一体化、全链条多元化解机制建设，切实维护金融消费者合法权益，根据《人民法院在线诉讼规则》《最高人民法院关于进一步推进案件繁简分流优化司法资源配置的若干意见》《最高人民法院　中国人民银行　中国银行保险监督管理委员会关于全面推进金融纠纷多元化解机制建设的意见》等规定，现就推进个人贷款业务送达地址确认及金融纠纷多元化解机制建设工作通知如下：

一、推进个人贷款业务送达地址确认工作

（一）规范送达地址确认条款。各银行业金融机构与金融消费者签订个人贷款合同时，应签订《送达地址确认书》，约定送达地址；各信用卡中心在开展业务时，应告知申请人填写《送达地址确认书》。各银行业金融机构应与金融消费者约定线下送达地址，同时金融消费者可自愿选择是否同意电子送达。《送达地址确认书》应作为主贷款合同或信用卡申请表的重要组成部分。

（二）明确适用范围和签订主体。本通知所称个人贷款，包括但不限于住房按揭贷款、个人消费贷款、个人经营贷款以及信用卡。《送达地址确认书》确认人需为个人贷款的债务人、担保人或信用卡申请人，确保做到借款、担保主体全覆盖。

（三）履行重要事项告知义务。签订《送达地址确认书》时，各银行业金融机构应明确告知确认人送达地址的适用范围、送达地址变更后的告知义务、送达地址不准确的法律责任以及电子送达与线下送达具有同等法律效力等事项。各银行业金融机构应明确告知确认人送达地址变更渠道，并做好送达地址变更的可回溯管理。线下方式签订《送达地址确认书》的，应就上述内容履行对确认人的释明和告知义务，并要求确认人确认被告知事项；线上方式签订《送达地址确认书》

的，应通过设定合理的强制阅读时间、页面停留时间、强制翻阅页面至文末、提交前后弹窗提示等系统管控措施，履行对确认人的释明和告知义务，并留存提示证据。

（四）审慎开展电子送达确认工作。确认人同意电子送达的，在发送相关送达材料时，需向确认人留存的手机号码发送提示短信。严禁诱导、欺骗确认人选择电子送达或填写非本人拥有或控制的电子地址等。针对60岁以上的老年人等群体，原则上使用线下送达方式。

（五）加强期间管理并留存送达证据。电子送达成功后，因电子化材料不清晰等原因导致识别困难，确认人提出需要纸质材料申请的，应当及时提供。线下送达的，应做好台账记录并留存送达回执；电子送达的，应在业务系统中留痕，便于查询、跟踪、核验，严防法律风险。

（六）优化格式条款和业务系统。各银行业金融机构应按照《送达地址确认书》模板，及时修订个人贷款合同和信用卡申请表；线上个人贷款业务，应优化业务系统，有效支持送达地址确认工作。

（七）合规开展贷后管理。各银行业金融机构应按照监管要求合规开展各项贷后管理工作，严禁以送达催收函方式替代实地走访和上门核实。

（八）有序推进相关工作。本通知印发后，线下个人贷款送达地址签订工作自2022年9月1日起执行；线上个人贷款送达地址签订工作自2022年12月1日起执行。对于存量个人贷款，未约定送达地址的，在充分保障金融消费者自主选择权的前提下，鼓励开展《送达地址确认书》的补签工作。监管部门将适时对个人贷款业务诉前送达地址确认工作开展情况进行评估。

二、完善金融纠纷多元化解机制

（九）全面推开金融纠纷多元化解工作。在前期试点工作基础上，将金融纠纷一站式、一体化、全链条多元化解机制建设推广至全市各级人民法院和北京银保监局辖内所有银行保险机构，更好服务北京“国家服务业扩大开放综合示范区和自由贸易试验区”两区建设。

（十）完善“金融案件多元解纷一体化平台”。北京银保监局指导北京市银行业协会进一步完善“金融案件多元解纷一体化平台”，并鼓励银行保险机构根据实际情况“能接尽接”，全面推进基于区块链技术等现代信息技术支持下的金融解纷机制创新。各级人民法院应当大力支持银行保险机构当事人通过“金融案件多元解纷一体化平台”开展纠纷化解和诉讼工作。

（十一）切实提升纠纷多元化解工作参与度和精准度。各银行保险机构应当树立“能调尽调”意识，积极配合金融纠纷调解组织或人民法院参与调解。各银行保险机构应当设置灵活适宜的调解方案，并对参与调解人员适当授权，避免调解方案过于刚性或久调不决。对于明显不具有调解可能性或当事人确已下落不明无法调解的纠纷，不再通过金融纠纷多元化解机制及平台处理。

三、提升金融案件司法工作质效

（十二）支持辖内银行保险机构依法申请诉前财产保全。辖内各银行保险机构在诉前提供被申请人明确的财产线索并申请诉前保全的，人民法院应依法予以准许。调解过程中，对于事实争议不大、标的较小且调解成功的案件，原则上要求当事人即时履行；对不能即时履行的调解成功案件，加强自动履行评估，根据当事人的实际经济情况确定履行期限和履行金额；必要时引导当事人在调解协议中约定违约、担保条款，通过加大当事人逃避债务的违约成本，促使当事人自动履行还款义务。

（十三）加强调解协议司法确认工作。北京法院特邀调解组织或调解员调解成功金融纠纷后，依法向有管辖权的人民法院申请司法确认或申请出具调解书的，各级人民法院应依照法律和司法解释等规定提供司法保障。

（十四）加强对调解组织的支持。金融纠纷调解组织应当组建业外专家调解员队伍，鼓励退休法律专业人士作为调解员参与调解工作，各级人民法院应当积极对接金融纠纷调解组织，通过示范性案例、白皮书等各种形式对其进行业务指导，提升调解组织专业化水平。鼓励辖内金融机构集聚、金融案件数量大的人民法院为金融纠纷调解组织配备专门调解室并提供工作保障，推动调解组织派员入驻或定期对接，进一步推动多元解纷工作的联动衔接。

（十五）提高诉讼文书送达效率。对各银行业金融机构按照本通知要求约定送达地址和送达方式的诉讼案件，各级人民法院应依法送达各类诉讼文书。线下送达的，送达回证上载明的日期为送达日期；电子送达的，送达信息到达确认人特定系统的日期为送达日期。对同一内容的送达材料，通过多种方式向同一确认人送达的，以最先实现送达的方式确定送达日期。法律对送达另有不同规定的，依照相关规定执行。

附件：略

中国银行保险监督管理委员会北京监管局

北京银保监局关于进一步防范人身保险佣金套利风险的通知

京银保监规〔2022〕2 号

各相关保险机构，北京保险行业协会、北京保险中介行业协会：

为进一步加强人身保险销售行为管理，防范不当激励导致的佣金套利风险，根据《中华人民共和国保险法》、《中国银保监会办公厅关于落实保险公司主体责任加强保险销售人员管理的通知》（银保监办发〔2020〕41 号）、《保险代理人监管规定》、《保险经纪人监管规定》等规定，现就有关事项通知如下：

一、本通知所称佣金套利是指人身保险销售人员（销售团队）利用保单退保现金价值、佣金以及各项业务、团队现金性奖励费用之和超过当期保费所形成的价差，从中赚取不当收益的行为。

二、各保险机构应当建立健全佣金套

利防范工作机制，涵盖销售人员招录、业务品质管理、业务及团队奖励方案设置、利益发放、合规管理等各工作环节，主要负责人直接领导，指定具体部门牵头负责，确保机制完善、运行有效。

三、各保险机构在制定业务考核、团队发展等奖励政策时，应充分考虑销售人员基本管理办法内相关利益，加强异常业务测算，合理制定奖励政策，确保各销售人员（销售团队）获取的当期佣金及现金性奖励收益、该保单退保现金价值之和不超过当期保费。新人正式进入基本管理办法考核前的各种补贴类收入可不计入当期收益。

各人身保险公司向各保险专业中介机构支付佣金的，应科学确定佣金水平，适当延长支付年限和优化支付比例，当期支付的佣金及各种费用的总和不得超过当期保费。

四、各保险机构应当建立与业务品质相挂钩的利益发放机制，将保单继续率、投诉情况等业务考核指标作为利益发放的基础，适时建立佣金及各项奖励延时发放和追索扣回机制，强化业务品质管理。

五、各保险机构应对拟招录保险销售人员开展背景调查，背景调查包括但不限于学历、征信情况、从业经历、过往业务合规品质等。

各保险机构应通过中国高等教育学生信息网等官方途径查询人员学历信息，通过北京保险机构销售人员处罚信息登记管理系统（以下简称处罚信息登记系统）查询人员相关品质信息。

六、各保险机构应当加强对业务和人力数据的监测，探索建立套利团队甄别模型，实现数据预警。如发现业务异常，应主动采取面访投保人、复核销售过程等手段核验业务真实性，降低套利风险。各保险机构应建立销售品质定期评价机制，开展追踪评估。

七、各保险机构应对存在佣金套利行为的销售人员（销售团队）、负有管理责任的人员进行追责。相关处理措施应及时录入处罚信息登记系统，并报送行业协会。

八、各保险机构发现佣金套利中涉嫌违法犯罪的，应及时向公安机关报案。

九、行业协会应做好处罚信息登记系统的更新维护工作，探索增加业务品质类指标，实现行业信息共享。行业协会应定期向行业通报涉及佣金套利人员及团队信息。

十、北京银保监局将通过非现场监测和现场检查等手段加强对公司佣金套利行为的监督，重点检查公司奖励政策合理性、人员招录规范性、业务品质监控及时性等，并依法采取监管措施。

本通知所称保险机构，是指北京地区依法经营保险业务的人身保险公司、保险专业代理机构和保险经纪机构。

本通知所称行业协会，是指北京保险行业协会、北京保险中介行业协会。

本通知自2022年12月1日起实施。

中国证券监督管理委员会北京监管局

“两区”建设绿色金融改革开放发展行动方案

京金融〔2022〕249 号

为深入贯彻落实党中央、国务院决策部署，充分发挥金融在支持首都经济绿色低碳发展和促进生态文明建设中的积极作用，深入推动“两区”建设绿色金融领域改革开放，制定本方案。

一、指导思想

坚持以习近平新时代中国特色社会主义思想为指导，全面贯彻党的十九大和十九届历次全会精神，深入贯彻习近平生态文明思想，坚持生态优先、绿色发展，紧抓北京“两区”建设契机，深入推进高水平开放，率先探索绿色金融改革创新，统筹发展和安全，切实提升绿色金融服务水平，为金融助力实现碳达峰碳中和目标、科学应对气候变化贡献“首都经验”，为加快建设国际一流的和谐宜居之都提供有力支撑。

二、基本原则

坚持绿色导向、创新发展。深入践行“绿水青山就是金山银山”理念，切实发挥绿色金融导向作用，推动资源高效利用和绿色低碳发展。加快绿色金融体制机制创新，探索金融支持绿色发展的新路径、新模式，促进绿色产业发展。

坚持首善标准、示范引领。充分发挥首都金融资源丰富、科技和产业基础雄厚、国际交流合作活跃的优势，叠加“两区”建设先行先试政策，不断提升绿色金融服务水平。加强科技创新和制度创新“双轮驱动”，促进金融科技发展和绿色技术转移孵化，拓展新产品新技术、新商业模式、新行业标准在绿色金融领域的示范应用。积极参与国际交流，持续推动全球绿色金融合作。

坚持市场运作、政府引导。充分发挥市场在资源配置中的决定性作用，完善自然资源和绿色资产的市场化定价和交易机制。在坚持商业可持续原则下，引导金融资源投向符合绿色金融标准的项目。加强政府在规划指导、服务保障、激励约束等方面作用，营造一流的绿色金融发展环境。

坚持规范运作、保障安全。坚持“首都金融安全无小事”安全理念，强化风险意识，妥善处理好金融风险防范和金融创新之间的关系，提高绿色金融领域新型风险识别和缓释能力。稳妥做好风险预警、防范、化解和处置工作，牢牢守住不发生系统性金融风险底线。

三、工作目标

将绿色金融发展与北京“两区”建设紧密结合，构建以改革开放为动力、以创新引领为特色、以低碳持续为导向、以保障安全为底线的绿色金融体系。北京城市副中心（以下简称城市副中心）绿色金融先导承载地作用进一步发挥，北京绿色金融市场能级显著提升，绿色金融产品创新更加活跃，绿色金融发展环境持续优化，更好服务绿色产业发展和绿色城市建设，支持引领全国绿色低碳发展，不断提升在绿色金融领域的国际影响力，逐步建成全方位服务研究决策和市场运行的全球绿色金融和可持续金融中心。

四、主要任务

（一）完善绿色金融市场功能

1. 推动金融机构绿色转型。鼓励金融机构从发展战略、内部治理、制度流程、产品创新、信息披露等维度进行全方位绿色转型，借鉴国内外绿色金融良好实践，丰富绿色信贷、绿色保险、绿色基金、绿色信托等金融产品与服务。鼓励金融机构率先实现自身运营层面碳中和。探索强制性金融机构环境信息披露试点的有效途径、方法和手段。推动对北京地区法人金融机构开展绿色金融业绩评价，探索评价结果拓展运用。鼓励在京绿色金融机构申报首都金融创新激励项目。

2. 提升绿色项目信贷服务能力。鼓励银行业金融机构加强对绿色项目的信贷支持。用好用足人民银行创设的碳减排支持工具，发挥“京绿融”专项再贷款工具和“京绿通”专项再贴现工具作用，提高绿色企业获贷率和信用贷款率。完善信贷政策导向效果评估制度，强化正向激励，货币政策工具优先向绿色评估结果优秀和良好的银行倾斜，引导银行加大绿色信贷投放。鼓励银行业金融机构推广能效贷款、合同能源管理收益权质押贷款、碳排放权质押贷款、生态产品抵质押贷款等信贷产品。研究完善对生产、建设、经营、贸易、消费等领域的绿色信贷统计。

3. 支持绿色债券融资。推动逐步在京建立完善绿色债券市场交易机制。支持金融机构和企业发行绿色债务融资工具与绿色资产证券化产品。加强发行绿色债券辅导培训，支持企业依法依规赴境外发行绿色债券。指导中介机构帮助绿色债券发行人提高环境信息披露质量，鼓励绿色债券发行人定期披露环境信息。将符合条件的绿色项目纳入地方政府债券支持范围，加强地方政府债券资金使用绩效管理。

4. 促进发展绿色投资。鼓励国内外绿色金融组织和机构，环境、社会和治理（ESG）投资机构，绿色金融第三方中介服务等机构在京开展业务。聚焦绿色发展，支持绿色科技孵化器和绿色股权投资基金发展，构建支持企业初创期、成长期和成熟期等各阶段的创业投资、私募股权投资基金体系。积极培育践行 ESG 理念的公募基金管理公司、银行理财公司、保险资产管理公司、私募投资基金等社会责任投资者。按照市场化、法治化原则引导担保资源向绿色信贷和绿色债券领域倾斜，保持较低综合担保费率。

5. 推动绿色保险发展。支持保险机构提升风险管理能力和防灾减灾功能，发挥商业保险在公共环境风险管理的分担作用。鼓励保险机构开展环境污染责任保险、绿色建筑性能保险、绿色产业产品质量责任保险等绿色保险业务。鼓励保险机构运用信用保证保险等产品为绿色企业和绿色项目提供增信。加强绿色企业及绿色项目融资需求信息共享，引导保险资金以股权、债券、基金等形式依法合规投资绿色低碳项目。

6. 提升绿色金融产品创新能力。组织专业机构研究编制绿色债券指数、绿色股票指数，为绿色交易型开放式指数基金（ETF）、绿色私募股权基金等金融产品提供基础数据支持。发挥基础设施领域不动产投资信托基金（REITs）对绿色项目的支持作用。加大碳核算结果应用，推动金融机构开发差异化的金融产品。

7. 引导绿色企业上市融资和再融资。推动北京证券交易所建立与绿色发展有机结合的体制机制。发挥上市工作联动机制作用，充分发挥“钻石工程”、企业上市综合服务平台、北京企业上市培育基地作用，对从事绿色产业的企业实施针对性辅导，加强 ESG 培训，筛选确定一定数量拟上市绿色企业进行重点培育。支持符合条件的上市绿色企业通过并购布局全产业链，通过增发等方式进行再融资。

8. 推动绿色交易有序发展。推动北京绿色交易所在承担全国自愿减排等碳交易中心功能的基础上，升级为面向全球的国家级绿色交易所。在国家主管部门指导下，加强与国际专业组织对接交流，探索参与国际性自愿减排交易的路径。深化碳排放权交易试点，按照国家有关安排，推进用能权交易试点，探索开展碳排放权等各类环境权益及绿色资产交易和抵质押服务。不断完善反映企业（项目）的碳排放核算评价体系。鼓励第三方机构开展绿色企业、绿色项目和绿色产品评价认证服务，完善绿色交易生态体系。

9. 加强城市副中心绿色金融资源布局。鼓励银行业金融机构在城市副中心设立绿色金融专门机构，加快设立国际绿色投资集团。在城市副中心运河商务区、交通枢纽等地率先建设绿色金融机构、国际绿色金融组织、绿色金融基础设施等集中承载地，按照相关规定，符合条件的机构可享受开办费用、办公用房补助等资金支持。

（二）支持绿色产业发展和绿色城市建设

10. 推动金融精准支持产业升级。以《绿色产业指导目录》《绿色技术推广目录》《绿色债券支持项目目录》为基础，在绿色技术研发推广和产业化应用、绿色产业培育发展和传统产业绿色升级改造等重点领域，加大绿色金融服务和产品供给，推出一批绿色金融助力高质量发展示范项目。在节能、减污降碳、生物多样性保护、矿山水体修复、循环经济发展、城市更新、基础设施绿色化改造、绿色建筑发展、农业废弃物资源化利用等市场潜力大的领域积极探索推广金融工具创新，加快形成绿色产业新增长点。鼓励证券公司、基金管理公司等金融机构提供多样化的金融服务，培育节能环保龙头企业和上市公司。

11. 强化对绿色建筑、绿色交通的金融支持。推动金融机构将信贷资源等高效配置到绿色建筑发展领域，加大金融对新建高星级绿色建筑、装配式建筑、既有建筑节能绿色化改造等绿色建筑项目的支持力度，支持居民合理的建筑绿色消费需求。推动城市副中心新建建筑全面执行绿色建筑二星级及以上标准，新建大型公共建筑执行三星级绿色建筑标准。支持实现汽车产业设计、制造、消费流通、使用出行全链新能源化，重点服务好新能源汽车设计制造、“油换电”推广、智慧充电桩、智能电网等绿色项目。加强绿色建筑监管体系建设，加强绿色交通行业监管指标的制定，做好与金融标准的衔接配合，为绿色金融标准体系建设提供专业化支撑。

12. 加大对农业农村现代化建设和生态环境协同治理的金融支持力度。鼓励金融机构提供支持农业农村现代化建设的绿色金融服务，探索创新林业经营收益权、公益林补偿收益权和林业碳汇收益权等质押贷款业务。加强城市副中心与津冀相关区域协作，探索创新区域生态环境治理绿色金融产品，促进绿色金融服务协同发展。

13. 积极参与国家气候投融资试点。支持具备条件的区参与国家气候投融资试点，引导各类资金有序投入减缓和适应气候变化的领域。鼓励金融机构开发气候友好型的绿色金融产品，在风险可控、商业可持续的前提下，对区内重大气候项目提供有效的金融支持。鼓励和培育区内符合条件的气候友好型企业通过资本市场进行融资和再融资。

14. 推动绿色生活方式变革。探索非控排企业、公共机构、公众共同主动参与碳减排行动的市场化路径。发展移动支付，引导相关机构基于移动支付工具推出个人节能减排产品。量化绿色出行等低碳生活方式的减排效应，进一步扩大绿色低碳金融产品供给和消费，开展“北京MaaS平台”等绿色低碳社会行动示范创建，倡导绿色低碳生活方式。

（三）深化绿色金融国际合作

15. 推动绿色产业国际投融资。积极争取与世界银行、亚洲基础设施投资银行、亚洲开发银行、法国开发署等开展绿色项目合作。发挥北京“两区”建设政策优势，为绿色企业提供更便利的跨境投融资服务。支持金融机构和绿色企业探索开展跨境绿色信贷资产证券化、绿色债券、绿色股权投融资等业务。支持在副中心设立绿色产业服务中心，推动国际绿色产业投融资合作。发挥《“一带一路”绿色投资原则》影响力，促进“一带一路”可持续基础设施建设和全球可持续供应链融资。支持国际绿色投资机构参与合格境外有限合伙人（QFLP）、合格境内有限合伙人（QDLP）试点，在现行法律法规框架下，推动在境内外设立绿色私募平行基金。

16. 建设国际绿色智库。成立北京绿色金融国际顾问委员会，每年定期召开顾问咨询会议。鼓励北京绿色金融与可持续发展研究院等研究机构围绕金融机构ESG投资能力建设、绿色科技、低碳城市基础设施融资等重点领域开展专题研究。支持特许金融分析师协会在北京市设立绿色金融培训教材或案例编写基地。组织设计高水平绿色金融课程，面向政府、企业、金融机构和公众推广绿色金融理论和方法，强化绿色发展理念。

17. 深度参与全球绿色金融治理。建立北京与其他国际金融中心城市在绿色金融领域的对话交流，加强与可持续金融国际平台（IPSF）、央行与监管机构绿色金融网络（NGFS）、国际标准化组织可持续金融技术委员会（ISO/TC 322）等国际平台的交流合作。推广《气候友好银行北京倡议》理念，积极拓展绿色金融国际合作空间。

18. 高水平举办绿色金融论坛。发挥中国国际服务贸易交易会、金融街论坛、中关村论坛等国家级平台作用，加强国际绿色金融研讨。支持国际金融论坛、中国金融学会绿色金融专业委员会年会、金融支持绿色科技年会、中国资管行业ESG投资高峰论坛等绿色金融论坛在京举办。

（四）完善绿色金融基础设施

19. 加快建设绿色项目库。加快建设绿色项目库，出台北京市企业（项目）融资绿色认定评价办法，推动符合标准的绿色企业和绿色项目纳入项目库。充分发挥政银企对接机制作用，促进绿色金融领域产融对接。

20. 推动金融科技赋能绿色服务链。

探索数字人民币在绿色金融领域试点应用。加强政府环境信用信息整合和区块链技术应用，探索建立服务全国、面向全球的绿色金融智能评价体系，从源头上解决绿色数据缺失等问题，不断完善绿色信用体系。

21. 探索构建与国际接轨的绿色金融标准体系。加强绿色金融标准制定执行，探索开展国内统一、国际接轨的绿色信贷、绿色债券、绿色基金等标准应用，促进绿色金融标准在国内外双向交流。优先探索在城市副中心实践并完善绿色金融标准和信息披露制度。鼓励金融机构在金融产品设计和风险管理中，加快绿色金融标准的应用推广。支持联合国负责任投资原则组织（PRI）、国际资本市场协会（ICMA）、气候债券倡议组织（CBI）等国际领先的绿色标准认证和评级机构在京发展。

22. 建立健全绿色金融风险防范化解机制。加强信息共享机制，为金融机构获得绿色产业项目信息、企业环境、社会和治理风险相关信息提供便利，及时向金融机构提示相关风险。鼓励金融机构使用环境压力测试和情景分析等方法，对金融机构在气候变化、环境监管和可持续发展等压力情景下面临的信用风险、市场风险和其他金融风险进行量化分析，强化环境风险管理。鼓励金融机构根据自身实际积极运用大数据、区块链、人工智能等科技手段提升绿色金融管理水平，结合业务特点采取差异化、便捷化的管理措施，提高环境风险管理的覆盖面和有效性。鼓励机构投资者公开披露绿色信息或可持续投资信息，提升对所投资资产涉及的环境风险和碳排放的分析能力。引导金融机构做好风险监测、预警、评估、缓释和控制。加强绿色金融监管协同，积极稳妥做好风险防范化解工作。

五、保障措施

（一）加强组织协调。在“两区”工作领导小组指导下，建立由市领导统筹，北京市地方金融监督管理局、中国人民银行营业管理部牵头的绿色金融专班工作机制，与市内各相关部门加强协作、形成合力，持续推动绿色金融改革开放发展工作，强化跟踪评估，及时总结经验。设立绿色金融专家委员会，提供绿色金融和绿色产业专业意见。对推进工作中遇到的新情况、新问题，涉及本市事权的，及时协调解决；如遇重大政策突破事项，根据“一事一报”原则，按程序报批后实施。

（二）加强调查研究和宣传培训。会同行业主管部门、金融监管部门、专家智库等，加强调查研究，为进一步发展绿色金融提供决策咨询和参考。加强宣传培训引导，增强环保法治意识，创造良好的外部环境。充分利用各类传媒，依托首都金融媒体联盟，积极宣传推广绿色金融政策、标准和实践，普及绿色金融理念，增强绿色金融法治意识，不定期发布北京市探索绿色金融的成果和经验。倡导绿色生活方式，构建全民参与的绿色发展格局。

（三）加强资金、人才保障。发挥财政政策资金对重点领域和薄弱环节的支持引导作用。研究建立绿色金融发展的财政支持政策，研究论证和评估测算财政补贴的对象、范围、比例等，提高财政补贴的精准性、针对性、实效性。大力吸引具有国际视野的绿色金融人才，加大青年绿色金融人才培育和集聚力度，对做出突出贡献的绿色金融人才，给予金融创新奖励。加大绿色金融高层次人才引进力度，完善绿色金融高层次人才引进机制，将符合要求的绿色金融高层次人才纳入各级人才引进计划，对入选重大人才引进计划的在居住、出入境、工作许可证等方面提供支持和便利。支持符合条件的金融机构、科研院所、绿色环保企业设立绿色金融博士后科研工作站和绿色金融研究机构，培养绿色金融领域和绿色生态产业领域的复合型人才。

北京市地方金融监督管理局

关于发布《北京市地方金融组织监管评级与分类监管办法》的通知

京金融〔2022〕185 号

各有关单位：

为加强北京市地方金融组织的事中事后监管，实现对地方金融组织的分级分类动态监督管理，促进持续健康发展，根据《北京市地方金融监督管理条例》等相关规定，北京市地方金融监督管理局制定了《北京市地方金融组织监管评级与分类监管办法》，现予以发布，自发布之日起实施。

特此通知。

北京市地方金融监督管理局

2022 年 6 月 24 日

北京市地方金融组织监管评级与分类监管办法

第一章　总　则

第一条　为加强北京市地方金融组织的事中事后监管，实现对地方金融组织的动态监督管理，促进地方金融组织持续健康发展，根据《北京市地方金融监督管理条例》等相关规定，制订本办法。

第二条　本办法适用于北京市行政区域内依法设立的地方金融组织法人机构的监管评级与分类监管。

本办法所称地方金融组织，是指国家授权由地方实施监督管理的小额贷款公司、融资担保公司、区域性股权市场、典当行、融资租赁公司、商业保理公司、地方资产管理公司、地方交易场所以及国家授权地方监督管理的其他金融组织。

第三条　北京市地方金融监督管理局（以下简称市金融监管局）负责统筹组织实施地方金融组织的监管评级与分类监管工作。根据需要，监管评级工作可聘请专业机构提供服务，并与其签署保密协议。行业自律组织可协助开展监管评级工作。

第四条　地方金融组织监管评级与分类监管是指市金融监管局根据日常监管掌

握的情况以及其他相关信息，按照本办法对地方金融组织的公司治理与信用管理、经营情况与财务状况、业务合规与风险管理等要素作出评价判断，对地方金融组织进行监管评级，并根据评级结果依法依规对地方金融组织进行分类监管。

第五条 监管评级要坚持以下工作原则：

全面性原则。依据地方金融组织全面信息，综合分析地方金融组织合规情况、经营情况与风险水平状况等信息。

客观性原则。市金融监管局应严格依照评级操作程序规范开展评级工作，保证评级结果客观公正。

真实性原则。参评地方金融组织应确保报送资料的真实、准确、完整和及时。

第二章 评级要素和等级划分

第六条 地方金融组织监管评级要素主要包括公司治理与信用管理、经营情况与财务状况、业务合规与风险管理以及加分事项。要素下分为若干要点，每个要点根据重要程度赋予一定分值，具体如下：

（一）公司治理与信用管理

要点包括组织架构、内部控制、制度建设、信用情况等。

（二）经营情况与财务状况

要点包括注册资本、经营规模、资产状况、盈利水平等。

（三）业务合规与风险管理

要点包括监管配合、监管指标、信息报送、信访投诉、信用风险、风险处置等。

（四）加分事项

党建工作突出、积极履行社会责任的可酌情予以加分。

第七条 评级结果根据各评级要素得分，按照要素权重加权汇总后确定得分，总分为100分。总分超过100分的，记100分。

第八条 评级等级共分五级，以A级、B级、C级、D级和E级表示，特殊情形列为S级，其中：

A级：得分为90分（含）以上。公司治理规范，运营稳健，业务活动总体合规，积极认真落实各项监管要求，风险管理能力与持续发展能力较强。

B级：得分为80分（含）至90分。公司治理基本规范，运营正常，业务活动基本合规，基本落实各项监管要求，具有风险管理能力与持续发展能力。

C级：得分为70分（含）至80分。公司治理不够规范，运营存在薄弱环节，业务活动存在一定违规，能基本落实各项监管要求，风险管理能力与持续发展能力有待提升。

D级：得分为60分（含）至70分。公司治理不规范，运营不良，业务活动存在较为严重的违规，落实各项监管要求能力弱，存在一定风险隐患。

E级：得分为60分以下。公司治理混乱，运营异常，业务活动存在重大违法违规，不能落实监管要求，存在较大风险隐患。

S级：处于正在退出行业、因重组无法正常展业等情形的地方金融组织，经市金融监管局认定后直接列为S级。

新设立未满一个完整会计年度的地方金融组织不参加监管评级。

第九条 地方金融组织或人员在经营活动中出现下述情形之一并经有关部门认定的，不得高于D级：

（一）无正当理由，拒不配合监管工作；

（二）存在重大经营风险；

（三）报送虚假信息；

（四）重大舆情应对不当，造成不良后果；

（五）存在其他较为严重违规经营行为或风险事项。

第十条 地方金融组织或人员在经营活动中出现下述情形之一并经有关部门认定的，应当评为 E 级：

（一）无正当理由，拒不配合监管工作，情节恶劣；

（二）涉嫌非法集资、吸收存款或者变相吸收存款等严重违法违规；

（三）存在涉众风险，严重影响金融秩序稳定；

（四）明显丧失持续经营能力；

（五）存在其他严重违规经营行为或风险事项。

第三章 评级程序

第十一条 地方金融组织监管评级程序包括年度评级方案制定、信息收集、评审、结果反馈等环节。

第十二条 市金融监管局根据国家监管要求、地方金融组织经营与风险、监管规则和关注重点等因素，制定各行业监管评级实施方案并组织实施。

第十三条 市金融监管局应加强地方金融组织信息系统建设，综合利用现代信息技术手段不断完善监管评级工作。

第十四条 监管评级工作应充分结合地方金融组织的经营情况与财务信息、通过现场检查或非现场监管掌握的监管信息、与地方金融组织相关的投诉信息及外部舆情信息等，开展综合分析研判。

区人民政府负责金融工作的部门（以下简称区金融工作部门）应及时向市金融监管局报送现场检查报告、日常监管信息、信访投诉情况等相关资料。

第十五条 市金融监管局按照定量因素与定性因素相结合、总量分析与结构分析相结合的原则，根据本办法规定的评级要素明确各行业监管评级具体指标。

第十六条 市金融监管局将确定的评级结果告知地方金融组织。

地方金融组织对评级结果有异议的，应在 5 个工作日内书面提出复核申请，并提供佐证材料。市金融监管局进行复核并将复核结果反馈地方金融组织。

第十七条 地方金融组织的监管评级周期为一年，评价期为上一年度 1 月 1 日至 12 月 31 日。

第四章 评级结果运用

第十八条 市金融监管局和区金融工作部门根据评级结果，对地方金融组织进行分级分类动态监督管理：

（一）评级为 A 级的地方金融组织，可适当减少现场检查频次，以非现场监管为主。

市金融监管局和区金融工作部门支持其依法开展创新业务及享受相关政府扶持、奖励政策。

（二）评级为 B 级的地方金融组织，关注监管评级中得分较低的要素，视情安排现场检查。根据需要以谈话等方式督促进行规范提升。

在风险可控的前提下，市金融监管局和区金融工作部门支持其依法开展创新业务及享受相关政府扶持、奖励政策。

（三）评级为 C 级的地方金融组织，给予监管关注，开展现场检查或专项检查。可通过监管谈话、风险提示等方式督促加强内部治理与风险管理，及时整改。

在整改达到风险可控的前提下，市金

融监管局和区金融工作部门审慎支持其依法开展创新业务及享受相关政府扶持、奖励政策。

（四）评级为 D 级的地方金融组织，加强日常监管，有针对性地提高现场检查频次。可以采取出具警示函、责令限期改正等措施，督促整改，防范化解风险。

（五）评级为 E 级的地方金融组织，加大检查力度，强化监管措施，督促全面整改，稳妥处置风险。对明显丧失持续经营能力的，引导退出行业。

第十九条 通过本办法确定的地方金融组织监管评级结果，原则上仅供市金融监管局及区金融工作部门内部使用且不对外公开。

地方金融组织不得将评级结果用于广告、宣传、营销等商业目的。

第五章 附 则

第二十条 通过本办法确定的地方金融组织监管评级结果仅作为市金融监管局和区金融工作部门对地方金融组织分级分类监管的依据，不代表对地方金融组织实际经营情况及自身风险现状的保证或对地方金融组织的增信。

第二十一条 市金融监管局负责本办法的组织实施，并拥有最终解释权。

第二十二条 本办法自发布之日起实施。

附：

2022 年文件与规章目录选编

中国人民银行营业管理部

1. 中国人民银行营业管理部 北京市地方金融监督管理局关于印发《北京市数字人民币试点实施方案》的通知

银管发〔2022〕43 号

2. 中国人民银行营业管理部 国家外汇管理局北京外汇管理部关于印发《金融支持抗疫纾困和经济社会发展专项行动方案》的通知

银管发〔2022〕45 号

3. 中国人民银行营业管理部 中国人民银行天津分行 中国人民银行石家庄中心支行关于印发《京津冀协同发展人民银行三地协调机制 2022 年工作要点》的通知

银管发〔2022〕48 号

4. 中国人民银行营业管理部 国家外汇管理局北京外汇管理部关于印发《关于支持北京“两区”建设 提升地区跨境贸易投融资便利化水平的意见》的通知

银管发〔2022〕56 号

5. 中国人民银行营业管理部 北京市经济和信息化局关于印发《关于加快推动首贷补贴政策落地实施的行动方案》的通知

银管发〔2022〕68 号

6. 中国人民银行营业管理部 北京市地方金融监督管理局 西城区人民政府关于印发《数字人民币金融街示范街区建设方案》的通知

银管发〔2022〕96 号

7. 中国人民银行营业管理部等部门关于印发《金融服务北京地区科技创新、“专精特新”中小企业健康发展若干措施》的通知

银管发〔2022〕98 号

中国银行保险监督管理委员会北京监管局

1. 北京银保监局 北京市高级人民法院关于推进个人贷款业务送达地址确认及完善金融纠纷多元化解机制的通知

京银保监规〔2022〕1号

2. 北京银保监局关于进一步防范人身保险佣金套利风险的通知

京银保监规〔2022〕2号

3. 北京银保监局关于做好辖内新市民金融服务工作的通知

京银保监发〔2022〕118号

中国证券监督管理委员会北京监管局

1. 北京证监局关于做好2022年辖区资产证券化业务相关工作的通知

京证监发〔2022〕125号

2. 北京证监局关于做好2022年辖区公司债券相关工作的通知

京证监发〔2022〕127号

3. 关于开展“明规则、识风险、理性投资壬寅年”投资者保护主题教育活动的通知

京证监发〔2022〕130号

4. 北京证监局关于印发《北京辖区依托互联网平台开展防非宣传与网络清理工作方案》的通知

京证监发〔2022〕175号

5. 关于开展北京辖区2022年防范非法证券期货宣传月活动的通知

京证监发〔2022〕272号

6. 关于开展“守住钱袋子·护好幸福家”防范非法集资宣传月活动的通知

京证监发〔2022〕302号

7. 关于组织开展《个人投资者股票投资决策及财富管理问卷调查》的通知

京证监发〔2022〕309号

8. 关于开展2022年“金融知识普及月 金融知识进万家 争做理性投资者 争做金融好网民”活动的通知

京证监发〔2022〕560号

9. 关于开展资本市场金融科技创新试点（北京）第二批项目征集遴选工作的通知

京证监发〔2022〕656号

10. 北京证监局关于开展辖区公平竞争政策宣传周活动有关事宜的通知

京证监发〔2022〕697号

11. 关于组织投资者参加《2022年投资者知权、行权、维权现状调查》的通知

京证监发〔2022〕699号

12. 北京证监局关于开展辖区2022年“宪法宣传周”活动的通知

京证监发〔2022〕756号

北京市地方金融监督管理局

1. 北京市“十四五”时期金融业发展规划

京金融组发〔2022〕1号

2. 关于北京安全生产责任保险支持参保企业应对新型冠状病毒感染的肺炎疫情的若干措施

京应急发〔2022〕14号

3. 印发《关于推进北京全球财富管理中心建设的意见》的通知

京金融〔2022〕157号

4. 关于发布《北京市地方金融组织监管评级与分类监管办法》的通知

京金融〔2022〕185 号

5. 关于印发《关于对科技创新企业给予全链条金融支持的若干措施》的通知

京金融〔2022〕190 号

6. 关于印发《北京市地方金融组织行政许可实施办法》的通知

京金融〔2022〕223 号

7. 关于印发《“两区”建设绿色金融改革开放发展行动方案》的通知

京金融〔2022〕249 号

8.《关于北京保险业支持科技创新和高精尖产业高质量发展的通知》

京银保监发〔2022〕310 号

七、专题与调研

大数据时代征信领域个人信息应用现状与监管问题研究

——以银行业金融机构为例

中国人民银行营业管理部

一、引言

完善的金融基础设施对经济增长具有重要意义。征信体系作为一项重要的金融基础设施，在防范和化解金融风险、维护金融稳定、破解企业融资过程中的信息不对称等方面发挥了明显作用。在数字经济时代，随着人工智能、大数据、云计算、区块链等新兴技术的快速发展和应用，金融行业产品创新和业务变革不断加速，新型线上金融活动和金融业态不断涌现，使信息采集与使用的深度和广度不断拓展，信息共享程度不断加深，对征信安全和合规管理的要求不断提升。本课题综合运用文献综述法、调研法等，一方面对不同类型的商业银行开展调研，了解分析当前个人征信信息市场的现状；另一方面结合实际监管工作，分析当前监管实践中面临的问题和困境，并力争提出切实可行的政策建议，不断提升监管效能。

二、个人征信市场现状分析

为了解个人征信信息使用情况，课题组对全国 408 家银行的外部数据合作情况进行调研，调研对象覆盖全国性商业银行、股份制商业银行、城市商业银行、村镇银行、外资银行等多种类型，共收集到外部数据合作项目 2 004 个。

从机构类型来看，政府部门及其事业单位、科技公司及数据公司仍是商业银行合作的主力军，征信机构的市场占有份额十分有限，数据和技术优势未能得到较高的市场认可度。随着《征信业务管理办法》过渡期临近结束，商业银行正有序开展信息服务机构切换工作，征信机构的地位和市场份额将显著提高，为推动征信市场高质量发展作出更大贡献。

从数据内容来看，涉及最多依次为身份信息、债务信息和通信信息，其他信息还包括财产信息、公积金缴存信息、交通信息等。从数据类型的分布可以看出，替代信息对于商业银行已处于十分重要的地位，尤其是身份、通信等校验类信息几乎成为每家银行的基本采购项目。此外，债务信息依然是信贷模型中的核心数据，在商业银行数据采购中占比较高。

从数据类型来看，商业银行获取的外部个人信息中，近半数是加工数据，包括客户画像、信用评分等；约三成提供原始数据，还有部分提供清单数据，如负面清单等。总体来看，大部分个人信息服务机构会对数据进行不同程度的加工，既包括简单的统计分析，也包括复杂的模型处理，加工方法或为个人信息服务机构的竞争优势所在。

三、个人征信信息的应用案例

（一）全国逾 750 万人被法院认定为“老赖”

“老赖”通常指最高人民法院公布的

失信被执行人（含自然人和法人主体）。根据最高人民法院发布的《关于公布失信被执行人名单信息的若干规定》，其认定标准是被执行人未履行生效法律文书确定的义务，并存在具有履行能力而拒不履行或以伪造证据、暴力、威胁等方法妨碍、抗拒执行等情形之一，在法律意义上被判定为“失信”的被执行人。

2013 年 10 月，最高人民法院开通失信被执行人查询平台。2019 年底，失信被执行人数量达到峰值 1 590 多万人，因存在履行完义务等因素从失信名单中退出及同一执行人因多个案件被多次纳入失信名单的情形，最高人民法院调整了统计口径，失信被执行人数量降至 570 万人。截至 2022 年 12 月 31 日，最高人民法院公布中的失信被执行人共 799 万人。

（二）“老赖”信息被纳入征信系统，成为信贷审批的“一票否决”

2016 年，最高人民法院与中国人民银行等 44 个部门联合签署了《关于对失信被执行人实施联合惩戒的合作备忘录》，失信被执行人信息被纳入央行征信系统，征信系统接入机构可直接查询相关信息。目前，失信被执行人信息由最高人民法院采取人工方式动态更新，未建立系统批处理。当失信被执行人履行全部义务，达成和解协议或经人民法院依法裁定终结执行，最高人民法院将其有关信息从失信被执行人名单库中删除，并同步至人民银行征信系统。据调查，失信被执行人在信贷审批过程中属于“一票否决”项，对相关企业和个人的融资能力产生重大影响。

四、监管中面临的问题或困境

（一）法律法规规定与实际监管的落地衔接尚未形成有效范式

《个人信息保护法》《数据安全法》《征信业务管理办法》等法律法规中大多为基本的原则性规定，缺少具体的制度安排，缺乏监管和执法的可操作性。以信息的定义为例，尽管从法律层面上对个人信息和信用信息的定义已基本明确，但在日常监管和执法中仍需基于一定的个人经验和主观判断进行确认。如银行所采集的各类信息是否属于“为金融等活动提供服务”，目前各银行的理解并不相同；《个人信息保护法》中“基于个人同意处理个人信息的，该同意应当由个人在充分知情的前提下自愿、明确作出”，也未明确取得个人同意的具体标准。

（二）部门内部、部门之间尚未形成有效监管合力

目前，银行合作的外部数据机构种类多样，既包括政府部门及其管理的事业单位、水电煤等公用事业单位、电信运营商，也包括取得合法征信业务资质的征信机构，还包括从事数据服务的大数据公司、金融科技公司等。人民银行对商业银行和持牌征信机构负有监督管理职责，但对于其他类型的数据提供者监管力度有限。一方面，《征信业务管理办法》第五条明确规定，“金融机构不得与未取得合法征信业务资质的市场机构开展商业合作获取征信服务”，压实了征信机构对信息提供者、信息使用者的审查责任，明确了征信机构在信息流转环节中的核心责任，也增加了人民银行作为征信机构主管部门的监管执法难度。另一方面，数据服务公司等机构的监管权限不在人民银行，间接监管力度有限，要实现数据流转全链条管理仍需加强跨部门、跨地域协同监管。

（三）新技术的快速发展对金融监管部门提出更高要求

当前，金融活动线上化、数字化趋势

日益明显，对监管部门提出了新的挑战。一方面，数字时代的信息量呈指数式爆发增长，这意味着监管部门实现全面、有效监管的工作量也呈几何式增加，传统的监管手段难以实现“无死角”监督管理，监管部门与商业银行之间信息不对称大大增加。另一方面，面对线上化业务等新型业务形态，监管部门需要摆脱固有的思维模式，既要对新技术、新业务、新场景进行主动深入研判和分析，又要打造具有专业技能的人才队伍，才能跟上金融创新发展的脚步，准确识别金融活动中潜在的信息泄露、信息滥用等风险。

（四）部分银行对征信信息安全与信息保护重视程度有待提升

一是征信信息安全意识仍需强化。当前，部分商业银行并未将信息安全与保护工作纳入整体风险管理框架中，工作机制局限于征信等特定领域，缺乏全行层面的整体统筹，跨条线协作不畅。近年来中国银行、农业银行、华夏银行等多家银行因侵犯个人信息被处罚，这反映出相关问题较为突出。二是部分银行信息管理机制流于形式。尽管《中国人民银行关于进一步加强征信信息安全管理的通知》明确要求接入机构等征信信息安全主体应当成立征信信息安全工作领导小组，由领导层中分管征信工作的负责人担任第一责任人，但在实际检查过程中，仍存在内控制度不完善或落实不到位、领导层决策部署缺失、合规培训覆盖面不足等问题。

五、政策建议

（一）丰富监管内涵，加快完善个人征信信息相关法律体系

一方面，完善个人征信信息相关的法律法规体系，尽快出台《个人金融信息保护办法》和征信领域专门的监管细则，加强金融领域个人信息保护力度。另一方面，仔细研读相关法律法规，加强与法律部门的交流沟通，学习并借鉴已有的执法检查和监管实践经验，在部门内部加紧形成监管范式。

（二）强化监管联动，建立个人征信信息全流程监管机制

对内加强与消费者权益保护等部门的协同配合，运用多方数据交叉验证及时发现风险；探索商业银行与征信机构的联动监管，增强监管的有效性和威慑力。对外加强与网信部门、发展改革委、商务部等部门的协同合作，研究建立关于个人征信信息搜集、存储、使用、加工、传输、提供等各个环节的管理规程，明确各部门的权利和义务，建立信息共享和工作联动机制，对掌握大量个人征信信息的征信机构或平台进行全方面监管。

（三）坚持科技赋能，打造以科技手段为支撑的监管执法模式

积极主动运用现代科技手段提升监管效能，综合开发运用各类内外部信息资源，及时准确掌握金融机构和金融市场的相关重要信息，探索建立实时、全量、多维度的数字化监管系统，加强风险分析研判，真正做到早识别、早发现、早预警、早纠正、早处置，持续提升监管反应速度，提高监管手段的针对性和精确性，不断完善监管执法模式。

（四）加大监管力度，引导商业银行做好征信信息管理的全局性部署

鼓励商业银行设立董事会直属的信息安全管理专职部门，建立健全征信信息管理内控机制，增强信息安全防护意识，将培训学习和警示教育落到实处，不断完善内部监督和惩戒机制。同时，加强对征信

信息管理领域违法违规行为的惩处力度，始终保持“零容忍”的高压态势，提高商业银行的违规成本。

（杨媛媛　赵睿）

建议改进绩效考核 提升银行推动跨境人民币使用的内驱力

中国人民银行营业管理部

一、银行跨境结算本外币收益差异主要来自结售汇收益和息差收益

（一）跨境结算业务手续费收费标准一致，无币种差异

调查显示，跨境业务收益主要来源之一为结算手续费收入。银行手续费类型包括汇款手续费、汇款查询/修改/止付、进口代收费和出口托收费及进出口信用证开立手续费等。以汇款手续费和信用证开立手续费为例，汇款手续费标准为汇款金额的1‰，最低50元、最高1 000元；汇款查询/修改/止付等业务100元/笔。进口信用证开立手续费标准为开证金额的0.75‰～1‰，最低300元。手续费收费标准统一，不会因币种不同而产生收益差异。

（二）汇兑收益占跨境业务收益的一半以上，结售汇业务成为外币结算收益主要来源

调查显示，银行售汇点差为0.4～1.36个百分点，售汇平均点差约为0.91个百分点；银行结汇点差为0.4～1.3个百分点，结汇平均点差约为0.82个百分点。以10亿元人民币售汇为例，银行售汇的收益区间为［61.68，209］万元，13家银行售汇收益平均值为139.91万元；以等值10亿元人民币的外汇结汇为例，银行结汇收益区间为［61.68，200］万元，13家银行结汇收益平均值为126.04万元。综合来看，等值10亿元人民币的外币业务比人民币业务能够给基层网点创造的汇兑收益约为130万元。

被调研银行表示，银行跨境收支过程中因结算币种不同的收益差异直观地体现在结售汇收益方面，结售汇业务收益占银行跨境结算业务收益约一半以上，是银行中间业务收入的重要组成部分。

（三）量价双重劣势导致银行外币贸易融资平均收益是人民币贸易融资平均收益的6倍

调查显示，银行人民币贸易融资收益率区间为［0.0046%，1.2%］，平均收益率约为0.26%，外币贸易融资收益率区间为［0.0168%，0.909%］，平均收益率约为0.33%；人民币贸易融资平均收益率比外币贸易融资平均收益率低0.07%。由于人民币贸易融资规模远低于外币贸易融资规模，量、价双重劣势导致本外币在贸易融资业务上的收益差异明显。以我国进口商对外付款10亿元人民币（或等值外币）并进行3个月贸易融资试算[①]，以外币结算产生的综合收益约

① 试算综合收益包含跨境结算手续费、贸易融资收益和结售汇收益。

为 1 820 万元；以人民币结算产生的综合收益约为 1 600 万元。因此，以等值 10 亿元人民币跨境付款试算，使用"外币结算 + 外币贸易融资"比使用"人民币结算 + 人民币贸易融资"银行收益多 220 万元，其中基于不同币种贸易融资收益率产生的收益差异约为 80 万元。

实践中，被调查的 13 家银行中，仅 8 家办理过人民币贸易融资业务，人民币贸易融资规模实际发生金额合计仅为 92.52 亿元①人民币，银行收益区间为［10，1 000］万元，平均收益约为 294 万元；13 家银行均办理过外币贸易融资业务，外币贸易融资规模合计为 974.30 亿元②人民币，银行收益区间为［150，6 000］万元③，平均收益约为 1 723 万元。外币贸易融资规模是人民币贸易融资规模的 10 倍；外币贸易融资平均收益约为人民币贸易融资平均收益的 6 倍。

（四）跨境人民币结算资金沉淀收益高于外币结算资金沉淀收益，但未计入银行跨境部门收益考核

调查显示，在银行内部计价中人民币活期存款息差收益率④区间为［2.15%，3.15%］，平均息差收益率约为 2.65%；外币活期存款息差收益率区间为［0.02%，0.61%］，平均息差收益率约为 0.32%。人民币活期存款平均息差收益率（2.65%）高出外币活期存款平均息差收益率（0.32%）2.33 个百分点。按此计算，同等规模的本外币跨境收支，形成境内资金沉淀所产生的人民币存款收益远高于外币存款收益。以我国出口商跨境收款 10 亿元人民币（或等值外币）并留存境内 3 个月活期存款试算，以外币⑤结算留存 3 个月外币存款银行综合收益为 78.9 万元；以人民币结算留存 3 个月人民币存款银行收益为 653.42 万元。人民币资金沉淀收益约是同期限外币资金沉淀收益的 8 倍。资金沉淀可以产生相应的存款（活期或定期）收益、理财收益、单证保证金收益或是资金衍生品收益。

实践中，被调研银行中有 92.3% 表示跨境资金沉淀会产生相应收益，但该部分收益未计入跨境结算考核。其中，25% 的银行表示对于存款资金沉淀由总行统一管理，分行层面并不了解该部分收益如何计算。其余 75% 的银行表示跨境资金沉淀会产生存款收益，但该部分收益未进行量化也未计入对国际业务管理部门的考核。

二、外币考核激励措施相对长效完备，人民币考核激励措施有待完善

（一）各行均进行外汇国际收支考核，结售汇业务计入外币结算考核、量价并重产生中间业务收入，而跨境人民币业务仅有量的考核，三成银行跨境人民币业务并入外汇业务考核

调查显示，各行对外币结算业务均进行国际收支考核，76.9% 的银行表示除了外汇的国际收支全口径考核之外，对跨境

① 数据统计口径为：13 家银行 2021 年前三个季度实际发生额。

② 外币贸易融资规模按外币实际规模折算成人民币金额，汇率按国家外汇管理局官方网站 2021 年 9 月 30 日公布汇率。

③ 数据统计口径为：单家银行 2021 年前三个季度实际发生额。

④ 人民币/外币活期存款息差收益率 = 人民币/外币活期存款内部资金转移定价（FTP）－人民币/外币对客活期存款利率。

⑤ 试算时，汇率按国家外汇管理局官方网站 2021 年 9 月 30 日公布人民币兑美元牌价 6.4854 进行折算。

人民币业务进行了单独考核，其余银行（浦发银行[①]、宁波银行、北京银行）实行本外币合并考核。从实际效果看，对跨境人民币业务单独考核的银行在北京地区排名[②]均位居前列。

各行外币考核指标除了国际贸易结算业务，还考核对公结售汇业务，分别考核业务规模和规模增速。同时，对公结售汇业务量能直接计算出对应的银行中间业务收入，形成量价并重的考核模式；跨境人民币业务的考核指标主要是跨境人民币业务结算规模和规模增速。

（二）外币结算已建立长效奖励机制，人民币考核激励多为短期专项活动

调查显示，各家银行均已建立外币长期考核激励机制，形成固定外汇人员岗位津贴，而跨境人民币则多为阶段性、主题式专项活动奖励。其中，仅 53.8% 的银行单独制定了跨境人民币的奖励措施，包括工商银行、中国银行、建设银行、交通银行、民生银行、兴业银行、平安银行。如工商银行北京市分行、中国银行北京市分行对辖内机构开展跨境人民币业务专项营销竞赛，对于表现突出的支行给予额外奖励。交通银行北京市分行对于营销新客户办理跨境人民币业务给予计价奖励。平安银行北京分行设跨境人民币业务新增创新产品激励奖金。

三、相关建议

一是进一步提升人民币作为融资货币的吸引力，缩小本外币贸易融资差异。建议适当降低人民币资金使用成本，畅通在岸—离岸人民币循环，丰富离岸市场人民币金融产品，增强在岸和离岸市场的联动性，降低人民币汇率风险对冲成本，扩展人民币融资货币职能。商业银行建议，人民银行在信贷调控中对跨境人民币给予专项支持，用于支持跨境人民币贸易融资业务；同时，在本外币贸易融资收益率差别较大时，给予人民币贸易融资业务一定的资金支持。

二是指导银行进一步细化内部考核，量化跨境人民币结算收益。银行在内部绩效评价中对跨境结算业务各项收益进行精细化核算，包括显性收益和隐性收益、短期收益和长期收益，为国际部门推动跨境人民币业务注入内驱力。建议指导商业银行总行在内部资金转移定价（FTP）体系中，对跨境人民币业务产生的隐性收益进行适当考量。

三是指导银行制订鼓励跨境人民币结算业务发展考核激励方案。本着“本币优先”理念，建议指导商业银行总行统筹制订更具针对性、倾向性的跨境人民币业务考核激励方案：对既有存量客户，提供综合性跨境金融服务、全链条跨国企业集团境内外人民币结算，提升客户使用跨境人民币的实际获得感；对从未办理过跨境人民币业务的客户加强政策、产品宣传引导，寻求增量业务突破，包括拓展跨境人民币使用企业类型、境外人民币使用地区和国家。

（吴建伟）

---

① 浦发银行对本外币跨境结算量合并考核下，贸易项下跨境人民币结算量有所倾斜。

② 数据来源：人民币跨境收付信息管理系统，统计口径为单家银行 2021 年前三个季度北京地区银行经常和直接投资项下跨境人民币结算量。

银行保险机构积极提升服务制造业发展质效建议进一步完善配套机制助力高质量发展

中国银行保险监督管理委员会北京监管局

制造业是实体经济的主体，是立国之本、强国之基。推动制造业转型升级，是加快构建新发展格局、激活经济发展新动能的必然要求。北京银保监局调研显示，辖内银行保险机构通过完善顶层设计、加大授信力度、降低融资成本、优化金融服务、强化保险保障等方式，不断强化对制造业高质量发展的支持作用，有力推动提升制造业核心竞争力。建议通过差异化分配资源、加大创新力度以及完善配套措施等举措，进一步提升金融服务质效，助力制造业高质量发展。

一、辖内机构多措并举提升服务制造业质效

截至2022年第一季度末，辖内银行业制造业贷款余额1.43万亿元，较年初增加1 025.88亿元，占各项贷款同期增量的22.27%；较年初增长7.73%，高于各项贷款同期增速3.91个百分点。其中，制造业中长期贷款余额7 684.97亿元，较年初增加506.82亿元，占中长期贷款同期增量的47.70%；较年初增长7.06%，高于中长期贷款同期增速5.61个百分点。高技术制造业贷款余额2 246.41亿元，较年初增加161.31亿元；较年初增长7.74%，高于各项贷款同期增速3.92个百分点。辖内保险业为北京市20家制造业单项冠军企业和312家重点领域中小微企业的近3 400件专利提供综合性知识产权风险保障33.3亿元；灵活运用高新技术企业财产保险、关键研发设备保险等多种保险产品，累计服务企业14家次，提供风险保障53.18亿元。

（一）积极完善顶层设计

切实提高政治站位，强化责任担当，不断加强体制机制建设。中国银行北京市分行、平安财险北京分公司等成立由业务、财务、风控等多条线组成的专项小组，推动金融支持制造业发展工作顺利开展。国家开发银行北京市分行、厦门国际银行北京分行等制订专项规划指引和服务方案，切实做好金融支持制造业高质量发展政策贯彻落实。中国工商银行北京市分行等设置制造业服务考核指标，通过逐年增加考核权重、配置专属激励等措施，提高金融支持制造业发展的积极性。

（二）加大融资支持力度

坚决贯彻落实党中央、国务院各项决策部署，强化对重点领域的信贷投放力度。中国进出口银行北京分行为北汽新能源、北汽福田分别发放6亿元外贸企业发展贷款和20亿元出口卖方信贷，有效满足新能源汽车制造过程中的流动资金需求。北京农商银行紧跟《北京市“十四五”时期高精尖产业发展规划》方向，加强对两个国际引领支柱产业、四个特色优势的“北京智造”产业、四个创新链接的“北京服务”产业以及一批未来前沿产业构成的“2441”高精尖产业体系的信贷支持。

（三）推动降低融资成本

做好减费让利工作，切实为企业降低融资成本，加大金融助企纾困力度。北京银行严格落实普惠金融减费让利政策，连续降低普惠业务、首贷续贷业务最低执行利率，2022 年第一季度小微企业制造业新发放贷款平均利率较上年同期下降 52 个基点。

（四）优化金融服务质效

加强行业调查研究，充分了解客户需求，创新优化产品设计。华夏银行北京分行主动对接北京市相关行业指导部门、行业协会、产业园区，成立推动小组开展专项产业研究，了解融资过程中存在的痛点、难点及共性问题，进一步提升金融服务质效。民生银行创新推出易创系列融资产品，通过差异化风控模式以及绿色审批通道持续为“专精特新”客户提供优质金融服务。

（五）提升保险保障水平

发挥经济助推器和社会稳定器作用，缓解企业资金压力，做好防灾防损服务，减少企业经济损失。中银保险北京分公司运用关税保证保险、国内贸易信用保险，为投保制造业企业提供风险管理和损失保障，有效减少资金成本占用。平安财险北京分公司通过企财险、货运险、船舶险为华晨宝马、北京奔驰、中国船舶等制造业企业提供风险保障约 3 万亿元。人保财险北京市分公司自北京市知识产权保险试点实施以来，为北京市 20 家制造业单项冠军企业和 312 家重点领域中小微企业的近 3 400 件专利提供综合性知识产权风险保障 33.3 亿元。

二、面临的主要困难

（一）新旧动能转换尚未完成，制约信贷长期快速增长

近年来，北京加快布局现代制造业和高新技术产业，努力构建高精尖经济结构。一方面，随着非首都功能纾解的推进，全市规模以上工业企业数量持续下降，低端产能的外迁可能造成本地银行信贷资源的缩减；另一方面，目前北京产业结构仍在转型升级过程中，传统制造业疏解和现代制造业发展并行交替，高技术制造业虽稳步壮大但产业规模仍相对较小，2021 年北京地区高技术制造业营业收入在规模以上制造业中占比为 35.3%，高风险、轻资产特征明显，企业融资方式受限、成本较高，供需难以匹配，阻碍融资需求向现实转化。

（二）直接融资替代效应显现，缩减信贷需求

近期，市场资金流动性较为充裕，部分央企、国企通过发行债券筹集资金，并用低成本债市资金提前还款，贷款需求有所缩减。此外，随着服务于符合国家战略、突破关键核心技术、市场认可度高的科技创新企业的科创板逐步走上正轨，以及坚持服务创新型中小企业市场定位、培育“专精特新”中小企业的北京证券交易所的正式开市，直接融资对信贷等间接融资的替代效应或将进一步显现。

（三）尽调展业难度较高，机构风控压力不断增加

一方面，高技术制造业专业性强、企业经营波动性大，且现阶段缺乏资信高、专业性强的评估公司和有效风险缓释措施，机构风险管控面临挑战。另一方面，在首都城市战略定位以及资源、环保等各类条件限制下，制造业央企、国企的新建项目多在异地，外地项目管理半径较长，对机构日常管理、风险控制等方面提出更高要求。

三、政策建议

（一）差异化分配金融资源

督导银行保险机构及时掌握地方产业政策变动情况，用足用好区域性支持政策，依托产融合作重大项目库，主动对接北京重大项目建设，加大对北京重点发展的先进制造业、战略性新兴产业的支持力度，同时严控落后和低端低效产能细分行业领域的新增授信规模，坚持有保有控的信贷政策。

（二）加大金融产品及服务创新力度

引导银行保险机构总部加强金融产品研发力度，精准匹配区域内制造业企业金融需求。支持同时具有银行、保险、证券牌照的金融集团发挥综合金融优势，通过银信合作等方式，为制造业企业提供全方位融资服务。

（三）持续完善融资服务配套措施

积极协调推进地方政务信息与金融机构之间的共享工作，助力银行机构拓宽制造业客户群体，持续破解融资信息不对称难题。推动设立专业化的第三方评估机构，帮助辖内机构有效识别高技术行业潜在风险。制定有针对性、可操作性强的激励优惠政策，研究设立产业贷款风险补偿基金，更多发挥政策性融担机构作用，利用贷款贴息、税收减免等形式，充分调动银行保险机构支持制造业发展的积极性。

（蒋安华）

加强险资股权监管　服务实体经济

中国银行保险监督管理委员会北京监管局

股权作为现代公司治理的根基，决定了保险公司的资本实力与公司治理水平，影响着保险公司的经营理念、偿付能力以及风险保障职能的发挥。因此，加强股权监管对于保险机构增强金融服务实体经济能力、防范化解金融风险尤为重要。

一、保险业股权监管制度构建经验

自1979年恢复保险业务至今，我国出台大量与保险业股权监管相关文件。目前，已形成以《中华人民共和国保险法》为核心，以《保险公司股权管理办法》《关于加强非金融企业投资金融机构监管的指导意见》等为补充的多层次法律体系。通过梳理发现，我国股权监管在市场化、法治化、国际化的金融业改革开放导向下，始终坚持增强保险业服务经济社会能力、守住不发生系统性风险的底线，呈现受国家经济、政策环境影响不断调整，但整体从严的趋势。

股东资质方面，股东类型逐步多元化，资质要求日渐明确。从最早保险业国有独资独家到允许民间资本在内的投资主体入股保险业，再到允许商业银行投资控股保险公司。保险公司股东类型逐步多元化；对入股保险公司股东的要求从2000年的“有盈利”到2018年连续会计年度盈利，并鼓励科技创新、健康管理等具有专业能力的投资人投资保险业，要求逐步清晰、可操作性增强。

表1　我国保险行业股权相关监管制度体系

效力级别	名称	出台时间	修订情况	状态
法律位阶	《保险法》	1995年6月	2002年10月，2009年10月，2014年8月，2015年4月	有效
行政法规位阶	《保险企业管理暂行条例》	1985年3月	无	因保险法出台废止
	《外资保险公司管理条例》	2002年12月	2013年5月，2016年2月，2019年9月	有效
部门规章位阶	《保险公司管理规定》	2000年1月	2004年3月，2009年9月，2015年10月	有效
	《向保险公司投资入股暂行规定》	2000年4月	无	因股权管理办法出台废止
	《保险公司股权管理办法》	2010年4月	2010年4月，2014年4月，2018年3月	有效
	《关于规范中资保险公司吸收外资参股有关事项的通知》	2001年6月	无	失效
	《中国保监会关于规范有限合伙式股权投资企业投资入股保险公司有关问题的通知》	2013年4月	无	失效
	中国保监会关于《保险公司股权管理办法》第四条有关问题的通知	2013年4月	无	失效
	《商业银行投资保险公司股权试点管理办法》	2009年11月	无	有效
	《保险公司控股股东管理办法》	2012年10月	无	有效
	《银行保险机构大股东行为监管办法（试行）》	2021年10月	无	有效
规范性文件位阶	关于进一步加强保险公司股权信息披露有关事项的通知	2006年7月	无	有效
	“1+4”系列文件	2017年4月	无	有效
	中国保监会关于进一步加强保险公司开业验收工作的通知	2017年6月	无	有效
	关于加强非金融企业投资金融机构监管的指导意见	2018年4月	无	有效
	银行保险机构公司治理准则	2021年6月	无	有效
	关于进一步加强银行保险机构股东承诺管理有关事项的通知	2021年10月	无	有效

持股比例方面，中资保险机构经历“紧松紧”，外资保险机构持股比例逐步放开。在中资保险机构方面，从2004年《保险公司管理规定》明确单一股东持股比例为20%；2010年《保险公司股权管理办法》设置“经批准可不受20%限制”的敞口条款；受2013年《中国保监会关于鼓励和支持民间投资健康发展的实施意见》“支持民营资本、单一持股比例可放宽至20%”的导向影响，为吸引战略投资、增强保险业资本实力，放宽入股超过三年股东的持股比例至51%；2018年3月，为落实党的十九大、全国金融工作会议精神，遏制资本无序进入保险业、避免“一股独大”，再次调整持股比例不得超过1/3。可以看出，监管部门试图通过约束最高持股比例来寻求股权分散导致的治理效率低下与股权集中导致大股东凌驾于公司治理之上之间的均衡。针对外资保险机构，为落实扩大金融业对外开放政策，2020年，持股比例已放宽到100%。同时取消了外国保险机构在国内设立外资保险公司经营保险业年限和设立代表机构的要求。

“穿透式”监管方面，2017年4月，“1+4”系列文件加强对股东出资资金来源审查、《关于进一步加强保险公司开业验收工作的通知》提出对保险公司股东实施穿透性核查，到《打赢保险业防范化解重大风险攻坚战的总体方案》要求应严查违规代持，都为2018年《保险公司股权管理办法》明确股权监管的“穿透式”监管原则奠定了基础，监管部门可以对保险机构实际控制人、一致行动人、金融产品的最终受益人等进行认定，也可以对自有资金来源向上追溯认定。

从监管手段来看，“分类监管”原则明确股东义务。《保险公司股权管理办法》根据股东的持股比例和对保险公司经营管理的影响，将保险公司股东划分为四类，并对其采取不同的监管政策和标准；监管措施力度不断加强。如某健康险公司股东在投资入股时存在编制提供虚假材料行为，监管部门撤销相关行政许可，清退违规取得的股权，并将相关投资人和中介机构列入市场准入“黑名单”。信息披露等公众监督手段日益完善。自2020年7月监管部门首度公开38家股权违规股东起，常态化重大违法违规股东披露机制已建立。此外，股权预披露、公开质询等公众监督手段日益成熟，从各方面加强股权审查。

二、国际股权监管经验

从全球保险行业监管实践来看，绝大多数国家目前在股权监管方面与我国现行的股权监管原则基本一致，但一些制度细则仍然值得我国借鉴和学习。

一是提高股东股权透明度，加强市场约束，强调外部监督。英国依赖于完善的法律制度、强大的中介机构和社会舆论监督，行业自律组织能够充分发挥自律监督作用，督促保险机构主动自治，规范股东股权情况；美国对于保险机构控制权发生变更的股权交易事项，监管部门需要举行听证会之后作出决定，任何一名利益可能会受到影响的个人均有权参加听证会，有权参与问询并提供相应证据。

二是根据行业特性，优化股权准入分类监管。韩国对大股东变更审批条件进行了明确，将大股东的类别分为金融机构、基金、境内外法人、境内外自然人和私募集合投资机构等，不同类别的大股东有不同的财务健全性、负债比率、借入资金等要求。

三是完善市场退出机制，倒逼股东依法依规行使职权。国际保险监督官协会在《保险监管核心原则》（ICP）中规定，对于无法再持续经营下去以及潜在无法持续经营的保险机构应主动退出市场，或由监管部门依法进行处置，并且对于拟退出市场的保险机构和监管部门的各自职责、权力作出了详细的约定。

三、五方面加强险资股权监管

综合考虑我国现有股权监管法律体系和实践，从规范资本进出、公众监督和协同监管等方面提出以下建议。

（一）提高数据共享、政府部门间协同监管水平

一方面，尽快推动行业金融智能平台与国家企业信用信息公示系统的互联，共享准入、处罚、企业违规、退出等信息，丰富信息核验效率和手段；另一方面，针对股权质押等股东行为，通过与股权质押登记部门建立事前沟通机制，杜绝未经保险公司同意擅自质押行为的发生，严把审核关，形成监管合力。此外，进一步可考虑与人民银行、市场监管等部门或法院建立协同监管和数据共享机制。

（二）完善政府引导、市场化运作的退出机制

建议遵循市场优胜劣汰的基本竞争规律，发挥市场配置资源的决定性作用，厘清市场与监管边界。针对高风险机构，积极与当地政府沟通，建立由当地政府引导、市场化方式的联动机制，做好违规股东清退和优质股东引入工作；适时开展保险机构收购、合并等强制退出机制研究，引导部分坚持主业、治理结构良好、经营情况优良的保险公司有效参与高风险公司的处置，通过市场化的并购重组方式促进行业正常出清，更好地保护消费者权益。

（三）充分发挥社会公众监督作用

一是可借鉴美国经验，建立公开听证环节；二是针对保险公司战略类、控制类股东和存在潜在风险的民营股东，研究建立股东信息披露制度，由股东方定期公开披露其高管变动、权益投资、关联方、主要财务指标信息，保护和提升社会公众的知情权，强化社会监督。

（四）探索完善多维分类监管体系

一是适当延长股东持股禁售期。目前，财务Ⅰ类股东到控制类股东的1～5年股权禁售期远低于人身险公司5～7年的盈利周期，建议考虑股权稳定性，适当延长持股禁售期。二是在持股比例上赋予更高灵活性。建议在提高股东净资产、权益性投资余额、盈利等准入要求基础上，针对实力较强股东探索突破现有三分之一的持股比例限制，解决阻碍保险机构发展的瓶颈问题。此外，可适时研究给予支持保险业发展股东更多表决权，减少初创股东后期不能持续增资的股权被稀释顾虑，提高股东参与度，营造长期投资和担责文化。

（五）推动党组织在民营股东主导的保险公司发挥政治核心作用

要充分发挥民营资本作为生产要素的积极作用，建议积极探索在民营股东主导的保险公司中充分发挥党组织政治核心作用的有效方式，做好党员干部管理，充分调动职工群众，营造先进企业文化。在发挥民营资本积极作用的同时，有效约束行为，引导民营资本公司规范健康发展。

（王诚　吕威滩）

北交所上市公司发展情况及监管工作研究

中国证券监督管理委员会北京监管局

一、北交所开市情况

2021 年 9 月 2 日习近平总书记宣布设立北京证券交易所（以下简称北交所）后，北交所进入快速搭建阶段，在 2021 年 11 月 15 日揭牌开市，至今已超过一周年。其间，北交所各项制度规则快速建立，发行上市、融资并购、公司监管、证券交易等的业务规则先后出台。在投资者准入方面，发布《北京证券交易所交易规则及投资者适当性管理办法（试行）》，合格投资者需满足申请权限开通前 20 个交易日证券账户和资金账户日均不低于 50 万元，参与证券交易 24 个月以上。与此前的新三板市场关于合格投资者的条件相比，在日均账户资金的金额要求上标准有所降低。

开市时，北交所首批上市公司 81 家，总股本 121.39 亿股，总市值 2 886.94 亿元；北京辖区上市公司 11 家，总股本 28.46 亿股，总市值 293.54 亿元。

二、北交所市场整体发展情况

（一）总体情况

北交所开市以来，总体运行平稳，市场功能有效发挥，实现了多层次资本市场建设的重大突破。一是高质量扩容卓有成效。截至 2022 年 11 月 15 日，北交所上市公司 123 家，较设立前的精选层数量同比增长 73.24%。从行业分类看，战略性新兴产业、先进制造业占比合计近八成，企业“小而美”特征突出，与北交所服务创新型中小企业的市场定位较为匹配。二是融资效率显著提升。北交所设立以来，公开发行效率显著提升，外部投资者认购金额占比有所提高，整体市场融资功能得到更好发挥。北交所上市公司（含精选层）累计公开发行 177 次，共募集资金 256.5 亿元。三是交易情况大幅改善。北交所引领示范作用显著，日均换手率 2.4%，平均市盈率超过 23 倍，合格投资者数量突破 520 万个，累计成交金额 1 300 余亿元，均较改革前的精选层实现明显增长。四是债券发行稳妥起步。北交所已成功服务北京、黑龙江、天津和四川等省份的地方政府债券发行，本年累计发行金额 574.23 亿元，一般债券 254.09 亿元，专项债券 320.13 亿元。同时，财政部在北交所成功发行国债，本年累计发行金额为 1 103.6 亿元。上述债券的成功发行，标志着北交所债券业务迈入新阶段。五是上市审核不断加速。从北交所成立后已注册的公司情况来看，从受理到注册（核准）平均用时为 148 天（包含中止时间），用时中位数为 130 天，审核速度较科创板、创业板明显提升。其中，用时最短的上市项目仅为 37 个工作日，并有超过 20 个项目的审核用时少于 100 个工作日。六是市场联系持续增强。出台《中国证监会关于北京证券交易所上市公司转板的指导意见》，允许符合条件的北交所上市公司自主选择转板，现已有公司成功转至科创板或创业板上市，意味着我国多层次资本市场实现了真正意义上的互联互通。目前，观典防务成功转至科创板，泰祥股份、瀚博高新成功转至创业板上市。七是司法保障不断夯实。最高人民法院发布实施《关于为深化新三板改革、设立北京证券交易所提供司法保障的若干意见》，这一专门性、系统性司法文件为北交所的发展提供了重要的司法保障。八是北证指数正式推出。北证 50 指数于 2022 年 11 月 21 日正式发布，该指数为各方提供观测北交所整体运行情况的工具，进一步扩大我国资本市场指数体系对创新型中小企业的覆盖面。

（二）全国北交所上市公司情况

1. 数量及全国分布情况

123 家北交所上市公司中，71 家为原精选层平移公司，其余 52 家为北交所设立后新上市的公司。从区域分布看，江苏、北京、浙江、山东、广东上市公司数量居前五位，分别为 21 家、11 家、11 家、11 家、9 家，总占比近 50%，这与各地的产业发展情况较为相符。从行业分布情况看，集中在制造业，信息传输、软件和信息技术服务业，科学研究和技术服务业，数量分别为 95 家、16 家、6 家。此外，全国北交所拟上市公司 357 家，其中在辅导公司 280 家，在审核公司 77 家。

2. 上市融资情况

自首批精选层公司公开发行至今，北交所上市公司共募集资金 256.5 亿元，其中北交所成立后上市的企业共募集资金 117.98 亿元。公开发行股票 12.53 亿股，发行价格均值超过 10 元，平均市盈率 23.63 倍。从定价方式看，直接定价是主流的定价方式，采取该种方式发行的公司 85 家，采取询价发行的公司 38 家。

3. 经营业绩情况

2021 年年报显示，123 家北交所上市公司共实现营业收入 818.69 亿元，累计净利润 88.45 亿元，其中仅 1 家公司亏损。2022 年前三个季度，实现营业收入 732.07 亿元，累计净利润 69 亿元。亏损面进一步扩大，11 家公司净利润为负。

（三）北交所与沪深交易所对比分析

为进一步评估北交所一周年企业质量，从行业分布、企业规模、财务表现等多维度与科创板开市一周年 140 家企业、创业板注册制运行一周年 184 家企业进行了对比分析，具体情况如表 1 所示。

1. 行业分布

按中国证监会一级行业分类看，制造业是三大板块的主要行业类别，占比均超过 70%，其中北交所制造业公司占比最高，达 75%。为更清晰地进行比较，延伸对二级行业分布情况进行了分析。北交所企业中，占比前三位的行业分别为软件和信息技术服务业（15 家），计算机、通信和其他电子设备制造业（12 家），通用设备制造业（10 家）；科创板企业中，占比前三位的行业分别为软件和信息技术服务业（31 家），专用设备制造业（30 家），计算机、通信和其他电子设备制造业（24 家）；创业板企业中，占比前三位的行业分别为计算机、通信和其他电子设备制造业（22 家），专用设备制造业（15 家），专业技术服务业（13 家）。上述情况与各板块的定位基本上相符。

2. 企业规模

从市值、股本两个方面来衡量企业规模，各板块的具体规模对比情况如表 1 所示。

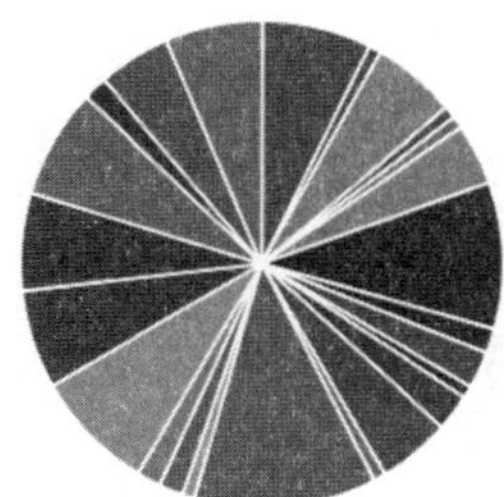

（a）北交所公司行业分布

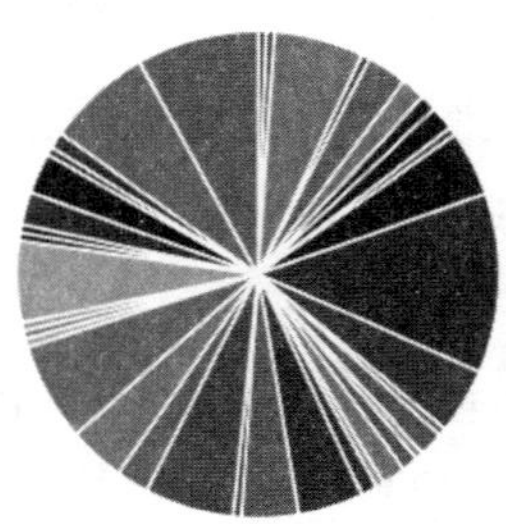

（b）创业板公司行业分布

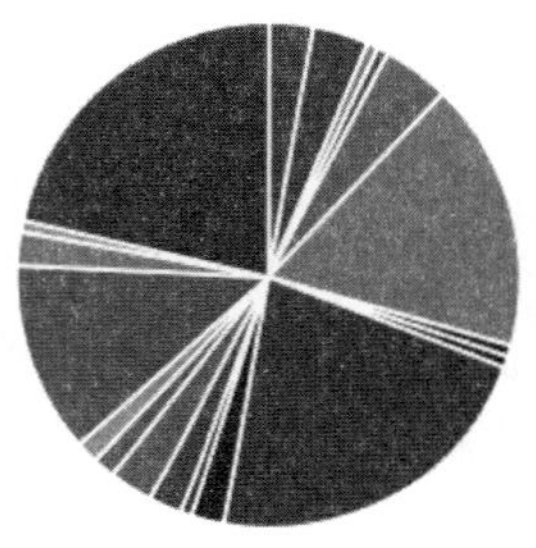

（c）科创板公司行业分布

图 1 北交所、科创板、创业板对比——行业分布

表 1 北交所、科创板、创业板对比——企业规模

指标	统计	北交所	科创板	创业板
市值（亿元）	总和	1 971. 06	33 044. 40	19 419. 24
	平均	16. 02	236. 03	105. 54
股本（亿股）	总和	173. 37	554. 35	370. 33
	平均	1. 41	3. 96	2. 01

三个板块企业平均市值差距明显，呈现明显的梯队分布趋势。科创板企业市值最高，创业板次之，分别是北交所的 15 倍和 6. 58 倍。各板块平均股本差距较小，北交所企业平均股本为 1. 41 亿股，仍低于其他两个交易所。上述情况与北交所企业以中小企业为主，体量较小，股市表现一般等情况有关。

3. 盈利能力

从毛利率、净利率和净资产收益率指标来综合衡量企业的盈利能力，各板块企业近三年毛利率、净利率和净资产收益率平均水平如表 2 所示。

表 2 北交所、科创板、创业板对比——盈利能力

指标	板块	2021 年	2020 年	2019 年	三年均值
平均毛利率（%）	北交所	35. 02	37. 20	37. 25	36. 49
	科创板	52. 32	51. 51	51. 38	51. 74
	创业板	36. 07	35. 86	35. 22	35. 72

续表

指标	板块	2021 年	2020 年	2019 年	三年均值
净利率（%）	北交所	10.80	11.42	10.56	10.93
	科创板	11.93	8.02	5.52	8.49
	创业板	17.72	16.18	13.61	15.84
平均净资产收益率（%）	北交所	15.80	18.99	18.46	17.75
	科创板	-71.04	13.6	9.02	-16.14
	创业板	17.95	21.92	21.76	20.54

在整体盈利能力方面，北交所企业的三个指标在三个板块中处于中间位置，这与北交所开市时首批企业盈利能力远低于其他两个板块的情况发生了较大的变化。科创板公司平均净资产收益率在 2021 年处于极低水平，主要是新上市的一些生物医药类企业处于亏损状态，该项指标绝对值较大，拉低了整体的平均值。北交所企业虽然规模较小，但从数值上看，整体盈利能力良好。

4. 成长能力

从营业收入、净利润和复合年增长率指标来综合衡量企业的成长能力，各板块企业近三年成长能力平均水平情况如表 3 所示。

表 3　北交所、科创板、创业板对比——成长能力

指标	板块	2021 年	2020 年	2019 年	三年均值	复合年增长率
平均营业收入（%）	北交所	6.66	5.03	4.42	5.37	0.23
	科创板	15.58	14.14	11.95	13.89	0.1416
	创业板	23.19	19.67	18.25	20.37	0.1273
平均净利润（%）	北交所	0.72	0.57	0.47	0.59	0.24
	科创板	1.42	1.13	0.85	1.13	0.2875
	创业板	2.15	1.48	1.23	1.62	0.32

可以看出创业板成长能力较为突出，平均营业收入规模和平均净利润规模、平均净利润复合年增长率都遥遥领先于其他两个板块。此外，北交所仅有平均营业收入复合年增长率高于其他两个板块，体现出收益向好的发展趋势。

5. 营运能力

从应收账款周转率、存货周转率指标来综合衡量企业的营运能力，各板块企业近三年营运能力情况如表 4 所示。

表 4　北交所、科创板、创业板对比——营运能力

指标	板块	2021 年	2020 年	2019 年	三年均值
平均应收账款周转率（次/年）	北交所	32.16	36.73	22.24	30.38
	科创板	10.94	10.08	9.39	10.14
	创业板	8.69	8.86	10.7	9.42
平均存货周转率（次/年）	北交所	10.06	13.33	55.81	26.40
	科创板	5.77	9.49	15.97	10.41
	创业板	12.81	13.49	14.74	13.68

从应收账款周转率看，北交所企业连续三年周转率平均值超过 30 次/年，远高于其他两个板块。从存货周转率看，北交所企业明显高于其他两个板块，存货管理能力较强。相较北交所首批上市企业的情况，企业在经营管理、预算管理等方面情况改善明显。

6. 偿债能力

用资产负债率指标来衡量企业的长期偿债能力，使用流动比率和速动比率来衡量企业的短期偿债能力，各板块企业近三年偿债能力平均水平如表 5 所示。

表 5 北交所、科创板、创业板对比——偿债能力

指标	板块	2021 年	2020 年	2019 年	三年均值
平均流动比率（倍）	北交所	4.01	3.58	2.81	3.47
	科创板	7.56	3.48	3.29	4.78
	创业板	4.08	2.53	2.38	3
平均速动比率（倍）	北交所	3.39	3.05	2.25	2.9
	科创板	6.95	2.96	2.79	4.23
	创业板	3.59	2.05	1.89	2.51
平均资产负债率（%）	北交所	31.24	33.55	36.35	33.71
	科创板	24.65	33.26	36.52	31.48
	创业板	31.75	37.28	40.4	36.48

整体来看，三个板块的长期及短期偿债能力呈现良好状态，平均资产负债率均在 40% 以下，且平均流动比率和平均速动比率均超过 2 倍，并呈现逐年向好状态，整体资本结构较为稳健。

（四）北京辖区北交所上市公司情况

1. 各区分布情况

截至北交所开市一周年，北京辖区北交所上市公司 12 家，其中 9 家为原精选层平移公司，其余 3 家为北交所设立后新上市的公司。公司总股本为 28.24 亿股，总市值为 175.18 亿元。从区域分布看，海淀区 3 家，丰台区 2 家，西城区 1 家，通州区 1 家，石景山区 1 家，门头沟区 1 家，大兴区 1 家，朝阳区 1 家，昌平区 1 家。从行业分布情况看，北京辖区 12 家北交所上市公司分布在四大行业，其中制造业 5 家，信息传输、软件和信息技术服务业 4 家，水利、环境和公共设施管理业 2 家，科学研究和技术服务业 1 家，这与北京科技创新中心的定位基本相符。

2. 上市融资及募集资金用途的情况

颖泰生物等 9 家原精选层平移公司、凯德石英等 3 家公司为北交所设立后新上市的公司，首次公开发行募集资金 26.92 亿元。从资金管理上看，几家公司均设立了第三方的监管账户，对募集资金进行三方监管。从募集资金的用途看，主要用于项目建设、补充流动资金。从募集资金的使用情况看，补充流动资金的使用较快，用于项目投资的，由于疫情等因素影响，普遍使用进度不达预期，部分公司考虑到业绩指标等情况，放慢了研发的进展。

3. 经营业绩情况

从 2021 年年报数据来看，辖区 12 家北交所上市公司实现营业收入 107.78 亿元，净利润 7.1 亿元，营业收入及净利润的平均数略高于全国平均水平。但从个体情况看，差异较为明显。年收入最高的为颖泰生物，总收入73.54亿元，净利润4.57亿元；收入最低的为恒合股份和诺思兰德，收入均不足1亿元。

从辖区北交所上市公司已披露的三季报数据看，上市公司实现营业收入83.8亿元，净利润9.66亿元，营业收入及净利润的平均数分别为6.98亿元、8 050.52万元，略高于全国平均水平。

辖区北交所上市公司以中小企业为主，基本上属于行业的细分领域，抗风险能力较弱，面临一定的经营风险。从2021年年报看，3家北交所上市公司营收不足1亿元，2家公司盈利不足千万元；2022年三季报数据显示，辖区4家北交所上市公司亏损。同时，辖区公司普遍资金压力较大，存在一定的流动性风险。

4. 拟上市公司情况

北京辖区北交所拟上市公司39家，其中在审企业16家，包含已过会的公司5家，在辅导公司22家。从区域分布看，海淀区有23家，在拟上市公司的占比近六成，昌平区3家、经开区3家、朝阳区3家、丰台区2家、西城区2家、大兴区1家、东城区1家、房山区1家。从行业方分布看，集中在信息传输、软件和信息技术服务业及制造业，占比超过70%。

三、派出机构监管实践情况

各派出机构高度重视北交所建设，充分领会北交所设立的重要战略意义，全力支持北交所建设。按照《中国证监会派出机构监管职责规定》，做好属地监管。

以中国证监会北京监管局为例，一方面，支持北交所建设，推动重大改革措施落地。严把入口关，扎实开展辅导验收。按照《首次公开发行股票并上市辅导监管规定》（证监会公告〔2021〕23号）等文件要求，牢牢把握上市辅导验收工作的目标、内容和工作时限等，强化辅导验收工作流程化、标准化建设，提高现场验收工作的有效性，切实把好入口关。同时，加强协作，切实做好市场培育。强化与地方政府的沟通协作，形成支持中小企业创新发展的合力；与北交所、市政府加强协作、跨部门联动，共同开展企业培育动员。针对辅导备案企业开展专场培训，推动企业及早规范；开展走访调研，加强宣传引导和政策解读，促进符合条件的优质企业积极申报北交所，从源头上提升上市公司质量。

另一方面，优化监管机制，着力提升辖区公司质量。统筹层层递进、相互转化的关系，建立健全北交所和新三板一体并联监管机制，积极践行分层分类监管理念，以问题与风险为导向，以中介机构为抓手，以信息披露为重点，提升监管质效，推进高质量发展。将北交所上市公司作为监管重点，紧盯信息披露和重大事项。对于挂牌公司，优化分层分类监管机制，聚焦重点对象和重点领域，提高日常监管的针对性和有效性。从年报监管、现场检查、监管执法等领域入手，强化接触式监管，提高辖区公司的质量。

四、存在的问题和政策建议

（一）存在的问题

1. 部分拟上市公司质量不高的问题

从终止申报情况来看，申报北交所（精选层）的343家企业中，终止申报企业86家，占比25.07%，略高于科创板、创业板的占比。从北京辖区情况看，申报北交所（精选层）的42家企业中，终止申报企业13家，占比30.95%，高于全国平均水平。另外，从在辅导公司情况看，部分公司存在经营业绩严重下滑等问题，收入、利润及增长率等关键指标可能已不符合北交所上市发行的条件。

2. 首发募集资金规模较小的问题

北交所123家上市公司首发募集资金的平均数为2.1亿元，中位数为1.65亿元，平均融资规模不大。加上北交所投资者活跃度、大的机构投资者特别是公募基金参与度较低、中小企业本身体量等原因，目前的平均融资规模普遍低于沪深交易所。

3. 北交所再融资市场处于起步阶段

目前，北交所建立了较为丰富的融资工具库，包括定向增发、配股、优先股、可转债等，可以在一定程度上支持上市公司的再发展，但目前成功进行再融资的公司数量较少，资金募集规模较低，且均为定向增发股票。目前成功在北交所定增的公司3家，募集资金金额共3.05亿元，平均融资规模仅1亿元。且与沪深等成熟的交易所相比，北交所没有公司债券产品，目前发行的债券品种仅为国债和地方政府债券。

（二）政策建议

1. 调动各方力量，积极挖掘后备资源

建议地方政府充分发挥资源优势，加强政策协同，强化信息共享，统筹与经信、科委等部门联合开展培育工作，形成支持企业创新发展的合力，为北交所发展输送优质后备资源。派出机构在中国证监会指导下，发挥专业优势，做好政策宣传，强化培训，支持更多符合条件的优质企业到北交所上市。

2. 激发市场活力，扩大募集资金规模

强化政策研究，引入公募基金等大的机构投资者，加强对企业融资力度的支持。同时，继续做大做强北交所，在服务创新型中小企业的总目标下，吸引体量较大的、有标杆作用的企业在北交所上市。

3. 加强讨论研究，做大再融资市场

一方面，建议在现有制度基础上，针对再融资品种出台更为细化的规则，在扩规模的基础上探索支持已上市公司进一步发展的融资品种。另一方面，建议参考银行间、沪深交易所债券市场发展情况，研究适合中小企业的公司债券产品，加大直接融资的支持力度，更好地服务实体经济发展。

（高慧　施郁梅　鞠欣）

附：

2022年专题与调研目录选编

中国人民银行营业管理部

一等奖

1. 全球供应链运行受阻加大“滞胀”风险　我国外贸顺差面临较大压力（国际收支处）

2. 印度信息服务业发展研究（经常项目管理处）

3. 大数据时代征信领域个人信息应用现状与监管问题研究——以银行业金融机构为例（征信管理处）

4. 银行风险处置措施的历史演变及启示（金融研究处）

二等奖

1. 关于北京市金融风险形势和成因的分析（金融稳定处）

2. 建议改进绩效考核　提升银行推动跨境人民币使用的内驱力（跨境办）

3. 关于“伪金交所”业务模式、资金交易特征和金融风险防范的调查研究（反洗钱处）

4. 调查显示：北京地区专精特新企业经营情况逆势上扬 政策支持仍需从五个方面加强（中关村中心支行）

5. 美芯片行业出口管制新规对我国影响及建议（金融研究处）

6. 异地房企在京总部布局对首都社会稳定和金融风险的影响及建议（金融稳定处）

7. 中关村外债便利化政策成效及满意度调查（中关村中心支行）

8. 疫情期间保障老年群体取现需求的研究报告——以北京市为例（货币金银处）

9. 推进北京市数字人民币试点工作研究及建议（货币金银处）

10. 关于支持北京绿色交易所发展的调研报告（金融研究处）

11. “坏”公司治理如何导致了“坏银行”——对北京门头沟珠江村镇银行的风险复盘（金融稳定处）

12. 企业汇率风险敞口分布特征、管理现状及分类指导建议（国际收支处）

13. 营业管理部2022年干部职工思想状况动态分析调研报告（宣传群工部）

14.《关于调整跨境融资宏观审慎政策的通知》首年实施情况反馈（资本项目管理处）

15. 从需求出发浅谈做好基层央行青年工作的实践与思考（宣传群工部）

16. 2022年服务业经济形势分析及2023年展望（调查统计处）

17. 关于建立“征信修复”乱象治理长效机制的思考及建议——以北京地区探索实践为例（征信管理处）

18.《关于调整企业跨境融资宏观审慎调节参数的通知》首年实施情况反馈（资本项目管理处）

19. 市场化手段化解地方隐性债务风险的调研分析（货币信贷管理处）

20. 建议完善互联网平台企业金融业务常态化监管（跨境办）

三等奖

1. 美联储加息对中国的溢出效应及应对——基于开放经济两国DSGE模型（国际收支处）

2. “过紧日子”情况下钞票处理成本效益管控和绩效评价研究——以北京钞票处理中心为例（钞票处理中心）

3. 关于对钞票清分设备实施联合维保的研究初探——以北京钞票处理中心为例（钞票处理中心）

4. 突发大额取款情况下保障现金供应的对策研究——以应对北京医保个人账户集中取款事件为例（货币金银处）

5. 平台公司通过内保外贷+外债业务组合绕道借用外债情况值得关注（资本项目管理处）

6. 人民银行系统行政处罚执行难问题现状及建议［法律事务处（金融消费权益保护处）］

7. 新金融工具准则在商业银行的应用（会计财务处）

8. 外汇举报处置工作面临的困难和风险（外汇检查处）

9. 联合建模在小微企业融资服务场景下的应用实践（科技处）

10. 禁止俄罗斯银行使用SWIFT系统暂未对北京地区贸易结算产生显著影响（经常项目管理处）

11. 北京市多措并举释放消费潜力（调查统计处）

12. 中美货币政策分化对我国跨境资金流动影响分析——基于出口和债券资金跨境流动视角（中关村中心支行）

13. 预计 2022 年北京服务贸易总体高于 2019 年水平，三点问题值得关注（经常项目管理处）

14. 高新技术企业增值税留抵退税情况及效果（国库处）

15. 全球碳税发展对我国的启示（调查统计处）

16. 地下钱庄资金借道支付机构流出值得关注（外汇检查处）

17. 地方政府债券风险事件的处置方式对区域融资生态的影响（征信管理处）

18. 比较视域下“先用后付”行业金融治理研究（支付结算处）

19. 落实政府采购绩效管理的应用研究（会计财务处）

20. 数字经济对出口竞争力影响实证研究——以我国 13 省市面板数据分析（跨境办）

21. 具有特殊价值实物资产规范化管理研究（会计财务处）

22. 浅析央行数字货币对商业银行的影响（货币信贷管理处）

23. 北京地区金融科技人才队伍建设现状及对策建议（科技处）

24. 元宇宙在银行业应用的认识与思考（科技处）

25. 区块链技术及应用问题研究（支付结算处）

26. 房地产金融管理长效机制落实情况、存在的问题及相关建议——以北京为例（办公室）

27. 支付机构跨境支付业务非现场监测体系探索（外汇检查处）

28. 地方国库现金管理与地方政府债务管理协调配合情况研究（国库处）

29. 职工食堂食材采购及管理模式的现状分析与思考——以营管部三里河办公区食堂为例（后勤服务中心）

30. 我国碳金融市场发展的情况及政策建议（办公室）

31. 提升内部审计对服务外汇管理改革政策建议功能的研究（外汇综合业务处）

32. 金融部门实现自身运营碳达峰的规划思考（后勤服务中心）

33. 金融科技赋能小微企业融资的实践与思考——以北京市银企对接系统运行分析为视角（货币信贷管理处）

34. 探讨党的“二十大”背景下的离退休干部党建工作（离退休干部处）

35. 浅谈中国人民银行京津冀区域联防协同机制（保卫处）

36. 关于《工会预算管理办法》的认识与思考（工会办公室）

八、统计资料

（一）金融业务综合统计

表 1.1 北京市金融机构（含外资）本外币信贷收支统计

单位：亿元

项目名称	余额	比年初	项目名称	余额	比年初
一、各项存款	218 629	18 899	一、各项贷款	97 820	8 787
（一）境内存款	216 495	20 110	（一）境内贷款	96 187	8 961
1. 住户存款	58 621	9 877	1. 住户贷款	23 754	1 811
（1）活期存款	20 482	2 673	（1）短期贷款	4 678	1 270
（2）定期及其他存款	38 139	7 204	消费贷款	3 168	1 202
2. 非金融企业存款	70 888	2 101	经营贷款	1 510	68
（1）活期存款	20 934	663	（2）中长期贷款	19 076	541
（2）定期及其他存款	49 954	1 438	消费贷款	15 534	-25
3. 机关团体存款	46 456	3 447	经营贷款	3 542	566
4. 财政性存款	1 626	-342	2. 企（事）业单位贷款	71 877	6 743
5. 非银行业金融机构存款	38 904	5 028	（1）短期贷款	23 759	976
（二）境外存款	2 134	-1 211	（2）中长期贷款	42 911	5 409
二、金融债券	1 986	301	（3）票据融资	4 647	361.3
其中：境外发行	0	0	（4）融资租赁	478	36
三、卖出回购资产	2	1	（5）各项垫款	82	-40
四、借款及非银行业金融机构拆入	150	-143	3. 非银行业金融机构贷款	556	406
五、联行往来（净）	0	0	（二）境外贷款	1 633	-174
六、应付及暂收款	4 674	316	二、债券投资	11 755	1 305
七、各项准备	2 434	109	其中：境外债券	36	10
八、所有者权益	7 221	434	三、股权及其他投资	5 114	35
其中：实收资本	2 103	23	四、买入返售资产	809	68
九、其他	11 336	297	五、存放非银行业金融机构款项	48	-7
			六、联行往来（净）	128 813	9 902
			其中：境内存放二级准备金	2 106	84
			七、金银占款	0	0
			八、外汇占款	0	0
			九、应收及预付款	1 389	116
			十、投资性房地产	31	1
			十一、固定资产	652	7
资金来源总计	246 431	20 214	资金运用总计	246 431	20 214

表 1. 2　北京市中资金融机构本外币信贷收支统计

单位：亿元

项目名称	余额	比年初	项目名称	余额	比年初
一、各项存款	215 708	19 049	一、各项贷款	96 416	8 857
（一）境内存款	213 853	20 211	（一）境内贷款	94 864	9 017
1. 住户存款	58 286	9 834	1. 住户贷款	23 559	1 828
（1）活期存款	20 319	2 671	（1）短期贷款	4 654	1 263
（2）定期及其他存款	37 967	7 163	消费贷款	3 145	1 193
2. 非金融企业存款	68 646	2 248	经营贷款	1 509	70
（1）活期存款	20 528	833	（2）中长期贷款	18 905	566
（2）定期及其他存款	48 118	1 415	消费贷款	15 368	-2
3. 机关团体存款	46 456	3 447	经营贷款	3 537	568
4. 财政性存款	1 626	-342	2. 企（事）业单位贷款	70 748	6 783
5. 非银行业金融机构存款	38 838	5 024	（1）短期贷款	23 063	1 006
（二）境外存款	1 856	-1 161	（2）中长期贷款	42 489	5 415
二、金融债券	1 986	301	（3）票据融资	4 636	365
其中：境外发行	0	0	（4）融资租赁	478	36
三、卖出回购资产	2	1	（5）各项垫款	82	-39
四、借款及非银行业金融机构拆入	149	-143	3. 非银行业金融机构贷款	556	406
五、联行往来（净）	0	0	（二）境外贷款	1 552	-160
六、应付及暂收款	4 630	307	二、债券投资	11 742	1 300
七、各项准备	2 414	108	其中：境外债券	27	7
八、所有者权益	6 797	401	三、股权及其他投资	5 114	35
其中：实收资本	2 097	19	四、买入返售资产	809	68
九、其他	11 339	341	五、存放非银行业金融机构款项	44	-5
			六、联行往来（净）	126 849	9 986
			其中：境内存放二级准备金	2 104	84
			七、金银占款	0	0
			八、外汇占款	0	0
			九、应收及预付款	1 368	116
			十、投资性房地产	31	1
			十一、固定资产	651	7
资金来源总计	243 024	20 365	资金运用总计	243 024	20 365

表 1.3　北京市外资银行本外币信贷收支统计

单位：亿元

项目名称	余额	比年初	项目名称	余额	比年初
一、各项存款	2 954	-159	一、各项贷款	1 514	-46
（一）境内存款	2 676	-109	（一）境内贷款	1 434	-33
1. 个人存款	335	43	1. 短期贷款	795	14
其中：活期储蓄存款	163	3	（1）个人贷款及透支	24	8
定期储蓄存款	74	23	其中：个人消费贷款	23	10
结构性存款	39	-1	（2）单位贷款及透支	696	-29
2. 单位存款	2 242	-147	经营贷款及透支	437	-22
其中：活期存款	406	-170	固定资产贷款	9	-10
定期存款	371	68	并购贷款	0	0
保证金存款	33	-7	贸易融资	250	2
结构性存款	142	-26	（3）非存款类金融机构贷款	75	36
3. 国库定期存款	0	0	2. 中长期贷款	628	-43
4. 非存款类金融机构存款	99	-5	（1）个人贷款	171	-25
（二）境外存款	278	-50	其中：个人消费贷款	166	-23
二、代理财政性存款	0	0	（2）单位贷款	421	-6
三、金融债券	0	0	经营贷款	171	16
其中：境外发行	0	0	固定资产贷款	208	1
四、卖出回购资产	0	0	并购贷款	9	7
五、向中央银行借款	0	0	贸易融资	33	-29
六、银行业存款类金融机构往来	36	-6	（3）非存款类金融机构贷款	36	-12
七、借款及非存款类金融机构拆入	1	0	3. 票据融资	11	-3
八、联行往来（净）	0	0	4. 融资租赁	0	0
九、应付及暂收款	44	9	5. 各项垫款	0	-1
其中：应付利息	23	5	（二）境外贷款	81	-13
十、其他负债	569	46	二、债券投资	13	5
十一、所有者权益	424	33	三、股权及其他投资	0	0
其中：实收资本	6	3	四、买入返售资产	0	0
			五、存放中央银行存款	15	2
			六、缴存中央银行财政性存款	1	1
			七、银行业存款类金融机构往来	55	0
			八、存放非存款类金融机构款项	3	-2
			九、联行往来	1 964	-85
			十、库存现金	1	0
			十一、应收及预付款	21	1
			其中：应收利息	12	2
			十二、投资性房地产	0	0
			十三、固定资产	2	0
			十四、其他资产	458	48
			十五、减：各项准备	18	0
			其中：贷款减值准备	17	0
资金来源总计	4 029	-77	资金运用总计	4 029	-77

表1.4　北京市金融机构（含外资）人民币信贷收支统计

单位：亿元

项目名称	余额	比年初	项目名称	余额	比年初
一、各项存款	212 447	20 354	一、各项贷款	95 497	9 419
（一）境内存款	211 562	20 780	（一）境内贷款	95 371	9 387
1. 住户存款	56 916	9 731	1. 住户贷款	23 749	1 810
（1）活期存款	19 677	2 708	（1）短期贷款	4 674	1 269
（2）定期及其他存款	37 239	7 023	消费贷款	3 164	1 201
2. 非金融企业存款	68 710	2 870	经营贷款	1 510	68
（1）活期存款	19 706	1 471	（2）中长期贷款	19 075	541
（2）定期及其他存款	49 004	1 399	消费贷款	15 533	-25
3. 机关团体存款	46 297	3 419	经营贷款	3 542	566
4. 财政性存款	1 620	-343	2. 企（事）业单位贷款	71 066	7 170
5. 非银行业金融机构存款	38 019	5 103	（1）短期贷款	23 423	1 325
（二）境外存款	885	-425	（2）中长期贷款	42 439	5 452
二、金融债券	1 986	301	（3）票据融资	4 647	361
其中：境外发行	0	0	（4）融资租赁	478	36
三、卖出回购资产	2	1	（5）各项垫款	79	-4
四、借款及非银行业金融机构拆入	96	-130	3. 非银行业金融机构贷款	556	406
五、联行往来（净）	0	0	（二）境外贷款	126	33
六、应付及暂收款	4 665	341	二、债券投资	11 686	1 291
七、各项准备	2 322	120	其中：境外债券	3	1
八、所有者权益	7 018	366	三、股权及其他投资	5 106	73
其中：实收资本	2 097	20	四、买入返售资产	809	68
九、其他	8 912	660	五、存放非银行业金融机构款项	20	-12
			六、联行往来（净）	122 289	11 060
			其中：境内存放二级准备金	2 104	83
			七、金银占款	0	0
			八、外汇买卖	0	0
			九、应收及预付款	1 357	106
			十、投资性房地产	31	1
			十一、固定资产	652	7
资金来源总计	237 448	22 014	资金运用总计	237 448	22 014

表 1.5　北京市中资金融机构人民币信贷收支统计

单位：亿元

项目名称	余额	比年初	项目名称	余额	比年初
一、各项存款	210 025	20 320	一、各项贷款	94 202	9 461
（一）境内存款	209 215	20 750	（一）境内贷款	94 085	9 428
1. 住户存款	56 698	9 695	1. 住户贷款	23 555	1 827
（1）活期存款	19 576	2 689	（1）短期贷款	4 650	1 262
（2）定期及其他存款	37 122	7 006	消费贷款	3 141	1 192
2. 非金融企业存款	66 633	2 879	经营贷款	1 509	70
（1）活期存款	19 444	1 513	（2）中长期贷款	18 905	566
（2）定期及其他存款	47 190	1 366	消费贷款	15 368	-2
3. 机关团体存款	46 297	3 419	经营贷款	3 537	568
4. 财政性存款	1 620	-343	2. 企（事）业单位贷款	69 973	7 194
5. 非银行业金融机构存款	37 968	5 101	（1）短期贷款	22 748	1 337
（二）境外存款	810	-430	（2）中长期贷款	42 033	5 460
二、金融债券	1 986	301	（3）票据融资	4 636	365
其中：境外发行	0	0	（4）融资租赁	478	36
三、卖出回购资产	2	1	（5）各项垫款	79	-3
四、借款及非银行业金融机构拆入	96	-130	3. 非银行业金融机构贷款	556	406
五、联行往来（净）	0	0	（二）境外贷款	117	32
六、应付及暂收款	4 580	306	二、债券投资	11 683	1 290
七、各项准备	2 305	120	其中：境外债券	3	1
八、所有者权益	6 726	357	三、股权及其他投资	5 106	73
其中：实收资本	2 095	19	四、买入返售资产	809	68
九、其他	8 883	857	五、存放非银行业金融机构款项	20	-12
			六、联行往来（净）	120 757	11 139
			其中：境内存放二级准备金	2 102	84
			七、金银占款	0	0
			八、外汇买卖	0	0
			九、应收及预付款	1 343	105
			十、投资性房地产	31	1
			十一、固定资产	651	7
资金来源总计	234 601	22 131	资金运用总计	234 601	22 131

表 1.6　北京市外资银行人民币信贷收支统计

单位：亿元

项目名称	余额	比年初	项目名称	余额	比年初
一、各项存款	2 455	26	一、各项贷款	1 389	-26
（一）境内存款	2 380	21	（一）境内贷款	1 380	-26
1. 个人存款	218	36	1. 短期贷款	764	27
其中：活期储蓄存款	101	19	（1）个人贷款及透支	24	8
定期储蓄存款	27	5	其中：个人消费贷款	23	10
结构性存款	31	-6	（2）单位贷款及透支	675	-12
2. 单位存款	2 076	-9	经营贷款及透支	423	-14
其中：活期存款	262	-41	固定资产贷款	9	-10
定期存款	355	83	并购贷款	0	0
保证金存款	32	-7	贸易融资	242	12
结构性存款	142	-26	（3）非存款类金融机构贷款	66	31
3. 国库定期存款	0	0	2. 中长期贷款	604	-49
4. 非存款类金融机构存款	85	-6	（1）个人贷款	170	-25
（二）境外存款	75	5	其中：个人消费贷款	165	-23
二、代理财政性存款	0	0	（2）单位贷款	406	-8
三、金融债券	0	0	经营贷款	165	12
其中：境外发行	0	0	固定资产贷款	200	2
四、卖出回购资产	0	0	并购贷款	9	7
五、向中央银行借款	0	0	贸易融资	32	-28
六、银行业存款类金融机构往来	22	-5	（3）非存款类金融机构贷款	28	-16
七、借款及非存款类金融机构拆入	0	0	3. 票据融资	11	-3
八、联行往来（净）	0	0	4. 融资租赁	0	0
九、应付及暂收款	85	35	5. 各项垫款	0	0
其中：应付利息	22	4	（二）境外贷款	9	0
十、其他负债	2 635	65	二、债券投资	4	1
十一、所有者权益	292	9	三、股权及其他投资	0	0
其中：实收资本	2	1	四、买入返售资产	0	0
			五、存放中央银行存款	14	2
			六、缴存中央银行财政性存款	1	1
			七、银行业存款类金融机构往来	21	3
			八、存放非存款类金融机构款项	0	0
			九、联行往来	1 533	-79
			其中：境内存放二级准备金	2	-1
			十、库存现金	0	0
			十一、应收及预付款	14	1
			其中：应收利息	11	1
			十二、投资性房地产	0	0
			十三、固定资产	1	0
			十四、其他资产	2 530	228
			十五、减：各项准备	17	0
			其中：贷款减值准备	16	0
资金来源总计	5 490	131	资金运用总计	5 490	131

表 1.7　北京市金融机构（含外资）外币信贷收支统计

单位：亿美元

项目名称	余额	比年初	项目名称	余额	比年初
一、各项存款	888	-310	一、各项贷款	334	-130
（一）境内存款	708	-170	（一）境内贷款	117	-78
1. 住户存款	245	0	1. 住户贷款	1	0
（1）活期存款	116	-16	（1）短期贷款	1	0
（2）定期及其他存款	129	16	消费贷款	1	0
2. 非金融企业存款	313	-150	经营贷款	0	0
（1）活期存款	176	-143	（2）中长期贷款	0	0
（2）定期及其他存款	136	-7	消费贷款	0	0
3. 机关团体存款	23	2	经营贷款	0	0
4. 财政性存款	1	0	2. 企（事）业单位贷款	117	-78
5. 非银行业金融机构存款	127	-23	（1）短期贷款	48	-59
（二）境外存款	179	-140	（2）中长期贷款	68	-13
二、金融债券	0	0	（3）票据融资	0	0
其中：境外发行	0	0	（4）融资租赁	0	0
三、卖出回购资产	0	0	（5）各项垫款	0	-6
四、借款及非银行业金融机构拆入	8	-3	3. 非银行业金融机构贷款	0	0
五、联行往来（净）	0	0	（二）境外贷款	216	-52
六、应付及暂收款	1	-4	二、债券投资	10	1
七、各项准备	16	-3	其中：境外债券	5	1
八、所有者权益	29	8	三、股权及其他投资	1	-6
其中：实收资本	1	0	四、买入返售资产	0	0
九、其他	348	-89	五、存放非银行业金融机构款项	4	1
			六、联行往来（净）	937	-268
			其中：境内存放二级准备金	0	0
			七、应收及预付款	5	1
			八、投资性房地产	0	0
			九、固定资产	0	0
资金来源总计	1 290	-401	资金运用总计	1 290	-401

表1.8　北京市中资金融机构外币信贷收支统计

单位：亿美元

项目名称	余额	比年初	项目名称	余额	比年初
一、各项存款	816	-275	一、各项贷款	318	-124
（一）境内存款	666	-146	（一）境内贷款	112	-75
1. 住户存款	228	1	1. 住户贷款	1	0
（1）活期存款	107	-13	（1）短期贷款	1	0
（2）定期及其他存款	121	13	消费贷款	1	0
2. 非金融企业存款	289	-126	经营贷款	0	0
（1）活期存款	156	-121	（2）中长期贷款	0	0
（2）定期及其他存款	133	-5	消费贷款	0	0
3. 机关团体存款	23	2	经营贷款	0	0
4. 财政性存款	1	0	2. 企（事）业单位贷款	111	-75
5. 非银行业金融机构存款	125	-24	（1）短期贷款	45	-56
（二）境外存款	150	-129	（2）中长期贷款	66	-13
二、金融债券	0	0	（3）票据融资	0	0
其中：境外发行	0	0	（4）融资租赁	0	0
三、卖出回购资产	0	0	（5）各项垫款	0	-6
四、借款及非银行业金融机构拆入	8	-3	3. 非银行业金融机构贷款	0	0
五、联行往来（净）	0	0	（二）境外贷款	206	-49
六、应付及暂收款	7	-1	二、债券投资	9	1
七、各项准备	16	-3	其中：境外债券	3	1
八、所有者权益	10	6	三、股权及其他投资	1	-6
其中：实收资本	0	0	四、买入返售资产	0	0
九、其他	353	-113	五、存放非银行业金融机构款项	3	1
			六、联行往来（净）	875	-262
			其中：境内存放二级准备金	0	0
			七、应收及预付款	4	1
			八、投资性房地产	0	0
			九、固定资产	0	0
资金来源总计	1 209	-389	资金运用总计	1 209	-389

表 1.9 北京市外资银行外币信贷收支统计

单位：亿美元

项目名称	余额	比年初	项目名称	余额	比年初
一、各项存款	72	-36	一、各项贷款	18	-5
（一）境内存款	43	-24	（一）境内贷款	8	-2
1. 个人存款	17	0	1. 短期贷款	4	-2
其中：活期储蓄存款	9	-3	（1）个人贷款及透支	0	0
定期储蓄存款	7	2	其中：个人消费贷款	0	0
结构性存款	1	1	（2）单位贷款及透支	3	-3
2. 单位存款	24	-24	经营贷款及透支	2	-1
其中：活期存款	21	-22	固定资产贷款	0	0
定期存款	2	-3	并购贷款	0	0
保证金存款	0	0	贸易融资	1	-2
结构性存款	0	0	（3）非存款类金融机构贷款	1	1
3. 国库定期存款	0	0	2. 中长期贷款	3	1
4. 非存款类金融机构存款	2	0	（1）个人贷款	0	0
（二）境外存款	29	-11	其中：个人消费贷款	0	0
二、代理财政性存款	0	0	（2）单位贷款	2	0
三、金融债券	0	0	经营贷款	1	1
其中：境外发行	0	0	固定资产贷款	1	0
四、卖出回购资产	0	0	并购贷款	0	0
五、向中央银行借款	0	0	贸易融资	0	0
六、银行业存款类金融机构往来	2	0	（3）非存款类金融机构贷款	1	1
七、借款及非存款类金融机构拆入	0	0	3. 票据融资	0	0
八、联行往来（净）	0	0	4. 融资租赁	0	0
九、应付及暂收款	-6	-4	5. 各项垫款	0	0
其中：应付利息	0	0	（二）境外贷款	10	-3
十、其他负债	-43	20	二、债券投资	1	0
十一、所有者权益	19	2	三、股权及其他投资	0	0
其中：实收资本	1	0	四、买入返售资产	0	0
			五、存放中央银行存款	0	0
			六、缴存中央银行财政性存款	0	0
			七、银行业存款类金融机构往来	5	-1
			八、存放非存款类金融机构款项	0	0
			九、联行往来	62	-7
			其中：境内存放二级准备金	0	0
			十、库存现金	0	0
			十一、应收及预付款	1	0
			其中：应收利息	0	0
			十二、投资性房地产	0	0
			十三、固定资产	0	0
			十四、其他资产	-44	-6
			十五、减：各项准备	0	0
			其中：贷款减值准备	0	0
资金来源总计	44	-18	资金运用总计	44	-18

表 1.10　北京市金融机构本外币存贷款总量情况

单位：亿元、亿美元、%

项目名称	本期余额		比年初增减	
	2022 年	同比增长	2022 年	2021 年
一、金融机构存款				
（一）本外币存款	218 629	9.5	18 899	11660
（二）人民币存款	212 447	10.6	20 354	10 999
其中：中资金融机构	210 025	10.7	20 320	10 963
外资金融机构	2 421	1.5	35	36
（三）外币存款	888	-25.9	-310	129
其中：中资金融机构	816	-25.2	-275	129
外资金融机构	72	-33.2	-36	-1
二、金融机构贷款				
（一）本外币贷款	97 820	9.9	8 787	4 724
（二）人民币贷款	95 497	10.9	9 419	5 042
其中：中资金融机构	94 202	11.2	9 461	4 933
外资金融机构	72	-3.1	-41	109
（三）外币贷款	334	-28.0	-130	-38
其中：中资金融机构	318	-28.1	-124	-38
外资金融机构	16	-27.7	-6	0

表 1.11　北京市金融机构存贷款总量全国占比情况

单位：亿元、亿美元、%

项目名称	北京		全国		占比	
	比年初增减	余额同比增长	比年初增减	余额同比增长	余额占比	增量占比
本外币存款	18 899.2	9.5	258 544.6	10.8	8.3	7.3
人民币存款	20 354.4	10.6	262 633.0	11.3	8.2	7.8
外币存款	-310.2	-25.9	-1 430.0	-14.3	10.4	21.7
本外币贷款	8 786.9	9.9	206 082.3	10.4	4.5	4.3
人民币贷款	9 419.4	10.9	213 097.2	11.1	4.5	4.4
外币贷款	-130.0	-28.0	-1 779.0	-19.5	4.5	7.3

表 1.12　北京市银行业（含外资）人民币房地产信贷情况

单位：亿元、%

项目名称	余额		比年初增减	
	2022 年	同比增长	2022 年	2021 年
合计	**18 732.8**	**1.1**	**69.4**	**-471.1**
一、房地产开发贷款	5 738.4	-0.6	-171.9	-1 093.6
1. 地产开发贷款	466.2	-57.5	-631.6	-1068.3
其中：政府土地储备机构贷款	0.0		0.0	-1.9
2. 房产开发贷款	5 272.1	12.7	459.8	-25.3
（1）住房开发贷款	2 858.8	0.5	-84.5	-430.0
其中：保障性住房开发贷款	945.6	-12.1	-129.9	-270.3
（2）商业用房开发贷款	2413.0	31.8	543.9	410.1
（3）其他房产开发贷款	0.4		0.4	-5.4
二、购房贷款	12 994.5	1.9	241.3	622.5
1. 企业购房贷款	821.5	22.6	151.3	-25.1
（1）商业用房贷款	599.3	5.8	32.7	-34.5
（2）住房贷款	222.2	114.6	118.7	9.4
2. 机关团体购房贷款	0.4		0.4	
（1）商业用房贷款	0.4		0.4	
（2）住房贷款				
3. 个人购房贷款	12 172.6	0.7	89.6	647.6
（1）个人商业用房贷款	243.5	-29.6	-102.4	-118.0
（2）个人住房贷款	11 929.1	1.6	192.0	765.6
a. 新建房贷款	4 734.4	3.0	138.8	313.8
其中：抵押贷款	4 718.5	3.2	148.2	319.5
b. 再交易房贷款	7 194.7	0.7	53.2	451.7
三、证券化的房地产贷款	133.2	-21.3	-36.1	16.9
1. 证券化个人住房贷款	133.2	-21.3	-36.1	17.0
2. 其他证券化房地产贷款				
附：个人购买保障性住房贷款	58.4	-7.7	-4.9	-4.2
附：企业收购、租赁保障性住房贷款	174.4	120.2	95.2	23.5

表 1.13　北京市小额贷款公司情况统计

机构数量（家）	从业人员数（人）	实收资本（亿元）	贷款余额（亿元）
113	811	138.9743	126.5

注：由于批准设立与正式营业并具备报数条件之间存在时滞，统计口径小额贷款公司数量与北京市公布的小额贷款公司批准设立数量有差别。

表 1.14　2022 年北京地区储蓄国债统计（凭证式）

单位：亿元

期数	金额
一期	36.00
二期	37.45
三期	28.43
四期	38.65
五期	34.37
六期	38.60
合计	213.50

表 1.15　2022 年北京地区储蓄国债统计（电子式）

单位：亿元

期数	金额
一期	50.07
二期	61.78
三期	45.91
四期	48.23
五期	39.84
六期	41.6
七期	40.63
八期	47.22
合计	375.28

表 1.16　北京辖区上市公司情况统计（2020—2022 年）

项目	2020 年	2021 年	2022 年
股票市价总值（亿元）	151 721.16	162 885.83	155 322.34
其中：股票流通市值（亿元）	124 557.14	136 002.86	132 758.93
境内上市公司数（家）	381	413	460
其中：A 股（家）	345	372	414
A + B 股（家）	1	1	1
A + H 股（家）	35	40	45

资料来源：中国证券监督管理委员会北京监管局。

表 1.17　北京地区基金管理公司业务综合统计

指标	2022 年 12 月		2021 年 12 月		2020 年 12 月		2019 年 12 月		2018 年 12 月		2017 年 12 月	
	绝对值	同比增长（%）	绝对值	同比增长（%）	绝对值	同比增长（%）	绝对值	同比增长（%）	绝对值	同比增长（%）	绝对值	同比增长（%）
主要经营地在辖区基金管理公司数（家）	36	0.00	36	0.00	36	5.88	34	6.25	32	0.00	32	3.23
其中：中外合资基金管理公司数（家）	10	-9.09	11	0.00	11	0.00	11	0.00	11	0.00	11	0.00
辖区法人基金管理公司数（家）	22	4.76	21	0.00	21	10.53	19	0.00	19	0.00	19	0.00
其中：中外合资基金管理公司数（家）	7	-12.50	8	0.00	8	0.00	8	0.00	8	0.00	8	0.00
辖区法人基金管理公司管理基金数（只）	1 463	21.31	1 206	22.44	985	21.76	809	13.62	712	14.10	624	21.40
其中：封闭式基金数（只）	17	54.55	11	37.50	8	14.29	7	0.00	7	-22.22	9	-71.88
开放式基金数（只）	1 446	21.00	1 195	22.31	977	21.82	802	13.76	705	14.63	615	27.59
辖区法人基金管理公司管理基金季末总规模（亿份）	33 397.65	20.06	27 817.69	36.08	20 441.66	13.17	18 062.31	-7.39	19 502.95	17.73	16 565.22	14.39
其中：封闭式基金总规模（亿份）	199.85	41.62	141.12	-42.81	246.77	46.11	168.89	10.20	153.26	192.93	52.32	-96.53
开放式基金总规模（亿份）	33 197.8	19.95	27 676.57	37.05	20 194.89	12.86	17 893.42	-7.53	19 349.69	17.18	16 512.9	23.48
辖区法人基金管理公司管理基金资产季末净值（亿元）	35 961.23	11.22	32 333.95	35.60	23 844.31	21.93	19 555.79	-1.12	19 776.74	14.29	17 303.36	11.42
其中：封闭式基金资产净值（亿元）	544.82	102.78	268.68	-12.89	308.45	64.40	187.62	25.35	149.68	184.73	52.57	-96.56
开放式基金资产净值（亿元）	35 416.41	10.45	32 065.26	36.24	23 535.86	21.52	19 368.17	-1.32	19 627.06	13.77	17 250.79	23.22
辖区法人基金管理公司 QDII 总规模（亿份）	1 196.47	88.59	634.44	347.26	141.85	-7.94	154.08	38.61	111.16	-9.71	123.12	-10.25
辖区法人基金管理公司 QDII 总净值（亿元）	664.54	29.02	515.08	150.96	205.24	78.47	115.00	-7.25	123.99	-21.17	157.28	11.87
辖区法人基金管理公司当年新发基金数（只）	216	-21.74	276	590.00	40	-72.22	144	-38.98	236	81.54	130	-23.98
辖区法人基金管理公司新发基金首次募集规模（亿份）	2 142.64	-32.94	3 195.17	212.94	1021.03	-38.78	1 667.77	-29.81	2 376.03	42.30	1 669.7	-49.14
辖区法人基金管理公司新发基金首次募集金额（亿元）	2 408.72	-26.49	3 276.62	220.91	1 021.03	-38.78	1 667.77	-29.81	2 376.03	42.30	1 669.7	-49.18
辖区法人基金管理公司新发基金年末净值（亿元）												

资料来源：中国证券监督管理委员会北京监管局。

表 1.18　2022 年北京市保险业务统计

单位：万元、%

指标项目	2022 年	2021 年	增长率
一、原保险保费收入	**27 584 889.91**	**25 269 285.88**	**9.16**
1. 财产保险	4 791 314.63	4 434 854.55	8.04
其中：机动车辆保险	2 318 840.78	2 277 457.85	1.82
2. 意外伤害保险	484 979.66	624 432.75	-22.33
3. 健康保险	5 066 866.95	5 222 733.74	-2.98
4. 人寿保险	17 241 728.67	14 987 264.84	15.04
二、赔付支出	**7 760 160.43**	**8 384 679.78**	**-7.45**
1. 财产保险	2 800 666.50	2 706 915.17	3.46
其中：机动车辆保险	1 427 494.83	1 637 716.53	-12.84
2. 意外伤害保险	220 530.58	258 307.10	-14.62
3. 健康保险	1 903 291.46	2 769 920.06	-31.29
4. 人寿保险	2 835 671.89	2 649 537.45	7.03

注：1. “原保险保费收入”为按《企业会计准则（2006）》设置的统计指标，指保险企业确认的原保险合同保费收入。

2. “原保险赔付支出”为按《企业会计准则（2006）》设置的统计指标，指保险企业支付的原保险合同赔付款项。

3. 原保险保费收入、原保险赔付支出为本年累计数。

4. 上述数据来源于各公司报送的保险数据，未经审计。

5. 因部分机构正在进行风险处置，行业汇总数据口径暂不包括这部分机构。

表 1.19　北京市各财产保险公司业务统计（按公司）

单位：万元、%

类别	公司名称	本年累计			
		原保险保费收入	同比增长	赔款支出	同比增长
中资	人保股份京分	1 664 313.29	4.56	958 920.67	-1.4
	平安财险京分	1 163 692.98	6.62	629 662.63	-6.69
	太保财险京分	646 569.07	1.22	371 696.33	-2.85
	国寿财产京分	284 783.22	4.93	197 819.36	4.78
	中华联合京分	148 901.80	13.82	90 853.33	36.94
	阳光财产京分	132 529.56	-8.14	82 147.70	30.26
	泰康在线京分（虚拟）	113 564.10	604.62	26 803.69	98.73
	国任财险京分	109 468.03	-47.32	63 792.19	-50.46
	英大财产京分	89 454.19	6.41	33 637.83	-2.69
	太平保险京分	72 657.97	-51.94	46 201.78	-55.76
	众安财产京分（虚拟）	68 274.00	34.62	39 803.33	41.4
	大地财产京分	58 921.65	16.74	31 088.00	-30.16
	中石油专属保险京分（虚拟）	48 949.08	3.73	38 472.93	100.08
	中铁自保京分（虚拟）	37 993.05	97.43	3 850.13	20.35
	中银保险京分	35 708.86	-3.12	30 481.56	27.65
	永诚京分	34 925.27	20.25	20 639.08	43.6
	华安京分	27 585.88	1.49	13 068.73	18.02
	建信财产京分	27 570.61	-20.67	14 964.40	-8.02
	黄河财险京分	25 232.08	18.2	12 848.76	113.89
	亚太财险京分	24 203.11	-33.6	19 492.05	-27.44
	渤海京分	19 854.53	27.96	10 091.34	-4.05

续表

类别	公司名称	本年累计			
		原保险保费收入	同比增长	赔款支出	同比增长
中资	珠峰财险京分	17 741.88	29.61	12 076.03	14.24
	华农京分	14 881.15	139.65	7 169.04	29.16
	汇友互助京分（虚拟）	13 959.39	-29.81	2 528.67	-41.23
	众惠相互京分（虚拟）	11 485.47	-17.21	9 134.92	36.04
	安华农业京分	8 558.29	10.54	8 298.76	60.03
	永安京分	8 274.70	25.84	4 528.37	-8.05
	大家京分	8 134.41	15.53	4 568.68	1.86
	紫金财产京分	8 032.20	10.12	6 564.53	51.09
	长安责任京分	7 258.54	-20.65	10 407.45	15.91
	都邦京分	4 777.64	-44.02	3 382.53	-7.36
	合众财产京分（虚拟）	4 117.93	49.86	2 503.77	-35.07
	泰山财险京分	3 064.95	373.53	997.24	6.06
	长江财险京分	2 745.21	-12.34	2 091.39	-2.46
	安诚京分	1 407.65	73.04	176.76	46.86
	浙商财产京分	1 104.45	12.92	422.65	-26.76
	富德财险京分	583.31	-92.11	1 172.02	8.18
	燕赵财产京分（虚拟）	456.15	869.11	42.35	0
	阳光信用京分（虚拟）	3.88	-99.11	7 544.80	-51.64
	中煤财产京分（虚拟）	0.01	0	0.00	0
	安邦京分	0.00	0	0.20	565.91
	安心财产京分（虚拟）	-1 786.33	-105	12 200.61	-52.54
小计		4 949 953.17	2.1	2 832 146.59	-3.74
外资	京东安联财险京分	217 270.49	10.19	176 540.23	55.42
	华泰京分	62 357.32	-0.66	29 279.76	-26.36
	现代财产京分（虚拟）	41 970.52	-1.72	21 567.22	56.67
	利宝保险京分	34 593.45	17.99	8 585.89	13.68
	中意财产京分	30 377.24	16.75	13 233.59	17.92
	苏黎世京分	28 578.05	10.97	4 967.30	-61.61
	国泰财产京分	20 020.82	12.72	16 308.83	4.83
	安盛天平京分	11 897.44	98.2	5 230.44	11.18
	美亚京分	9 034.78	18.81	2 574.33	95.31
	三星京分	8 282.55	-7.85	8 709.94	18.13
	东京海上京分	6 025.51	6.22	1 695.72	-35.66
	三井京分	5 683.79	-6.67	1 398.60	-23.06
	史带财产京分	4 026.15	-57.86	3 620.97	16.58
	中航安盟京分	3 064.25	55.72	2 253.98	68.31
	日本财产京分	1 520.82	6.52	399.58	30.8
	瑞再企商京分	883.64	-3.94	73.10	-77.75
	劳合社京分	23.01	-9.57	0.00	0
	安达保险京分	1.77	-99.33	180.80	-13.3
小计		485 611.61	7.91	296 620.29	24.88
合计		5 435 564.78	2.59	3 128 766.88	-1.6

注：1. 虚拟指在北京开展业务但未设立北京分公司的保险公司，或未在北京设立分公司但其互联网业务计入北京范围的保险公司。

2. 因部分机构正在进行风险处置，行业汇总数据口径暂不包括这部分机构。

表1.20 北京市各财产保险公司业务统计（按险种）

单位：万元、%

险种名称	原保险保费收入	同比增长	赔款支出	同比增长
1. 企业财产保险	509 798.58	11.04	215 128.55	12.03
2. 家庭财产保险	47 922.62	78.12	9 800.83	-26.28
其中：投资型家财险	111.76	-25.07	2.31	-71.68
3. 机动车辆保险	2 318 840.78	1.82	1 427 494.83	-12.84
其中：交强险	470 580.32	0.70	294 399.12	0.12
4. 工程保险	133 077.17	1.68	61 733.66	-9.86
5. 责任保险	790 092.34	12.58	450 091.90	26.08
6. 信用保险	53 826.71	15.02	41 774.20	101.57
7. 保证保险	250 487.01	33.91	160 722.39	83.54
其中：机动车辆消费贷款保证保险	0.25	8.05	-143.33	65.13
其中：个人贷款抵押房屋保证保险	-4.07	-216.40	2.46	-44.40
8. 船舶保险	13 239.42	61.18	3 324.43	-20.00
9. 货物运输保险	199 596.61	22.39	78 945.27	30.37
10. 特殊风险保险	130 393.81	-28.41	67 879.78	48.17
11. 农业保险	151 509.57	16.00	133 269.42	6.53
12. 健康险	449 716.53	-27.11	236 176.77	-36.49
其中：投资型健康险	0.00	0.00	0.00	0.00
13. 意外伤害保险	194 533.63	-21.09	91 923.61	-8.91
其中：投资型意外险	0.00	-100.00	0.00	0.00
14. 其他险	192 530.02	59.39	150 501.22	59.27
合计	5 435 564.78	2.59	3 128 766.88	-1.60

表 1.21 北京市各人身保险公司业务统计（按公司）

单位：万元、%

公司	原保险保费收入	同比	退保金	同比	赔款支出	同比	死伤医疗给付	同比	满期给付	同比	年金给付	同比
平安寿险京分	2 689 763.17	1.93	275 544.09	0.19	5 427.50	-12.49	147 588.73	-5.21	299 164.17	29.57	103 286.57	8.61
友邦京分	1 344 531.31	13.89	27 382.34	21.66	63 636.26	32.80	60 727.23	24.00	4 436.80	-29.97	25 023.19	3.08
国寿股份京分	1 226 198.68	-1.56	56 163.57	-4.45	143 343.00	-16.84	37 223.67	-3.69	87 757.42	56.92	35 815.56	4.63
泰康京分	1 192 358.69	4.61	46 382.95	26.11	6 679.13	0.36	31 399.07	12.28	72 436.65	-18.63	91 890.08	21.57
大家人寿京分	1 060 175.39	42.58	42 138.88	-26.07	191.45	-42.42	1 671.71	10.70	387 902.18	-35.62	1 184.26	330.52
新华京分	1 056 674.88	-6.20	114 913.27	-5.24	38 823.11	-1.55	70 686.26	1.54	237 383.77	25.59	103 779.14	-3.19
君康人寿京分	897 606.64	34.38	-7 948.00	-89.47	14.51	-78.05	3 416.44	6.86	233.55	-61.60	1 440.89	-1.61
中信保诚京分	768 131.92	17.22	26 219.05	18.24	29 541.75	16.54	18 260.24	-3.79	27 703.80	64.33	2 397.08	37.20
太平人寿险京分	729 504.35	4.83	59 844.86	-0.69	5 378.17	-5.31	19 185.77	-5.57	33 072.94	143.26	55 822.65	9.96
信美人寿京分（虚拟）	660 122.59	1.16	20 279.53	11.34	427.33	30.20	1 750.93	29.41	0.00	—	34.45	111.02
太保寿险京分	610 368.59	5.29	49 125.97	-0.75	7 749.99	-0.11	35 567.12	2.14	78 231.86	-29.33	48 046.73	-16.40
弘康人寿京分（虚拟）	575 682.78	46.94	58 359.23	75.51	72.55	-18.85	13 709.60	-3.55	41 771.46	17962.96	66.18	-20.03
中意京分	542 909.94	-9.82	4 601.59	-38.01	79 164.38	46.32	5 797.29	-2.74	17 147.05	-17.20	200 721.76	2.19
招商信诺京分	494 219.09	16.30	14 367.45	14.18	24 041.77	25.59	5 608.82	16.85	12 720.06	-24.12	6 620.37	10.85
信泰京分	476 112.60	12.91	22 276.12	76.10	17.43	-26.30	11 167.55	79.98	1 225.87	366.50	261.35	32.54
中荷人寿京分	407 369.97	4.24	56 988.58	291.72	483.80	6.52	2 830.85	18.60	41 152.98	-11.26	6 893.05	8.13
人保寿险京分	396 015.55	-6.71	189 884.64	70.03	64 559.64	-8.26	14 508.71	-51.88	136 247.90	340.14	14 195.31	52.49
北京人寿京分	392 818.74	4.82	6 838.41	-26.80	23 576.88	10.19	2 521.44	125.42	0.00	—	0.00	—
工银安盛京分	368 788.50	-36.84	163 804.29	207.27	28 926.73	0.24	7 054.40	-0.70	20 316.81	-22.80	3 479.25	13.57
中美联泰京分	349 692.79	5.06	32 797.86	18.01	2 413.37	-29.16	18 352.28	-9.35	83 592.57	111.08	3 953.76	36.87
爱心人寿京分	336 498.73	4.69	13 662.85	117.17	405.35	-88.99	4 298.95	200.06	0.00	—	18.48	—
小康人寿京分	311 135.01	12168.53	282.28	728.62	16.25	-48.32	79.28	1704.94	190.44	-73.90	5.17	-14.52
阳光人寿京分	278 289.41	24.76	31 252.73	104.33	6 249.49	-48.79	7 639.22	18.49	10 326.23	-51.10	150.77	274.40
泰康养老京分	276 197.92	17.60	6 477.63	109.63	38 918.85	3.16	15 162.41	8.61	0.00	-100.00	2 947.23	105.26

续表

公司	原保险保费收入	同比	退保金	同比	赔款支出	同比	死伤医疗给付	同比	满期给付	同比	年金给付	同比
光大永明京分	269 811.40	37.96	16 365.94	119.91	23 246.82	2.02	5 077.41	14.30	34 538.05	288.83	1 858.56	-0.06
百年人寿京分	256 233.14	-0.88	49 557.42	9.73	1 992.47	17.41	8 906.41	41.99	2 305.50	-11.36	5 121.21	-6.79
交银人寿京分	248 326.93	17.80	74 635.40	498.32	478.20	73.50	2 638.04	56.96	2 658.11	22.29	657.50	14.77
渤海人寿京分（虚拟）	214 546.37	12.50	10 081.43	5.59	2 456.59	1266.07	865.80	155.30	0.00	—	0.00	—
和谐健康京分	206 676.84	180.86	523.94	-91.79	45.47	-19.75	2 702.46	-6.11	235 901.37	-77.69	0.00	—
中华人寿京分	203 812.31	16.65	17 260.04	481.94	8 394.09	44.28	1 529.56	20.87	0.00	—	757.47	263.25
平安养老京分	200 762.85	-5.00	244.02	-11.33	139 724.78	-9.45	7 787.59	-13.83	0.00	—	501.76	37.40
中邮人寿京分	199 077.03	9.40	14 858.96	-63.47	1 770.01	-28.88	1 124.80	12.56	57 684.30	232.31	3 057.23	-2.15
长城京分	172 277.80	96.25	17 747.87	257.99	1 243.71	17.15	1 461.19	50.97	6 779.68	-40.80	3 501.32	4.64
平安健康京分	171 960.99	4.67	122.78	78.08	85 725.86	39.27	4 889.03	53.79	0.00	—	0.00	—
昆仑健康京分	163 144.12	13.77	3 020.18	-25.78	1 863.71	18.86	19 879.99	71.51	4 648.58	7429.42	0.00	—
建信人寿京分	160 889.27	34.31	17 607.16	0.86	23 009.68	22.32	697.12	-26.44	66 381.26	126.08	1 280.96	-0.75
英大人寿京分	160 581.57	-16.93	28 478.91	720.90	3 217.67	7.91	648.88	-13.09	2 943.37	-52.98	1 378.94	0.12
恒安标准京分	150 250.04	43.40	1 344.94	44.76	2 540.83	11.81	1 774.74	14.88	918.68	102.36	814.08	-5.46
汇丰人寿京分	136 834.49	44.55	4 497.54	85.33	0.88	—	248.75	402.53	0.00	—	6 052.63	16.47
中英人寿京分	135 374.60	20.11	7 908.04	21.13	8 251.20	7.74	4 684.42	12.33	20 126.69	6.48	3 634.32	5.60
富德生命人寿京分	129 666.66	-0.69	49 857.76	-15.34	11 462.20	46.02	2 646.06	-17.08	7 826.41	-79.15	3.34	21.98
农银人寿京分	116 586.32	41.06	12 931.02	-72.38	485.86	-30.30	928.68	2.45	29 766.40	-14.09	1 468.75	24.17
中德安联京分	115 321.94	78.58	5 905.37	57.59	1 052.45	-23.72	880.74	-2.18	20.25	-46.84	5 838.06	6.75
招商仁和人寿京分	108 311.73	—	108.82	—	204.44	—	35.00	—	0.00	—	0.00	—
鼎诚人寿京分	95 890.18	21.38	1 399.81	91.64	21.47	-64.90	1 626.05	552.56	326.00	-23.37	155.86	12.61
中银三星京分	91 511.00	-3.41	4 825.22	60.68	3 481.14	0.26	1 302.22	31.76	5 813.67	107.88	965.04	-9.27
同方全球人寿京分	88 233.91	13.51	1 796.05	21.17	24 545.45	35.58	4 638.56	-8.79	3 100.55	-34.79	725.23	-3.08
利安人寿京分	81 952.18	18.11	6 341.88	154.56	2 624.44	-3.85	992.57	147.66	23.74	-92.07	48.08	25.17
国华人寿京分	79 985.12	-38.18	57 208.25	-48.96	0.04	-98.24	539.50	-57.97	4 127.95	278.41	5 403.75	6.61

续表

公司	原保险保费收入	同比	退保金	同比	赔款支出	同比	死伤医疗给付	同比	满期给付	同比	年金给付	同比
中宏人寿京分	75 980.90	25.41	2 240.01	57.67	1 211.55	-20.07	794.28	-30.81	69.00	-76.73	2 443.76	21.15
太平养老京分	69 577.30	19.16	408.46	-17.85	33 799.85	9.49	2 863.60	56.25	4.22	0.00	20.88	-28.65
瑞泰人寿京分（虚拟）	69 002.36	9.82	1 007.72	28.83	6 753.35	8.72	8 143.16	41.84	586.73	67.86	6.72	-2.89
长生人寿京分	60 625.70	61.93	41 266.62	3225.86	559.83	-20.04	682.35	53.56	2 701.90	90.41	0.00	—
珠江人寿京分	60 287.84	48.02	18 625.61	657.44	2 929.12	-16.52	436.06	117.62	0.00	—	887.88	2742.68
复星联合健康京分	50 602.37	-22.71	877.72	-41.83	24 338.82	17.32	4 172.07	29.85	0.00	—	0.00	—
复星保德信京分	46 494.65	2.17	20 802.51	802.28	8.50	7.81	1 066.19	5.84	0.00	—	605.13	4.02
人保健康京分	45 156.34	17.62	1 598.38	5.51	26 190.79	46.61	995.82	-15.58	1 771.51	-48.92	0.00	—
幸福人寿京分	42 907.36	28.78	29 896.08	79.89	5 881.70	17.11	703.31	-22.44	14 473.50	-21.95	4 360.97	81.33
太保安联健康京分	36 493.77	108.14	13.31	—	18 652.57	13.11	1.24	-97.93	0.00	—	0.00	—
合众人寿京分	32 127.68	-9.46	15 098.21	386.66	1 902.54	18.12	1 617.90	25.70	4 108.78	-17.68	1 492.25	-5.94
国民养老京分	29 170.92	—	26.88	—	0.00	—	0.00	—	0.00	—	1.20	—
华泰人寿京分	25 180.92	6.69	2 460.26	81.93	626.83	-16.20	864.30	48.57	5 451.56	0.62	486.99	-14.22
陆家嘴国泰人寿京分	25 170.80	27.46	1 856.52	-30.00	913.47	-46.89	152.34	149.88	10.10	-32.67	59.78	-12.02
大家养老京分	23 523.15	108.23	766.74	-29.61	7 911.64	151.15	2.19	—	0.00	—	483.44	115.23
北大方正人寿京分	22 955.63	20.68	5 517.87	389.50	4 724.67	2.06	476.87	-24.97	0.00	—	233.43	-0.21
民生人寿京分	21 255.34	-0.20	1 813.67	-18.20	169.22	-56.69	1 115.71	-17.30	7 415.06	-14.09	2 091.69	-1.16
中融人寿京分	11 170.18	-85.68	18 781.58	1049.21	47.78	313.25	257.50	-21.79	0.00	—	440.48	146 726.00
国宝人寿京分	1 784.93	—	0.00	—	0.00	—	0.00	—	0.00	—	0.00	—
国寿存续京分	670.93	-13.98	938.41	-36.48	25.80	-28.75	5 687.45	-11.02	3 408.12	33.15	48 323.93	-16.28
新华养老京分（虚拟）	0.00	—	0.00	—	0.00	—	0.00	—	0.00	—	0.02	—
合计	22 149 325.13	10.91	1 880 265.45	35.23	1 054 546.19	5.81	644 745.89	3.23	2 118 905.57	-24.36	813 195.89	3.94

注：1. 虚拟指在北京开展业务但未设立北京分公司的保险公司。

2. 因部分机构正在进行风险处置，行业汇总数据口径暂不包括这部分机构。

表 1.22　北京市各人身保险公司业务统计（按险种）

单位：万元

险种名称	原保险保费收入	赔款支出	死伤医疗给付	满期给付	年金给付	退保金
一、寿险小计	17 241 728.67	—	149 029.92	1 873 446.09	813 195.89	1 739 362.22
1. 普通寿险	12 021 404.16	—	93 300.50	539 367.02	281 996.48	1 085 015.08
（1）定期寿险	254 997.29	—	31 724.58	25.54	—	11 699.35
（2）两全寿险	1 095 066.23	—	17 748.13	530 895.56	39 902.12	96 321.84
（3）终身寿险	6 165 144.69	—	23 497.06	1 320.60	—	174 846.33
（4）年金保险	4 506 195.94	—	20 330.73	7 125.32	242 094.37	802 147.57
2. 分红寿险	5 165 762.04	—	48 950.96	1 327 832.41	531 058.90	654 300.19
（1）定期寿险	0.00	—	0.00	0.00	—	0.00
（2）两全寿险	2 160 269.49	—	30 096.70	1 251 607.33	73 251.38	284 891.13
（3）终身寿险	435 531.36	—	5 120.49	27.24	—	40 740.24
（4）年金保险	2 569 961.20	—	13 733.77	76 197.84	457 807.53	328 668.81
3. 投资连结保险	3 886.12	—	608.90	3 316.42	0.00	13.98
4. 万能保险	50 676.35	—	6 169.56	2 930.23	140.50	32.97
二、意外伤害险小计	290 446.03	128 606.97	—	—	—	—
1. 一年期以内业务	26 928.06	15 752.08	—	—	—	—
2. 一年期业务	174 895.13	112 854.89	—	—	—	—
3. 一年期以上业务	88 622.84	—	—	—	—	—
三、健康险小计	4 617 150.42	925 939.22	495 715.97	245 459.49	—	140 903.24
1. 短期业务	1 212 556.86	925 939.22	—	—	—	—
2. 长期业务	3 404 593.56	—	495 715.97	245 459.49	—	140 903.24
合计	22 149 325.13	1 054 546.19	644 745.89	2 118 905.57	813 195.89	1 880 265.45

注：因部分机构正在进行风险处置，行业汇总数据口径暂不包括这部分机构。

表 1.23　中国人民银行对金融机构存款利率

单位：年利率%

种类	2002－02－21	2003－12－21	2005－03－17	2008－11－27	2020－04－07
一、金融机构存款					
法定准备金	1.89	1.89	1.89	1.62	1.62
超额准备金	1.89	1.62	0.99	0.72	0.35
二、保险公司存款	1.89	1.89	1.89		
三、邮政储蓄转存款①	4.347	4.131			

注：①2002 年 12 月 31 日银发〔2002〕393 号文规定，从 2003 年 1 月 1 日起邮政储蓄转存款利率暂调整为 4.131%。2003 年 9 月 1 日银发〔2003〕177 号文规定，自 2003 年 8 月 1 日起，邮政储蓄新增存款转存人民银行的部分，按照金融机构准备金存款利率（年利率为 1.89%）计息；此前的邮政储蓄在人民银行的转存款暂按现行转存款利率计息（年利率为 4.131%）。

表 1.24　中国人民银行对金融机构贷款利率

单位：年利率%

项目①	2010-12-26	2014-03-20	2014-12-19	2015-05-28	2015-11-05	2018-06-23	2020-02-16	2020-07-01	2021-12-07
一、流动性再贷款②									
1 个月	3.25				2.9				
3 个月	3.55				3.2				
6 个月	3.75				3.4				
1 年	3.85				3.5				
二、信贷政策支持再贷款									
（一）支农再贷款③									
3 个月	3.05		2.8	2.55	2.45		2.2	1.95	
6 个月	3.25		3.0	2.75	2.65		2.4	2.15	
1 年	3.35		3.1	2.85	2.75		2.5	2.25	
（二）支小再贷款									
3 个月		3.7	3.3	3.05	2.95	2.45	2.2	1.95	1.7
6 个月		3.9	3.5	3.25	3.15	2.65	2.4	2.15	1.9
1 年		4.0	3.6	3.35	3.25	2.75	2.5	2.25	2
三、再贴现	2.25	同前	同前	同前	同前	同前	同前	2	2
四、逾期贷款	按日利率万分之五计收利息	同前	同前	同前	同前	同前	同前	同前	同前

注：①2014 年 2 月 7 日银发〔2014〕36 号文决定对再贷款分类予以调整，将流动性再贷款划分为流动性再贷款和信贷政策支持再贷款，金融稳定再贷款和专项政策性再贷款分类总体不变。流动性再贷款利率执行人民银行确定的流动性再贷款利率，信贷政策支持再贷款执行人民银行确定的信贷政策支持再贷款利率。

②2014 年 2 月 7 日银发〔2014〕36 号文指出，人民银行对全国性存款类金融机构发放的流动性再贷款，期限设置为 1 个月、3 个月、6 个月、1 年四个档次。在此之前流动性再贷款期限为 20 天以内、3 个月以内、6 个月以内和 1 年。

③该时点利率为对农村信用社再贷款（不含紧急贷款）利率。2014 年 12 月 29 日银发〔2014〕396 号文指出，将正常支农再贷款各期限档次利率分别下调 0.25 个百分点，贫困地区支农再贷款利率在调整后的正常支农再贷款利率基础上下调 1 个百分点。

表 1.25　金融机构存款利率

单位：年利率%

项目	2002－02－21	2004－10－29	2006－04－28	2006－08－19	2007－03－18	2007－05－19	2007－07－21	2007－08－22	2007－09－15	2007－12－21	2008－10－09	2008－10－30	2008－11－27	2008－12－23
一、活期存款	0.72	0.72	0.72	0.72	0.72	0.72	0.81	0.81	0.81	0.72	0.72	0.72	0.36	0.36
二、定期存款														
1. 整存整取														
3个月	1.71	1.71	1.71	1.8	1.98	2.07	2.34	2.61	2.88	3.33	3.15	2.88	1.98	1.71
6个月	1.89	2.07	2.07	2.25	2.43	2.61	2.88	3.15	3.42	3.78	3.51	3.24	2.25	1.98
1年	1.98	2.25	2.25	2.52	2.79	3.06	3.33	3.6	3.87	4.14	3.87	3.6	2.52	2.25
2年	2.25	2.7	2.7	3.06	3.33	3.69	3.96	4.23	4.5	4.68	4.41	4.14	3.06	2.79
3年	2.52	3.24	3.24	3.69	3.96	4.41	4.68	4.95	5.22	5.4	5.13	4.77	3.6	3.33
5年	2.79	3.6	3.6	4.14	4.41	4.95	5.22	5.49	5.76	5.85	5.58	5.13	3.87	3.6
2. 零存整取、整存零取、存本取息														
1年	1.71	1.71	1.71	1.8	1.98	2.07	2.34	2.61	2.88	3.33	3.15	2.88	1.98	1.71
3年	1.89	2.07	2.07	2.25	2.43	2.61	2.88	3.15	3.42	3.78	3.51	3.24	2.25	1.98
5年	1.98	2.25	2.25	2.52	2.79	3.06	3.33	3.6	3.87	4.14	3.87	3.6	2.52	2.25
3. 定活两便	按一年以内定期整存整取同档次利率60%执行	按一年以内定期整存整取同档次利率60%执行	同前	同前	同前	同前	同前	同前	同前	同前	同前	同前	同前	同前
三、协定存款	1.44	1.44	1.44	1.44	1.44	1.44	1.53	1.53	1.53	1.53	1.53	1.53	1.17	1.17
四、通知存款														
1天	1.08	1.08	1.08	1.08	1.08	1.08	1.17	1.17	1.17	1.17	1.17	1.17	0.81	0.81
7天	1.62	1.62	1.62	1.62	1.62	1.62	1.71	1.71	1.71	1.71	1.71	1.71	1.35	1.35

续表

项目	2009 - 12 - 31	2010 - 10 - 20	2010 - 12 - 26	2011 - 02 - 09	2011 - 04 - 06	2011 - 07 - 07	2012 - 06 - 08	2012 - 07 - 06①	2014 - 11 - 22②	2015 - 03 - 01③	2015 - 05 - 11④	2015 - 06 - 28	2015 - 08 - 26⑤	2015 - 10 - 24⑥
一、活期存款	0.36	0.36	0.36	0.40	0.50	0.50	0.40	0.35	0.35	0.35	0.35	0.35	0.35	0.35
二、定期存款														
1. 整存整取														
3个月	1.71	1.91	2.25	2.60	2.85	3.10	2.85	2.60	2.35	2.10	1.85	1.60	1.35	1.10
6个月	1.98	2.2	2.5	2.80	3.05	3.30	3.05	2.80	2.55	2.30	2.05	1.80	1.55	1.30
1年	2.25	2.5	2.75	3.00	3.25	3.50	3.25	3.00	2.75	2.50	2.25	2.00	1.75	1.50
2年	2.79	3.25	3.55	3.90	4.15	4.40	4.10	3.75	3.35	3.10	2.85	2.60	2.35	2.10
3年	3.33	3.85	4.15	4.50	4.75	5.00	4.65	4.25	4.00	3.75	3.50	3.25	3.00	2.75
5年	3.6	4.2	4.55	5.00	5.25	5.50	5.10	4.75						
2. 零存整取、整存零取、存本取息														
1年	1.71	1.91	2.25	2.60	2.85	3.10	2.85	2.60	2.35	2.10	1.85	1.60	1.35	1.10
3年	1.98	2.2	2.5	2.80	3.05	3.30	3.05	2.80	2.55	2.30	2.05	1.80	1.55	1.30
5年	2.25	2.5	2.75	3.00	3.25	3.50	3.25	3.00						
3. 定活两便	同前	同前	同前	同前	同前	同前	同前	同前	同前	同前	同前	同前	同前	同前
三、协定存款	1.17	1.17	1.17	1.21	1.31	1.31	1.21	1.15	1.15	1.15	1.15	1.15	1.15	1.15
四、通知存款														
1天	0.81	0.81	0.81	0.85	0.95	0.95	0.85	0.80	0.80	0.80	0.80	0.80	0.80	0.80
7天	1.35	1.35	1.35	1.39	1.49	1.49	1.39	1.35	1.35	1.35	1.35	1.35	1.35	1.35

注：①自2012年6月8日起，金融机构存款利率浮动区间由基准利率的（0，1］倍调整为（0，1.1］倍。

②自2014年11月22日起，存款利率浮动区间的上限由基准利率的1.1倍调整为1.2倍。并且人民银行不再公布人民币五年期定期存款基准利率。

③自2015年3月1日起，人民币存款利率浮动区间的上限由基准利率的1.2倍调整为1.3倍。

④自2015年5月11日起，存款利率浮动区间上限由基准利率的1.3倍调整为1.5倍。

⑤自2015年8月26日起，1年以上（不含1年）定期存款利率浮动上限放开，其余期限品种存款利率浮动上限仍为基准利率的1.5倍。

⑥自2015年10月24日起，活期存款、1年以内（含）定期存款、协定存款、通知存款利率上限放开。

表 1.26　金融机构贷款利率

单位：年利率%

项目	2002－02－21	2004－10－29	2005－03－17	2006－04－28	2006－08－19	2007－03－18	2007－05－19	2007－07－21	2007－08－22	2007－09－15	2007－12－21	2008－09－16	2008－10－09	2008－10－30	2008－11－27	2008－12－23
一、短期贷款																
6个月以内（含6个月）	5.04	5.22	5.22	5.4	5.58	5.67	5.85	6.03	6.21	6.48	6.57	6.21	6.12	6.03	5.04	4.86
6个月至1年（含1年）	5.31	5.58	5.58	5.85	6.12	6.39	6.57	6.84	7.02	7.29	7.47	7.2	6.93	6.66	5.58	5.31
二、中长期贷款																
1至3年（含3年）	5.49	5.76	5.76	6.03	6.3	6.57	6.75	7.02	7.2	7.47	7.56	7.29	7.02	6.75	5.67	5.4
3至5年（含5年）	5.58	5.85	5.85	6.12	6.48	6.75	6.93	7.2	7.38	7.65	7.74	7.56	7.29	7.02	5.94	5.76
5年以上	5.76	6.12	6.12	6.39	6.84	7.11	7.2	7.38	7.56	7.83	7.83	7.74	7.47	7.2	6.12	5.94
三、贴现	在再贴现利率基础上，按不超过同期贷款利率（含浮动）加点	在再贴现利率基础上，按不超过同期贷款利率（含浮动）加点	同前	同前	同前	同前	同前	同前	同前	同前	同前	同前	同前	同前	同前	同前
四、个人住房贷款																
1. 个人住房公积金贷款																
5年以下（含5年）	3.60	3.78	3.96	4.14	4.14	4.32	4.41	4.5	4.59	4.77	4.77	4.59	4.32	4.05	3.51	3.33
5年以上	4.05	4.23	4.41	4.59	4.59	4.77	4.86	4.95	5.04	5.22	5.22	5.13	4.86	4.59	4.05	3.87
2. 自营性个人住房贷款①																
5年以下（含5年）	4.77	4.95	取消优惠利率，改按商业性贷款利率执行	同前	同前	同前	同前	同前	同前	同前	同前	同前	同前	同前	同前	同前
5年以上	5.04	5.31														

续表

项目	2009－12－31	2010－10－20	2010－12－26	2011－02－09	2011－04－06	2011－07－07	2012－06－08②	2012－07－06③	2013－07－20④	2014－11－22⑤	2015－03－01	2015－05－11	2015－06－28	2015－08－26	2015－10－24
一、短期贷款															
6个月以内（含6个月）	4.86	5.1	5.35	5.60	5.85	6.10	5.85	5.60	同前	5.60	5.35	5.10	4.85	4.60	4.35
6个月至1年（含1年）	5.31	5.56	5.81	6.06	6.31	6.56	6.31	6.00		5.60	5.35	5.10	4.85	4.60	4.35
二、中长期贷款															
1至3年（含3年）	5.4	5.6	5.85	6.10	6.40	6.65	6.40	6.15	同前	6.00	5.75	5.50	5.25	5.00	4.75
3至5年（含5年）	5.76	5.96	6.22	6.45	6.65	6.90	6.90	6.40		6.00	5.75	5.50	5.25	5.00	4.75
5年以上	5.94	6.14	6.4	6.60	6.80	7.05	6.80	6.55		6.15	5.90	5.65	5.40	5.15	4.90
三、贴现	同前	同前	同前	同前	同前	同前	同前	同前	改变贴现利率在再贴现利率基础上加点确定的方式，由金融机构自主确定	同前	同前	同前	同前	同前	同前
四、个人住房贷款															
1. 个人住房公积金贷款															
5年以下（含5年）	3.33	3.5	3.75	4.00	4.20	4.45	4.20	4.00	同前	3.75	3.50	3.25	3.00	2.75	2.75
5年以上	3.87	4.05	4.3	4.50	4.70	4.90	4.70	4.50		4.25	4.00	3.75	3.50	3.25	3.25
2. 自营性个人住房贷款①															
5年以下（含5年）	同前	同前	同前	同前	同前	同前	同前	同前	同前	同前	同前	同前	同前	同前	同前
5年以上															

注：①自 2006 年 8 月 19 日起，商业银行个人住房贷款利率的下限扩大为贷款基准利率的 0.85 倍，自 2008 年 10 月 27 日起，商业银行个人住房贷款利率的下限扩大为贷款基准利率的 0.7 倍，其他商业性贷款利率下限仍保持 0.9 倍不变。

②自 2012 年 6 月 8 日起，金融机构贷款利率的下限由基准利率的 0.9 倍调整为 0.8 倍。

③自 2012 年 7 月 6 日起，金融机构贷款利率的下限由基准利率的 0.8 倍调整为 0.7 倍。

④自 2013 年 7 月 20 日起，取消金融机构贷款利率 0.7 倍的下限，个人住房贷款利率仍保持原区间不变；取消票据贴现利率管制，改变贴现利率在再贴现利率基础上加点确定的方式，由金融机构自主确定；取消农村信用社贷款利率 2.3 倍的上限。

⑤自 2014 年 11 月 22 日起，贷款基准利率期限档次简并为 1 年以内（含 1 年）、1 年至 5 年（含 5 年）和 5 年以上三个档次。

资料来源：中国人民银行营业管理部货币信贷管理处。

表 1.27　2022 年中国人民银行发行普通纪念币一览

名称	发行日期	材质	式样	规格	面值（元）	图案		发行数量
						正面	背面	
2022 年贺岁普通纪念币	2022-01-14	双色铜合金	圆形	直径 27 毫米	10	正面图案为“中国人民银行”“10 元”字样、汉语拼音字母“SHIYUAN”及年号“2022”，底纹衬以团花图案	背面主景图案为中国传统剪纸艺术与装饰年画元素相结合的老虎形象，衬景图案为花灯和松枝、松果，币面左侧刊“壬寅”字样	1.2 亿枚

注：普通纪念币发行日期为首次对公众办理预约兑换日期。

资料来源：北京市钱币学会。

（二）机构、人员统计

表 2.1　北京辖区内金融管理机构数量与从业人员数量统计

（2022 年 12 月 31 日）

单位：家、人

机构名称	机构数量	职工人数
中国人民银行营业管理部	1	661
中国银行保险监督管理委员会北京监管局	1	399
中国证券监督管理委员会北京监管局	1	180
北京市地方金融监督管理局		105
合计	4	1 345

资料来源：表中数据由表中各部门提供。

表 2.2　北京辖区内银行及其他金融机构数量与从业人员数量统计

（2022 年 12 月 31 日）

单位：家、人

机构名称	机构数			从业人员数	营业员工数
	法人机构	分行级（含总行营业部、办事处、代表处）	支行及支行以下营业网点		
国家开发银行在京营业机构	0	2	0	371	130
政策性银行合计	0	3	13	534	335
中国进出口银行北京分行	0	1	0	75	6
中国农业发展银行在京营业机构	0	2	13	459	329
国有商业银行合计	0	16	2 254	56 344	34 367
工商银行北京市分行	0	3	519	18 374	10 912
农业银行北京市分行	0	4	335	8 392	5 593
中国银行北京市分行	0	3	276	9 702	5 994
建设银行北京市分行	0	3	435	11 770	7 032
交通银行北京市分行	0	2	124	4 361	3 195
股份制商业银行合计	0	19	842	27 909	17 703
中信银行总行营业部	0	1	78	3 202	1 852
光大银行北京分行	0	1	89	2 899	1 991
华夏银行北京分行	0	1	68	2 225	1 469
广发银行北京分行	0	2	52	1 668	1 232
平安银行北京分行	0	1	55	2 133	1 202
招商银行北京分行	0	2	122	5 526	3 504
上海浦东发展银行北京分行	0	1	90	2 026	1 497
兴业银行北京分行	0	1	78	2 361	1 789
民生银行总行营业部	0	2	161	3 829	2 105

续表

机构名称	机构数			从业人员数	营业员工数
	法人机构	分行级（含总行营业部、办事处、代表处）	支行及支行以下营业网点		
浙商银行北京分行	0	2	24	963	493
渤海银行北京分行	0	2	20	709	419
恒丰银行北京分行	0	3	5	368	150
城市商业银行合计	1	15	387	15 838	9 223
北京银行	1	4	232	9 334	5 602
天津银行北京分行	0	1	18	366	227
大连银行北京分行	0	1	6	247	106
杭州银行北京分行	0	1	16	827	402
南京银行北京分行	0	1	15	645	402
盛京银行北京分行	0	1	9	342	180
上海银行北京分行	0	1	17	809	378
江苏银行北京分行	0	1	22	688	490
宁波银行北京分行	0	1	17	1 299	695
徽商银行北京分行	0	1	14	248	140
锦州银行北京分行	0	1	7	270	151
厦门国际银行北京分行	0	1	14	763	450
民营银行	1	0	0	362	0
北京中关村银行	1	0	0	362	0
农村金融机构合计	12	12	648	10 241	5 880
北京农商银行	1	1	616	9 424	5 324
村镇银行	11	11	32	817	556
邮政储蓄银行北京分行	0	1	565	3 745	1 641
卡中心	0	16	1	6 112	4
外资银行	9	101	54	4 993	2 102
外资银行代表处	0	56	0	136	0
外资非银行代表处	0	53	0	137	0
非银行金融机构合计	101	6	0	13 900	9 568
资产管理公司	0	4	0	273	273
企业集团财务公司	73	2	0	5 627	5 627
信托公司	12	0	0	4 238	
金融租赁公司	3	0	0	434	434
汽车金融公司	7	0	0	2 217	2 217
消费金融公司	3	0	0	660	660
货币经纪公司	2	0	0	357	357
理财子公司	1	0	0	94	0
合计	124	300	4 764	140 622	80 953

注：1. 营业员工数指营业网点的所有员工数。

2. 中国工商银行票据营业部北京分部的数据计入“工商银行北京市分行”。

资料来源：中国银行保险监督管理委员会北京监管局。

表 2.3　北京辖区内证券机构数量与从业人员数量统计

（2022 年 12 月 31 日）

单位：家、人、万户

机构类别	机构数量	从业人员数量	投资者开户数
证券公司	18	42 406	3 205.2
证券分公司	112	3 708	320.84
证券营业部	517	8 458	1 630.83
基金管理公司	36	8 037	93 752
基金分公司	92		
期货经纪公司	20	4 610	106.51
期货营业部	119	981	29.64
证券投资咨询公司	15		
上市公司	460	7 748 159	3 536.89
外资代表处	46		

资料来源：中国证券监督管理委员会北京监管局。

表 2.4　2022 年北京辖区内保险机构数量与从业人员数量统计

单位：家、人

机构类型	总公司	分公司	支公司	营业部	营销服务部	专属机构（电销中心）	公司职工	保险营销员
中资产险	4	31	152	1	69	0	10 412	4 536
中资寿险	10	45	106	14	150	7	6 742	61 009
中资再保险								
外资产险	2	17	7	0	3	0	1 059	304
外资寿险	6	22	6	0	35	4	1 773	18 874
外资再保险								
政策性保险	0	0	0	3	0	0	135	77
资产管理公司								
保险集团								
相互保险组织								
合计	22	115	271	18	257	11	20 121	84 800
中介法人机构								
其中：代理公司	169	258					138 547	
经纪公司	47	143					103 176	
公估公司	165	22					2 572	
总计	381	423					244 295	

注：中资产险统计口径为中国银行保险监督管理委员会北京监管局属地监管机构。

资料来源：中国银行保险监督管理委员会北京监管局。

九、大　事　记

1月

1月　杭州银行科创金融（北京）中心凭借长期深耕文化金融领域的优秀服务能力，被授予首批“创建国家文化与金融合作示范区文化金融专营组织机构”。

1月7日　北京银行股份有限公司以“领跑绿色金融、引领低碳生活”为主题，成功举办绿色汽车金融中心发布会。发布会上，北京银行作为国内首个成立绿色汽车金融中心的银行，与北汽蓝谷、威马汽车、高合汽车、奇瑞徽银、一猫汽车、百得利集团6家合作机构共同签署战略合作协议，持续推动“汽车+绿色+金融”深度融合。

1月17日　上海浦东发展银行北京分行落地中建投租赁2笔资产支持证券化（Asset Backed Securitization，ABS）资产投资业务，为市场首单“成渝双城经济圈”ABS业务，投放金额1.43亿元，带动7倍规模托管落地。

1月21日　太平洋财产保险股份有限公司北京分公司独家承保中土集团“哥伦比亚波哥大北部通道”投标保函项目，风险保额1 198万美元。这是国内中资公司首单海外工程保函保险，填补了中资保险公司在该业务领域的空白。

1月25日　兴业银行股份有限公司北京分行与北京市大兴区保障性住房建设投资有限公司共建的“智慧云公租”系统正式上线运行。该系统服务于大兴保障房管理的14个社区，覆盖人群近万人，打通了公租房服务的“最后一公里”。

2月

2月　平安财产保险股份有限公司北京分公司首席承保长征八号遥二运载火箭航天保险项目，助力中国航天事业发展，本次总保额4.79亿元。

2月4日　北京冬奥会、冬残奥会期间，中国建设银行北京市分行完成10家冬奥定点医疗保障机构、1家冬奥闭环保障酒店及京张高铁沿线服务区等22个赛事相关消费场景、数字人民币支付场景的服务保障任务。

2月17日　中国农业银行股份有限公司北京市分行与门头沟区人民政府签署战略合作协议，并一同为门头沟支行成立揭牌，进一步深化了银政关系，双方将在党建共建、智慧政务、乡村振兴、绿色文旅等领域开展全面合作。

3月

3月15日　民生人寿保险股份有限公司北京分公司开展了以“共促消费公平　共享数字金融”为主题的“3·15”银行业保险业消费者权益保护教育宣传活动。

3月23日　全球投资向未来——中英可持续投资业务交流会在北京召开。会议由北京市金融监督管理局支持指导，北京资产管理协会、英国伦敦金融城联合主办，这是继2020年6月成功举办北京、伦敦资管业务线上交流会之后，双方再次共同举办的资产管理行业交流活动。会议旨在深化后疫情时代中英金融市场的交流与对话，为双方机构在可持续投资领域搭建合作平台，110余家中英资产管理机构代表线上参会。

上海浦东发展银行股份有限公司北京分行落地市场首单保险资管机构CFETS（China Foreign Exchange Trade System）同业存款业务，金额6亿元，期限1年。

3月28日 中国银行保险监督管理委员会北京监管局下发《关于辖内股份制商业银行探索建立合规派驻制有关事项的通知》，对中国民生银行股份有限公司北京分行中支风险合规管控体系建设、运行及相关实践经验进行推广。

3月30日 北京银行股份有限公司与中信建投证券股份有限公司签署战略合作协议。双方共同探索“商行+投行+私行”的发展模式，在并购、债券、REITs等领域深化合作，提升研究能力，共建“投行+商行”风险监测预警机制，共创北京市的“银行”和“投行”品牌，为全国的企业高质量发展提供组合融资服务。

4月

4月1日 北京银行股份有限公司与北京微芯区块链与边缘计算研究院（以下简称北京微芯研究院）签署战略合作协议。北京银行依托北京微芯研究院在区块链、隐私计算及边缘计算等领域的先进技术及落地经验，探讨在金融科技应用、产业金融拓展等业务方向的合作。此次合作是市属金融机构助力首都数字经济标杆城市建设的重要举措。

4月12日 中国银联股份有限公司北京分公司联合北京国际流行音乐周、中国银行股份有限公司北京市分行、交通银行股份有限公司北京市分行、如易行公司（亿通行运营主体）、伊利集团、物美集团等多方发起成立“绿色北京 低碳出行”行动联盟。该联盟通过整合资源和力量，协同配合各自绿色低碳特色产品和服务的用户侧推广，引导和鼓励民众积极参与绿色低碳行动。各方携手以行动联盟方式公开发声倡导，打造企业ESG协同行动的创新形式。

4月26日 兴业银行股份有限公司北京分行落地首笔集体土地租赁住房项目贷款，为房山区夏庄村集体租赁住房项目发放贷款1.71亿元，项目预计带动集体经济收入年均增长约2 000万元，探索乡村振兴、租赁住房协同发展新道路。

4月27日 江苏银行股份有限公司北京分行独立主承销中国石油天然气股份有限公司2022年度第一期绿色中期票据，发行规模为5亿元，发行期限3年，募集资金用于吉林油田的光伏和风电项目。该笔业务是江苏银行落地的首单“超AAA”企业债券承销业务。

太平洋财产保险股份有限公司北京分公司首席承保中国四维测绘技术有限公司四维01－02星发射及在轨险，首席承保高分辨率多模综合成像卫星在轨保险，累计风险保额16.8亿元。为客户提供全球领先、中国一流的高分辨率遥感卫星高景卫星星座的建设运营保障。

4月29日 中国人民财产保险股份有限公司北京市分公司再次中标北京市知识产权保险试点项目，连续三年成为试点保险供应商。

5月

5月7日 中国农业银行北京市分行成功落地北京大学人民医院代发工资业务，进一步深化银医关系，实现与三级甲等医疗机构的代发工资业务合作突破，为银医双方在更多领域开展合作奠定了坚实基础。

5月15日 中国证券监督管理委员会北京监管局组织辖区16家投教基地联合举办特色投教直播活动。活动采取多点同步直播的方式，带领投资者学习投教知识、重温冬奥精神。整个活动持续3小时，包含rap、舞蹈、歌唱、快闪、访谈、讲座等多种投教形式，仅微博、抖音两大平台观看人次已达935万，全网30余家媒体转播，观看总人次超过1 200万，打破了金融监管系统在微博、抖音的直播观看纪录。

5月30日 中国建设银行北京宣武支行信贷支持由国家能源集团承建的重点项目——龙源浙江温岭全国首座潮光互补型智能光伏电站实现全容量并网发电，这是我国首次将太阳能和月亮潮汐能互补开发的创新应用。

6月

6月 上海浦东发展银行股份有限公司北京分行围绕“专精特新”上市及拟上市企业推出“北鸣链”金融服务方案，围绕企业“补充流动性”“丰富支付方式、节约财务成本”“优化财务报表”“协助上游供应商融资”“协助下游供应商融资”“跨境融资”六大场景需求，通过综合性的解决方案与多样化的融资工具，为企业降低融资成本、盘活存量资产、服务上下游客户。

6月6日 中信银行股份有限公司北京分行收到北京市紫光园餐饮有限责任公司感谢信。中信银行北京分行在了解到紫光园暂停堂食期间现金流遇到一定困难后，立即组织开展相关金融支持工作，多部门通力合作、克服困难，最终实现快速审批放款，保障了紫光园供应链的正常运转。

中国民生银行股份有限公司北京分行牵头主导的业内首只ESG保险资管产品成功在民生银行“同业e+”平台上线。

6月14日 上海浦东发展银行股份有限公司北京分行落地锡林浩特泰富风电项目，融资金额42.39亿元。该项目是国家第一批以沙漠、戈壁、荒漠地区为重点的大型风电光伏基地建设项目，是积极践行国家绿色发展理念、服务国家“双碳目标”的重要实践和具体举措。

6月23日 兴业银行股份有限公司北京分行与北京物业管理行业协会签署战略合作协议，加速推进数字化转型进程，通过“物业云”“兴生活”等多种物业管理行业服务方案，助力构建物业管理场景生态。

6月28日 江苏银行股份有限公司北京分行落地哈尔滨银行1年期存放同业业务，金额3 600万元。该笔业务为全国首单绿色债券质押存放业务。

7月

7月1日 中国银行股份有限公司北京市分行受邀参加中国人民银行营业管理部举办的“学习总书记讲话　走好青春奋斗路”主题活动，分享了中国银行数字人民币服务冬奥会的历程。

中国人民财产保险股份有限公司北京市分公司与北京首农食品集团有限公司签署战略合作协议。双方将充分利用各自优势资源，发挥协同效应，助力首都乡村振兴。

7月4日 天津银行股份有限公司北京分行成功发行银行间市场首笔永续中期票据——“2022年度中国大唐集团有限公司第一期中期票据（转型）”，该项目为银行间市场首笔永续类转型债券，发行规模4.1亿元。该债券为中国银行间市场交易商协会创新推出的转型债券，所募集资金专项用于高能耗、高碳排放的传统行业的产能置换、技术升级改造等具有降碳效果的项目，支持传统行业的绿色低碳转型。

7月7日 中国证券监督管理委员会北京监管局局长贾文勤陪同北京市市长陈吉宁一行赴北京股权交易中心调研，听取北京股权交易中心介绍私募基金份额转让试点工作情况，共同研究推动北京市私募股权二级市场创新发展的务实举措。会议要求各单位进一步凝聚共识、推动改革，加快完善私募基金行业“募投管退”良性循环生态体系，更好发挥金融支持科技创新的作用，助力北京国际科技创新中心建设。

7月16日 中国太平洋财产保险股份有限公司北京分公司中标中国乡村发展基金会“加油宝贝”保险项目。通过“保险+公益+互联网”的创新服务模式，依托保险的精准救助机制，为欠发达地区低收入家庭儿童提供综合健康保障，从源头上阻断因病、因意外致贫返贫，持续巩固脱贫攻坚成果。

7月18日 中国银联股份有限公司北京分公司参与北京市商务局组织的2022北京餐饮消费券发券运营项目。活动期间，每日领券率近100%，参与活动商户活跃率超过92%，为助力北京市餐饮业回暖复苏、促进餐饮消费增长作出了贡献。

7月26日 中国太平洋财产保险股份有限公司北京分公司作为组长单位积极参与北京市医药健康保险政策研究，梳理首都医药健康产业需求和保险保障情况，为下一步政策制定提供建议意见。2022年累计为110余项创新药物、医疗器械试验提供临床试验责任风险保障约3亿元。

8月

8月 中国人民财产保险股份有限公司北京市分公司成功为中国华电集团下属清洁能源发电企业的“碳资产”（温室气体自愿减排项目的减排量）提供保险保障，这是国内落地的首笔温室气体自愿减排项目监测期间减排量损失保险。

8月10日 中国工商银行股份有限公司北京市分行联合北京市国有资产监督管理委员会及10家首都国资国企共同举办“聚力新发展　同心向未来”——“金融+”助力首都国资国企高质量发展会议暨银企战略合作签约仪式。

8月16日 中国银行保险监督管理委员会北京监管局联合人民网、新华社、《金融时报》等主流媒体赴中国民生银行股份有限公司北京分行社区支行开展养老金融典型报道，宣传践行普惠金融、扎根社区服务理念。

8月21日 天津银行股份有限公司北京分行顺利完成总行新一代分布式核心系统投产上线工作，转型为目前国内第一家全量业务利用“云+分布式+多活”技术的现代银行。

8月23日 兴业银行股份有限公司北京分行举办“不忘来时路、开启新征程”主题行史座谈会，引导广大干部员工进一步牢记初心使命，传承行史精神，坚定理想信念，凝聚奋进力量。

8月27日 由新华网主办的“2022

第七届金融科技论坛”在京举行，杭州银行股份有限公司北京分行获评“科技创新”优秀案例。

8 月 30 日 江苏银行股份有限公司北京分行成功落地凯盛集团 2 号资产支持商业票据（科创票据）业务，该业务系全国首单科创资产支持商业票据，部分募集资金将专项用于支持国家高新技术企业的科创领域项目。

8 月 31 日 兴业银行股份有限公司北京分行、中信银行股份有限公司北京分行、中国银行股份有限公司北京市分行、交通银行股份有限公司北京市分行、上海浦东发展银行股份有限公司北京分行、中国邮政储蓄银行股份有限公司北京分行等银行参加中国国际服务贸易交易会。

中国大地财产保险北京分公司与中建英大保险经纪有限公司举行总对总合作签约仪式。

中国太平洋财产保险股份有限公司北京分公司参加中国国际服务贸易交易会，为 2022 年中国国际服务贸易交易会提供总保额超过 2 000 亿元的保险保障方案。

9 月

9 月 在北京市银行业协会、北京保险行业协会和北京广播电视台共同举办的“首都金融卫士”评选中，浙商银行股份有限公司北京分行获评“十佳先进集体”“首都金融卫士”称号。

9 月 1 日至 5 日 中国国际服务贸易交易会金融服务专题在北京首钢园举办。本届金融服务专题以“开放融合 绿色未来”为主题，展览面积超过 1.4 万平方米，共有 181 家国内外金融机构和企业参展，包括世界 500 强及行业龙头企业 74 家，国际化率达 47%。实现 700 余项金融创新产品和服务、百余项创新技术展出、28 项成果项目发布，涉及成交总额 8.9 亿美元，一年期成交额 4.5144 亿美元。展会期间，发布各类新闻共计 1 500 余条，线上直播点击量合计 986 万，全方位展示了我国金融业持续深化改革的丰硕成果。

中国平安财产保险股份有限公司北京分公司进一步落实保险业服务乡村振兴号召，持续推动平安产险“乡风文明 100 行动”先后在门头沟区斋堂镇马栏村、平谷区刘家店镇江米洞村成功落地，共计捐赠 7 万元用于党建共建、捐赠援建，打造党建共建助推乡村振兴模式，并在 2021 年“乡风文明 100 行动”基础上，在门头沟区雁翅镇下马岭村开展“喜迎二十大，双基共建感党恩”活动，捐赠 1 万元用于当地农业保险知识培训和老党员的慰问，以实际行动迎接党的二十大胜利召开。

中国太平洋人寿保险股份有限公司北京分公司荣获 2022 年“第一届首都金融卫士十佳先进集体奖”。

9 月 1 日 中国银行保险监督管理委员会北京监管局选送的“打造北京金融综合服务网赋能首都金融与政务数字化‘双提升’”及与相关部门联合选送的“打造国家文化与金融创新合作先行先试的‘东城样本’”“创建小微金融服务顾问队伍助力小微企业健康发展”三项案例入选 2022“两区”建设改革创新实践案例。中国银行保险监督管理委员会北京监管局参与推进落实的“知识产权保险试点”“境外人才职业资格准入扩大相关政策”两项政策被评选为 2022“两区”建设十大最具影响力政策。

9 月 3 日 中国太平洋财产保险北京分公司首创“一带一路”智慧云平台项目，荣获中国国际服务贸易交易会“全球服务实践案例”，并在发布仪式上获得重点推介。

中国人民财产保险股份有限公司北京市分公司《“保险+服务”知识产权保险新模式》案例的创新做法和实践效果，荣膺 2022 年中国国际服务贸易交易会“业态创新服务示范案例”奖项。

9 月 5 日 中华联合财产保险股份有限公司北京市通州支公司入围通州区“自建房责任保险”试点工作，并将漷县镇翟各庄村作为试点村庄。截至 11 月 7 日，漷县镇翟各庄村共有 77 户出租房主成功投保，投保率达 90%。

9 月 16 日 资本市场金融科技创新试点（北京）总结暨第二批试点动员大会在新动力金融科技中心召开。会议以“主会场+分会场+视频会议”的形式举行，来自监管部门、地方政府、市场核心机构、行业协会、证券期货经营机构、服务机构、科技企业和科研院所等 200 多家单位的相关负责同志参加会议。本次大会总结了创新试点经验，就进一步深化创新试点、启动第二批项目征集作出部署安排。

9 月 26 日 交通银行股份有限公司北京市分行为中国国新控股有限责任公司发行 200 亿元能源保供特别债，是交通银行首次以主承销商身份参与发行能源保供特别债。

9 月 27 日 上海浦东发展银行股份有限公司北京分行落地北京市重大文化街区——隆福寺修缮改造城市更新项目银团贷款，银团总额 30.492 亿元，上海浦东发展银行北京分行参贷份额 5.544 亿元。该项目被列为北京市政府折子工程、“3 个 100”重点工程。

江苏银行股份有限公司北京分行首贷贴息管理系统一期成功上线，在北京市场率先实现首贷业务“申请+审批+放款”信息的线上化对接，为与北京市贷款服务中心开展首贷贴息线上化服务奠定了基础。

10 月

10 月 17 日 中国农业银行股份有限公司北京市分行资本项目收入结汇便利化线上业务在国家外汇管理局备案通过，并获批经常项目便利化试点银行资格，大幅简化了客户手续，提升了业务效率，实现了银企双赢。

10 月 28 日 北京农村商业银行股份有限公司发放全市首笔生猪活体抵押贷款，资金直接投向北京某国家级农业产业化重点龙头企业的下属育种公司，助力中关村平谷国家农业科技创新示范区发展。

11 月

11 月 招商银行股份有限公司北京分行切实服务实体经济，设立四家科技金融试点支行，开创“科创有招”科技金融服务模式，发布“科创八通”科创企业尊享产品服务体系。

天津银行股份有限公司北京分行一年来持续加大对先进制造业、绿色经济、普惠金融、科技创新等实体经济和重点领域的金融支持，勇于承担金融企业社会责任，获得了社会各界的高度认可。荣获了北青财星榜公布 2022 年度榜单“金牌品牌价值奖”和“金牌普惠金融奖”两项殊荣。

11月10日 北京区域性股权市场获得中国证券监督管理委员会同意，取得全国首家且独家认股权综合服务试点资格。

11月21日 北证50成分指数发布实时行情，北京证券交易所首个成分指数正式上线。

11月22日 全球系统重要性金融机构（G－SIFIs）会议成功召开。会议由中国银行保险监督管理委员会副主席肖远企主持，邀请中国人民银行、中国银行保险监督管理委员会、中国证券监督管理委员会相关领导，半数以上（15家）G－SIFIs和国内大型金融机构代表参会。这是北京市2022年举办的具有全球影响力的重要国际性会议，也是党的二十大召开后我国首个以G－SIFIs机构为参会主体的高规格、专业性会议。会议紧扣党的二十大报告关于“加快发展数字经济”“坚持高水平对外开放”“依法将各类金融活动全部纳入监管”等一系列重要要求，以“数字经济与金融服务”为会议主题，围绕数字时代金融业转型的愿景与路径、强化金融监管与跨境协作开展广泛交流和深入研讨，为数字金融全球治理贡献建设性意见，并达成多项共识。经过三年的探索实践，由北京市和我国G－SIFIs机构发起并主导的G－SIFIs会议已逐步成为全球金融治理共商共建共享的重要平台。

11月30日 中国农业银行股份有限公司北京市分行与大众汽车金融（中国）有限公司签署全面战略合作协议，践行服务实体经济主力银行的责任担当，银企双方将连接消费信贷与汽车场景，纵深推进汽车消费金融、绿色低碳发展及数字经济领域的战略合作。

12月

12月 在国家外汇管理局北京外汇管理部对辖内各银行2022评估年度银行外汇业务合规与审慎经营评估中，盛京银行股份有限公司北京分行再次获得“A”类银行评级，实现九年八次获得“A”类评级，连续116个月保持国际收支数据申报“零”差错纪录。

12月14日 中国农业银行股份有限公司北京市分行上线并落地首笔跨境电商银行自主支付业务，与进口电商客户易纳购科技（北京）有限公司系统直连对接，为电商客户提供“一站式”、便利化的跨境金融服务，有力支持了外贸新业态业务发展。

12月16日 天津银行股份有限公司北京分行工会委员崔洪被北京市金融工会授予北京市金融系统优秀工会工作者称号。

12月19日 兴业银行股份有限公司北京分行落地首单房地产纾困型并购贷款，为北京首都开发股份有限公司成功放款3.425亿元，通过高效融资助力优质房地产企业化解市场出险项目风险。

12月24日 第二十五届北京·香港经济合作研讨洽谈会京港金融合作专题活动在京成功举办。本届活动以“京港同心 携手探索金融发展新机遇”为主题，邀请京港两地政府部门、国务院金融管理部门领导以及金融机构代表进行深入交流，共同研讨新机遇下京港两地金融合作发展新方向、新动力。

12月29日 由人民网主办的第十九届人民匠心奖评选活动落下帷幕，中国邮政储蓄银行香山支行“香山支行坚持

‘手语服务’十一载”相关事迹荣获“人民匠心服务奖”。

12月30日 全国银行间同业拆借中心公布“2022年度银行间本币市场评优结果”，北京农村商业银行股份有限公司获得“年度市场影响力核心交易商”“货币市场交易商”“X－Repo市场创新奖”“X－Lending市场创新奖”“CFETS同业存款”五项大奖。

十、附　　录

（一）北京市金融机构名录

（2022 年 12 月 31 日）

1. 金融管理机构

机构名称	地　址	邮　编	电　话
中国人民银行营业管理部	西城区月坛南街 79 号	100045	68559550
（国家外汇管理局北京外汇管理部）	（海淀区莲花池东路 39 号西金大厦）	100036	68559550
中国银行保险监督管理委员会北京监管局	西城区金融大街 20 号交通银行大厦 B 座	100033	58391797
中国证券监督管理委员会北京监管局	西城区金融街 26 号金阳大厦 6 层	100033	88088060
北京市地方金融监督管理局	西城区槐柏树街 2 号市府大楼 2 号楼	100053	63020601

2. 银行业机构

（1）中资银行

机构名称	地　址	邮　编	电　话
国家开发银行战略客户部	西城区太平桥大街 16 号丰融国际大厦 11 层	100032	68307824
国家开发银行北京市分行	西城区复兴门内大街 158 号远洋大厦 8 层	100031	63223100
中国进出口银行北京分行	东城区北河沿大街 77 号	100009	64099688
中国农业发展银行总行营业部	西城区月坛北街甲 2 号月坛大厦南楼	100045	68081194
中国农业发展银行北京市分行	丰台区南四环西路 186 号一区 1 号楼 5 层	100060	68081840

中国出口信用保险公司战略客户一部	西城区丰盛胡同22号丰铭国际大厦A座9层	100032	66580452
中国出口信用保险公司战略客户二部	西城区丰盛胡同22号丰铭国际大厦A座9层	100032	66582375
中国出口信用保险公司第三营业部	西城区丰盛胡同22号丰铭国际大厦A座8层	100032	66582202
中国工商银行北京市分行	西城区复兴门南大街2号天银大厦B座	100031	66410579
中国工商银行北京通州分行	通州区新华西街47号	101100	69543565
中国工商银行北京中关村分行	海淀区上地信息路2号	100085	82896261
中国农业银行北京市分行	东城区朝阳门北大街13号	100010	68365208
中国农业银行北京自贸试验区分行	海淀区知春路6号锦秋国际大厦A座3层	100091	86387800
中国农业银行北京城市副中心分行	通州区八里桥南街1号院9号楼	101100	86383593
中国农业银行北京经济技术开发区分行	经济技术开发区中和街3号	100176	86382946
中国银行北京市分行	东城区朝阳门内大街2号凯恒中心C、E座	100010	85121717
中国银行北京通州分行	通州区车站路44号	101100	80506514
中国银行北京经济技术开发区分行	经济技术开发区荣京东街3号1~2层2—201号	100176	67825908
中国建设银行北京市分行	西城区宣武门西大街28号楼4门	100053	63603664
中国建设银行北京中关村分行	海淀区知春路96号	100086	51998308
中国建设银行北京通州分行	通州区玉带河西街25号	101100	69546921
交通银行北京市分行	西城区金融大街22号交通银行大厦A座	100033	88669795
交通银行北京通州分行	通州区九棵树街1层部分、2层部分	101100	81511871
中国邮政储蓄银行北京分行	丰台区北甲地路2号院6甲1	100067	86353872
中信银行股份有限公司北京分行	东城区朝阳门北大街8号富华大厦C座	100027	65558007
中国光大银行股份有限公司北京分行	西城区宣武门内大街1号	100031	66567699
华夏银行股份有限公司北京分行	西城区金融大街11号	100033	58598600
广发银行股份有限公司北京分行	东城区东长安街甲2号	100005	65169365
平安银行股份有限公司北京分行	西城区复兴门内大街158号远洋大厦F5	100031	66292349
招商银行股份有限公司北京分行	西城区复兴门内大街156号A座	100031	66426889

上海浦东发展银行股份有限公司北京分行	西城区太平桥大街18号丰融国际大厦	100032	57395588
兴业银行股份有限公司北京分行	朝阳区朝阳门北大街20号兴业银行大厦	100020	59886666－100112
中国民生银行股份有限公司北京分行	朝阳区朝阳门南大街10号兆泰国际中心B座1层02单元、3－12层	100020	86602859
渤海银行股份有限公司北京分行	西城区复兴门内大街28号凯晨世贸中心东座F1层	100031	86000000
浙商银行股份有限公司北京分行	东城区朝阳门南小街269号	100033	88006088
恒丰银行股份有限公司北京分行	西城区复兴门内大街156号招商国际金融中信C座4层	100031	58932515
华夏银行北京城市副中心分行	通州区新华东街11号院2号楼3层3001室	101100	80887876
北京银行股份有限公司	西城区金融大街丙17号	100033	66426500
北京中关村银行股份有限公司	海淀区丰豪东路9号院2号楼3层2单元301～306室，4～10层2单元	100094	83023237
北京银行股份有限公司中关村分行	海淀区彩和坊路6号朔黄发展大厦4层	100080	60190019
北京银行股份有限公司北京分行	西城区复兴门内大街156号D座8层	100031	66420125
北京银行股份有限公司城市副中心分行	朝阳区广渠路28号甲201号楼3层	100022	67743600
天津银行股份有限公司北京分行	西城区东河沿胡同73号宣武门大厦	100052	83175993
大连银行股份有限公司北京分行	朝阳区建国路93号北京万达广场B座1～2层	100022	65812731
杭州银行股份有限公司北京分行	东城区建国门内大街26号新闻大厦11层	100005	64088100
盛京银行股份有限公司北京分行	朝阳区光华路4号东方梅地亚中心D座	100026	85597777－5035
南京银行股份有限公司北京分行	海淀区阜成路101号B座	100092	56879595
上海银行股份有限公司北京分行	朝阳区建国门外大街丙12号宝钢大厦1层、8～10层	100020	57610049
江苏银行股份有限公司北京分行	朝阳区光熙家园1号楼	100028	56986006

宁波银行股份有限公司北京分行	朝阳区建国门外大街6号B座4－13层	100020	53266120
徽商银行股份有限公司北京分行	朝阳区北四环东路115号院8号楼地上部分	100101	57040521
锦州银行股份有限公司北京分行	东城区建国门北大街5号	100005	85072095
厦门国际银行股份有限公司北京分行	西城区三里河东路5号中商大厦1层南侧及第11楼03、05－11单元	100045	68533333－200
北京延庆村镇银行股份有限公司	延庆区高塔街73号	102199	69178738
北京密云汇丰村镇银行有限责任公司	密云区新东路126－1号	101500	58120710
北京怀柔融兴村镇银行有限责任公司	怀柔区南华园二区甲41号楼	101400	61620106
北京大兴九银村镇银行股份有限公司	大兴区西红门镇欣荣北大街18号院3号	100162	80255566
北京昌平发展村镇银行股份有限公司	昌平区水南路9－22号商业1层底商	102200	60783888
北京大兴华夏村镇银行股份有限公司	大兴区康庄路52号院14号楼	102600	69221122
北京顺义银座村镇银行股份有限公司	顺义区西辛南区乙62号	101300	61408713
北京通州中银富登村镇银行股份有限公司	通州区杨庄南里甲66号	101121	52998500
北京门头沟珠江村镇银行股份有限公司	门头沟区永定镇石龙南路8号	102308	60865137
北京房山沪农商村镇银行股份有限公司	房山区良乡拱辰北大街1号2号楼	102488	61378796
北京平谷新华村镇银行股份有限公司	平谷区迎宾花园4号楼1－3层	101200	89999790
北京农商银行股份有限公司	西城区月坛南街1号院2号楼	100045	63229157

城商行理财子公司

机构名称	地　址	邮　编	电　话
北银理财有限责任公司	通州区北皇木厂北街3号院1号楼1708室	100037	66220871

（2）中资银行分支机构

中国农业发展银行北京市分行

机构名称	地　址	邮　编	电　话
分行营业部	丰台区太平桥街道通用时代中心D座	100060	68081051
天坛支行	东城区东花市南里东区15号楼底商	100062	87103181
西三环支行	海淀区西三环北路87号国际财经中心1层	100089	88568363
门头沟支行	门头沟区滨河路87号	102300	69828640
房山区支行	房山区良乡西路28号	102488	69373003
通州区支行	通州区北苑南路甲42号	101100	69518973
昌平区支行	昌平区北环路4号	102200	89784518
顺义区支行	顺义区怡馨家园3号楼	101300	69449488
大兴区支行	大兴区黄村西大街51号	102622	69209352
平谷区支行	平谷区平谷镇太和园甲7号楼	101200	69980042
怀柔区支行	怀柔区后横街15号	101400	69684840
密云区支行	密云区新南路73号	101500	69043434
延庆区支行	延庆区妫水南街33号1幢-1至3层102室	102100	69188337

中国工商银行股份有限公司北京市分行

机构名称	地　址	邮　编	电　话
分行营业部	西城区复兴门南大街2号	100031	66411138
宣武支行	西城区广安门内大街116号	100053	63264148
东城支行	东城区东四十条24号	100007	81026157

新街口支行	西城区西直门内大街143号	100035	62218008
崇文支行	东城区永定门外大街86号	100075	87205462
海淀西区支行	海淀区北四环西路65号	100080	82886359
广安门支行	西城区广外南滨河路3号楼	100055	63480656
朝阳支行	朝阳区朝外大街1号	100020	65993578
丰台支行	丰台区文体路19号	100071	63815968
石景山支行	石景山区政达路2号	100043	68874128
海淀支行	海淀区中关村东路100号	100190	82625799
门头沟支行	门头沟区新桥大街16号	102300	69844598
南礼士路支行	西城区月坛南街1号院1号楼1～3层，5号楼9层	100045	68030535
珠市口支行	东城区珠市口东大街15号	100052	67197611
长安支行	西城区宣内大街乙6号	100031	66031114
房山支行	房山区良乡西潞北大街32号	102488	89350798
九龙山支行	朝阳区广渠路甲40号	100022	67720366
昌平支行	昌平科技园区综合办公楼	102200	69744966
顺义支行	顺义区石园西路	101300	69468260
通州分行	通州区新华西街47号	101100	69547015
大兴支行	大兴区兴政街24号	102600	69269131
平谷支行	平谷区府前西街14号	101200	69961425
怀柔支行	怀柔区商业街23号	101400	69648423
密云支行	密云区鼓楼南大街	101500	69067176
延庆支行	延庆区东大街37号	102100	69141243
西客站支行	海淀区什坊院3号西金大厦	100036	63955342
亚运村支行	朝阳区慧忠北里407号楼	100012	64863543

方庄支行	丰台区方庄小区芳城园三区 18 号楼	100078	67690060
翠微路支行	海淀区阜成路 79 号	100142	88131790
中关村分行	海淀区上地信息路 2 号	100085	82896252
望京支行	朝阳区酒仙桥路 10 号	100015	64372346
王府井支行	东城区金宝街 18 号	100008	65273513
自贸试验区国际商务服务片区支行	朝阳区东环南路 2 号	100022	65669958
和平里支行	东城区安定门东大街 28 号雍和大厦 1～3 层	100007	64216766
地安门支行	西城区德胜门外大街 77 号	100088	82251116
金融街支行	西城区丰汇园 11 号楼	100032	58362270
自贸试验区支行	经济技术开发区荣昌东街甲 5 号 A 座 101 单元	100176	67863557

中国农业银行股份有限公司北京市分行

机构名称	地　　址	邮　编	电　话
分行营业部	东城区朝阳门北大街 13 号	100010	86387910
东城支行	东城区金宝街 58 号华丽大厦	100005	86380228
西城支行	西城区车公庄北街新华里 16 号院 1 号楼	100044	86380521
崇文支行	东城区珠市口东大街 1 号新阳商务楼 A 座	100010	86380650
宣武支行	西城区宣武门外大街甲 1 号环球财讯中心 D 座	100052	53266899
朝阳支行	朝阳区工体路东 2 号	100020	86381119
海淀支行	海淀区海淀大街 37 号	100080	62533660
丰台支行	丰台区东大街 9 号	100071	63812148
石景山支行	石景山区八角南路 18 号	100043	68863907
经济技术开发区分行	经济技术开发区中和街 3 号	100176	86383162
万寿路支行	海淀区西四环中路 16 号院 6 号楼	100039	88209625

机构名称	地址	邮编	电话
亚运村支行	朝阳区安定路33号化信大厦	100029	64411280
海淀东区支行	海淀区学院路丁11号	100083	86383197
朝阳东区支行	朝阳区建国门外大街8号楼	100022	86383575
城市副中心分行	通州区八里桥南街1号院9号楼	101100	86384001
顺义支行	顺义区府前西街2号	101300	69444435
昌平支行	昌平区西环南路25号蓝郡嘉苑13号	102200	69742829
大兴支行	大兴区兴丰南大街48号	102600	69243488
房山支行	房山区拱辰北大街19号	102488	86385951
怀柔支行	怀柔区青春路5号	101400	69644982
平谷支行	平谷区府前街23号	101200	69961393
密云支行	密云区滨河路24号	101500	69041923
延庆支行	延庆区东外大街73号	102100	69144474
门头沟支行	门头沟区新桥南大街10号	102300	86484114
自贸试验区分行	海淀区知春路6号锦秋国家大厦A座3层	100191	86387800

中国银行股份有限公司北京市分行

机构名称	地　址	邮　编	电　话
分行营业部	东城区朝阳门内大街2号凯恒中心大厦	100010	85121491
雅宝路支行	朝阳区雅宝路8号	100020	85662950
奥运村支行	朝阳区北辰东路8号院1号楼	100101	64818079
金融中心支行	西城区金融大街7号英蓝国际中心1层	100033	66555033
中银营业部	西城区复兴门内大街1号1层	100818	66596688
中银大厦支行	西城区复兴门内大街1号1层G区	100818	66591141
石景山支行	石景山区八角西街57号	100043	68864969

国际贸易中心支行	朝阳区建国门外大街 1 号	100004	65058027
使馆区支行	朝阳区三里屯路五号	100027	84429005
中关村支行	海淀区海淀大街 8 号中钢国际广场	100080	62687060
东城支行	东城区交道口东大街 81 号	100007	64065271
西城支行	西城区阜外大街 5 号	100037	68001383
崇文支行	东城区广渠门内大街 47 号	100062	87550686
宣武支行	西城区南新华街 1 号	100052	63916155
朝阳支行	朝阳区东三环北路霞光里 18 号佳程广场 A 座	100027	59207001
商务区支行	朝阳区北三环东路 8 号	100028	64689535
海淀支行	海淀区北四环西路 58 号	100080	82607380
丰台支行	丰台区西三环南路 14 号院 1 号楼	100073	53256988
房山支行	房山区良乡拱晨北大街 3 号	102488	89354126
首都机场支行	顺义区首都机场四纬路 9 号 C 区 1 层 42 室和 C 区 2 层 1－6 室、9－17 室、22－31 室	100621	64558010－156
通州分行	通州区车站路 44 号	101100	80506514
北京经济技术开发区分行	经济技术开发区荣京东街 3 号 1～2 层 2—201 号	100176	67825908
大兴支行	大兴区黄村镇兴丰大街（三段）199 号	102600	81291679
昌平支行	昌平区南环路 57 号	102200	69745394
顺义支行	顺义区府前西街 4 号	101300	69420847
平谷支行	平谷区林荫北街 11 号	101200	69973914
密云支行	密云区密云镇鼓楼南大街 24 号	101500	69043791
怀柔支行	怀柔区开放路 33 号	101400	69658329
延庆支行	延庆区延庆镇庆园街 12 号	102100	69144079

中国建设银行股份有限公司北京市分行

机构名称	地　址	邮　编	电　话
分行营业部	西城区闹市口大街1号院1号楼	100033	63603260
中关村分行	海淀区知春路96号	100086	51998353
通州分行	通州区玉带河西街25号	101100	69546921
东四支行	东城区美术馆后街8号	100010	51997802
西四支行	西城区阜外大街甲26号	100037	51999817
前门支行	东城区西打磨厂街1号	100062	67083819
城建支行	丰台区方庄蒲芳路28号	100078	51999175
宣武支行	西城区广内大街314号	100053	63553958
铁道专业支行	丰台区莲花池东路114－1室	100055	51996539
朝阳支行	朝阳区朝阳门外大街乙10号	100020	51995613
丰台支行	丰台区西四环南路54号	100161	63818306
石景山支行	石景山区石景山路22号	100043	51993506
长安支行	海淀区复兴路33号翠微大厦西配楼	100036	68151160
开发区支行	经济技术开发区景园北街2号55栋	100176	67881039
安华支行	朝阳区安定路35号	100029	51993358
西单支行	西城区西单北大街34号	100032	66035636
安慧支行	朝阳区北辰东路8号汇欣大厦B座1～2层	100101	84970820
光华支行	朝阳区光华路7号汉威大厦	100004	65613608
月坛支行	西城区金融大街19号富凯大厦B座	100033	66573046
鼎昆支行	西城区黄寺大街23号	100120	51996260
苏州桥支行	海淀区北三环西路99号西海国际中心118号	100086	82194459

阜成路支行	海淀区阜成路 19 号	100048	68726207
东大街支行	丰台区东大街 25 号	100071	63818305
望京支行	朝阳区花家地北里 1 号	100102	64729808
华贸支行	朝阳区建国路 89 号院 18 号楼北座	100025	51996592
地坛支行	东城区安定门外大街 138 号皇城国际大厦 1 层	100011	64268439
科创支行	海淀区苏州街 3 号	100080	82684252
房山支行	房山区良乡拱辰北大街 1 号	102488	81389590
门头沟支行	门头沟区双峪路 22 号	102300	69835874
顺义支行	顺义区府前中街 7 号	101300	69443295
昌平支行	昌平区东环路 95 号	102200	69742953
延庆支行	延庆区东外大街 97 号	102100	69103211
怀柔支行	怀柔区南大街 22 号	101400	69644594
密云支行	密云区新南路 71 号	101500	69044996 或 69062241
平谷支行	平谷区文化南街 19 号	101200	69961565
大兴支行	大兴区兴政街 25 号	102600	69244497

交通银行股份有限公司北京市分行

机构名称	地　　址	邮　编	电　话
通州分行	通州区九棵树街 1 层	101100	60553287
通州梨园支行	通州区九棵树东街 156 号	101100	81533398
台湖支行	通州区东石东五路 2 号院 6 号楼	101116	81509295
新华支行	通州区新华南二街 12 号院 2 号楼 1 层	101101	60560045
分行营业部	西城区金融大街 33 号	100033	66102323

金融大街支行	西城区金融大街22号和20号	100033	88668030
东单支行	东城区大雅宝胡同8号	100005	65274814
东单北大街支行	东城区东单北大街乙112号	100005	65289470
王府井支行	东城区王府井大街200号	100005	65521157
工体北路支行	东城区新中街68号	100027	65862053
东大桥支行	朝阳区工体东路20号百富国际大厦南侧1层	100020	65016626
朝外支行	朝阳区朝阳门外大街16号	100021	85253857
永安里支行	朝阳区建外永安东里甲3号通用时代国际中心首层	100022	57917882
亚运村支行	朝阳区安慧里二区4号楼	100101	64912532
安贞支行	朝阳区安定路5号院17号楼1层E12号	100029	69946997
慧忠北里支行	朝阳区慧忠北里小区111号	100012	64808033
亚北支行	朝阳区安立路60号院润丰花园六号楼X座西段	100101	64827961
北苑支行	朝阳区北苑6号院一区102号楼公建04号房天怡家园底商首层	100012	84945329
媒体村支行	朝阳区北辰绿色家园天朗园C座1层西侧	110107	84932021
天通苑支行	昌平区天通苑小区203B—4单元	102218	84826491
育惠东路支行	朝阳区小营路12号亚运花园1层	100101	84648580
和平里支行	朝阳区外馆东街51号柳清居裙房	100011	64426223
胜古园支行	朝阳区胜古西庄胜古家园3号楼	100029	64283083
兴化路支行	东城区和平里兴化路11号	100013	84134538
西坝河支行	朝阳区西坝河西里28号英特公寓首层及3层南侧	100028	84158643
太阳宫支行	朝阳区太阳宫火星园10号楼	100028	88395396
阜外支行	西城区车公庄大街9号院1号楼商业3号	100044	88395858
西直门支行	海淀区高梁桥斜街59号院2号楼09号	100044	82191941
百万庄支行	西城区百万庄大街11号1层	100037	68342240

三里河支行	西城区三里河一区五号院 8 号楼首层	100034	68095560
官园支行	西城区车公庄路新华里 16 – 3 号京侨国际公馆 1 ~ 3 层	100044	82582582
公主坟支行	海淀区复兴路甲 14 号	100045	63969655
西长安支行	西城区三里河东路 30 号院 1 号楼 1 ~ 3 层	100045	63969655
海淀支行	海淀区苏州街 16 号神州数码大厦	100080	62142618
双榆树支行	海淀区中关村东路 123 号都市网景 E 座首层南侧	100086	62768691
中关村支行	海淀区成府路蓝旗营高校住宅楼首层西端	100084	82589337
蓟门桥支行	海淀区西土城路 1 号院	100191	58816704
万柳支行	海淀区长春桥路 11 号万柳亿城大厦 B 座北侧1 ~ 2 层	100089	52689830
农科院支行	海淀区学院南路 55 号 6 号楼	100081	67328200
西区支行	海淀区万寿路西街 2 号 1 层 132 ~ 133 号、7 层 713 号	100039	68230978
永定路支行	海淀区永定路 66 号	100039	68132159
翠微路支行	海淀区翠微路 12 号 1 – 2 层西侧	100036	68250874
定慧寺支行	海淀区定慧寺恩济庄二区北 3 号楼	100142	88117661
丰台东路支行	丰台区万芳园一区 1 号楼 1 层 02 号	100070	83683720
五棵松支行	海淀区复兴路 69 号 A1 – 02 号房	100036	88213558
三元支行	朝阳区曙光西里 28 号中冶大厦	100028	84493935
团结湖支行	朝阳区农展馆南路 13 号瑞辰国际中心首层 1 号铺（F1 – 1 号房屋）	100125	85988996
麦子店支行	朝阳区农展馆北路甲 5 号	100125	65931886
水碓子支行	朝阳区水碓北里 19 号楼	100026	85974097
东润支行	朝阳区南十里居 28 号东润枫景底商首层	100016	64365086

天坛支行	东城区天坛东里北区12号	100061	67785143
华威路支行	朝阳区华威北里20号楼	100021	67022908
崇文门支行	东城区崇文门东兴隆街56号北京商界1层	100062	87623896
东方庄支行	丰台区芳城东里9号楼1层	100078	66078429
木樨园支行	丰台区东木樨园9号	100075	87202341
彩虹城支行	丰台区光彩路65号1号楼101－B底商、101－C底商	100075	87866609
西单支行	西城区西长安街甲17号	100031	66229935
北蜂窝路支行	海淀区北蜂窝路乙15号	100038	63985269
自贸试验区支行	经济技术开发区隆庆街3号	100176	67883551
东高地支行	丰台区南苑路警备东路6号方仕国际酒店1～2层北端房屋	100076	67063671
文化园西路支行	经济技术开发区文化园西路8号院30号楼1层108～109室	100176	87220590
旧宫支行	大兴区旧宫镇旧桥路1号院1号楼103室	100163	56407134
信创园支行	经济技术开发区科谷一街8号院3号楼1层102－1室	101111	67862746
望京支行	朝阳区望京街9号	100102	59203661
望京南湖中园支行	朝阳区望京南湖中园K3—301号楼	100102	64743283
望京西园支行	朝阳区望京西园四区416号楼	100102	64713563
酒仙桥支行	朝阳区酒仙桥路10号星城国际大厦C座	100016	61841796
望京东路支行	朝阳区望京东园四区13号楼1层109室	100102	89448050
顺义支行	顺义区仓上街AMB大厦B区1层	101300	89448050
顺义天竺支行	顺义区天竺花园天韵广场109－4号商铺	101312	64577282
顺义石门支行	顺义区石门街6号顺义供销社大厦	101300	60416581

东区支行	朝阳区广渠路 21 号	100124	58202953
广渠路支行	朝阳区双井 1 号优仕阁大厦 B 座和 C 座首层	100022	58614207
林萃路支行	朝阳区林萃路倚林佳园 24 号楼 108 –1 室	100192	82724566
安翔里支行	朝阳区安翔里 1 号	100101	64853144
清河支行	海淀区龙岗路清景园 4 号楼 1 层	100192	62920576
西三旗支行	昌平区建材城西路 87 号院 8 号楼新龙大厦	100096	82969706
建材城西路支行	海淀区建材城西路 27 号 1 层 116 ~118 室	100096	82720901
回龙观支行	昌平区回龙观镇天龙苑 25 号 1 层 01 房屋	102208	81748370
丰台支行	丰台区南四环西路 188 号 5 区 24 号楼	100070	63705559
玉泉营支行	丰台区草桥欣园一区 6 号楼 1 层 102 号	100070	87584450
长辛店支行	丰台区张郭庄南路 16 号	100072	83880276
丰台北路支行	丰台区丰台北路 36 号	100071	83897576
丰台科技园支行	丰台区汽车博物馆东路 1 号院 4 号楼南座	100160	63716356
西三环支行	海淀区西三环北路 89 号	100089	88556270
紫竹桥支行	海淀区紫竹院路 1 号人济山庄 D 座裙房 103 号、203 号	100044	88556236
阜成路支行	海淀区阜成路 14 号 1 层	100048	88100667
车公庄西路支行	海淀区车公庄西路 20 号	100044	68411389
世纪城支行	海淀区蓝靛厂世纪城小区金夕园甲一号楼四段	100097	88463107
闵庄路支行	海淀区闵庄南路 9 号玉泉馨苑服务楼首层	100195	88403063
田村路支行	海淀区畅茜园景宜里 7 号楼	110143	88181851
青年路支行	朝阳区青年路 27 号院 1 号楼	100025	56303350
常营支行	朝阳区丽景园底商 6 号楼 1 ~2 层	100024	85526505
朝阳北路支行	朝阳区朝阳北路 99 号楼	100123	85795583
朝阳路支行	朝阳区八里庄西里 99 号 1 ~2 层	100025	85094930

宣武支行	西城区骡马市大街16号太平金融中心1层101室、6层部分单元	100055	63327912
马连道支行	西城区广外大街248号（机械大厦）	100055	63513255
右安门支行	西城区白纸坊东街10号	100054	66410239
广安门支行	西城区广安门内大街319号1层~2层	100031	89151024
政务中心支行	丰台区西三环南路1号	100161	63705569
东直门支行	东城区东直门外大街48号东方银座大厦	100027	84476268
春秀路支行	朝阳区春秀路甲1号	100027	84252417
和平里东街支行	东城区和平里东街民旺园31号楼1层南侧	100013	64484182
雍和宫支行	东城区和平里东街11号创新楼B座1层1－A2号	100013	64409439
上地支行	海淀区上地科技路甲2号	100085	62984679
北清路支行	昌平区北清路1号院（珠江摩尔项目）5号楼	102209	80700338
自贸试验区永丰支行	海淀区丰豪东路9号院2号楼01层2单元108~109室	100085	62456276
北三环中路支行	西城区北三环中路29号院2号楼1层	100029	82011860
马甸支行	西城区德胜门外大街5号	100088	62381990
北太平庄支行	海淀区花园东路32号	100191	82030856
德胜门支行	西城区德外关厢地区中交大厦1~2层东侧11－14轴房	100088	82013556
自贸试验区国际商务服务片区支行	朝阳区西大望路3号蓝堡北区写字楼101~103号	100026	85997420
光华路支行	朝阳区光华路甲8号	100026	65832085
建国路支行	朝阳区建国路90号	100022	85891257
大兴支行	大兴区龙河路97－131（单号）、109－1号1至3层119室	102600	81299561
兴华大街支行	大兴区兴华大街二段13号院3号楼－2号	102600	80220732

机构名称	地址	邮编	电话
天宫院支行	大兴区新源大街51号1层120、127、131号商铺	102600	89298955
中关村园区支行	海淀区中关村新科祥园甲6号楼1~2层东南侧	100190	82523490
慧忠里支行	朝阳区慧忠北里413号楼	100012	64805007
宝盛里支行	海淀区黑泉路8号1幢康健宝盛广场A座1层1002号	100192	62999926
芳群园支行	丰台区方庄芳群园4区23号	100078	87682927
东三环支行	朝阳区东三环北路19号嘉盛中心B2座中青大厦1~2层	100020	65869868
石景山支行	石景山区石景山路29号京燕饭店东配楼2层	100043	68872697
苹果园支行	石景山区海特花园57号楼1层	100041	68800705
松榆里支行	朝阳区弘燕路周庄山水文园（二期）201号楼103号	100022	87299717

招商银行股份有限公司北京分行

机构名称	地址	邮编	电话
分行营业部	西城区复兴门内大街156号A座	100031	66427121
长安街支行	东城区东总布胡同58号	100736	65282829
中关村支行	海淀区中关村南大街2号数码大厦A座2层	100086	52786212
东三环支行	朝阳区东三环北路1号	100027	64620969
甘家口支行	西城区百万庄大街甲39号	100037	68365433
亚运村支行	朝阳区北辰东路8号	100101	84987476
双榆树支行	海淀区白石桥路7号理工科技大厦1层	100081	68467183
万寿路支行	海淀区万寿路西街2号北京文博大厦1层	100036	68286557
小关支行	朝阳区芍药居北里101号	100101	64822450

三里屯支行	朝阳区新东路10号楼	100027	65272070
朝外大街支行	朝阳区朝外大街26号	100020	85656433
宣武门支行	西城区宣外大街30号	100052	63164385
西三环支行	海淀区阜成路67号	100036	68718147
朝阳门支行	东城区朝阳门北大街6号	100027	85282348
北三环支行	东城区北三环东路36号D座	100086	59575123
光华路支行	朝阳区光华路1号（商业写字楼）2层201室	100020	85296382
东方广场支行	东城区东长安街1号东方广场E3座2层	100005	85150201
崇文门支行	东城区东兴隆街58号	100062	67089468
建国路支行	朝阳区建国路116号	100022	65660168
大屯路支行	朝阳区大屯路南沙滩66号华源冠军城1号楼	100089	82884290
首体科技金融支行	海淀区西直门外大街168号腾达大厦	100044	88576516
大运村支行	海淀区知春路27号	100086	82357508
万泉河支行	海淀区万柳东路阳春光华家园甲5号	100089	82573007
方庄支行	丰台区方庄通润商务会馆B区首层	100078	87676770
清华园科技金融支行	海淀区中关村东路1号院8号楼1层B1G03室	102629	62701865
静安里支行	朝阳区左家庄北里58号天虹商场1层	100028	57622832
金融街支行	西城区金融大街35号	100033	88091255
德胜门支行	西城区德胜门外大街81号	100088	82065118
海淀科技金融支行	海淀区北四环西路56号	100080	62695213
世纪城支行	海淀区蓝靛厂垂虹园甲1号楼	100089	88876711
望京支行	朝阳区南湖南路15号院甲1号金隅丽港城	100102	64799886
东直门支行	东城区东直门外大街46号天恒大厦1层	100027	84608093
万达广场支行	朝阳区建国路93号万达广场7号楼	100022	58206783 58208381

慧忠北里支行	朝阳区慧忠北里305号楼	100012	64887800
北苑路科技金融支行	朝阳区安慧东里36号4号楼首层	100101	84855341
建外大街支行	朝阳区东三环中路39号建外SOHO小区6号楼	100022	59000518
自贸试验区商务中心区支行	朝阳区朝外大街甲6号万通中心1层	100020	59070215
望京西园支行	朝阳区望京西园134号楼1层	100102	64789637
大望路支行	朝阳区西大望路15号3号楼首层	100022	87723210
上地支行	海淀区农大南路1号院2号楼B座首层	100085	62667352
大钟寺支行	海淀区北三环西路甲23号院1号楼101室	100098	63371556
东四环支行	朝阳区东四环中路56号远洋国际中心首层	100025	59080177
清河支行	海淀区清河中街68号华润五彩城购物中心二期L175C室、L270C室	100085	82810951
国贸东支行	朝阳区景辉街31号院1号楼三星大厦1层101单元、103单元	100026	85879206
玉泉路支行	海淀区复兴路83号景藏健康大厦首层	100039	68171838
朝阳公园支行	朝阳区朝阳公园路佳隆国际大厦首层	100125	65398883
北辰大厦支行	朝阳区北辰东路8号院1号楼北辰时代大厦30层	100101	84985066
建国门支行	朝阳区建国门外大街24号京华公寓	100022	65150064
阜外大街支行	西城区阜成门外大街22号外经贸大厦1层	100037	68784030
富力城支行	朝阳区东三环中路55号楼1~2层	100022	58767070
立水桥支行	朝阳区北苑路13号院1号楼1-9号	100012	84870412
金融街中心支行	西城区金融大街16号	100033	66290646
青年路支行	朝阳区青年路西里5号院15号楼1~2层	100123	85563091
华贸中心支行	朝阳区建国路79号、81号北京华贸中心	100025	65981758
十里河支行	朝阳区东三环南路19号联合国际大厦首层	100122	87667468
西二旗支行	海淀区上地十街1号院6号楼	100085	62410119

陶然亭支行	西城区南纬路39号-1至3层3单元商业601室	100050	59362239
天通苑支行	昌平区东小口镇天通中苑F区商业楼1~2层	102218	84928982
西翠路支行	海淀区西翠路17号院	100036	68270271
太阳宫支行	朝阳区太阳宫南街21号楼1层	100028	84158901
西直门支行	海淀区西直门北大街32号院	100082	62252109
海淀黄庄支行	海淀区丹棱街6号	100080	57569752
丰台科技园支行	丰台区科学城中核路1号03号楼	100070	83816983
广渠门支行	东城区广渠门内大街27号	100062	87103599
北太平庄支行	海淀区北太平庄路18号	100083	82274213
回龙观支行	昌平区回龙观西大街16号院1号楼	100085	59548108
亦庄支行	经济技术开发区4号街区	100176	57862359
来广营支行	朝阳区创远路34号院融新科技中心C幢（6号楼）1层101室	100012	64936748
姚家园支行	朝阳区星火西路17号楼	100123	85855030
大成路支行	丰台区大成路8号	100141	68291451
北京通州分行	通州区九棵树中路1至9号（单号）	101121	56865605
西客站支行	丰台区西客站南广场东区A、B、C座楼10#商业楼层	100073	63331181
鲁谷支行	石景山区玉泉西里一区2号楼	100040	68547124
六里桥支行	丰台区华源四里甲4号	100161	63634346
亦庄文化园支行	经济技术开发区文化园西路8号院30号楼	100176	67832922
广渠路支行	朝阳区广渠路36号院5号楼	100022	61655881
公益西桥支行	丰台区城南嘉园益城园16号楼	100068	87578041
清华东路支行	海淀区学院路6号1号楼	100083	62310481
佑安支行	丰台区福宜街5号院1号楼1层101内105号	100068	63527855

科荟路支行	朝阳区林萃西里16号	100192	57761780
万丰路支行	丰台区丰桥路七号院8号楼	100073	83817541
石景山万达支行	石景山区政达路6号院3号楼	100040	57796499
旧宫东路支行	大兴区旧宫镇旧桥路1号院3号楼	100076	56407530
望京利泽支行	朝阳区利泽西街8号院1号楼	100102	84676942
阳光上东支行	朝阳区东四环北路6号二区1号楼1层	100016	52509476
常营支行	朝阳区常惠路6号	100024	65482814
财富中心支行	朝阳区东三环中路5号楼	100102	65969963
富力又一城支行	朝阳区黄厂南里2号院12号楼1层	100121	59642327
三元桥支行	朝阳区曙光西里甲1号	100028	58221530
望京融科支行	朝阳区望京东园523号融科望京中心A座101单元	100102	64719976
西红门支行	大兴区欣旺北大街8号	100041	50927475
华贸城支行	朝阳区水岸南街8号院2号楼	100012	64187298
通州北苑支行	通州区北苑一路1号院3号楼116号	100022	60565811
月坛支行	西城区月坛南街1号院1号楼4－101号	100045	86493171
酒仙桥科技金融支行	朝阳区酒仙桥路6号院7号楼1至19层101内1层101室、102室及4层402室	100015	64369168
山水文园支行	朝阳区弘燕山水文园2号楼103～104号	100122	87152131
百子湾支行	朝阳区广渠路18号院3号楼1层109－113室	100022	87661722
西二旗中路支行	海淀区西二旗中路33号院8号楼102号	100085	82727626
顺义支行	顺义区新顺南大街18号	101300	89468458
大兴支行	大兴区金星西路5号及5号院1号楼1层1F－38及2层2F－38	102627	80256588
望京商务区支行	朝阳区望京东园四区2号楼中航资本大厦16层	100055	63259849
圆明园西路支行	海淀区圆明园西路18号1层1715号	100122	85175564

广安门支行	西城区手帕口南街1-1号	100055	63256540
门头沟支行	门头沟区新城东街17号院3号楼102室	102300	60808260
自贸试验区高端产业片	经济技术开发区科谷一街8号院1号楼1层102~104室	100176	67857568
河北雄安分行	河北省容城县容城镇和平社区奥威路116号	071799	0312-5692050
国贸支行	朝阳区中国国际贸易中心国贸大厦B座63层01-12单元	100026	59070808
天宫院支行	大兴区新源大街51号1层121、124、126、129及132号商铺	102629	61256620
中关村软件园支行	海淀区东北旺西路8号院39号楼1层101号	100193	62969983
自贸试验区永丰支行	海淀区北清路81号院四区5号1层103室	100094	62453245
自贸试验区祥云小镇支行	顺义区空港街道安祥街12号院3号楼1层101单元	101318	80496382
雍和宫支行	东城区和平里东街11号创新楼A座1层1-H1号	100193	84134409
田村支行	海淀区田村路43号环京现代物流设施项目二段1层A-1F-101室	100143	88176188
丰台支行	丰台区汽车博物馆东路6号院4号楼2~3单元	100071	63715516
西罗园支行	丰台区马家堡东路8号楼1至4层内1层106-110室	100077	87249234
临河里支行	通州区梨园镇临河里33号101-002室	101101	60182488
东坝支行	朝阳区东坝中路28号院4号楼1层109-101~109-103室	100018	65720149
自贸试验区生命科学园支行	昌平区生命科学园生命园路4号院4号楼1层102-B、103室	102206	52331868
潞阳支行	通州区朗清园三区23号楼C-1-11	101117	89940700

房山支行	房山区苏锦街4号院2号楼101－1、201－1	102401	69369388
石景山支行	石景山区田顺庄北路1号院古城创业大厦1号楼一层101、二层202	100049	68888431
昌平支行	昌平区昌平镇南环东路32号32－06内一层101	102299	81338923
紫竹院支行	海淀区西直门外大街168号腾达大厦2309/2310/2311房间	100044	86410052
金安支行	石景山区和平西路55号院2号楼一层L110、L111、L112A	100049	88729976
经济技术开发区科技金融支行	经济技术开发区荣华南路1号院3号楼－1至1层103	100176	68966568

上海浦东发展银行股份有限公司北京分行

机构名称	地　　址	邮　编	电　话
分行营业部	西城区太平桥大街18号丰融国际大厦	100032	57395588
金融街支行	西城区金融大街35号国际企业大厦A座	100033	88091847
宣武支行	西城区广安门内大街316号	100053	63585776
雍和支行	东城区和平里东街11号1－C1号	100013	84138423
中关村支行	海淀区海淀南路15号	100080	62550747
朝阳支行	朝阳区朝阳门外大街18号丰联广场大厦1层122单元、22层2201单元	100020	65888121
建国路支行	朝阳区建国路99号中服大厦	100020	65819177
万寿路支行	海淀区万寿路西街2号	100036	68233372
安外支行	东城区安外大街甲88号	100011	64264903
阜成支行	西城区车公庄大街3号	100044	88383590

崇文门支行	东城区东兴隆街56号层106室、2层202室	100062	65676188
海淀园支行	海淀区北四环西路62号中国化工集团公司大厦1层	100080	82660900
西直门支行	西城区西直门外大街18号楼金贸大厦1单元	100044	88026239
东三环支行	朝阳区静安里26号通成大厦1层	100028	84584729
亚运村支行	朝阳区媒体村天畅园8号楼底商1~2层	100107	84891031
知春路支行	海淀区知春路9号蓟门坤讯大厦	100083	82319520
安华桥支行	朝阳区安贞西里3区15号凯康海油大厦	100029	64417341
东长安街支行	东城区建国门内大街28号民生金融中心B座1~2层	100000	85116060
电子城支行	朝阳区酒仙桥路10号	100016	64350556
经济技术开发区支行	经济技术开发区荣华南路10号院2号楼1~2层	100176	67890993
永定路支行	海淀区永定路甲51号	100039	68152005
复兴路支行	海淀区北蜂窝路5号1号楼	100038	51932666
花园路支行	海淀区花园东路10号高德大厦C座1层南侧	100191	82030630
莱户营支行	丰台区丽泽路1号院16号楼北侧1~2层	100073	63470661
紫竹院支行	海淀区紫竹院路116号嘉豪国际中心C座	100097	51709797
通州宋庄支行	通州区小堡村南3号楼1号院	101118	56673335
和平里支行	朝阳区和平西苑20号楼B座101-1~101-2室	100013	52081598
马家堡支行	丰台区马家堡西路15号1层时代风帆大厦	100068	67562966
世纪城支行	海淀区蓝靛厂晨月园甲1号楼	100097	88895800
清华园支行	海淀区中关村东路1号院5号楼文津国际酒店1层	100084	62618572
三里屯支行	朝阳区工体北路甲6号中宇大厦	100027	59752555
望京支行	朝阳区望京花园西区101号楼	100102	84780661
北沙滩支行	朝阳区北沙滩一号院31号楼B座	100083	64866883

德胜支行	西城区德胜门外大街乙十号1层及2层南侧	100088	82063208
东四支行	东城区东四十条68号平安发展大厦	100007	84086436
富力城支行	朝阳区东三环中路61号万丽酒店	100022	59037768
通州支行	通州区梨园镇云景东路432号隆孚大厦1~2层	101101	57902222
广渠门支行	东城区广渠门内大街27号1层101室	100062	87102681
通惠支行	朝阳区广渠路17号院1号楼-3至14层101内1层102室	100022	85997995
慧忠支行	朝阳区慧忠北里309号楼1层101室	100012	64872366
金台路支行	朝阳区六里屯北里18号楼A座西侧1层、3层	100026	65088998
丰台支行	丰台区汽车博物馆西路8号院（华夏幸福创新中心）1号楼1层110铺及3层308~309室	100070	63259702
方庄支行	丰台区紫芳园四区5号楼	100078	87557088
顺义支行	顺义区仓上街2号智能大厦A区1~2层	101300	61429550
大兴支行	大兴区兴华大街2号1幢1层	102600	80220031
天华园支行	经济技术开发区天华园二里19号	100176	67891180
昌平支行	昌平区南环东路24号1~3层	102200	69741599
回龙观支行	昌平区回龙观镇龙域北街8号院1号楼112~113室	100085	82830359
陶然亭支行	西城区陶然亭路2号9号楼1层111室	100050	83989166
石景山支行	石景山区玉泉西里二区1号楼	100040	88682992
南湖支行	朝阳区湖光北街9号1层101内	100102	64729337
玉带河支行	通州区玉带河东街348号1层全部	101101	56866550
西红门支行	大兴区宏福路3号院1号楼1层102室	100162	60259972
黄村支行	大兴区兴华大街三段25号1~2层	102699	69261809
姚家园支行	朝阳区星火西路19号楼1~2层	100016	85828819

双清路支行	海淀区月泉路八家嘉园南一门底商23－1号	100091	62918533
林萃路支行	朝阳区林萃西里25号楼1层09号	100101	82170133
常营支行	朝阳区常惠路6号楼1层112、2层209	100024	85095200
青塔支行	丰台区青塔西路58号院22号楼1层104～106号	100166	63827010
万柳支行	海淀区万柳蜂鸟家园2号楼1层	100089	82622260
天通苑支行	昌平区立汤路186号甲5幢1层1－113室、5幢1至2层1－112室、1－115室	102218	64935955
西大望路支行	朝阳区西大望路甲22号院1号楼商业部分1层12号	100022	67720081
旧宫支行	大兴区旧桥路1号院1号楼1层108～109	100163	56407179
福熙大道支行	朝阳区清河营东路3号院15号楼1层102内2号	100012	84920150
回龙观东区支行	昌平区回龙观东大街195号1－108室	102208	80750613
六里桥支行	丰台区华源四里甲2号楼12层F03～F04室	100073	69940788
八角支行	石景山区时代花园东街8号院1号楼1层101室	100043	68815138
榴乡路支行	丰台区榴乡路84号院1号楼－1层－101室、1层1单元101～103室	100079	67909002
光华路支行	朝阳区光华路9号楼C座1层126室	100020	65873304
雍景支行	石景山区西黄新村西里7号楼1层101室	100144	68816260
新顺支行	顺义区怡馨家园1号楼1层	101300	69466270
东花市支行	东城区东花市南里东区1号楼1层A10～A11室	100062	67115088
远洋自然小微支行	丰台区马家堡东路108号院10－108号	100068	58032620
雍景四季社区支行	石景山区西黄村西里七号商业楼	100144	88701778
雅世合金小微支行	海淀区永定路2号院6号楼1层6－1（商铺2）	100039	57797199
科南路小微支行	海淀区科学院南路55号	100086	62566775
龙跃苑社区支行	昌平区回龙观东大街336号院2号楼1层101室	102208	80746853

机构名称	地址	邮编	电话
橡树湾小微支行	海淀区学府家园二区7－1号至7－20号1层7－15室	100085	82156706
今典花园小微支行	海淀区文慧园北路9号今典花园9号楼空间蒙太奇1层部分区域	100082	62235088
科兴佳园小微支行	丰台区靛厂路26号12号楼底商10－1室	100039	68260095
彩虹城小微支行	丰台区光彩路65号楼1至2层商业03室	100075	87260629
华业东方玫瑰小微支行	通州区临河里33号楼106号	101100	56865787
远洋一方社区支行	朝阳区双桥东路5号院1号楼1层103室	100121	56649255
华贸天地小微支行	朝阳区清河营南街7号院7号楼－1层（1）136号房屋	100012	84870781
万年花城小微支行	丰台区樊羊路15号院11号楼1层	100070	63760266
北工大软件园小微支行	经济技术开发区地盛北街1号院43号楼1层101室	100176	67896090
融泽嘉园社区支行	昌平区回龙观镇回龙观村龙域中路1号院7号楼105号内	100085	82817820
增光路小微支行	海淀区增光路37号中海馥园3号楼108号	100037	88586283
胜古誉园社区支行	朝阳区安贞胜古中路胜古誉园3号楼	100029	64450550
大成路小微支行	丰台区大成南里三区4号楼1层02号	100141	68165060
融科橄榄城小微支行	朝阳区望京东园513号楼20号	100102	84781956

广发银行股份有限公司北京分行

机构名称	地　址	邮　编	电　话
分行营业部	西城区菜市口大街1号1层105单元	100053	65169220
月坛支行	西城区月坛北街2号	100045	68083556
中关村支行	海淀区中关村大街45号	100086	62510783

亚运村支行	朝阳区北辰东路8号	100101	64993863
建国路支行	朝阳区建国路99号楼中服大厦1层	100020	65360956
西三环支行	海淀区西三环北路72号A座1层	100037	88415105
国展支行	朝阳区西坝河东里18号	100028	84603259
朝阳门支行	东城区朝阳门内大街288号院1号楼	100010	65255322
新外支行	西城区新街口北大街3号1层	100035	62236266
西客站支行	西城区广莲路1号	100055	63954851
魏公村支行	海淀区中关村南大街甲18号院A座2层商业02－202号	100081	82481015
东直门支行	东城区东中街9号东环广场A座首层	100027	64182985
车公庄支行	海淀区车公庄西路乙19号	100044	88018701
科学园支行	海淀区科学院南路2号院1号楼融科资讯中心B座1层	100190	82169687
方庄支行	丰台区方庄路5号	100078	87681090
安贞支行	朝阳区安定路39号	100029	64445660
太阳宫支行	朝阳区夏家园11号楼1层04号	100028	64253052
金融街支行	西城区金融大街16号	100033	63190613
京广支行	朝阳区朝外大街甲6号万通中心1层	100020	59070890
知春路支行	海淀区知春路希格玛大厦49号	100190	88099482
王府井支行	东城区王府井大街301－1号	100006	65271103
奥运村支行	朝阳区北辰东路8号	100101	64836760
黄寺支行	西城区德外大街12号	100120	62039133
天通苑支行	昌平区天通苑北1区甲6号楼	102218	81758219
翠微支行	海淀区翠微路甲10号1幢1层1－1－03单元	100036	68230612
大望路支行	东城区王府井大街301－1号	100006	87723795

望京支行	朝阳区阜荣街10号1层1层商业147、148号	100102	64717601
青年路支行	朝阳区青年路7号院2号楼1层	100123	85583733
上地支行	海淀区农大南路1号院4号楼	100084	82349373
东四环支行	朝阳区慈云寺北里118号楼1层	100025	85782060
和平里支行	东城区和平里东街民旺园30号楼配商105～106单元	100013	64216106
广渠门支行	东城区广渠门内大街27号	100062	87103902
五棵松支行	海淀区西四环中路16号院1号楼	100039	68285001
广渠路支行	朝阳区广渠路21号3号楼1层03号	100124	59693910
宣武门支行	西城区宣武门外大街甲1号	100052	83151388
清华东路支行	海淀区清华东路25号	100083	61196008
海淀支行	海淀区海淀大街27号8号楼	100080	82468833
日坛支行	朝阳区建外大街丁12号楼英皇集团中心内1层102号	100020	56919925
西单支行	西城区复兴门内大街45号1号楼西南侧配楼	100801	88088268
丰台支行	丰台区育仁南路3号院3号楼1层101－1～101－2单元	100070	83609697
万柳支行	海淀区长春桥路5号10号楼105号、107号	100089	62571899
安立路支行	朝阳区慧忠北里105号楼B段	100012	84504056
石景山支行	石景山区实兴大街30号院15号楼1层102室	100144	68809228
西直门支行	西城区西直门外大街112号1层101A室	100044	68104051
工体支行	朝阳区新东路12号院3号楼1层	100027	84004115
世纪城支行	海淀区远大路1号居然之家1层	100097	88862281
星火西路支行	朝阳区星火西路17号楼地上1层6号	100018	85515827
顺义支行	顺义区仁和镇新顺南大街8号院1幢	101300	61429587

双井支行	东城区广渠门内大街27号	100062	67711879
玉泉路支行	石景山区鲁谷路74号中国瑞达大厦1层	100040	68705936
来广营支行	朝阳区来广营西路5号院3号楼101A～101B室	100012	84360268
朝外支行	朝阳区朝外大街16号1幢1层107室	100020	85728830
亦庄支行	经济技术开发区荣华南路1号院1号楼1层	100176	67886070
通州分行营业部	通州区江米店街2号院1号楼	101101	65277968

兴业银行股份有限公司北京分行

机构名称	地　址	邮　编	电　话
分行营业部	朝阳区朝阳门北大街20号兴业银行大厦1层	100020	59886975
朝外支行	朝阳区朝外大街77号	100020	65522236
光华路支行	朝阳区东三环中路25号住总大厦1～2层	100020	65082570
高碑店支行	朝阳区高碑店乡西店村南岸1号B8室	100022	85766523
东城支行	东城区鼓楼外大街26号荣宝大厦1～2层	100120	84131535
东单支行	东城区东单3条8－2号	100005	65212363
永定门支行	东城区永定门外大街101号	100077	87865764
崇文门支行	东城区珠市口东大街2号南1楼	100062	67017876
东长安街支行	东城区灯市口大街50号好润大厦1层底商B单元	100005	65980025
东四支行	东城区朝阳门北大街5号第五广场B座	100010	64088698
和平里支行	东城区和平里中街19号1幢1层103室	100013	64220400
广渠门支行	东城区广渠门内大街41号1层	100062	67113011
国瑞城社区支行	东城区西花市大街39号	100062	67028292
新奥洋房社区支行	东城区景泰西里东区1号楼1层B07室	100075	87863968

海户路社区支行	丰台区骏景园中区10号楼4－106室	100068	87870237
西城支行	西城区西直门南大街6号国二招宾馆1层	100035	66001882
月坛支行	西城区车公庄大街9号五栋大楼A－03室	100044	88395813
积水潭支行	西城区新街口外大街冰窖口胡同8号院8号楼	100088	82808763
丽泽支行	西城区西客站南路76号楼10号	100073	59560221
陶然亭支行	西城区陶然亭路2号9号楼1层	100050	83953697
白纸坊支行	西城区右安门内大街28号院（富饶家园）5号楼1层112号商铺	100054	83557792
金融街支行	西城区金城坊街1号C106室	100033	66218637
西单支行	西城区宣武门内大街甲6号	100031	66033090
广安门支行	西城区广安门内大街315号	100053	63691593
朝阳支行	朝阳区朝外大街22号泛利大厦1层	100020	65883295
亚运村支行	朝阳区亚运村安慧里四区16号楼	100101	84885263
东外支行	朝阳区东直门外大街23号	100600	64688172
安华支行	朝阳区北三环安华桥福建大厦	100029	64450934
三元桥支行	朝阳区霄云路21号嘉里大通中心	100027	84540817
望京支行	朝阳区阜荣街15号院3号楼首层	100102	56923532
酒仙桥支行	朝阳区酒仙桥路6号院7号楼1层	100016	50868308
安立路支行	朝阳区慧忠北里309号楼1层104～106室	100101	64836272
化工路支行	朝阳区化工路59号焦奥中心1号楼底层	100124	87399664
望京南湖支行	朝阳区南湖南路15号院甲2号楼1层	100028	56923532
双井支行	朝阳区东三环南路1号院2号楼1层102室	100022	87790802/9972
珠江帝景社区支行	朝阳区广渠路28号院401号楼106室	100022	58633151
海淀支行	海淀区海淀南路30号航天精密大厦A座东侧底商	100080	68748134
上地支行	海淀区农大南路1号院2号楼B座102室	100084	62667877

西客站支行	海淀区复兴路12号恩菲科技大厦1层	100038	63959953
长安支行	海淀区复兴路65号北京电信实业大厦首层	100036	68220101
西直门支行	海淀区学院南路62号中关村资本大厦	100083	83020290
花园路支行	海淀区花园东路19号中兴大厦配楼1层	100191	82247800
甘家口支行	海淀区三里河路19号甘家口大厦1层北侧	100037	88392572
世纪坛支行	海淀区复兴路甲1号水利指挥中心南侧1层	100038	68525871
金源支行	海淀区蓝靛厂东路金源时代商务中心2号楼A座大厦首层	100080	88891474
首体支行	海淀区首体南路9号主语商务中心2号楼1层	100048	68790737
万柳支行	海淀区万泉庄路21号1层	100089	58297263
玉泉路支行	海淀区玉泉北里一区9号玉泉商业中心1层	100049	68107983
玲珑路支行	海淀区玲珑路9号院5号楼106室	100037	88400593
四季青支行	海淀区昆明湖南路51号中关村军民融合（四季青）产业园B座1层	100097	88860143
中关村支行	海淀区中关村南大街32号中关村科技发展大厦B座1层	100081	62146916
知春路支行	海淀区北四环西路9号银谷大厦1层	100080	62615405
魏公村支行	海淀区中关村南大街17号韦伯时代中心C座首层	100081	88579063
中关村西区支行	海淀区丹棱街3号中国电子大厦	100080	82607710
通州支行	通州区车站路39号	101100	60569988
顺义支行	顺义区顺西路10号1层	101300	69460305
顺义天竺支行	顺义区天竺地区小天竺路1号埃力生商厦甲2首层	100621	64588538
通州运河支行	通州区玉带河东街2号院1号楼明珠大厦1层	101100	80542062

通州北苑支行	通州区北苑一路1号院2号楼2-10~2-11室	101199	60560052
平谷支行	平谷区迎宾街一号院9号楼1层101室	101299	69986967
马驹桥支行	通州区马驹桥镇新海东路2号10号楼	101102	80595881
丰台支行	丰台区方庄路5号	100078	87642162
丽泽金融商务区支行	丰台区丰台北路18号院1号楼1层	100071	87660174
石景山支行	石景山区玉泉西里二区1号楼	100040	68638655
鲁谷支行	石景山区政达路6号院2号楼1层	100043	57796815
怡海花园支行	丰台区锦丰路1号楼	100070	83368110
总部基地支行	丰台区南四环西路188号十七区2号楼1层101室	100070	63728570
门头沟支行	门头沟区双峪路1号1层1-27室	102300	69857514
经济技术开发区支行	经济技术开发区荣华南路15号院中航技广场A座	100040	67870507
大兴支行	大兴区黄村镇兴华中路9号	102600	81297416
大兴瀛海支行	大兴区瀛海镇南海家园六里5号楼101~102室	100076	67806628
大兴榆垡支行	大兴区榆垡新城嘉园D区1层	102602	89290015
大兴庞各庄支行	大兴区庞各庄镇御园小区民生路2号院1号楼底商	102601	89258603
大兴礼贤支行	大兴区礼贤镇拆迁综合指挥部大楼1层	102604	89290781
大兴旧宫社区支行	大兴区旧宫镇旧忠路12号院旧宫新苑2号楼	100076	87153142
房山支行	房山区长阳镇昊天北大街15号1幢	102041	89364688
昌平支行	昌平区龙水路26号	102200	57700023
龙域支行	昌平区回龙观镇龙域北街5号院2号楼1层11~14号	100085	57049995
怀柔支行	怀柔区青春路4号楼1层	101499	69640988

平安银行股份有限公司北京分行

机构名称	地址	邮编	电话
门头沟支行	门头沟区石龙南路1号骏洋国际大厦首层102～103号	102308	
延庆支行	延庆区川北小区46号楼1层46-2北第3门第4门	102199	69106844
望京阜通支行	朝阳区阜荣街10号1层商业118号、143号	100102	84780699
通明湖信息城支行	经济技术开发区科谷一街8号院信创园B区8号楼1层101室、104～105室	101111	87162426
通州运河支行	通州区通湖大街11号-1A2室	101199	80519123
三环新城支行	丰台区丰桥路七号院8号楼（B段）1至2层11内1层101号	100070	58140058
怀柔支行	怀柔区兴怀大街17号	101400	61673345
密云支行	密云区新南路21号	101500	61093012
顺义支行	顺义区站前街3号院1号楼	101300	57784140
旧宫东路支行	大兴区旧桥路1号院3号楼1至2层106室	100076	50868321
平谷支行	平谷区迎宾街1号院21号楼	101200	50981178
房山支行	房山区良乡地区月华大街3号1层西侧	102488	60349093
西三环支行	丰台区金泽西路4号院1号楼-4至39层101内1层B1-01～B1-03号商铺	100061	83733843
大兴支行	大兴区兴华大街3段25号1层101号	102600	81290306
东三环支行	朝阳区新源南路1号-1至4层101内1层	100027	57309415
通州支行	通州区临河里33号楼101-064～065室	101101	50838702
上地支行	海淀区上地西路41号院1号楼1层B015室	100085	50960876

大兴新航城支行	大兴区空港新苑 YF－2 片区 118－3 号楼 1 层 101 室	102602	89215714
石景山支行	石景山区石景山路 2 号北京台湾街 C－02－10 号楼－10－1－K 单元	100040	63377326
崇文门支行	东城区崇文门外大街 7 号、9 号 1 幢南段 1 层 001 号	100062	67085906
十里河支行	朝阳区周庄山水文园 202 号楼 105 室	100021	87667376
北苑支行	朝阳区天畅园 5 号楼 1 层 5－103 室	100107	84829736
亦庄支行	经济技术开发区文化园西路 6 号院 18 号楼 103 室	100176	87927514
世纪金源支行	海淀区蓝靛厂东路 2 号院 2 号楼（金源时代商务中心 2 号楼）C 座	100097	88877366－638
总部基地支行	丰台区育仁南路 1 号院 5 号楼 1 层 104～106 室	100028	50949301
天通苑支行	昌平区立汤路 186 号甲 5 幢 1 层 1－109～1－111 室	102218	84673953
金融街支行	西城区金融大街 23 号 106 单元	100033	50949295
大红门支行	丰台区石榴庄一街 8 号院 7 号楼 1 层 101 室	100075	87862752
方庄支行	丰台区紫芳园四区 5 号楼 5－03 号	100078	87669591－626
朝阳支行	朝阳区劲松南路 1 号 1 幢 1 层 125 号	100021	67729847
朝外支行	朝阳区朝外大街 18 号 1 层	100020	65889651
常营支行	朝阳区常慧路 6 号楼 1 层 118 室、2 层 214～215 室	100024	50950866
丰台支行	丰台区华源四里甲 4 号楼 11#－F05～F06 室、S05～S06 室	100073	63252082
清华园支行	海淀区成府路 113 号	100084	62760580－621
亚奥支行	朝阳区北辰东路 8 号 5 号楼 2 层	100101	84982996
开阳桥支行	丰台区开阳路 1 号	100069	83973602－606

东四环支行	朝阳区八里庄西里99号1层105、2层205~206室	100102	85865073
花园桥支行	海淀区西三环北路87号	100089	88825851
望京支行	朝阳区望京新城南湖西园125号1~2层	100101	84721377
光华路支行	朝阳区金和东路20号院1号楼1至4层101内L105、L106号、L213号	100026	65832833－6618
德胜门支行	西城区安德路81号（德胜园区）	100011	82061004
万柳支行	海淀区万柳怡水园2号楼101室	100089	82636493
亚运村支行	朝阳区安立路66号1号楼101室	100101	64907719
和平支行	东城区北三环东路37号院B座101－1室	100013	84720921
东城支行	东城区金宝街58号	100005	65127792
东直门支行	东城区东直门外大街48号首层07号	100027	84477837
海淀支行	海淀区中关村南大街甲32号	100081	62187559
知春路支行	海淀区知春路113号	100086	62637549
宣武门外支行	西城区宣武门外大街32号1幢1层1－06室	100050	63017277
官园支行	西城区车公庄大街乙1号富通大厦	100044	68334240
朝阳门支行	朝阳区朝阳门外大街甲6号1层2028~2033室（2031除外）	100020	65061188－6853
姚家园支行	朝阳区星火西路19号楼1层4号	100123	84538668－810
中关村支行	海淀区苏州街1号	100080	62547455
花园路支行	海淀区花园东路11号1层101室、9层901室	100029	57625289
神华支行	东城区安定门外大街208号1F－05室	100011	64485661

中信银行股份有限公司北京分行

机构名称	地　址	邮　编	电　话
分行营业部	东城区朝阳门北大街8号富华大厦E座及F座1层	100027	65558375
清华科技园支行	海淀区中关村东路1号清华科技园9号楼搜狐网络大厦1层	100084	58722190
朝阳支行	朝阳区农展馆南里12号通广大厦配楼1层	100026	65389585
上地支行	海淀区上地东里1区4号楼科贸大厦1层	100085	62969970
金运大厦支行	海淀区西直门北大街甲43号金运大厦B座1层	100082	62294403
中粮广场支行	东城区建国门内大街8号中粮广场A座1层	100005	65228710
自贸试验区国际商务服务片区支行	朝阳区建国路93号北京万达广场东区商业B座	100026	58203933－8028
西单支行	西城区复兴门内大街45号院主楼东配楼	100032	66035426
崇文支行	东城区东花市南里富贵园三区东南角底商	100062	67151793－868
酒仙桥支行	朝阳区酒仙桥路14号兆维大厦1层	100016	64319780
交大支行	海淀区上园村3号交大科技大厦1层南侧102室	100081	66579713
奥运村支行	朝阳区大屯路慧忠北里309号楼天创世缘D座1层	100101	64802811
首体南路支行	海淀区首体南路22号国兴大厦1层	100037	88354767
京城大厦支行	朝阳区新源里南路6号京城大厦1层	100027	84865387
国际大厦支行	朝阳区建国门外大街19号国际大厦1层	100004	65008673
望京支行	朝阳区望京利泽中园2区208号院内B座1层	100102	64391220
广渠路支行	朝阳区广渠路36号院首城国际D区26号楼	100022	87768422

安贞支行	朝阳区安定路5号院4号楼中建财富国际中心东侧配楼1层	100029	86497500
新兴支行	海淀区西三环中路17号新兴宾馆写字楼首层	100036	68212510
北京知春路支行	海淀区大钟寺东路9号1幢B座1层101室	100098	62369830
东大桥支行	朝阳区工体东路18号	100020	65030016－8004
海淀支行	海淀区海淀大街3号1幢1层101	100080	62613870
广安门支行	西城区广安门外南滨河路1号高新大厦1层	100055	63288594
中关村支行	海淀区中关村南大街1号友谊宾馆苏园公寓13－1328号	100098	62187401
经济技术开发区支行	经济技术开发区天华园一里三区14号楼1层	100176	67875909
三元桥支行	朝阳区曙光西里甲1号第三置业大厦D座1层	100028	58221129
世纪城支行	海淀区蓝靛厂垂虹园甲2号	100097	88862232
自贸试验区支行	朝阳区东大桥路8号尚都国际中心	100020	58700914
紫竹桥支行	海淀区北洼路9号世纪新景园7号楼	100089	88583982/88583990
花园路支行	海淀区塔院志新村2号飞利信大厦1层	100191	62082701
万柳支行	海淀区万柳星标家园5－31～5－32号、5－217号	100089	82567560
自贸试验区商务中心区支行	朝阳区东三环中路7号北京财富中心一期商铺E101室、E205室	100020	65309351
长安支行	朝阳区广渠路23号院金茂府6号楼底商	100022	61654807
北辰支行	朝阳区慧忠里320号住总大厦	100101	84837899
福码大厦支行	朝阳区广顺路北大街33号院1号楼福码大厦办公楼B座1层102室	100102	84729168
出国中心支行	朝阳区小亮马桥西路6号院6～8号楼	100027	84551178
太阳宫支行	朝阳区夏家园12号楼半岛国际公寓102号底商	100028	84419878

观湖国际支行	朝阳区东四环北路88号院甲1号楼1~2层	100025	59623402
来福士支行	东城区东直门南大街1号来福士中心1层01单元、2层01~02单元	100007	64008610
富力支行	朝阳区双花园南里二区13号楼1至2层	100022	65687832
媒体村支行	朝阳区红军营南路北辰绿色家园天朗园C座1层	100107	84915068
国奥村支行	朝阳区林萃东路2号院甲3号楼1层F101室、2层F201室	100101	84374633
金泰国际支行	朝阳区广泰东路1号院13号楼L1层、L3层	100124	87213757
北苑支行	朝阳区水岸南街8号院6号楼	100012	84360115
通州支行	通州区翠景北里瑞都国际7号楼底商	101101	81593096
丰台支行	丰台区太平桥路华源四里甲7号楼1层底商	100073	63252018
瑞城中心支行	朝阳区亮马桥路48号院中信证券大厦1层	100016	60837010
顺义支行	顺义区后沙峪镇双裕东区丁1号楼1层	101318	60416939
回龙观支行	昌平区回龙观西大街北店时代广场宜尚百货1层	102208	60728100
中信城支行	西城区菜市口大街甲2号院6号楼	100052	83194420
房山支行	房山区西潞街道良乡西路26号西路时代大厦1层	102488	69389317
珠市口支行	东城区珠市口东大街5号光明日报社办公楼西侧1楼底商	100062	67029851
密云支行	密云区鼓楼东大街19号院19-10（密东广场）	101500	61094656
方庄支行	丰台区方庄紫芳园四区3号楼	100078	87153978
怀柔支行	怀柔区青春路21号慧友大厦	101400	61628741
石景山支行	石景山区政达路6号院中惠国际中心D座1楼	100040	68705670
和平里支行	东城区和平里六区8号1段	100013	84504966
德外支行	西城区德胜门外大街甲10号中轻大厦1层	100120	62426501
八里庄支行	朝阳区八里庄东里1号A区1号楼	100025	65501791

三里屯支行	朝阳区新东路8号院3号楼	100027	84185830
大兴支行	大兴区金星西路6号及6号院1号楼	102627	80255170
高碑店支行	朝阳区高碑店乡兴隆街2号兴隆小区综合楼潮青汇百货1层东侧	100123	85787801
十里河支行	朝阳区周庄山水文园201号楼101室	100122	67480452
天桥支行	西城区天桥南大街1号天桥艺术大厦B座1层	100050	83132981－8006
五棵松支行	海淀区西四环中路16号院1号楼国电科环大厦1层	100039	68267133
中信大厦支行	朝阳区光华路10号院1号楼B1M层	100026	65559058
西红门支行	大兴区西红门鸿坤广场购物中心F1－18C室、F2－16C室	100162	80225561
橡树湾支行	海淀区学府树家园3号楼3－1号至3－12号1层	100085	62845296
宝盛广场支行	海淀区黑泉路8号宝盛广场A座1001室	100192	62740968
西山壹号院支行	海淀区德惠路1号院13号楼1层2－101室	100094	62730587
门头沟支行	门头沟区石龙工业区18号骏洋国际大厦1层	102308	60868120
枫丹壹号支行	大兴区鹿华路5号院13号楼109～110室	100176	87927698
望京银峰支行	朝阳区阜通东大街1号院3号楼1层1109～1110号、2层1205号	100102	64717703
金融街支行	西城区金融大街27号投资广场1层	100033	66293012
安华桥支行	朝阳区安贞西里三区26楼1层0108室	100011	84002890
西三环中路支行	海淀区玲珑路9号院东区9号楼1层102～103室、2层209～210室	100097	88438865
陶然亭社区支行	西城区陶然亭路2号8号楼1层106室	100050	83194432

中国光大银行股份有限公司北京分行

机构名称	地　址	邮　编	电　话
分行营业部	西城区宣武门内大街 1 号	100031	66567688
朝内支行	东城区朝阳门北大街 17 号人保大厦 1 层	100010	65279078
宣武支行	西城区广安门外大街 1 号深圳大厦 1 层	100055	63271188 –8697
德胜门支行	西城区黄寺大街 23 号北广大厦 1 层	100011	82236900
海淀支行	海淀区中关村大街 18 号科贸电子城 1 层	100190	82598021 –800
朝阳支行	朝阳区朝外大街 16 号中国人寿大厦 1 层	100020	85252009
建国门支行	朝阳区建国门外大街甲 6 号中环世贸中心 D 座 1 层	100022	65630255
复兴路支行	海淀区复兴路 47 号天行建商务大厦	100036	51921033
学院路支行	海淀区西直门北大街 56 号生命人寿大厦 1 层	100082	63018827
天宁寺支行	西城区莲花池东路 1 号	100045	63489739
西城支行	西城区车公庄大街甲 4 号 –1 物华大厦	100044	68002194
中关村支行	海淀区知春路 63 号	100190	62563410
东城支行	东城区东四北大街 337 号	100010	64079747
新源支行	朝阳区新源南路 1 号平安国际金融中心 1F02A 室	100027	64648252
安定门支行	东城区安定门外大街 208 号中粮置地广场 1 层	100011	64280003
礼士路支行	西城区南礼士路 66 号建威大厦	100045	68025382
亚运村支行	朝阳区惠忠路 5 号远大中心 C 座 1 层	100101	84891160
交大支行	海淀区西直门外上园村 3 号交大知行大厦	100044	62249612
阜城路支行	海淀区西三环北路 100 号金玉大厦 1 层	100037	68727490
花园路支行	海淀区花园东路 10 号高德大厦 B 段 1 层	100191	82038352
三里河支行	西城区月坛南街 71 号 1 层配楼 1 ~3 层	100045	68519372

工体路支行	东城区东中街46号鸿基大厦1~2层	100027	64171771
首体南路支行	海淀区首体南路甲20号7号楼1层	100044	88577896
西直门支行	西城区德宝新园22号德宝饭店1层	100044	68332338
方庄支行	丰台区方庄芳古园1区29号楼	100078	87673414
长安支行	西城区复兴门外大街6号光大大厦	100045	68561246
长虹桥支行	朝阳区农展馆南路13号瑞辰国际中心1层	100125	65958221
世纪城支行	海淀区板井路59号	100097	88508844
万柳支行	海淀区万柳中路11号	100089	82362712
北太平庄支行	海淀区北太平庄路18号城建大厦B座1层	100088	62091421
惠新西街支行	朝阳区安外小关东里14号	100029	64417446
望京支行	朝阳区望京中环南路花家地街花家地商业1号楼	100102	84723281
金源支行	海淀区蓝靛厂垂虹园甲5号	100097	88878901
自贸试验区商务中心区支行	朝阳区光华路2号阳光100G座	100026	65063528
亦庄支行	经济技术开发区天宝园5里2区1－c2号	100176	67820492
金融街支行	西城区金融大街28号院2号楼1层	100032	66578055
石景山支行	石景山区阜石路166号泽洋大厦北座1层	100043	52638610
京广桥支行	朝阳区东三环中路7号北京财富中心写字楼A座1层E108室	100020	65309889
崇文支行	东城区广渠门内大街27号	100062	87103728
苏州街支行	海淀区苏州街18号长远天地D座1层	100080	82609760
丰台支行	丰台区南四环西路168号汉威国际广场4区6号楼1层	100070	83368199
劲松桥支行	朝阳区东三环南路甲52号	100022	67727118
清华园支行	海淀区双青路88号华园世纪商务楼1层	100083	82527673
上地支行	海淀区上地三街9号嘉华大厦B座1层	100085	62978318

顺义支行	顺义区站前西街3号顺鑫国际商务中心1层	101300	61409500
东高地支行	丰台区东高地万源西里36栋—甲44栋航天万源广场1层	100076	68753688
东长安街支行	朝阳区建国门外大街22号赛特大厦1层102号	100022	65125233
西坝河支行	朝阳区西坝河北里23号恒川广场1层	100028	64473806
丽泽支行	丰台区丰台北路18号恒泰中心C座1层	100071	83733385
金融街丰盛支行	西城区太平桥大街25号	100032	63639100
奥运支行	朝阳区南沙滩66号院1号楼1-2-1室	100101	84097001
五棵松支行	海淀区复兴路69号院11号楼1层	100039	68266156
望京西支行	朝阳区望京新城南湖西园125号楼	100102	64751830
和平里支行	东城区和平里东街10号院1号楼	100013	64212258
姚家园路支行	朝阳区星火西路19号楼	100025	85855778
马连道西支行	丰台区华源四里甲4号楼	100073	63259978
经济技术开发区支行	经济技术开发区景园北街2号59幢	100176	87163918
宣武门外支行	西城区宣武门外大街32号富卓商厦1层	100052	63189602
大兴金星路支行	大兴区金星路12院3号楼	102628	69221131
大兴支行	大兴区兴华南路1号	102628	81281531
通州支行	通州区新华东街296号1层	101100	80882801
双井桥支行	朝阳区广渠路39号院2号楼汉督国际中心1层02单元	100022	87759599
科技园支行	丰台区科学城恒富街2号院5号楼阳光四季1层	100070	63712533
顺义后沙浴支行	顺义区后沙浴镇安富街8号院1号楼1层103号	101300	60408695
学清路支行	海淀区学清路10号院学清嘉创大厦B座1层	100083	82170737
西客站支行	西城区莲花池东路甲5号院白云时代大厦1层	100045	63385690
怀柔支行	怀柔区南大街3号	101400	56877454

陶然亭支行	西城区太平街6号1－2层110号	100050	59362250
常营支行	朝阳区管庄路150号院1号楼1－14层1～2层	100024	52599751

华夏银行股份有限公司北京分行

机构名称	地　　址	邮　编	电　话
石景山支行	石景山区石景山路66号	100041	88294148
和平门支行	西城区前门西大街14号	100052	63163290
紫竹桥支行	海淀区广源闸5号	100081	68703275
东四支行	东城区东四十条21号北京一商集团大厦1层	100007	64019779
长安支行	西城区三里河东路5号	100045	68535115
中关村支行	海淀区北四环56号	100080	62695278
知春支行	海淀区知春路111号理想大厦1层	100086	82665348
灯市口支行	东城区灯市口大街33号	100006	65261075
安定门支行	东城区安定门外大街甲68号	100011	84287858
建国门支行	东城区建国门内大街5号	100005	65132004
朝阳门支行	朝阳区工体西路18号光彩国际公寓S107号	100020	65536200
京广支行	朝阳区东三环中路7号北京财富中心	100020	65330559
首体支行	海淀区西直门外大街168号腾达大厦1层	100044	88576283
东直门支行	朝阳区东土城路14号	100013	85271101
中轴路支行	东城区鼓楼外大街45号	100011	62361848
奥运村支行	朝阳区慧忠北里410号楼1层	100101	64858139
万柳支行	海淀区万柳中路29号	100089	82577095
两广支行	东城区东珠市口1号	100062	67086078

国贸支行	朝阳区双花园南里三区合生国际花园 24 号楼1～2 层	100022	65667131
光华支行	朝阳区光华路 8 号	100026	65832410
魏公村支行	海淀区中关村南大街甲 12 号	100081	62109308
东单支行	东城区建内大街 22 号	100005	85237918
北沙滩支行	朝阳区德胜门外北沙滩 1 号	100083	64848676
德外支行	西城区德外大街 3 号	100088	82011388
西直门支行	海淀区西直门北大街 60 号	100088	82295260
分行营业部	西城区金融大街 11 号	100034	58598428
望京支行	朝阳区望京广顺大街 222 号	100102	84725997
世纪城支行	海淀区蓝靛厂 2 号金源时代商务中心 2 号楼 A 座	100089	88861768
车公庄支行	西城区车公庄大街 12 号核建大厦首层	100037	88306398
东外支行	东城区东外大街 35 号	100027	84511042
上地支行	海淀区信息路甲 28 号科实大厦	100085	82771598
丰台科支行	丰台区航丰路 1 号时代财富天地大厦	100070	58090566
广外支行	西城区广安门外大街甲 397 号	100055	63328322
青年路支行	朝阳区青年路雅成一里 19 号世丰国际大厦 1 层	100025	85521533
通州支行	通州区梨园北杨洼 25 号商务楼	101100	81537960
北三环支行	西城区北三环中路 6 号	100011	58572871
亦庄支行	经济技术开发区荣昌东街甲 5 号隆盛大厦 A 座 1 层	100176	67806862
顺义支行	顺义区石园南区 33 号楼首层	101300	89443092
房山支行	房山区良乡苏庄东街 9 号	102488	69369931
怀柔支行	怀柔区青春路 26 号工会综合楼	101400	61604075
大望路支行	朝阳区百子湾南 2 路 70 号 1 层 102 室	100124	87724593
天通苑支行	昌平区天通苑北一区甲 4 号	102218	80782905

玉泉路支行	石景山区鲁谷路74号中国瑞达大厦1层	100040	68608568
方庄支行	丰台区方庄芳古园一区28号楼-2号	100078	84827482
莱户营支行	丰台区莱户营58号	100054	63356771
姚家园支行	朝阳区姚家园路105号观湖国际大厦	100025	59282276
学院路支行	海淀区学院路30号科技园大厦	100083	62660706
媒体村支行	朝阳区红军营南路媒体村天畅园8号楼1层	100107	84827683
新发地支行	丰台区新发地锦程园19号楼	100045	83790335
四道口支行	海淀区四道口2号	100081	82481231
陶然支行	西城区太平街8号院朱雀门30号	100050	83197751
北京自贸试验区国际商务服务片区支行	朝阳区建国门外大街3号京伦饭店1层	100020	56765757
朝内支行	东城区朝内大街南竹杆胡同2号银河SOHO1层	100010	56765293
西客站支行	丰台区广安路9号国投财富广场1号楼1~2层	100055	83665598
大兴支行	大兴区金星西路绿地中央广场D座1层	102600	59513215
门头沟支行	门头沟区大峪新桥大街57号	102300	61807782
运河支行	通州区通胡大街1号院2号楼武夷花园商业楼	101199	56760055
惠新西街支行	朝阳区安苑路18号1层	100029	64920832
丰体北路支行	丰台区西四环南路35号1层101室	100071	57784123
长阳支行	房山区长政南街6号院一里13号1层101东侧	102445	59724205
密云支行	密云区鼓楼东大街密东广场19-8首层	101599	89690176
十里堡支行	朝阳区十里堡乙2号院5号楼1层501内F102室	100027	50873539
昌平支行	昌平区城北街道鼓楼南街37号北侧1~2层	102299	89760056
丽泽支行	丰台区西三环南路14号院1号楼1层103	100071	

中国民生银行股份有限公司北京分行

机构名称	地　址	邮　编	电　话
分行营业部	朝阳区朝阳门南大街 10 号兆泰国际中心 B 座 1 层 02 单元、3－12 层	100020	86603025
中关村分行	海淀区海淀大街 5 号 1 层 EF1－01 室、2 层 EF2－01 室	100080	86401812
木樨地支行	海淀区复兴路甲 3 号	100038	68579345
阜成门支行	西城区阜外大街 2 号万通新世界广场 B 座	100037	68588449
建国门支行	朝阳区建国门外大街 21 号国际俱乐部	100020	65325937
中关村支行	海淀区知春路 113 号银网中心	100086	62619096
丽都支行	朝阳区丽都花园路 5 号东方金融中心 1 层 L102 单元、L104 单元	100016	64473910
工体支行	朝阳区工体东路 18 号 2 号楼 1 层 105 室	100020	65022703
安定门支行	朝阳区安外大街 1 号信义大厦	100011	58295809
万寿路支行	海淀区复兴路甲 65 号	100036	68169091
西客站支行	丰台区广外莲花池中色大厦首层	100055	63485530
正义路支行	东城区东长安街 35 号首层西侧	100006	65284468
上地支行	海淀区上地东里一区 4 号楼科贸大厦	100085	62971290
国贸支行	朝阳区建国门外东环南路 2 号	100022	65676300
首体支行	西城区西直门外大街甲 143 号凯旋大厦	100044	68310386
金融街支行	西城区金融街 33 号通泰大厦 B 座	100140	88087334
什刹海支行	东城区地安门东大街 56 号	100009	84050115
北太平庄支行	西城区北三环中路 29 号院 2 号楼 1 层 102 室	100029	62382704

广安门支行	西城区广内大街338号港中旅大厦	100053	83512515
方庄支行	丰台区芳古园一区28－3号通润会馆	100078	67670385
朝阳门支行	朝阳区朝外大街22号泛利大厦	100020	65884529
紫竹支行	海淀区紫竹院路31号华澳中心嘉慧苑	100089	88510821
魏公村支行	海淀区中关村南大街16号科技出版社	100081	68937489
东单支行	东城区金鱼胡同18号丽苑公寓	100006	85110682
亚运村支行	朝阳区北四环东路131号中国藏学研究中心院内中国西藏博物馆	100101	64916864
苏州街支行	海淀区海淀南路32号中信国安数码港	100080	62526249
西直门支行	海淀区西直门大街45号时代之光名苑	100044	62266015
和平里支行	东城区青龙胡同一号歌华大厦B座	100007	84186208
崇文门支行	东城区崇外大街9号正仁大厦	100062	67089851
奥运村支行	朝阳区北辰西路8号院2号楼北辰世纪中心A座2层	100101	84377376
三元支行	朝阳区东三环北路甲2号京信大厦西南配楼	100027	84489520
西单支行	西城区西单北大街107号北京电信综合楼	100032	58503909
劲松支行	朝阳区劲松三区甲302号华腾大厦	100021	87730408
成府路支行	海淀区成府路298号中关村方正大厦	100080	82529408
德胜门支行	西城区德外大街新风街2号天成科技大厦	100088	82271439
电子城支行	朝阳区酒仙桥路14号兆维大厦	100015	58671027
首都机场支行	朝阳区航安路首都机场“职工之家”综合楼	100621	64595916
西二环支行	西城区平安里西大街26号新时代大厦首层101－01室	100034	88009826
空港支行	顺义区天竺空港工业区经纬四街9号院办公楼	101318	64595916
复兴门支行	西城区金融大街6号金嘉大厦1层109室	100033	66016251

南二环支行	东城区永定门外大街101号百荣世贸商城A区	100077	87804382
建国门外支行	朝阳区建国门外大街甲12号新华保险大厦	100022	65693081
京广支行	朝阳区西大望路3号院2号楼	100026	65974216
航天桥支行	海淀区西三环北路100号1层1－1－1－2、2层1－5	100048	88516466－600
双清路支行	海淀区双清路77号院1号楼1层101号	100085	62684317
望京支行	朝阳区南湖东园122号博泰国际B座	100102	64755278
自贸试验区永丰支行	海淀区北清路81号院三区2号楼1层106室、2层203室	100094	62461620
首体南路支行	海淀区首体南路9号中国电工大厦	100048	68790947
大兴支行	大兴区欣雅街16号院7号楼101室	102600	80258280
东二环支行	东城区东直门南大街甲3号居然大厦	100007	64012217
顺义支行	顺义区仁和镇顺平东路7号院1号楼1～2层	101300	81487783
总部基地支行	丰台区丰台镇富丰路2号星火科技大厦2～6幢	100070	83739712
世纪金源支行	海淀区蓝靛厂垂虹园甲4号楼	100097	88877430
国奥支行	朝阳区安立路66号4号楼	100101	64906808
朝阳北路支行	朝阳区朝阳北路107号院58号楼	100025	58626018
亦庄支行	经济技术开发区隆庆街7号1幢	100076	67879915
通州支行	通州区九棵树西路京洲园195号楼1～2层	101121	81595959
长椿街支行	西城区宣武门西大街97号2号楼	100031	88086601
光华支行	朝阳区金桐西路10号01层（01）102室、02层（02）202室	100020	85906828
华威支行	朝阳区松榆南路38号院1号楼1层101室、2层201室	100122	87328256
顺义新城支行	顺义区顺安南路68号首层	101300	56360188

万柳支行	海淀区万柳中路6号院2号楼	100089	82362533
广渠门支行	东城区广渠家园10号楼1层101室	100022	85003233
昌平支行	昌平区白浮泉路26号院2号楼	102200	80112288－8018
房山支行	房山区拱辰街道政通路12号1号楼首层大厅	102488	60305550
陶然桥支行	东城区永定门西滨河路8号院7楼101（东塔01、03）	100077	57837821
石景山支行	石景山区银河南街2号院1号楼1层2单元	100040	68633588
西大望路支行	朝阳区西大望路19号院1号楼1层、2层	100022	87756735
回龙观支行	昌平区回龙观西大街16号院1号楼首层A107室、2层A203室	102208	60779375
媒体村支行	朝阳区天朗园C座1层01商业	100107	84923352－600
亮马桥支行	朝阳区亮马桥路48号院4号楼1层101室	100125	84401191
万丰路支行	丰台区万丰路303号梦都酒家首层	100161	63858550
林萃路支行	朝阳区林萃西里16号楼1层F1－27室	100085	50866206
常营支行	朝阳区常惠路4号楼1至2层122室	100024	65774955
杏石口支行	海淀区杏石口路80号益园文化创意产业基地A区1号楼108号	100095	65884508
东坝支行	朝阳区朝新嘉园东里六区1号楼1至2层112室和3层306室	100018	65676308
大兴新城支行	大兴区枣园东巷1号院1号楼1至2层101室、201室	102611	60280088
大兴机场支行	大兴区礼贤镇航源路与天兴六街交叉口东南角大兴南航城1号楼1层101室	102611	89210011
香山支行	海淀区闵庄路3号清华科技园玉泉慧谷二期1号楼1层	100097	88405400

望京科技园支行	朝阳区望京东园五区502号楼1至2层精品店－2～－6室	100102	64799009
东四支行	东城区东四北大街265号	100007	64025688
南苑支行	丰台区马家堡东路189号院2号楼首层	100077	56678898
天通苑支行	昌平区东小口镇立汤路181号院6号楼1层102～104室、106～111室、116室	102218	62382704
知春路支行	海淀区知春路13号航南大厦首层	100083	82310055
中关村软件园支行	海淀区西北旺东路10号院16号楼1层102号	100094	56647098
太阳宫支行	朝阳区太阳宫中路16号院1号楼冠捷大厦101室	100028	84629097
丽泽商务区支行	丰台区西营街1号院2区3号楼1层101室、2层201室、202室、204室	100073	63384900
门头沟支行	门头沟区滨河路115号滨河大厦1层西北侧	102399	61809096
新源里支行	朝阳区新源南路8号院4号楼1层103单元	100027	85952619
东三环支行	朝阳区东三环北路甲26号楼1层105～108室，2层204～205室	100026	85952689
新街口支行	西城区新街口北大街3号1层103～104室，2层201室	100035	62269792
丰台科技园支行	丰台区汽车博物馆西路8号华夏幸福创新中心1号楼1层108～109室	100070	58120801
西长安街支行	西城区复兴门内大街2号1～2层	100031	58560254
通州新城支行	通州区含英园八区7号楼1层101号、2层201号、地下1层B101号	101149	89850668
自贸试验区商务中心区支行	朝阳区建国门外大街6号大家保险大厦A座1层101室	100022	65120886

渤海银行股份有限公司北京分行

机构名称	地址	邮编	电话
通州分行	通州区新华西街60号院1号楼	101100	50952500
分行营业部	西城区复兴门内大街28号凯晨世贸中心东C座1~3层	100031	66270902
魏公村支行	海淀区中关村南大街31号神州科技大厦东侧1层	100081	68729028
商务中心区支行	朝阳区光华路15号院泰达时代中心1号楼	100026	85885416
亚运村支行	朝阳区慧忠里318号	100101	64953901
万柳支行	海淀区长春桥路11号亿城中心4号楼	100089	62416665
望京支行	朝阳区广顺南大街21号	100102	64775011
德胜门支行	西城区德外大街36号德胜凯旋大厦A座	100088	82069650
京广支行	朝阳区呼家楼京广中心商务楼	100020	65973520
东二环支行	东城区南竹杆胡同2号银河SOHO	100010	65206625
航天桥支行	海淀区西三环北路100号光耀东方中心	100055	63943100
西客站支行	西城区莲花池东路106号汇融大厦	100048	68729121
总部基地支行	丰台区南四环西路188号一区31号楼	100070	83203087
首体南路支行	海淀区首体南路20号4、5号楼	100044	88357178
安贞支行	朝阳区安定路35号	100029	64443055
万寿路支行	海淀区万寿路西街2号	100036	88175373
经济技术开发区支行	经济技术开发区天华北街11号院2号楼	100176	67866885
东单支行	东城区建国门内大街28号1幢1层101~103室、2层201~202室	100005	85175051

奥体支行	朝阳区清林东路4号院6号楼商铺6106～6107室	100107	84943763
橡树湾社区支行	海淀区学府树家园二区7－1号至7－20号1层7－5室	100085	82815613
天通苑支行	昌平区立汤路186甲5幢1至2层1－129室	100192	84811055
玉泉路支行	石景山区玉泉路63号1层116室	100043	88697178
北苑支行	朝阳区水岸南街8号院6号楼01层102内01单元	100027	64936970
三元桥支行	朝阳区东三环北路丙2号1～2层配套用房	100027	84059737
西铁营支行	丰台区西铁营中路2号院17号楼1层102～104室	100071	64998276

浙商银行股份有限公司北京分行

机构名称	地　址	邮　编	电　话
分行营业部	东城区朝阳门南小街269号	100005	86600150
城市副中心分行	通州区北皇木厂北街5号院3号楼1层商业3—1单元	101149	86600633
中关村支行	海淀区丹棱楼一号院1号楼互联网金融中心大厦1层	100081	86600660
丰台支行	丰台区汽车博物馆东路2号院1号楼	100070	86600736
五方支行	朝阳区王四营甲2观音堂文化大道观68号	100023	86600765
十里河支行	朝阳区大洋坊路闽龙广场	100122	86600802
朝阳支行	朝阳区东坝乡朝新嘉园五区18号楼D101室	100018	86600830
大兴支行	大兴区兴华大街三段25—1号	102600	61210030
长虹桥支行	朝阳区工人体育场北路甲2号盈科中心	100027	86600884
通州支行	通州区中山大街59号楼1号楼1层102室	101149	86600912

金宝街支行	东城区金宝街2号雅安国际公寓底商	100005	86600941
顺义支行	顺义区站前东街2号	101300	59725356
方庄支行	丰台区方庄南路2号1层	100078	59544137
石景山支行	石景山区银河南街2号院1号楼	100040	68606090
西直门支行	西城区西直门外大街18号金茂大厦C1座	100044	88380410
望京支行	朝阳区望京园301号楼	100102	50911778
天通苑支行	昌平区天通中苑62号楼101室	102218	84934097
亦庄支行	经济开发区荣华中路22号院2号楼	100176	67850012
魏公村支行	海淀区中关村南大街甲12号寰太大厦1层	100081	86600711
东城支行	东城区珠市口东大街15—1号	100010	85345877
金融街支行	西城区金融大街6号楼1层101室	100032	85345849
国贸支行	朝阳区建国路108号横琴人寿大厦102室	100022	85345892

北京银行股份有限公司

机构名称	地　址	邮　编	电　话
总行营业部	西城区金融大街甲17号、乙17号	100033	66225097
燕京支行	西城区复兴门外大街甲19号	100045	68518684
月坛支行	西城区阜外大街27号1层	100037	68104630
阜成支行	西城区阜外大街2号	100037	68037200
华安支行	西城区地安门西大街171号	100035	66118400
三里河支行	西城区月坛南街85号	100045	68587528
官园支行	西城区平安里大街22号国家京剧院大厦1～2层	100035	66251347
复兴支行	西城区月坛南街14号	100045	68525278
德外支行	西城区德胜门外新风大街2号天成科技大厦A座	100120	82029822

展览路支行	西城区西直门外南路八号	100044	68355049
金融街支行	西城区金融大街丁 26 号	100033	88087451
西四支行	西城区西单北大街 30 号	100031	66072541
车公庄支行	西城区车公庄大街乙 8 号	100044	68341547
西直门支行	西城区冠英园西区 31 号楼	100035	66183464
慧园支行	西城区教场口街 9 号院 7 号楼及已 9 号楼 1 层	100120	82061213
西单支行	西城区复兴门内大街 156 号（招商国际金融中心 B 座）	100031	66426729
长安街支行	西城区真武庙一号中国职工之家 C 座首层	100045	68562588
北三环支行	西城区北三环中路 6 号 1 幢 1 ~2 层（德胜园区）	100045	82080570
马连道支行	西城区马连道南街 1 号院 2 号楼	100055	63282060
琉璃厂支行	西城区南新华街 48 号	100052	63180499
右安门支行	西城区右安门内大街 65 号	100054	63546867
前门文创支行	西城区前门西大街正阳市场 1 号楼	100051	63189317
陶然支行	西城区永定门内西街 5 号	100050	83162495
广安支行	西城区广安门外白菜湾 5 号楼 1 层	100055	63263871
滨河路支行	西城区枣林前街 119 号	100053	63517012
报国寺支行	西城区广安门内大街甲 306 –3 号	100053	63547801
天宁支行	西城区核桃园西街 36 号	100053	63041920
白云支行	西城区广莲路甲 5 号 1 幢 101 –01 室	100055	63408261
宣武门支行	西城区广安门内大街 6 号	100053	83510072
广源支行	西城区广安门外大街 305 号院 7 号楼 1 层	100055	63263871
陶然亭路支行	西城区陶然亭路 45 号网信鸿玺宾馆 1 层	100052	83559985
永定门支行	西城区天桥南大街 1 号 1 座 1 层 01 单元	100050	67217268
南纬路支行	西城区南纬路 35 号 1 层	100050	63012791

商务中心区支行	朝阳区光华路丙12号首层	100020	65083217
东大桥支行	朝阳区东直门外大街22号楼东侧	100027	64167514
北京自贸试验区支行	朝阳区关东店17号楼101内1层	100020	65865739
朝外支行	朝阳区东三环北路27号楼1层（01）101内102单元	100026	65993325
红星支行	朝阳区朝外大街20号	100020	65885738
金海国际支行	朝阳区广渠路21号2号楼1层04号	100124	58906484
安华路支行	朝阳区安华里五区配套商业楼1层101室	100011	64408271
樱花支行	朝阳区北三环东路15号（北京化工大学校门旁）	100029	64438049
东长安街支行	朝阳区建国门外大街乙12号	100022	65660315
新源支行	朝阳区北三环东路6号	100028	64622978
孙河支行	朝阳区孙河乡康营家园小区KY15区D8R号楼	100015	84591236
酒仙桥支行	朝阳区酒仙桥路6号院5号楼1至19层101内1层102室、2层201室	100015	64376762
望京支行	朝阳区望京西园429号楼底商101～102室、201室	100102	64775719
亚运村支行	朝阳区慧忠北里天创世缘309楼A座首层	100101	64802490
芳草地支行	朝阳区东大桥路10号	100020	65867822
青年路支行	朝阳区青年路7号院1号楼1层10101～10102室、2层10201室	100123	85565027
北辰路支行	朝阳区北辰东路8号汇珍楼1层	100101	84977985
九龙山支行	朝阳区农光里117号	100021	67342076
现代城支行	朝阳区建国路八十八号现代城A区S座0101室	100022	85801169
金台路支行	朝阳区团结湖路52号	100026	85984057
北苑路支行	朝阳区小营北路53号院3号楼1层至12层101号1层101室	100101	84854563

健翔支行	朝阳区安翔北里甲 11 号	100101	64889925
惠新支行	朝阳区惠新东街 4 号	100029	84663956
双桥支行	朝阳区双柳北街 39 号商业 2 层 203 号	100024	65750688
国家文创实验区支行	朝阳区广渠路 28 号甲 201 号楼 1 层甲 201－北 105 室	100022	57528610
燕莎支行	朝阳区东方东路 19 号亮马桥外交办公大楼 1 层东侧 LG08－F116 室	100600	85322826
望京科技园支行	朝阳区利泽西街 8 号院 1 号楼 119～121 号	100102	64789992
南磨房支行	朝阳区南磨房路 16 号院甲 1 号楼 1 至 2 层 107～108 室	100021	85863983
奥北支行	朝阳区天乐园 1 号楼 1 层 1－6 室	100107	84927536
奥东支行	朝阳区惠新西街 19 号	100029	51300080
高碑店支行	朝阳区高碑店北路 5 号	100123	85776808
奥运村支行	朝阳区北辰西路 8 号院 2 号楼	100101	84378372
富力又一城支行	朝阳区黄厂南里 2 号院 31 号楼 1 层 01～03 室、05～06 室	100023	59641420
电子城支行	朝阳区来广营西路 5 号院诚盈中心 6 号楼 1 层 101～104 室	100012	64363756
朝阳北路支行	朝阳区朝阳北路 102 号楼 101 室、125～128 室	100123	85790017
姚家园支行	朝阳区星火西路 19 号楼 1～2 层	100025	85855902
太阳宫支行	朝阳区夏家园 11 号楼 1 层 5 号商业和 2 层 11 号商业	100028	84298962
国贸支行	朝阳区西大望路三号院 2 号楼－1 至 1 层 S－126 室	100026	85950815
芍药居支行	朝阳区芍药居 16 号楼 16－2－3 室	100029	84627697
常营支行	朝阳区朝阳北路 17 号楼－1 至 3 层 109（内一层 27～28 室）	100024	50866278

华侨城支行	朝阳区金蝉欢乐园2号院甲1号楼N2－F1－02～N2－F2－01室	100023	67386203
东四环支行	朝阳区慈云寺北里210号楼1层102室	100025	85886436
西坝河支行	朝阳区太阳宫火星园1号楼1层	100028	84298461
崔各庄支行	朝阳区崔各庄乡京旺家园一区8号楼3－6门底商	100015	64354819
东坝支行	朝阳区朝新嘉园东里七区4号楼1层03～04号	100018	85095292
松榆里支行	朝阳区周庄山水文园202号楼102室	100021	67278365
百环家园社区支行	朝阳区广渠路36号院乙6号楼－1至1层23号	100022	58906484
建国支行	东城区建国门内大街乙18号	100005	65120062
东单支行	东城区建内大街19号（中纺大厦1层）	100005	65262729
和平里支行	东城区和平里东街1号	100013	84232278
中轴路支行	东城区安德路16号（洲际大厦首层）	100011	84882476
灯市口支行	东城区灯市口大街50号	100006	65237315
沙滩支行	东城区北河沿大街97号	100006	65253520
东四支行	东城区东四北大街303－8号	100007	64071885
景山支行	东城区东四十条24号青蓝大厦1层西侧	100007	84010610
安定门支行	东城区交道口南大街16号	100007	64056706
长城支行	东城区金鱼胡同18号万富大厦首层	100006	65250466
工体北路支行	东城区新中西里13号巨石大厦首层	100027	64160705
东直门支行	东城区东直门南大街9号4号楼1层	100007	84098619
海运支行	东城区东直门南大街5号	100007	58156085
国家文化与金融合作示范区雍和文创支行	东城区东直门北小街青龙胡同1号歌华大厦首层	100007	84186328
天坛支行	东城区天坛东路72号	100061	67169110
光明支行	东城区光明路11号	100061	67129146
天桥支行	东城区珠市口东大街20号	100050	67075123

花市支行	东城区东花市北里中区甲27号楼	100062	67102129
广渠门支行	东城区夕照寺街2号电信工程局办公大楼1层	100061	67153236
广渠门外大街支行	东城区广渠家园5号首东国际大厦1层101号	100022	87518798
磁器口支行	东城区珠市口东大街3号101室	100062	67085450
中关村科技园区支行	海淀区中关村大街甲28号海淀文化艺术大厦B座1层	100086	82533046
友谊支行	海淀区中关村南大街3号海淀科技大厦1层	100081	68945858
双榆树支行	海淀区双榆树东里甲22号	100086	63242999
北京大学支行	海淀区成府路298号方正大厦1层北侧	100871	82529701
清华大学支行	海淀区清华大学照澜院商业楼1层	100084	62788734
清华园支行	海淀区双清路西王庄同方大厦	100084	62770466
学院路支行	海淀区学院路30号	100083	62313296
双清苑支行	海淀区双清苑小区商业配套服务楼1号楼1层116号	100080	82851817
金运支行	海淀区西直门北大街甲43号金运大厦A座	100044	52129223
四道口支行	海淀区西直门外大柳树路2号铁科院北区11号楼	100081	83020071
学知支行	海淀区知春路七号致真大厦B座1层104单元、2层203单元	100191	62074986
北航支行	海淀区学院路35号世宁大厦首层102室	100191	82338398
万寿路支行	海淀区万寿路17号院综合楼B座	100036	68162758
阜裕支行	海淀区阜成路101号北京永兴花园饭店1~2层	100142	68454214
北洼路支行	海淀区北洼路28号	100089	68422033
双秀支行	海淀区北三环中路31号	100088	82000835
上地支行	海淀区上地信息路1号院3号楼首层东部	100085	82895594
翠微路支行	海淀区复兴路33号	100036	68173868

海淀路支行	海淀区中关村大街22号中科大厦B座中段	100190	62628330
中关村支行	海淀区中关村科学院南路12号住宅	100086	62561193
魏公村支行	海淀区西三环北路甲2号院3号楼1层、负1层	100081	68937792
大钟寺支行	海淀区中关村南大街12号培训中心01－02层	100081	62153742－1008
世纪城支行	海淀区板井路69号世纪金源国际公寓东区首层商业	100097	88462516
西客站支行	海淀区羊坊店路21号1层东北角	100038	63953594
永定路支行	海淀区复兴路40号中国铁建科研大厦首层西侧	100039	52689307
白石桥支行	海淀区中关村南大街48号	100081	62196712
北太平庄支行	海淀区北三环中路戊40号	100088	63242999
航天支行	海淀区海淀南路30号	100080	82671127
国兴家园支行	海淀区首体南路20号	100044	88355019转215
甘家口支行	海淀区三里河路39号	100037	68349787
紫竹支行	海淀区车道沟10号院中国兵器大厦首层	100089	58830099
新街口北大街支行	海淀区德胜门西大街15号远洋风景8号楼1单元102号	100082	82293543
新华支行	海淀区万柳中路15号1层底商	100089	82565337
北京自贸试验区科技创新片区支行	海淀区永丰路9号院1号楼	100094	82789960
四季青支行	海淀区蓝靛厂世纪城三期时雨园甲1－1室	100097	88892385
永丰支行	海淀区西北旺德政路南茉莉园甲19号楼Ⅱ段0101～0102号、0201～0202号	100094	82402152
万泉路支行	海淀区新建宫门路1号	100091	62872154
中关村海淀园支行	海淀区海淀北一街2号首创拓展大厦－1～2层	100080	62699552
清河支行	海淀区清河清景园5号商业楼地上1层A区	100192	62990536
田村支行	海淀区田村路畅茜园圣华里小区9号楼1层	100049	68162290

橡树湾支行	海淀区学府树家园二区1号楼1－1～1－4号	100085	82816756
五棵松支行	海淀区复兴路69号院11号楼1层104～105室、6层603室	100850	68165297
温泉支行	海淀区白家疃观麓园17号楼1层101～104室	100095	82789960
东升科技园支行	海淀区西小口路66号中关村东升科技园B区2号楼1层B105室	100096	82830283
互联网金融中心支行	海淀区丹棱街1号院1号楼101号	100080	82362040
玉渊潭支行	海淀区美丽园中路16号院5号楼裕友大厦	100097	88503750
苏家坨支行	海淀区凤仪佳苑七里8号楼	100194	57809300
万柳支行	海淀区万柳中路7号万柳医院医疗辅楼	100089	82560162
中关村软件园支行	海淀区西北旺东路10号院东区1号楼106号	100086	82177137
丰台支行	丰台区丰台镇东安街1号	100071	63822841
两桥支行	丰台区西四环南路31号	100071	63825045
西罗园支行	丰台区洋桥12号综合楼1层101室	100068	67254322
成寿寺支行	丰台区南三环四方景园二区配套商业1－5号	100164	87647552
方庄支行	丰台区方庄芳星园二区甲3号院6号	100078	67665046
总部基地支行	丰台区南四环西路188号三区5号101～102室	100070	63701838
三环新城支行	丰台区丰桥路7号院8号楼28号	100070	83293271
金融港支行	丰台区南四环西路188号17区15号1层101室	100070	63298514
东高地支行	丰台区东高地万源西里41栋	100076	88535663
玉泉营支行	丰台区南三环西路16号3号楼1层101室	100070	87576150
马家堡支行	丰台区星河苑2号院9号楼01商业02商业03商业	100068	67500378
太平桥支行	丰台区华源四里甲2号	100073	63380365
青塔支行	丰台区青塔西路9号	100141	68217502

政务中心支行	丰台区西三环南路1号	100161	89151008
西马场路社区支行	丰台区西马场路6号院3号楼1层105室	100068	87822058
长辛店支行	丰台区杜家坎南路9号	100072	83872332
马家堡东路社区支行	丰台区马家堡东路101号院4号楼1层4－4室、2层4－9室	100068	57703880
风荷曲苑社区支行	丰台区万丰路68号院和谐广场1层112A室	100161	63380365
石景山支行	石景山区石景山路54号院3号楼617～618室、1205室	100043	68878226
京源路支行	石景山区石景山路23号中础大厦1层	100043	68878211
远洋山水支行	石景山区玉泉西里二区18号楼1层	100040	68862729
中关村石景山园支行	石景山区实兴大街30号院16号楼102室、201室	100144	68866384
昌平支行	昌平区政府街2号	102200	80103925
天通苑支行	昌平区东小口镇立汤路188号北方明珠大厦商业首层06B室	102218	58608621
回龙观支行	昌平区回龙观镇北店时代广场商业综合楼E段地上1层	102208	80750322
昌平区科技园支行	昌平区振兴路39号	102200	69711601
北七家支行	昌平区北七家镇立汤路58号王子大厦瑰宝商业中心	102209	89756282
西三旗支行	昌平区建材城西路87号2号楼1层	100096	82969622
宏福科技园支行	昌平区北七家镇宏福创业园商业街D栋	102209	81775472
双创支行	昌平区回龙观东大街338号回龙观创客广场B1－049室	102208	82984280
东关支行	昌平区府学路9号	102200	80103702
顺义支行	顺义区站前街粮食局商办楼	101300	81483012

天竺支行	顺义区天竺地区天竺花园天韵阁1层	101312	64563799
石园支行	顺义区仁和镇石园南区33号楼102号	101320	89452683
首都国际机场支行	顺义区首都机场三号航站楼A2E3－1号（首都机场内）	100621	64532594
北京自贸试验区临空经济核心区支行	顺义区天竺空港工业区B区空港融慧园4号楼	101318	80470116
绿港国际中心支行	顺义区首都机场四纬路2号绿港国际商务中心	100621	84169617
石门支行	顺义区仁和镇前进花园石门苑甲13号（国泰宏城购物广场F1－2）	101316	89418302
金汉绿港支行	顺义区绿港家园四区8号楼1～2层	101399	69479250
裕龙支行	顺义区裕龙花园三区7号楼5号	101321	89430720
顺义新城支行	顺义区佳和宜园1号楼101室	101319	56441346
南彩支行	顺义区顺平辅线177号15幢1层101号	101399	61426510
杨镇支行	顺义区杨镇阳洲鑫园二区21号1至3层21－14室	101309	61419757
后沙峪支行	顺义区后沙峪镇双裕街45号地上1层1－10号	101318	80478101
通州支行	通州区中山大街59号院1号楼1层101F1－27～F1－29室	101199	89501576
瑞都支行	通州区九棵树街165号、167号、171号、175号	101121	89501007
北京自贸试验区城市副中心运河商务区支行	通州区通胡大街11号－1室	101100	80853166
光机电园区支行	通州区次渠北里145号楼1层101～103，2层201～202室	101111	81509319
马驹桥支行	通州区马驹桥镇245号院12号商业楼105号	101102	60570929
国际新城支行	通州区梨园南大街326号	101101	81531799
通州绿色支行	通州区车站路22号	101199	80882177
宋庄支行	通州区小堡村南3号院1号楼1至4层101室	101118	80519032
潞城支行	通州区潞城镇古月佳园27号楼	101117	80510012

运河东大街支行	通州区潞城镇运河东大街57号1号楼B1层	101107	80855808
燕山支行	房山区燕山岗南路东一巷6号C座1层	102500	69344783
房山支行	房山区良乡月华大街3号龙建大厦首层	102488	89367759
加州水郡支行	房山区长阳镇昊天北大街48号加州水郡东区商业中心A座106室	102445	80393773
良乡支行	房山区西潞街道长虹西路71号	102488	60330575
窦店支行	房山区窦店镇大窦路257号院21号楼105~107室	102433	80320426
城关支行	房山区城关东大街4号院1号楼102房	102442	61375285
长阳支行	房山区广阳新路7号院3号楼1~3层部分	102445	69385370
大兴支行	大兴区黄村镇永华南里1号楼	102699	69232938
北京自贸区高端产业片区支行	经济技术开发区科谷一街10号院2号楼1层102~103，2层201~202室	100176	67808780
经济技术开发区支行	经济技术开发区宏达北路12号	100176	67872609
黄村支行	大兴区黄村镇兴华路212号	102600	69237798
西红门支行	大兴区西红门镇北一街1号院24号楼1层103号	100162	80258233
亦庄支行	经济技术开发区文化园西路8号院25号楼1层108室、2层204室	100176	87925514
大兴经济开发区支行	大兴区金星路12号院2号楼1层西侧	102627	69261626
魏善庄支行	大兴区魏善庄镇魏北路28号院18号楼	102611	89232810
大兴国际机场支行	大兴区大兴国际机场1层国际到达区东侧（编号S－AR01－007）	102604	81699712
怀柔支行	怀柔区府前西街2号F1－a1室	101400	69697030
杨宋支行	怀柔区怀耿路120号院5号楼	101400	56449065
门头沟支行	门头沟区双峪路5号	102300	69862695
门头沟绿色支行	门头沟区石龙经济开发区永安路20号3号楼	102300	69867068

机构名称	地　址	邮　编	电　话
惠民家园支行	门头沟区惠民家园二区 29 号楼 1 至 2 层 102 – 5 室	102300	69856920
西长安街支行	门头沟区石龙南路 1 号骏洋国际大厦首层 106 号	102300	60806500
平谷支行	平谷区紫贵庄园 9 号楼 1 层 10 室	101299	89999875
马坊支行	平谷区马坊镇金河街 106 号院 6 号楼 1 至 2 层 6 – 5 室	101204	56877235
府前街支行	平谷区平谷镇新平东路 13 号	101299	61995618
密云支行	密云区鼓楼东大街 19 – 5	101500	69061611
季庄支行	密云区果园新里北区综合楼 1 层	101500	69026772
延庆支行	延庆区延庆镇高塔街 67 号 2 幢	102100	61123416
世园支行	延庆区延庆镇湖北西路 5 号 1 号楼 1 ~ 2 层	102100	61125810

天津银行股份有限公司北京分行

机构名称	地　址	邮　编	电　话
分行营业部	西城区东河沿胡同 73 号	100052	83175930
朝外支行	朝阳区朝外大街乙 6 号朝外 SOHOD 座 0185 号、1133 号	100020	59004326
三元桥支行	朝阳区东三环北路乙 2 号圣元中心 A 座 1 层 101 号底商和六层 601 号写字间	100027	84471038
中关村支行	海淀区海淀中街 15 号远中悦来 1 – E 单元、1 – F 单元底商	100080	58730423
丰台支行	丰台区石榴庄西街 232 号商业楼 1 层 1F01 室、2 层 2F01 室	100075	63706631
金融街支行	西城区二龙路甲 33 号	100032	66227910

西直门支行	海淀区西直门北大街52号	100082	82206728
东城支行	东城区朝阳门内大街8号底商105～106室	100010	57929148
广渠门支行	东城区广渠家园3楼1层101－02室	100022	50831640
东直门支行	东城区东直门外大街46号1号楼1层101室、2层201室	100027	84608981
航天桥支行	海淀区西三环北路100号1层1－2北侧及5层2－5010～2－5011室	100048	68456685
房山支行	房山区昊天北大街6号院1号楼103－1室	102488	60309553
大兴支行	大兴区兴业大街（三段）32号－3－2～32号－3－3	102600	89293614
通州支行	通州区新华西街61号8－1－3，1层东侧	101100	56865717
顺义支行	顺义区站前街1号院1号楼1层103室、2层203室	101300	81487825
昌平支行	昌平区城南街道龙水路12号2号楼1层西侧、2层西北侧	102200	89787929

大连银行股份有限公司北京分行

机构名称	地　　址	邮　编	电　话
分行营业部	朝阳区建国路93号院B座1～2层	100022	65813121
西城支行	西城区金融大街甲9号金融街中心南楼首层101单元、2层201单元	100032	66016356
海淀支行	海淀区中关村南大街6号中电信息大厦1层103～107室	100086	62308121
经济技术开发区支行	经济技术开发区宏达北路16号中航技工业园1号楼1层	100176	87220531

丰台支行	丰台区怡海花园恒丰园7号楼1层1号	100070	63713132
朝阳支行	朝阳区阜通东大街10号楼1层102室、2层2-001室	100102	64708693

杭州银行股份有限公司北京分行

机构名称	地　址	邮　编	电　话
分行营业部	东城区建国门内大街26号新闻大厦1层南侧	100005	64088117
大屯路支行	朝阳区小营北路53号院1号楼1层03室及3号楼11层1105室	100101	64423711
顺义支行	顺义区府前东街10号	101300	60417021
朝阳支行	朝阳区光华路5号院2号楼第1层101内101单元、第18层1801内1804单元	100020	65000847
中关村支行	海淀区北四环西路52号方正国际大厦	100080	61934118
通州支行	通州区九棵树街177号	101100	89542758
丰台支行	丰台区望园东里28号楼	100161	63822337
大兴支行	大兴区兴华大街（二段）13号院2号楼	102606	80255721
平谷支行	平谷区新平北路南侧紫贵庄园西侧9号楼10号	101200	61997288
房山支行	房山区良乡西潞南大街8号楼1-1号	102401	69389718
昌平支行	昌平区安居路7号院7号楼1层商业117~120室、2层商业210~214室	102206	89787271
上地支行	海淀区小营西路33号	100085	57041785
石景山文创支行	石景山区石景山路45号	100043	88951260
次渠支行	通州区次渠南里120号	101111	80823358
东城支行	东城区北花市大街4号	100062	67093183

顺义裕龙支行	顺义区裕龙四区甲5号	101300	61426870
朝阳文创支行	朝阳区建国路35号华润时代中心1层、15层	100123	85788797

南京银行股份有限公司北京分行

机构名称	地址	邮编	电话
分行营业部	海淀区阜成路101号B座	100092	56872008
车公庄支行	海淀区首体南路20号4、5号楼	100044	88334001
万柳支行	海淀区万泉庄路28号万柳新贵大厦A座1~2层	100089	58720008
中关村支行	海淀区中关村南三街6号中科资源大厦裙楼	100080	82649800
西坝河支行	朝阳区西坝河北里23号楼	100028	64473898
朝阳门支行	东城区朝阳门南小街2号	100005	65267509
呼家楼支行	朝阳区呼家楼北街7号楼1~2层	100026	65860699
顺义支行	顺义区华英园9号楼	101300	89425691
北辰支行	朝阳区北辰东路8号12号楼	100101	84975583
通州支行	通州区滨河中路249号1层、251号1层、253号1~2层	101101	80570207
方庄支行	丰台区四方景园二区配套商业1~3号	100078	87656026
西客站支行	丰台区华源三里1号楼首科商务酒店	100073	63254707
金融街支行	西城区金融大街10号大厦B座1层	100033	83399112
劲松支行	朝阳区劲松四区401号楼	100021	88119870
丰体支行	丰台区西四环南路35号1号楼1层104~105室	100070	88619369

盛京银行股份有限公司北京分行

机构名称	地　址	邮　编	电　话
分行营业部	朝阳区光华路 4 号东方梅地亚中心 D 座	100026	85570028
中关村支行	海淀区海淀北二街 8 号 1 层 108、109 单元	100080	59718592
官园支行	西城区车公庄大街 9 号院 1 号楼商业 5（德胜园区）	100044	85251177
五棵松支行	海淀区复兴路 69 号 3 号楼	100038	88199289
顺义支行	顺义区站前东街 2 号 1 幢 1 层 102 室	101300	61426812
大兴支行	大兴区兴业大街三段 26 号楼	102600	65820066
石景山支行	石景山区玉泉西里一区 2 号楼 1 层 107 室	100040	68636855
望京支行	朝阳区望京东园四区绿地中心 A 座 D 区	100102	64391577
通州支行	通州区观音庵北街 3 号院 1 号楼 1 层 135～137 室	101100	60568778

上海银行股份有限公司北京分行

机构名称	地　址	邮　编	电　话
分行营业部	朝阳区建国门外大街丙 12 号 1 层	100022	57610106
中关村支行	海淀区北四环西路 66 号	100080	62418625
东城支行	东城区安定路 20 号	100029	84109289
海淀支行	海淀区学院南路 15 号	100082	82418720
西城支行	西城区鲍家街 43 号	100031	66411135
金融街支行	西城区金融大街甲 9 号	100033	62528760
高碑店支行	朝阳区建国路 27 号	100124	85763072

大兴支行	大兴区金星西路6号院	102627	80220182
亦庄支行	经济技术开发区荣华中路22号院	100176	59725781
融新支行	朝阳区创远路34号院	100102	58352980
西红门社区支行	大兴区西红门镇宏福路6号院	100162	50950688
顺义支行	顺义区火寺路9号院	101318	50934999
崔各庄社区支行	朝阳区崔各庄乡京旺家园3号楼	100015	84327783
合生汇社区支行	朝阳区西大望路合生汇写字楼	100022	56175362
朝阳支行	朝阳区东三环北路17号	100027	65000605
城市副中心支行	通州区新光大中心8B座	101199	56939709
丰台支行	丰台区汉威国际广场3区5号楼	100071	58352288

江苏银行股份有限公司北京分行

机构名称	地　址	邮　编	电　话
分行营业部	朝阳区光熙家园1号楼	100028	56986950
德胜支行	西城区德胜门外大街36号德胜凯旋大厦A座	100120	82063188
东直门支行	东城区东直门南大街甲3号居然大厦	100007	64025328
宣武门支行	西城区宣武门外大街甲1号环球财讯中心大厦	100052	63039950
西三环支行	海淀区西三环北路87号国际财经中心	100089	88824955
朝阳门支行	东城区朝阳门内大街8号朝阳首府大厦	100010	57929210
东四环支行	朝阳区朝阳北路107号院58号楼1层105室	100123	50980770
马连道支行	西城区红莲南路28号楼红莲大厦A座	100055	63325956
安定门支行	东城区安定门外大街丁88号	100000	64407800
石景山支行	石景山区石景山路31号盛景国际广场	100043	57537005
世纪城支行	海淀区蓝靛厂垂虹园甲3号01至02层甲3－1室	100097	56766278

机构名称	地　址	邮　编	电　话
中关村西区支行	海淀区善缘街1号立方庭大厦1层	100080	82483853
亚运村支行	朝阳区安慧北里秀园16号楼118	100101	84468312
总部基地支行	丰台区南四环西路128号院3号楼诺德中心1层	100070	83816960
东三环支行	朝阳区东三环北路甲26号楼博瑞大厦201～203室、103室	100011	65167590
望京支行	朝阳区望京园601号楼1层102室	100102	84766295
亦庄支行	经济技术开发区荣华南路10号院4号楼1层106室	100176	50949890
通州支行	通州区九棵树东路152号	101101	56175691
上地支行	海淀区马连洼北路亿城国际中心1层	100085	50955736
自贸试验区支行	朝阳区光华路5号院世纪财富中心3号楼1层及夹层103单元	100026	50953462
广渠门支行	东城区东花市南里东区8号尼奥大厦1层	100062	50955239
西城文创支行	西城区三里河东路30号院1号楼105～106室	100045	68051080

徽商银行股份有限公司北京分行

机构名称	地　址	邮　编	电　话
分行营业部	朝阳区北四环东路115号	100101	57040582
中关村支行	海淀区中关村彩和坊路8号天创科技大厦1层	100080	60190675
大红门支行	丰台区马家堡东路101号院2号楼2－9	100070	57704118
通州支行	通州区九棵树东路150号	101100	60552383
望京支行	朝阳区望京西路47号楼	100102	64790062
劲松支行	朝阳区劲松南路1号1幢1层106号	100020	87777293
方庄支行	丰台区方庄紫芳园四区5号楼102室	100078	56175727
甜水园支行	朝阳区甜水园北里16号楼1层1－10	100026	59016120

常营支行	朝阳区朝阳北路北辰福第V中心C座1层	110110	59016142
惠新里社区支行	朝阳区惠新里218~219号楼1层	110101	64925520
大红门服装城小微支行	丰台区骏景园北区29号楼101室	110106	87777798
嘉园里社区支行	丰台区草桥东路14号楼商业1D	110106	17356038681
三环新城社区支行	丰台区丰桥路8号院甲14号1层16号	110106	57854264
乔庄北街社区支行	通州区乔庄北街228号1层	110112	60552099
华纺易城社区支行	朝阳区青年路29号院20号楼1层20-7室	100101	59294021

宁波银行股份有限公司北京分行

机构名称	地址	邮编	电话
分行营业部	朝阳区建国门外大街6号1层102室	100020	53223219
中关村支行	海淀区海淀大街1号1层、6层	100080	53239623
丰台支行	丰台区万丰路300号	100161	53239551
东城支行	东城区东兴隆街58号06室	100062	53239527
望京支行	朝阳区酒仙桥中路26号院1号楼1层	100015	53231702
亚运村支行	朝阳区慧忠北里214号	100101	53272272
石景山支行	石景山区八大处路49号院8号楼1层101~102室、2层201-1室	100040	53272326
顺义支行	顺义区怡馨家园1号楼1层	101399	53272282
通州支行	通州区车站路40号、42号	101199	53871168
西城科技支行	西城区北三环中路3号1幢1层101室、5层	100120	86333089
海淀科技支行	海淀区中关村南大街甲27号1层、6层	100089	86332817
光彩支行	丰台区光彩路66号院1号楼1至2层01室	100079	86332900
朝阳支行	朝阳区东三环南路甲52号楼商1室	100022	86332275

昌平支行	昌平区鼓楼南街 37 号 1 层	102299	86333416
自贸试验区支行	经济技术开发区荣华南路 16 号 1 幢 1 层、3 层	100176	86332013
大兴支行	大兴区丽园路 9 号 1 层 115～116 室	102627	86332248
西三环支行	海淀区西三环中路甲 21 号 1～2 层	100142	53266280

北京农村商业银行股份有限公司

机构名称	地　　址	邮　编	电　话
城市副中心分行	通州区梨园北街 63 号、65 号	101101	80881658
永顺支行	通州区新华北街 31 号	101100	69546729
永顺支行翠福园分理处	通州区安顺北里 18 号楼	101100	89576530
永顺支行龙旺庄分理处	通州区永顺镇龙旺庄村 49 号	101100	89598154
永顺支行西街分理处	通州区永顺镇永顺南街 107 号	101100	89532791
永顺支行潞苑分理处	通州区永顺镇陈列馆路潞苑嘉园商业服务楼 4 号	101100	89597344
永顺支行玉带河西街分理处	通州区玉带河西街甲 41 号 1 层全部	101101	80519659
潞城支行	通州区潞城镇政府东侧	101117	89581549
潞城支行运河分理处	通州区乔庄路 18 号乔庄综合楼	101100	60555699
潞城支行甘棠分理处	通州区潞城镇食品工业园区 58 号	101117	61521019
晶城支行	通州区通胡大街 11 号 -2 室	101100	89526078
梨园支行	通州区梨园镇九棵树大街 17 号	101101	81513748
梨园支行云景里分理处	通州区梨园镇车里坟村委会西 50 米（云景东路车里坟村老年活动站 1 层）	101100	60521201
梨园支行瑞都景园分理处	通州区九棵树街 131 号	101101	60527469
梨园支行玉带路分理处	通州区西营前街 12 号楼底商	101101	60530510
翠屏北里支行	通州区翠屏北里（西区）商 11～12 号	101100	81523761

宋庄支行	通州区宋庄文化创意产业集聚区京榆旧路南公共服务平台1～2层	101118	89599515
宋庄支行徐辛庄分理处	通州区宋庄镇徐辛庄村集贸市场东北	101118	89568866
漷县支行	通州区漷县镇漷兴一街北侧	101109	80586913
漷县支行金三角分理处	通州区漷县镇金三角工贸城东北	101112	80566494
西集支行	通州区西集镇国防路39号	101108	61578600
永乐店支行	通州区永乐店镇永乐大街54号	101105	69560337
永乐店支行小务分理处	通州区永乐店镇小务村329号	101105	80551301
永乐店支行柴厂屯分理处	通州区永乐店镇柴厂屯村623号	101105	80511319
永乐店支行渠头分理处	通州区聚富苑民族产业发展基地聚富北路2号1幢	101127	80576330
永乐店支行于家务分理处	通州区于家务回族乡于家务村五街79号	101105	80533661
张家湾支行	通州区张家湾镇光华路西侧	101113	69571387
张家湾支行御苑分理处	通州区张家湾镇张湾村太玉园B区1090－1092号	101113	69571385
台湖支行	通州区台湖北里30号楼1至2层101室	101116	61536918
台湖支行加州分理处	通州区颐瑞西里2号楼130号	101100	69557721
台湖支行次渠分理处	通州区台湖镇次一村华馨园小区北侧	101111	69501790
马驹桥支行	通州区马驹桥镇兴华南街245号院12号楼106～107号	101102	60509375
马驹桥支行杜兴路分理处	通州区马驹桥镇大杜社村杜兴路西侧	101103	61585940
光机电支行	通州区中关村科技园区通州园区光机电一体化产业基地政府路8号	101111	81500270
郎府支行	通州区西集镇张各庄村西	101108	61556088
总行营业部	西城区月坛南街1号院1号楼5－102～5－203室	100045	63229001
朝阳支行	朝阳区北苑路90号	100101	64945340

朝阳支行青年北路分理处	朝阳区姚家园西里1号院1号楼1层底商	100023	85569487
朝阳支行奥园分理处	朝阳区京奥家园326号楼1层108号	100018	85309080
朝阳支行绿色家园分理处	朝阳区朝来绿色家园广华居小区15号楼1层	100102	84952013
朝阳支行望京分理处	朝阳区望京南湖中园130号	100102	64759036
朝阳支行北花园分理处	朝阳区京通辅路北侧内蒙古饭店东侧11米	100024	65751256
朝阳支行广渠东路分理处	朝阳区广渠东路1号1层	100022	52055066
朝阳支行东辛店分理处	朝阳区崔各庄乡东辛店村	100103	64327823
朝阳支行酒仙桥分理处	朝阳区酒仙桥南十里居14号楼1层	100016	64369892
朝阳支行康营分理处	朝阳区孙河乡康营家园E06号楼	100015	84102835
朝阳支行六里屯分理处	朝阳区水碓子北里1号楼1层5单元1-5号	100028	59079610
朝阳支行樱花园分理处	朝阳区樱花西街28楼一层	100029	64419511
朝阳支行亚北分理处	朝阳区安立路28号院［一］层［F1-04］号商铺	100012	84921692
朝阳支行民族园分理处	朝阳区北土城西路7号1层2单元101	100029	82275696
朝阳支行北苑分理处	朝阳区北苑6号院天怡家园102号楼01号	100012	84957577
亚运村支行	朝阳区安外安立路甲56号	100012	84802802
将台支行	朝阳区酒仙桥路14号51号楼兆维华灯大厦1层A108室	100016	84799322
金盏支行	朝阳区金盏乡长店组团13号综合楼1层底商	100018	84334505
来广营支行	朝阳区望京北路18号	100102	64390751
高碑店支行	朝阳区建国路29号兴隆家园9号楼101~201室	100025	85775890
和平支行	朝阳区来广营东路5号东郊农场综合服务楼	100103	84701914
太阳宫支行	朝阳区西坝河北里15号楼	100028	64215209
姚家园支行	朝阳区平房乡政府北侧10米	100025	85574332
京旺家园支行	朝阳区崔各庄乡京旺家园小区一期B4-3号楼1层	100015	84306826

商务中心区支行	朝阳区朝阳门北大街16号1层、3~4层	100020	85605254
商务中心区支行十里河分理处	朝阳区东三环十里河桥东综合商业楼1层	100021	87363709
商务中心区支行老君堂分理处	朝阳区十八里店乡老君堂村378路总站南侧	100023	87306948
商务中心区支行吕家营分理处	朝阳区十八里店乡吕家营村村委会对面	100023	87698644
商务中心区支行西直河分理处	朝阳区十八里店乡西直河村商业中心大厦北侧1层	100023	87301120
商务中心区支行关厢分理处	朝阳区鸿博家园A区2#楼公建1层西侧	100173	87607560
商务中心区支行中海园分理处	朝阳区成寿寺路138号院4号楼B号	100176	67697519
商务中心区支行城外诚分理处	朝阳区成寿寺路肖村3号	100176	87633368
商务中心区支行华侨城分理处	朝阳区金蝉南里14号楼	100023	51384184
商务中心区支行温泉东里分理处	朝阳区双桥温泉东里14号楼	100024	65766782
商务中心区支行定福家园分理处	朝阳区定福家园南里2号院3号楼1至2层	100024	58791721
商务中心区支行常营分理处	朝阳区常营乡万象新天家园116号	100024	65788186
十八里店支行	朝阳区周家庄中路7号院13号楼A段	100023	67301569
小红门支行	朝阳区小红门乡少角村142号院4号楼附属商业楼1层、负一层部分	100176	67632185
南磨房支行	朝阳区大望路平乐园路口南300米	100023	67359159
双桥支行	朝阳区朝阳路27号院1~2号楼	100024	65760120
京粮支行	朝阳区东三环中路16号	100022	51672165
万子营支行	朝阳区万子营路15号院东区1至7号楼地上部分、西区1至3号楼地上部分、北京菜篮子鲜活农产品批发市场内西区底商1号楼1层004~005号	100024	65764032
黑庄户支行	朝阳区黑庄户乡政府旁边路南	100024	85382975
盛景园支行	朝阳区王四营乡观音景园小区双龙超市东侧	100023	87744560
三间房支行	朝阳区三间房乡北花园街6号院12号楼1层107室	100024	65420106

丰台支行	丰台区槐房西路 9 号院 3 号楼	100076	87023770
丰台支行宋庄分理处	丰台区永外宋庄路 73 号院甲 2 号楼	100079	87626631
丰台支行石榴园分理处	丰台区石榴庄 101 号	100079	67272805
丰台支行东高地分理处	丰台区东高地南街 7 号	100076	67970226
丰台支行科丰桥分理处	丰台区韩庄子小区 4－6 号	100070	63717022
丰台支行草桥分理处	丰台区草桥欣园四区 1 号楼	100067	87507862
丰台支行幸福家园分理处	丰台区郭公庄北街 5 号院 4 号楼 1 层北侧	100071	83792760
丰台支行天伦锦城分理处	丰台区新发地锦城园 15 号楼 A 栋 1 层底商	100160	83715168
丰台支行靛厂分理处	丰台区西四环中路 82 号	100039	88214680
丰台支行右安门分理处	丰台区右安门外大街 2 号	100069	63569022
丰台支行鑫宝苑分理处	丰台区鑫宝苑小区 2 号楼底商	100068	87870370
丰台支行芳城园分理处	丰台区方庄路 3 号	100078	67686245
丰台支行马家堡分理处	丰台区角门北路 3 号院 6 号楼	100068	87561080
成寿寺支行	丰台区四方景园二区配套商业 2－11 室	100164	87644288
花乡支行	丰台区看丹路甲 15 号	100070	63727772
六里桥支行	丰台区华源一街 2 号楼	100073	63334899
世界公园支行	丰台区丰葆路富锦嘉园综合服务楼 1 层北段	100070	83623563
新发地支行	丰台区新发地京新酒店西侧	100160	83724852
政务中心支行	丰台区西三环南路 1 号	100073	89151016
三环新城支行	丰台区丰台东路 58 号院 1 号楼	100070	83293061
未来城支行	丰台区益辰欣园小区 10 号楼	100160	83706040
明春苑支行	丰台区明春苑小区向南 100 米	100160	83700759
槐新支行	丰台区槐房西路 316 号院 3 号楼	100076	67991983
卢沟桥支行	丰台区丰台体育中心北路 1 号	100071	63804182
卢沟桥支行西府景园分理处	丰台区梅市口路 15 号	100071	83658152

卢沟桥支行大成里分理处	丰台区大成南里二区3号楼首层	100071	68185526
卢沟桥支行长兴路分理处	丰台区长辛店镇大灰厂14号	100072	83801067
卢沟桥支行中体花园分理处	丰台区长辛店镇桥西崔村二里15号	100072	83301097
卢沟桥支行望欣园分理处	丰台区小井新村商业楼9－50号	100071	63826598
卢沟桥支行丰益园分理处	丰台区丰管路1号院12楼底层	100071	83663839
卢沟桥支行莱户营分理处	丰台区三路居路88号院18号楼2号	100073	63357709
卢沟桥支行晓月苑分理处	丰台区卢沟桥宛平小区17号楼	100072	83217492
卢沟桥支行丰体南路分理处	丰台区丰体南路3号丰体时代大厦首层	100071	83735770
小井支行	丰台区丰北路81号1层1－4号	100078	63814548
小屯支行	丰台区卢沟桥张仪村路125号院18号	100071	83695899
王佐支行	丰台区云岗南宫路3号	100074	83310529
长辛店支行	丰台区长辛店杜家坎南路甲6号	100072	63864195
马连道支行	西城区马连道南街1号院3号楼1层	100055	63342786
丽泽支行	西城区北京西站南路80号院6号楼1层101	100072	63257536
宛平支行	丰台区卢沟桥晓月中路5号楼B1～B2层	100072	83896722
右安门支行	丰台区右安门外大街56号2号楼底商	100069	83974591
银河新区支行	丰台区王佐镇西王佐27号首层	100074	83818506
张郭庄支行	丰台区长辛店张郭庄南路4号	100072	83881732
石景山支行	石景山区杨庄东路78号	100043	68877815
石景山支行古城分理处	石景山区古城西路甲8号	100043	68876053
石景山支行苹果园分理处	石景山区实兴大街5号	100041	68865258
石景山支行八大处分理处	石景山区八大处路28－甲1幢1层	100041	68871517
石景山支行融玉分理处	石景山区双峪路10－5号	100041	88993137
石景山支行阜石路分理处	石景山区石门路318号	100041	88902255
石景山支行七星园分理处	石景山区七星园小区向阳综合楼1层	100040	68626320

石景山支行黄楼分理处	石景山区永乐小区62栋楼前底商	100040	68654192
八角支行	石景山区八角西街85号1层	100043	68872063
西山支行	石景山区西黄新村西里4号楼1层3单元103室	100041	88701303
京原支行	石景山区玉泉路玉泉大厦1层	100040	88255285
海淀支行	海淀区苏州街77号	100089	82518896
海淀支行魏公村分理处	海淀区中关村南大街24号	100081	62189148
海淀支行塔院分理处	海淀区花园路甲2号	100191	62057411
海淀支行八家分理处	海淀区八家嘉园配套商业22-8号	100083	62840987
海淀支行宝盛里分理处	海淀区宝盛里小区2号楼3门3段	100192	62992351
海淀支行紫竹桥分理处	海淀区增光路35号1层	100089	88589520
海淀支行定慧寺分理处	海淀区阜成路68号	100142	88141040
海淀支行裕惠分理处	海淀区阜成路73号裕惠大厦C座底商104室、办公5层504B室	100142	68709121
海淀支行铁家坟分理处	海淀区金沟河路10号院1号楼	100143	68134142
海淀支行五路居分理处	海淀区西四环北路136号	100142	88114611
海淀支行海淀路分理处	海淀区海淀路50号	100080	62656778
海淀支行大有庄分理处	海淀区燕北园334楼1层西大厅	100091	62863513
海淀支行毛纺路分理处	海淀区学府树家园6号楼6-1号~6-3号	100085	62844732
海淀支行双榆树分理处	海淀区科学院南路31号	100086	61934272
中关村支行	海淀区彩和坊路10号中关村瀚海国际大厦1层101~106室、3层303室	100081	62535994
世纪城支行	海淀区蓝靛厂晴波园甲5号楼	100091	62881169
东升支行	海淀区清华东路甲1号	100083	62313172
志新路支行	海淀区志新路二里庄35号	100083	59862769

清河支行	海淀区营福路9号院2号楼1层105～106室及2层205～206室	100085	62913272
玉渊潭支行	海淀区阜成路81号	100142	88152155
莲花路支行	丰台区莲花池西里10号1层西侧	100161	63957532
大钟寺支行	海淀区北三环西路甲18号中鼎大厦B座	100098	62123603
正白旗支行	海淀区农大南路88号万霖商厦2号1层	100193	62985098
海淀新区支行	海淀区西北旺镇大牛房一环路5号院1号楼	100094	62478555
海淀新区支行颐和分理处	海淀区西北旺镇颐和山庄云锦园1号	100094	62487915
海淀新区支行永丰路分理处	海淀区西北旺镇永丰路北京朗丽兹西山花园酒店管理有限公司首层底商	100094	62463589
海淀新区支行信息路分理处	海淀区上地信息路19—2号	100085	62981290
海淀新区支行清上园分理处	海淀区安宁庄东路7号	100085	82728363
海淀新区支行西二旗分理处	海淀区西北旺镇西二旗小区商服楼1层	100085	62843414
海淀新区支行百旺分理处	海淀区德政路夏霖园13号楼1层101室	100094	82401332
海淀新区支行马连洼分理处	海淀区马连洼梅园小区7号楼1层	100193	62890859
海淀新区支行唐家岭分理处	海淀区西北旺镇唐家岭新城	100094	62890024
海淀新区支行天秀分理处	海淀区天秀花园安和园2号楼4单元东侧至5单元西侧首层	100091	62833873
海淀新区支行白水洼分理处	海淀区上庄镇白水洼村344号	100094	62471156
海淀新区支行前章村分理处	海淀区上庄镇前章村357号	100094	62471668
海淀新区支行环山分理处	海淀区温泉镇环山村78号	100095	62461733
海淀新区支行太舟坞分理处	海淀区温泉镇创客小镇社区配套商业楼15#楼1层102号	100194	62478018
海淀新区支行前沙涧分理处	海淀区苏家坨镇中心区A地块经济适用房A5地块配套公建	100194	62455940

海淀新区支行凤凰岭分理处	海淀区苏家坨镇聂各庄路 18 号	100095	62481665
上庄支行	海淀区上庄镇上庄路 72 号	100094	62478333
温泉支行	海淀区温泉镇温泉路 59 号	100095	62480881
苏家坨支行	海淀区苏家坨镇西小营村东	100194	62454903
北安河支行	海淀区苏家坨镇北清路安河家园七里 9 号楼 1 层	100095	62451150
四季青支行	海淀区板井路 81 号	100097	68854336
四季青支行京香分理处	海淀区京香花园 216 号	100093	62590649
四季青支行紫竹院分理处	海淀区车道沟 1 号	100089	68424642
四季青支行北坞分理处	海淀区北坞嘉园 A 地块配套公建 A13 号楼南侧	100195	88506709
四季青支行南辛庄分理处	海淀区北辛庄 352 号	100093	62591639
四季青支行四王府分理处	海淀区香山厢白旗乙 15 号	100093	62590279
四季青支行西山分理处	海淀区杏石路 48 号	100195	62590935
四季青支行香山分理处	海淀区香山北辛村甲 51 号	100093	62593402
四季青支行曙光花园分理处	海淀区彰化路 7 号楼 F101 号	100097	88877815
杏石路支行	海淀区杏石口路甲 29 号	100195	88471291
田村支行	海淀区田村路 43 号环京现代物流设施项目 A－1F－103	100049	88613410
门头沟支行	门头沟区滨河路 115 号滨河大厦 1 层、12 层	102300	69820909
门头沟支行清水分理处	门头沟区清水镇上清水村上清水车站 50 米	102311	60855422
门头沟支行付家台分理处	门头沟区雁翅镇付家台中学对面	102305	61839764
门头沟支行何各庄分理处	门头沟区石门营新区六区 21 号楼 1 层 102 室	102300	69836344
门头沟支行潭柘寺分理处	门头沟区潭柘新区 5 号院 9 号楼 201～202 室	102308	60861567
门头沟支行军庄分理处	门头沟区军庄镇军庄村口南 100 米	102300	60811992
门头沟支行王平分理处	门头沟区王平镇王平大街 11 号	102301	61859457
门头沟支行妙峰山分理处	门头沟区妙峰山镇镇政府对面	102300	61881148

门头沟支行新桥分理处	门头沟区新桥大街69号	102300	69838944
门头沟支行梧桐苑分理处	门头沟区龙兴南二路8号院4号楼1层101~102号	102300	60860930
斋堂支行	门头沟区斋堂镇斋堂大街43号	102309	69816714
永定支行	门头沟区永兴小区15号楼底商	102300	69809505
城龙支行	门头沟区门头沟路38号	102300	69828008
龙泉支行	门头沟区滨河路47号2幢-1~2层	102300	69832079
昌平支行	昌平区昌平镇鼓楼南大街西侧（永安信用社）2幢等2幢	102200	69744185
昌平支行沙阳路分理处	昌平区沙河镇沙阳路11号	102206	61701262
昌平支行科技园分理处	昌平区白浮泉路10号	102200	80100819
昌平支行东关分理处	昌平区昌平镇南环东路22号	102200	60741104
昌平支行东海分理处	昌平区城关镇东关府学路建安里7号	102200	89731583
昌平支行桃洼分理处	昌平区南口镇后洼村南兴路中段北侧	102202	69778444
昌平支行流村分理处	昌平区流村镇北流村西科技园环岛西500米	102204	89771169
昌平支行大东流分理处	昌平区大东流村114号	102211	61711450
昌平支行下庄分理处	昌平区兴寿镇下庄村安泗路东侧拔丝厂北	102212	89726124
昌平支行西沙屯分理处	昌平区沙河镇西沙屯村西侧京昌路百葛桥东南	102206	80762266
昌平支行七里渠分理处	昌平区沙河镇豆各庄村10号	102206	69737514
昌平支行亭自庄分理处	昌平区马池口镇北小营村东628号	102202	60756436
昌平支行水南路分理处	昌平区昌平镇水屯村南燕龙商业大厦2号楼一层106室	102200	80105309
昌平支行长陵分理处	昌平区长陵镇政府南侧	102213	60761042
昌平支行西关分理处	昌平区城区镇西关路12号华尔森小区1号楼	102200	69708934
兴昌支行	昌平区昌平镇东环路中医院对面	102200	69744889
南口支行	昌平区南口镇东大街保温瓶厂南侧	102202	69771185

小汤山支行	昌平区小汤山镇地税所西院	102211	61781226
兴寿支行	昌平区兴寿镇兴寿村709号	102212	61726064
阳坊支行	昌平区阳坊镇南阳路大都饭店北侧	102205	69700458
沙河支行	昌平区沙河镇（巩华城北区F4地块）兆丰家园12－1号（回迁商业）楼1层底商	102206	89700636
马池口支行	昌平区马池口镇马池口村新街347号	102200	60772425
崔村支行	昌平区崔村镇西崔村11号	102212	60721355
南邵支行	昌平区南环路南邵回迁小区11～12号	102200	60732142
十三陵支行	昌平区十三陵镇胡庄	102200	89761489
北环支行	昌平区昌平镇北环路2号金兰大厦三单元－1层C1～C2号	102200	69709340
百善支行	昌平区百善镇政府西侧	102211	61739209
天通苑支行	昌平区东小口镇中滩村东镇政府后面	100096	84811204
天通苑支行立汤路分理处	昌平区立汤路186号甲5幢1－116～1－117室	102218	84675196
天通苑支行回龙观西大街分理处	昌平区回龙观西大街16号院2号楼B102～B104室	102208	89777190
天通苑支行霍家营分理处	昌平区东小口镇旺龙花园底商	102208	69792040
天通苑支行龙冠分理处	昌平区龙域北街8号院1号楼1层114室	102200	82170968
天通苑支行北清路分理处	昌平区北清路1号院珠江摩尔大厦5号楼5－3－107商铺	102206	69731627
天通苑支行龙华分理处	昌平区回龙观西三旗桥东2公里育新花园北门对面	102208	82914612
天通苑支行龙兴分理处	昌平区回龙观镇二拨子村南侧物业楼	102208	80794096
天通苑支行平西府分理处	昌平区北七家镇平西府村王府街5号	102209	81780708
天通苑支行望都分理处	昌平区北七家镇望都家园小区正门东侧	102209	89751194
天通苑支行宏福分理处	昌平区北七家镇郑各庄村东8－1室	102209	81777908
天通苑支行科星西路分理处	昌平区良庄街4号楼05号	102208	69798920

龙禧支行	昌平区回龙观镇北店嘉园小区21号	102208	81722368
燕丹支行	昌平区北七家镇燕丹村7号派出所西	102209	61758224
回龙观支行	昌平区回龙观镇政府北100米	102208	62713086
北七家支行	昌平区定泗路88号888幢1层106－108、2层207－209	102209	69751141
天通苑东区支行	昌平区东小口镇天通苑东苑东三区2号楼	102218	61765593
顺义支行	顺义区新顺南大街15号	101300	69443744
顺义支行建南分理处	顺义区石门街甲6号院1号楼1层101号铺位	101300	69424280
顺义支行澜西园分理处	顺义区澜西园四区6号	101300	60496937
顺义支行港馨分理处	顺义区港馨家园28号楼11～12号	101300	89448143
顺义支行石园分理处	顺义区石园北区一居68－12号	101300	81493815
顺义支行向阳分理处	顺义区佳和宜园1号楼1层105号	101300	59392042
顺义支行板桥分理处	顺义区赵全营镇牛板路板桥段19号	101300	60442203
顺义支行北石槽分理处	顺义区北石槽镇府前街25号2幢	101300	60422565
顺义支行北务分理处	顺义区北务镇政府街9号	101300	61421931
顺义支行张镇分理处	顺义区张镇大街7号	101307	61480761
顺义支行顺平路分理处	顺义区南彩镇顺平路俸伯段87号	101300	89472668
顺义支行李遂分理处	顺义区李遂集贸市场商业楼A段13号	101300	89481679
顺义支行龙湾屯分理处	顺义区龙湾屯镇府前街9号	101305	60461321
顺义支行木林分理处	顺义区木林镇府前街55号	101305	60456237
顺义支行大孙各庄分理处	顺义区大孙各庄镇府前东街11号	101307	61432043
顺义支行张喜庄分理处	顺义区高丽营镇张喜庄村商业街中区38号	101303	69491585
顺义支行裕龙分理处	顺义区裕龙花园三区7号楼1层单元01室	101300	69421524
顺义支行东方苑分理处	顺义区安泰大街6号院1号楼1层103室	101300	69458603
顺义支行沿河分理处	顺义区李桥镇仁李路沿河段43号	101304	69486078

仁和支行	顺义区石园南区 33 号楼	101300	89448105
建新东街支行	顺义区建南东街 2 号	101300	69443034
平各庄支行	顺义区仁和镇平各庄村顺通路 27 号	101300	89492041
马坡支行	顺义区马坡地区西马坡村西	101300	69402009
赵全营支行	顺义区赵全营镇政府西 300 米	101300	60432619
杨镇支行	顺义区双阳西区甲 4 号楼 1 至 2 层甲 4－10～4－11 室	101309	61451286
南彩支行	顺义区南彩镇顺平路南彩段 45 号	101300	89469253
北小营支行	顺义区北小营府前街 11 号	101305	60483641
高丽营支行	顺义区高丽营镇顺沙路高丽营段 7 号	101303	69455929
光明街支行	顺义区光明北街 9 号	101300	69429097
空港支行	顺义区天竺镇府前街 37 号	101312	80467224
南法信支行	顺义区华英园 9 号	101300	69478100
李家桥支行	顺义区李桥中心街 53 号	101304	81473831
后沙峪支行	顺义区后沙峪镇双裕街 15 号	101318	80496703
机场南路支行	朝阳区首都机场南路 3 号	100621	64573633
牛栏山支行	顺义区牛栏山镇牛板路牛山段邮局东侧	101301	69411241
大兴支行	大兴区黄村东大街 9 号	102600	69255471
大兴支行东路分理处	大兴区旧宫镇北小红门路 136－7 号	100076	87963994
大兴支行宏福路分理处	大兴区西红门兴海家园日苑 34 号楼	100162	60243719
大兴支行临空分理处	大兴区礼贤镇小马坊村南 200 米路东拆迁指挥部大楼 1 层东侧	102604	89290899
大兴支行研垡分理处	大兴区魏善庄镇政府西 500 米	102611	89201977
大兴支行长子营分理处	大兴区长子营镇政府内	102615	80265756
大兴支行新建分理处	大兴区西红门镇经济技术产业区中鼎北路 1 号	100076	81285183

大兴支行兴城分理处	大兴区黄村西大街6号	102600	69247786
大兴支行芦城分理处	大兴区黄村镇芦城村泰城服装厂东侧1米	102612	61239438
大兴支行狼垡分理处	大兴区黄村镇狼垡二村亿发公司北侧1米	102613	61222047
大兴支行隆兴分理处	大兴区龙景湾五区20号楼1至2层104~105室	102601	89289345
大兴支行联港嘉园分理处	大兴区罗奇营路26号1层104室	102600	61251442
大兴支行康盛园分理处	大兴区康盛园兴盛街175号	102600	60207460
旧宫支行	大兴区旧宫镇旧宫东路90号	100076	87967249
西红门支行	大兴区西红门镇政府西侧1米	100162	60253045
北臧村支行	大兴区庆丰西路1号院17号楼104－105号	102609	61253449
庞各庄支行	大兴区庞各庄镇农行分理处南1米	102601	89287419
榆垡支行	大兴区榆垡镇卫生院东侧5米	102602	89213416
安定支行	大兴区安定镇农行分理处西侧1米	102607	80231261
青云店支行	大兴区青云店大东新村B区47号楼	102605	80281033
清澄支行	大兴区黄村镇清澄名苑南区31号楼政府综合服务大厅内	102600	81296809
采育支行	大兴区采育镇育林街2号院5号楼1~2层	102606	80271469
黄村支行	大兴区黄村镇兴华路216号	102600	69266642
礼贤支行	大兴区礼贤镇礼贤家园社区一期111地块4号商业设施首层靠南侧101室	102604	89271252
孙村支行	大兴区海鑫北路15号院10号楼	102600	61267484
清源支行	大兴区兴丰大街二段146号	102600	69261797
北京经济技术开发区支行	经济技术开发区荣华南路10号院2号楼1~2层部分	100176	87531082
北京经济技术开发区支行东区分理处	大兴区亦庄镇小羊坊小康家园1号楼	100176	87396423

北京经济技术开发区支行凉水河分理处	大兴区亦庄镇泰和园一里一区 13 号商业楼 1 层西侧	100176	67889112
北京经济技术开发区支行贵园分理处	大兴区亦庄镇贵园小区南里北商服平房	100176	67876822
北京经济技术开发区支行南海家园分理处	经济技术开发区南海家园二里 20 号楼北侧商业房 1 层	100176	53582209
北京经济技术开发区支行太和分理处	经济技术开发区鹿海园五里 1 号楼 1 号底商	100176	69286036
北京经济技术开发区支行瀛祥路分理处	大兴区瀛海镇瀛海家园瀛坤路 4 号院一层部分房屋（E1－2 室）	100176	69289880
亦庄支行	大兴区亦庄镇政府内	100176	67881973
瀛海支行	大兴区瀛吉街 8 号院 1 号楼 1 至 2 层 101 室	100176	69278315
北京自贸试验区支行	经济技术开发区康定街 18 号 10 号楼 1 层 10 号	100176	87856166
房山支行	房山区良乡长虹东路 1 号	102488	69367916
房山支行北关分理处	房山区城关镇北大街 8 号	102400	69310022
房山支行石楼分理处	房山区石楼镇石楼大街 20 号	102422	89300223
房山支行石化分理处	房山区城关农林路西侧	102400	69318327
房山支行周口店分理处	房山区周口店镇周口店村派出所对面	102405	69306784
房山支行坨里分理处	房山区青龙湖镇坨里村	102471	80373850
房山支行南召分理处	房山区琉璃河镇西南召村 3 区 1 号	102431	80399631
房山支行南窖分理处	房山区南窖乡政府院内	102418	60375701
房山支行史家营分理处	房山区史家营乡政府左侧	102461	60397806
房山支行佛子庄分理处	房山区佛子庄乡政府西侧	102417	60365953
房山支行大安山分理处	房山区大安山乡政府院内	102419	60373822
房山支行霞云岭分理处	房山区霞云岭乡政府院内	102421	60367334
房山支行葫芦垡分理处	房山区长阳镇葫芦垡村	102445	60352094
房山支行稻田分理处	房山区长阳镇天泰新景小区大门南侧 2 号	102442	80350663

房山支行碧桂园分理处	房山区长阳镇昊天北大街38号	102445	80392488
房山支行交道分理处	房山区窦店镇交道三街村	102434	80318027
房山支行十渡分理处	房山区十渡镇十渡大街91号	102411	61340742
房山支行蒲洼乡分理处	房山区蒲洼乡蒲洼大街8号	102477	61371645
房山支行大石窝分理处	房山区大石窝镇石窝大队东侧	102407	61323077
房山支行韩村河分理处	房山区韩村河镇西东村岳李路29号	102423	80389155
房山支行行宫分理处	房山区拱辰街道办事处行宫小区三里10号楼	102488	60326370
房山支行北潞园分理处	房山区西潞街道办事处北潞春家园E7号－03室	102488	89394469
房山支行苏庄建鑫园分理处	房山区西潞街道办事处苏庄建鑫园大街19号	102488	61355997
房山支行官道分理处	房山区良乡镇良官大街58号	102446	60331880
燕房支行	房山区城关镇南大街16号	102400	89337649
阎村支行	房山区阎村镇紫园路115号	102412	89319361
青龙湖支行	房山区青龙湖镇豆各庄村下四区43号	102447	60322343
琉璃河支行	房山区琉璃河镇东街28号	102403	89381453
河北镇支行	房山区河北镇李各庄村	102417	60377286
长阳支行	房山区辛瓜地路12号院3号楼1～3层部分	102400	80351572
窦店支行	房山区窦店镇窦店村	102433	69396668
张坊支行	房山区张坊镇张坊村中二区61号	102409	61339993
长沟支行	房山区长沟镇长沟大街48号	102407	61365265
西潞支行	房山区良乡西路东里甲1号西潞商业大厦1层	102488	89368086
良乡支行	房山区良乡中路26号	102488	69361014
平谷支行	平谷区平乐街8号院1幢等4幢	101200	89989578
平谷支行新平北路分理处	平谷区平谷镇府前街1号	101200	69974122
平谷支行兴谷分理处	平谷区平谷镇平翔路2号院4号楼1～2层	101200	69956936
平谷支行乐政务分理处	平谷区王辛庄镇乐政务乐园路24号	101209	61961892

平谷支行马昌营分理处	平谷区马昌营镇古槐路 53 号院	101214	61912495
平谷支行黄松峪分理处	平谷区金海湖镇黄松峪东街 273 号	101201	60971163
平谷支行靠山集分理处	平谷区金海湖镇靠山集大街 4 号院	101202	60983104
平谷支行山东庄分理处	平谷区山东庄镇西沥津西路 85 号	101211	60937373
平谷支行桥山路分理处	平谷区山东庄镇府前路 10 号院	101211	60937524
平谷支行熊耳寨分理处	平谷区熊儿寨乡熊儿寨东路 12 号	101207	61921066
平谷支行刘店分理处	平谷区刘家店镇银店大街 13 号	101208	61972002
平谷支行镇罗营分理处	平谷区镇罗营镇镇罗营东街 15 号院	101215	61969048
平谷支行双鹿分理处	平谷区平谷镇航宇北街 6 号	101200	89991774
平谷支行文化南街分理处	平谷区平谷镇文化南街 7 号	101200	69963716
平谷支行岳阳分理处	平谷区迎宾环岛东南角 1 号楼 1 层商铺 –13 室	101200	89995891
平谷支行乐园分理处	平谷区新平北路 9 号	101200	69921934
平谷支行世纪兴分理处	平谷区平谷镇新平北路 57 号楼	101200	89984948
东高村支行	平谷区东高村镇东高村兴业路 6 号院	101200	69900791
王辛庄支行	平谷区王辛庄镇齐各庄前街 75 号	101209	89980549
马坊支行	平谷区马坊镇金河北街 18 号院 8 号楼 8 – 1 室、9 号楼部分	101204	60995562
金海湖支行	平谷区金海湖镇韩庄北街 160 号院	101201	69995688
南独乐河支行	平谷区南独乐河镇同乐路 128 号	101212	60920732
大华山支行	平谷区大华山镇大华山大街 136 号院	101207	61947600
峪口支行	平谷区峪口镇峪口西大街 2 号院	101205	61904035
大兴庄支行	平谷区大兴庄镇大兴庄村东	101205	89931168
新开街支行	平谷区平谷镇林荫北街 13 号第 1 ~2 层东侧	101200	69975139
绿谷支行	平谷区光明西小区 5 号	101200	69961812
夏各庄支行	平谷区夏各庄镇安固村村东 6 号	101213	60913102

密云支行	密云区鼓楼南大街25号	101500	69045330
密云支行新农村分理处	密云区穆家峪镇新农村偏东	101500	89011014
密云支行新城子分理处	密云区新城子镇新城子村主街路东	101506	81022342
密云支行北庄分理处	密云区北庄镇北庄村委会对面	101503	81001707
密云支行双井分理处	密云区十里堡镇双井村双燕街2－1号	101500	89097786
密云支行西田各庄分理处	密云区西田各庄镇西田各庄村东南	101500	61018075
密云支行石城分理处	密云区石城镇南石城村（镇政府对面）	101513	61025583
密云支行大城子分理处	密云区大城子镇大城子村（镇政府南侧）	101502	61071419
密云支行焦家务分理处	密云区巨各庄镇前焦家务村东	101501	61031145
密云支行东邵渠分理处	密云区东邵渠镇东邵渠村东侧	101501	61061419
密云支行古北口分理处	密云区古北口镇古北口村派出所东侧	101508	81051063
密云支行不老屯分理处	密云区不老屯镇政府东侧	101516	81091586
密云支行冯家峪分理处	密云区冯家峪镇冯家峪村40号	101515	81060073
密云支行康居分理处	密云区康居小区新兴公司楼1层	101500	69021948
密云支行滨阳西里分理处	密云区新中街世纪家园小区3号楼底商14－1～14－5室	101500	69046577
密云支行檀城分理处	密云区密云镇金地来大酒店1层	101500	69043006
密云支行西滨河分理处	密云区果园新里中区商业楼地上1层	101500	69063510
密云支行檀西路分理处	密云区檀西路135号院3号楼南段	101500	69049420
密云支行新东路分理处	密云区百世城街8#楼北段1层	101500	69057241
密云支行鼓楼分理处	密云区鼓楼北大街13号	101500	69043454
穆家峪支行	密云区穆家峪镇南穆家峪村南侧	101500	61051833
河南寨支行	密云区河南寨镇滨河工业开发区	101500	61086033
十里堡支行	密云区十里堡镇政府东侧	101500	89096276
溪翁庄支行	密云区溪翁庄镇溪翁庄村委会北楼	101512	69012347

巨各庄支行	密云区巨各庄镇巨各庄村南侧	101501	61030163
高岭支行	密云区高岭镇高岭村政府路东侧	101507	81081281
季庄支行	密云区果园西路 21 号	101500	89099803
檀州支行	密云区鼓楼东大街世豪大酒店对面	101500	69043475
太师屯支行	密云区太师屯镇永安街 149 号 1 ~4 层	101504	69032543
怀柔支行	怀柔区迎宾北路 18 号	101499	69626174
怀柔支行幸福西街分理处	怀柔区北房镇北房村幸福西街 17 号	101499	61683546
怀柔支行凤翔分理处	怀柔区杨宋镇杨宋庄村兴杨路 22 号	101499	61678464
怀柔支行辛营分理处	怀柔区渤海镇三渡河村 33 号	101405	57496010
怀柔支行两河分理处	怀柔区庙城镇高两河村西侧	101401	57495970
怀柔支行北宅分理处	怀柔区桥梓镇北宅村	101402	57496025
怀柔支行黄坎分理处	怀柔区九渡河镇黄坎村 281 号	101403	61691841
怀柔支行九渡河分理处	怀柔区九渡河镇九渡河村	101403	57496027
怀柔支行宝山寺分理处	怀柔区宝山镇宝山寺村	101411	60625654
怀柔支行喇叭沟门分理处	怀柔区喇叭沟门满族乡喇叭沟门村	101414	57496002
怀柔支行长哨营分理处	怀柔区长哨营满族乡长哨营村	101412	60621815
怀柔支行琉璃庙分理处	怀柔区琉璃庙镇琉璃庙村 155 号	101409	61618420
怀柔支行商业街分理处	怀柔区商业街 14 号	101499	69622364
怀柔支行东环路分理处	怀柔区东关一区 19 号	101499	69686595
怀柔支行怀杨路分理处	怀柔区怀安大街 13 号院 3 号楼 1 层 3 -2 室	101499	69686595
怀柔支行金台园分理处	怀柔区金台园 56 号楼 2 单元 101 ~102 室	101499	69685374
怀柔支行兴怀街分理处	怀柔区兴怀大街甲 16 -5 室	101499	57495972
泉河支行	怀柔区迎宾北路 32 号	101499	69646145
杨宋支行	怀柔区杨宋镇凤翔科技开发区四园 1 号	101499	61679451
雁栖支行	怀柔区雁栖镇下庄村 435 号	101407	61641348

怀北支行	怀柔区怀北镇西庄村317号	101408	69662627
渤海支行	怀柔区渤海镇沙峪村350号	101405	61631741
庙城支行	怀柔区庙城镇庙城293号院3号楼1至2层101～102室	101401	60693356
桥梓支行	怀柔区桥梓镇桥梓村村北	101402	57496022
汤河口支行	怀柔区汤河口镇汤河口村16号	101411	89671054
富乐支行	怀柔区富乐大街乐红园小区1号楼	101499	89688706
青春路支行	怀柔区青春路8号	101499	69642910
延庆支行	延庆区东外大街109号	102100	69180438
延庆支行城东分理处	延庆区石河营建材城西门北侧	102100	69149418
延庆支行百莲路分理处	延庆区百莲路12－16号	102100	61116915
延庆支行城关分理处	延庆区延庆镇西街2号	102100	69185844
延庆支行四海分理处	延庆区四海镇四海村中心	102107	60187957
延庆支行刘斌堡分理处	延庆区刘斌堡乡刘斌堡村东	102104	60181356
延庆支行大庄科分理处	延庆区大庄科乡政府院内	102106	60189104
延庆支行珍珠泉分理处	延庆区珍珠泉乡珍珠泉村西社区办公楼1层	102107	60186604
延庆支行千家店分理处	延庆区千家店镇东店村130号	102108	60188498
延庆支行康庄分理处	延庆区康庄镇商业街C区1～2号室	102101	61161215
延庆支行沈家营分理处	延庆区沈家营镇政府东侧	102100	61132755
延庆支行香营分理处	延庆区香营乡政府院内	102104	60161292
延庆支行大榆树分理处	延庆区大榆树镇大榆树村东	102199	61182033
延庆支行井庄分理处	延庆区井庄镇政府南侧200米路东	102105	61192469
夏都支行	延庆区高塔路62号	102100	69141623
张山营支行	延庆区张山营镇张山营村南	102115	69111994
永宁支行	延庆区永宁镇北门口	102104	60171284

八达岭支行	延庆区八达岭镇政府院内	102102	69129421
旧县支行	延庆区旧县镇村北侧	102109	61152932
南菜园支行	延庆区延庆镇南菜园开发区 17 号	102100	69171149
西城支行	西城区复兴门外大街 4 号楼迤东 1 至 3 层	100045	68562978
鼓楼支行	西城区旧鼓楼外大街甲 1 号	100120	62358423 – 8008
陶然亭支行	西城区太平街 6 号 1 – 2 层	100050	59361658
北太平庄支行	西城区新街口外大街 12 号	100088	82083660
宣武支行	西城区广安门南街 6 号广安大厦 1 层、4 层	100053	83531956
阜外支行	西城区车公庄大街 9 号院 1 号楼商业 2 室	100044	88312399
两广路支行	西城区广安门内大街 311 号院 2 号楼 1 层	100053	83130213
军博支行	海淀区会城门北口路东	100038	63264781
东城支行	东城区北三环东路 37 号 A 座	100029	52979432
隆福支行	东城区东四北大街 526 号 C 区 1 层西南角	100010	64026712
金宝街支行	东城区朝阳门内南小街 16 号楼首层 2 号	100005	65289040
永外支行	东城区安乐林路 69 甲 69 号	100075	67213502
工体支行	东城区工体西路工体综合楼 1 层 2 段	100027	65515361
雍和宫支行	东城区安定门东大街 28 号 2 号楼 B1 ~ B2 号	100007	64097201
崇文支行	东城区崇文门外大街 9 号正仁大厦 1 层和 7 号东城区文化馆主楼	100011	67092273
建国门支行	朝阳区东三环中路 39 号建外 SOHO12 号楼 1200 商铺	100022	58696373
广渠门支行	东城区广渠门内大街 41 号 1 层 45 – （01）02 室	100061	87101003
天坛支行	东城区光明路 13 号 1 层	100061	67161243
东四十条支行	东城区东四十条甲 22 号	100007	52185015

中国邮政储蓄银行股份有限公司北京分行

机构名称	地址	邮编	电话
昌平区支行	昌平区昌崔路201号大厦1~3层	102200	80107709
天通北苑支行	昌平区天通北苑二区甲11号楼1门	102218	81771247
沙河支行	昌平区沙河镇顺沙路19号院二区底商1－2单元	102206	69732648
龙水路支行	昌平区畅春阁小区龙水路22号院1号楼1层101室	102200	60741046
龙锦苑支行	昌平区回龙观龙锦苑五区	102208	80757025
东小口支行	昌平区中滩村6号院6号楼1层101~102室	102218	64127938
西环路支行	昌平区政府街	102200	69746413
北七家支行	昌平区北七家镇定泗路北侧雅安商厦C号商业1层部分底商	102209	80126276
白浮泉路支行	昌平区白浮泉路26号院3号楼－1层－102室	102200	56914918
朝阳区支行	朝阳区西大望路59号甲3号楼	100022	67753157
姚家园路支行	朝阳区姚家园路甲一号活力东方奥特莱斯购物广场首层	100123	51193713
杨闸支行	朝阳区朝阳路8号杨闸环岛西南侧朗廷大厦底商	100024	85583351
双龙南里支行	朝阳区双龙南里204号楼	100021	87321621
三间房支行	朝阳区三间房223号	100024	65762454
农光里支行	朝阳区农光里102号楼	100021	67317246
吕家营支行	朝阳区观筑庭园801号楼1层104室、2层204室	100122	87641653
垡头支行	朝阳区垡头一区4号楼东	100023	67385807
常营支行	朝阳区朝阳北路万象新天家园426号楼1层C~D区	100024	65431812

大兴区支行	大兴区黄村镇兴丰大街三段 88 号	102600	69243272
兴华路支行	大兴区黄村镇兴华路二段六号院	102627	60243749
埝坛支行	大兴区天河西路 19 号	102629	61252695
天宫院支行	大兴区华佗路 1 号院 11 号楼 1 至 2 层 104 ~ 105 室	102600	89289665
黄村西大街支行	大兴区兴华大街中段 27 号	102600	89295357
东城区支行	朝阳区光华路 50 号	100600	65217055
交道口东大街支行	东城区交道口东大街 10 号楼底商 B	100007	64001693
建内大街支行	东城区站西路 2 号	100001	65196657
崇文支行	东城区崇文门外大街 11 号 -7 和 11 号 -212 室	100078	67086258
水碓子支行	朝阳区金台北街 6 号楼	100026	65005146
双井支行	朝阳区广渠东路 48 号楼	100022	67701770
广渠门外大街支行	朝阳区广渠门外大街甲 28 号院 16 号楼 1 层西侧 A5 室	100022	67740889
工体东路支行	朝阳区工人体育场东路甲 2 号 1 层 101 室	100027	85871557
崇外大街支行	东城区崇文门外大街 18 号 1 幢 108 -1 室	100062	67092272
房山区支行	房山区拱辰街道政通路 23 号	102488	89352352
西潞支行	房山区良乡镇良乡西路 11 号	102488	89358306
长政街支行	房山区康泽路 3 号院 10 号楼 1 层 101 室	102401	69351297
长虹东路支行	房山区良乡地区鸿顺园商业 1 号楼 1 层	102488	69387298
迎风街支行	房山区燕山迎风街 43 号	102500	69347148
农林路支行	房山区城关农林路燕宾鑫源商贸中心	102400	69323310
窦店支行	房山区窦店镇山水汇豪苑 66 号 1 层底商	102433	80307698
城关支行	房山区兴房大街 19 号	102400	69314309
丰台区支行	丰台区北甲地路 2 号院 6	100068	86353008
长辛店支行	丰台区长辛店大街 1 号	100072	83876093

云岗支行	丰台区云岗南区西里2号	100074	83316121
西罗园支行	丰台区西罗园1区15号楼	100077	87255517
科学城支行	丰台区帝京路5号	100070	63714433
开阳里支行	丰台区开阳里五区3号楼	100069	83559587
金融港支行	丰台区南四环西路188号16区21楼1层	100070	56097525
角门支行	丰台区马家堡路120号	100068	67528604
公益西桥支行	丰台区角门18号枫竹苑二区1号楼1层底商	100068	67500829
丰台南路支行	丰台区风格与林苑甲9号楼1层102室	100070	83712880
丰台大街支行	丰台区西四环南路94号	100071	63816717
丰海北街支行	丰台区南苑路7号福成大厦地上1层	100166	87289861
方庄支行	丰台区蒲方路22号	100078	67678476
莱户营支行	丰台区三路居路88号院18号楼1层106室	100073	83204657
海淀区支行	海淀区圆明园西路骚子营小区内	100091	62875156
知春路支行	海淀区知春路1号	100083	82310721
学院路支行	海淀区成府路17号1～2层	100083	82373385
香山支行	海淀区北辛村5号	100093	82592744
文慧园西路支行	海淀区文慧园小区15、16号楼底商A段1层	100082	62235092
魏公村支行	海淀区中关村南大街17号	100081	88578918
万寿寺支行	海淀区西三环北路25号	100089	88569680
苏州街支行	海淀区厂洼2号楼	100089	82310721
世纪城支行	海淀区世纪城小区烟树园1号楼	100097	88874740
北太平庄支行	海淀区马甸村1号	100088	62029544
怀柔区支行	怀柔区青春路18号	101400	69626806
怀柔区迎宾路支行	怀柔区滨湖小区1号	101400	60639503
金融大街支行	西城区金融大街3号A座1～2层	100808	66555336

新街口支行	西城区西内大街32号	100044	66131033
新华里支行	西城区新华里16号院2号楼103-02室	100044	88359239
西外大街支行	西城区西外大街德宝新园甲22号	100044	68352749
西四支行	西城区西四南大街16号	100034	66179752
门头沟区支行	门头沟区新桥南大街13号院1号楼1层北1-1至北1-3室、北1-5室、东1-1室、2层北201~北211室、北213室	102300	69842927
大峪支行	门头沟区河滩路2号	102300	60804074
滨河路支行	门头沟区滨河西区皓月园6号楼底商11-3室	102300	69828692
密云区支行	密云区果园西路42号、44号	101500	69099490
双燕街支行	密云区双燕街6号1幢	101500	61096063
绿色支行	密云区鼓楼东大街	101500	69042963
平谷区支行	平谷区迎宾路1号院27幢1层5-11~5-14室、5号楼11层1101室、12层1201室、13层1301室	101200	69962700
紫贵支行	平谷区紫贵庄园13号楼1至2层10、11、12	101200	89979702
新平支行	平谷区旧城街16号	101200	69981139
重兴园支行	石景山区重兴园甲1号	100040	68632039
新古城支行	石景山区古城南里2~3号楼	100043	68876125
金顶街支行	石景山区金顶街二区甲2栋	100041	88713519
万寿路支行	海淀区万寿路7号	100036	68214390
玲珑路支行	海淀区西四环北路160号1层2区105室	100097	88119067
晋元庄支行	海淀区建西苑晋元庄小区33号楼商业9号	100043	58971472
鲁谷支行	石景山区鲁谷路39号	100040	88685282
顺义区支行	顺义区石园南大街24号院1号楼主楼1~3层	101300	89440898

双裕街支行	顺义区后沙峪镇双裕街甲7号	101300	80479883
站前街支行	顺义区站前街8号院1号楼101号	101300	69424651
国门支行	顺义区李桥镇李天路南半壁店段11号	101300	61496917
通州区支行	通州区通胡大街25号院-1至-10号	101100	89537237
中仓支行	通州区车站路28号	101100	80882381
新华支行	通州区新华西街57号	101100	69554110
运河西大街支行	通州区运河西大街174号	101100	81587584
九棵树支行	通州区九棵树街108号	101100	81599662
望京支行	朝阳区南湖南路15号院甲2号楼1至2层2-1-106室、2-1-107室	100102	59724555
左家庄中街支行	朝阳区左家庄中街6号院9号楼1层111室、2层207室	100028	64628165
亚运村支行	朝阳区安慧里2区11号楼	100101	64938202
万科星园支行	朝阳区仰山路万科星园甲7号	100107	84921227
花家地支行	朝阳区花家地北里1号楼	100102	64737340
北苑支行	朝阳区朝来绿色家园赢秋苑18号楼底商	100012	84953875
大山子支行	朝阳区酒仙桥路13号院瀚海国际大厦1层103号	100015	64333112
西城区支行	西城区阜成门北大街17号	100047	68334197
三里河支行	西城区月坛南街65号	100045	68539131
牛街支行	西城区牛街4号	100053	83555017
广安门支行	西城区广安门外大街172号	100055	63279593
首体南路支行	海淀区首体南路9号主语家园17号楼底商11~12号	100044	68790664
会城门支行	海淀区北蜂窝1号	100038	63952700
延庆区支行	延庆区东外大街79号	102100	69185122

妫水南街支行	延庆区延庆镇妫水南街19号1至2层109室	102100	69141308
亦庄支行	经济技术开发区隆庆街4号	100179	67882357
马驹桥支行	通州区马驹桥镇兴华西大街南侧潼关三区底商	101102	60597058
经济开发区光机电支行	经济技术开发区东石东一路4号院2号楼1层107室~109室	101100	61537688
东高地支行	丰台区东高地斜街13号	100076	67994793
彩虹城支行	丰台区光彩路66号院5号楼1层103号	100079	87866180
中关村支行	海淀区彩和坊路10号1层111室~112室、115室~118室	100080	62610262
中关村西区支行	海淀区中关村大街9号4号楼1层	100080	82957065
上地信息产业开发区支行	海淀区上地信息产业开发区综合楼	100085	62976834
清河镇支行	海淀区清河三街	100085	62929688
育新花园支行	海淀区西三旗东路育新花园小区	100096	82908575

（3）专营机构

机构名称	地　址	邮　编	电　话
北京银行股份有限公司资金运营中心	西城区金融大街丙17号21层	100033	66225962
渤海银行股份有限公司资金运营中心	东城区建国门内大街28号1幢5层	100005	65110970
昆仑银行股份有限公司国际业务结算中心	西城区金融大街1号楼1层0101－C室、2层0201－C室	100033	89026080
中国工商银行股份有限公司票据营业部北京分部	西城区西单北大街129号3层	100031	83361831
北京银行股份有限公司信用卡中心	石景山区石景山路54号院3号楼中荷人寿大厦	100040	4006601169
中国工商银行股份有限公司牡丹卡中心	西城区金融大街5号新盛大厦A座	100033	66100105

中国银行股份有限公司银行卡中心	西城区宣武门内大街8号浩洋大厦	100000	83265169
中国民生银行股份有限公司信用卡中心	丰台区汽车博物馆东路2号院1号楼B座	110113	63628853
中国民生银行股份有限公司信用卡中心华北分中心	朝阳区惠新东街甲2号（住总地产大厦）2303~2304号	110105	63628853
中国民生银行股份有限公司信用卡中心北京第一分中心	朝阳区南磨房路华腾北搪商务大厦12层	100020	63628853
中国民生银行股份有限公司信用卡中心北京第二分中心	海淀区西直门北大街32号院1号楼（枫蓝国际中心）18层部分	110108	63628853
中国光大银行股份有限公司信用卡中心	石景山区政达路6号院1号楼B座	100043	56963953
交通银行股份有限公司太平洋信用卡中心北京分中心	东城区和平里东街11号创新楼B座3－A1号	100013	56676293
华夏银行股份有限公司信用卡中心	石景山区政达路6号院6号楼1－15层	100040	63698000
华夏银行股份有限公司信用卡中心北京分中心	朝阳区安外大街1号荔枝大厦5层502室	100045	56764592
中信银行股份有限公司信用卡中心北京分中心	朝阳区霄云里南街9号院5号楼华瑞大厦13层1303~1304室	100027	58434111
中国邮政储蓄银行股份有限公司信用卡中心	石景山区鲁谷路51号院2号楼	100043	57609129
广发银行股份有限公司信用卡中心北京分中心	朝阳区东三环北路19号中青大厦9层	100026	85266129
平安银行股份有限公司信用卡中心北京分中心	朝阳区新源南路1号－1至4层101内2层203室	100027	57115281
平安银行股份有限公司汽车消费金融中心北京分中心	朝阳区新源南路1号－1至4层101内2层202室	100027	84406828
招商银行股份有限公司信用卡中心北京分中心	朝阳区东三环北路38号院2号楼4层、7~9层	100026	84271176

（4）外资银行

机构名称	地　址	邮　编	电　话
德意志银行（中国）有限公司	朝阳区建国路81号德意志银行大厦28层2802B，2803、2805－2807单元	100025	59698888
摩根大通银行（中国）有限公司	西城区金融大街7号英蓝国际金融中心F1905－F1912，F2012B－F2019A单元	100033	59318000
法国兴业银行（中国）有限公司	朝阳区新源南路8号院4号楼12层1201内3B－12单元	100027	58513888
蒙特利尔银行（中国）有限公司	朝阳区建国路77号华贸中心3号写字楼27层03B、05单元	100025	85881671
友利银行（中国）有限公司	朝阳区望京东园四区13号楼A座地上11层至12层以及B座地上1层104－106室	100102	84123000
韩亚银行（中国）有限公司	朝阳区道家园18号楼7层至11层	100025	66581111
新韩银行（中国）有限公司	朝阳区工体北路甲6号中宇大厦12层，11层1101～1102室及1109室	100027	85290101
国民银行（中国）有限公司	朝阳区建国门外大街甲6号1幢19层01－05室和08室	100022	56712801
瑞士银行（中国）有限公司	西城区金融大街7号英蓝国际金融中心1220B－1230室	100140	58327000

分行

机构名称	地　址	邮　编	电　话
德意志银行（中国）有限公司北京分行	朝阳区建国路81号德意志银行大厦28层02B，03单元，08～09单元	100025	59698899

摩根大通银行（中国）有限公司北京分行	西城区金融街7号北京英蓝国际金融中心20层	100033	59318862
法国兴业银行（中国）有限公司北京分行	朝阳区新源南路8号院4号楼12层1201内2－3A单元，1202单元	100027	58513888
蒙特利尔银行（中国）有限公司北京分行	朝阳区建国路77号华贸中心3号写字楼27层01，02B，06A，06B，07单元	100025	85881688
友利银行（中国）有限公司北京分行	朝阳区景辉街31号1号楼－6层至57层101内18层1801－3室、1801－4室	100026	50948888
韩亚银行（中国）有限公司北京分行	朝阳区霄云路38号现代汽车大厦1层101号、9层905号	100027	84581111
新韩银行（中国）有限公司北京分行	朝阳区工体北路甲6号中宇大厦首层	100027	85235555
国民银行（中国）有限公司北京分行	朝阳区建国门外大街甲6号1幢1层06B室和11层01、08室	100000	56712937
汇丰银行（中国）有限公司北京分行	朝阳区东三环中路5号财富金融中心第1层102号商铺，电梯楼层16层01－03、电梯楼层17层、电梯楼层18层及电梯楼层57层01－02单元	100020	59998888
渣打银行（中国）有限公司北京分行	朝阳区东三环中路1号1幢1单元11层1101室	100020	59188000
东亚银行（中国）有限公司北京分行	朝阳区光华路5号院1号楼东亚银行大厦首层101－103单元及27－29层	100020	65891000
花旗银行（中国）有限公司北京分行	西城区武定侯大街6号卓著中心地下1层B102、B103、1层101单元、16层S1610单元、17层（包含S1710单元）、18层S1810单元	100020	59376000
瑞穗银行（中国）有限公司北京分行	朝阳区东三环中路1号环球金融中心西楼8层1号、4～6单元	100020	65251888

三菱日联银行（中国）有限公司北京分行	朝阳区东三环北路5号北京发展大厦100室，200室，200A室，200B室，N300室，N307室，N401－N406室	100004	65908888
星展银行（中国）有限公司北京分行	朝阳区东三环中路5号楼101室、2106～2108－1号单元及22层	100020	57529000
恒生银行（中国）有限公司北京分行	朝阳区东三环中路5号楼8层01～04室	100020	85293601
大华银行（中国）有限公司北京分行	朝阳区景华南街5号远洋光华国际C栋27层（23）2701单元、2707～2709单元	100025	58792668
三井住友银行（中国）有限公司北京分行	朝阳区光华路一号嘉里中心北楼16层1601室和南楼16层1618室、1630室	100020	59204600
南洋商业银行（中国）有限公司北京分行	朝阳区东三环北路霞光里18号佳程广场B座1层A～D单元、2层	100027	58390888
澳大利亚和新西兰银行（中国）有限公司北京分行	朝阳区建国路77号华贸中心3号写字楼32层02、03、05A、07单元	100004	65998188
法国巴黎银行（中国）有限公司北京分行	朝阳区建国门外大街1号国贸大厦20层01－14B、20、21B、22、25－26单元	100004	65350851
华侨永亨银行（中国）有限公司北京分行	朝阳区建国路91号金地中心B座28层2809－2818单元	100004	58456188
中信银行国际（中国）有限公司北京分行	朝阳区东三环中路5号财富金融中心4层（电梯楼层5层）01－04单元	100020	85911161
企业银行（中国）有限公司北京分行	朝阳区工人体育场北路8号院1号楼12层01－1501，01－1502室，01－1510室	100027	85270585
盘谷银行（中国）有限公司北京分行	朝阳区建国门外大街甲12号新华保险大厦1层东区	100022	65690088
东方汇理银行（中国）有限公司北京分行	朝阳区东三环中路5号楼财富金融中心19层1901单元、1902－01单元、1908－2单元	100020	56514000

浦发硅谷银行有限公司北京分行	朝阳区建国门外大街1号（一期）16幢23层17C室、18－21单元、32层17－25单元	100020	65350598
富邦华一银行有限公司北京分行	西城区金融大街35号国际企业大厦1层104部分、105～106单元	100033	83329666
摩根士丹利国际银行（中国）有限公司北京分行	东城区安定门外大街208号院1号楼13层1305～1306单元及1308单元	100011	83563019
奥地利奥合国际银行股份有限公司北京分行	朝阳区建国门外大街21号院6号楼第7层700单元	100020	65323388
加拿大皇家银行有限公司北京分行	西城区金融大街7号英兰国际金融中心9层921－925单元	100033	58399388
美国道富银行有限公司北京分行	朝阳区东三环中路1号环球金融中心东塔1501－1502单元	100033	66574501
美国北美信托银行有限公司北京分行	朝阳区建外大街2号银泰中心C座2106B室	100022	85135300
美国银行有限公司北京分行	朝阳区建国门外大街1号院1号楼，国贸大厦35层01－21室	100004	58358888
美国纽约梅隆银行有限公司北京分行	西城区金融大街7号英蓝国际金融中心7层729－730室	100033	88007500
德国商业银行股份有限公司北京分行	朝阳区建国门外大街2号北京银泰中心C座26层2602单元	100022	85676888
韩国产业银行北京分行	朝阳区建国路81号26办公1T01内01～02室、06～09室	100025	65688858
澳大利亚西太平洋银行有限公司北京分行	朝阳区东三环中路1号1幢2单元14层1401内09单元	100020	85877339
澳大利亚澳洲联邦银行公众股份有限公司北京分行	东城区建国门外大街1号国贸大厦46层03C室，4～6室，7B室	100004	56803000

马来西亚马来亚银行有限公司北京分行	朝阳区建外大街1号国贸大厦32层02B1室、03单元	100004	85351855
西班牙桑坦德银行有限公司北京分行	朝阳区东三环中路1号环球金融中心办公楼西楼16层13－14号单元	100020	56511000
荷兰安智银行股份有限公司北京分行	朝阳区建国门外大街1号院1号楼中国国际贸易中心A座23层07－12单元	100004	60906606
法国外贸银行股份有限公司北京分行	朝阳区建国门外大街2号院3号楼17层1701内1702单元	100022	69000588
美国富国银行有限公司北京分行	西城区金融大街7号英蓝国际金融中心7层F722－F723单元	100033	59407888
巴基斯坦哈比银行有限责任公司北京分行	朝阳区建国门外大街1号国贸大厦A座25层02－07室，08C单元	100020	85250000
韩国农协银行股份公司北京分行	朝阳区景辉街31号院1号楼－6至57层101内17层1701－2室	100020	84783510
创兴银行有限公司北京分行	西城区金融大街23号平安大厦10层部分单元	100032	63145100

（5）外资银行分支机构

东亚银行（中国）有限公司

机构名称	地　址	邮　编	电　话
北京富华支行	东城区朝阳门北大街8号5号楼5－1	100027	65543110
北京中关村支行	海淀区科学南路2号院1号楼3层302	100080	62682151
北京金融街支行	西城区武定侯街2号泰康国际大厦首层106单元	100004	59315060

汇丰银行（中国）有限公司

机构名称	地址	邮编	电话
北京京伦支行	朝阳区建国门外大街三号京伦饭店1层西侧W－2－6单元	100020	59997500
北京中关村支行	海淀区中关村南大街2号北京科技会展中心数码大厦A座1层B1、B2单元及3层A9－01室	100086	62159288
北京燕莎中心支行	朝阳区亮马桥路50号凯宾斯基饭店1层03－04商铺、3层0300～0311室	100125	59997900
北京英蓝国际金融中心支行	西城区金融大街7号英蓝国际金融中心首层F109－F110单元	100140	59997477
北京丽都广场支行	朝阳区将台路6号丽都A2商业楼首层商场208室及2层商场200室	100016	59997588
北京中关村西区支行	海淀区丹棱街3号中国电子大厦B座1层商业01～02单元	100080	59997288
北京北辰支行	朝阳区北辰东路8号北辰时代大厦首层商铺0101单元及6层办公房0605～0608单元	100101	59997711
北京远大路支行	海淀区远大路1号金源燕莎Mall首层	100097	59997888
北京华贸支行	朝阳区建国路89号院13号楼L09单元商铺地下1层及地上1层	100025	59997268
北京翠微路支行	海淀区翠微路17号B楼底商	100036	59997968
北京光华路支行	朝阳区光华路丙12号数码01大厦1层102号商铺	100020	59997999
北京中粮广场支行	东城区建国门内大街8号中粮广场A座101－109单元、125－128单元、135单元	100005	59998009

北京东直门支行	东城区东直门南大街 3 号楼国华投资大厦 1 层 102 单元	100007	59996589
北京清华科技园支行	海淀区中关村东路 1 号院 9 号楼搜狐网络大厦 1 层 07A 单元	100084	59996566
北京望京支行	朝阳区望京街 8 号院 3 号楼 101A 单元	100102	59996500

花旗银行（中国）有限公司

机构名称	地　址	邮　编	电　话
北京嘉里中心支行	朝阳区光华路 1 号嘉里中心办公楼首层 02 单元和北办公楼 2 层 201 单元	100020	59379000
北京华贸支行	朝阳区建国路 79 号北京华贸购物中心 1 层 L131 号及 2 层部分商铺	100025	59379500
北京盈科中心支行	朝阳区工人体育场北路甲 2 号 B 栋 9 层部分单元	100027	59379239

恒生银行（中国）有限公司

机构名称	地　址	邮　编	电　话
北京中关村支行	海淀区丹棱街 3 号中国电子大厦 A 座 103 室	100080	62500000
北京工体北路支行	东城区工体北路 66 号 1 号楼 L105、L205 单元	100007	85293726
北京嘉里中心支行	朝阳区光华路 1 号（写字楼）首层 08 单元	100020	85293556
北京金融街支行	西城区太平桥大街 18 号 1 层 107 单元	100020	85293677

韩亚银行（中国）有限公司

机构名称	地　址	邮　编	电　话
北京中关村支行	海淀区海淀中街15号远中悦来15－15～15－17底商	100083	62666710
北京望京支行	朝阳区望京广顺北大街33号福码大厦1层101A室	100102	64721111
北京顺义支行	顺义区站前街8号院1号楼101－2号	101300	61479711

南洋商业银行（中国）有限公司

机构名称	地　址	邮　编	电　话
北京中关村支行	海淀区北四环西路9号2层209室	100080	59718565
北京东直门支行	东城区东中街29号商业南1层RB1J号	100027	64624200

瑞士银行（中国）有限公司

机构名称	地　址	邮　编	电　话
北京朝阳区支行	朝阳区建国门外大街1号院1号楼国贸大厦A座32层01，02C单元	100020	59696048

新韩银行（中国）有限公司

机构名称	地　址	邮　编	电　话
北京顺义支行	顺义区站前街三号顺鑫国际商务中心1层01号、2层01号	100005	60406008

机构名称	地　址	邮　编	电　话
北京望京支行	朝阳区望京西园429号楼1层103号	100102	64729866
北京亦庄支行	经济技术开发区荣华南路1号院2号楼1层102～103室	100176	

星展银行（中国）有限公司

机构名称	地　址	邮　编	电　话
北京金地中心支行	朝阳区建国路91号金地中心A座1层101单元	100022	57529251
北京燕莎中心支行	朝阳区亮马桥路50号1号楼S103及C317室	100125	57529201
北京中关村支行	海淀区海淀东三街2号欧美汇大厦1层102单元	100080	57529366
北京望京支行	朝阳区利泽西街6号院1号楼1层102－1、102－2铺位	100020	57529353
北京金融大街支行	西城区金融大街7号英蓝国际金融中心F105－106室	100033	57529012
北京亚运村支行	朝阳区北辰东路8号25号楼1层102单元	100101	57529576
北京东方广场支行	东城区东长安街1号北京东方广场东方新天地商场首层SS03号店铺	100738	57529552

友利银行（中国）有限公司

机构名称	地　址	邮　编	电　话
北京望京支行	朝阳区阜荣街10号1层	100102	84718866
北京顺义支行	顺义区仓上街2号AMB大厦A区1层	101300	89452220
北京三元桥支行	朝阳区东三环北路丙2号26A06～07室	100027	84407177

渣打银行（中国）有限公司

机构名称	地址	邮编	电话
北京燕莎中心支行	朝阳区亮马桥路50号1号楼1层S102B/S124号展厅	100125	59182666
北京中关村支行	海淀区海淀中街6号新东方大厦1层西北角	100080	59185333
北京华贸支行	朝阳区建国路77－81号华贸购物中心L122～L123单元	100025	59185408
北京东方广场支行	东城区东长安街1号东方广场东方经贸城中一办公楼平台层P－C1（01－03）号商铺	100738	59185710
北京亚运村支行	朝阳区安定路5号院8号楼外运大厦A座1层103室	100101	59185482
北京东直门支行	东城区东直门南大街1号北京来福士中心办公楼第2层03单元	100007	59185969
北京金融街支行	西城区丰盛胡同22号丰铭国际大厦A座第1层102－1单元	100033	59188980
北京永定门支行	东城区永定门西滨河路8号院7楼中海地产广场西塔2层01单元	100077	59188776
北京亦庄支行	经济技术开发区荣华中路10号亦城国际中心1幢裙房底商1层103号	100176	59182905
北京环球金融中心支行	朝阳区东三环中路1号1幢01层（01）111单元	100020	59185358

（6）资产管理公司

机构名称	地　址	邮　编	电　话
中国华融资产管理股份有限公司北京市分公司	西城区阜成门内大街293号	100034	66511186
中国长城资产管理股份有限公司北京市分公司	朝阳区工体南路东2号	100020	65528676
中国东方资产管理股份有限公司北京市分公司	东城区崇文门外大街44号大康大厦1－4层	100062	87559933
中国信达资产管理股份有限公司北京市分公司	东城区北三环东路36号环球贸易中心E座17～18层	100013	59025026

（7）信托公司

机构名称	地　址	邮　编	电　话
中诚信托有限责任公司	东城区安外大街2号中诚安贞大厦	100013	84267000
中信信托有限责任公司	朝阳区新源南路6号京城大厦13层	100004	13381075218
中国对外经济贸易信托有限公司	西城区复兴门内大街28号凯晨世贸中心中座6层	100031	59567790
中粮信托有限责任公司	朝阳区朝阳门南大街10号楼B座19～20层，A座3层302－03单元	100020	86378188
中国金谷国际信托有限责任公司	西城区金融大街33号通泰大厦C座10层	100033	88086816
华鑫国际信托有限公司	西城区新华里16号院2号楼102室、202室、302室	100044	83568201
英大国际信托有限责任公司	东城区建国门内大街乙18号院英大国际大厦4层	100005	51960228
中国民生信托有限公司	东城区建国门内大街28号民生金融中心C座19层	100005	85259091
北京国际信托有限公司	朝阳区安立路30号院1、2号楼	100012	59680888

机构名称	地址	邮编	电话
国民信托有限公司	东城区安外西滨河路18号国民信托中心	100011	84268088
国投泰康信托有限公司	西城区阜成门北大街2号楼16~17层	100034	83321800
建信信托有限责任公司	西城区闹市口大街一号院长安兴融中心4号楼10层	100031	67596169

（8）金融租赁公司

机构名称	地　　址	邮　编	电　话
建信金融租赁有限公司	西城区闹市口大街长安兴融中心1号院4号楼6层	100031	67594572
北银金融租赁有限公司	东城区总布胡同58号天润财富中心9~10层	100006	65204772
中国外贸金融租赁有限公司	海淀区三里河路1号北京市西苑饭店11号楼	100044	68321829

（9）汽车金融公司

机构名称	地　　址	邮　编	电　话
丰田汽车金融（中国）有限公司	朝阳区东三环中路1号环球金融中心西楼7层	100020	57639933
梅赛德斯－奔驰汽车金融有限公司	朝阳区望京街8号院3号楼7层801、8层901内02单元、10层1101、11层1201内01单元	100102	84173745
沃尔沃汽车金融（中国）有限公司	朝阳区景华南街5号远洋光华中心C座11层	100020	65982199
大众汽车金融（中国）有限公司	朝阳区望京阜荣街15号院3号楼	100102	65897100
东风标致雪铁龙汽车金融有限公司	朝阳区东三环中路20号乐成中心B座17层整层，21层01、05单元（电梯楼层为20层整层，25层01、05单元）	100022	65628168
宝马汽车金融（中国）有限公司	朝阳区东三环北路霞光里18号佳程广场B座22层	100027	84147013
北京现代汽车金融有限公司	朝阳区望京东园七区19号楼第20~25层	100102	13581931296

（10）财务公司

机构名称	地　址	邮　编	电　话
信科（北京）财务有限公司	海淀区学院路40号一区26号楼5层北区	100191	62301628
国药集团财务有限公司	海淀区知春路20号中国医药大厦7层	100088	82092606
西门子财务服务有限责任公司	朝阳区望京中环南路7号17幢16层043室	100102	64763801
北京首都旅游集团财务有限公司	朝阳区广渠路38号9层	100022	87953578
中煤财务有限责任公司	朝阳区黄寺大街1号中煤大厦6层	100120	82277130
中国移动通信集团财务有限公司	西城区西便门内大街53号博瑞琪大厦甲段6层	100053	53993555
三峡财务有限责任公司	海淀区玲珑路9号院东区4号楼	100097	57081388
中海石油财务有限责任公司	东城区东直门外小街6号海油大厦1901－1902室、21－25层部分	100022	84528257
国投财务有限公司	西城区阜成门北大街2号楼18层	100034	83325055
国机财务有限责任公司	海淀区丹棱街3号	100080	82606838
海航集团财务有限公司	朝阳区酒仙桥路甲4号3号楼19层1902－1903室	100016	58102779
京能集团财务有限公司	朝阳区永安东里16号商务中心区国际大厦23层01－03号	100022	85218571
国家能源集团财务有限公司	西城区西直门外大街18号楼2层7单元201－202室，3层7单元301－302室	100011	57336263
首都机场集团财务有限公司	顺义区首都机场四纬路9号B区3层66室	100621	64557031
亿利集团财务有限公司	朝阳区光华路15号院1号楼19层1903室	100031	57370424
中核财务有限责任公司	海淀区玲珑路9号院东区10号楼7至8层	100089	81926199
北京控股集团财务有限公司	朝阳区化工路59号院2号楼5层	100023	65879864
北京金隅财务有限公司	东城区北三环东路36号B座2102室	100013	59575678

中油财务有限责任公司	东城区东直门北大街9号A座	100007	62093632
中国石化财务有限责任公司	朝阳区朝阳门北大街22号石化大厦7层	100728	59966358
中航工业集团财务有限责任公司	朝阳区东三环中路乙10号艾维克大厦18层	100022	65675017
五矿集团财务有限责任公司	海淀区三里河路5号A247－A267（单）A226－A236（双）C106室	100044	68495776
航天科工财务有限责任公司	海淀区紫竹院路116号嘉豪国际中心B座6层、12层	100097	58930277
中节能财务有限公司	大兴区宏业东路1号院6号楼第6层101	100034	83496193
中国铁路财务有限责任公司	海淀区北蜂窝路5号院1－1号楼	100038	51898108
北京汽车集团财务有限公司	丰台区汽车博物馆东路6号院4号楼G座17－19层	100160	83362210
兵工财务有限责任公司	东城区安定门外青年湖南街19号	100011	84114795
兵器装备集团财务有限责任公司	海淀区车道沟10号院3号科研办公楼5层	100089	68966627
诚通财务有限责任公司	西城区复兴门内大街158号远洋大厦12层	100070	83278171
中国电子财务有限责任公司	海淀区中关村东路66号甲1号楼20－21层	100190	62672055
中国航空集团财务有限责任公司	朝阳区霄云路36号国航大厦18层01－03单元和26层	100027	84609870
中国航油集团财务有限公司	朝阳区安定路5号院3号楼21层01单元	100029	86497362
中国融通集团财务有限公司	海淀区中关村南大街18号北京国际大厦B座10－12层	100081	52389030
中铝财务有限责任公司	西城区文兴街1号院1号楼C座2－7层部分	100044	81923508
供销集团财务有限公司	西城区宣武门外大街甲1号C座7层	100052	59338332
中国黄金集团财务有限公司	东城区安定门外大街9号1层	100011	56353763
物美商业财务有限责任公司	海淀区西四环北路158号慧科大厦9层901室、12层1201室	100142	88192008

首钢集团财务有限公司	石景山区古城大街36号院1号楼	100000	56678852
中信财务有限公司	朝阳区新源南路6号京城大厦低层栋B座2层	100004	59668279
保利财务有限责任公司	东城区朝阳门北大街1号新保利大厦8层	100010	84192374
北大方正集团财务有限公司	海淀区成府路298号928	100871	82524798
华联财务有限责任公司	朝阳区裕民路12号一号楼9层B901室、B907室、B909室	100029	88086592
通用技术集团财务有限责任公司	丰台区西营街1号院1区1号楼1001	100071	81168398
国家电投集团财务有限公司	西直门外大街18号金茂大厦C1座15－18层	100044	56625823
中国大唐集团财务有限责任公司	西城区菜市口大街1号13、14层	100053	83956857
中国华电集团财务公司	西城区宣武门内大街2号中国华电大厦B座10层	100031	83568080
中化工程集团财务有限公司	大兴区欣雅街15号院1号楼16层至17层	100162	56765788
中铁财务有限责任公司	海淀区复兴路69号中国中铁大厦C座5层	100039	51952316
清华控股集团财务有限公司	海淀区中关村东路1号院8号楼清华科技园科技大厦A座10层	100084	82159898
中国电力财务有限公司	东城区建国门内大街乙18号院1号楼英大国际大厦	100005	51960605
中国华能财务有限责任公司	西城区复兴门南大街丙2号天银大厦C段西区7－8层	100031	63080829
航天科技财务有限责任公司	西城区平安里西大街31号	100035	66498873
中国电子科技财务有限公司	石景山区金府路30号院2号楼101－1、3－8层	100041	68589003
中国铁建财务有限责任公司	海淀区复兴路40号中国铁建大厦10层东	100855	52689072
中建财务有限责任公司	朝阳区安定路5号院3号楼20层	100029	86496308
通号集团财务有限公司	丰台区汽车博物馆南路1号院1号楼14层西侧	100070	50809273
中国建材集团财务有限公司	海淀区复兴路17号国海广场2号楼（B座）9层B10（整层）	100036	68139285

中交财务有限公司	西城区德胜门外大街83号德胜国际中心B座16层	100088	82016357
北京金融街集团财务有限公司	西城区真武庙路四条8号院2号楼、4号楼、10号楼2层2号楼商业202房间	100045	68065890
中化集团财务有限责任公司	西城区复兴门内大街28号凯晨世贸中心中座F3层	100031	59569458
中粮财务有限责任公司	朝阳区朝阳门南大街8号中粮福临门大厦19层	100020	85006238
中国电建集团财务有限责任公司	海淀区西直门外大街168号腾达大厦8层	100044	58367922
新华联集团财务有限公司	通州区台湖镇政府大街新华联总部大厦4层	101116	80538439
北京首农食品集团财务有限公司	西城区广安门内大街316号京粮古船大厦5层	100053	83570625
联通集团财务有限公司	西城区金融大街21号中国联通大厦A座10层	100033	66258255
中车财务有限公司	丰台区芳城园一区15号楼附楼1－5层	100078	51897058
招商局集团财务有限公司	朝阳区安定路5号院10号楼B栋15层1501号	100082	52296342
中国航发集团财务有限公司	海淀区西三环北路甲2号7号楼7层	100081	68981828
国新集团财务有限责任公司	海淀区复兴路12号恩菲科技大厦B座1层西侧	100038	83257423
中国电信集团财务有限公司	西城区西直门内大街118号冠华大厦8层	100035	56793225
中储粮集团财有限公司	西城区西直门外大街甲143号凯旋大厦A座5层	100044	88016750
中国能源建设集团财务有限公司	朝阳区西大望路甲26号院1号楼8层	100021	59098567
新兴际华集团财务有限公司	朝阳区向军北里28号院1号楼2层201	100020	65061833

（11）货币经纪公司

机构名称	地　　址	邮　编	电　话
中诚宝捷思货币经纪有限公司	东城区崇文门外大街8号院1号楼12层西塔1201、1202号	100062	63195018
上田八木货币经纪（中国）有限公司	通州区贡院街一号院北京国际财富中心15号楼	101199	56670826

（12）消费金融公司

机构名称	地 址	邮 编	电 话
北银消费金融有限公司	海淀区中关村大街22号中科大厦B座	100080	60190750/89948125
中信消费金融有限公司	朝阳区建国门外大街8号楼39层3301单元39008室	100022	65911008
阳光消费金融有限公司	石景山区石景山路乙18号院1号楼17层2008室	100040	81136980

（13）外国及港澳台地区银行北京代表处

机构名称	地 址	邮 编	电 话
德国巴登—符腾堡州银行北京代表处	朝阳区东方东路19号院5号楼–3至24层101内01座11层1101B室	100004	65900166/0167
德国中央合作银行股份有限公司北京代表处	朝阳区东方东路19号院5号楼–3至24层101内12层1201D室	100004	85261162
德国迈世勒银行股份有限公司北京代表处	朝阳区亮马桥路50号燕莎中心C502室	100600	64600532
意大利联合圣保罗银行股份有限公司北京代表处	朝阳区新源南路6号京城大厦2108室	100004	84862108
意大利西雅那银行股份有限公司北京代表处	朝阳区建国门外大街1号（一期）16幢16层04–05单元	100004	65053136/3137
意大利裕信银行股份有限公司北京代表处	朝阳区建国门外大街19号国际大厦2604室	100004	65003716
法国工商银行有限公司北京代表处	朝阳区建国门内大街7号光华长安大厦1座310室	100005	65102167
法国标致雪铁龙融资银行有限公司北京代表处	朝阳区亮马桥路50号北京燕莎中心1号楼C210B室	100016	59275981

俄罗斯工业通讯银行公众式股份公司北京代表处	朝阳区建国门外大街22号赛特大厦1308室	100004	85120068
俄罗斯外贸银行公众股份公司北京代表处	朝阳区建国门外大街19号国际大厦21BC室	100020	85262800
俄罗斯开发与对外经济银行（外经银行）国有公司北京代表处	朝阳区建国门外大街19号国际大厦20A室	100004	6592－8905
俄罗斯天然气工业银行股份公司北京代表处	朝阳区建国门外大街甲六号中环世贸中心C座1205室	100022	65630516/0051
俄罗斯储蓄银行公开股份公司北京代表处	朝阳区亮马桥50号北京燕莎中心办公楼C305－306A室	100016	64627039
俄罗斯农业银行股份公司北京代表处	朝阳区建国门外大街22号赛特大厦809室	100004	65686880
白俄罗斯银行储蓄银行公开股份公司北京代表处	朝阳区东大桥路9号楼1单元12层1201内01－06单元1539室	100022	59604290
瑞士苏黎世州银行北京代表处	朝阳区东三环北路38号3号楼6层705室	100125	64672539
瑞士信贷银行有限公司北京代表处	东城区金宝街89号金宝大厦19层1901B室	100027	63916889
瑞典北欧斯安银行有限公司北京代表处	朝阳区东方东路19号院5号楼－3至24层101内15层1505B室	100004	65900906
西班牙对外银行有限公司北京代表处	东城区建国门内大街7号7层12号	100005	65170937/65170939/65179166
西班牙萨瓦德尔银行股份有限公司北京代表处	东城区东直门外大街46号天恒大厦8层805室	100027	84608366/77/88
西班牙商业银行股份有限公司北京代表处	东城区建国门内大街7号光华长安大厦1座610～611室	100005	59111199
英国巴克莱银行有限公司北京代表处	东城区建国门北大街8号华润大厦2108室	100005	58165023
英国高盛国际银行无限责任公司北京代表处	西城区金融大街7号英蓝国际中心17层1731室	100140	66273138
塞浦路斯银行公共有限公司北京代表处	朝阳区建国门外大街2号院3号楼15层1503室	100022	65057723

巴基斯坦国民银行股份有限公司北京代表处	朝阳区新源南路2号昆仑饭店401室	100004	65903388－435
巴基斯坦联合银行股份有限公司北京代表处	朝阳区东三环中路5号楼21层（21）21内29号	100020	57750521
巴基斯坦艾尔哈比银行有限公司北京代表处	朝阳区建国门外大街1号（一期）16幢11层18－03室	100033	57379677
巴基斯坦阿斯卡利银行股份有限公司北京代表处	朝阳区建国门外大街1号（二期）24层2401－23室	100004	59298655
菲律宾首都银行及信托有限公司北京代表处	东城区建国门内大街18号恒基中心办公1楼1座1410室	100005	65183359/8
哈萨克斯坦人民储蓄银行股份公司北京代表处	朝阳区东四环中路41号嘉泰国际大厦A座2006室	100025	84532708
韩国输出入银行北京代表处	朝阳区大望京科技商务园区宏泰东街浦项中心A栋29层2901室	100102	64653371
日本三菱日联信托银行股份有限公司北京代表处	朝阳区建国门外大街26号2号楼6层6007号	100022	13520589252
日本三井住友信托银行股份有限公司北京代表处	朝阳区建国门外大街26号2号楼2008室	100022	65265325
日本农林中央金库有限公司北京代表处	朝阳区建国门外大街甲26号长富宫办公楼601室	100022	65130858
泰国开泰银行（大众）有限公司北京代表处	朝阳区建国门外大街19号国际大厦22层C室	100004	65008333/85262226
泰国汇商银行大众有限公司北京代表处	朝阳区建国门外大街1号（一期）16幢15层02－03单元	100004	57372681
合作金库商业银行股份有限公司北京代表处	朝阳区建国门外大街甲24号东海中心507室	100005	65188175
中国信托商业银行股份有限公司北京代表处	朝阳区光华路甲8号和乔大厦B座111室	100026	65813700
伊朗德佳拉特银行北京代表处	朝阳区亮马桥路50号燕莎中心写字楼C208室	100125	84551116
蒙古国郭勒穆特银行有限公司北京代表处	朝阳区建国门外大街19号中信国际大厦1号楼第20层第E号房间	100004	65033876

阿联酋国民银行股份有限公司北京代表处	朝阳区麦子店西路3号5层518	100125	13801235120
喀麦隆非洲第一银行有限公司北京代表处	朝阳区光华路8号楼1－4三层A330A房间	100025	51149178
尼日利亚第一银行股份有限公司北京代表处	东城区建国门内大街8号中粮广场B座1431室	100005	65286820
尼日利亚詹尼斯银行股份有限公司北京代表处	朝阳区建国门外大街1号国贸大厦三期15层1559室	100004	57372661
加拿大帝国商业银行有限公司北京代表处	朝阳区建国门外大街1号国贸大厦B座56层03单元	100022	65667071－103
加拿大丰业银行有限公司北京代表处	东城区建国门北大街8号华润大厦503室	100005	85192050
美国国泰银行有限公司北京代表处	海淀区首都体育馆南路6号3号楼1155室	100004	65159115/9118
美国华美银行股份有限公司北京代表处	东城区建国门内大街7号光华长安大厦6楼609室	100005	65101551
古巴国民银行北京代表处	朝阳区建国门外大街丙24号京泰大厦706和708室	100022	65156586
智利银行股份有限公司北京代表处	朝阳区建国门外大街乙12号双子座大厦西塔606室	100022	58794301
阿根廷国民银行北京代表处	朝阳区建国门外大街1号国贸写字楼2座7层719室	100004	65051661
巴基斯坦联盟银行有限公司北京代表处	朝阳区东三环北路甲26号楼4层B26室	100125	65350174
匈牙利储蓄商业银行公共有限公司北京代表处	朝阳区建国门外大街1号院16号楼23层2315室	100022	85098729
卢森堡国际银行有限责任公司北京代表处	海淀区科学院南路2号C座12层S1210	100000	82697692
阿提佳瑞瓦法银行有限公司北京代表处	朝阳区建国门外大街1号院16号楼38层3851，52室	100022	56815726
塔吉克斯坦东方银行开放式股份公司北京代表处	朝阳区安定路5号院1号楼天圆祥泰大厦24层	100029	13810632729

（14）外国及港澳台地区非银行金融机构北京代表处

机构名称	地　址	邮　编	电　话
美国万事达卡国际组织北京代表处	东城区建国门北大街8号华润大厦701~702	100005	85199309
日本国际信用卡公司北京代表处	朝阳区建国路乙118号京汇大厦2006室	100022	18519958680
宝捷思资本市场（香港）有限公司北京代表处	东城区崇文门外大街8号院1号楼12层西塔1204-1号	100190	13911359079
英国路孚特交易服务有限公司北京代表处	东城区东长安街1号东方广场东一办公楼18层5-12室	100738	13810544648
韩国货币经纪株式会社北京代表处	朝阳区建国门外大街2号银泰写字楼C座1542号	100022	15801252538
西联金融服务公司北京代表处	朝阳区建国门外大街乙12号双子座大厦东塔22层2208A室	100022	13811157273
英国银星速汇有限公司北京代表处	朝阳区新源里16号琨莎中心1座1003室	100027	84683286
CMC Markets 英国公共有限公司北京代表处	西城区武定侯街6号11层1101-1202L室	100738	66070021
比利时欧洲清算银行有限公司北京代表处	西城区武定侯街6号卓著中心308室	100033	58543212、13683035208
美国嘉盛集团北京代表处	朝阳区广顺南大街16号1号楼17层1901内173室	100102	13911626168

3. 证券业机构

（1）证券公司

机构名称	地　址	邮　编	电　话
北京高华证券有限责任公司	西城区金融大街7号英蓝国际中心18层	100034	4006508356

第一创业证券承销保荐有限责任公司	西城区武定侯街6号卓著中心10层	100033	63212001
东兴证券股份有限公司	西城区金融大街5号新盛大厦B座12－15层	100033	66555835
高盛高华证券有限责任公司	西城区金融大街7号英蓝国际中心18层	100034	66273358
国都证券股份有限公司	东城区东直门南大街3号国华投资大厦9－10层	100007	4008188118
国开证券股份有限公司	西城区阜成门外大街29号	100007	51789114
华融证券股份有限公司	西城区金融大街8号A座5层	100033	95390
瑞信方正证券有限责任公司	东城区金宝街89号19层	100033	66538666
瑞银证券有限责任公司	西城区金融大街7号英蓝国际中心15层	100034	4008878827
首创证券股份有限公司	西城区德胜门外大街115号德胜尚城E座	100088	4006200620
新时代证券股份有限公司	海淀区北三环西路99号西海国际中心1号楼15层	100086	4006989898
信达证券股份有限公司	西城区闹市口大街9号院1号楼信达金融中心	100031	4008008899
中德证券有限责任公司	朝阳区建国路81号华贸中心写字楼一座22层	100025	59026663
中国国际金融股份有限公司	朝阳区建国门外1号国贸大厦2座，建外大街甲6号爱思开大厦38层	100022	65051166
方正证券承销保荐有限责任公司	朝阳区北四环中路27号院5号楼北京盘古大观写字楼40层－43层	100140	4008895618
中国银河证券股份有限公司	丰台区西营街8号院1号楼青海金融大厦	100073	4008888888
中信建投证券股份有限公司	东城区朝内大街188号	100010	95587
大和证券（中国）有限责任公司	西城区锦什坊街35号1号楼11层1109	10033	80936899

（2）证券分公司

机构名称	地　址	邮　编	电　话
安信证券股份有限公司北京分公司	西城区阜成门北大街2号楼15层	100033	83321198
渤海证券股份有限公司北京分公司	西城区西直门外大街甲143号C座第F2层M单元	100044	88016588

财达证券股份有限公司北京分公司	海淀区首体南路20号4/5号楼2层201室	100191	62355006
财通证券股份有限公司北京分公司	西城区月坛南街14号月新大厦10层1007室	100052	62666600
财通证券资产管理有限公司北京分公司	西城区月坛南街14号月新大厦10层1005室	100045	0571—89720027
川财证券有限责任公司北京分公司	东城区建国门内大街28号1幢6层601室	100005	66495971
大同证券有限责任公司北京分公司	朝阳区光华东里8号院2号楼18层1801内2001室	100020	65852699
德邦证券股份有限公司北京分公司	东城区金宝街89号金宝大厦7层03、04、05单元	100044	58302537
第一创业证券股份有限公司北京分公司	西城区金融大街9号等2幢甲9号楼8层801C室	100033	63197866
东北证券股份有限公司北京分公司	西城区西直门外大街1号院3号楼9D1－D3室	100033	58302526
东北证券股份有限公司北京中关村分公司	东城区安德路甲61号2号楼3层A－301、303、305室	100011	64522878
东莞证券股份有限公司北京分公司	海淀区中关村南大街17号3号楼19层1910－1913室	100089	58473288
东吴证券股份有限公司北京分公司	西城区金融大街19号富凯大厦B座1003室	100033	66573700
东亚前海证券有限责任公司北京分公司	东城区朝阳门北大街8号	100005	85283100
方正证券股份有限公司北京分公司	丰台区菜户营南路139号院1号楼－2至8层101内6层601室	100055	59355478
方正证券股份有限公司北京证券资产管理分公司	朝阳区朝阳门南大街10号兆泰国际中心A座18层02单元	100037	57395177
光大证券股份有限公司北京分公司	西城区月坛北街2号月坛大厦东配楼2层	100037	58452088
广发证券股份有限公司北京分公司	西城区月坛北街2号月坛大厦18层	100045	59136868
国海证券股份有限公司北京分公司	海淀区西直门外大街168号	100044	68366838
国金证券股份有限公司北京分公司	怀柔区杨宋镇和平路甲7号楼1－2层5单元101室	101499	95310
国联证券股份有限公司北京分公司	东城区安定门外大街208号中粮置地广场A座4层407单元	100044	68798616

国融证券股份有限公司北京分公司	西城区闹市口大街1号院长安兴融中心4号楼11层	100020	95385/65958678
国盛证券有限责任公司北京分公司	朝阳区永安东里8号1幢17层1702内14单元	100033	56500252
国泰君安证券股份有限公司北京分公司	海淀区知春路7号致真大厦B座202室	100086	82263606
国信证券股份有限公司北京分公司	海淀区三里河路13号1、10－12层	100044	88315666
国元证券股份有限公司北京分公司	东城区东直门外大街46号天恒大厦A座21层	100027	84608789
海通证券股份有限公司北京分公司	海淀区中关村南大街甲56号方圆大厦写字楼7层701室	100044	88027666
宏信证券有限责任公司北京分公司	海淀区紫竹院路116号嘉豪国际中心A座西2层	100022	56088926
华安证券股份有限公司北京分公司	朝阳区东三环中路20号A座27层（23层）	100022	56683566
华宝证券股份有限公司北京分公司	西城区金融大街11号7层702室	100020	57610206
华创证券有限责任公司北京分公司	西城区锦什坊大街26号楼4层401室	100033	63609811
华福证券有限责任公司北京分公司	朝阳区朝阳门北大街20号1至25层101内1层107、22层	100027	89926958
华金证券股份有限公司北京分公司	朝阳区建国路108号、甲108、乙108、110、112、116、118、甲118、乙118地下部分等2幢内108号楼14层01、02、03、04单元	100005	85552667
华金证券股份有限公司北京第二分公司	东城区建国门南大街7号璞邸酒店C座8层802A室、808－809室	100005	85879637
华兴证券有限公司北京分公司	朝阳区工人体育场北路甲2号盈科中心B座16层01单元	100027	65301116
华龙证券股份有限公司北京分公司	西城区金融大街33号6层603、620、622室	100033	88086251
华融证券股份有限公司北京分公司	西城区金融大街8号3层	100032	85556858
华泰证券股份有限公司北京分公司	西城区太平桥大街丰盛胡同28号太平洋保险大厦A座18层1801室	100032	63211166－616

华西证券股份有限公司北京分公司	海淀区紫竹院路31号华澳中心2层	100097	51669396－219
华鑫证券有限责任公司北京分公司	西城区阜成门外大街甲28号西楼10－01、10－02室	100037	88306898
华英证券有限责任公司北京分公司	东城区安定门外大街208号院1号楼4层405单元	100020	0510－85200970/58113000
汇丰前海证券有限责任公司北京分公司	朝阳区东三环中路1号1幢2单元2001内07－09单元	100020	57952392
江海证券有限公司北京分公司	朝阳区东三环南路58号富顿中心2层202室	100022	58674866
江海证券有限公司北京第二分公司	朝阳区东三环南路甲52楼13层16A室	100020	58672104
九州证券股份有限公司北京分公司	朝阳区慧忠里103楼7层A座701室	100032	83150768
开源证券股份有限公司北京分公司	朝阳区天泽路16号院2号楼4层（04）401内411	100027	58080500
开源证券股份有限公司北京第三分公司	丰台区榴乡路88号院18号楼6层601室	100075	58080620
联储证券有限责任公司北京分公司	朝阳区安定路5号院3号楼27层04单元	100013	86499821
民生证券股份有限公司北京分公司	海淀区西北旺东路10号院东区1号楼3层305A室	100094	58741955
南京证券股份有限公司北京分公司	朝阳区东三环19号联合国际大厦甲段M层	100021	87820580
平安证券股份有限公司北京市分公司	东城区东花市北里西区23号B座	100032	59734825
山西证券股份有限公司北京分公司	海淀区高梁桥斜街13号院甲33号楼2层201室	100044	62236800
申港证券股份有限公司北京分公司	海淀区首体南路9号4楼5层501室	100044	56931989
申万宏源证券承销保荐有限责任公司北京分公司	西城区太平桥大街19号B座5层	100034	88085789
申万宏源证券有限公司北京分公司	海淀区西直门北大街甲43号1幢5层1－18－01至1－18－06	100044	87770336
申万宏源证券有限公司北京资产管理分公司	西城区太平桥大街19号B座2层	100033	88085731
世纪证券有限责任公司北京分公司	东城区东四十条68号平安发展大厦东区3层312室	100007	65867552

首创证券股份有限公司北京分公司	朝阳区北辰东路8号8号楼2层212室	100101	84975825
太平洋证券股份有限公司北京分公司	西城区北展北街5、7、9、11、13、15、17号；2层9号	100044	88321608
天风证券股份有限公司北京证券承销分公司	西城区佟麟阁路36号	100031	65534527
万和证券股份有限公司北京分公司	西城区玉廊西园9号楼7层701室	100027	84367301
网信证券有限责任公司北京分公司	西城区珠市口西大街120号1号楼7层0701－0705室	100022	85111399
五矿证券有限公司北京分公司	海淀区首体南路9号4楼6层603室	100048	56176256
西部证券股份有限公司北京第二分公司	西城区丰盛胡同28号楼4层401室	100045	62139009
西部证券股份有限公司北京第一分公司	西城区月坛南街59号1401－1室	100086	68529007
东方财富证券股份有限公司北京分公司	海淀区西直门北大街32号枫蓝国际大厦B座1506室	100082	82206330
西南证券股份有限公司北京分公司	西城区北三环中路27号4层427室	100022	62015533
湘财证券股份有限公司北京承销与保荐分公司	西城区月坛南街1号院1号楼2层1－204－01单元	100032	56510920
湘财证券股份有限公司北京资产管理分公司	西城区月坛南街1号院1号楼2层1－204－02单元	100032	56510801
湘财证券股份有限公司北京分公司	朝阳区芍药居北里101号世奥国际中心A座7层	100029	84646666
新时代证券股份有限公司北京分公司	海淀区中关村东路66号1号楼20层2306－B室	100190	62672700
兴业证券股份有限公司北京分公司	朝阳区建国门外大街甲6号1幢1层B座1－1内04室	100033	82005889
银河金汇证券资产管理有限公司北京分公司	西城区金融大街35号国际企业大厦C座6层	100033	66237650
粤开证券股份有限公司北京分公司	西城区广安门外大街377号4幢2－3层	100055	64408910
长城国瑞证券有限公司北京分公司	大兴区庞各庄镇瓜乡路10号3号楼790室	102601	68085907
长城证券股份有限公司北京分公司	西城区西直门外大街112号阳光大厦8－9层	100044	88367710

长江证券股份有限公司北京分公司	西城区金融大街33号通泰大厦B段15层	100033	58815299
招商证券股份有限公司北京分公司	朝阳区建国路118号8层A1A2单元、11层B1B2单元	100022	65684912
浙江浙商证券资产管理有限公司北京分公司	西城区广安门外大街1号4层412室	100708	057187903370
中国银河证券股份有限公司北京分公司	西城区太平桥大街111号5层	100033	58872898
中国中金财富证券有限公司北京分公司	丰台区宋庄路71号院1号楼11层1102室	100032	5887－8788
中航证券有限公司北京分公司	朝阳区望京东园四区2号楼35层3501号01室	100101	84801312
中山证券有限责任公司北京分公司	西城区车公庄大街乙1号	100044	68346977
中泰证券股份有限公司北京分公司	朝阳区新源南路8号启皓中心西塔16层08单元	100027	65081287
中天国富证券有限公司北京分公司	朝阳区朝阳门南大街10号兆泰国际中心A座20层北侧部分	100020	58251762
中信建投证券股份有限公司北京鸿翼分公司	东城区朝阳门内大街2号凯恒中心B座9层	100005	86451427
中信证券股份有限公司北京分公司	东城区建国门北大街5号金成建国5号4层	100005	60836833
中银国际证券股份有限公司北京分公司	西城区西单北大街110号西单汇7层	100032	66229255
中邮证券有限责任公司北京证券资产管理分公司	东城区珠市口东大街17号1层118－119、122、130室	100088	67017788－8008
中原证券股份有限公司北京分公司	西城区月坛北街2号月坛大厦北座主楼16层1611室	100055	83065732
东北证券股份有限公司北京固定收益分公司	东城区安德路甲61号2号楼3层A－301A室	100010	62310854
摩根士丹利华鑫证券有限责任公司北京分公司	东城区安定门外大街208号院1号楼12层1203、1206及1207单元	100011	58288300
信达证券股份有限公司北京分公司	石景山区八角西街68号	100043	68887451
野村东方国际证券有限公司北京分公司	朝阳区东三环北路5号北京发展大厦1层100C室、118室	100020	56329301
华林证券股份有限公司北京第一分公司	朝阳区北三环东路28号易亨大厦2层	100013	64405986

中信建投证券股份有限公司北京东城分公司	东城区东直门南大街6号	100020	64172758
国海证券股份有限公司北京第一分公司	朝阳区和平街11区38号楼	100013	64211802
中信建投证券股份有限公司北京朝阳分公司	朝阳区安立路66号4号楼	100107	64906210
中信建投证券股份有限公司北京海淀分公司	海淀区丹棱街18号创富大厦1层108室、2层	100080	82666938
中信建投证券股份有限公司北京京南分公司	丰台区南大红门路15号梅源市场南段	100076	68759942/62
中信建投证券股份有限公司北京京西分公司	海淀区三里河路39号，甘家口大厦南行200米路西，迈行大厦5层	100044	88381545
甬兴证券有限公司北京分公司	西城区平安里西大街26号楼16层1601－10室	100034	56508299
东方证券承销保荐有限公司北京分公司	丰台区东管头1号院1号楼1－215室	100071	021－23153888
浙商证券股份有限公司北京分公司	海淀区中关村南大街6号中电信息大厦5层	100086	82168390
上海东方证券资产管理有限公司北京分公司	西城区武定侯街2号、4号13层F2－1（B）1301－05、1301－06室	100033	83927308

（3）证券营业部

机构名称	地　　址	邮　编	电　话
安信证券股份有限公司北京安宁庄西路证券营业部	海淀区安宁庄西路9号院29号楼第13层1307～1308室	100085	60774588
安信证券股份有限公司北京北苑路证券营业部	朝阳区天溪园20号楼1层商业24号	100107	84932761
安信证券股份有限公司北京滨河路证券营业部	门头沟区滨河路115号滨河大厦1407室	102300	69820626
安信证券股份有限公司北京东升科技园证券营业部	海淀区西小口路66号中关村东升科技园北领地B－2号楼	100192	62928212
安信证券股份有限公司北京东四环中路证券营业部	朝阳区东四环中路82号2座2－1座01层101－2室	100025	67386787
安信证券股份有限公司北京东直门南大街证券营业部	东城区东直门南大街5号6层616－618室	100007	60774588

安信证券股份有限公司北京阜成门证券营业部	西城区阜成门北大街2号楼7层701室	100034	83321505
安信证券股份有限公司北京复兴门外大街证券营业部	西城区复兴门外大街A2号中化大厦11层	100045	68616066
安信证券股份有限公司北京广安路证券营业部	丰台区广安路9号院国投财富广场5号楼3A12室	100071	83688930
安信证券股份有限公司北京怀柔南大街证券营业部	怀柔区南大街1号2幢1层东向西第二间	101499	82565282
安信证券股份有限公司北京建国门外大街证券营业部	朝阳区建国门外大街乙24号燕华苑1座N101室	100021	85985637
安信证券股份有限公司北京将台西路证券营业部	朝阳区丽都花园路5号院1号楼6层601号06室	100016	84766301
安信证券股份有限公司北京钱粮北路证券营业部	顺义区钱粮北路3号院2号楼1层108室	101399	61438832
安信证券股份有限公司北京青塔西路证券营业部	丰台区青塔西路52号院10号楼1至2层2单元甲37号	100071	63878966
安信证券股份有限公司北京石佛营路证券营业部	朝阳区八里庄北里129号院10号楼115室	100025	85527007
安信证券股份有限公司北京西关二巷证券营业部	通州区新华南二街12号院2号楼1层2－13室	101100	80884800
安信证券股份有限公司北京霄云路证券营业部	朝阳区霞光里15号霄云中心A座21层2101室	100125	84488362
安信证券股份有限公司北京兴华大街证券营业部	大兴区丽园路7号1－2层116室	100070	89293310
安信证券股份有限公司北京远大路证券营业部	海淀区蓝靛厂金源时代购物中心B区2#B座12层1203－1室、1209－1室	100097	88893680
安信证券股份有限公司北京政通路证券营业部	房山区良乡政通路12号501室	102401	61378661
安信证券股份有限公司北京中关村东路证券营业部	海淀区中关村南一条甲1号2号楼1层102室	100190	62561618

北京高华证券有限责任公司北京金融大街证券营业部	西城区金融街7号英蓝国际金融中心18层	100034	66273539
渤海证券股份有限公司北京大兴兴华大街证券营业部	大兴区兴华大街（二段）13号院5号楼1层4－2号	102600	69261315
渤海证券股份有限公司北京广渠门外大街证券营业部	东城区广渠家园3楼1层101－1室	100124	15811285287
渤海证券股份有限公司北京广顺北大街证券营业部	朝阳区（望京）广顺北大街33号院1号楼福码大厦A座705－706室	100102	64776160
渤海证券股份有限公司北京慧忠里证券营业部	朝阳区北辰东路8号汇欣大厦A座1层	100101	64892180
渤海证券股份有限公司北京西外大街证券营业部	西城区西直门外大街甲143号凯旋大厦C座2层	100044	88016467
财达证券股份有限公司北京首体南路证券营业部	海淀区首体南路20号国兴家园D座	100044	88354732
财达证券股份有限公司北京知春路证券营业部	海淀区知春路17号1层036室	100083	62356660
财通证券股份有限公司北京北三环证券营业部	朝阳区安贞西里三区26楼9层906室	100025	64453706
财信证券有限责任公司北京朝阳东三环中路证券营业部	朝阳区建外SOHO东区7号楼3层SH－7302室	100020	80456300
财信证券有限责任公司北京德胜门外大街证券营业部	西城区德胜门外大街13号院1号楼305室（德胜园区）	100037	68003012
财信证券有限责任公司北京中关村东路证券营业部	海淀区中关村东路89号恒兴大厦南门301（保福寺桥西南角）	100080	62615553
长城国瑞证券有限公司北京工体南路证券营业部	朝阳区朝外大街16号1幢7层703室	100020	50947396
长城国瑞证券有限公司北京西直门证券营业部	西城区西直门外大街18号楼9层6单元1002室	100044	68080680
长城国瑞证券有限公司北京远大路证券营业部	海淀区蓝靛厂东路2号院2号楼（金源时代商务中心2号楼）1单元A座17E	100097	88508825

长城证券股份有限公司北京滨河中路证券营业部	通州区江米店街2号院5号楼9层914～915室、917室	100034	89528571
长城证券股份有限公司北京崇文门外大街证券营业部	东城区崇文门外大街新怡家园甲3号楼11层1106B室	100062	67089320
长城证券股份有限公司北京阜成门外大街证券营业部	西城区阜成门外大街甲28号西楼19层1909室	100034	68339069
长城证券股份有限公司北京望京西路证券营业部	朝阳区望京西路50－1号卷石天地大厦A座7层（望京桥东北）	100102	64562003
长城证券股份有限公司北京小营路证券营业部	朝阳区北苑路86号院215号楼1层商业107室	100101	64964121
长城证券股份有限公司北京知春路证券营业部	海淀区知春路51号2层201室	100086	82533097
长城证券股份有限公司北京中核路证券营业部	丰台区科学城中核路一号3号楼2层	100070	83670879
长江证券股份有限公司北京百万庄大街证券营业部	西城区百万庄大街22号机工大厦2层	100037	68361550
长江证券股份有限公司北京德胜门外大街证券营业部	西城区德胜门外大街13号院1号楼1层105A室	100009	82209680
长江证券股份有限公司北京广渠门内大街证券营业部	东城区广渠门内大街45号雍贵中心D座202室（营业部正在迁址，此为新地址）	100062	51696663
长江证券股份有限公司北京国贸证券营业部	朝阳区建国路93号院万达广场9号楼101室	101100	58203808
长江证券股份有限公司北京回龙观西大街证券营业部	昌平区回龙观西大街16号院1号楼1－6层	102206	80765516
长江证券股份有限公司北京通州证券营业部	通州区观音庵北街4号院1号楼4层407室	101199	62423429
长江证券股份有限公司北京万柳东路证券营业部	海淀区长春桥路万柳亿城中心A座901室	100089	58818680
长江证券股份有限公司北京望京证券营业部	朝阳区阜通东大街1号院5号楼2层3209室	100102	52091528
长江证券股份有限公司北京新源里证券营业部	朝阳区新源里16号琨莎中心2号楼3A4层	100027	64679391

诚通证券股份有限公司北京北三环西路证券营业部	海淀区北三环西路99号院1号楼2层201室	100086	83561154
诚通证券股份有限公司北京东三环中路证券营业部	朝阳区东三环中路59号楼4层501内B号	100020	57271228
诚通证券股份有限公司北京榴乡路证券营业部	丰台区榴乡路88号院13号楼3层302	100079	67527234
诚通证券股份有限公司北京南礼士路证券营业部	西城区南礼士路三号海通大厦A座3~4层	100037	68025244
诚通证券股份有限公司北京天通苑证券营业部	昌平区东小口镇天通苑405号楼2层	102218	84810632
诚通证券股份有限公司北京新华北路证券营业部	通州区运河核心区IV－01地块绿地大厦1号楼9层901室	101100	80887484
诚通证券股份有限公司北京宣武门外大街证券营业部	西城区宣武门外大街26、28、30号2幢4层28号B408室	100052	88312798
诚通证券股份有限公司北京羊坊店路证券营业部	海淀区羊坊店路18号2幢3层301－004室	100049	63986282
诚通证券股份有限公司北京中关村东路证券营业部	海淀区中关村东路66号1号楼20层2306－A室	100190	62672788
大和证券（中国）有限责任公司北京光华路证券营业部	朝阳区光华路1号（写字楼）7层705室	100020	80936986
大通证券股份有限公司北京建国路证券营业部	朝阳区建国路86号院1号楼8层04室	100022	67740699
大同证券有限责任公司北京西四环中路证券营业部	海淀区西四环中路39－7号万地名苑（大厦）1层（五棵松桥西北）	100039	68155388
德邦证券股份有限公司北京朝阳北路证券营业部	朝阳区朝阳北路237号复星国际中心19层1903室、1905室	100020	65089628
第一创业证券股份有限公司北京朝阳证券营业部	朝阳区东三环北路甲19号楼17层2006室	100621	88866799

第一创业证券股份有限公司北京和平里证券营业部	朝阳区西坝河南路1号4号楼第9层01、02、09单元	100621	88956762
第一创业证券股份有限公司北京中关村证券营业部	海淀区北四环西路66号11层1220～1221室	100080	62423577
东北证券股份有限公司北京三里河东路证券营业部	西城区三里河东路5号中商大厦4层	100045	68573809
东北证券股份有限公司北京通州证券营业部	通州区玉带河东街336号楼1层	101199	65256081
东方财富证券股份有限公司北京朝内大街证券营业部	东城区北京inn4号楼106室	100010	58641970
东方财富证券股份有限公司北京海淀大街证券营业部	海淀区彩和坊路10号1层121～122室	100082	81046708
东方财富证券股份有限公司北京航丰路证券营业部	丰台区航丰路1号院1号楼1至2层101内103室	100070	63703597
东方财富证券股份有限公司北京建国路证券营业部	朝阳区建国路93号院12号楼1205号	101100	58208817
东方财富证券股份有限公司北京金融大街证券营业部	西城区太平桥大街8号院10号楼1至2层34室	100031	59352926
东方财富证券股份有限公司北京三元桥证券营业部	朝阳区曙光西里甲1号1层05（跃层）	100012	58220096
东方财富证券股份有限公司北京望京北路证券营业部	朝阳区利泽中园208号1幢1层101内1104室	100102	53526043
东方财富证券股份有限公司北京西三环北路证券营业部	海淀区西三环北路72号A座2103室	100048	53973903
东方财富证券股份有限公司北京宣武门证券营业部	西城区宣武门外大街28号2幢7层A707－A709室	100034	83531821

东方证券股份有限公司北京安立路证券营业部	朝阳区北辰东路8号院27号楼2层202～203号、3层301号	100101	84896009
东方证券股份有限公司北京国贸证券营业部	朝阳区光华路8号17幢1层A111室及2层A212室	100020	80456075
东方证券股份有限公司北京望京证券营业部	朝阳区望京西园丙410号楼1层410C－1（1）5号	100102	64747101
东方证券股份有限公司北京学院路证券营业部	海淀区学院路30号科大天工大厦B座12层	100083	62660253
东海证券股份有限公司北京西三环北路证券营业部	海淀区西三环北路87号财经中心D座9层	100101	84892359
东莞证券股份有限公司北京西城太平街证券营业部	西城区太平街8号院30号楼3层301－01室	102202	63166002
东莞证券股份有限公司北京兴华大街证券营业部	大兴区黄村镇富强路97号	102611	62699490
东吴证券股份有限公司北京安定路证券营业部	朝阳区安定路39号长新大厦5层506室	100029	84113676
东吴证券股份有限公司北京宣武门外大街证券营业部	西城区宣武门外大街6、8、10、12、16、18号6号楼3层323室	100034	57724920
东兴证券股份有限公司北京北四环中路证券营业部	海淀区北四环中路229号海泰大厦2层（志新桥西北角）	100083	82884280
东兴证券股份有限公司北京大望路证券营业部	朝阳区西大望路15号外企大厦B座4层	100022	67771886－699
东兴证券股份有限公司北京复兴路证券营业部	海淀区复兴路65号电信实业大厦1层103室	100036	50981825
东兴证券股份有限公司北京金宝街证券营业部	东城区金宝街2号1层101－102室	100005	65277088
东兴证券股份有限公司北京金融大街证券营业部	西城区金融大街9号楼3层302室	100032	66555383
东兴证券股份有限公司北京知春路证券营业部	海淀区知春路甲63号中国卫星通信大厦西座1层01单元	100088	66551710
方正证券股份有限公司北京安定门外大街证券营业部	东城区安定门外大街66号3幢101室	100011	84215585

方正证券股份有限公司北京安慧东里证券营业部	朝阳区小营路17号1幢2层206室	101100	64830266－609
方正证券股份有限公司北京彩和坊路证券营业部	海淀区彩和坊路8号天创科技大厦1层101－102室	100080	62698099
方正证券股份有限公司北京朝外西街证券营业部	朝阳区朝外西街3号1幢2层2019单元	100020	56992442
方正证券股份有限公司北京丰台西局欣园证券营业部	丰台区西局欣园南区3号楼	100161	63859115
方正证券股份有限公司北京阜外大街证券营业部	西城区展览馆路42、44、46、48号楼5层588室	100044	68571606
方正证券股份有限公司北京回龙观西大街证券营业部	昌平区回龙观西大街16号院1号楼1层A105室	100037	57766982
方正证券股份有限公司北京马家堡西路证券营业部	丰台区星河苑2号院14号楼1层商业01室	100068	67509788
方正证券股份有限公司北京荣华中路证券营业部	经济技术开发区荣华中路5号院2号楼1层102室	100176	67875110
方正证券股份有限公司北京上地三街证券营业部	海淀区上地三街9号E座1层105－1室	100085	62962951
方正证券股份有限公司北京佟麟阁路证券营业部	西城区佟麟阁路95号尚信大厦6～7层（新华社西门）	100031	66412303
方正证券股份有限公司北京望京证券营业部	朝阳区望京街9号商业楼3层325－1～325－2室、326－1～326－2室	100102	84484501
方正证券股份有限公司北京玉带河东街证券营业部	通州区玉带河东街105号1－2层全部	102208	60567762
高盛高华证券有限责任公司北京英蓝证券营业部	西城区金融大街7号－4至19层101内17层1705单元	100045	66273000

光大证券股份有限公司北京朝阳路证券营业部	朝阳区东四环中路41号9层918－922室	100124	66066839
光大证券股份有限公司北京大兴证券营业部	大兴区金星西路19号及19号院2号楼101室	102600	53221989
光大证券股份有限公司北京东中街证券营业部	东城区东中街29号东环广场B座写字楼2层（保利大厦北）	100027	64182899
光大证券股份有限公司北京光华路证券营业部	朝阳区光华路4号院3号楼C座1506－1507室	100020	85951550
光大证券股份有限公司北京丽泽路证券营业部	丰台区西三环南路14号院1号楼2层201－1室	100054	83067026
光大证券股份有限公司北京三元桥证券营业部	朝阳区东三环北路霞光里18号1号楼B座3层307单元	100621	64182800
光大证券股份有限公司北京四季青证券营业部	海淀区通汇路14号B区202室	100195	60562870
光大证券股份有限公司北京西直门证券营业部	西城区西直门外大街1号院2号楼8层8C12室	100044	58302858
光大证券股份有限公司北京小营路证券营业部	朝阳区惠新东街甲2号楼－3至25层101内7层701室	100029	59046206
光大证券股份有限公司北京永安里证券营业部	朝阳区通用国际中心A座606室	100022	58793155
光大证券股份有限公司北京月坛北街证券营业部	西城区月坛北街2号月坛大厦东配楼3、5层（月坛体育场北）	100045	68081180
光大证券股份有限公司北京中关村大街证券营业部	海淀区海淀大街8号A座2层A－C室	100080	82484423
光大证券股份有限公司北京总部基地证券营业部	丰台区外环西路26号院5号楼4层	100070	68588150
广发证券股份有限公司北京安立路证券营业部	朝阳区安立路68号3层D375－D379室	100027	64669682
广发证券股份有限公司北京朝阳门证券营业部	东城区朝阳门银河SOHO A座2层10201/02室	100007	59653680
广发证券股份有限公司北京阜成门南大街证券营业部	西城区阜成门南大街甲3号（万通大厦南）	100037	68020650
广发证券股份有限公司北京广安门内大街证券营业部	西城区广安门内大街316号京粮古船大厦6层（莱百西）	100053	63547192

广发证券股份有限公司北京建外大街证券营业部	朝阳区建外大街19号国际大厦A座301室	100004	65150629
广发证券股份有限公司北京京广桥证券营业部	朝阳区呼家楼（京广中心）1号楼36层3601－04室	100020	56683988
广发证券股份有限公司北京鲁谷路证券营业部	石景山区鲁谷路74号中国瑞达大厦6层F608－609室	100040	68609553
广发证券股份有限公司北京善缘街证券营业部	海淀区善缘街1号1层16－1室	100093	82636787
广发证券股份有限公司北京宣武门外大街证券营业部	西城区宣武门外大街甲1号环球财讯中心D座11层	100034	83948111
广发证券股份有限公司北京中关村东路证券营业部	海淀区中关村东路8号东升大厦A座601室	100083	82526215
国都证券股份有限公司北京北三环中路证券营业部	西城区北三环中路6号3幢伦洋大厦13层1306房间（德胜园区）	100029	59633865
国都证券股份有限公司北京朝阳路证券营业部	朝阳区八里庄西里97号97号楼1506号	100025	65505073
国都证券股份有限公司北京东中街证券营业部	东城区东中街40号1号楼1层06号－2房屋	100027	65533232
国都证券股份有限公司北京阜外大街证券营业部	西城区阜成门外大街22号1幢3层301室	100037	68994200
国都证券股份有限公司北京九棵树街证券营业部	通州区九棵树街109、113、117号	101100	59392156
国都证券股份有限公司北京鲁谷路证券营业部	石景山区鲁谷路74号中国瑞达大厦10层F1008－F1010号	100040	68176013
国都证券股份有限公司北京门头沟滨河路证券营业部	门头沟区滨河霁月园8号楼滨河路153－15号1层	102300	69829803
国都证券股份有限公司北京三元西桥证券营业部	朝阳区曙光西里甲6号院9号楼2层10室	100025	59762885

国都证券股份有限公司北京月坛北街证券营业部	西城区月坛北街25号47幢1层001室	100045	58406885
国都证券股份有限公司北京中关村南大街证券营业部	海淀区中关村南大街5号理工科技大厦3层	100081	68949686
国海证券股份有限公司北京新华西街证券营业部	通州区新华西街58号院2号楼24层2415室	101100	69559298
国海证券股份有限公司北京中关村大街证券营业部	海淀区中关村大街11号9层955室	100093	61460370
国金证券股份有限公司北京长椿街证券营业部	西城区长椿街3号2－101室	100033	66215599
国金证券股份有限公司北京建国门内大街证券营业部	东城区建国门内大街26号1号17层南侧	100600	85050010
国开证券股份有限公司北京珠市口东大街证券营业部	东城区珠市口东大街14号中欣银宝通大厦2层	100050	67072757
国联证券股份有限公司北京建材城西路证券营业部	昌平区建材城西路87号2号楼	100096	57391185
国联证券股份有限公司北京金宝街证券营业部	东城区金宝街58号6层10－12号	100010	59576215
国联证券股份有限公司北京马家堡东路证券营业部	丰台区马家堡东路168号6号楼1层21号底商	100068	56158989
国联证券股份有限公司北京农大南路证券营业部	海淀区厢黄旗2号楼1层X05－4－01室	100084	63173041
国联证券股份有限公司北京石景山路证券营业部	海淀区北四环西路9号楼2层211室、213室、215室、217室	100040	88685951
国融证券股份有限公司北京北辰东路证券营业部	朝阳区北辰东路8号院12楼3层302室	100101	84981734
国融证券股份有限公司北京东四环中路证券营业部	朝阳区延静里中街3号院甲6号楼－2至22层101内1层105－106室	100026	52088310－803

国融证券股份有限公司北京阜成门外大街证券营业部	西城区阜成门外大街2号20层A2010室	100079	56762128/95385
国融证券股份有限公司北京阜通东大街证券营业部	朝阳区阜通东大街1号院3号楼4层1单元110505室	100102	58221808
国融证券股份有限公司北京宣武门西大街证券营业部	西城区宣武门西大街甲129号11层1107－1110室	100034	66418320
国融证券股份有限公司北京中关村大街证券营业部	海淀区中关村大街甲59号文化大厦1606室	100093	82200303
国盛证券有限责任公司北京德胜门外大街证券营业部	西城区德胜门外大街83号德胜国际中心B座302室	100088	82625941
国盛证券有限责任公司北京建国门外大街证券营业部	朝阳区永安东里8号1幢17层1702内13单元	100022	80223383
国泰君安证券股份有限公司北京安贞门证券营业部	朝阳区安定路5号院9号楼1层105单元	100029	82263815
国泰君安证券股份有限公司北京朝阳门证券营业部	朝阳区朝外大街22号1层A1号	100020	50953121
国泰君安证券股份有限公司北京德外大街证券营业部	西城区德胜门外大街13号院1号楼109－A室、301（德胜园区）	100088	82263987
国泰君安证券股份有限公司北京方庄路证券营业部	丰台区方庄路1号（左安门桥南200米路西）	100078	82263728
国泰君安证券股份有限公司北京光华路证券营业部	朝阳区光华路1号（商业写字楼）01层03单元	100020	82263796
国泰君安证券股份有限公司北京怀柔府前街证券营业部	怀柔区府前街3号	101400	69680343
国泰君安证券股份有限公司北京建国路证券营业部	朝阳区建国路93号院5号楼119室	100022	82263772

国泰君安证券股份有限公司北京金融街证券营业部	西城区金融大街28号院盈泰商务中心2号楼首层、2层203/204室	100140	82263951
国泰君安证券股份有限公司北京鲁谷路证券营业部	石景山区银河大街6号院1号楼南塔106–108室	100040	82263836
国泰君安证券股份有限公司北京苏州桥证券营业部	海淀区北三环西路99号院1号楼1层105A–106A室	100086	82263806
国泰君安证券股份有限公司北京通州新华西街证券营业部	通州区新华西街60号101（万达广场A1区101号）	101100	82263833
国泰君安证券股份有限公司北京望京阜通东大街证券营业部	朝阳区阜通东大街12号楼1层101内101A室、105内105A室	100102	82263825
国泰君安证券股份有限公司北京亦庄宏达北路证券营业部	经济技术开发区宏达北路16号101室（中航技园区）	100176	82263899
国泰君安证券股份有限公司北京知春路证券营业部	海淀区知春路7号致真大厦B座1层	100083	82263551
国泰君安证券股份有限公司北京中关村大街证券营业部	海淀区海淀北二街8号1层107室、6层708室	100080	82263758
国新证券股份有限公司北京朝外大街证券营业部	朝阳区朝阳门外大街甲6号1层2035室、2层3018–3019室	100020	85610992
国新证券股份有限公司北京金融大街证券营业部	西城区金融大街8号华融大厦A座	100033	58568052
国新证券股份有限公司北京文慧园证券营业部	海淀区文慧园北路9号今典花园9号楼1层北侧	100082	58639209
国新证券股份有限公司北京右安门证券营业部	丰台区西铁营中路2号院17号楼1层101号	100073	63380941
国新证券股份有限公司北京中关村证券营业部	海淀区丹棱街6号丹棱SOHO一幢1层101室	100080	53972218
国信证券股份有限公司北京昌平路证券营业部	昌平区城北街道满井胡同135号院1号楼1–1（1层西侧、2层）、1–2（2层）	101599	88315572

国信证券股份有限公司北京朝阳北路证券营业部	朝阳区朝阳北路199号摩码大厦0102号、0103号	100026	88315572
国信证券股份有限公司北京朝阳门证券营业部	东城区南竹杆胡同2号1幢3层10329室	100010	88315572
国信证券股份有限公司北京成府路证券营业部	海淀区成府路28号12层4-1202室	100093	95536
国信证券股份有限公司北京丰台科技园证券营业部	丰台区汽车博物馆东路2号院2号楼1至18层101内1层104室	100068	88315572
国信证券股份有限公司北京海淀苏州街证券营业部	海淀区苏州街18号院2号楼1层2107和7层702室	100083	88315572
国信证券股份有限公司北京石景山路证券营业部	石景山区古城南街9号院2号楼1层5-4室	100043	88315572
国信证券股份有限公司北京通州北苑证券营业部	通州区北苑一路1号院2号楼1层2-8~2-9室	101101	88315572
国信证券股份有限公司北京望京证券营业部	朝阳区阜通东大街1号院3号楼1层1112号01室	100102	88315572
国信证券股份有限公司北京亚运村证券营业部	朝阳区慧忠北里309号楼2层223-1室、226-1室	100101	88315572
国信证券股份有限公司北京自贸试验区证券营业部	海淀区丰豪东路9号院2号楼5单元1层102号、3单元3层301室	100094	88315509
国元证券股份有限公司北京东直门外大街证券营业部	东城区东直门外大街46号天恒大厦9层（东直门桥东）	100027	95511-8-2
国元证券股份有限公司北京通州新华大街证券营业部	通州区北苑一路1号院1号楼1层1-6室、1至2层1-7室	101199	68731507
国元证券股份有限公司北京西坝河南路证券营业部	朝阳区西坝河南路1号金泰大厦805室	100028	51297760-602
海通证券股份有限公司北京阜外大街证券营业部	西城区阜成门外大街2号S1002/S1003室	100037	87103750

海通证券股份有限公司北京工人体育场北路证券营业部	东城区工人体育场北路66号瑞士公寓E座3A层	100028	68818516
海通证券股份有限公司北京光华路证券营业部	朝阳区光华路甲8号和乔大厦C座3层302室	100026	65830992
海通证券股份有限公司北京亮马桥路证券营业部	朝阳区亮马桥路50号1号楼S104－S105室	100125	65831388
海通证券股份有限公司北京密云鼓楼东大街证券营业部	密云区鼓楼东大街19号	101500	89081210
海通证券股份有限公司北京平谷金乡路证券营业部	平谷区金乡路1号1层、3层	101200	89999209
海通证券股份有限公司北京通州新华北路证券营业部	通州区观音庵南街4号院3号楼1至2层116室	101100	88026888
海通证券股份有限公司北京知春路证券营业部	海淀区知春路63号51号楼3层309室	100080	82674988－521
海通证券股份有限公司北京中关村南大街证券营业部	海淀区中关村南大街甲56号方圆大厦商务楼5－6层	100044	88027676
恒泰证券股份有限公司北京东三环证券营业部	朝阳区百子湾南2路76号院5号楼1层11A室、2层11B室	102611	87798672
恒泰证券股份有限公司北京东直门内北小街证券营业部	东城区东直门内北小街16号14、18楼底商	100011	84128826
恒泰证券股份有限公司北京光华路证券营业部	朝阳区光华路8号30幢2层B207A室	100025	65921130
恒泰证券股份有限公司北京广安门外大街证券营业部	西城区广安门外大街1号深圳大厦2层240号室	100055	63359697
恒泰证券股份有限公司北京建材城西路证券营业部	昌平区回龙观镇建材城西路87号2号楼10层2单元1005室	100085	82916166－801
恒泰证券股份有限公司北京建国门内大街证券营业部	东城区建国门内大街19号中纺大厦510室	100005	65262718

恒泰证券股份有限公司北京金融大街第二证券营业部	西城区金融大街17号人寿中心大厦10层1001室	100033	83270880
恒泰证券股份有限公司北京金融大街证券营业部	西城区金融大街15号鑫茂大厦5层501－1室	100041	57058588
恒泰证券股份有限公司北京榴乡路证券营业部	丰台区榴乡路88号院2号楼1层104室	100079	56762090
恒泰证券股份有限公司北京新华大街证券营业部	通州区新华西街58号院3号楼23层2302室	101100	85772321
恒泰证券股份有限公司北京中关村北二街证券营业部	海淀区海淀北二街8号9层1010室	100080	61943928
红塔证券股份有限公司北京慧忠里证券营业部	朝阳区慧忠里103楼14层B座1402室	100101	84881879
红塔证券股份有限公司北京万泉庄路证券营业部	海淀区万泉庄路15号3层301－005室	100097	88466879
红塔证券股份有限公司北京兴怀大街证券营业部	怀柔区兴怀大街甲15号1层5－101室	101499	69642666
宏信证券有限责任公司北京东三环中路证券营业部	东城区朝阳门内大街8号朝阳首府2层208室	100022	59417641
宏信证券有限责任公司北京紫竹院路证券营业部	海淀区紫竹院路116号嘉豪国际中心A座西2层	100022	56088926
华安证券股份有限公司北京东三环中路证券营业部	朝阳区广渠路39号汉督国际3层	100022	67765100
华安证券股份有限公司北京慧忠北里证券营业部	朝阳区安立路80号马哥孛罗大厦905室	100012	64849373
华安证券股份有限公司北京西直门证券营业部	海淀区万柳中路11号派顿大厦6层609室	100044	82449905
华安证券股份有限公司北京中关村大街证券营业部	海淀区中关村南大街乙12号院1号楼5层608室、610室、611室、612室	100037	88820500

华宝证券股份有限公司北京建外大街证券营业部	朝阳区建国门外大街丙12号楼1层102单元	100020	57610201
华创证券有限责任公司北京东三环中路证券营业部	朝阳区东三环中路24号楼15单元03室	100061	57613057
华创证券有限责任公司北京万寿路证券营业部	海淀区复兴路21号1幢6层606室	100036	68588060
华创证券有限责任公司北京新兴桥证券营业部	海淀区复兴路21号1幢6层60–603室、8层801–802室	100036	59370926
华福证券有限责任公司北京北四环东路证券营业部	朝阳区安慧里四区16号楼1层101室、103室	100101	84885266
华福证券有限责任公司北京方庄路证券营业部	丰台区方庄路5号2层201–205室	100078	67637937
华福证券有限责任公司北京复兴路证券营业部	海淀区复兴路65号九层910号	100036	50953147
华福证券有限责任公司北京海淀南路证券营业部	海淀区海淀南路30号1层	100080	68748339
华福证券有限责任公司北京南湖南路证券营业部	朝阳区南湖南路15号院甲2号楼1至2层2–1–105室	100102	56923536
华福证券有限责任公司北京农大南路证券营业部	海淀区农大南路1号院2号楼7层办公B–719–1室	100084	62660156
华福证券有限责任公司北京西直门南大街证券营业部	西城区西直门南大街6号国二招宾馆东楼2–6号	100044	66012232
华金证券股份有限公司北京万柳中路证券营业部	海淀区万柳蜂鸟家园2号楼3层103室	100089	82872598
华林证券股份有限公司北京荣京东街证券营业部	经济技术开发区荣京东街3号1幢3层2单元317室	100176	87227921
华林证券股份有限公司北京石景山路证券营业部	石景山区石景山路乙18号院3号楼20层2209室	100043	88690750

华林证券股份有限公司北京新华西街证券营业部	通州区新华西街60号院2号楼9层912室	101199	60568581
华林证券股份有限公司北京珠市口西大街证券营业部	西城区珠市口西大街120号1号楼5层0506－0509室	100050	63018648
华龙证券股份有限公司北京安外大街证券营业部	东城区安外大街191号	100101	64401588
华龙证券股份有限公司北京三元桥证券营业部	朝阳区静安东街国门大厦B座1层	100028	64686886
华泰证券股份有限公司北京东三环北路证券营业部	朝阳区东三环北路27号楼1层（01）102内01单元	100125	59725333/59725304
华泰证券股份有限公司北京苏州街证券营业部	海淀区苏州街29号维亚大厦9层901－903室	100080	62648570
华泰证券股份有限公司北京西三环国际财经中心证券营业部	海淀区西三环北路87号4层403室	100048	68488760
华泰证券股份有限公司北京学院南路证券营业部	海淀区学院南路62号中关村资本大厦1层107室、3层309室	100082	82263226/82263193
华泰证券股份有限公司北京雍和宫证券营业部	东城区安定门东大街28号雍和大厦F座5层501室、D座1层116室、2层216室	100013	84273969/84279040
华泰证券股份有限公司北京月坛南街证券营业部	西城区月坛南街甲12号万丰怡和商务会馆3层	100045	68019696/68010996
华西证券股份有限公司北京广渠路证券营业部	朝阳区广渠路28号223号楼5层503室	100124	56916479
华西证券股份有限公司北京马家堡东路证券营业部	丰台区马家堡东路121号院2号楼1层2－3室	100077	56921790
华西证券股份有限公司北京上地三街证券营业部	海淀区上地三街9号B座4层B503室	100093	88467078
华西证券股份有限公司北京望京东路证券营业部	朝阳区望京东园七区1号楼1至2层1－29～1－30室	100102	64777260

华西证券股份有限公司北京紫竹院路证券营业部	海淀区紫竹院路31号华澳中心2层	100089	51669396－219
华鑫证券有限责任公司北京菜市口大街证券营业部	西城区菜市口大街甲2号院1号楼201室	100052	83490477
华鑫证券有限责任公司北京平安大街证券营业部	西城区平安里西大街31号1层101室	100034	88306852
江海证券有限公司北京长春桥证券营业部	海淀区长春桥路11号3号楼19层1901－1室、1907室	100089	62690599
江海证券有限公司北京东三环南路证券营业部	朝阳区东三环南路58号富顿中心A座2层（劲松桥东北角）	100022	58674800
江海证券有限公司北京回龙观证券营业部	昌平区回龙观镇黄平路19号院1号楼A单元609室	100096	65447141
金元证券股份有限公司北京广渠门内大街证券营业部	东城区广渠门内大街121号1层106室	100062	67697220
金元证券股份有限公司北京花园东路证券营业部	海淀区花园东路11号泰兴大厦10层1002室	100191	57625767
开源证券股份有限公司北京西直门外大街证券营业部	西城区西直门外大街18号楼8层6单元908室	100044	88335008
联储证券有限责任公司北京北三环东路证券营业部	朝阳区光熙门北里34号楼	100028	64789928
民生证券股份有限公司北京长虹桥证券营业部	朝阳区农展馆南路12号1号楼9层9001室	100621	85236120
民生证券股份有限公司北京顺义府前东街证券营业部	顺义区府前东街2号1号楼顺建大厦6层（区法院对面）	101499	69460811
民生证券股份有限公司北京宣武门外大街证券营业部	西城区宣武门外大街6、8、10、12、16、18号6号楼5层508－509室	100034	83553228

民生证券股份有限公司北京总部证券营业部	东城区建国门内大街28号3幢01-105室	100005	65258636
南京证券股份有限公司北京东三环南路证券营业部	朝阳区东三环南路19号联合国际大厦甲段M层	100021	64913500
南京证券股份有限公司北京南大街证券营业部	怀柔区南大街25号	101499	52412658
平安证券股份有限公司北京北土城西路证券营业部	海淀区北土城西路牡丹商业街2层205	100191	95511-8-2
平安证券股份有限公司北京金融大街证券营业部	西城区金融大街23号12层1-9内1209室	100033	59734801
平安证券股份有限公司北京望京证券营业部	朝阳区望京SOHO塔1A座110801望京营业部	110801	68878898
瑞银证券有限责任公司北京金融大街证券营业部	西城区金融街7号英蓝国际金融中心15层	100140	68731507
山西证券股份有限公司北京建国门外大街证券营业部	朝阳区建国门外大街8号楼IFC大厦A座21层2103单元	110000	51297760-602
山西证券股份有限公司北京太平庄证券营业部	海淀区（西直门）高粱桥斜街13号	100081	87103750
山西证券股份有限公司北京裕丰路证券营业部	顺义区空港街道裕丰路16号院8号楼1层103室	101300	68818516
上海证券有限责任公司北京朝阳弘燕路证券营业部	朝阳区周庄山水文园5号楼1层底商06室	100112	67301168
上海证券有限责任公司北京和平里北街证券营业部	东城区和平里北街16号院（北京和平里大酒店1层）	100007	84085515
上海证券有限责任公司北京万寿路证券营业部	海淀区万寿路翠微中里14号楼	100036	68254010
申万宏源证券有限公司北京安定路证券营业部	朝阳区安定路39号长新大厦3层（安贞桥北）	100029	64448210
申万宏源证券有限公司北京东四环中路证券营业部	朝阳区东四环中路56号远洋国际中心A座25层（慈云寺桥东南）	100025	82031568
申万宏源证券有限公司北京金融大街证券营业部	西城区太平桥大街19号1层102室	100140	88085853

申万宏源证券有限公司北京劲松九区证券营业部	朝阳区劲松九区909楼（光明桥东北角）	100021	67736289
申万宏源证券有限公司北京丽泽路证券营业部	丰台区东管头1号院1号楼1－222室	100073	63898151
申万宏源证券有限公司北京紫竹院路证券营业部	海淀区紫竹院路116号嘉豪国际A座西侧3层	100089	88511326
世纪证券有限责任公司北京光华路证券营业部	朝阳区光华路丙12号1号楼10层1102室	100020	65008899
世纪证券有限责任公司北京月坛证券营业部	西城区月坛北街26号写字楼5层502室	100045	68085355
首创证券股份有限公司北京北辰东路证券营业部	朝阳区北辰东路8号Q座1层115号	100101	84974405
首创证券股份有限公司北京长阳祥云街证券营业部	房山区长阳镇祥云街6号院2号楼2层202室	102442	57531069
首创证券股份有限公司北京马甸证券营业部	西城区北三环中路23号楼1层1－1室	100088	82279870
首创证券股份有限公司北京五道口证券营业部	海淀区五道口地区成府路蓝旗营1号楼东2层	100084	62793470
首创证券股份有限公司北京延庆东顺城街证券营业部	延庆区延庆镇东街2号（南侧5层）	102199	69180556
首创证券股份有限公司北京雍和宫证券营业部	东城区安定门东大街28号1号楼C单元301号	100013	84290832
太平洋证券股份有限公司北京崇文门证券营业部	东城区新怡家园5号楼1层5单元01商业09室	100062	65188601
太平洋证券股份有限公司北京海淀大街证券营业部	海淀区海淀北二街6号普天大厦北门1层	100080	82870678
太平洋证券股份有限公司北京金融大街证券营业部	西城区金融大街27号投资广场B1208室	100031	66080812
太平洋证券股份有限公司北京西直门外大街证券营业部	西城区北展北街5、7、9、11、13、15、17号1层9－9～9－10室	100044	88329021
天风证券股份有限公司北京常通路证券营业部	朝阳区常通路2号院1号楼4层2单元501/18层2单元	100052	83557110

天风证券股份有限公司北京东三环北路证券营业部	朝阳区东三环北路17号恒安大厦806A室	100027	95391
万和证券股份有限公司北京亦庄证券营业部	经济技术开发区天华北街11号院2号楼8层807室	100176	62966232
万联证券股份有限公司北京上地创业路证券营业部	海淀区上地创业路17号1层C区	100031	66063023
网信证券有限责任公司北京北清证券营业部	昌平区七北路42号院2号楼1层104室	102209	89929918
网信证券有限责任公司北京知春路证券营业部	海淀区知春路甲48号2号楼4层4单元5c室	100086	60607040
五矿证券有限公司北京广安门外大街证券营业部	西城区广安门外大街168号1幢11层1－1209室	100055	63362790
五矿证券有限公司北京将台路证券营业部	朝阳区将台路甲2号燕翔饭店内2603室	100016	64376256
西部证券股份有限公司北京德胜门外大街证券营业部	西城区德胜门外大街乙10号泰富大厦4层（黄寺大街西口路北）	100088	62015962
西部证券股份有限公司北京学院南路证券营业部	海淀区海淀大柳树富海中心2号楼3层301室	100081	62120091
西南证券股份有限公司北京昌平证券营业部	昌平区城北街道政府街西路2号1层103－106室	102200	89745866
西南证券股份有限公司北京房山证券营业部	房山区良乡西潞南大街10号楼1层101室	102488	89366955
西南证券股份有限公司北京丽泽路证券营业部	丰台区丽泽路24号院1号楼6层101内602－3A室	100195	62501676
西南证券股份有限公司北京平谷证券营业部	平谷区府前西街18号院2号楼2－1室	101200	89996588
湘财证券股份有限公司北京朝外大街证券营业部	朝阳区朝外大街乙12号10层0－1107室	100020	85632392
湘财证券股份有限公司北京建国门内大街证券营业部	东城区建国门内大街7号16层17室	100025	65585711
湘财证券股份有限公司北京中关村南大街证券营业部	海淀区中关村南大街甲12号1幢10层1006单元	100086	82518108

湘财证券股份有限公司北京顺义站前街证券营业部	顺义区仁和镇站前街1号院1号楼6层（顺鑫国际商务中心6层东侧）	101300	81496902
信达证券股份有限公司北京北四环东路证券营业部	朝阳区北辰东路8号时代大厦12层（亚运村内）	100100	84987895
信达证券股份有限公司北京朝阳路证券营业部	朝阳区朝阳路67号9号楼3层k306室	100025	85786680
信达证券股份有限公司北京朝阳门证券营业部	东城区南竹杆胡同2号1幢3层10327室	100007	59576718
信达证券股份有限公司北京科丰桥证券营业部	丰台区南四环西路188号十五区17号楼1层101（园区）	100070	63738611
信达证券股份有限公司北京牡丹园证券营业部	海淀区花园东路31号4号楼1层110室	100083	82253821
信达证券股份有限公司北京前门证券营业部	东城区东交民巷28号红都商务会馆B座2层	100006	65281117
信达证券股份有限公司北京五棵松证券营业部	海淀区复兴路69号院11号五层501号及1层102号	100036	68252131
信达证券股份有限公司北京西单北大街证券营业部	西城区华远北街2号通港大厦4层（辟才胡同东口南）	100032	83988698
信达证券股份有限公司北京中关村南大街证券营业部	海淀区中关村南大街甲12号1幢6层606室	100086	62416202
兴业证券股份有限公司北京北辰东路证券营业部	朝阳区北辰东路6号院1号楼1层（01）102室	100029	85830020
兴业证券股份有限公司北京北三环中路证券营业部	西城区北三环中路6号3幢4层406室		84298357
兴业证券股份有限公司北京大望路证券营业部	朝阳区西大望路63号院8号楼1至3层1单元105室	100621	82000245
兴业证券股份有限公司北京东直门南大街证券营业部	东城区东直门南大街5号4层417－418室	100007	69525658
兴业证券股份有限公司北京复兴门外大街证券营业部	西城区南礼士路66号1号楼12层1－21内1206－1207室	100037	59544500

兴业证券股份有限公司西城区宣武门外大街证券营业部	西城区宣武门外大街28号富卓大厦B1001室	100052	63017201
兴业证券股份有限公司北京望京西路证券营业部	朝阳区南湖南路15号院甲5号楼3层301号01室	100621	65397011
兴业证券股份有限公司北京信息路证券营业部	海淀区农大南路1号院2号楼2层办公B－201室	101499	62966232
兴业证券股份有限公司北京中关村北二街证券营业部	海淀区海淀北二街8号6层709室	100080	69943619
银泰证券有限责任公司北京马甸路证券营业部	海淀区冠城园8号楼B座1层8－1室	100006	65287668
银泰证券有限责任公司北京南横东街证券营业部	西城区菜市口大街6号院2号楼1层102室	100052	83986065
英大证券有限责任公司北京朝阳证券营业部	朝阳区呼家楼京广中心商务楼3层301室	100007	84002095
粤开证券股份有限公司北京北辰东路证券营业部	朝阳区北辰东路8号北京国际会议中心8层东区（亚运村内）	100101	62279238
粤开证券股份有限公司北京朝阳证券营业部	朝阳区东三环北路17号五层506室	100053	66235729
粤开证券股份有限公司北京房山西路证券营业部	房山区良乡地区西潞东里甲1号楼2层X－03－221室、222室、226室	102488	64408910
粤开证券股份有限公司北京西城证券营业部	西城区广安门外大街377号4幢1层	100055	64408910
招商证券股份有限公司北京安立路证券营业部	朝阳区安立路甲56号2层3－8室	100088	84802608
招商证券股份有限公司北京安外大街证券营业部	东城区安定门外大街2号安贞大厦1、4层（安贞桥东南角）	100013	64289962
招商证券股份有限公司北京北三环东路证券营业部	朝阳区北三环东路西坝河东里18号三元大厦8层	100028	84603516
招商证券股份有限公司北京北苑路证券营业部	朝阳区北苑路甲13号2号楼105B室	100107	84922166
招商证券股份有限公司北京朝外大街证券营业部	朝阳区朝外大街6号新城国际5号楼1－5层	100088	65979550

招商证券股份有限公司北京朝阳公园路证券营业部	朝阳区朝阳公园19号佳隆国际大厦101室	1001250	15910970031
招商证券股份有限公司北京朝阳路八里庄证券营业部	朝阳区八里庄西里100号3层301室	100025	85790299
招商证券股份有限公司北京车公庄西路证券营业部	海淀区首体南路9号4楼3层304－13号	100044	68423637
招商证券股份有限公司北京东三环北路证券营业部	朝阳区东三环北路19号楼17层2001内01/02部分室	100020	65865272
招商证券股份有限公司北京东四十条证券营业部	东城区东四十条甲22号南新仓国际大厦A座3层（十条桥西南角）	100007	64002881
招商证券股份有限公司北京方庄路证券营业部	丰台区紫芳园四区2号楼1至2层202室	100078	67681187
招商证券股份有限公司北京光明路证券营业部	东城区光明路11号天玉大厦501－502室、601－602室	100006	67119776
招商证券股份有限公司北京广渠路证券营业部	朝阳区广渠路66号院22号楼1层101内105室	100022	87785600
招商证券股份有限公司北京建国路证券营业部	朝阳区建国路118号招商局大厦8层（国贸桥东南角）	100022	65684895
招商证券股份有限公司北京金融大街证券营业部	西城区金融大街33号通泰大厦C座605室	100140	88088850
招商证券股份有限公司北京酒仙桥路证券营业部	朝阳区酒仙桥路乙21号3幢5层5E室	100016	84317566
招商证券股份有限公司北京平安大街证券营业部	西城区平安里西大街28号中海国际中心101－02室	100032	63220151
招商证券股份有限公司北京上地农大南路证券营业部	海淀区农大南路1号院2号楼4层办公B－421室	100084	62667620
招商证券股份有限公司北京顺义仓上街证券营业部	顺义区仓上街2号智能大厦B区8层（顺义工行南AMB大厦）	101300	89452551

招商证券股份有限公司北京通州新华西街证券营业部	通州区北苑一路1号院2号楼1层2－1室	101101	60568191
招商证券股份有限公司北京望京阜安西路证券营业部	朝阳区望京SOHO塔2层2218室	100102	64715398
招商证券股份有限公司北京西翠路证券营业部	海淀区西翠路17号院24号楼1层103室	100036	68156899
招商证券股份有限公司北京西直门北大街证券营业部	海淀区西直门北大街60号首钢国际大厦6层	100088	82291140
招商证券股份有限公司北京亦庄证券营业部	经济技术开发区荣华南路1号院2号楼1层101室	100176	67870898
招商证券股份有限公司北京远大路证券营业部	海淀区远大路39号1号楼418室	100097	88449793
招商证券股份有限公司北京知春东里证券营业部	海淀区知春东里15号楼（建行海淀分行南）	100086	82111305
招商证券股份有限公司北京中核路证券营业部	丰台区中核路3号院3号楼607－608室（园区）	100070	63789056
浙商证券股份有限公司北京北辰东路证券营业部	朝阳区北辰东路8号院1号楼20层2001内2012室	100083	88869360
浙商证券股份有限公司北京朝阳门北大街证券营业部	东城区朝阳门北大街8号富华大厦E座4层（首创大厦南）	100027	65546281
浙商证券股份有限公司北京广安门外大街证券营业部	西城区广安门外大街1号深圳大厦4－411室	100052	83557706
中国国际金融股份有限公司北京建国门外大街证券营业部	朝阳区建国门外大街1号（二期）6层06&07单元	100022	65051166
中国银河证券股份有限公司北京安贞门证券营业部	朝阳区安定路33号化信大厦A座11层	100120	82013416
中国银河证券股份有限公司北京北四环证券营业部	海淀区北四环中路265号1层101室	100083	82837556

中国银河证券股份有限公司北京菜市口大街证券营业部	西城区菜市口大街甲2号院2号楼1至2层125室	100054	63560650
中国银河证券股份有限公司北京朝阳路证券营业部	朝阳区八里庄西里100号住邦2000商务楼1号楼3层305B室	100025	85868352
中国银河证券股份有限公司北京朝阳门北大街证券营业部	东城区朝阳门北大街5号B座1层F-03单元	100037	68362042
中国银河证券股份有限公司北京翠林路证券营业部	丰台区西铁营中路1号院1号楼万达广场写字楼15层1509室	100069	63582096
中国银河证券股份有限公司北京大望路证券营业部	朝阳区建国路93号院4号楼1层121室	100022	56175420
中国银河证券股份有限公司北京东四环南路证券营业部	朝阳区十八里店乡周庄嘉园7号院16号楼底商11-12门	100020	67322733
中国银河证券股份有限公司北京丰科路证券营业部	丰台区六圈路2号院4号楼1至2层106	100070	83628812
中国银河证券股份有限公司北京阜成路证券营业部	海淀区阜成路67号银都大厦1、3、4层（空军总院对面）	100036	68731590
中国银河证券股份有限公司北京阜外大街证券营业部	西城区阜外大街甲9号国宾酒店1层	100037	68292077
中国银河证券股份有限公司北京广安门证券营业部	西城区南滨河路27号7号楼A座405室	100055	63560616
中国银河证券股份有限公司北京后沙峪证券营业部	顺义区后沙峪镇裕庆路20号院9号楼1层107-108室	101318	80489844
中国银河证券股份有限公司北京呼家楼证券营业部	朝阳区工体东路18号2号楼1层103室	100020	65910583
中国银河证券股份有限公司北京积水潭证券营业部	西城区新街口北大街3号2层211室	100035	62254899

中国银河证券股份有限公司北京建国路证券营业部	朝阳区建国路126号瑞赛大厦1层	100078	65663592
中国银河证券股份有限公司北京金融街证券营业部	西城区太平桥大街111号3－5层	100032	58872889
中国银河证券股份有限公司北京旧宫证券营业部	经济技术开发区旧忠路10号院10号楼1层107室	100163	51297760－602
中国银河证券股份有限公司北京来广营证券营业部	朝阳区来广营西路5号院诚盈中心2号楼2层201单元	100102	84929227
中国银河证券股份有限公司北京立通路证券营业部	朝阳区锦芳路1号院15号楼1层15－3室	100022	84925059
中国银河证券股份有限公司北京丽泽证券营业部	丰台区金泽西路8号院1号楼－4至22层101内1层102A室	100070	63361296
中国银河证券股份有限公司北京亮马桥路证券营业部	朝阳区亮马桥路42号光明大厦B座11层1113室	100125	84418775
中国银河证券股份有限公司北京青年路证券营业部	朝阳区青年路7号院3号楼16层31608室	130062	87103750
中国银河证券股份有限公司北京上地证券营业部	海淀区信息路甲28号4层D座04B－C室	100085	62966812
中国银河证券股份有限公司北京时代花园南路证券营业部	石景山区时代花园南路19号院1号楼1层102室	100042	68818516
中国银河证券股份有限公司北京双井证券营业部	朝阳区广渠路39号院2号楼1至7层101内1层01单元、5层	100022	57539003
中国银河证券股份有限公司北京苏州街证券营业部	海淀区北四环西路66号17层2001室	100080	82169272
中国银河证券股份有限公司北京太阳宫证券营业部	朝阳区夏家园11号楼2层10号商业	100013	64464780

中国银河证券股份有限公司北京陶然桥证券营业部	东城区马家堡路1号陶然大厦9层901－906室	100068	67572513
中国银河证券股份有限公司北京通州九棵树证券营业部	通州区九棵树街100号1至2层	101100	81599653
中国银河证券股份有限公司北京通州证券营业部	通州区新华南二街12号院2号楼1层2－6室	101100	60517533
中国银河证券股份有限公司北京望京证券营业部	朝阳区望京阜通东大街12号2层	100102	52397822
中国银河证券股份有限公司北京西大望路证券营业部	朝阳区南磨房路16号院1号楼1层102室	100021	68731507
中国银河证券股份有限公司北京兴华大街证券营业部	大兴区兴华大街（二段）19号院17号楼101室	102699	60254042
中国银河证券股份有限公司北京学院南路证券营业部	海淀区学院南路34号2号楼1－3层	100082	62276479
中国银河证券股份有限公司北京亚运村证券营业部	朝阳区北辰东路8号院27号楼一层104号	100101	64932408
中国银河证券股份有限公司北京亦庄证券营业部	经济技术开发区荣华中路5号院1号楼1层103	100176	58357877
中国银河证券股份有限公司北京雍和宫证券营业部	东城区和平里东街11号创新楼A座B1－A1号	100007	64466577
中国银河证券股份有限公司北京远大路证券营业部	海淀区蓝靛厂东路2号院2号楼（金源时代商务中心2号楼）2层1单元	100097	88890209
中国银河证券股份有限公司北京知春路证券营业部	海淀区中关村大街27号11层1109室	100086	82102780
中国银河证券股份有限公司北京中关村大街证券营业部	海淀区中关村南大街甲18号北京国际大厦D座3层	100081	62512173

中国银河证券股份有限公司北京珠市口大街证券营业部	东城区珠市口东大街2号1层110室（磁器口路口向西200米路南）	100062	87103750
中国中金财富证券有限公司北京北三环东路证券营业部	东城区北三环东路36号环球贸易中心A座1～2层（安贞桥东南角）	100101	58256070
中国中金财富证券有限公司北京朝阳路证券营业部	朝阳区朝阳路延静里中街3号长信大厦3层（慈云寺桥西）	100025	65086086
中国中金财富证券有限公司北京丰台北路证券营业部	丰台区丰台北路18号院4号楼10层1001内1008－1010室	100073	63361148
中国中金财富证券有限公司北京阜成门外大街证券营业部	西城区阜成门外大街2号15层A1503室	100037	68019608
中国中金财富证券有限公司北京富丰路证券营业部	丰台区科技园富丰路4号工商联大厦A座104室	100070	83623790
中国中金财富证券有限公司北京花园路证券营业部	海淀区花园路1号1层107室	100016	64343066
中国中金财富证券有限公司北京建国门外大街证券营业部	朝阳区建国门外大街2号院3号楼36层3601内01室	100022	85679169
中国中金财富证券有限公司北京科学院南路证券营业部	海淀区科学院南路2号院1号楼13层1309－1311单元	100086	82861086
中国中金财富证券有限公司北京顺义站前街证券营业部	顺义区仁和镇站前街3号院1号楼7层713室	101300	56862298
中国中金财富证券有限公司北京宋庄路证券营业部	丰台区宋庄路71号院1号楼	100078	58878767
中国中金财富证券有限公司北京万柳中路证券营业部	海淀区万柳蜂鸟家园2号楼1层201室	100089	82168126
中国中金财富证券有限公司北京万寿路证券营业部	海淀区万寿路西街2号3层301室及1层131室	100036	68274158

中国中金财富证券有限公司北京望京街证券营业部	朝阳区望京街9号商业楼2层211室	100040	88684839
中国中金财富证券有限公司北京亚运村证券营业部	朝阳区北辰东路8号北辰时代大厦27层2701－2703单元	100101	66051166
中航证券有限公司北京东三环证券营业部	朝阳区曙光西里甲5号院22号楼1703B单元	100028	84059882
中航证券有限公司北京慧忠路证券营业部	朝阳区慧忠路5号远大中心A座9层	100012	84801300
中山证券有限责任公司北京方庄证券营业部	丰台区方庄芳城园一区十号楼10－59幢1层102室	100071	87618688
中泰证券股份有限公司北京安立路证券营业部	朝阳区慧忠里103号洛克时代中心A座103－2室	100101	84872166
中泰证券股份有限公司北京百万庄大街证券营业部	西城区百万庄大街16号1号楼1－2层	100040	66553529
中泰证券股份有限公司北京朝外大街证券营业部	朝阳区朝外大街20号联合大厦2层202室、3层310室	100020	65882608
中泰证券股份有限公司北京大望路证券营业部	朝阳区西大望路63号8号楼1层1单元102－103室、1－3层1单元106室	100022	59600369
中泰证券股份有限公司北京光华路证券营业部	朝阳区建国门外大街1号国贸大厦A座53层13－19单元	100004	56793100
中泰证券股份有限公司北京广渠路证券营业部	朝阳区广渠路36号院5号楼2层206室	100022	87728790
中泰证券股份有限公司北京苏州桥证券营业部	海淀区北三环西路99号一号楼2层	100086	82887698
中泰证券股份有限公司北京望京证券营业部	朝阳区望京东园四区6号楼3层303单元	100102	64789872
中泰证券股份有限公司北京新源南路证券营业部	朝阳区新源南路8号院4号楼13层1301内04单元	100027	62695562
中泰证券股份有限公司北京学院南路证券营业部	海淀区学院南路62号中关村资本大厦807室	100044	83020178
中泰证券股份有限公司北京自贸试验区证券营业部	朝阳区东三环中路乙10号艾维克大厦首层北侧	100022	65660560

中天证券股份有限公司北京北四环证券营业部	朝阳区将台乡驼房营路8号新华科技大厦14层1415室	100015	60769070
中天证券股份有限公司北京朝阳证券营业部	朝阳区百子湾西里403号3号楼206室	100124	57193918
中信建投证券股份有限公司北京北辰西路证券营业部	朝阳区北土城西路7号1层6单元101室	100029	82994802
中信建投证券股份有限公司北京北三环东路证券营业部	朝阳区北三环东路28号1层101室	100013	89099066
中信建投证券股份有限公司北京北四环东路证券营业部	朝阳区惠新东街2号01层（01）101内3号、05层（05）501内D71号	100102	64304768
中信建投证券股份有限公司北京昌平昌崔路证券营业部	昌平区东关昌崔路203号莱岭假日广场一楼（沃尔玛超市西北角）	102200	89787158
中信建投证券股份有限公司北京常惠路证券营业部	朝阳区常惠路6号楼1层114室，3单元411－412室	100024	64172768
中信建投证券股份有限公司北京朝外大街证券营业部	朝阳区朝外大街乙12号昆泰国际大厦29号底商	100020	50866396
中信建投证券股份有限公司北京朝阳公园南路证券营业部	朝阳区朝阳公园南路10号院2号楼2－3室	100026	64176065
中信建投证券股份有限公司北京朝阳路证券营业部	朝阳区八里庄西里99号1层102室内102－1室	100025	85868091
中信建投证券股份有限公司北京朝阳门内大街证券营业部	东城区朝阳门内大街2号B座9层03单元918室	100028	84150996
中信建投证券股份有限公司北京大柳树路证券营业部	海淀区上园村3号交大科技大厦101－1室	100044	62440568
中信建投证券股份有限公司北京大屯路证券营业部	朝阳区南沙滩66号院1号楼1层1－1（1）室	100101	58739503

中信建投证券股份有限公司北京大兴金星西路证券营业部	大兴区金星西路六号院一号楼兴创大厦102室、901室	102600	60295066
中信建投证券股份有限公司北京德胜门外大街证券营业部	西城区德胜门外大街11号18幢1层107－1室	100088	82281653
中信建投证券股份有限公司北京东三环中路证券营业部	朝阳区东三环中路9号1层0102、2层0205、地下1层0102A、17层1704	100020	85911109
中信建投证券股份有限公司北京方庄路证券营业部	丰台区紫芳园四区1号楼202号	100078	87161717
中信建投证券股份有限公司北京丰台北路证券营业部	丰台区丰台北路18号恒泰广场1号楼102室	100166	63872797
中信建投证券股份有限公司北京阜安西路证券营业部	朝阳区望京西园一区134号楼1层107房间－1号	100102	84766768
中信建投证券股份有限公司北京富丰路证券营业部	丰台区富丰路2号星火科技大厦1层、15层	100070	5910603070
中信建投证券股份有限公司北京广渠路证券营业部	朝阳区广渠路28号223号楼1层01内L112－L113室	100022	64172805
中信建投证券股份有限公司北京广渠门内大街证券营业部	东城区广渠门内大街35号1层FGY111A－111B室	100062	67187108
中信建投证券股份有限公司北京红军营南路证券营业部	朝阳区天溪园20号楼1层商业22部分面积及2层商业45室	100107	56326111
中信建投证券股份有限公司北京厚金路证券营业部	朝阳区金蝉里22号院3号楼1层101室	100023	68759965
中信建投证券股份有限公司北京虎坊路证券营业部	西城区虎坊路17幢1－2层商业E06室	100052	83559860
中信建投证券股份有限公司北京怀柔府前街证券营业部	怀柔区府前街3号3－5，1－2层	101499	60685098

中信建投证券股份有限公司北京回龙观西大街证券营业部	昌平区回龙观镇西大街85号130室、360－362室	102208	57536727
中信建投证券股份有限公司北京金融大街证券营业部	西城区锦什坊街35号院1号楼1102室	100033	66555976
中信建投证券股份有限公司北京酒仙桥路证券营业部	朝阳区酒仙桥路甲10号3号楼1层1108室	100015	53805898
中信建投证券股份有限公司北京良乡拱辰南大街证券营业部	房山区拱辰南大街1号1层105室、111室	102401	88980268
中信建投证券股份有限公司北京榴乡路证券营业部	丰台区榴乡路88号院22号楼1层103－104室	100079	56762122
中信建投证券股份有限公司北京马家堡西路证券营业部	丰台区马家堡西路15号时代风帆大厦102号	100068	67578532
中信建投证券股份有限公司北京马连洼北路证券营业部	海淀区马连洼北路138号院1号楼1层102室	100193	62893193
中信建投证券股份有限公司北京农大南路证券营业部	海淀区农大南路1号院硅谷亮城2A座1层	100084	82349798
中信建投证券股份有限公司北京青年路证券营业部	朝阳区青年路29号院11号楼1层11－1室	100123	58777809
中信建投证券股份有限公司北京时代花园南路证券营业部	石景山区时代花园南路17号茂华大厦1层（山姆会员店东南侧）	100043	88980277
中信建投证券股份有限公司北京顺义站前街证券营业部	顺义区站前街1号院1号楼顺鑫国际商务中心7层725室	101300	56326285
中信建投证券股份有限公司北京松榆南路证券营业部	朝阳区松榆西里11号楼1层11－2号	100021	67278196
中信建投证券股份有限公司北京太平桥路证券营业部	丰台区太平桥路华源四里13号楼	100073	63259608

中信建投证券股份有限公司北京通州通朝大街证券营业部	通州区翠屏西路10号1至2层全部	101121	50952289
中信建投证券股份有限公司北京望京中环南路证券营业部	朝阳区望京中环南路9号3号楼7层2号楼1层	100102	64723010
中信建投证券股份有限公司北京西翠路证券营业部	海淀区西翠路17号院20号楼1层商铺9室	100036	68156829
中信建投证券股份有限公司北京宣武门外大街证券营业部	西城区宣武门外大街28号富卓大厦A座3层308－309室	100052	63175505
中信建投证券股份有限公司北京燕山燕房路证券营业部	房山区燕山燕房路临99号	102500	81337869
中信建投证券股份有限公司北京亦庄荣华中路证券营业部	经济技术开发区荣华中路10号亦城国际中心A座106室	100176	57780069
中信建投证券股份有限公司北京玉泉路证券营业部	石景山区玉泉路63号1层115室	100040	68628807
中信建投证券股份有限公司北京远大路证券营业部	海淀区蓝靛厂金源时代购物中心B区2室	100097	88871811
中信建投证券股份有限公司北京云岗路证券营业部	丰台区王佐镇长青路87号院2号商业楼西3号	100074	83378558
中信建投证券股份有限公司北京知春路证券营业部	海淀区知春路6号（锦秋国际大厦）1层B02室、15层A07室	100015	82666371
中信建投证券股份有限公司北京中关村东路证券营业部	海淀区中关村东路66号世纪科贸大厦C座1－2层商业8室	100190	82666909
中信证券股份有限公司北京安外大街证券营业部	朝阳区安定门外大街1号1层	100011	64258036
中信证券股份有限公司北京北三环中路证券营业部	海淀区北三环中路43－73号楼	100088	82070509

中信证券股份有限公司北京北苑证券营业部	朝阳区天朗园C座1层商业内1－015室	100107	84840192
中信证券股份有限公司北京东三环中路证券营业部	朝阳区广渠路39号院2号楼7层01单元	100078	87152735
中信证券股份有限公司北京复外大街证券营业部	西城区白云路1号白云大厦3层（首博南）	100045	89190625
中信证券股份有限公司北京国贸证券营业部	朝阳区建国路甲92号世茂大厦B座5F室	100020	85890121
中信证券股份有限公司北京呼家楼证券营业部	朝阳区光华路9号楼1层125室、5层534室	100020	57602565
中信证券股份有限公司北京建国门证券营业部	东城区建国门北大街5号4层401室	100005	57602580
中信证券股份有限公司北京建外大街证券营业部	朝阳区建国门外大街19号1号楼1层5层01－02室、05室	100022	57602580
中信证券股份有限公司北京金融大街证券营业部	西城区金融大街35号1号楼1层107单元、9层919－922单元	100033	88092075
中信证券股份有限公司北京京城大厦证券营业部	朝阳区新源南路6号京城大厦24层2404室	100027	89946958
中信证券股份有限公司北京三里河东路证券营业部	西城区月坛南街49号2幢2层201－212室	100036	68546185
中信证券股份有限公司北京三元桥证券营业部	朝阳区曙光西里甲5号院16号楼1层101A单元、102单元	100028	84554127
中信证券股份有限公司北京上地证券营业部	海淀区小营西路10号院1号楼裙楼1层07室2号	100085	59933919
中信证券股份有限公司北京首体南路证券营业部	海淀区首体南路9号4楼1至2层	100044	65648811
中信证券股份有限公司北京天通苑证券营业部	昌平区天通北苑一区甲4号楼102门	102218	80141028
中信证券股份有限公司北京万柳证券营业部	海淀区万柳中路11号1层105室	100089	82563032
中信证券股份有限公司北京望京证券营业部	朝阳区望京东园七区保利国际广场T2楼102室	100102	84785402
中信证券股份有限公司北京远大路证券营业部	海淀区远大路1号1层J－1042室	100097	88878805

机构名称	地址	邮编	电话
中信证券股份有限公司北京中关村大街证券营业部	海淀区丹棱街1号院1号楼102单元（互联网金融中心首层）	100071	59270818
中信证券股份有限公司北京紫竹院路证券营业部	海淀区紫竹院路69号中国兵器大厦9层	100089	68966702
中信证券股份有限公司北京总部证券营业部	朝阳区亮马桥路48号院4号楼1层101内A1室	100026	60837213
中银国际证券股份有限公司北京北四环西路证券营业部	海淀区北四环西路9号1502室	100190	82525081
中银国际证券股份有限公司北京东三环北路证券营业部	朝阳区东三环北路19号楼14层1701内10室	100026	56235200
中银国际证券股份有限公司北京荣京东街证券营业部	经济技术开发区荣京东街3号1幢4层1单元409室	100176	67864100
中银国际证券股份有限公司北京通州九棵树证券营业部	通州区翠景北里21号楼20层2003室	101101	66229255
中银国际证券股份有限公司北京宣外大街证券营业部	西城区宣外大街甲1号环球财讯中心1层103室	100052	83199777
中邮证券有限责任公司北京宣武门东大街证券营业部	西城区宣武门东大街2号1层	100082	82292738

（4）基金管理公司

机构名称	地址	邮编	电话
华夏基金管理有限公司	西城区月坛南街1号院7号楼11层	100045	400-818-6666
嘉实基金管理有限公司	东城区建国门北大街8号华润大厦8层	100005	400-600-8800
长盛基金管理有限公司	朝阳区安定路5号院3号楼中建财富国际中心3-5层	100088	400-888-2666

银华基金管理股份有限公司	东城区东长安街1号东方广场C2座10层	100738	400－678－3333
泰达宏利基金管理有限公司	朝阳区针织路23号中国人寿金融中心6层02－07单元	100033	400－698－8888
东方基金管理有限责任公司	丰台区金泽路161号院1号楼远洋锐中心26层	100033	400－628－5888
工银瑞信基金管理有限公司	西城区金融大街5号新盛大厦A座	100033	400－811－9999
建信基金管理有限责任公司	西城区金融大街7号英蓝国际金融中心16层	100033	400－819－5533
华商基金管理有限公司	西城区平安里西大街28号楼19层	100035	400－700－8880
益民基金管理有限公司	西城区宣武门外大街10号庄胜广场中央办公楼南翼13A层	400011	400－650－8808
中邮创业基金管理股份有限公司	东城区和平里中街乙十六号	100013	400－880－1618
方正富邦基金管理有限公司	朝阳区北四环中路27号院5号楼11层02－11单元	100037	400－818－0990
国金基金管理有限公司	海淀区西三环北路87号国际财经中心D座14层	100089	400－020－0018
英大基金管理有限公司	东城区东三环中路1号环球金融中心西塔22层	100020	400－890－5288
江信基金管理有限公司	海淀区北三环西路99号西海国际中心1号楼2001－A室	100086	400－622－0583
中加基金管理有限公司	西城区南纬路35号	100050	400－009－5526
中融基金管理有限公司	朝阳区望京东园四区2号中航产融大厦17楼	100016	56517000
国开泰富基金管理有限责任公司	西城区西直门南小街国英园9号楼	100010	59363299
中信建投基金管理有限公司	东城区朝内大街2号凯恒中心B座19层、17层	100010	4009－108－108
国寿安保基金管理有限公司	西城区金融大街28号11、12层	100033	50850888
中金基金管理有限公司	朝阳区国贸大厦三期B座43层	100032	400－868－1166
北信瑞丰基金管理有限公司	海淀区西三环北路100号光耀东方中心A座6层、25层	100048	400－061－7297
九泰基金管理有限公司	朝阳区安立路30号仰山公园2号楼一栋西侧	100012	400－628－0606
泓德基金管理有限公司	西城区德胜门外大街125号德胜尚城B座3层	100088	400－910－0888

新沃基金管理有限公司	海淀区丹棱街3号中国电子大厦B座16层	100080	58290600
汇安基金管理有限责任公司	东城区东直门南大街5号中青旅大厦1301室	100007	65711600
先锋基金管理有限公司	海淀区北太平庄路18号城建大厦A座24层	100088	400－815－9998
中航基金管理有限公司	朝阳区天辰东路1号北京亚洲金融大厦B座1001室	100101	400－666－2186
鹏扬基金管理有限公司	西城区复兴门外大街A2号中化大厦16层	100045	400－968－6688
格林基金管理有限公司	朝阳区东三环中路5号财富金融中心（FFC）58层	100032	4001－000－501
南华基金管理有限公司	西城区武定侯街2号泰康国际大厦10层1003单元	100007	400－810－5599
国融基金管理有限公司	海淀区西直门外大街168号腾达大厦2008室	100044	400－819－0098
惠升基金管理有限责任公司	西城区金融大街27号投资广场B座18层	100033	400－000－5588
华融基金管理有限公司	朝阳区朝阳门北大街18号中国人保寿险大厦	100020	400－819－0789
东兴基金管理有限公司	西城区平安里大街28号中海国际中心6层	100034	400－670－1800
汇泉基金管理有限公司	海淀区西直门外大街168号腾达大厦16层	100044	400－001－5252

（5）基金子公司

机构名称	地址	邮编	电话
	专户子公司		
华夏资本管理有限公司	西城区金融大街33号通泰大厦B座9层	100032	88066688
嘉实资本管理有限公司	东城区建国门北大街8号华润大厦2层	100005	65215588
工银瑞信投资管理有限公司	西城区金融大街5号新盛大厦A座6层	100033	400－811－9999
首誉光控资产管理有限公司	西城区平安里西大街28号中海国际中心601室	100034	83496800
银华长安资本管理（北京）有限公司	东城区东长安街1号东方广场C2座5层	100738	400－678－3333
国泓资产管理有限公司	西城区宣武门外大街10号庄胜广场中央办公楼南翼13A	100052	63105556

机构名称	地址	邮编	电话
北京千石创富资本管理有限公司	海淀区西三环北路87号国际财经中心D座14层	100089	400-020-0018
北京方正富邦创融资产管理有限公司	朝阳区北四环中路27号5号楼11层01/18	100032	400-818-0990
建信资本管理有限责任公司	西城区闹市口大街1号院长安兴融中心2号楼5B	100034	58527791
东方汇智资产管理有限公司	西城区金融街23号平安大厦八层819室	100033	63134998
中融（北京）资产管理有限公司	朝阳区望京东园四区2号中航产融大厦17层	100005	56517000
长盛创富资产管理有限公司	朝阳区安定路5号院3号楼中建财富国际中心3-5层	100088	86497667
北银丰业资产管理有限公司	西城区南纬路35号	100070	400-009-5526
北京国开泰富资产管理有限公司	西城区西直门南小街国英园9号楼	100010	59360222
国寿财富管理有限公司	西城区西单北大街甲131号大悦城写字楼12层1203	100033	59250538
元达信资本管理（北京）有限公司	东城区朝内大街2号凯恒大厦B座17层	100010	59100216
上海北信瑞丰资产管理有限公司	海淀区西三环北路100号光耀东方中心A座25层	100048	400-061-7297
北京英大资本管理有限公司	朝阳区东三环中路1号环球金融中心西塔22层2201	100020	400-898-8200
	销售子公司		
嘉实财富管理有限公司	朝阳区建国门外大街21号北京国际俱乐部C座写字楼11层	100022	400-021-8850
九泰基金销售（北京）有限公司	朝阳区安立路30号仰山公园2号楼一栋西侧	100107	87940999
上海华夏财富投资管理有限公司	西城区金融大街33号通泰大厦B座8层	100033	88066632

（6）基金分公司

机构名称	地址	邮编	电话
国泰基金管理有限公司北京分公司	西城区金融大街7号F808-810室	100034	66553055

南方基金管理股份有限公司北京分公司	西城区武定侯街6号6层F2－1（A）601室	100140	66573399
华夏基金管理有限公司北京分公司	西城区金融大街33号B座1层、8层	100033	400－818－6666
华安基金管理有限公司北京分公司	西城区金融大街7号522室	100033	57635999
博时基金管理有限公司北京分公司	东城区建国门内大街18号恒基中心1座23层	100005	65171166
鹏华基金管理有限公司北京分公司	西城区金融大街甲9号502室	100033	88082426
嘉实基金管理有限公司北京分公司	东城区天坛东路72号五幢2层205A室	100008	400－600－8800
长盛基金管理有限公司北京分公司	朝阳区安定路5号院3号楼5层05单元	100029	400－888－2666
大成基金管理有限公司北京分公司	西城区平安里西大街28号楼13层1301室	100034	88009300
富国基金管理有限公司北京分公司	西城区武定侯街6号16层1900室	100033	59315278
银华基金管理股份有限公司北京分公司	东城区东方广场东方经贸城中二办公楼10层2－8室	100738	400－678－3333
易方达基金管理有限公司北京分公司	西城区金融大街19号富凯大厦B1703室	100033	400－881－8088
融通基金管理有限公司北京分公司	西城区丰汇园11号楼南翼515室	100033	66190999
国投瑞银基金管理有限公司北京分公司	西城区金融大街7号英蓝国际金融中心811－815室	100033	66555550
银河基金管理有限公司北京分公司	西城区月坛西街6号院9、10号楼商业201室	100045	56086900
泰达宏利基金管理有限公司北京分公司	西城区西直门外大街1号院3号楼18D13－15室	100044	66577730
金鹰基金管理有限公司北京分公司	西城区兴盛街2号院1号楼1层01商业05室	100085	68086288
华宝基金管理有限公司北京分公司	朝阳区建国门外大街丙12号楼17层1701室A区	100020	58260666
摩根士丹利华鑫基金管理有限公司北京分公司	东城区安定门外大街208号院1号楼12层1205单元	100032	66155568
海富通基金管理有限公司北京分公司	西城区金融大街7号621单元	100140	59379001
长信基金管理有限责任公司北京分公司	西城区金融街17号604室	100140	68042292
天治基金管理有限公司北京分公司	西城区金融大街19号7层B703A－01室	100032	66578008

景顺长城基金管理有限公司北京分公司	西城区金融大街7号英蓝国际金融中心608－610室	100033	66555001
广发基金管理有限公司北京分公司	西城区金融大街9号楼11层1101单元	100033	68083113
申万菱信基金管理有限公司北京分公司	西城区广安门北滨河路2号2幢3层323室	100033	66574388
中海基金管理有限公司北京分公司	西城区复兴门内大街158号1号楼F218室	100031	66493582
光大保德信基金管理有限公司北京分公司	西城区武定侯街2号、4号10层F2－1（B）1001－7室	100020	66215307
上投摩根基金管理有限公司北京分公司	西城区金融大街7号英蓝国际金融中心19层1925室	100033	400－889－4888
国海富兰克林基金管理有限公司北京分公司	西城区金融大街23号10层1005室	100033	59315299
天弘基金管理有限公司北京分公司	西城区月坛北街2号月坛大厦A21室	100140	83571789
华泰柏瑞基金管理有限公司北京分公司	西城区锦什坊街35号院1号楼2层208室	100032	66582808
新华基金管理股份有限公司北京分公司	西城区平安里西大街26号楼9层901室、11层1101室	100089	68726666
汇添富基金管理股份有限公司北京分公司	西城区武定侯街2号、4号15层部分	100052	021－28932768
交银施罗德基金管理有限公司北京分公司	西城区金融大街20号13层1311－1312室	100033	66584999
益民基金管理有限公司北京分公司	西城区宣武门外大街6号庄胜广场南翼13A室	100052	63101218
信达澳银基金管理有限公司北京分公司	西城区阜成门外大街22号1幢4层401－12室	100037	56652660
泰信基金管理有限公司北京分公司	西城区广成街4号院1号楼305室、306室	100032	66215978
中银基金管理有限公司北京分公司	西城区西单北大街110号8层F8（016－027）室	100032	88000688
招商基金管理有限公司北京分公司	西城区月坛南街1号院3号楼1801室	100032	0755－83196666
建信基金管理有限责任公司北京分公司	西城区金融大街7号英蓝国际金融中心1630室	100033	66228888
长城基金管理有限公司北京分公司	西城区金融大街7号英蓝国际金融中心F916－F917单元	100033	88091156

中欧基金管理有限公司北京分公司	东城区东长安街1号东方广场东方经贸城西三办公楼10层7－10室	100738	63082766
兴证全球基金管理有限公司北京分公司	朝阳区建国门外大街甲6号1幢32层B座1－32内3206室	100033	63211225
工银瑞信基金管理有限公司北京分公司	西城区金融大街5号、甲5号1层甲5号105室	100033	66583239
安信基金管理有限责任公司北京分公司	西城区阜成门北大街2号楼5层501室	100034	0755－82509999
东方基金管理股份有限公司北京分公司	西城区锦什坊街28号楼2层201室	100033	66295888
东海基金管理有限责任公司北京分公司	海淀区西三环北路87号15层4－1502室	100048	88825682
前海开源基金管理有限公司北京分公司	西城区武定侯街6号15层F2－1（A）1501室	100738	4001－666－998
财通基金管理有限公司北京分公司	西城区月坛南街14号月新大厦第10层1006室	100032	400－820－9888
宝盈基金管理有限公司北京分公司	海淀区复兴路69号院10号楼10层1001室	100032	68083668
国寿安保基金管理有限公司北京分公司	房山区长沟镇金元大街1号北京基金小镇大厦A座150室	100033	50850888
万家基金管理有限公司北京分公司	东城区朝阳门北大街9号15层08单元	100033	59013764
泓德基金管理有限公司北京分公司	西城区德胜门外大街125号3层301B－1室	100032	4009－100－888
兴银基金管理有限责任公司北京分公司	朝阳区东三环北路38号院3号楼18层2101室	100088	4000－096－326
新沃基金管理有限公司北京分公司	丰台区东管头1号1号楼1－48室	100027	58290600
嘉合基金管理有限公司北京分公司	西城区金融大街7号6层627室	100080	021－6016900
农银汇理基金管理有限公司北京分公司	东城区建国门内大街乙18号院2号楼1117室	100031	4006－895－599
西部利得基金管理有限公司北京分公司	东城区东长安街1号东方广场东方经贸城西一办公楼15层09－11室	100005	56300100
诺德基金管理有限公司北京分公司	海淀区中关村东路1号院8号楼4层B301C－2室	100738	400－888－0009
富荣基金管理有限公司北京分公司	西城区金融大街33号9层918单元	100084	4006－855－600
嘉实基金管理有限公司北京怀柔分公司	怀柔区桥梓镇八龙桥雅苑2号楼3层2－3室	100033	400－600－8800

兴业基金管理有限公司北京分公司	朝阳区朝阳门北大街20号1至25层101内25层2501室	101400	89926967
国融基金管理有限公司北京分公司	海淀区西直门外大街168号腾达大厦20层06～11号	100020	400－819－0098
鹏扬基金管理有限公司北京分公司	西城区复兴门外大街A2号1幢16层1601室	100044	68105888
浦银安盛基金管理有限公司北京分公司	西城区太平桥大街18号16层1602室	100045	021－2321288
诺安基金管理有限公司北京分公司	朝阳区光华路甲14号1幢8层801内801－806室	100032	59027888
汇安基金管理有限责任公司北京分公司	东城区东直门南大街5号中青旅大厦13层1301－1308室	100033	56711600
惠升基金管理有限责任公司北京分公司	西城区金融大街27号楼16层B－1808室	100045	400－000－5588
合煦智远基金管理有限公司北京分公司	东城区东直门外大街46号1号楼16层1601－（03、05、06A）室	100033	0755－21835858
南华基金管理有限公司北京分公司	西城区武定侯街2号、4号10层F2－1（B）1001－2、1001－3室	100007	58965805
中融基金管理有限公司北京分公司	通州区贡院街1号院1号楼2层206－84室	100007	56517000
中科沃土基金管理有限公司北京分公司	朝阳区京顺路5号10号楼1层A801室	100007	020－37128708
德邦基金管理有限公司北京分公司	顺义区后沙峪镇安富街6号1136室	100036	021－26010999
先锋基金管理有限公司北京分公司	海淀区北太平庄路18号24层A2401室	100020	58239856
国联安基金管理有限公司北京分公司	西城区金融大街33号B座601室、612室	100012	59312803
中信保诚基金管理有限公司北京分公司	朝阳区东三环中路1号1幢2单元5层501内07号单元	100033	021－68649788
华融基金管理有限公司北京分公司	通州区滨惠北一街3号院1号楼1层1－8－16室	100020	400－898－9999
恒生前海基金管理有限公司北京分公司	朝阳区建国路79号6层6办公2T01内62室	100020	0755－88982200
同泰基金管理有限公司北京分公司	西城区南礼士路66号1号楼10层1－15－1010室	100020	400－830－1666

机构名称	地址	邮编	电话
金元顺安基金管理有限公司北京分公司	怀柔区雁栖镇京加路青秀园街5号院1号楼文化服务中心301室	100045	68058550
创金合信基金管理有限公司北京分公司	朝阳区楼梓庄路2号院3号楼5层509内1号（北京自贸试验区国际商务服务片区朝阳组团）	100032	63197791
新疆前海联合基金管理有限公司北京分公司	朝阳区建国路112号16层1601－2室	100055	400－640－0099
华富基金管理有限公司北京分公司	西城区金融大街7号－4至19层101内9层F907B室	100020	021－68886996
兴华基金管理有限公司北京分公司	怀柔区雁栖镇京加路青秀园街5号院1号楼文化服务中心302室	101407	400－067－8815
凯石基金管理有限公司北京分公司	西城区宣武门外大街26、28、30号2幢13层28号B1501室	100071	66515900－8960
华润元大基金管理有限公司北京分公司	东城区建国门北大街8号华润大厦5层504A室	100005	4000－1000－89
富安达基金管理有限公司北京分公司	怀柔区南大街25号楼1层25－1室	101499	400－630－6999
博道基金管理有限公司北京分公司	丰台区金泽西路8号院1号楼8层818室	100070	400－085－2888
太平基金管理有限公司北京分公司	西城区金融大街7号	100033	400－028－8699
华泰保兴基金管理有限公司北京分公司	西城区金融大街35号国际企业大厦B座15层	100033	59372278
鑫元基金管理有限公司北京分公司	海淀区阜成路101号永兴花园饭店B座701室	100048	56879350
兴合基金管理有限公司北京分公司	丰台区金泽路161号院1号楼－4至43层101内8层07B室	100070	400－997－0188

（7）基金管理公司理财中心

机构名称	地址	邮编	电话
华夏基金管理有限公司北京科学院南路投资理财中心	海淀区中关村科学院南路9号	100190	82523198

华夏基金管理有限公司北京东中街投资理财中心	东城区东中街29号东环广场B座一层	100027	64185183
华夏基金管理有限公司北京东四环投资理财中心	朝阳区八里庄西里100号住邦2000商务中心1号楼一层	100025	85869755
华夏基金管理有限公司北京望京投资理财中心	朝阳区望京宏泰东街绿地中国锦103	100102	64709882
华夏基金管理有限公司北京朝外大街投资理财中心	朝阳区望京宏泰东街绿地中国锦103	100102	64702332
华夏基金管理有限公司北京朝阳投资理财中心	朝阳区望京宏泰东街绿地中国锦103	100102	64706997
华夏基金管理有限公司北京亚运村投资理财中心	朝阳区望京宏泰东街绿地中国锦103	100102	64706991
华夏基金管理有限公司北京崇文投资理财中心	东城区广渠门内大街35号	100061	64185181
华夏基金管理有限公司北京西三环投资理财中心	海淀区北三环西路99号1号楼1层107	100089	82523198
华夏基金管理有限公司北京海淀投资理财中心	海淀区中关村南大街11号	102629	82523191
华夏基金管理有限公司北京世纪城投资理财中心	海淀区蓝靛厂时雨园甲2-4号	100097	82523196

（8）证券投资咨询公司

机构名称	地　址	邮　编	电　话
北部资产经营股份有限公司	西城区西直门外大街18号3层B座2单元320	100044	15942400380

北京首证投资顾问有限公司	丰台区榴乡路88号院10号楼8层801－15	100071	86393381
北京天相财富管理顾问有限公司	西城区金融大街19号B701D室	100032	66045777
北京指南针科技发展股份有限公司	昌平区北七家镇七北路42号院2号楼1单元501室	102200	82559988
北京中富金石咨询有限公司	朝阳区东大桥路8号1号楼15层1807室	100020	58701668
北京中资北方投资顾问有限公司	朝阳区东四环中路82号2座2－1座01层101－02	100020	18639102125
北京博星证券投资顾问有限公司	西城区西直门内南小街国英园1号楼1012室	100032	50950886
鼎信汇金（北京）投资管理有限公司	朝阳区霄云路40号院1号楼3层306室	100020	84489855
北京海问咨询有限公司	朝阳区东大桥路8号1号楼15层1811	100020	18588970604
北京金美林投资顾问有限公司	海淀区中关村大街11号6层645	100089	68666881
北京和众汇富科技股份有限公司	海淀区西三环北路11号21号楼二层2111室	100089	18560219464
和讯信息科技有限公司	朝阳区朝外大街22号1002室泛利大厦10层	100020	85657576
北京股商证券投资咨询有限公司	海淀区燕西台嘉苑甲15号二层2060室	100089	64428161
北京中方信富投资管理咨询有限公司	朝阳区朝阳公园路19号佳隆国际大厦908室	100125	53383366

（9）期货公司

机构名称	地　　址	邮　编	电　话
北京首创期货有限责任公司	西城区宣武门外大街甲1号3层301－302室、314室		4007009595
第一创业期货有限责任公司	西城区新街口北大街3号6层603－604室		4008881888
方正中期期货有限公司	朝阳区东三环北路38号泰康金融大厦		4008802277
格林大华期货有限公司	朝阳区建国门外大街8号楼21层2102单元		4006537777
冠通期货股份有限公司	朝阳区朝阳门外大街甲6号万通中心D座20层		4006678656
国都期货有限公司	东城区东直门南大街3号国华投资大厦8层、10层		4007007588

国元期货有限公司	东城区东直门外大街46号天恒大厦B座21层		4008888218
宏源期货有限公司	海淀区西直门北大街甲43号金运大厦B座6层		4006008899
九州期货有限公司	海淀区西直门北大街甲43号金运大厦B座5层		82211853
金鹏期货经纪有限公司	西城区复兴门内金融街投资广场B座9层		66212370
首创京都期货有限公司	朝阳区安定门外大街1号荔枝大厦10层		4000653019
民生期货有限公司	东城区建国门内大街28号民生金融中心A座19层		85127555
银河期货有限公司	朝阳区朝外大街16号中国人寿大厦11层		4008867799
中天期货有限责任公司	丰台区方庄芳古园1区29号楼		4007718181
英大期货有限公司	东城区建国门内大街乙18号院1号楼英大国际大厦2层		4000188688
中钢期货有限公司	海淀区海淀大街8号A座19层		4007006700
中国国际期货股份有限公司	朝阳区建国门外光华路14号1幢6层609－610号		95162
中粮期货有限公司	东城区东直门南大街5号中青旅大厦15层、1层108室、3层305－313室、4层401－402室		4007060158
中衍期货有限公司	朝阳区东四环中路82号金长安大厦B座7层		4006881117
晟鑫期货经纪有限公司	顺义区空港融慧园6号楼9层906室		0353－2032543

（10）期货公司营业部

机构名称	地　址	邮　编	电　话
安粮期货股份有限公司北京营业部	丰台区汽车博物馆东路1号院3号楼9层1002室		57327606
宝城期货有限责任公司北京营业部	朝阳区望京西路甲50号1号楼7层1－09内701单元		64795780

北京首创期货有限责任公司北京北辰东路营业部	朝阳区北辰东路8号亚运村1号门	84973126
北京首创期货有限责任公司北京东三环营业部	朝阳区东三环北路3号A座15层15号内1505室	65089658
倍特期货有限公司北京营业部	东城区东直门外大街48号1幢10层办公楼10F室	59576408
渤海期货股份有限公司北京营业部	朝阳区东三环北路甲2号8号楼第19层1949号	64649822
财达期货有限公司北京分公司	海淀区首体南路20号国兴大厦D座2层西侧（201）室	88386866
长城期货股份有限公司北京分公司	西城区南礼士路66号1号楼11层1114－1115室	85270312
长江期货股份有限公司北京海淀区营业部	海淀区西三环北路11号1号楼1层1105室	63968268
长江期货股份有限公司北京建国门营业部	东城区建国门北大街8号华润大厦6层605B室	85191069
创元期货股份有限公司北京第二分公司	海淀区蓝靛厂东路2号院2号楼（金源时代商务中心2号楼）7层1单元（A座）8G室	68002268
创元期货股份有限公司北京分公司	东城区北三环东路36号1号楼B1209室	58257989
大地期货有限公司北京分公司	海淀区西直门北大街32号院1号楼14层1703室	88019357
道通期货经纪有限公司北京蓝靛厂东路营业部	海淀区蓝靛厂东路2号院2号楼（金源时代商务中心2号楼）10（9）层3单元（C座）10B－1室	88870187
东方汇金期货有限公司北京分公司	东城区永定门西滨河路8号院7楼4层501－05单元	59947979
东海期货有限责任公司北京花园桥营业部	海淀区西三环北路72号院B座1810室	88584490
东吴期货有限公司北京营业部	西城区西直门外大街1号院2号楼17C4室	58301050
东兴期货有限责任公司北京营业部	西城区德胜门外大街13号院1号楼10层1003室	66553323
方正中期期货有限公司北京朝阳分公司	朝阳区东三环北路38号院1号楼19层2201室	85881205
方正中期期货有限公司北京分公司	西城区展览馆路48号楼4层408室	68578910
方正中期期货有限公司北京石景山分公司	石景山区金府路32号院3号楼5层510－511室	82868239
方正中期期货有限公司北京望京营业部	朝阳区望京中环南路9号1号楼12层8－9号	62681567

格林大华期货有限公司北京分公司	朝阳区建国门外大街 8 号楼 20 层 1702 单元 20010 室	56711850
冠通期货股份有限公司北京分公司	海淀区中关村南大街 5 号二区 683 号楼 1801 室	62576919
光大期货有限公司北京分公司	西城区月坛北街 2 号月坛大厦东配楼 5 层	68084650
广发期货有限公司北京分公司	西城区宣武门外大街甲 1 号 1101 – 1102 室、1114 房间 05 室	65863690
广发期货有限公司北京营业部	海淀区西三环北路 89 号 10 层 B – 04 室	88569180
广州期货股份有限公司北京分公司	丰台区丽泽路 24 号院 1 号楼 –5 至 32 层 101 内 12 层 1211 室	58565351
国金期货有限责任公司北京分公司	西城区广安门外大街 248 号 1 号楼 13 层 1305 – 1306 室	83118631
国联期货股份有限公司北京北三环东路营业部	朝阳区北三环东路 28 号易亨大厦 1208 室	58773708
国贸期货有限公司北京营业部	朝阳区建国门外大街甲 14 号 03 层（03）301 号 02 – 2 室	56120900
国泰君安期货有限公司北京分公司	朝阳区建国门外大街乙 12 号 25 层西塔 01、07 – 08 单元	58795766
国泰君安期货有限公司北京三元桥营业部	朝阳区曙光西里甲 5 号院 22 号楼 15 层 1501 – 1502 单元	64669901
国投安信期货有限公司北京朝阳营业部	朝阳区东三环中路 63 号楼 16 层 1915 室	65915662
国投安信期货有限公司北京第二分公司	西城区广安门外南滨河路 1 号 8 层 811 室	63019685
国投安信期货有限公司北京分公司	西城区金融大街 5 号、甲 5 号 16 层 5 号 1801 – 01 室	58747676
国信期货有限责任公司北京营业部	朝阳区北辰东路 8 号院 16 号楼 8 层 804 内 A0804 – A0805 室	84981046
海航期货股份有限公司北京营业部	朝阳区望京园 601 号楼 12 层 1502 室	65974689

海通期货股份有限公司北京南礼士路营业部	西城区南礼士路66号1号楼9层908室	68086576
海通期货股份有限公司华北分公司	西城区南礼士路66号1号楼9层907室	68086896
和融期货有限责任公司北京分公司	东城区广渠家园5楼4层404－2室	50831726
弘业期货股份有限公司北京分公司	朝阳区建国路118号9层901内C1单元	68031609
弘业期货股份有限公司北京营业部	朝阳区建国路118号9层901内B2单元	68014686
宏源期货有限公司北京分公司	海淀区西直门北大街甲43号1幢6层1－20－1室	82290898
宏源期货有限公司东城区营业部	东城区南竹杆胡同2号1幢4层10508室	64064100
宏源期货有限公司北京西直门北大街营业部	海淀区西直门北大街甲43号1幢6层01－06室、11室	82292218
华金期货有限公司北京分公司	朝阳区建国路108号部分，2幢内108号楼12层04单元	58140617
华融融达期货股份有限公司华北分公司	西城区月坛北街26号写字楼5层501A－1室	59321090
华泰期货有限公司北京分公司	西城区丰盛胡同28号楼8层801－2至801－6室	64405621
华泰期货有限公司北京西三环营业部	海淀区西三环北路87号路7层4－702室	88585871
华泰期货有限公司北京营业部	东城区北三环东路36号1号楼B2303/05室	64527562
华闻期货有限公司北京分公司	朝阳区东三环中路24号楼22层2202单元	57613006
华闻期货有限公司北京营业部	丰台区广安路9号院6号楼14层1420室	53320932
华西期货有限责任公司北京营业部	东城区建国门内大街18号办1103－1104室	65174391
徽商期货有限责任公司北京分公司	东城区南竹杆胡同6号楼4层07室	58641775
混沌天成期货股份有限公司北京分公司	朝阳区光华路7号13层16B18室	63397137
建信期货有限责任公司北京营业部	西城区宣武门西大街28号大成广场7门501室	83125560
江海汇鑫期货有限公司北京营业部	海淀区西三环北路72号A座2906室	51665806
金鹏期货经纪有限公司丰台营业部	丰台区汽车博物馆东馆1号院4号楼北座902室（园区）	83681815
金瑞期货股份有限公司北京营业部	西城区华远北街2号2层207室、222室	84584588

金石期货有限公司北京营业部	东城区建国门内大街18号6层办公楼1座612室	65180667
金信期货有限公司华北分公司	西城区月坛南街59号5层501－1室、501－27室	68575389
迈科期货股份有限公司北京营业部	东城区建国门内大街8号中粮广场B座10层1011室	64082007
美尔雅期货有限公司北京朝外营业部	朝阳区朝阳门外大街甲6号10层3座1009室	84463746
南华期货股份有限公司北京分公司	西城区宣武门外大街26、28、30号2幢5层28号A501室和A502室	63163006
南华期货股份有限公司北京营业部	西城区武定侯街2号、4号10层F2－1（B）1001－02室	63150242
平安期货有限公司北京分公司	东城区东花市北里西区23号楼1层1室	56800199
瑞达期货股份有限公司北京分公司	东城区南竹杆胡同1号8层909室	62155857
山东港信期货有限公司北京营业部	东城区东四十条甲22号B座7层817室	18601056208
山东齐盛期货有限公司北京营业部	朝阳区南磨房路37号17层1909室	65087306
上海大陆期货有限公司北京营业部	海淀区高梁桥斜街59号院1号楼7层715室	65180889
上海东证期货有限公司北京朝阳门营业部	朝阳区朝外大街22号4层401－402室	84896646
上海东证期货有限公司北京分公司	朝阳区北辰东路8号院27号楼3层302－303号	85630311
上海中期期货股份有限公司北京分公司	西城区广安门外大街248号1号楼10层1011－1012室	63363837
申银万国期货有限公司北京分公司	海淀区西直门北大街甲43号1号楼10层1007室	67789206－601
申银万国期货有限公司北京劲松九区营业部	朝阳区劲松九区909号楼4层	67789206－606
神华期货有限公司北京营业部	海淀区苏州街18号院长远天地大厦4号楼3A01室	82613962
晟鑫期货经纪有限公司北京营业部	昌平区东小口镇立汤路186甲4号楼11层1106室	84608496
天富期货有限公司北京营业部	东城区安定门东大街28号1号楼C单元610号	64178233
五矿经易期货有限公司北京营业部	丰台区广安路9号院6号楼408－409室	68331355

五矿期货有限公司北京分公司	海淀区首都体育馆南路6号3号楼12层1253室、1254室	64185322
物产中大期货有限公司北京营业部	东城区安定门外大街138号5层A座506室	65060066
西部期货有限公司北京分公司	朝阳区朝外大街26号12层B1501室	85116877
新湖期货股份有限公司北京分公司	朝阳区朝阳门外大街20号1幢06层610室	64008506
新纪元期货股份有限公司北京东四十条营业部	东城区东四十条68号平安发展大厦4层407室	842613809
信达期货有限公司北京营业部	朝阳区和平街东土城路12号院3号楼1606室	64101702
兴业期货有限公司北京分公司	朝阳区朝阳门北大街20号1至25层101内2503室	69000897
兴证期货有限公司北京分公司	朝阳区建国门外大街甲6号1幢27层A座1－27内2704室	59724360
一德期货有限公司北京北三环东路营业部	东城区北三环东路36号E栋7层02/03室	88312828－8668
银河期货有限公司北京分公司	朝阳区建国门外大街8号楼31层2702单元31010室	68569786
银河期货有限公司北京建国门营业部	朝阳区建国门外大街8号楼31层2702单元31011室	68569728
银河期货有限公司北京营业部	东城区广渠门内大街80号8层815号	68569719
英大期货有限公司北京营业部	丰台区丽泽路24号院1号楼－5至32层101内17层1701－1A室	65978388
永安期货股份有限公司北京分公司	东城区金宝街58号6层	65120691
云晨期货有限责任公司北京分公司	西城区文兴街1号院1号楼C座1层103室	81923978
招商期货有限公司北京西直门北大街营业部	海淀区西直门北大街60号首钢国际大厦5层0507－0508号	82295230
浙江新世纪期货有限公司北京营业部	东城区建国门内大街8号中粮广场B座12层1222－1203室	59576281
浙商期货有限公司北京分公司	朝阳区光华路甲14号1幢12层1203室	65082206

中财期货有限公司北京海淀营业部	海淀区莲花苑5号楼11层1117室、1119室、1120－1121室	63942832－8008
中电投先融期货股份有限公司北京营业部	朝阳区东四环中路82号3座06层706室	87785456
中钢期货有限公司北京营业部	西城区广义街5号3－701室	64253186
中国国际期货股份有限公司北京中关村南大街营业部	海淀区中关村南大街2号B座10层1102C室	51905951
中辉期货有限公司北京分公司	朝阳区东三环中路39号院23号楼（南办公楼）16层1907室	58699118
中金财富期货有限公司北京营业部	朝阳区朝阳门外大街18号24层A27室	65880625
中金期货有限公司北京建外大街营业部	朝阳区建国门外大街1号（二期）7层21单元	85679888
中粮期货有限公司北京分公司	东城区东直门南大街5号中青旅大厦8层806室	84986951
中粮期货有限公司东城营业部	东城区东直门南大街5号中青旅大厦8层808室	52831601
中融汇信期货有限公司北京分公司	朝阳区东三环北路甲19号楼10层1101室	50960060
中融汇信期货有限公司北京营业部	朝阳区北辰东路8号15号楼（H）座22层2203室	67766695
中泰期货股份有限公司北京朝阳分公司	朝阳区建国路乙118号16层1609室	65006710
中泰期货股份有限公司北京营业部	东城区朝阳门北大街9号鸿晟国际中心16层18单元	82194010
中信建投期货有限公司北京北三环西路营业部	海淀区中关村南大街6号9层912室	82128101
中信建投期货有限公司北京朝阳门北大街营业部	东城区朝阳门北大街6号首创大厦207室	85282788
中信建投期货有限公司北京国贸营业部	朝阳区光华路8号17幢1层A113室	85951102
中信期货有限公司北京朝阳分公司	朝阳区亮马桥路48号院4号楼3层302室	57762916
中信期货有限公司北京分公司	东城区广渠门内大街47号7层47－（07）701室	57762888
中信期货有限公司东城分公司	东城区东长安街1号东方广场东方经贸城西二办公楼11层1106室、1108室	57762882

中银国际期货有限责任公司北京分公司	朝阳区朝阳门外大街18号9层A907－A908室		85794139
紫金天风期货股份有限公司北京分公司	通州区观音庵南街4号院2号楼1至2层118室		69551033

（11）外国及港澳台地区证券类机构北京代表处

机构名称	地　址	邮　编	电　话
德国商业银行股份有限公司（证券业务）北京代表处	朝阳区建国门外大街乙－12号双子座大厦东塔2507室	100022	65673233
德意志银行股份有限公司（证券业务）北京代表处	朝阳区建国路81号德意志银行大厦28层	100025	59698008
法国巴黎资本（亚洲）有限公司北京代表处	朝阳区建国门外大街1号院1号楼20层2021C室	100020	65353336
高盛（中国）有限责任公司北京代表处	西城区金融大街7号英蓝国际中心17－18层部分	100034	66273261/66273400
韩国三星证券公司北京代表处	朝阳区景辉街31号院1号楼三星大厦2101－4室	100022	65221855/65227891
韩国投资证券株式会社北京代表处	朝阳区曙光西里甲1号	100027	85712802
花旗环球金融中国有限公司北京代表处	西城区武定侯街6号18层1801室、1802A－1室	100033	59376655
交银国际控股有限公司北京代表处	西城区平安里西大街28号10层01－03单元、05单元	100035	88009788
京华山一国际（香港）有限公司北京代表处	东城区建国门内大街18号办公楼一座1101室	100005	65182871
美国富瑞金融集团北京代表处	朝阳区建国门外大街1号国贸一期写字楼14层98室	100004	57379013
蒙特利尔银行利时证券公司北京代表处	朝阳区建国路77号华贸中心3号写字楼27层02A和03A单元	100022	85881700
摩根士丹利亚洲有限公司北京代表处	西城区太平桥大街18号丰融国际中心1座12层3B单元	100034	83563858

日本大和证券株式会社北京代表处	朝阳区光华路1号（商业写字楼）北路3层301-302单元	100026	65006688
日本摩乃科斯证券股份有限公司北京代表处	朝阳区建国门外大街26号2号楼8007室	100022	65281955
日本瑞穗证券股份有限公司北京代表处	朝阳区建国门外大街甲26号长富宫办公楼8011室	100020	65234779
日本三井住友信托银行股份有限公司（证券业务）北京代表处	朝阳区建国门外大街26号长富宫办公楼5层5011室	100020	65598556
日本盛华日兴证券株式会社北京代表处	朝阳区建国路79号4层4办公2T01内03A号	100020	85958898
日本野村证券株式会社北京代表处	朝阳区东三环北路5号北京发展大厦1212室	100020	58661888
瑞士信贷（香港）有限公司北京代表处	东城区金宝街89号19层1904-04A号	100005	88090988
台湾元大证券股份有限公司北京代表处	东城区建国门内大街7号光华长安大厦2座1722室	100005	65101266
香港第一上海融资有限公司北京代表处	东城区建国门内大街7号光华长安大厦1座507B室	100005	65102588
香港摩根大通证券（亚太）有限公司北京代表处	西城区金融大街7号英蓝国际中心F2005-F2006，F2021-F2028室	100034	59318888
香港上海汇丰银行有限公司（证券业务）北京代表处	朝阳区东三环中路5号财富金融中心（FFC）16层1604室	100022	59998260
香港致富证券有限公司北京代表处	朝阳区建国门外大街1号（1期）16幢6层608室	100020	66555862
中银国际控股有限公司北京代表处	西城区西单北大街110号8层	100032	83262151

（12）外国及港澳台地区资产管理类机构北京代表处

机构名称	地　　址	邮　编	电　话
法国法盛投资管理公司北京代表处	朝阳区建国门外大街2号院3号楼银泰写字楼1901B单元	100022	69000522

邓普顿国际股份有限公司北京代表处	朝阳区建国路79号26层26办公T201内02室	100026	88091365
富达基金（香港）有限公司北京代表处	朝阳区建国路79号29层29办公2T01内08A室	100026	66553282
加拿大迈凯希金融公司北京代表处	朝阳区建国门外大街1号院1号楼38层24－25单元	100020	65271837
美国桥水投资公司北京代表处	朝阳区建国门外大街一号国贸大厦A座4701室	100004	57061600
香港摩根资产管理（亚太）有限公司北京代表处	西城区金融大街7号17层F2007A单元	100037	59318400
新加坡摩根士丹利投资管理公司北京代表处	东城区安定门外大街208号院1号楼13层1303单元	100011	83563893
信安环球投资有限公司北京代表处	朝阳区建国门外大街1号16幢4层414B、415室	100020	64628821

（13）外国及港澳台地区证券交易所北京代表处

机构名称	地　址	邮　编	电　话
美国纽约证券交易所有限责任公司北京代表处	朝阳区建国门外大街1号国贸写字楼1座1203室	100020	65052188
香港交易及结算所有限公司北京代表处	西城区金融大街7号英蓝国际金融中心902－903室	100034	85190288
韩国交易所北京代表处	朝阳区阜通东大街6号院方恒国际中心A座2808室	100102	65331986/1987
日本东京证券交易所株式会社北京代表处	朝阳区建外大街2号北京银泰中心C座2204－2205	100022	85171128
新加坡交易所有限公司北京代表处	朝阳区建国门外大街1号国贸三期33层09－12单元	100020	66290660
美国纳斯达克股票市场有限责任公司北京代表处	朝阳区东三环中路5号楼06层02－2号单元	100020	85950806

德国德意志交易所股份有限公司北京代表处	朝阳区建国门外大街1号国贸大厦B座23层19单元	100020	65028300
伦敦证券交易所有限责任公司北京代表处	东城区东长安街1号东方广场东方经贸城东办公楼18层9室	100006	66271111

4. 保险业机构

（1）中资保险公司

机构名称	地　址	邮　编	电　话
中邮人寿保险股份有限公司北京分公司	西城区阜成门北大街19号中邮保险北京分公司	100037	68303868
中国人民人寿保险股份有限公司北京市分公司	海淀区首体南路38号创景大厦5、6、7层	100037	15034537748
光大永明人寿保险有限公司北京分公司	丰台区西三环南路14号院2号楼9层、1层0101室	100073	59128100
信泰人寿保险股份有限公司北京分公司	朝阳区青年路7号院1号楼10/17/18/19整层	100020	13718028173
中国太平洋人寿保险股份有限公司北京分公司	西城区复兴门内大街158号远洋大厦F6层东区	100031	83955401
新华养老保险股份有限公司北京分公司	朝阳区建外大街甲12号新华保险大厦17层1702、1706B	100022	65695223
中融人寿保险股份有限公司北京分公司	西城区广安门大街168号1幢2层201－09	100044	50866190
新华人寿保险股份有限公司北京分公司	东城区东四十条68号6－8层	100007	84189462
中华联合人寿保险股份有限公司北京分公司	朝阳区建国门外大街甲6号1幢13层D座十六层	100022	63809985
昆仑健康保险股份有限公司北京分公司	朝阳区广渠路11号院1号楼7层（06）701内B701、B702、B703、B705、B706、B707（金泰国际大厦）	100023	59719600

君康人寿保险股份有限公司北京分公司	朝阳区太阳宫中路16号院1号楼11层1101、1102、1106、1107、1108、16层1608	100028	13601382916
幸福人寿保险股份有限公司北京分公司	东城区广渠门内大街43号5层43－（05）01室	100050	67094550
复星联合健康保险股份有限公司北京分公司	朝阳区朝阳北路237号复星国际中心1508	100020	65924019
大家人寿保险股份有限公司北京分公司	朝阳区东三环中路55号6层	100022	59229481
大家养老保险股份有限公司北京分公司	海淀区花园东路11号泰兴大厦7层705	100191	85256650
和谐健康保险股份有限公司北京分公司	朝阳区建国门外大街甲6号1幢9层B座1－9内906、907室	100022	51423906
太平人寿保险有限公司北京分公司	海淀区西直门北大街52号太平金融大厦	100052	82299500
阳光人寿保险股份有限公司北京分公司	通州区云景北里53号熙锦大厦C座16层	101121	67796828
合众人寿保险股份有限公司北京分公司	朝阳区朝外大街乙12号昆泰国际大厦20层（整层）	100020	58797755
英大泰和人寿保险股份有限公司北京分公司	西城区宣武门外大街28号富卓大厦A座10层	100052	58684222
华夏人寿保险股份有限公司北京分公司	西城区宣武门外大街10号庄胜广场北楼南翼10层	100052	63106600
太平养老保险股份有限公司北京分公司	西城区骡马市大街16号太平金融中心9层	100052	59579000
国华人寿保险股份有限公司北京分公司	西城区白纸坊东街2号院6号楼605	100054	83256699
泰康人寿保险有限责任公司北京分公司	东城区崇文门外大街8号院1号楼7层、8层	100062	13611078199
泰康养老保险股份有限公司北京分公司	朝阳区东三环北路38号院1号楼16层1901室，21层2501室，17层20001室内10、11、12、15室，18层2101室内01、02、03、05、06、07、15、16、17室	100006	85159100
建信人寿保险股份有限公司北京分公司	朝阳区光华路15号院1号楼18层	100026	56502691
爱心人寿保险股份有限公司北京分公司	朝阳区广渠路28号223号楼八层805内	100124	56433856
中国平安人寿保险股份有限公司北京分公司	西城区金融大街23号平安大厦13、14层	100032	13501269719

北京人寿保险股份有限公司北京分公司	丰台区南三环西路97号院1号楼1至13层101内3层	100044	68303362
长城人寿保险股份有限公司北京分公司	西城区西直门外大街1号院2号楼18层20C1－20C13	100044	15830798008
富德生命人寿保险股份有限公司北京分公司	海淀区西直门北大街52、54、56号2层、3层、5层南栋0101	100082	58978171
平安养老保险股份有限公司北京分公司	西城区金融大街23号平安大厦九层	100033	59731355
中国人寿养老保险股份有限公司北京市分公司	朝阳区朝外大街16号中国人寿大厦南区19层	100020	56909916
百年人寿保险股份有限公司北京分公司	东城区东直门南大街11号中汇广场A座16层	100007	18911647417
中国人寿保险股份有限公司北京市分公司	朝阳区朝外大街16号中国人寿大厦南区19层	100020	56909916
利安人寿保险股份有限公司北京分公司	海淀区海淀南路32号中电投大厦9层	100080	59012606
珠江人寿保险股份有限公司北京分公司	朝阳区广渠路28号合生财富广场七层	100124	57783737
农银人寿保险股份有限公司北京分公司	海淀区苏州街3号大恒科技大厦北座5层	100080	82827788
民生人寿保险股份有限公司北京分公司	朝阳区东三环北路38号民生大厦6层	100026	59206622
中国人民健康保险股份有限公司北京分公司	朝阳区金台西路2号【4－2】41幢（人民日报社9号楼）二层	100026	59867888
长江养老保险股份有限公司北京分公司	西城区丰盛胡同28号太平洋保险大厦8层801－07至801－18室	100032	66510003
国宝人寿保险股份有限公司北京分公司	石景山区金府路32号院3号楼	100041	65678907
太平洋健康保险股份有限公司北京分公司	东城区东长安街1号东方广场东方经贸城中一办公楼5层1室、2室、11室	100006	58045322
小康人寿保险有限责任公司北京分公司	朝阳区东三环中路5号财富金融中心60层05号单元	100027	85288588
招商局仁和人寿保险股份有限公司北京分公司	西城区平安里西大街28号楼中海国际中心6层01、08、09单元	100044	18800030130

中国人民财产保险股份有限公司北京市分公司	东城区朝阳门北大街17号	100010	95518
中国大地财产保险股份有限公司北京分公司	西城区骡马市大街18号楼104、105、106、207、208	100032	82277917
中华联合财产保险股份有限公司北京分公司	东城区安外西滨河路18号首府大厦3号楼	100011	64519985
中国太平洋财产保险股份有限公司北京分公司	西城区复兴门内大街158号远洋大厦F6层	100031	83506810
中国平安财产保险股份有限公司北京分公司	西城区金融大街23号	10032	58391471
天安财产保险股份有限公司北京分公司	海淀区羊坊店路18号1幢10层1003	100038	88574500
华安财产保险股份有限公司北京分公司	丰台区广安路9号院国投财富广场5号楼17层	100055	88829888
永安财产保险股份有限公司北京分公司	石景山区古城南街9号院4号楼13层1308、1309	100043	65733600
太平财产保险有限公司北京分公司	西城区骡马市大街16号楼8层801、804、805房间	100052	83253001
亚太财产保险有限公司北京分公司	东城区永定门西滨河路8号院7楼6层70101单元、10层110106、07单元	100010	13911738605
中银保险有限公司北京分公司	东城区朝阳门内大街2号凯恒中心E座7层701－705，B座706－707、16层1604－1605	100010	85290888
永诚财产保险股份有限公司北京分公司	海淀区西三环北路72号院A座20层	100048	56323715
安华农业保险股份有限公司北京分公司	朝阳区管庄周家井大院内世通大厦B座11层1106－1109号	100024	64393103
阳光财产保险股份有限公司北京分公司	通州区永顺镇商通大道1号院2号楼四层401、402	101149	56406700
都邦财产保险股份有限公司北京分公司	海淀区晾果厂6号9层	100038	68097955
渤海财产保险股份有限公司北京分公司	丰台区汽车博物馆西路8号院3号楼6层601、611、612、613、614、606、607	100070	82292277
华农财产保险股份有限公司北京市分公司	朝阳区朝阳北路237号楼6层707、708	100022	63749622

中国人寿财产保险股份有限公司北京市分公司	朝阳区朝外大街16号2层212B－213A号，15层1501－1505，16层1603、1605号	100020	85253888
安诚财产保险股份有限公司北京分公司	东城区白桥大街22号主楼2层207室	100062	59095559
长安责任保险股份有限公司北京市分公司	丰台区丰台北路18号院1号楼2层0203－0207室	100071	63370171
英大泰和财产保险股份有限公司北京分公司	西城区西单北大街111号西单国际大厦9层	100022	51967360
紫金财产保险股份有限公司北京分公司	丰台区南四环西路186号二区1号楼2层01室	100070	13581879449
浙商财产保险股份有限公司北京分公司	东城区白桥大街15号3层33、35	100062	67195677
国任财产保险股份有限公司北京分公司	海淀区学院南路62号1号楼513	100062	63885007
富德财产保险股份有限公司北京分公司	海淀区西直门北大街56号8层南栋0101806	100082	58978255
长江财产保险股份有限公司北京分公司	朝阳区阜通东大街1号院3号楼11层2单元121－206室	100102	13367258023
泰山财产保险股份有限公司北京分公司	丰台区丰台北路18号院1号楼5层501内509－512室	100161	83830551
珠峰财产保险股份有限公司北京分公司	石景山区金府路32号院3号楼6层608室	100041	58691859
建信财产保险有限公司北京分公司	朝阳区东三环北路甲26号楼19、20层	100020	85098218
黄河财产保险股份有限公司北京分公司	东城区崇文门外大街8号院1号楼2层东塔203、204	100062	57329737
大家财产保险有限责任公司北京分公司	朝阳区东三环中路55号8层801	100020	59601843
英大泰和财产保险股份有限公司	东城区建国门内大街乙18号院1号楼英大国际大厦7－8层	100005	51967278
合众财产保险股份有限公司	石景山区田村路555号	100049	59949999
中国铁路财产保险自保有限公司	海淀区玲珑路9号院东区5号楼九层	100097	51896000
中银保险有限公司	西城区西单北大街110号西单汇大厦9－11层	100032	83260001

（2）中资保险公司分支机构

中国人民财产保险股份有限公司北京市分公司

机构名称	地址	邮编	电话
中关村科技支公司	海淀区学院南路乙68号	100081	82102741
分公司中关村营业部	海淀区学院南路乙68号6层	100081	62151606
东城支公司	东城区王家园胡同16号阳光国际大厦主楼2~5层	100027	65548700
西城支公司	西城区德外大街73号	100088	62370120
崇文支公司	东城区左安门内大街5号	100061	67199886
宣武支公司	西城区菜市口南大街平原里小区20号楼	100054	83526226
朝阳支公司	朝阳区霄云里4号	100125	84485276
丰台支公司	丰台区丰台镇东大街11号	100071	63812311
丰台支公司第二营销服务部	丰台区同仁园8号楼2层202室	100071	63812311
丰台支公司第一营销服务部	丰台区同仁园8号楼2层201室	100071	63812311
石景山支公司	石景山区时代花园南路17号9层901室	100043	88980531
海淀支公司	海淀区阜成路81号	100142	88130258
海淀支公司海淀黄庄营业部	海淀区中关村大街27号106~109室	100080	82856786
海淀支公司会城门营业部	海淀区北蜂窝甲4号	100080	63262413
门头沟支公司	门头沟区新桥大街18号	102300	69843284
门头沟支公司永定营销服务部	门头沟区新桥大街18号5层504室	102300	69843284
房山支公司	房山区良乡政通路6号	102488	89366688
房山支公司燕联营销服务部	房山区燕山燕东路12号消防队西侧院1号楼101~104室、201室	102401	69310831

通州支公司	通州区玉带河大街4号	101100	60560501
通州支公司漷县营销服务部	通州区长凌营1号楼1层A商12号	101109	80520528
通州支公司第一营销服务部	通州区玉带河大街4号（人保财险北京通州支公司3层305室）	101100	60560501
通州支公司第二营销服务部	通州区玉带河大街4号（人保财险北京通州支公司3层307室）	101100	60560501
顺义支公司	顺义区新顺南大街	101300	69466005
顺义支公司杨镇营销服务部	顺义区杨镇地区沙子营村村委会南1000米	101309	61455568
顺义支公司空港营业部	顺义区新顺南大街1号9幢303～304室	101309	69466005
昌平支公司	昌平区城区镇北环路21号	102200	69723366
昌平支公司昌平营销服务部	昌平区昌平镇北环路21号101室	102200	69723366
大兴支公司	大兴区黄村镇兴政街26号	102600	69244765
大兴支公司兴政街营销服务部	大兴区黄村镇兴政街南侧1幢5层509室	102600	69244765
怀柔支公司	怀柔区青春路21号	101400	69648438
怀柔支公司桥梓营销服务部	怀柔区桥梓镇前桥梓村590号	101400	69676099
怀柔支公司杨宋营销服务部	怀柔区杨宋镇凤翔科技开发区和平路甲1号楼1至2层6单元101室	101400	60680987
平谷支公司	平谷区平谷镇航宇北街3号2幢1层全部等	101200	69962161
平谷支公司大华山营销服务部	平谷区大华山镇大华山大街229号	101200	69962161
平谷支公司第二营销服务部	平谷区平谷镇航宇北街3号5幢2层208室	101200	69962161
平谷支公司第一营销服务部	平谷区平谷镇航宇北街3号5幢2层210室	101200	69962161
平谷支公司峪口营销服务部	平谷区峪口镇西大街39号	101200	69962161
分公司责任险营业部	西城区教场口街9号院2－2号	100120	82067568
分公司九五五一八营销服务部	朝阳区广渠路66号院19号楼1层	100010	58195092
分公司营业部	东城区朝阳门北大街17号1至3层	100010	58195983

自贸试验区支公司	朝阳区呼家楼（京广中心）404～409室	100026	65013939
金融街营业部	西城区宣武门西大街甲129号金隅大厦901室	100031	66410024
直属支公司	西城区西直门南大街2号成铭大厦3A层	100035	66002737
密云支公司	密云区密云镇鼓楼南大街41号	101500	69041586
密云支公司溪翁庄营销服务部	密云区溪翁庄密溪路6号楼8号楼0120号、6号楼、8号楼0220号	101512	69012365
密云支公司行宫营销服务部	密云区行宫小区24－26号楼间2号配房1至2层南户	101500	69058049
延庆支公司	延庆区东外大街51号院4号楼1层101室	102100	69144641
延庆支公司第一营销服务部	延庆区东外大街51号院4号楼2层202室	102100	69144641
延庆支公司延庆营销服务部	延庆区东外大街51号院4号楼2层201室	102100	69144641
经济技术开发区支公司	经济技术开发区同济中路2号2幢105单元、303单元	100176	67883277
特殊风险营业部	东城区朝阳门北大街17号5层506室	100010	58195746
重点客户营业部	东城区朝阳门北大街17号5层	100010	58195922
劲松营业部	朝阳区华威里10号	100021	58615145
集团客户营业部	东城区朝阳门北大街17号人保大厦办公楼201室、206～207室	100010	58195393
国际业务营业部	朝阳区建国路甲92号－4至24层内10层1004～1011室、1018室	100027	56122418
海淀营业部	海淀区阜成路81号院1号楼3层301室	100142	88130258
朝阳营业部	朝阳区晨光家园306号楼501内第5层5008～5018室	100025	84485283
天通苑营业部	昌平区东小口镇天通苑东苑三区38号楼－1层至3层	102200	69723366

重要客户营业部	东城区朝阳门北大街 17 号 9 层 901 室	100010	58195385
电子商务营业部	密云区经济开发区云西一街 16 号 12 层	101500	87511150

中国太平洋财产保险股份有限公司北京分公司

机构名称	地　址	邮　编	电　话
东城支公司	东城区白桥大街 15 号 10 层 1001－09～1001－10 室	100062	83507185
西城支公司	西城区阜成门外大街 22 号 1 幢 14 层 1401－8 号	100037	83507305
海淀支公司	海淀区西三环北路甲 2 号院 2 号楼 5 层 01～03 室	100089	83507978
丰台支公司	丰台区南四环西路 186 号三区 3 号楼 5 层 01－06 室	100070	83507206
朝阳支公司	朝阳区左家庄路 2 号 3 层	100027	83507506
通州支公司	通州区观音庵北街 4 号院 1 号楼 2 层 204～208 室	101199	83507831
昌平支公司	昌平区高科技园区创新路 6 号	102200	83507709
顺义支公司	顺义区南法信地区府前街 56 号院 1 号楼 9 层 2－913 至 2－924 室	101300	83507636
经济技术开发区支公司	经济技术开发区宏达北路 16 号 1 号楼 2 层 201 室	100176	83507090
石景山支公司	石景山区玉泉路 63 号 1 层 111 室、5 层 505～506 室、513 室	100040	83507693
平谷支公司	平谷区平谷镇谷丰东路 8 号 1 幢 1 层	101200	69966096
大兴支公司	大兴区广茂大街 19 号院 2 号楼 6 层 602 号	102627	83507079
房山支公司	房山区长虹东路 36 号院 1 号楼 2 层 201 室	102488	83506087
科技支公司	西城区复兴门内大街 158 号 F101 室	100031	83506802
北京分公司营业部	朝阳区建国路 91 号院 9 号楼 25 层 2501－2518 单元	100005	83506200
密云营销服务部	密云区新南路 69 号 3 层兰华 3 层 01（3016 室）	101500	83506852
蓝龙家园营销服务部	门头沟区蓝龙家园 6 号楼 2 层 E 区	102399	83507677

第一营销服务部	丰台区南四环西路186号四区7号楼5层01－12室	101199	83507808
延庆营销服务部	延庆区龙庆南路6号	102100	83507705

中国平安财产保险股份有限公司北京分公司

机构名称	地　址	邮　编	电　话
第一营业部	西城区金融大街23号15层1－10内1519室	100033	57997065
第二营业部	朝阳区光华路5号院2号楼2层201内204－212室、3层301室、15～16层	100020	57997104
朝阳支公司	朝阳区光华路5号院2号楼14层1701内1701室	100020	59710218
丰台支公司	丰台区育仁南路3号院3号楼1层101－3室	100160	59710146
房山支公司	房山区梅花庄村5号楼1层东侧	102401	89363579
怀柔支公司	怀柔区中国（怀柔）影视产业示范区影创空间大厦703～705室	101499	89429126
通州支公司	通州区杨庄南里66号楼01号、07号	101121	58391471
大兴支公司	大兴区春和路52号6幢A座7层707室	102600	51700015
顺义支公司	顺义区南法信镇华英园9号楼4层	101300	89429126
昌平支公司	昌平区沙河镇能源东路1号院1号楼10层1单元1009～1012室	102299	57859137
平谷支公司	平谷区谷丰东路30号院15号楼2层	101299	56916562
密云支公司	密云区水源路南侧A－04地块2#商业办公楼4层1单元403～407室	101599	58251797
延庆支公司	延庆区妫水北街5号院6号楼3层301～303室、305室	102199	69188619
门头沟支公司	门头沟区石龙工业区桥园路1号1幢2层203室	102399	58391471
石景山支公司	石景山区金府路32号院3号楼5层502室	100040	58391471

华泰财产保险有限公司北京分公司

机构名称	地　址	邮　编	电　话
西城支公司	西城区金融大街35号1号楼17层1711－1室	100045	59375588
房山支公司	房山区篱笆园南路10号院9号楼1层109室	102488	59375590
大兴支公司	大兴区金苑路3号1幢4层D53A室	102627	69244880

太平财产保险有限公司北京分公司

机构名称	地　址	邮　编	电　话
朝阳支公司	朝阳区霄云路28号院2号楼国樽赢地中心707室	100027	83157370
丰台支公司	丰台区南四环西路186号汉威国际广场3区5号楼7层01－02间	100070	83670899
海淀支公司	海淀区马连洼北路8号万霖科技大厦B座四层409－411室	100193	88893759
通州支公司	通州区北皇木厂北街5号院1号楼（世界侨商中心2号楼）708～709室	101100	81556790
石景山支公司	石景山区城兴街255号院1号楼12层1201－6室	100043	63319920
北京自贸试验区支公司	顺义区焦各庄街9号院（城建道桥大厦3号楼410室）	101316	89429042

中华联合财产保险股份有限公司北京分公司

机构名称	地　址	邮　编	电　话
崇文支公司	东城区永生巷4号棠颂楼2层206室	100061	67100878

机构名称	地址	邮编	电话
西城支公司	西城区莲花池东路106号汇融大厦1单元801/802室	100055	63952008
东城支公司	东城区安外西滨河路18号首府大厦3号楼3层	100011	64519988-8014
石景山支公司	石景山区时代花园南路17号茂华大厦6层601~602室	100043	68888002
房山支公司	房山区西潞南大街18号1号楼1层	102400	89354699
昌平支公司	昌平区科技园区振兴路36号首科凯奇基地2号楼3层东侧301-310号	102299	69749500
顺义支公司	顺义区金蝶软件园A座801室	101399	69461367
通州支公司	通州区梨园镇梨园村商业楼	101100	60549180
怀柔支公司	怀柔区富乐小区北里25号正楼	101400	69632691
大兴支公司	大兴区兴政街31号科技大厦6楼	102600	61219197
经济技术开发区支公司	大兴区兴政街31号科技大厦6楼	102600	61219257
密云支公司	密云县新南路甲52号院1号楼1层西侧大厅	101500	89036981
平谷支公司	平谷区文化南街9号9-6底商	101200	89987899
延庆支公司	延庆区妫水北街5号院5号楼3层304~306室	102100	69149901
丰台支公司	丰台区马家堡东路168号院上海花园10号楼底商	100068	67245717
门头沟支公司	门头沟区莲石湖西路98号院7号楼208室	102308	15810709161

天安财产保险股份有限公司北京分公司

机构名称	地　址	邮　编	电　话
海淀支公司	海淀区羊坊店路18号1幢10层1001室	100038	88574613
通州营销服务部	通州区北皇木厂街1号院1号楼14层1403室	101149	88574505
朝阳营销服务部	朝阳区望京中环南路甲2号5层B501室	100102	88574738

顺义营销服务部	顺义区天竺镇府前一街13号明豪中心大厦5幢2层E206房间	101300	88574720
平谷营销服务部	平谷区平谷镇谷丰东路12－9号南1	101200	13051005312
房山营销服务部	房山区天星街1号院11号楼5层511室	102488	88574736

中国大地财产保险股份有限公司北京分公司

机构名称	地　址	邮　编	电　话
第一营销服务部	东城区东大地街1号14号楼1层102室	100062	82277924
丰台支公司	丰台区卢沟桥桥西街临340号4层401室	100073	82277922
朝阳支公司	朝阳区建国门外大街17号28号楼418室	100020	82277905
顺义支公司	顺义区南法信大街118号天博中心1号楼2401室	101300	69450846/69450848
大兴支公司	大兴区清澄名苑北区27号楼2－511室	102699	69264580
平谷支公司	平谷区平谷镇新平东路140号	101200	61993266
房山支公司	房山区拱辰街道政通路12号1号楼2层205室	102408	60305871
通州支公司	通州区张家湾镇土桥村（北京新建房地产开发有限公司）13幢128号	101100	80873600

华安财产保险股份有限公司北京分公司

机构名称	地　址	邮　编	电　话
房山支公司	房山区拱辰楼宇招商基地A座714室	102400	69315941
顺义支公司	顺义区望泉家园12号楼1层2单元商业23	100122	60405976

机构名称	地址	邮编	电话
昌平支公司	昌平区回龙观镇科协家园住宅小区29号楼B座1层2单元0102	102208	82945885
丰台支公司	丰台区马家堡东路108号院10号楼1层102	100071	58031988
通州支公司	通州区观音庵北街3号院1号楼10层2单元1008	101101	89530520

亚太财产保险有限公司北京分公司

机构名称	地　　址	邮　编	电　话
东城支公司	东城区永定门西滨河路8号院7楼6层7-01~03单元	100010	13911738605
平谷支公司	平谷区平谷镇东鹿角村平三路临1号北院3层306室	101200	13911738605

安华农业保险股份有限公司北京分公司

机构名称	地　　址	邮　编	电　话
昌平营销服务部	昌平区昌崔路198号院2号楼5层513室	102200	89704717
平谷营销服务部	平谷区谷丰东路30号院5号楼102室	101200	89979005
顺义支公司	顺义区木林镇顺焦路木林段83号2层3128室	101316	69442108
延庆营销服务部	延庆区康安小区30#-03商业楼	101399	69442108
北京市密云支公司	密云区宾阳里53号楼1层12室	101500	69050210
大兴支公司	大兴区兴华大街（二段）3号院2号楼5层610室	102627	69299878
北京市分公司营业部	朝阳区管庄周家井大院内世通大厦B座11层1105号	100024	64393090

房山营销服务部	房山区良乡拱辰南大街42号楼1层至2层08号	102401	60343862
通州营销服务部	通州区临河里1号楼8层2单元812室	101149	80854850
怀柔支公司	怀柔区开放路48号甲楼1层13室	101400	60685951

阳光财产保险股份有限公司北京分公司

机构名称	地　址	邮编	电话
北京经济技术开发区营销服务部	经济技术开发区荣京东街3号1幢3层2单元328房间	100176	67881920
东城营销服务部	东城区安德路甲61号二号楼1层A－101	100120	84129868
昌平营销服务部	昌平区超前路37号院20号楼1－4层101室	102200	69746186
丰台营销服务部	丰台区星火路1号昌宁大厦Q409－1	100070	18601307238
房山营销服务部	房山区良乡镇嘉瑞通小区3号楼3－4号、3－5号	102488	69351818
通州营销服务部	通州区中山大街59号院1号楼28层2806－2807室	101100	81571169
顺义营销服务部	顺义区站前街8号院2号楼101内101－4号	101300	69440345
大兴营销服务部	大兴区新源大街29号院1号楼8层802－803室、805室	102600	69249322
平谷营销服务部	平谷区平谷镇西环南路5号5幢2层	101200	69976002
延庆营销服务部	延庆区延庆镇石河营建材城综合楼南大2号	102100	69188390
朝阳支公司	朝阳区朝外大街乙12号办公楼26层、21层2401室、2412B室、2415室	100021	56406801
海淀支公司	海淀区阜成路81号院1号楼5层517	100142	88504393
怀柔支公司	怀柔区金台园2号	101400	61625606

渤海财产保险股份有限公司北京分公司

机构名称	地　址	邮　编	电　话
通州营销服务部	通州区工业开发区云杉南路17号4幢209号	101100	61573426
顺义支公司	顺义区复兴四街3号院4号楼1至8层101内713室	101300	81498704
昌平营销服务部	昌平区城南街道南郝庄北京世涛基业房地产开发有限公司院里2幢	102200	69715836
大兴支公司	大兴区新居里甲3号楼1层9号	102600	61216620
平谷支公司	平谷区平谷镇新平北路51号楼51－9号（1－3层）	101200	69985106
海淀支公司	海淀区晾果厂6号9层908室	100038	68097955

华农财产保险股份有限公司北京市分公司

机构名称	地　址	邮　编	电　话
通州营销服务部	通州区九棵树东路442号3－5	101100	13436309315
营销服务部	顺义区浅香北街16号院1号楼1层104室	101307	61451948
昌平营销服务部	昌平区科技园区振兴路28号2楼315室	102299	80113236
平谷营销服务部	平谷区迎宾街1号院26幢2层8－17号	101201	56866775
房山支公司	房山区拱辰街道政通路12号1号楼7层727室	102403	60342177

中煤财产保险股份有限公司北京市分公司

机构名称	地　址	邮　编	电　话
自贸试验区支公司	朝阳区永安东里8号1幢10层1002内12－13单元	100022	65204660

燕赵财产保险股份有限公司北京市分公司

机构名称	地　址	邮　编	电　话
丰台支公司	丰台区广安路9号院1号楼5层503－510	100055	63305066

中国人寿财产保险股份有限公司北京市分公司

机构名称	地　址	邮　编	电　话
分行营业部	朝阳区广渠路3号中水电国际大厦7层701－705室	100020	5199808
东城支公司	东城区东直门外大街46号16层08室	100027	84130362
西城支公司	西城区金城坊街15－101号	100033	66015035
石景山支公司	石景山区时代花园南路17号茂华大厦14层1401－1402室	100043	68800916
宣武支公司	西城区半步桥街48号1层1101房间	100054	63365157
朝阳支公司	朝阳区静安东里12号院2号楼1层C128室	100028	3368612
丰台支公司	丰台区西铁营中路2号院17号楼7层701－704、712－713号	100070	3668016
海淀支公司	海淀区西直门北大街甲43号1号楼15层1－26－1523号	100044	80885253
房山支公司	房山区良乡长虹西路丙26号1幢6层601－608室	102488	89369695
通州支公司	通州区运河园路9号院3号楼1层102室	101100	81572211
顺义支公司	顺义区双兴北区33号楼1层	101300	69426932

大兴支公司	大兴区金苑路 3 号 1 幢 2 层 B25 室	102600	69266813
门头沟支公司	门头沟区大峪剧场东街 8 号 8－3－1 商铺	102300	61801585
怀柔支公司	怀柔区开放东路 13 号院 4 号楼 2 层 03 号	101400	60639519

长安责任保险股份有限公司北京市分公司

机构名称	地　址	邮　编	电　话
朝阳营销服务部	朝阳区北苑东路 19 号院 5 号楼 26 层 2611 室	100012	64932669
丰台支公司	丰台区丰管路 16 号 9 号楼 3 层 3007 房间	100071	83833918
通州支公司	通州区玉带河东街 153 号 1－2 层全部	101199	57123700

英大泰和财产保险股份有限公司北京分公司

机构名称	地　址	邮　编	电　话
大兴支公司	大兴区乐园路 4 号院 3 号楼 8 层 905（兴贸中心）	100176	57387182
通州支公司	通州区临河里 1 号楼 A 栋 14 层 1401－1402 房间	101100	81529400
顺义支公司	顺义区仁和镇站前北街 4 号院 2 幢 1 层	101300	69466727
昌平支公司	昌平区振兴路 18 号 1 幢 3 层 301－311 室	102200	52047071
平谷营销服务部	平谷区平谷镇林荫南街 9 号楼 1－2 层 9－64 号房间	101200	69951022
朝阳支公司	朝阳区和平街东土城路 12 号院 3 号楼 16 层 1601 室（怡和阳光大厦）	100033	64218618

紫金财产保险股份有限公司北京分公司

机构名称	地　址	邮　编	电　话
第一支公司	丰台区南四环西路186号二区1号楼-1至8层101内2层03室	100070	13581879449
平谷支公司	平谷区平谷镇西环南路1号楼1层（4）-101室	101200	18500940206

浙商财产保险股份有限公司北京分公司

机构名称	地　址	邮　编	电　话
东城营销服务部	东城区白桥大街15号3层301-03室、301-05室	100062	67195677

国任财产保险股份有限公司北京分公司

机构名称	地　址	邮　编	电　话
海淀支公司	海淀区学院南路62号1号楼501-502	100062	63885007

大家财产保险有限责任公司北京分公司

机构名称	地　址	邮　编	电　话
西城支公司	西城区太平街6号8层E-906室	100032	63176302
朝阳支公司	朝阳区东三环中路55号富力城双子座B座8层	100020	59229229
石景山支公司	石景山区阜石路166号1号楼7层708-709号	100043	88907001

机构名称	地址	邮编	电话
房山支公司	房山区良乡拱辰南大街42号楼A座8层801－802室	102400	63730360
密云支公司	密云区长城大厦A段1－2层北侧西	101500	69021288

富德财产保险股份有限公司北京分公司

机构名称	地址	邮编	电话
海淀支公司	海淀区西直门北大街52、54、56号8层南栋0101－805	100082	58978248

珠峰财产保险股份有限公司北京分公司

机构名称	地址	邮编	电话
石景山支公司	石景山区金府路32号院3号楼6层609室	100041	58691832

易安财产保险股份有限公司

机构名称	地址	邮编	电话
北京营业部	海淀区西土城路1号院1号楼泰富酒店写字楼5层	100191	53916197

永安财产保险股份有限公司

机构名称	地址	邮编	电话
第一营销服务部	石景山区古城南街9号院4号楼13层1301	100043	65733600
石景山支公司	石景山区古城南街9号院4号楼13层1307	100043	65733600

密云支公司	密云区百合园 7 号楼 1 层 7－3	101500	61098469

永诚财产保险股份有限公司

机构名称	地　址	邮　编	电　话
海淀营销服务部	海淀区西三环北路 72 号院 A 座 20 层	100048	56323700
昌平营销服务部	昌平区西环北路 16 号豪恒大厦 4 层	102200	56323735
西城支公司	西城区白广路 4、6 号 8 幢 2 层 204	100053	56323755

中国人寿保险股份有限公司北京市分公司

机构名称	地　址	邮　编	电　话
阜成门支公司	西城区阜外大街 3 号东润时代大厦 303 室	100037	68001517
西直门营销区部	西城区后广平胡同 36 号	100035	
中关村支公司	海淀区知春路 128 号泛亚大厦 15 层	100086	62573189
海淀营销区部	海淀区知春路 20 号中国医药大厦北门中国人寿 105～111 室	100088	82800104
东区营销区部	东城区东中街 32 号	100027	85991510
朝阳支公司	朝阳区朝外大街 22 号泛利大厦 7 层	100020	65880125
石景山支公司	石景山区石景山路 3 号玉泉大厦 4 层东侧 401～409 室	100049	88255400
北纬路同城柜面	西城区北纬路 1 号	100050	63166366
丰台支公司	丰台区王佐长青路 87 号院 2 号楼中国人寿	100074	83319230
房山支公司	房山区良乡西潞北大街 26 号	102488	89350157
门头沟支公司	门头沟区滨河路 64 号	102300	69866670

密云支公司	密云区滨河路22号	101500	69024089
平谷支公司	平谷区金谷园21号楼16号	101200	69984204
顺义支公司	顺义区府前东街2号	101300	69466735
通州支公司	通州区玉带河东街248号	101100	80883969
昌平支公司	昌平区创新路5号	102200	69445704
怀柔支公司	怀柔区商业街2号	101400	69648171
延庆支公司	延庆区东外大街62号	102100	69172770
大兴支公司	大兴区兴业大街3段26号	102600	69295431
第一营销区部	朝阳区东三环北路19号中青大厦3层	100027	
第三营销区部	西城区天桥南大街1号天桥艺术大厦B座306～308室	100050	63026749
第五营销区部	海淀区中关村大街32号和盛大厦16层	100080	88820494
第一收展区部	朝阳区金台北街7号	100020	59646606
第二收展区部	海淀区马甸东路17号金澳国际写字楼2层	100088	62057899
第三收展区部	西城区北纬路1号	100020	66511656
东城收展区部	朝阳区朝外大街22号泛利大厦7层	100020	
西城收展区部	西城区白纸坊东路经济日报社综合楼A座201室和105室	100054	80456649
海淀收展区部	海淀区三里河路39号迈行大厦2006室	100037	
城区支公司	朝阳区朝外大街16号中国人寿大厦24层	100020	66031298
大客户业务部	朝阳区朝外大街16号中国人寿大厦24层	100020	63171097
开发区支公司	朝阳区朝外大街16号中国人寿大厦24层	100020	85639895
中介新渠道业务部	朝阳区朝外大街16号中国人寿大厦24层	100020	85728813
西城支公司	西城区新街口北大街3号新街高和大厦504～505号	100035	66133774

海淀支公司	西城区新街口北大街3号新街高和大厦504～505号	100035	66122816

中国太平洋人寿保险股份有限公司北京分公司

机构名称	地　址	邮　编	电　话
阜成门支公司	西城区阜外大街3号东润时代大厦303室	100037	68001517
金台营销服务部	朝阳区建国路91号院8号楼21层2101－2115室	100011	83955204
劲松营销服务部	朝阳区广和南里二条16号院3号楼2层205－207室	100021	83955204
通州北苑营销服务部	通州区新华东街116号4层西侧	100000	83955204
昌平支公司	昌平区昌平镇西环路29号29－1室	102200	83955204
大兴支公司	大兴区兴创大厦12层01、03单元	102600	83955204
东城支公司	东城区北京站东街8号信通大厦B座6层	100005	83955204
复兴支公司	西城区复兴门内大街158号G层G05室	100081	83955204
国贸支公司	朝阳区广和南里二条16号院3号楼2－4层部分	100021	83955204
航星支公司	东城区和平里东街11号创新楼B座2层2－E1	100081	83955204
回龙观营销服务部	昌平区黄平路19号院1号楼B座7－9层	100096	83955204
密云支公司	密云区新中街42号	101500	83955204
顺义支公司	顺义区顺义仓上街2号AMB大厦4层、5层、10层	101300	83955204
通州支公司	通州区临河里1号楼1层108号及1号楼1单元12－13层	101199	83955204
西城支公司	西城区西外大街新兴东巷甲15号	100044	83955204
银河支公司	朝阳区工人体育场北路13号院1号楼4层4－02室	100027	83955204

中国平安人寿保险股份有限公司北京分公司

机构名称	地　　址	邮　编	电　话
昌平天通苑营销服务部	昌平区天通北苑北一区甲5号	102218	13910299953
昌平永安营销服务部	昌平区西环路16号3层及1层06号房间	102200	13910299953
朝阳光熙门营销服务部	朝阳区西坝河西里23号4号楼3-4层	100028	13910299953
朝阳国贸营销服务部	朝阳区东三环中路16号3层	100020	13910299953
朝阳京广桥营销服务部	朝阳区东三环中路16号10-11层	100029	13910299953
朝阳亮马桥营销服务部	朝阳区新源南路3号A座6层05室、16层1601室，B座3层、5-6层	100004	13910299953
朝阳柳芳营销服务部	朝阳区和平街东土城路12号院3号楼5层	100029	13910299953
朝阳区永安营销服务部	朝阳区建华南路6号院1号楼201内A、202内A、501内A、502内A、601内A、602内A	100029	13910299953
朝阳新源路营销服务部	朝阳区新源南路3号平安国际金融中心B座7层	101101	13910299953
大兴区康庄路营销服务部	大兴区康庄路52号院14号楼105-106室、401-402室、501-502室	102627	13910299953
大兴区天宫院营销服务部	大兴区庆祥北路3号院1号楼2层及3层301-305室、312-318室	102600	13910299953
东城东四营销服务部	东城区前炒面胡同33号瀚海科技大厦A座6-7层	100010	13910299953
东城雍和宫营销服务部	东城区藏经馆路11号A座1-3层及B座1层	100007	13910299953
房山良乡营销服务部	房山区良乡地区拱辰北大街3号	102400	13910299953
丰台开阳桥营销服务部	丰台区开阳路1号院瀚海花园大厦4层01-03号，07-09号、8层、9层、10层、11层	100069	13910299953

丰台科丰桥营销服务部	丰台区航丰路 1 号院 4 号楼 3 至 17 层 301 内 5 层、6 层	100070	13910299953
丰台莲花池营销服务部	丰台区西站南广场驻京办 1 号楼 1 层 A108 号	100055	13910299953
古城营销服务部	石景山区城兴街 255 号院 1 号楼 3 层 301 –2、301 –5，4 层 401 –3、401 –5、401 –6，9 层、10 层、11 层、13 层、14 层	100043	13910299953
国峰营销服务部	朝阳区常惠路 6 号楼 4 单元 301 –311、401 –411、501 –511、601 –611、701 –711 号	100024	13910299953
海淀北太平庄营销服务部	海淀区北太平庄路 2 号	100088	13910299953
海淀甘家口营销服务部	海淀区三里河路 17 号	100037	13910299953
海淀区杏石口营销服务部	海淀区杏石口路 80 号 A 区 1 号楼 4 层 401 号	100020	13910299953
海淀苏州桥营销服务部	海淀区小南庄路怡秀园甲 1 号 2 –5 层和 6 层 601 号室	100089	13910299953
怀柔北大街营销服务部	怀柔区北大街 12 号 1 –3 层及 4 层部分	101400	13910299953
酒仙桥营销服务部	朝阳区酒仙桥路 6 号院 6 号楼 1 至 18 层 101 内的 3 –5 层整层	100016	13910299953
良乡翠枫路营销服务部	房山区阎村镇翠枫路 7 号院蜂巢科技广场北区 5 号楼 4 –10 层，2 号楼一层 102、103 房间	102412	13910299953
密云鑫盛营销服务部	密云区新南路 86 号院 1 号楼 1 至 2 层西段 1 –7 轴	101500	13910299953
平谷迎宾街营销服务部	平谷区迎宾街 1 号院 5 号楼 3 –6 层	101200	13910299953
石景山玉泉路营销服务部	石景山区石景山路 3 号玉泉大厦 2 –3 层西侧	100039	13910299953
顺义龙府营销服务部	顺义区站前北街 78 号 1 号	101300	13910299953
通州博通营销服务部	通州区葛布店南里 1 号 1、2、3、7 幢	100005	13910299953
西城西单营销服务部	西城区背阴胡同甲 35 号 2 –5 层	100031	13910299953
西铁营营销服务部	丰台区西铁营中路 1 号院 1 号楼万达广场写字楼 15 层 –17 层部分	100069	13910299953

延庆板泉路营销服务部	延庆区东外大街 26 号鑫妫川购物中心	102100	13910299953

新华人寿保险股份有限公司北京分公司

机构名称	地　　址	邮　编	电　话
海淀支公司	海淀区花园路甲 13 号院 7 号楼 11 层 1103 室	100088	62076313
朝阳支公司	朝阳区东三环南路 98 号 1 幢 12 层 1515 ~ 1518 室	100021	64668832
西城支公司	西城区西直门外大街 112 号 3 层 307 室	100044	68330061
东城支公司	东城区崇文门外大街新怡家园甲 3 号楼 7 层	100062	67087332
达官营支公司	西城区红居街 13 号楼 4 层 401 室	100055	63365955
石景山支公司	石景山区城兴街 255 号院 1 号楼 7 层	100043	68684601
大兴支公司	大兴区工业开发区金苑路 3 号金融大厦 2 层 B01 室、3 层 C21 室	102627	69299923
房山支公司	房山区拱辰街道西潞南大街 5 号 3 层	102401	69381192
通州支公司	通州区云景东路 1 号 105 – 6 层	101121	59782722
顺义支公司	顺义区石园南大街 18 号院 2 号楼 5 层	101320	69420380
西城区新外大街营销服务部	西城区黄寺大街甲 23 号院 1 号楼 1 层	100011	62076313
平谷支公司	平谷区迎宾路 1 号院 23 号楼 1 层 106 室、2 层 201 ~ 203 室	101299	89991882
密云区鼓楼营销服务部	密云区果园新里北区综合楼东侧 1 层	101599	69068746
昌平支公司	昌平区府学路 15 号 1 层 101 ~ 105 室、2 层 201 ~ 203 室、3 层	102299	80107796
大兴营销服务部	大兴区忠凉路 1 号院 3 号楼 8 层 801 ~ 806 室	100163	50950568
怀柔营销服务部	怀柔区迎宾北路 1 号 2 幢 1 层 106 室、201 ~ 205 室	101499	69643245

延庆营销服务部	延庆区延庆东街2号1~3幢	102199	69141001
红居街营销服务部	西城区红居街13号楼3层308室	100055	63365955
冠城营业部	朝阳区安贞西里五区一号2层202室、3层301室、4层401室	100029	62076313
德外营业部	西城区黄寺大街甲23号院1号楼2层（德胜园区）	100011	62076313
莲花河支公司	西城区红居街13号楼1层106室	100055	63365955
广渠路营销服务部	朝阳区东四环中路82号1座10层1101~1103室	100025	67498953
广安门营销服务部	西城区红居街13号楼5层501室	100055	83141728
花园路营业部	海淀区花园路甲13号院7号楼1101-1室	100088	82230784
回龙观营销服务部	昌平区回龙观镇西大街118号1幢1层101内A103室	102208	59812411
十里河营业部	朝阳区东三环南路98号1幢12层1515~1518室、13层1615~1618室	100021	58611031

泰康人寿保险有限责任公司北京分公司

机构名称	地　址	邮　编	电　话
朝阳广渠路支公司	朝阳区广渠路38号楼3层303~307室	100022	13810613351
窦店支公司	房山区窦店镇窦店村京南嘉园小区4号商务楼	102433	13603219716
朝阳第二营销服务部	朝阳区呼家楼新苑4号楼6层602内D室	100024	15810525262
海淀知春路营销服务部	海淀区知春路甲48号2号楼23层23C室	100020	13426330343
朝阳第一营销服务部	朝阳区呼家楼新苑4号楼6层601内A室	101512	15311997186
顺义第一营销服务部	顺义区站前街8号院1号楼8层806室、808室、812~813室	101399	13911126437

燕山营业部	房山区燕山迎风南路甲6号楼	102500	15611086776
东城第一营销服务部	东城区南竹杆胡同2号1幢30907室~30912室	100031	13910734360
西城第一营销服务部	西城区西直门外大街1号院1号楼第13层	100035	13801319556
朝阳门营销服务部	朝阳区朝阳门南大街10号楼A座11层1102-02单元	100010	17611082528
西城第二支公司	西城区西直门外大街1号院1号楼7层	100053	13801319556
房山支公司	房山区良乡西潞南大街8号3层南侧	102488	13801029965
平谷支公司	平谷区平谷镇新开街23号房屋2~3层	101200	69980214
延庆支公司	延庆县延庆镇高塔街66号3层	102100	13910699094
朝阳第一支公司	朝阳区广渠路38号楼3层301室	100022	18910357537
昌平支公司	昌平区北街道政府街西路2号101室	102299	18701329325
大兴支公司	大兴区金苑路3号金融大厦B21室	102628	13301181138
顺义支公司	顺义区站前街8号院1号楼8层814~817室	101399	13911126437
丰台支公司	丰台区西三环南路14号院1号楼1105~1107室	100079	13902100397
海淀支公司	海淀区知春路甲48号1号楼7A室	100086	85732598
海淀第二支公司	海淀区莲花池东路39号8层803~804室	100040	13426330343
朝阳支公司	朝阳区朝阳门南大街10号楼A座10层整层	100027	15001316857
朝阳建国门支公司	朝阳区建国门外大街8号楼10层~11层部分	100005	13521055872
西城支公司	西城区西直门外大街1号院3号楼14层~16层部分	100041	13810803673
东城第一支公司	东城区崇文门外大街8号院1号楼4层东塔部分、西塔7层部分	100031	13895616963
怀柔支公司	怀柔区府前西街1号院1号楼1401	101400	13910764227
电话销售中心	东城区崇文门外大街8号院1号楼4层东塔404室	100005	65181007

通州支公司	通州区通惠南路6号8号楼4层1－2室、10号楼3层9室	101199	89501622
大孙各庄营销服务部	顺义区大孙各庄镇府前街7号	101308	69469722
密云支公司	密云区果园新里北区综合楼3层301室	101599	69087922
房山第一营销服务部	房山区天星街1号院10号楼8层804室	102488	13716208585

太平人寿保险有限公司北京分公司

机构名称	地　址	邮　编	电　话
海淀支公司	海淀区西直门北大街52号北栋0101号－01～2层，3层A室，4－10层	100082	86401512
东城支公司	东城区朝阳门北大街6号5层5A～5B室，10层1002～1003室	100027	86401512
良乡支公司	房山区拱辰街道政通路12号1号楼1层部分、4层部分	102488	86401614
平谷支公司	平谷区迎宾街1号院9号楼7－10层	101200	86401667
国贸支公司	朝阳区建国路乙118号25层03C－08H室	100022	86401766
昌平支公司	昌平区水库路G5号配套公建楼4层	102200	86401639
大兴支公司	大兴区乐园路4号院3号楼10层部分	102600	86401635
通州支公司	通州区观音庵北街3号院1号楼4层408～412室	101100	86401587
回龙观支公司	昌平区回龙观东大街195号院1号楼5层E2室	102208	86401787
密云营销服务部	密云区密云镇鼓楼南大街67号（00179）1幢6层601室	101500	86401560
顺义营销服务部	顺义区仁和地区府前东街2号1号楼8层部分	101300	86401576
电话销售中心	海淀区西直门北大街52号北栋0101（太平金融大厦）1层/5层电话中心	100052	82299500

民生人寿保险股份有限公司北京分公司

机构名称	地　址	邮　编	电　话
朝阳支公司	朝阳区东三环北路38号民生大厦5层（局部）	100012	59206971
怀柔支公司	怀柔区金台园甲56号房屋第五层（局部）	101400	69698467
朝阳营销服务部	朝阳区东三环北路38号民生大厦5层（局部）	100026	59206571
朝阳呼家楼营销服务部	朝阳区东三环北路38号民生大厦6层（局部）	100102	59206971
通州营销服务部	通州区新华西街58号院3号楼1211室	101199	80886731
朝阳东三环北路营销服务部	朝阳区东三环北路38号民生大厦5层（局部）	100124	59206971
平谷营销服务部	平谷区平谷镇新平北路51号4层（局部）	101200	69986013
房山营销服务部	房山区天星街1号院14号楼2层207室	102488	69363879
顺义营销服务部	顺义区仁和镇站前街8号院1号楼8层部分	101300	69427824
密云营销服务部	密云区新京承路长城环岛西南侧华冠大厦4层407～416室	101500	69080153

光大永明人寿保险股份有限公司北京分公司

机构名称	地　址	邮　编	电　话
朝阳营销服务部	朝阳区朝外大街18号丰联广场大厦12层B1210、B1212单元	100020	59128100
宏海营销服务部	朝阳区朝外大街22号5层第507号	100020	59128102
通州营销服务部	通州区观音庵南街1号院1号楼5层2单元511室	102488	53689994
西城营销服务部	西城区广安门外大街168号1幢7层1－809	100055	59128105

富德生命人寿保险股份有限公司北京分公司

机构名称	地　址	邮　编	电　话
大兴支公司	大兴区金星西路6号院1号楼10层1001室、1007室	102600	18500266820
房山支公司	房山区天星街1号院14号楼7层810－820室、5层618－620室	102401	18500266823
海淀支公司	海淀区西直门北大街52、54、56号8层南栋0101－807室	100082	18500266824
门头沟支公司	门头沟区新城东街17号院6号楼15层1501－1503室	102300	18500266825
密云营销服务部	密云区信远大厦3段3层321室	101599	18500266826
通州营销服务部	通州区云景北里53号13层1306室、1310室、1314室	101121	18500266827

爱心人寿保险股份有限公司北京分公司

机构名称	地　址	邮　编	电　话
朝阳支公司	朝阳区广渠路28号223号楼8层803－804室	100000	68303362
石景山支公司	石景山区八角东街65号院裙房1号楼1层	100042	68303362

国华人寿保险股份有限公司北京分公司

机构名称	地　址	邮　编	电　话
宣武营销服务部	朝阳区朝阳北路237号复星国际中心5层501－502室、509－510室	100020	83256699

合众人寿保险股份有限公司北京分公司

机构名称	地址	邮编	电话
昌平营销服务部	昌平区北七家镇天通北苑三区34号-1至2层3单元102-1室	102218	58797756
朝阳门营销服务部	朝阳区朝外大街乙12号办公楼17层部分	100020	58797757
东城营销服务部	东城区东水井胡同11号楼4层5A11室	100010	58797759
房山营销服务部	房山区拱辰街道西潞南大街5号1幢4层402室	102401	58797760
海淀营销服务部	海淀区杏石口路9号1幢1层101室	100195	58797761
顺义营销服务部	顺义区新顺南大街8号院2幢5层2单元506室	101300	58797763

中国人民健康保险股份有限公司北京分公司

机构名称	地址	邮编	电话
房山营销服务部	房山区天星街1号院14号楼9层1016室、1019-1020室	102488	18500139885
怀柔营销服务部	怀柔区青春路21号402室、411室	101400	59867888
密云营业部	密云区密云镇鼓楼南大街41号107室、119室、219-220室	101500	59867888
朝阳支公司	朝阳区日坛北路17号院1号楼12层1222-1223室	100011	59867888
平谷支公司	平谷区平谷镇府前西街16号2幢2层	101299	59867888
通州支公司	通州区运河西大街15号1-2层	101101	59867888

华夏人寿保险股份有限公司北京分公司

机构名称	地　址	邮　编	电　话
电话销售中心	朝阳区高碑店乡西店村1069号1号楼401室、601室	100022	18601099288
朝阳营销服务部	朝阳区北苑路176号401室、407室、501－519室	100101	18601099289
平谷营销服务部	平谷区迎宾街1号院9号楼3层、5－6层	101200	18601099290
通州营销服务部	通州区临河里1号楼1单元1004－1017室，1502室，1511室，1521－1522室	101121	18601099291
西城营销服务部	西城区宣武门外大街6、8、10、12、16、18号10号楼10层、16－17层	100097	18601099292

信泰人寿保险股份有限公司北京分公司

机构名称	地　址	邮　编	电　话
海淀营销服务部	海淀区复兴路47号天行建商务大厦8层0902室	100089	13718028173
门头沟营销服务部	门头沟区新城东街17号院6号楼5层503、504	101113	13718028174
西城营销服务部	西城区广安门外大街168号1幢13层2－1606C房间	100055	13718028175

长城人寿保险股份有限公司北京分公司

机构名称	地　址	邮　编	电　话
密云营销服务部	密云区新南路43号331室	102401	15011572425

昆仑健康保险股份有限公司北京分公司

机构名称	地址	邮编	电话
第二营销服务部	密云区新南路43号院1号楼4层	100022	59719600

和谐健康保险股份有限公司北京分公司

机构名称	地址	邮编	电话
和谐健康保险股份有限公司北京市朝阳支公司	朝阳区东三环南路1号院2号楼14层1403室	100022	13051887745

中国人民人寿保险股份有限公司北京市分公司

机构名称	地址	邮编	电话
昌平支公司	昌平区城北街道政府街西路2号6层601～613室	102200	18310300949
朝阳支公司	朝阳区建国路88号院8号楼9层1001～1010室	100020	18310300949
东城支公司	东城区东安门大街55号4层	100006	18310300949
房山支公司	房山区天星街1号院8号楼11层1105～1109室	102400	18310300949
大兴区营销服务部	大兴区丽园路9号11层1101～1103室、13层1301室	102600	18310300949
延庆区营销服务部	延庆区妫水北街64号5层F503商铺	102199	18310300949
顺义区营销服务部	顺义区复兴四街3号院4号楼1－8层部分		
丰台支公司	丰台区南四环西路186号二区3号楼2层01～06室、3层01～06室	100070	18310300949

机构名称	地　址	邮　编	电　话
海淀支公司	海淀区花园路 B3 号 3 幢 5 层 501 室	100085	18310300949
怀柔支公司	怀柔区府前西街 1 号院 1 号楼 10 层 1002－1004 室	101400	18310300949
密云支公司	密云区密云镇新南路 21 号 1－5 层	101500	18310300949
平谷支公司	平谷区平谷镇保安街 61 号	110226	18310300949
石景山支公司	石景山区古盛路 36 号院 4 号楼 1405－1406 室	100043	18310300949
自贸试验区支公司	朝阳区建国路 88 号 8 号楼 9 层 1002－1003 室	100176	18310300949
通州支公司	通州区九棵树东路 386 号 A 区 1 层	101121	18310300949
西城支公司	西城区玉廊西园 9 号楼 9 层 901－2 室	100032	18310300949
中国人民人寿保险股份有限公司营业部	朝阳区朝阳门北大街 18 号	100020	18310300949

英大泰和人寿保险股份有限公司北京分公司

机构名称	地　址	邮　编	电　话
昌平营销服务部	昌平区西环路 32－1 至 32－11 号 1 至 2 层 32－11 龙泽大厦 A313 室	102200	58684222
西城第一营销服务部	西城区宣武门外大街 26 号、28 号、30 号 2 幢 A 座 7 层 03 室	100052	58684224
西城第二营销服务部	西城区宣武门外大街 26 号、28 号、30 号 2 幢 A 座 7 层 01 室	100052	58684223

幸福人寿保险股份有限公司北京分公司

机构名称	地　址	邮　编	电　话
第一营销服务部	东城区广渠门内大街 43 号 5 层 43－02 室	100050	67094550
丰台支公司	丰台区角门 18 号枫竹苑二区 1 号楼 11 层 1107 室	100068	67094550

阳光人寿保险股份有限公司北京分公司

机构名称	地址	邮编	电话
大兴支公司	大兴区金星西路6号院1号楼10层1007室	101300	65268111
石景山支公司	石景山区石景山路22号A座长城大厦7层702室	100043	65268111
东城支公司	东城区永定门西滨河路8号院7楼东塔3层	100077	65268111
朝阳营销服务部	朝阳区广渠路11号院1号楼8层801内A803室、A805室	100022	65268111
北京通州保险电话销售中心	通州区通胡大街25号10号楼第4层	101117	65268111
北京保险电话销售中心	通州区永顺镇商通大道1号及1号院2号楼1层	101100	65268111

百年人寿保险股份有限公司北京分公司

机构名称	地址	邮编	电话
东城营业部	东城区东直门南大街11号中汇广场A座16层1607~1608室	100007	18911647417

太平养老保险股份有限公司北京分公司

机构名称	地址	邮编	电话
中关村支公司	海淀区学院路30号科大天工大厦B座9层05－07室	100083	59579000

大家人寿保险股份有限公司北京分公司

机构名称	地　址	邮　编	电　话
朝阳支公司	朝阳区光华路8号30幢B418室	100123	59229481

北京人寿保险股份有限公司北京分公司

机构名称	地　址	邮　编	电　话
朝阳支公司	朝阳区安定路35号10层01～08内1009号、1019号	100029	68303362
海淀支公司	海淀区大柳树路富海中心2号楼1108室	100081	68303362
密云营销服务部	密云区水源路南侧A－04地块2号商业办公楼4层1单元	101599	68303362
顺义支公司	顺义区后沙峪镇安平街3号院1号楼	101300	68303362

建信人寿保险股份有限公司北京分公司

机构名称	地　址	邮　编	电　话
北京第二支公司	密云区新南路71号242～247室	101500	56502678
北京第三支公司	海淀区知春路1号17层1703A室	100195	56502679
北京第一支公司	通州区观音庵南街4号院4号楼5层512～513室	100026	56502680
第二支公司第一营销服务部	顺义区新顺南大街8号院2幢5层1单元504室	101300	69430630

泰康养老保险股份有限公司北京分公司

机构名称	地　　址	邮　编	电　话
石景山营销服务部	石景山区古城南街9号院2号楼	100043	85159100

渤海人寿保险股份有限公司北京分公司

机构名称	地　　址	邮　编	电　话
朝阳支公司	朝阳区东三环北路19号中青大厦5层504－508室	100125	56490059

（3）外资保险公司

机构名称	地　　址	邮　编	电　话
史带财产保险股份有限公司北京分公司	朝阳区永安东里16号CBD国际大厦16层07室、17层09、10单元	100005	50868399
美亚财产保险有限公司北京分公司	朝阳区建国路79号华贸中心2号写字楼10层05－06室	100025	59692888
东京海上日动火灾保险（中国）有限公司北京分公司	朝阳区东三环北路5号北京发展大厦601室	100004	84442567
瑞再企商保险有限公司北京分公司	朝阳区针织路23号楼国寿金融中心22层2202室	100026	59096188
三井住友海上火灾保险（中国）有限公司北京分公司	朝阳区东三环北路5号北京发展大厦1601室	100004	85598000
三星财产保险（中国）有限公司北京分公司	朝阳区景辉街31号院1号楼－6至57层101内22层2201－5室	100020	65685828
日本财产保险（中国）有限公司北京分公司	朝阳区东三环北路5号北京发展大厦416室	100020	85352098

利宝保险有限公司北京分公司	朝阳区广渠路 18 号院世东国际大厦 1 号楼 12 层 1202－1208 室	100025	53822682
安盛天平财产保险有限公司北京分公司	朝阳区朝外西街 3 号 1 幢 5 层	100020	65530088
国泰财产保险有限责任公司北京分公司	朝阳区东三环中路 24 号楼 15 层 1506 单元	100020	59336888
劳合社保险（中国）有限公司北京分公司	朝阳区建国门外大街国贸大厦三期 B 座 4901 室	100020	85264800
苏黎世财产保险（中国）有限公司北京分公司	朝阳区曙光西里甲 5 号院 21 号楼凤凰置地广场 F 座写字楼 6 层	100028	84547828
安达保险有限公司北京分公司	西城区德胜门外大街 125 号 B 座 1 层 101B－2 室	100088	1050949592
中航安盟财产保险有限公司北京分公司	朝阳区望京东园四区 2 号楼 34 层 3401 号 01 室	100022	56177603
京东安联财产保险有限公司北京分公司	经济技术开发区科创十一街 20 号院 3 号楼 11－12 层	100176	89125339
中意财产保险有限公司北京分公司	朝阳区太阳宫南街 23 号楼 3 层	100028	59601700
华泰财产保险有限公司北京分公司	丰台区丽泽路 16 号院 3 号楼 8 层 801－812 室	100073	59375999
现代财产保险（中国）有限公司	西城区西外大街 136 号 4 层 1－16－401a 室、401b 室	100044	84428100
中意财产保险有限公司	朝阳区建国门外大街乙 12 号双子座大厦西塔 9 层	100020	59601818
北大方正人寿保险有限公司北京分公司	海淀区北四环西路 52 号 8 层 804 室、16 层 1606 室	100000	85111958
鼎诚人寿保险有限责任公司北京分公司	朝阳区朝阳门外大街 18 号丰联广场 A 座 9 层	100028	50948080
复星保德信人寿保险有限公司北京分公司	密云区鼓楼南大街 41 号 107 室、119 室、219－220 室	101599	15321291299
工银安盛人寿保险有限公司北京分公司	东城区白桥大街 15 号 6 层 601－09、10	100062	59620678
恒安标准人寿保险有限公司北京分公司	东城区崇文门外大街 8 号院 1 号楼 9 层西塔 902－1、902－2 室	100062	59235577
华泰人寿保险股份有限公司北京分公司	西城区德胜门外大街 125 号德胜尚城大厦 B 座第 1、4 层北楼	100088	5986000

汇丰人寿保险有限公司北京分公司	朝阳区建国门外大街8号国际财源中心西塔楼（A座）11层1102单元	100022	80882833
交银人寿保险有限公司北京市分公司	朝阳区安慧北里逸园1号楼	100101	59867888
陆家嘴国泰人寿保险有限责任公司北京分公司	东城区白桥大街15号6层	100062	89999303
平安健康保险股份有限公司北京分公司	西城区金融大街23号平安大厦6层部分、12层部分	100033	56500606
同方全球人寿保险有限公司北京分公司	朝阳区东三环中路5号楼25层01、02、03、08单元	200027	85181888
友邦保险有限公司北京分公司	朝阳区建外大街丁12号楼英皇集团中心17层、26层02－03单元、05－07单元	100027	81493374
长生人寿保险有限公司北京分公司	海淀区西三环北路89号8层B－02－1	100089	50980788
招商信诺人寿保险有限公司北京分公司	朝阳区建国路79号华贸中心2号写字楼17层	100025	50838948
中德安联人寿保险有限公司北京分公司	朝阳区建国门外大街8号楼15层1202单元15010室	100040	53967666
中荷人寿保险有限公司北京分公司	石景山区石景山路54号院3号楼4层401－410室及5层505室	100043	53778700
中宏人寿保险有限公司北京分公司	西城区复兴门外大街A2号中化大厦401室、418室、419室、628室	100045	59867887
中美联泰大都会人寿保险有限公司北京分公司	朝阳区东三环中路20号A座8、16、17层	100022	89352953
中信保诚人寿保险有限公司北京分公司	朝阳区东三环北路乙2号1幢01单元7－9层	100738	53346771
中意人寿保险有限公司北京分公司	朝阳区建国门外大街甲6号1幢第6层（实际楼层第5层）	100020	50961460
中银三星人寿保险有限公司北京分公司	朝阳区霄云路36号1幢第9层03－07号	100027	57058200
中英人寿保险有限公司北京分公司	朝阳区永安东里16号CBD国际大厦8层	100022	56300800

（4）外资保险公司分支机构

安盛天平财产保险股份有限公司北京分公司

机构名称	地　址	邮　编	电　话
第一支公司	朝阳区朝外西街3号1幢5层5021单元	100020	65530088

国泰财产保险有限责任公司北京分公司

机构名称	地　址	邮　编	电　话
朝阳支公司	朝阳区东三环中路24号楼15层1507单元	100022	59336888

利宝保险有限公司北京分公司

机构名称	地　址	邮　编	电　话
昌平营销服务部	昌平区昌崔路198号院2号楼4层402室	102299	89783382
房山营销服务部	房山区良乡地区拱辰北大街1号2号楼7层A703室	102401	13810070234
通州支公司	通州区云景北里53号楼13层1315室	101121	15611295269

华泰财产保险有限公司北京市分公司

机构名称	地　址	邮　编	电　话
西城支公司	西城区金融大街35号1号楼17层1711－1室	100088	59375998
房山支公司	房山区福宁街5号院2号楼1层120－121室	102401	89366079

大兴支公司	大兴区金苑路3号1幢4层D53A室	102600	69244880

北大方正人寿保险有限公司北京分公司

机构名称	地　址	邮　编	电　话
朝阳支公司	朝阳区东三环南路19号院1号楼	100021	85111958

恒安标准人寿保险有限公司北京分公司

机构名称	地　址	邮　编	电　话
第一营销服务部	东城区崇文门外大街8号院1号楼9层西塔903－11号	100062	59235577

中信保诚人寿保险有限公司北京分公司

机构名称	地　址	邮　编	电　话
昌平营销服务部	昌平区政府街西路2号405～408室	102200	53346771
大兴营销服务部	大兴区金苑路3号1幢4层D36	102628	53346771
东城营销服务部	东城区王府井东街8号	100006	53346771
通州营销服务部	通州区运河核心区Ⅳ－07地块绿地大厦1号楼3层	101199	53346771
王府井营销服务部	东城区王府井大街138号新东安办公楼第3座7层第717～727号	100006	53346771
新东安营销服务部	东城区王府井大街138号新东安办公楼第3座8层第801～827号	100006	53346771

友邦保险有限公司北京分公司

机构名称	地　址	邮　编	电　话
昌平营销服务部	昌平区回龙观西大街16号院1号楼3层	100029	81493374
朝阳第一营销服务部	朝阳区东三环北路甲26号楼	100125	81493374
朝阳光华路营销服务部	朝阳区建国路116号2层、3层101室	100022	81493374
东城第二营销服务部	东城区东总布胡同58号2层202单元、4层401单元	100005	81493374
东城第三营销服务部	东城区东直门南大街甲3号5~7层	100005	81493374
东城第一营销服务部	东城区建国门内大街8号中粮广场C座501~511室、518~519室	100005	81493374
海淀中关村营销服务部	海淀区中关村东路1号院9号楼搜狐大厦6层	100081	81493374
通州营销服务部	通州区新华西街58号院2号楼29层2901~2908室、2921~2924室	101101	81493374
朝阳长虹桥营销服务部	朝阳区东三环北路17号11层1104室	100027	81493374

中美联泰大都会人寿保险有限公司北京分公司

机构名称	地　址	邮　编	电　话
北京第二电话销售中心	东城区建国门内大街8号中粮广场B座7层	100024	89352953
北京第一电话销售中心	东城区建国门内大街8号中粮广场B座4层01~22号	100024	89352953
第一支公司	东城区东长安街1号东方广场东方经贸城西二办公楼6层3~9室	100738	89352953

机构名称	地　址	邮　编	电　话
东三环中路第二营销服务部	朝阳区东三环中路20号A座8层、16－17层	100020	89352953
东三环中路营销服务部	丰台区金泽路161号院1号楼远洋锐中心8层03B＋05单元	100022	89352953

同方全球人寿保险有限公司北京分公司

机构名称	地　址	邮　编	电　话
朝外大街营销服务部	朝阳区东三环中路5号楼25层01～03单元、08单元	200027	85181888
通州营销服务部	通州区新华西街58号院2号楼23层2301～2304室	101149	85181888

中荷人寿保险有限公司北京分公司

机构名称	地　址	邮　编	电　话
第二营销服务部	石景山区石景山路54号院3号楼5层501～510室	100043	53778700
东方广场营销服务部	东城区东长安街1号东方广场中二办公楼7层1～2室	100738	53778700
通州支公司	通州区观音庵北街4号院1号楼6层603～604室	100738	53778700

中银三星人寿保险有限公司北京分公司

机构名称	地　址	邮　编	电　话
朝阳第一营销服务部	朝阳区霄云路36号1幢第18层03A－07号、9层01号	100027	57058200

中意人寿保险有限公司北京分公司

机构名称	地　址	邮　编	电　话
大成营销服务部	怀柔区商业街三号1栋401室	101499	50961460
东恒营销服务部	朝阳区建外大街乙12号双子座大厦东塔9层07～09单元	100027	50961460
国贸营销服务部	朝阳区建国门外大街乙12号双子座大厦东塔9层01～06单元	100022	50961460
通州营销服务部	通州区翠景北里1号楼2103室	101100	50961460

华泰人寿保险股份有限公司北京分公司

机构名称	地　址	邮　编	电　话
北太平庄营销服务部	西城区德胜门外大街125号401B－8室	100088	5986000
东城营销服务部	西城区德胜门外大街125号德胜尚城大厦B座3层北楼	100088	5986000
西城营销服务部	西城区德胜门外大街125号德胜尚城大厦B座2层北楼	100088	5986000

工银安盛人寿保险有限公司北京分公司

机构名称	地　址	邮　编	电　话
国贸营销服务部	东城区东四十条24号青蓝大厦12层R部分	100007	59620678

中英人寿保险有限公司北京分公司

机构名称	地址	邮编	电话
朝阳区营销服务部	朝阳区西大望路3号院2号楼1～4层HS09－1内1层101室	100022	56300800
北京电话销售中心	朝阳区西大望路3号院2号楼2层HS09－1、HS09－2	100022	56300800

中宏人寿保险有限公司北京分公司

机构名称	地址	邮编	电话
东城营销服务部	东城区东长安街1号东方广场C1办公楼8层8～10室	100738	59867887

长生人寿保险有限公司北京分公司

机构名称	地址	邮编	电话
顺义营销服务部	顺义区南法信镇顺平路南法信段9号院1幢5层505室	101316	50980788

复星保德信人寿保险有限公司北京分公司

机构名称	地址	邮编	电话
昌平营销服务部	昌平区振兴路28号6层627～628室，7层B707～B708室	102200	15321291299

丰台支公司	丰台区西三环南路14号院1号楼2003～2005、2011室	100055	15321291299
海淀支公司	海淀区中关村南大街甲18号院1－4号楼D座4层407室	100086	15321291299

招商信诺人寿保险有限公司北京分公司

机构名称	地　址	邮　编	电　话
北京电话销售中心	朝阳区建国路79号华贸中心2号写字楼8层07号	100025	50838948

鼎诚人寿保险有限责任公司

机构名称	地　址	邮　编	电　话
朝阳支公司	朝阳区建国门外大街乙12号双子座大厦东塔8层802室、803室	100024	50948080

（5）保险代理公司

机构名称	地　址	邮　编	电　话
宜信博诚保险销售服务（北京）股份有限公司	朝阳区建国路118号22层2202－2203室	100020	13121305372
北京中联信保险销售服务有限公司	朝阳区望京中环南路9号1号楼10层6号	101200	85235948－807
北京钰城保险代理有限责任公司	东城区和平里中街甲27号2幢甲608室	100035	15101506510
中安风尚（北京）保险代理有限公司	海淀区创业中路36号1层113室	100085	83044214

泛海在线保险代理有限公司	朝阳区慈云寺1号院3号楼1－2层（八里庄孵化器1－0120号）	100025	85259834
北京中天嘉华保险代理有限公司	石景山区八大处高科技园区内6－C号地3号楼4层409室	100043	58276940
北京红枫鑫保险代理有限公司	朝阳区建国路91号院9号楼18层1808室	100079	18500858667
汇银林泰（北京）保险代理有限公司	海淀区北三环西路99号院3号楼8层909室	100020	13301011968
北京德信保险代理有限公司	朝阳区安慧里四区16号化工大厦916室	101200	84885211
北京京恒福保险代理有限公司	海淀区清华东路16号3号楼中关村能源与安全科技园3－2－1106－1室	102200	15801472203
纳捷奥保险代理（北京）有限公司	海淀区北蜂窝路2号中盛大厦13至14层1306－1室	100102	51666898
北京中逸保险代理有限公司	海淀区北三环西路48号1号楼A座12B室	100027	15210833369
北京宏安信保险代理有限公司	西城区阜外月坛北小街13号中船宾馆2层8219室	100200	13661270072
北京海商保险代理有限公司	东城区东安门大街55号7层717B室	100006	59648671
北京京安保险代理有限公司	西城区西直门南小街国英1号425－1室	100102	13020069737
北京金颐保险代理有限公司	西城区高梁桥路6号A区（T4）04A2室	100044	68838391
北京云峰保险代理有限公司	西城区广安门外大街305号二区9号楼9层1003室	101149	031189178205
北京交广保险代理有限公司	朝阳区柳芳南里甲5号1幢1－2内5层503号	100010	84515731
北京诚成保险代理有限公司	朝阳区东大桥路8号院1号楼11层1217室	100020	58703630－1012
保通时空（北京）保险代理有限公司	海淀区紫竹院路116号嘉豪国际中心D座606室	100024	13601307519
鼎泽保险代理有限公司	丰台区西三环南路59号518室	100072	63829393
智信保（北京）保险代理有限公司	朝阳区朝外大街乙12号办公楼8层	100029	82579972
北京耀莱汽车保险代理有限公司	朝阳区幸福二村40号楼－1至4层40－1内3层307室	100029	84389798
北京诚信通保险代理有限公司	平谷区贾各庄村东南街甲6号	101200	89989800

北京富邦保险代理有限公司	东城区胜古中路1号20号楼2层218室	100723	13120430656
北京乐荐保易品保险代理有限公司	朝阳区光华路8号17幢3层A312室	100022	85718581
天安佰盈保险销售有限公司	海淀区羊坊店路18号1幢7层706B室	100038	13926546899
国福家庭保险销售服务有限责任公司	东城区建国门内大街18号办一15层1513-1室	100041	66290723
北京胜易保险代理有限公司	东城区幸福大街38号	100061	63322550
北京恒泰保险代理有限公司	朝阳区秀水街1号建国门外外交公寓7-1-14号	100027	85794040
北京睿享保险代理有限公司	密云区经济开发区康宝路10-3号	101500	15811512015
中驰保险代理（北京）有限公司	东城区建国门内大街18号办一22层2212室	100041	83739797
英硕伦斯保险代理（北京）有限责任公司	西城区裕中西里42号楼303、304室（德胜园区）	100088	67759836
北京开诚保险代理有限公司	丰台区丰科路6号院5号楼6层611室	100083	63861768
北京国济保险代理有限公司	朝阳区朝外大街22号15层1512室	100029	85306807
保之家保险销售股份有限公司	经济技术开发区荣华中路8号院4号楼10层1102室	100176	56217779
北京众合四海保险代理有限公司	朝阳区安华里二区13号楼101室	101500	15801119595
北京安邦保险代理有限责任公司	西城区右安门内大街65号11幢5层542室	100120	82032563
北京北盛联合保险代理有限责任公司	朝阳区百子湾西里403号楼15层1502室	100080	18001121899
北京排排网保险代理有限公司	朝阳区建国路112号10层1001内1001室	100024	15075674494
北京赛保通保险代理有限公司	东城区广渠门内大街16号906室	100022	67186899-605
北京立康保险代理有限公司	朝阳区百子湾西里435号楼3层301内361室	100028	82101123
北京天岳保险代理有限公司	怀柔区青春路21号404室	101400	18611773113
北京佳盛保险代理有限公司	昌平区科技园区何营路8号院6号楼5层502室	100073	13810992911
北京银华同邦保险代理有限公司	西城区宣武门西大街28号大成广场9门1917-1920室	100024	13611028827
阳光保险代理有限公司	朝阳区高碑店乡西店村9号楼5号1层	100124	53501172

北京金石保险代理有限公司	朝阳区亚运村北小营欧陆经典北区C座8层0902室	100076	84850879
乐信保险代理有限公司	东城区金鱼池中街2号院11号楼1至2层	100044	13079995500
北京美安保险销售有限公司	朝阳区百子湾路33号院6号楼-2至3层101内-1层163室	100124	64646393
北京运通国瑞保险代理有限公司	密云区经济开发区兴盛南路8号院1号楼110室、116室	101500	89226777
阳光之音保险销售服务有限公司	通州区商通大道3号院3号楼2层101室	100070	89169952
北京国人保险代理有限公司	朝阳区建国门外大街丙24号楼18层2103室	100010	65666679-818
和谐保险销售有限公司	朝阳区建国门外大街6号11层1102内103室	100082	15811136158
北京财鑫保险代理有限公司	大兴区盛坊路4号1幢	100028	82037778
北京祥龙博瑞保险代理有限公司	房山区良乡凯旋大街建设路18号-E802室	100086	13911969231
北京信达路通保险代理有限公司	丰台区万丰路317号	100071	86639611
北京乐百家保险代理有限公司	大兴区西红门镇宏业路9号院5号楼12层1209室	102600	84873182
达宝保险代理（北京）有限责任公司	朝阳区白家庄东里23号C座三层03商业内F3-03室	100035	51289200
北京小鲸向海保险代理有限公司	怀柔区杨宋镇凤翔三园10号4幢2层204室	100055	64403871
壹心国盛保险代理（北京）有限公司	密云区百世城商业街商6-109室、209室	100010	13811603429
北京金鼎涛保险代理有限公司	朝阳区酒仙桥东路9号院2号楼101-9室	102200	88840744
康盛（北京）保险销售有限公司	平谷区林荫北街13号信息大厦1207-1208室	101200	89991334
北京精欣保险代理有限公司	朝阳区望京东园523号楼4层10509室	100020	13801098550
北京市玉林保险代理有限责任公司	房山区房山兴房大街50号院2号楼7门	102488	69312808
北京铭信保险代理有限公司	石景山区八大处高科技园区内6-C号地3号楼3层330室	100088	82081236
北京格林保险代理有限公司	西城区马连道南街6号院1号楼9层916-3室	101200	62366843

北京品今保险销售有限公司	朝阳区东三环南路乙52楼1至5层商服18（含跃层）3层	100078	13611389797
北京佰阳保险代理有限公司	朝阳区裕民路12号1号楼12层B1201室	100080	13388193022
北京开元保险代理有限公司	朝阳区来广营西路18号-8室	100055	13521328523
北京康硕保险代理有限公司	丰台区南苑北里二区6号楼5层506室	100062	13810160952
北京恒荣汇彬保险代理有限责任公司	朝阳区高碑店乡八里庄村陈家林9号院华腾世纪总部公园项目5号楼2单元5层503室	100022	85606174
北京康泰保险代理有限公司	朝阳区北苑路18号院3号楼3层316室	100071	18911982029
北京世纪隆盛保险代理有限公司	海淀区板井路69号世纪金源国际公寓东区10H室	100101	13911555890
天勤保险代理（北京）有限公司	朝阳区东三环南路17号B座9层9F-2号	100078	87665917
北京致用保险代理有限公司	石景山区古城大街（特钢公司内）北京国际汽车贸易服务园区F区10号3层304室	100043	63362453
富德保险销售有限公司	海淀区西直门北大街52、54、56号10层南栋0101-1006	100071	87809700
北京辰洋保险代理有限公司	海淀区北洼路西里19号A503室	100089	18600164017
中国人寿保险销售有限责任公司	西城区金融大街12号、14号09层12-901-8室	100086	18601189952
盛世合众保险销售有限公司	海淀区杏石口路9号1幢2层201室	100195	59949048
阳光一家家庭综合保险销售服务有限公司	朝阳区朝阳门外大街20号1幢联合大厦15层1506-1507室	100027	56416872
融汇保险销售有限公司	朝阳区建国路甲92号-4至24层内14层1409-1410室	100024	85660977-8202
北京斌凝祥融保险代理有限公司	东城区广渠门内大街80号5层502室	100024	83117976
五星在线保险代理有限公司	石景山区实兴东街11号2层2322室	100080	52619179
北京安家保险代理有限公司	朝阳区朝外雅宝路12号6层601室	100000	87710896
北京天地保险代理有限公司	海淀区中关村北二条13号44幢3层313室	100022	13701362039

全天候保险代理股份有限公司	顺义区仁和镇顺通路25号5幢511－2室	103000	69421005
北京诚信保险代理有限公司	朝阳区东三环南路甲52号楼5层6C室	100083	59711663
北京宏利保险代理有限公司	朝阳区阜通东大街1号院6号楼9层3单元231008室	100122	53675007
北京瑞金恒邦保险销售服务股份有限公司	朝阳区东三环南路19号院1号楼－2至15层101内11层B1111室	100022	68029246
嘉信保险代理有限公司	丰台区南三环西路16号3号楼19层2211室	100043	80699931
北京爱车易行保险代理有限公司	东城区安定门外大街138号5层A座507室	100007	13311133130
泰瑞保险代理有限责任公司	朝阳区望京利泽中园二区203号内3号8层1801室	100050	53342737
北京仁怡保险代理有限公司	密云区古北口镇古御路外街17号1层101室	101508	84012608
北京华创明德保险代理有限公司	东城区建国门内大街9号2幢7层732室	100041	56280923
北京钱袋网保险代理有限责任公司	朝阳区利泽中园208号3幢3层301内3303室	100037	82800993
北京金宏保险代理有限责任公司	东城区法华寺街91号6幢122A室	100026	67029688
北京瑞安鸿泰保险代理有限公司	怀柔区杨宋镇凤瑞一园1号院和平路甲8号1层14单元101室	100055	61669258
北京京安恒信保险代理有限公司	丰台区航丰路1号院2号楼8层801室	100101	13366175730
北京广安保险代理有限责任公司	平谷区平谷镇谷丰东路8号	101200	89994046
北京双诚保险代理有限公司	东城区东花市南里东区8号楼7层2单元705室	100070	13641371403
北京润昌保险代理有限公司	平谷区平谷镇西环南路1号楼2层（4）－101室	101200	89988010
北京金宇四越保险代理有限责任公司	昌平区政府街西路2号B22－B23室	102200	60741812
北京万家保险代理有限公司	海淀区阜成路115号北京印象1号楼205室	100012	13693675628
北京睿峰都保险代理有限责任公司	房山区城关街道顾八路1区1号—W18室	100029	89350905
中京国际保险销售（北京）有限公司	平谷区南岔子街1号1至3层	101200	69982586
北京新月保险代理有限责任公司	昌平区科技园区永安路26号	100088	13717703450
盛源兴保险代理（北京）有限责任公司	海淀区玲珑路9号院东区5号楼8层806室	101200	56866615

北京安平保险代理有限公司	朝阳区芍药居北里101号1幢26层2座3005室	100035	66126609
汇康保险销售（北京）有限公司	通州区新华西街58号院3号楼12层1219室	100052	56176910
北京汇通金隆保险代理有限公司	朝阳区朝阳门外大街甲6号16层2座1602号05室	100010	88449582
北京可为保险代理有限公司	平谷区平谷镇西环南路1号楼（4）－102室	101200	53605576
北京精诚信联保险销售有限公司	海淀区中关村大街27号17层1706室	100053	67195677转653
航联保险销售有限公司	朝阳区朝阳门外大街甲6号13层2座1301室	100044	57605352
北京国泰保险代理有限公司	石景山区鲁谷路51号院3号楼B塔3层310室	100043	18910739696
中佳保险代理有限公司	西城区南滨河路27号院7号楼307室	100055	63368813
北京高晟财富保险代理股份有限公司	朝阳区安定路5号院19号楼14层1405室	100029	58170700
中融慧金（北京）保险代理有限公司	西城区茶马街8号院3号楼5层503室	100025	57282792
北京保佳保险销售有限责任公司	朝阳区东三环中路39号院7号楼1至2层0720室	100033	58565868
安惠国际保险代理（北京）有限公司	东城区东四十条甲22号1号楼A710室	100007	13552716726
洋坤（北京）保险代理有限公司	怀柔区怀北镇西庄村308号	101200	13331113746
世捷开元保险代理有限公司	石景山区八大处高科技园区西井路3号3号楼8737室	100043	87945100
长安保险销售有限公司	东城区安化北里1号1幢7层706室	100062	0755－83342013
北京恒信保险代理有限公司	怀柔区怀北镇西庄村308号	100010	84929744
北京金汉保险代理有限公司	西城区新兴东巷15号10号楼2层212室	100025	13699278320
北京阳光千线保险代理有限公司	怀柔区怀北镇怀北路308号（集群注册）	102200	82026960
北京平和保险代理有限公司	海淀区大柳树富海中心2号楼11层1104室	100033	1581589819
北京吉顺佳保险代理有限公司	朝阳区建国门外大街丙24号9层1－5内1002室	100062	51661563
乐橙保险代理有限公司	朝阳区广渠路17号院1号楼－3至14层101内4层409室	100024	58085715
北京华诚保险代理有限公司	海淀区白家疃尚峰园2号楼1层106室	100010	13911268017
大童保险销售服务有限公司	房山区阎富路69号院46号楼1至4层101室	100086	85902304

北京惠诺康达保险代理有限公司	房山区城关街道顾八路1区1号－R668室	100089	021－61409864
北京利信保险代理有限公司	海淀区西三环北路87号8层2－801A室	100044	65283772
中利保险销售有限公司	东城区东直门北中街乙1号1幢101室	100124	59694588
北京金斧子水星保险代理有限责任公司	朝阳区广渠路66号院22号楼8层801内806室	100024	88576885
北京市神舟保险代理有限公司	海淀区花园东路30号花园饭店5号楼2层5212室	100010	13501036612
北京京铁保险代理有限公司	丰台区莲花池东路120－1号北京西站西附楼北京华夏明珠宾馆5301室	100035	51935016
北京泰洋保险代理有限公司	朝阳区东三环北路甲19号楼25层2909室	100020	65531761转1006
北京汇祥保险代理有限公司	朝阳区晨光家园306号楼9层901内9007室	100022	68211690
北京国民保险代理有限公司	西城区半步桥街48号1幢3层321室	100016	13381331230
北京众诚保险代理有限公司	朝阳区酒仙桥中路26号院2号楼4层501室	100000	84896216
北京京广保险代理有限公司	丰台区角门18号枫竹苑二区1号楼11层1102室	102208	85715028
北京赛福特保险代理有限公司	朝阳区北苑路170号院3号楼12层1单元1503室	100097	83495565
北京宝力诚保险代理有限责任公司	密云区行宫街21号楼21－3－363室	101500	59941986
北京共好保险代理有限公司	朝阳区南磨房路37号8层811室	100000	64372730
方德保险代理有限公司	东城区崇文门外16号1幢8层802室	100010	86030321
北京市金诚华夏保险代理有限公司	丰台区科技园区3A地块工商联科技大厦09B04－09B06室	100020	13718032166
太阳联创保险代理（北京）有限公司	朝阳区朝外雅宝路12号7层708室	100027	87925664
北京乾安保险销售有限公司	怀柔区渤海镇环镇路80号1121室	100055	88437573－801
北京爱马社保险代理有限公司	房山区良乡长虹西路翠柳东街1号－2556室	102488	13681562390
同程保险代理有限公司	朝阳区酒仙桥北路甲10号院301号楼102单元6层606室	100020	18136961802
北京信泰保险代理有限公司	海淀区昌运宫4号豪柏公寓B1－701号	100039	88420470
北京众恒保险代理有限责任公司	朝阳区静安东里12号院4号楼7层B706室	102600	69208553

北京信安保险代理有限公司	朝阳区北辰西路 69 号 3 单元 512 号	100061	13810646750
新宝宇业（北京）保险代理有限公司	门头沟区新城东街 17 号院 6 号楼 17 层 1703 室	102300	57142288
盛唐融信保险代理（北京）有限公司	西城区新街口北大街 3 号 6 层 602 室	100086	82200327
京东保险代理有限公司	经济技术开发区经海五路 58 号院 10 幢 6 层（北京自贸试验区高端产业片区亦庄组团）	100000	58656837
北京丰裕保险代理有限公司	东城区藏经馆胡同 17 号 1 幢 1 层 A102 室	100022	65544788
北京博瑞和铭保险代理有限公司	经济技术开发区荣华南路 1 号院 1 号楼 6 层 610 室	101200	53935627
华夏在线保险代理服务有限公司	海淀区西三环北路 87 号 8 层 2－801B 室	100007	13623471935
利星行宝汇汽车保险代理（北京）有限公司	朝阳区广顺南大街 8 号院 3 号楼 3 层 301 内 G01 内 1－2 单元	101299	84778038
北京长久汽车保险销售有限公司	顺义区物流园六街 12 号院 6 号楼 1 至 2 层 101 内 2 层 201 室	101300	65732999
安心致远保险代理有限责任公司	石景山区石景山路 31 号院盛景国际广场 3 号楼 718 室	100043	61126666
北京金瑞卓森汽车保险代理有限公司	朝阳区利泽东园 306 号	100027	13683594117
嘉泽保险代理有限公司	大兴区欣宁街 67－72 号 1 层 71 室	102600	18516808889
北京华谊保险销售有限公司	密云区行宫街 21 号楼 21－2－201 室	101500	53652005

（6）保险经纪公司

机构名称	地　　址	邮　编	电　话
通联保险经纪有限公司	丰台区花乡纪家庙 155 号 E12 室	100070	63713236
北京瑞和保险经纪有限公司	朝阳区建国门外大街 6 号 11 层 1102 内 105	100101	13683360682
北京微服保险经纪有限公司	朝阳区紫月路 18 号院 11 号楼 1 层 107 室	100022	13810532208
联华国际保险经纪（北京）有限公司	西城区金融大街 23 号 10 层 1012 室	100020	13717932807

水木林（北京）保险经纪有限公司	西城区马连道路6号院6号楼6层713室	100055	57168335
国投保险经纪有限公司	西城区阜成门北大街2号楼19层1907室、1917室	100037	88006481
中铝保险经纪（北京）股份有限公司	西城区文兴街1号院1号楼C座4层1区	100044	82298566
北京安康保险经纪有限公司	朝阳区西坝河西里28号B205室	100028	64476957
薄荷保险经纪（北京）有限公司	东城区东直门外大街46号1号楼22层2201－08A室	100000	56916596
哈保保险经纪（北京）有限公司	朝阳区建国路93号院10号楼601室	100022	58203824
中核长安保险经纪有限公司	西城区车公庄大街21号39幢8层	100000	020－38267283
明亚保险经纪股份有限公司	朝阳区朝外大街乙12号11层0－1203－1207室	100029	85658542
领航国际保险经纪有限公司	东城区河沿1号楼3段人防工程	100006	58362067
赛诺保险经纪（北京）有限公司	昌平区回龙观镇金燕龙大厦2层20106室	100085	88479880
国联（北京）保险经纪有限公司	西城区阜成门外大街31号5层526A室	100053	13521657158
北京安鹏保险经纪有限责任公司	经济技术开发区荣华中路19号院1号楼A座20层2005室	100176	84856958
国能保险经纪（北京）有限公司	西城区西直门外大街18号楼4层7单元501室	100044	58684706
江泰保险经纪股份有限公司	门头沟区莲石湖西路98号院9号楼1至12层101室	102300	62202788－9237
和德保险经纪有限公司	丰台区金泽路161号院1号楼8层01室	100073	87878876
北京银河时空保险经纪有限责任公司	密云区水源路南侧A－04地块2#商业办公楼5层1单元－522室	100083	67166520
方胜磐石保险经纪有限公司	朝阳区广渠路18号院3号楼5层521室	101100	13501363379
北京盛安国际保险经纪有限公司	海淀区中关村东路18号1号楼11层A－1201室	100086	13693016786
北京华育保险经纪有限公司	大兴区经济开发区科苑路9号1号楼2层R1201室	100102	58345272
华泰保险经纪有限公司	西城区骡马市大街18号楼12层1202室、1205室	100142	56533689

关爱保险经纪有限公司	朝阳区建国门外大街22号（赛特大厦）1幢第21层2101室	100028	65158580
北京金甲保险经纪有限公司	西城区西直门内南小街国英园1号楼707室	100035	58561769
中富保险经纪有限公司	东城区新怡家园甲3号楼6层603室	100070	60250099－607
北京华川恒健保险经纪有限公司	海淀区永泰庄北路9号永泰绿色生态园V6号院	100027	51582188
北京安鑫保保险经纪有限公司	海淀区首都体育馆南路6号3幢12层1261室	100025	68492617
北京赛福哈博保险经纪有限公司	海淀区玲珑路9号院西区8号楼11层1单元1002室	100086	63378585
北京鼎盛保险经纪有限责任公司	朝阳区酒仙桥路甲10号3号楼15层17层1701－18室	100125	65065338
北京富利保险经纪有限公司	朝阳区建国门外大街19号1号楼26层A室	100028	13430772338
北京乾泰保险经纪有限公司	西城区平原里小区20号楼413室	100032	63180208
北京新城保险经纪有限公司	朝阳区北土城西路7号国恒基业大厦D座804室	100062	51663231－913
三角洲保险经纪有限责任公司	朝阳区光华路5号院1号楼9层1001室	100028	62124986
北京光华保险经纪有限公司	石景山区金府路32号院3号楼5层501室	100033	88801898
安润国际保险经纪（北京）有限公司	石景山区八大处高科技园区内6－C号地3号楼3层324室	100037	13521899698
北京百川保险经纪有限公司	朝阳区紫月路18号院13号楼1层101室	100022	63319211
北京安华保险经纪有限公司	昌平区七北路42号院3号楼9层3单元901室	102300	17778137062
宜安（北京）保险经纪有限公司	通州区观音庵南街1号院1号楼10层2单元1004室	101100	84476603
北京腾诺保险经纪有限公司	西城区武定侯街6号10层F2－1（A）1001内1106室	100044	62671188
北京协荣保险经纪有限公司	西城区广安门外大街168号1幢5层2－602－1室	100029	83126679
北京环球保险经纪有限公司	海淀区苏州街1号3层3021号	100035	18297887872

思派（北京）保险经纪有限公司	海淀区花园路2号牡丹科技楼A座3层A302－A303室	100000	62057053
北京泰丰保险经纪有限公司	东城区东水井胡同11号楼3层3C02室	100143	022－66701552
北京江山保险经纪有限公司	朝阳区霄云路28号院2号楼9层901－2室	100125	0411－82786351
中化保险经纪（北京）有限责任公司	西城区南礼士路66号1号楼10层1－15－1006至1009室	100081	59568222
中建英大保险经纪有限公司	朝阳区安定路5号院8号楼1至21层101室、16层1604室	100029	13810002300
北京指南针保险经纪有限公司	昌平区北七家镇七北路42号院2号楼1单元301室	100089	59282978
麦芬保险经纪有限公司	朝阳区光华路5号院2号楼8层901内0902室	100028	13426345700
中捷保险经纪股份有限公司	朝阳区霄云路36号1幢第15层10号	100028	18134495257
北京信诺保险经纪有限公司	通州区皇木厂村东88号6幢1层	100033	88344163－809
佳达保险经纪（北京）有限公司	东城区东长安街1号东方广场东方经贸城东三办公楼1109室	100006	65334111
安世联合保险经纪有限公司	朝阳区姚家园南路1号7号楼A区502室	100131	85355588
中植保险经纪有限公司	朝阳区高碑店乡半壁店村惠河南街1089号3层306室	100023	58526818
北京奥创保险经纪有限公司	朝阳区广渠路18号院1号楼8层810室	100022	84938008
康瑞保险经纪有限公司	海淀区北蜂窝2号中盛大厦7－8层710－1号	101300	13581622887
北京慧金保险经纪有限公司	西城区茶马街8号院3号楼14层1411室	100032	68141238
鼎力（北京）保险经纪有限公司	东城区崇文门外大街3号14层南办1418室	100062	18628273858
中汇国际保险经纪股份有限公司	朝阳区永安东里16号18层06单元	100080	85539369
北京富诚保险经纪有限公司	朝阳区东三环北路甲2号8号楼10层C2－C10室	100041	82025099
融超保险经纪有限公司	西城区阜外大街2号万通新世界广场A座1705号	100038	62219621
京新国际保险经纪（北京）有限公司	海淀区建村城中路27号12幢2层202号	100020	82583010

华富保险经纪有限公司	西城区金融大街35号1122室	100107	13810613510
北京丰融保险经纪有限公司	丰台区汽车博物馆东路6号院4号楼2单元6层601－3室	100027	59323938
北京润得保险经纪有限公司	西城区西直门外大街18号楼5层6单元608A室	100044	13718784092
北京共信赢保险经纪有限公司	朝阳区亮马桥路39号1号楼3层C310室	100125	84534522
玖行保险经纪有限公司	朝阳区酒仙桥路13号科研楼13层1607室	100016	15044682525
国泰路安保险经纪（北京）有限公司	朝阳区酒仙桥路14号51号楼2层208室	100015	64372263
微医（北京）保险经纪有限公司	朝阳区酒仙桥路10号58幢1层A118室	100044	51721768－6
北京农信保险经纪有限公司	海淀区中关村大街27号17层1705室	100086	62698801
中安联合保险经纪股份有限公司	大兴区魏善庄镇中心路100号院1号楼2层028室	100022	52412269
英大长安保险经纪有限公司	西城区南横东街8号都城大厦12层	100022	63411223
宏达通泰保险经纪（北京）有限公司	海淀区苏州街18号院－4楼16层1607－3室	100048	68483838转812
中盛国际保险经纪有限责任公司	东城区安定门东大街28号雍和大厦A座11层	100007	50950918
悦保保险经纪有限公司	丰台区广安路9号院1号楼16层1601室	100054	63154881
达信（中国）保险经纪有限公司	朝阳区光华路1号北京嘉里中心北楼15层1506室	100855	13910960172
北京容海保险经纪有限公司	西城区半步桥街48号1幢3层343室	100054	13261901639
蜗牛保险经纪有限公司	海淀区中关村大街27号11层1101室	100081	020－84133082
大特保险经纪有限公司	朝阳区北苑小街8号6号楼5层5321室	100012	80698111
中盛融安国际保险经纪有限公司	海淀区大柳树路富海中心3号楼（富海国际港）1501室	100010	62138726－813
北京东方保险经纪有限公司	朝阳区北辰东路8号3号楼5层5015室、5017室	100101	52131008
宇泰保险经纪（北京）有限公司	朝阳区建国门外大街丙24号9层1－5内1001室	101149	18210672157
北京华夏保险经纪有限公司	海淀区中关村大街11号6层办公652A室	100043	86446879
航联保险经纪有限公司	东城区东直门南大街5号中青旅大厦9层	100007	58157022
鼎昊（北京）国际保险经纪有限公司	丰台区南四环西路188号十区8号楼4层	100071	63703398

北京理想保险经纪有限公司	顺义区高丽营镇恒兴路4号院1幢113室（顺创）	100000	56057837
泰康在线保险经纪（北京）有限公司	朝阳区景辉街16号院1号楼－5至45层101内7层701－702室	100035	60852692
金晟保险经纪有限公司	朝阳区安定路10号中国有色大厦北楼2层	100089	64422679
北京吉泰保险经纪有限公司	朝阳区东三环中路24号楼17层1705室	100022	59016080
华夏信达保险经纪（北京）有限公司	海淀区中关村南大街31号神舟科技大厦288室	100027	57458353
爱心保险经纪有限公司	石景山区八角东街65号院主楼北座2号楼8层805室	100043	68881231
北京中联新能保险经纪有限公司	经济技术开发区荣华南路15号院7号楼9层901室	100176	81028067
诚合保险经纪有限公司	海淀区复兴路40号中国铁建大厦8层	100010	52689657
北京联合保险经纪有限公司	顺义区天祥路6号院1号楼3层309室（天竺综合保税区）	100744	64680488－864
北京永诚保险经纪有限公司	海淀区中关村南大街2号科技会展中心数码银座803室	100027	80812570
阳光三泰保险经纪有限公司	丰台区南四环西路186号二区7号楼－1至8层101内4层06室	100070	13911628800
世纪保险经纪股份有限公司	西城区宣武门外大街26、28、30号2幢08层A806－A809室	100021	13810017824
北京鼎立保险经纪有限责任公司	朝阳区东三环中路乙10号第14层08号	100086	88851866
银河保险经纪（北京）有限责任公司	西城区金融大街35号国际企业大厦C座12层	100088	66568303
北京信康诚保险经纪有限责任公司	东城区安定门外大街2号25层2502A室	100011	59113559
老友保险经纪有限公司	丰台区广安路9号院3号楼6层613－616室	100055	63301337
天丰保险经纪有限公司	门头沟区莲石湖西路98号院7号楼603室	102300	85797999
北京大树保险经纪有限责任公司	海淀区北清路中关村壹号D1座7层718室	100094	56710999

中铁汇达保险经纪有限公司	海淀区西翠路17号院24号楼5层502室	100036	51191521
兴民保险经纪有限公司	石景山区金府路32号院3号楼7层718室	100033	84920131
三峡保险经纪有限责任公司	海淀区玲珑路9号院东区4号楼1至3层101室	100142	57081394
北京鞍汇联保险经纪有限公司	朝阳区永安东里16号CBD国际大厦18层08室	100022	13701233838
安瑞保险经纪（北京）有限公司	东城区建国门内大街7号7层16号	100005	15311196112
永达理保险经纪有限公司	朝阳区阜通东大街18号2层2207－2211室	100102	87419188
中石化保险经纪有限公司	朝阳区朝阳门北大街22号1幢19层1911室	100022	13681197319
北京国腾众保保险经纪有限公司	西城区平安里西大街28号2层201－2室	100035	52858649
北京国中保险经纪有限公司	朝阳区建国门外大街22号（赛特大厦）1幢12层1207室	100028	65691466
北京安理保险经纪有限公司	密云区新南路43号1号院（4层416室）	100028	58104886
博维保险经纪有限公司	朝阳区慧忠里103楼11层B座1103室	100053	68567166
五矿保险经纪（北京）有限责任公司	海淀区三里河路5号五矿大厦B座410室	100022	88821652
德圣保险经纪有限公司	朝阳区南磨房路37号7层701室	100025	13552056216
北京中天保险经纪有限公司	西城区闹市口大街1号院2号楼长安兴融中心6C室	100061	59799818－801
北京恒丰保险经纪有限公司	东城区和平里东街11号2号楼3层3－B4号	100034	15811364293
天和保险经纪有限公司	朝阳区朝阳公园南路10号院2号楼11层1101－19室	100025	82275812－821
中铁保险经纪有限责任公司	西城区西绒线胡同28号天安国汇14层1410室	100034	13701388539
华旅（北京）保险经纪有限公司	海淀区西四环北路158号慧科大厦东区8A室	100033	88591920－815
阿拉丁保险经纪有限公司	朝阳区建国路77号35层3501内01L室	100125	57063999
北京慧联保险经纪有限公司	西城区南滨河路27号7号楼12层1217室	100055	58220294
北京盛唐保险经纪有限公司	朝阳区霄云路36号1幢第11层07号	100125	85627177
北京东方华信保险经纪有限公司	西城区高井胡同16号北京惠福园宾馆203室	100107	68366080

银泰（北京）保险经纪有限公司	丰台区南三环西路91号院1号楼10层1单元1128室	100043	82149698
汇丰保险经纪有限公司	顺义区安祥街12号院3号楼2层201室	100000	63345039
北京厚积保险经纪有限公司	海淀区西二旗中路33号院1号楼3层001号	100085	51315619
华信保险经纪有限公司	丰台区东管头1号院1号楼1－196室	100033	8356833
中军保险经纪（北京）有限公司	朝阳区东大桥路8号院1号楼20层2308室	100195	13641354787
金桔保险经纪（北京）有限公司	朝阳区百子湾西里403号楼7层701	100028	64705630
北京广发保险经纪有限公司	朝阳区东三环北路38号院3号楼13层1608室	101500	69472620
中民瀚丞保险经纪有限公司	西城区新街口外大街8号12幢3层309室	100044	68563212
北京天道保险经纪有限责任公司	朝阳区朝阳门外大街19号楼7层720室	100029	15810526890
扬子江保险经纪有限公司	顺义区天竺镇天竺家园17号17幢2层2790室	101300	81039960
北京康信保险经纪有限公司	朝阳区工人体育场北路8号院1号楼13层01－1606室	100028	85861297
新航保险经纪（北京）有限公司	朝阳区建国路88号7号楼710室	100125	86808907－800
北京京泰安保险经纪有限公司	海淀区羊坊店路18号1幢6层613室	100025	13681524953
新时代保险经纪有限公司	海淀区花园路7号	100027	82803949
中体保险经纪有限公司	东城区天坛东路50号国家体育总局训练局院内	100007	67184346
北京中金保险经纪有限公司	东城区和平里东街11号7号1－B6号（地上1层）	100097	18311108366
海峡联合保险经纪（北京）有限责任公司	海淀区中关村大街18号8层06室	100097	88878991
海亚（北京）国际保险经纪有限公司	朝阳区安慧北里秀园15号楼6层2段606室	100101	64927808
元保保险经纪（北京）有限公司	朝阳区北辰西路8号院2号楼1至14层101内8层0926号	100029	18910850552
北京远安保险经纪有限公司	朝阳区广渠门外大街8号16层西座1607号	100121	82231008
国家电投集团保险经纪有限公司	西城区金融大街28号院3号楼5层501	100044	56625677

金联安保险经纪（北京）有限公司	昌平区东小口镇立汤路 188 号院 1 号楼 17 层 1912 – 15 室	100085	15712919618
北京华融保险经纪有限公司	西城区阜成门外大街 11 号国宾大厦 808 室	100033	68002927 – 1005
北京中卫保险经纪有限公司	朝阳区北辰东路 8 号院 16 号楼 8 层 801 内 A0808 – A0809 室	100031	85285599
北京物融保险经纪有限公司	西城区阜成门外大街甲 9 号国宾酒店 9 层 902 室	100037	68008302
北京润盛保险经纪有限公司	朝阳区东方东路 8 号	100038	13661298838
北京新域保险经纪有限公司	东城区崇文门外大街 11 号 9 层 908 室	100044	67092376
北京大唐泰信保险经纪有限公司	西城区菜市口大街 1 号 10 层 1001 – 1003	100052	83956516
黎明保险经纪有限公司	石景山区古城南街 9 号院 6 号楼 5 层 515 室	100043	53517599
中车汇融保险经纪有限公司	丰台区汽车博物馆西路 10 号院 9 号楼 1 至 13 层 101 内西塔 10 层 1007 室	100071	53382821
文津国际保险经纪有限公司	丰台区南四环西路 186 号三区 1 号楼 4 层 06 室	100738	57177268
九州联合（北京）保险经纪有限公司	海淀区北三环西路甲 30 号 2 层 217 室	100034	68473708
北京信德保险经纪有限公司	海淀区玲珑路 9 号院西区 7 号楼 3 层 1 单元 216 室	100048	17789777756
金诚国际保险经纪有限公司	海淀区西三环北路 91 号 7 号楼 3 层 C02 号室	100033	52961111
北京金永泰保险经纪有限责任公司	朝阳区百子湾路 33 号院 6 号楼 –2 至 3 层 101 内 – 1 层 175 室	100022	88129087
五洲（北京）保险经纪有限公司	东城区前门东大街 23 号 I2 座	100088	85188766 – 207
北京宇石保险经纪有限公司	东城区黄寺大街甲 6 号天龙饭店 5 层	100000	64257976
民生保险经纪有限公司	东城区建国门内大街 28 号 1 幢 13 层 1501 – 1 单元	100004	13006113765
嘉实保险经纪（北京）有限公司	朝阳区建国门外大街 21 号 1 幢 6 层 602A 室	100079	65215139
昆仑保险经纪股份有限公司	西城区金融大街 1 号楼 A 座 1102 室	100070	13720006399
北京中瑞惠银国际保险经纪股份有限公司	东三环南路甲 52 号顺迈金钻大厦 15 层 18C 室	100022	87729758

北京中兵保险经纪有限公司	海淀区紫竹院路81号院3号楼北方地产大厦15层1502－1503室	100080	68966802
中船保险经纪有限责任公司	海淀区首体南路9号1楼7层703室	100007	88695063

（7）保险公估公司

机构名称	地　址	邮　编	电　话
博弈中立保险公估（北京）有限公司	海淀区清河小营西小口路27号西三旗文化科技园C座3层3002室	100085	13911170268
北京誉心保险公估有限责任公司	西城区珠市口西大街120号1号楼2层0217室	100022	15853243702
仁祥保险公估（北京）有限公司	海淀区车公庄西路乙19号华通大厦B座3层308室	100054	13701051122
鼎信农业保险公估（北京）有限公司	顺义区金航西路4号院2号楼2层213室（天竺综合保税区）	101300	88312537
北京金正保险公估有限公司	海淀区西三环北路91号7号楼3层C02－1号	100022	52961111
北京安诚保险公估有限公司	怀柔区怀北镇西庄村308号	101400	84924025
北京华泰保险公估有限公司	西城区骡马市大街18号楼12层1203室	100033	66577426
北京仁济和保险公估有限责任公司	丰台区南三环西路78号B座2－0010室	100055	13384608255
中瑞国际保险公估（北京）有限公司	朝阳区安慧里二区12号楼院2幢226－2室	100101	84832952
北京中达信保险公估有限公司	丰台区东货场路38号11栋212室	100085	68424435
慈铭（北京）保险公估有限公司	顺义区天竺镇天竺家园17号17幢2层2819室	100621	13911127110
盛华（北京）保险公估有限公司	经济技术开发区荣华南路16号1幢C座C304－1室	100176	84896216
北京龙江保险公估有限公司	朝阳区酒仙桥乙21号朝阳佳丽饭店内2层B105室	100020	56709233
北京平信保险公估有限公司	丰台区丰管路甲28号1－1幢1层8115室	101300	63790909

北京北极星保险公估有限公司	平谷区贾各庄村东南街甲 6 号	101200	62638270
北京正汇保险公估有限公司	朝阳区永安东里 16 号 18 层 07 室	100071	18519200699
北京汇明保险公估有限公司	丰台区南三环西路 28 号院中林置业大厦 B 座 408 室	100071	83833699
北京天恒保险公估有限公司	丰台区葆台北路 6 号一区 3 号楼 1－3 层 07 室	100044	83817391
北京中禾嘉信保险公估有限公司	大兴区金星路 18 号 8 幢 217A 室	102600	13920112444
北京日月星保险公估有限公司	东城区金鱼池中街 2 号院 11 号楼 1 至 2 层 11－21 室	100071	53325421
北京众信保险公估有限公司	丰台区航鹰路 5 号 4 层 408 室	100076	13810868666
北京众达诚保险公估有限公司	大兴区兴华大街三段 55 号 3 层 303 室	102600	57113608
北京华大保险公估有限公司	东城区夕照寺街 14 号 4 号楼 6 层 610 室	101300	53609800
北京全天候保险公估有限公司	顺义区仁和镇顺通路 6 号	101300	13381131863
北京德仁保险公估有限公司	朝阳区北苑路 170 号 2 号楼 2－1603 号	100085	88009191
北京卓信保险公估有限公司	怀柔区怀柔镇大中富乐村 801 号院 1 号楼 101 室	100075	61292800
北京中明保险公估有限公司	石景山区石景山路甲 18 号院 3 号楼 8 层 905 室	100079	88601063
中至和保险公估（北京）有限公司	大兴区龙发大街 1 号院 3 号楼 2 单元 305 室	100031	60219266
平衡国际保险公估（北京）有限责任公司	经济技术开发区旧桥路 1 号院 1 号楼 7 层 803	100101	56407178
北京格林保险公估有限公司	西城区阜成门外大街 1 号四川大厦东塔 19 层 1907 室	100033	65282300
方圆国际保险公估（北京）有限公司	东城区朝阳门内大街 288 号院 2、3 号楼地下 1 层 B175－2 室	100048	64023095
北京佳实德保险公估有限责任公司	海淀区复兴路 40 号中国铁建大厦 5 层东侧	100048	52689682
北京君恒保险公估有限责任公司	朝阳区静安里 26 号楼 9 层 901 内 913 室	100070	67164581
北京嘉诺保险公估有限公司	朝阳区慧忠里 103 楼 11 层 B 座 1103－2 室	100044	68567166
北京中咨保险公估有限公司	海淀区上地信息路 1 号 1－1 幢 A 栋 3 层 C 区	101300	13311208262

北京保程保险公估有限公司	朝阳区石佛营东里140号楼－1至6层内3层337室	100085	87203581
北京俄杰斯特保险公估有限公司	丰台区丰台科学城恒富中街2号院1号楼3188室	100071	52229880
北京大陆保险公估有限公司	朝阳区朝阳路67号10号楼12层2单元1501室	100044	85753960
北京通宝行保险公估有限公司	石景山区实兴大街30号院3号楼12层1231室	100043	52469782
北京国信行保险公估有限公司	丰台区南三环西路91号院1号楼13层1单元1615室	100079	87565219
北京邦业保险公估有限公司	朝阳区东三环中路55号楼6层703室	100085	59229633
北京普惠保险公估有限责任公司	朝阳区南磨房路37号16层1810室	100191	13522807503
竞胜保险公估有限公司	西城区金融大街1号楼1202－2室	100071	87571723
嘉福（北京）保险公估有限公司	朝阳区朝外大街10号（A1区）14层1410室	100089	65031609
北京合信保险公估有限公司	朝阳区工体东路18号2号楼2层A2974室	100071	56243483
北京和泰保险公估有限公司	海淀区复兴路乙59号巨星大厦108室	100085	0551－65226918
北京首证保险公估有限公司	朝阳区百子湾西里402号楼13层1308室	100080	63369139

（8）外国及港澳台地区保险公司北京代表处

机构名称	地　　址	邮　编	电　话
赢国斯达保险公司北京代表处	朝阳区亮马桥路42号光明饭店8407室	100016	64685852
俄罗斯天然气工业保险股份公司北京代表处	朝阳区建外大街甲12号15层1588室	100022	85233050
德国通用再保险公司北京代表处	东城区东长安街1号东方广场东三办公楼1105室	100738	85186535
德国安顾集团股份公司驻中国总代表处	朝阳区建外大街2号银泰中心写字楼C座2801室	100022	65667675
全球人寿保险国际公司北京代表处	朝阳区亮马桥路50号燕莎中心1号楼8层C809号	100125	85151248 85151249
英国耆卫公共有限公司北京代表处	朝阳区广渠路金茂府23号院1号楼807室	100124	65057686

法国安盟甘寿险公司北京代表处	朝阳区望京东园四区2号中航资本大厦32层3216室	100102	85086280
法国安盟相互保险公司北京代表处	东城区建国门内大街7号光华长安大厦1座606室	100005	65102170
法国巴黎财产保险有限公司北京代表处	朝阳区建国门外大街1号国贸三期2024室	100004	85910181
法国安盛公司北京代表处	东城区东长安街1号东方广场东一办公楼905室	100738	66555983
忠利保险有限公司北京代表处	朝阳区建外大街乙12号双子座大厦东塔7层03室	100022	65673598
西班牙曼福再保险公司北京代表处	朝阳区金桐西路10号远洋光华国际A座1002室	100020	65056590
葡萄牙忠诚保险有限公司北京代表处	朝阳区朝阳北路237号复星国际中心2009室	100020	65398591
加拿大永明人寿保险公司北京代表处	朝阳区金桐西路10号远洋光华国际大厦AB座10层A01室	100020	85906500
加拿大人寿保险公司北京代表处	朝阳区光华路1号北京嘉里中心北楼3010室	100020	65264005
美国柏柯莱保险集团公司北京代表处	东城区东长安街1号东方广场东方经贸城东三办公大楼10层5室	100738	85189688
RGA 美国再保险公司北京代表处	东城区东长安街1号东方广场东方经贸城西一办公楼15层1504室	100738	85182528
美国奥德赛再保险公司北京代表处	西城区武定侯街6号卓著中心301A室	100033	66182171
美国北美洲保险公司北京代表处	西城区金融大街35号国际企业大厦B座528室	100033	88091177
美国国际集团北京代表处	朝阳区建国路79号华贸中心2号写字楼10层05A单元	100033	59692981
美国大都会人寿保险公司北京代表处	东城区长安街1号东方广场东方经贸城东二办公楼12层	100738	85189790
美国信安人寿保险公司北京代表处	朝阳区建外大街1号国贸大厦1座416室	100004	64629266
美国信诺保险公司北京代表处	朝阳区建国路79号华贸中心写字楼2座1708室	100022	85809055
美国怡安保险（集团）公司北京代表处	朝阳区建外大街甲6号sk大厦1205室	100022	65630671
美国联合健康保险公司北京代表处	朝阳区新源南路3号－3至24层101内B座17层17－01H室	100027	58291777

美国保德信保险公司北京代表处	朝阳区亮马桥路50号1号楼2层C203－18室	100125	64105343
百慕大博纳再保险有限责任公司北京代表处	东城区长安街一号东方广场中一办公楼1211室	100738	85185780
中国太平保险控股有限公司北京代表处	西城区骡马市大街16号楼9层901室	100082	63588900
香港友邦保险控股有限公司驻中国总代表处	东城区东总布胡同58号天润财富中心3层302室	100058	65219988－12082
中国人寿保险股份有限公司（台湾）北京代表处	西城区闹市口大街1号院长安兴融中心3号楼619室	100032	58528115
台湾人寿保险股份有限公司北京代表处	朝阳区朝外大街26号13层B1606室	100031	85655937
（台湾）国泰人寿保险股份有限公司北京代表处	朝阳区东大桥路9号侨福芳草地大厦B楼6层602室	100020	83913425－6
富邦产物保险股份有限公司北京代表处	朝阳区建国路81号华贸中心1号写字楼1909A室	100025	59695476
富邦人寿保险股份有限公司北京代表处	朝阳区建国路81号华贸中心1号写字楼1909B室（19层19办公1T01内09B号）	100025	59695383
新加坡大东方人寿保险有限公司北京代表处	朝阳区建国路99号中服大厦9层99－24－1内901室	100020	65815501
韩国韩华生命保险有限公司北京代表处	朝阳区东三环北路38号院1号楼泰康金融大厦27层	100020	65837900
教保生命保险株式会社北京代表处	朝阳区霄云路36号国航大厦2109室	100027	65058658
韩国首尔保证保险株式会社北京代表处	朝阳区东三环北路5号北京发展大厦9层918室	100004	65900288
韩国贸易保险公社北京代表处	朝阳区大望京科技商务园区宏泰东街浦项中心A栋29层2902室	100102	64106439
现代海上火灾保险有限公司北京代表处	西城区西外大街136号新动力金融科技中心4层1－16－401C室	100044	84539071
韩国DB损害保险公司北京代表处	朝阳区霄云路36号国航大厦1011室	100027	84475427
大韩再保险公司北京代表处	朝阳区建国路118号招商局大厦10层A2室	100022	65906276
三星火灾海上保险公司北京代表处	朝阳区景辉街31号院1号楼－6至57层101内22层2201－4室	100025	65685828－1381

日本爱和谊日生同和保险公司驻中国总代表处	朝阳区东三环北路五号北京发展大厦1607室	100004	65058960
三井住友海上火灾保险公司北京代表处	朝阳区东三环北路五号北京发展大厦1608室	100004	65908500
日本住友生命保险公司北京代表处	朝阳区东三环北路5号北京发展大厦1幢7层719室	100004	65616120
日本明治安田生命保险公司北京代表处	朝阳区建外大街26号长富宫办公楼6003室	100022	65139815
日本东京海上日动火灾保险株式会社北京代表处	朝阳区东三环北路五号北京发展大厦6层608室	110022	65630180
日本生命保险公司北京代表处	朝阳区建国门外大街26号长富宫办公楼4007室	100022	65139240
日本第一生命控股股份有限公司北京代表处	朝阳区建国门外大街26号长富宫中心办公楼8005室	100022	65139031
安保集团北京代表处	东城区建国门内大街7号光华长安大厦2座1726室	100005	65102125
英国保诚保险有限公司北京代表处	东城区东长安街1号东方广场西一楼610室	100738	85183098
中国（香港）豪德专项保险经纪有限公司北京代表处	朝阳区建国门外大街甲8号国际财源中心东塔10层1065室	100022	65997927

5. 其他

（1）融资担保机构

机构名称	地　址	邮　编	电　话
中国投融资担保股份有限公司	海淀区西三环北路100号北京金玉大厦写字楼9层	100080	88822888
北京首创融资担保有限公司	西城区闹市口大街1号院长安兴融中心4号楼3层03B－03G室	100032	58528777
北京中关村科技融资担保有限公司	海淀区西三环北路甲2号院7号楼4层	100080	83453144

北京资和信融资担保有限公司	平谷区兴谷工业开发区6区67号	101200	66212195
中国华海融资担保有限公司	朝阳区霞光里66号院1号楼1207室	100020	84400672
北京晨光昌盛融资担保有限公司	昌平区科技园区超前路9号502室	102200	69709488
北京中小企业融资再担保有限公司	东城区隆福寺街95号、钱粮胡同38号32幢7层D701室	100010	64008580
速融融资担保有限公司	丰台区金泽西路8号院1号楼-4至22层内22层2201室	100071	67389999
保福融资担保有限公司	海淀区高里掌路3号院3号楼2层201-15室	100080	62735028
北京海淀科技企业融资担保有限公司	海淀区西四环北路131号院1号楼4层401号	100080	81922199
北京燕鸿融资担保有限责任公司	房山区良乡西路26号2层	102400	69389986
金达融资担保有限责任公司	东城区草园胡同76号1号楼401室	100010	13011187648
北京兴展融达融资担保有限公司	大兴区源和南路1号院二区3号楼3层301室	102600	81297243
朔天通淼融资担保有限公司	朝阳区西坝河西里28号英特公寓B座2层208室	100020	64476233
北京金正光彩融资担保有限公司	西城区西砖胡同2号院7号楼311-312室	100032	83517512
北京海大富林融资担保有限公司	朝阳区光华路8号B座5层502室	100020	65811786
北京中联华水融资担保有限公司	丰台区玉泉营111号西边14幢2层1011室	100071	63300050
北京安家世行融资担保有限公司	东城区东四十条68号4层401	100010	52181122
北京厚泽融资担保有限公司	朝阳区惠新里240号2号楼109A室	100020	64997088
北京中科智融资担保有限公司	朝阳区建国路81号7层7办公1T01内07室	100020	85959329
北京新颐华信融资担保有限公司	昌平区城北街道鼓楼东街33号3等9幢楼6号楼2层6222室	102200	88965237
仕达融资担保有限公司	东城区东直门外大街42号13层1301室	100010	13821184862
中鸿基融资担保有限公司	朝阳区朝阳路38号院18号楼3层306室	100020	18612251543
农业融资担保有限公司	大兴区西红门镇寿保庄鸿坤金融谷1号楼201-44室	102600	52326868

北京亦庄国际融资担保有限公司	经济技术开发区景园北街2号52幢8层801－5室	102600	87846567
中际钰贷融资担保有限公司	朝阳区青年路7号院2号楼11层21104室	100020	13621225718
北京鼎信创伟融资担保有限公司	朝阳区朝阳公园南路1号沙排院4幢4层410室	100020	59429522
北京诚信佳融资担保有限公司	丰台区万丰路58号01室	100071	83815606
北京光彩融资担保有限公司	顺义区大东路6号121－130平房	101300	69431111
住房置业融资担保有限公司	石景山区玉泉路59号院2号楼5层501室	100043	13910510893
北京银达信融资担保有限责任公司	昌平区沙河镇沙阳路北侧1栋418室	102200	52413541
北京云政融资担保有限公司	密云区东源路10巷	101500	69067757
中通瑞丰融资担保有限公司	顺义区金航东路3号院1号楼818室－049（天竺综合保税区）	101300	18600608194
中吉财富融资担保有限公司	东城区南竹杆胡同6号楼3层11室	100010	58646150
北京国华文科融资担保有限公司	东城区隆福寺街95号2幢2层A201室	100010	84195889
中铁融资担保有限公司	丰台区凤凰嘴街5号院2号楼	100071	51895061
北京鑫顺融资担保有限公司	顺义区大东路6号111－120平房	101300	69431111
中合中小企业融资担保股份有限公司	朝阳区建国门外大街丙12号楼17层	100020	59010888
北京宝越融资担保有限公司	西城区新街口北大街59号6层6020号	100032	13910775354
北京中保国信融资担保有限公司	东城区滨河路1号8层807室	100010	85597689
北京中技知识产权融资担保有限公司	海淀区北四环西路67号12层1201室	100080	82362850
北京石创同盛融资担保有限公司	石景山区石景山路31号院盛景国际广场3号楼1106室	100043	50948969－112
文化科技融资担保有限公司	东城区东滨河路乙1号1号楼2层	100010	84259188
民生融资担保有限公司	东城区建国门内大街28号2幢13层1501－05单元	100010	85403506
国家农业信贷担保联盟有限责任公司	海淀区万柳中路4号院3～5层	100080	53936999
北京中融信融资担保有限公司	朝阳区工人体育场北路甲2号裙房4层409单元	100020	15701224624

机构名称	地址	邮编	电话
北京元沣融资担保有限责任公司	朝阳区东三环中路7号4号楼3层0301室	100020	58950488－464
北京久恒融资担保有限公司	房山区阎村镇阎富路1号17号楼2层204室	102400	13681256650
北京怀信融资担保有限公司	怀柔区青春路39号1幢1层	101400	69606608
北京北投融资担保有限公司	通州区贡院街1号院1号楼205室	101100	87999500
中投保科技融资担保有限公司	通州区新华东街11号院1号楼2层2003室	101100	88822888
首都机场（北京）融资担保有限公司	顺义区临空经济核心区融慧园6号楼9－37室	101300	64557383
中债信用增进投资股份有限公司	西城区月坛南街1号院6号楼8层801室、9层901室、10层1001室	100032	88007680
平安普惠融资担保有限公司北京融资担保分公司	丰台区东管头1号院3号楼2048－81室	100071	52593240
重庆三峡融资担保集团股份有限公司北京分公司	西城区宣武门西大街甲129号18层1801室	100032	66416050
黑龙江省鑫正投资担保集团有限公司北京融资担保分公司	海淀区北洼路甲28号－1至10层全部	100080	88816661

（2）小额贷款公司

机构名称	地　址	邮　编	电　话
北京华见东方小额贷款有限公司	东城区王家园胡同10号金泰商之苑600室	100010	13910106668
北京京融小额贷款股份有限公司	东城区王家园胡同10号215室	100010	65513302
北京崇信伟业小额贷款股份有限公司	东城区崇文门外大街11号3层308室、310室	100010	67165652
北京金瑞通小额贷款有限责任公司	东城区珠市口东大街4号2－18号	100010	80698509
北京润泽小额贷款股份有限公司	东城区安定门东大街28号1号楼A单元806号	100010	85179155
北京鑫华小额贷款有限公司	东城区兴隆街58号619室	100010	17610600272

北京祥云小额贷款有限责任公司	东城区安定门外安德里北街湖景苑1号楼B座9层903室	100010	82743608
北京文创小额贷款股份有限公司	东城区安定门东大街28号1号楼3层C302室	100010	84195819
北京居然之家小额贷款有限责任公司	东城区东直门南大街甲3号居然大厦20层2008室	100010	84098692
国旭小额贷款有限公司	西城区车公庄大街9号院2号楼2门401室	100032	88312500
北京金正融通小额贷款有限公司	西城区西砖胡同2号院7号楼3层	100032	63573336
北京江川小额贷款有限公司	西城区阜成门外大街2号18层A2002室	100032	66006118
北京聚亿达小额贷款股份有限公司	西城区榆树馆胡同4号	100032	18600002257
北京德盛行小额贷款有限公司	西城区南礼士路66号1号楼811室	100032	18730908792
文化科技小额贷款股份有限公司	西城区车公庄大街4号北礼士路甲129号1号楼2层	100032	68998820
北京华远小额贷款有限公司	西城区北展北街17号楼901室	100032	88321233
北京恒源小额贷款有限公司	朝阳区望京北路9号1幢4层C402a室	100020	64997088
北京富安小额贷款有限公司	朝阳区东三环北路甲2号京信大厦2层232室	100020	68946688
中金小额贷款股份有限公司	朝阳区广顺北大街16号院2号楼9层909室	100020	59780420
北京农投金阳小额贷款股份有限公司	朝阳区工人体育场北路13号院1号楼9层0902－05室	100020	62020799
北京商络小额贷款有限责任公司	朝阳区东三环中路39号院17号楼25层至26层2901室	100020	58694160
北京凤凰小额贷款股份有限公司	朝阳区霞光里15号楼18层1单元2108室	100020	84463546
北京朝汇通小额贷款股份有限公司	朝阳区雅成二里20号楼2层201室	100020	67498580
北京泛华小额贷款有限公司	朝阳区西大望路1号1号楼7层802室	100020	65926110
森福普惠小额贷款有限责任公司	朝阳区安立路78、80号11层1101内1103A室	100020	64928492
北京国融富安小额贷款有限公司	朝阳区朝阳公园南路1号2幢2层231室	100020	84536199

北京鑫锐小额贷款有限公司	朝阳区东四环中路82号金长安大厦2座2－1座2单元906室	100020	85766680
北京华夏汇通小额贷款有限公司	朝阳区东三环中路55号楼8层903室	100020	53650786
北京诺安小额贷款有限责任公司	朝阳区光华路甲14号1幢1201内1502室	100020	85996605
北京金钊源小额贷款有限公司	朝阳区朝外大街乙6号23层2706室	100020	58693986
中关村小额贷款股份有限公司	海淀区西四环北路160号二区922~940室	100080	82483630
北京诚兴小额贷款股份有限公司	海淀区海淀中街16号3层6单元309－01室	100080	82607838
北京鑫泰小额贷款股份公司	海淀区西四环北路131号院1号楼2层233号	100080	81922264
北京亚联财小额贷款有限公司	海淀区西直门北大街甲43号1号楼8层1－21－818号	100080	51705818
北京乾元联合小额贷款有限公司	海淀区西北旺东路10号院东区3号楼2层207室	100080	58818158
北京京投信业小额贷款股份有限公司	海淀区长春桥路5号北京北纬四十度大酒店1层	100080	82562238
古今小额贷款股份有限公司	海淀区苏州街55号名商大厦11层1103室	100080	82038166
北京世欣仁达小额贷款股份有限公司	海淀区中关村大街1号15层1500室	100080	82660092
北京吉信小额贷款股份有限公司	海淀区蓝靛厂东路2号院2号楼（金源时代商务中心2号楼）9层2单元（B座）10B室	100080	88506868
北京玺鑫小额贷款有限公司	海淀区知春路1号学院国际大厦1117室	100080	82319191
北京农信小额贷款有限公司	海淀区中关村大街27号17层1701室	100080	62698801
北京拉卡拉小额贷款有限责任公司	海淀区北清路中关村壹号D1座11层1101室	100080	56710999
北京中技科融小额贷款有限公司	海淀区北四环西路67号12层1206室	100080	82362850
北京美通小额贷款有限公司	海淀区西四环北路158号11层	100080	17200319625
北京沱泉小额贷款有限公司	海淀区清河嘉园东区甲1号楼12层1207室	100080	88990199
北京丰花小额贷款有限公司	丰台区花乡黄土岗甲一号	100071	83677826
北京农投丰融小额贷款股份有限公司	丰台区汽车博物馆东路1号院3号楼2211室	100071	63719141

北京鑫福海小额贷款有限公司	丰台区临泓路 10 号院 1 号楼 1 层 1 号	100071	67253778
北京金鹏丽行小额贷款股份有限公司	丰台区丰台北路 18 号院 1 号楼 2 层 201 室	100071	63351558
北京乾元汇通小额贷款有限公司	丰台区卢沟桥乡西局村西局玉园回迁安置房 D5# 配套楼 1 层 01 室	100071	83818431
北京国典永泰小额贷款股份有限公司	丰台区太平桥路 15、17、17－1 号内 15 号楼 1 层 112 号	100071	82220426
北京丽泽创投小额贷款有限公司	丰台区卢沟桥乡西三环南路 55 号 A321 室	100071	63896666
北京金鼎盛小额贷款股份有限公司	丰台区海鹰路 1 号院 1 号楼 7 层 701 室	100071	63799358
北京财富小额贷款有限公司	丰台区万丰路 316 号 B 座 2 层 B2－13－01 单元（门牌号）	100071	88748437
北京石金小额贷款股份有限公司	石景山区体育场南路 2 号 828 室	100043	15910225068
北京金陵小额贷款有限公司	石景山区西黄新村西里 4 号楼 3 层 301－2 室	100043	13901238461
盛丰小额贷款有限责任公司	石景山区石景山路 31 号盛景国际广场 3 号楼 701 室	100043	57385236
北京银建小额贷款股份有限公司	石景山区苹果园路 28 号院 2 号楼 15 层 1506 室	100043	56057873
北京农投京西小额贷款股份有限公司	门头沟区滨河路 115 号滨河大厦 13 层 1315 室	102300	85406765
北京世欣瑞达小额贷款有限公司	门头沟区斋堂镇政府南楼 607 室	102300	69866691
北京广联达小额贷款有限公司	门头沟区永安路 20 号石龙高科大厦 3 号楼 211－1 室	102300	56404011
北京大方小额贷款有限公司	房山区良乡长虹西路翠柳东街一号	102400	81312466
北京龙盛源小额贷款有限公司	房山区良乡长虹东路 2 号	102400	69378911
北京中金福小额贷款有限责任公司	房山区良乡长虹西路 73 号 1 楼 101 室	102400	60330858
北京泽惠小额贷款有限责任公司	密云区新中街 181 号 5 层 512 室	101500	61061390
北京润兴源小额贷款有限公司	房山区良乡西路 26 号 2 号楼 1107～1108 室	102400	60357065
北京睿财小额贷款有限责任公司	房山区阳光北大街 101 号院 1 号楼 1 层 102 室	102400	63484909

北京德信润鑫小额贷款有限公司	房山区拱辰街道政通路12号1号楼8层818室	102400	89362966
北京紫阳福源小额贷款有限公司	房山区窦店镇山水汇豪苑62号101－2室	102400	80307752
北京圣鑫元小额贷款有限公司	房山区窦店镇窦店村五区167号	102400	69392076
北京聚宝小额贷款有限公司	房山区西潞街道长虹西路73号1幢2层	102400	57717793
北京昌融小额贷款有限公司	房山区阎富路66号院2号楼3层301室	102400	53942032
北京世欣利达小额贷款有限公司	房山区阎富路69号院43号楼1层101室	102400	89369060
旺泰小额贷款有限责任公司	顺义区赵全营镇兆丰产业基地东盈路19号3幢216～218室	101300	60406089
北京世欣顺达小额贷款有限公司	顺义区牛栏山镇府前街9号－A018室	101300	61426799
北京农投顺通小额贷款股份有限公司	顺义区牛栏山镇腾仁路22号3幢206室	101300	69450873
北京庄子顺兴小额贷款有限公司	顺义区站前街3号院1号楼6层608室	101300	69962589
北京皓飞融达小额贷款股份有限公司	通州区江米店街1号院5号楼16层1608室	101100	60519531
北京澳美小额贷款有限公司	通州区京洲园402号楼40号	101100	13911160709
北京银泰小额贷款有限公司	通州区云景南大街22号	101100	81512969
北京聚隆源小额贷款有限公司	通州区玉桥西里79号楼3层304室	101100	13811098973
北京中融小额贷款有限公司	通州区宋庄镇草寺村村委会西南角200米205室	101100	58208894
北京德信隆小额贷款有限公司	通州区翠景北里1号楼1707室	101100	60520020
北京世欣通达小额贷款有限公司	通州区徐辛庄村402号1幢201室	101100	80698401
北京兴宏小额贷款有限公司	大兴区兴华路210号枣园东里小区40号底商	102600	60299898
北京市兴融小额贷款股份有限公司	大兴区兴盛园13甲号楼4层406室	102600	69248008
北京兴瑞小额贷款有限公司	大兴区黄村镇兴丰大街三段118号101～105室	102600	81297285
北京亦庄国际小额贷款有限公司	经济技术开发区景园北街2号52栋7层709室	102600	87520956
北京金泰小额贷款有限公司	大兴区兴政街（科技大厦）31号楼6层31－5内618～619室	102600	69262982

北京葵瑞奔克小额贷款股份有限公司	经济技术开发区荣华南路19号1号楼8层801－07（北京自贸试验区高端产业片区亦庄组团）	102600	57181275
北京汇富小额贷款股份有限公司	大兴区丽园路9号14层1404室	102600	60297221
北京世欣智达小额贷款有限公司	大兴区黄村镇兴丰大街62号2幢2层201室	102600	69228672
北京农投小额贷款有限公司	大兴区青云店镇青正街8号027室	102600	85406765
北京莱篮子小额贷款股份有限公司	大兴区黄村镇海鑫路8号	102600	63269030
北京金典小额贷款股份有限公司	昌平区城北街道满井胡同135号院2号楼901～902室	102200	13661097009
北京资丰小额贷款股份有限公司	昌平区科技园区超前路37号院24号楼1层	102200	69743289
北京金通小额贷款股份有限公司	昌平区东小口镇天通东苑一区402号楼1层107室	102200	84820329
北京润丰元大小额贷款有限公司	昌平区生命园路4号院1号楼10层3单元1108室	102200	50949500
北京信达凯丰小额贷款有限公司	昌平区黄平路19号院2号14层1416室	102200	89788628
北京泰一小额贷款有限责任公司	昌平区回龙观镇北清路1号院7号楼2层2单元215室	102200	69756667
北京农投谷成小额贷款股份有限公司	平谷区金谷园小区21号楼商铺－9号	101200	85406750
北京庄子天运小额贷款有限公司	平谷区紫贵庄园8号楼1－2层03～05室	101200	89978992
北京华清融鑫小额贷款有限责任公司	平谷区平谷镇新开街26－9号	101200	69968166
北京万合小额贷款有限公司	平谷区府前西街2号楼渔阳大厦7层705室	101200	69953690
北京宝骥骉骊小额贷款有限责任公司	平谷区黄松峪乡塔洼村杨家台38号	101200	69968166
北京银晏金通小额贷款有限公司	平谷区马昌营镇南定福东路180号院4号楼4－1～4－3室	101200	69986299
北京宏昌小额贷款有限公司	平谷区峪口镇西营村南大街80号	101200	50980598
北京和融通小额贷款有限公司	平谷区马坊镇物流基地电子商务大厦3层－3008室	101200	62353131
北京鑫璟铭小额贷款有限责任公司	平谷区迎宾街1号院26幢1层2－12室	101200	18800159470
北京泉兆通小额贷款有限公司	平谷区迎宾环岛东南角1号楼1层商铺－4室	101200	80981688

利源小额贷款股份有限公司	怀柔区融城北路10号院118号楼1层102室	101400	89688893
北京世欣腾达小额贷款有限公司	怀柔区开放东路13号院4号楼4层01～05号	101400	69681030
北京汇民小额贷款有限公司	怀柔区中国（怀柔）影视产业示范区影创空间大厦701室（怀耿路120号院2号楼）	101400	4008228712
北京农投国汇小额贷款股份有限公司	密云区车站路65号院1号楼4层	101500	13501281095
北京惠丰融金小额贷款有限公司	密云区花园小区1－23号	101500	52723268
北京中金城开小额贷款有限公司	密云区花园小区1－23号	101500	52723268
北京城融小额贷款有限公司	密云区鼓楼东大街27号1至2层2号1层	101500	81095737
北京首融小额贷款有限公司	密云区鼓楼东大街27号1至2层2号2层	101500	81095737
北京贝壳小额贷款有限公司	密云区新南路43号1号楼长城大厦302室、306室	101500	13141217587
北京千熹江山小额贷款有限公司	密云区东菜园小区2号楼7单元101室	101500	67116800
北京农投庆融小额贷款股份有限公司	延庆区百泉街10号C座341室	102100	69145667
北京长江小额贷款有限公司	延庆区百泉街10号10幢118室	102100	13911703766
北京科泰金荣小额贷款有限责任公司	延庆区百泉路10号C栋117室	102100	18810298925
北京耀盛小额贷款有限公司	延庆区经济开发区百泉街10号C座119室	102100	18321536593
北京中联联合小额贷款有限公司	延庆区延庆镇孟家庄路61号院22号楼1层101－1室	102100	13601252567
北京先花小额贷款有限公司	海淀区北四环西路65号10层D1006室、D1008室	100080	
北京国能小额贷款股份公司	顺义区赵全营镇兆丰产业基地东盈路19号3幢216～218室	101300	69465157
北京华资小额贷款有限公司	门头沟区双峪路35号院2号18层2027室	102300	59450949
北京邦信小额贷款股份有限公司	西城区宣武门外大街6、8、10、12、16、18号6号楼6层615室	100032	66079260

（3）交易机构

机构名称	地　址	邮　编	电　话
北京金融资产交易所有限公司	西城区金融大街乙 17 号楼 2 层 0201 室、3 层 0301 室、4 层 0401 室	100032	57896627
北京产权交易所有限公司	西城区金融大街甲 17 号	100032	66295566
北京全国棉花交易市场集团有限公司	通州区榆西一街 1 号院 5 号楼 4 层 401 室	101100	59338680
中国技术交易所有限公司	海淀区北四环西路 66 号中国技术交易大厦 3 层 3F－05～3F－06 室	100080	62679600
北京铁矿石交易中心股份有限公司	石景山区石景山路 31 号院盛景国际广场 3 号楼 2001 室	100043	57712888
北京软件和信息服务交易所有限公司	海淀区北四环西路 66 号 12 层 1528 室	100080	82144888
北京华商储备商品交易所有限责任公司	海淀区紫竹院路 116 号嘉豪国际中心 A 座 16 层	100080	58930864
北京农村产权交易所有限公司	东城区朝阳门北大街 6 号（首创大厦）604 室	100010	85406805
北京农副产品交易所有限责任公司	平谷区马坊镇陆港大街 51 号院 1 号楼 2 层 207 室	101200	85406805
中国水权交易所股份有限公司	西城区南线阁街 10 号 7 层 716～719 室	100032	63204762
京津冀协同票据交易中心股份有限公司	海淀区丹棱街 1 号院 1 号楼 5 层 501 室	100080	58251900
北京绿色交易所有限公司	通州区贡院街 1 号院 1 号楼 2 层 206－17 室	101100	66295776
北京国际浆纸交易中心有限公司	朝阳区广渠路 39 号院 1 号楼	100020	67043030
北京国际矿业权交易所有限公司	通州区观音庵南街 4 号院 1 号楼 6 层 604 室	101100	56865215
冀北电力交易中心有限公司	西城区枣林前街 32 号	100032	56583495
北京电力交易中心有限公司	西城区西长安街 86 号	100032	66597761
首都电力交易中心有限公司	西城区前门西大街 41 号 A202 室、A211～A212 室、B101～B103 室、B106 室	100032	63128177

中国林业产权交易所有限公司	西城区德外大街甲36号	100032	13311322176
华融中关村不良资产交易中心股份有限公司	海淀区学院南路62号中关村资本大厦12层1210室	100080	57780600
北京红木交易中心有限公司	通州区贡院街1号院1号楼2层202室	101100	85229988
北京茶业交易中心有限责任公司	西城区阜成门外大街31号4层406A室	100032	68994070
全国煤炭交易中心有限公司	海淀区玲珑路9号院东区5号楼南楼15层1506室	100080	52698888
北京金马甲产权网络交易有限公司	西城区宣武门西大街甲129号金隅大厦12层1201～1204室及1218～1224室	100032	83277111
北京东方雍和国际版权交易中心有限公司	东城区安定门东大街28号雍和大厦2号楼1～2层	100010	84195819
北京文化产权交易中心有限公司	东城区大江胡同113号	100010	87537611
北京新传德国际版权交易中心有限公司	朝阳区呼家楼（京广中心）商务507室	100020	65974890
北京邮票交易中心有限责任公司	朝阳区胜古中路2号院8号楼四层415室	100020	15650783839
北京国际酒类交易所有限公司	海淀区杏石口路中间艺术园区一区4号楼206室	100080	53325472
中国工艺艺术品交易所有限公司	海淀区海淀北二街8号6层710室	100080	66063881
汉唐艺术品交易所有限公司	石景山区实兴大街30号院3号楼2层D－1073室	100043	65546511
北京石油交易所股份有限公司	房山区城关农林路1号	102400	83957000
北京大宗商品交易所有限公司	朝阳区望京东路6号3幢3层	100020	69114249－899

（4）典当行

机构名称	地　址	邮　编	电　话
北京宝瑞通典当行有限责任公司	朝阳区西坝河北里50号	100028	68946688
华夏典当行有限责任公司	东城区崇文门外大街11号新成文化大厦201室	100005	52825821
北京民生典当有限责任公司	东城区建国门内大街28号4幢102单元、202单元	100005	65527272
北京鼎成典当行有限公司	顺义区赵全营镇联庄村村南路2号－2室	101322	65996103

北京中金投典当行有限公司	西城区西单北大街98号	100032	52723268
北京信邦典当有限公司	朝阳区新源南路6号1号楼23层2306室	100027	64196557
北京恒盛通典当有限责任公司	东城区东四十条68号5层501号	100007	88846903
北京荣宝斋典当有限责任公司	西城区琉璃厂西街19号	100052	13910906600
北京古兴行典当有限公司	朝阳区东三环北路2号26层3006~3010室	100020	13810529775
北京华远典当有限公司	西城区新街口南大街131号1~2层	100035	66158112
北京宝易德典当有限公司	丰台区紫芳园四区2号楼1层107室	100078	87657712
北京世欣和泰典当行有限公司	顺义区大孙各庄镇府前街10号	101308	65536788
北京安邦典当有限公司	房山区良乡拱辰南大街42号楼A座商住楼（三段）12层6单元1201室	102488	89366865
北京德惠典当有限责任公司	西城区太平街6号楼1层101室	100050	59362099
北京嘉义典当有限责任公司	东城区工人体育场北路66号地下1层8109号	100027	65529106
北京同祥典当有限公司	东城区北门仓胡同6号楼6－6室	100007	84074788
北京金城典当有限责任公司	西城区西河沿街60、62、66（2层）号	100051	63322609
北京金鼎典当有限公司	丰台区南三环中路66号1层04室	100075	13811897897
北京佳信典当有限责任公司	朝阳区小武基村甲8号2号院1层全部202~205室	100023	87751233
北京银丰祥典当有限公司	海淀区交大东路36号楼1层107室	100044	62256220
北京泰昌典当有限责任公司	海淀区宝盛里芳清园1号楼商业02－12号	100192	82738829
北京国合典当有限责任公司	朝阳区望京中环南路9号望京大厦B座首层6015室	100102	64711336
北京融邦荣典当有限公司	顺义区府前街56号院1号楼1层1－104室	101300	18688449904
北京祥瑞通典当有限公司	石景山区石景山路乙18号院5号楼8层917室	100043	67715312
北京金马典当有限责任公司	丰台区西三环南路乙6号1层A02号	100073	63277668
北京中合典当有限责任公司	东城区永定门西滨河路8号院1楼1至2层1－17号	100077	87923860

北京汇德典当有限责任公司	东城区东四北大街488号1号楼1－2层	100010	86601999
北京信达典当有限公司	东城区东直门内大街12号楼12－2号	100007	65081605
卓世恒立（北京）典当有限公司	东城区东四北大街272号	100007	64087500
北京龙禹典当有限公司	东城区南竹杆胡同2号1幢1层30101室	100020	13261103210
北京恒金典当有限公司	东城区建国门内大街7号2层09室	100005	87100915
宏伟典当有限公司	东城区东四十条88号1幢1～2层	100007	81977777
北京金艺桥典当有限公司	东城区珠市口东大街11号1层112－3室	100062	13718107528
北京钰融典当有限公司	东城区南竹杆胡同2号1幢1层10137室	100010	65222655
北京裕兴隆典当有限责任公司	西城区南滨河路27号7号楼17层1712室	100053	83118062
北京资和信典当行有限公司	西城区金融大街27号8层B－808室	100032	66212195
北京金石典当有限责任公司	西城区广安门外大街168号1幢8层2－918室	100055	63381919
北京金元典当有限公司	西城区半步桥街60号院2号楼60－11室	100054	88333545
北京天安天地典当行有限公司	西城区西绒线胡同28号楼1层101室	100031	59735778
国瑞典当（北京）有限公司	西城区陶然亭路2号8号楼1层104室	100052	13910530066
北京必达典当有限公司	西城区宣武门外大街26、28、30号2幢6层28号B0602室	100052	85922999
北京鑫都城典当有限责任公司	朝阳区劲松二区229号楼1－2层北侧	100021	59043503
北京旺泰鼎成典当行有限公司	朝阳区小营北路11号院1号楼4层401内11室	100101	65996103
北京万达典当行有限责任公司	朝阳区甜水西园20号楼3层302	100026	13842489542
北京亿宏达典当行有限公司	朝阳区酒仙桥将台路商业街5号楼2层3号	100016	64374380
北京厚元达典当行有限责任公司	朝阳区和敬路2号院3号楼2层204室	100018	13601323273
长城典当行（北京）有限公司	朝阳区劲松六区甲602号楼1至2层内1层	100021	88466366
北京天雅汇典当行有限责任公司	朝阳区华威南路6号楼1层168号	100021	52327788
北京融昌典当有限公司	朝阳区东三环北路甲19号楼1层102室	100020	13331039335

汇丰（北京）典当有限公司	朝阳区东坝中路28号院14号楼1层2单元101内3号	100018	84283066
大融（北京）典当有限责任公司	朝阳区百子湾西里甲108号楼1层102室	100124	64853333
北京京蔚典当有限公司	朝阳区八里庄北里129号院10号楼3层302室	100025	56762182
北京隆盛通典当行有限公司	朝阳区广渠路36号院6号楼-1至1层内1层28号	100022	87263833
北京鑫业典当有限公司	朝阳区常通路3号院2号楼12层2单元15005号1室	100024	13260168216
北京瑞展鸿图典当有限公司	朝阳区小亮马桥西路6号院8幢-1层7-14号	100125	64688112
北京京泰宝德通典当有限公司	朝阳区曙光西里甲1号20层A-2305号	100028	64776398
北京天行典当行有限公司	朝阳区亮马桥路27号1层103P号	100020	85530088
北京鑫融兆业典当有限责任公司	丰台区汽车博物馆东路6号院4号楼1层3单元101号	100160	87888568
北京润东典当有限公司	丰台区科学城星火路11号3幢5层503室	100070	13811037848
北京宝鑫通典当有限公司	丰台区三路居路88号院4号楼1层1单元105室	100071	13241997865
北京高德典当有限公司	丰台区南三环西路28号中林置业大厦B座607C室	100068	17601685443
北京亿鑫隆典当行有限公司	丰台区南顶村51号94幢1至3层全部3层301号	100075	53812776
鼎万通典当行（北京）有限责任公司	丰台区马家堡东路168号院21号楼1至2层16号	100068	15600791727
北京茂昌典当行有限公司	丰台区中核路3号院3号楼12层1209室	100070	63810812
北京裕诚典当有限公司	丰台区丰科路6号院5号楼7层717室	100160	86221621
北京宏源典当有限公司	丰台区丰北路81号B座3305室	100161	86601999
北京金澳典当有限公司	海淀区畅茜园兰德华庭7号楼1层4单元101室	100143	13810588756
北京亿隆源典当行有限公司	海淀区彰化路3号楼1层3-3号	100097	82194156
北京汇融利通典当行有限公司	海淀区安宁华庭一区15号楼F-01号	100085	62958352
北京大昌典当有限公司	海淀区清河嘉园东区4号楼1层105室	100085	60606562

北京大德三和典当行有限公司	海淀区建材城西二里23号楼1层商业08号	100096	82600962
北京首善典当行有限公司	海淀区四季青路8号1层165－1号	100195	18601305506
九一典当（北京）有限公司	海淀区马甸东路19号1层104室	100088	17316170219
北京颐众典当有限公司	丰台区纪家庙8号21号楼202号	100070	62256818
润成典当有限责任公司	顺义区望泉家园10号楼1单元商业17号	101399	69401961
北京盛昌典当行有限责任公司	顺义区仁和镇仓上小区37号楼1至2层3单元37－08号	101399	81487866
北京众信之元典当有限公司	顺义区顺恒西大街16号院1幢等2幢－1幢1层108室	101300	60400188
北京桉楹典当有限公司	顺义区南法信镇金穗路2号院9号楼112室	101399	13811504343
北京昌隆典当有限公司	通州区榆景东路5号院43号楼1层101室	101125	64611088
北京笑石典当有限公司	通州区潞苑东路40号院30号楼1层01－3007号	101100	13466368366
北京宏和信典当有限公司	通州区云景南大街183号1层	101121	13911166985
北京源祥达典当行有限责任公司	通州区砖厂南里33号楼1至2层204室	101100	69575121
北京金润泰泽典当有限公司	通州区群芳南街117号	101112	17810797501
北京友联典当有限公司	通州区玉带河东街121号	101100	60568520
北京天祥典当有限责任公司	大兴区黄村镇富强路127号	102600	63277668
北京融祥典当有限公司	大兴区清澄名苑北区27号楼2－516室	102699	69265106
北京远方典当有限公司	大兴区旧宫镇清逸西园1号楼6号底商	100163	87962677
北京恒泰典当有限公司	大兴区三中西巷19、21、23、25、27号2层25、27号	102600	89292962
金顺祥（北京）典当有限公司	大兴区隆庆路4号院1号楼2层208室	100163	86533333
北京宝裕通典当有限公司	房山区良乡地区月华大街8－B号1层101	102401	60309327
北京汇邦典当有限公司	房山区良乡长虹西路71号1层	102400	52384019
北京德信润鑫典当有限公司	房山区拱辰街道政通路12号1号楼1层131室	102488	61355811

北京紫阳福源典当有限公司	房山区窦店镇京南嘉园37号楼1层104室	102433	56849802
北京瑞邦典当有限公司	房山区月华南大街19号院2号楼5层521室	102488	80331622
北京友邦典当有限公司	丰台区海慧寺1号5层508室	100075	13321151856
北京世欣和顺典当行有限公司	门头沟区石龙北路3号院1号楼18层1805室	102308	18501167133
北京兴融通典当有限公司	门头沟区滨河路47号阳光绿苑1号楼1层105室	102399	84978288
北京汇祥通典当行有限责任公司	昌平区东小口镇中滩村东（镇政府东200米）	102218	84826658
北京金源盛昌典当行有限公司	昌平区东小口镇天通东苑一区403号楼1层107室	102218	64647777
北京硕祥通典当行有限责任公司	昌平区建材城西路87号院8号楼1层2－101－03室	100085	82917919
北京玺致典当行有限公司	昌平区府学路29号1－06室	102299	69756667
北京中财广角典当有限公司	平谷区平谷镇金乡嘉园3号楼3幢3－14号	101200	89991789
北京和泰典当有限公司	平谷区平谷镇金乡居民西小区甲30号楼1层办公3号	101200	63476735
北京京信典当有限公司	经济技术开发区荣华南路10号院5号楼3层305室	100176	85758563
北京汇通龙典当行有限公司	怀柔区金台园57号楼10－102室	101400	65048016
北京瑞德丰典当行有限公司	怀柔区青春路26号1幢1号门面房	101499	18211190196
众祥典当（北京）有限公司	密云区鼓楼东大街27号1至2层2号（1层103室）	101500	81095737
北京银基恒宇典当有限公司	密云区密云镇车站路12号商业楼34号（1层）	101599	61096668
北京赢创典当有限公司	密云区檀城西区28号楼16号	101500	69056977
北京国玉典当有限责任公司	密云区西门外大街11－16室	101500	61093289
北京太平洋典当有限公司	密云区新中街181号5层513室	101500	61091390
北京同利典当有限责任公司	延庆区延庆镇新兴小区51号楼北1至2层甲17号	102199	69189099
北京长江典当有限责任公司	延庆区延庆镇川北小区甲25号楼－10号	102199	13911703766
北京华奕典当行有限公司	延庆区延庆镇北关小区13号楼底商202室	102104	60166982

北京富利华典当有限公司	延庆区延庆镇东外大街22号工业大厦3层308室	102100	69188304
北京万国典当有限公司	海淀区树村东路树村丽景苑3号楼1层3-105室	100193	82666883
北京中天典当有限公司	石景山区京原路19号院4号楼12层1202室	100040	68882265
北京华隆典当有限责任公司	海淀区中关村南大街1号友谊宾馆1层61518室	100873	52711600
北京鼎盛典当有限责任公司	顺义区顺安南路12号院一区26号楼1层03号	101300	88866600
北京泰信典当有限公司	朝阳区西坝河西里28号英特公寓1-商业（A05室）	100028	87665929
北京福中达典当有限公司	东城区朝阳门内大街288号院1号楼1至2层108室	100010	87188097-201
北京昊融兴业典当行有限公司	东城区东直门北小街14、18号楼4层402号-1室	100007	84217969
北京如家典当有限公司	东城区广渠门内大街90号楼7层办公703室	100062	64512116
北京汇金典当有限公司	东城区广渠门内大街86号4号楼101号	100063	67111021
北京隆德典当有限公司	东城区南竹杆胡同1号5层607室	100010	64097760
北京鑫敏恒永平典当有限公司	东城区新怡家园5号楼1层3单元01商业05室	100062	67085502
北京市金寿典当有限责任公司	石景山区杨庄路70号院1号楼1层103号	100043	68863727
北京融惠典当有限公司	石景山区城兴街65号院7号1层108室	100043	68809098
北京市金福典当有限责任公司	海淀区西四环北路69号楼1层	100039	62670911
北京万融典当有限责任公司	门头沟区滨河路121号	102399	13810148399
北京中京润典当有限责任公司	东城区珠市口东大街2号4层403室	100005	65048045
北京通银典当有限公司	东城区建国门南大街5号5号楼2层5201室	100005	65232690
北京市阜昌典当行有限责任公司	西城区北礼士路大街149号楼	100037	68325082
北京厚德典当有限责任公司	西城区菜市口大街甲2号院1号楼1层107室	100053	63583501
北京中融通典当有限责任公司	西城区菜市口大街甲2号院2号楼106室	100053	83495153
北京天成典当有限责任公司	朝阳区西大望路3号北区写字楼1507号	100022	13910783588
北京国通典当行有限公司	朝阳区曙光西里甲1号03号	100028	64618888

北京金正源通典当有限责任公司	丰台区汽车博物馆东路1号院1号楼2层219室	100070	63941066
北京世宣泰典当有限公司	丰台区南四环西路188号二区9号楼	100070	51189849
北京福鑫聚源典当有限责任公司	丰台区南三环西路65号B座2层26号	100070	13466452702
北京祥荣典当行有限公司	丰台区花乡郭公庄705－1号院6号楼112/108号	100070	67589282
北京惠顺祥典当有限公司	丰台区果园6号楼16层1912室	100075	13391992555
北京冠京富邦典当有限公司	丰台区马家堡东路168号院21号楼1层18号	100071	87248378
北京都市典当有限责任公司	石景山区古城南街9号院5号楼1～2层	100043	68812925
北京善藏典当有限公司	海淀区紫竹院路29号2－2幢6层6A20室	100089	68945356
北京国瑞泰典当有限公司	海淀区上地信息路1号（北京实创高科技发展总公司1－1，1－2号）1－1幢2层A栋219室	100085	88350817
北京燎原典当有限责任公司	通州区通胡大街78号1层东侧	101199	80851195
北京海泰典当有限公司	平谷区平谷镇府前街20－4号	101200	69988116
北京鼎丰典当有限责任公司	东城区新怡家园5号楼1层4单元01商业07号	100062	59450949
北京华盛典当有限公司	朝阳区吉庆里6号楼B座105号	100020	65519966
北京汇福源典当行有限公司	朝阳区东柏街10号院4号楼1层03室	100022	81039800
北京永利典当有限责任公司	朝阳区东三环南路58号1幢25层2901室	100021	58672358
北京新徽商联盟典当有限公司	朝阳区望京西路甲50号1号楼10层－2－1103－1室	100102	52039410
北京宝恒典当有限责任公司	东城区景泰西里东区1号楼1层B16室	100075	87816838
北京金源瑞丰典当有限公司	西城区马连道路15号院4号楼1层D3室	100055	52690688
北京融百佳典当有限公司	东城区南竹杆胡同2号1幢－1层1－152室	100010	13683200801
北京瑞益丰典当行有限公司	东城区广渠家园5楼13层1305室	100022	18636070678
北京汇融典当有限公司	东城区西革新里110号院4号楼	100077	64077579
北京东方艺宝典当有限公司	东城区前门大街92号	100005	13801245359
北京市银达典当有限责任公司	西城区北礼士路100号1层南侧	100037	88360660

北京中欣典当有限公司	西城区莲花河北街11号院2号楼1层1单元106室	100055	67023566
北京鼎通源典当有限公司	西城区马连道路14号6幢	100055	88871543
北京元亨典当有限公司	朝阳区朝阳路71号5层635室	100123	15811066111
北京五丰典当有限公司	朝阳区建华南路19号楼1层	100022	65660651
北京鑫瑞通典当行有限公司	朝阳区世纪东方嘉园201楼1层4单元117室	100023	13810529315
太森典当（北京）有限责任公司	朝阳区潘家园华威里28号北京河南大厦1层108室	100021	85910256
北京德润典当有限责任公司	朝阳区东柏街10号院4号楼1层13室	100022	13126515154
北京宝通典当有限责任公司	朝阳区阜通东大街1号院6号楼1层2101室	100102	84466454
北京富邦典当有限公司	丰台区中核路3号院3号楼13层1301室	100070	63838999
北京丰宝成典当有限公司	丰台区万柳西园8号楼1层03号	100070	67017976
北京中保典当有限公司	石景山区杨庄东街59号2层204室	100043	65887799
万高（北京）国际典当有限公司	海淀区安宁庄西三条9号1幢1层9-3室	100085	18510595555
北京中海典当有限公司	海淀区西三环北路甲2号院7号楼2层19室	100081	83453168
北京嘉德典当有限公司	海淀区西四环中路39号1、2、3号楼1层003室、2层017~018室	100039	68236662
北京海汇典当有限公司	海淀区西四环北路131号院1号楼1层126号	100143	81922264
北京天平典当有限公司	海淀区昆明湖南路9号南区7号楼1层101室	100195	13811311879
北京乾源典当有限公司	海淀区普惠南里十四号羊坊店中心学区办公楼1层	100036	68165922
北京汇融诚典当有限公司	通州区北苑南路44号1号楼1层商3号	101100	18518053006
北京昌盛典当行有限公司	大兴区黄村镇双高路1层183室	102627	13911078396
北京善长典当有限责任公司	昌平区城北街道府学路24号2层2060室	102200	89787558
北京天华融泰典当有限责任公司	怀柔区金台园44号楼4-102室	101407	69632427
北京银嘉宝通典当有限公司	延庆区南菜园二区51号楼2单元201室	102199	82285378
北京晋祥源典当有限公司	朝阳区雅成二里18号楼2层203室、205室	100123	15031202790

北京裕昌典当有限公司	丰台区木樨园西路南果园 3－2 号	100077	87285132
北京瑞丰典当有限公司	平谷区平谷镇文化南街 8 号楼 1 至 2 层 8－9 室	101200	13716084909
北京聚缘四方典当有限公司	通州区云景东路 419 号 1 至 2 层全部	101100	81562616
北京海鼎典当有限公司	西城区大栅栏街道西河沿街 60/62/66（2 层）号	100051	18618389657
北京鑫谊典当行有限责任公司	西城区西直门南小街 133 号楼 1 层 107 室	100035	66494796
北京中都天成典当有限公司	海淀区长春桥路 11 号 4 号（C 座）楼裙房 1 层 1109 室	100089	58818849
北京九鼎典当有限责任公司	海淀区彩和坊西小街 1 号 1 幢 1 层 1－108 室	100080	62684256
北京三鑫典当有限公司	通州区京洲园 411 号楼 1 层商 5 号	101100	60545173
北京海天汇力典当行有限公司	昌平区科技园区超前路 37 号院 3 号楼 1 层	102299	69745050
北京泰富亨通典当行有限公司	东城区永定门内东街中里 9－17 号 2 号楼东侧 1 层	100050	67079176
北京华诚典当有限责任公司	东城区朝阳门内大街 8 号 1 层 116 室	100010	13693179977
北京鑫汇融泰典当有限责任公司	东城区东四十二条 2 号东直门南小街 121 号	100007	84017356
北京瑞源亨典当有限责任公司	西城区车公庄大街乙 1 号楼 1 层 101 室	100044	68341099
北京益泰丰典当行有限公司	西城区马连道南街 6 号院 1 号楼 10 层 1009 室	100055	63037833
北京中强典当行有限公司	西城区南滨河路 27 号 7 号楼 9 层 912 室	100000	58246801
北京乾通典当有限公司	朝阳区广顺北大街 17 号 1 层 01 层 A30 室、A33 室	100102	62006676
北京达成典当行有限公司	朝阳区青年路 7 号院 3 号楼 1 层 30101 室	100123	56888912
北京万泰典当行有限责任公司	朝阳区左三区 7 号楼院 10 幢 1 层东段	100028	64628257
北京九乾典当行有限公司	朝阳区弘燕山水文园 2 号楼 1 层 107 室	100021	66028886
北京阜瑞通源典当有限责任公司	朝阳区弘善家园 113 号楼 1 层 101 内 A015A 室	100021	13901150850
北京睿诚典当有限责任公司	朝阳区广顺南大街 16 号院 2 号楼 11 层 1107 室	100020	64732660
北京鑫坤典当行有限责任公司	朝阳区广渠路 28 号 223 号楼朝阳合生财富广场 4 层 L412 室	100022	56469855
北京融金典当有限责任公司	朝阳区西坝河西里 28 号 1 号楼 2 层 B201～202 室	100028	13366609039

北京盛鑫隆典当有限责任公司	丰台区马家堡西里38号楼1层101室	100068	57169119
北京永业汇通典当行有限公司	丰台区成寿寺路1号楼1层103室	100078	67600078
北京永盛典当有限责任公司	丰台区紫芳园四区2号楼1层119室	101500	88028889
北京宏利典当有限公司	丰台区丰北路甲79号2幢6层606室	100070	13426103858
北京天润典当有限公司	海淀区复兴路47号天行建商务大厦2602室	100081	51922181
北京华金典当行有限责任公司	海淀区中关村南大街2号A座7层815室	100044	13520029652
北京晋昌典当有限公司	丰台区广安路9号院1号楼3层303~304室	100055	68174560
北京融金信通典当有限公司	海淀区清河嘉园1幢1层103号	100085	15386885553
北京保福典当有限公司	海淀区西三环北路72号院世纪经贸大厦A座1层1F号	100048	68486198
北京大成典当有限公司	海淀区双榆树小区邮局南侧4号楼1层南侧	100086	13699280062
北京易弘典当有限公司	顺义区仁和镇新顺南大街8号院2幢7层3单元705室	101300	61426362
北京华融恒清典当有限公司	顺义区怡馨家园13号楼1层105室	101300	13901392955
北京融通天下典当有限公司	顺义区府前街56号院1号楼1层1-108室	101399	13810667413
北京乾利行典当有限责任公司	顺义区石园北区41号楼五单元101室	101300	69461188
北京国泰典当有限公司	通州区玉带河东街163号	101100	13693272467
北京京东天诚典当有限公司	通州区怡乐北街甲78号1层全部	101121	18201118673
北京中侨典当行有限公司	通州区云景南大街137号	101100	18518053006
北京信和典当行有限公司	通州区云景东里365号楼1至2层商-12室	101121	13910109022
北京鑫宏典当有限责任公司	通州区潞苑南大街137号2层	101125	81599597
北京大通典当有限公司	大兴区芳源里7号楼1至2层101室	100076	67906969
北京天诚祥典当行有限责任公司	房山区良乡政通路8号	102488	81380633
北京泰福德典当有限责任公司	昌平区鼓楼北街5-1至5-20号楼1至2层5-1室	102299	13601335679

北京润鑫融通典当有限公司	昌平区北七家镇天通苑东苑三区46号楼1层2室	102218	60740808
北京裕济达典当有限公司	昌平区东小口镇中东路400号院3号楼1至2层3-8室	102218	13811491737
北京市滨达典当有限责任公司	平谷区府前街36号楼1-4号	101200	69935698
北京和顺嘉诚典当有限公司	平谷区平谷镇平谷南街39号楼1至3层39-15室	101200	13718597088
北京通达典当有限公司	平谷区鼎基公寓3号楼1至2层3-2号	101200	89999266
北京中贸融生典当有限责任公司	怀柔区滨湖南街8号楼4单元101室	101499	63315536
北京宝隆典当有限责任公司	怀柔区开放路76号楼1层7-13室	101400	89687387
北京金禄典当有限责任公司	密云区东大街信远大厦4号	101500	69070018
北京朗润通典当有限公司	密云区长安街商业街1号楼19号	101500	18611848361
北京金盛源典当有限公司	密云区新南路92号楼6层6209室	101599	65825998
恒富通（北京）典当有限公司	延庆区百泉街3号院3号楼107室	102100	13691083674
北京银丰典当有限公司	延庆区儒林苑小区6号楼1层6-11室	102100	13901062045
北京新坤元典当行有限公司	密云区新中街73号	101500	69020038
北京金泰恒宇典当有限公司	丰台区西四环南路35号院1号楼5层507室	100061	15811091862
北京德聚鑫典当行有限责任公司	怀柔区湖光小区33号院梅苑8号楼5层510室	101400	18511395143
北京国华典当有限公司	朝阳区北沙滩大屯路甲1号2幢13层1509室	100101	64874433
北京中利金海典当有限公司	东城区西花市南里东区15号楼1层101室	100062	15010397765
北京德荣典当有限责任公司	东城区东水井胡同11号楼-1层-112室	100010	18611750707
北京顺德发典当有限责任公司	东城区东花市南里一区1号楼5单元110室	100062	67179958
北京易典通典当有限公司	通州区怡乐中街350号	101121	18910843732
北京融福通盛典当有限公司	延庆区延庆镇高塔小区14号楼202底商	102100	61125998
北京嘉融典当有限公司	大兴区黄村镇清澄名苑北区27号楼3-911室	102600	13439725779
北京金柜典当有限公司	东城区珠市口东大街2号底商	100062	58528681
北京博泰典当有限公司	东城区交道口南大街140号都市新明基宾馆1层	100007	84015231

北京兴源典当行有限公司	东城区安定路20号1号楼1层	100013	64436636
北京融合汇通典当有限公司	东城区西花市南里东区16号楼1层商业02室	100062	67182039
北京东方鼎业典当行有限公司	东城区朝阳门南小街18号楼1层18-3室	100005	65266806
北京富贵典当行有限公司	东城区金宝街88号7层702A室	100000	85229988
北京广信典当行有限公司	东城区珠市口东大街2号2-5号	100062	67020069
北京晟源典当行有限责任公司	东城区东兴隆街58号8层807室	100062	13718749999
北京天地恒泰典当有限公司	西城区茶马街8号院2号楼20009号	100055	63383391
北京京盛典当行有限公司	西城区西直门内大街24号1层	100035	82233288
北京国典典当有限责任公司	西城区新街口西里小区二区1号楼地上08号商业用房	100035	82220426
北京聚祥通典当行有限责任公司	西城区新街口外大街28号B座1层106号	100088	82055558
北京荣盛泰典当有限责任公司	西城区粉房琉璃街162-3号1层	100052	83495275
北京安泰典当行有限公司	朝阳区水碓子北里2号楼底商	100026	85982556
北京蟹岛典当有限公司	朝阳区蟹岛路1号院4幢	100018	84325195
北京德升祥典当有限公司	朝阳区望京南湖中园107号楼泰仕登快捷酒店1层4号	100102	85855515
北京中闽金通典当行有限公司	朝阳区世纪东方嘉园104号楼1单元06号	100023	56202040
中兆源（北京）典当有限公司	丰台区丰管路16号9号楼B2-1017室、1层	100071	83832360
北京市金祥典当行有限公司	丰台区美域家园北区7号楼1层102-1室	100166	83658747
北京市融诚通达典当有限公司	丰台区南苑槐房西路南庭新苑318号院4号楼-03室	100076	13263225555
北京汇银典当有限公司	丰台区南三环西路28号院中林置业大厦B座2106室	100068	67586266
北京郁金典当有限公司	丰台区南苑路5号福海国际大厦8层8001室	100000	87520818
北京瑞鑫达典当有限责任公司	石景山区玉泉西里二区1号楼1层商业02室	100040	68684690

北京国融典当有限责任公司	石景山区京原路19号院4号楼10层1002号	100043	13581916697
北京万嘉信诚典当有限责任公司	石景山区时代花园南路23号院1号楼1层103室	100043	68883161
北京铭锋典当有限责任公司	石景山区金府南路93号院2号楼5至6层503室	100041	88980183
北京鼎瑞典当有限责任公司	石景山区阜石路165号院3号楼5层514室	100043	18511250919
北京金泽通宝典当行有限公司	石景山区阜石路166号1号楼317室	100043	66158112
北京中京典当有限公司	石景山区银河南街2号院2号楼14层1707室	100040	13801020536
北京泰德典当有限公司	石景山区政达路6号院6号楼1层103室	100040	13701079627
北京金誉金通典当有限公司	海淀区知春路108号3号楼1层1门101-2室	100086	82815177
斯酷（北京）典当有限公司	朝阳区清河营南街9号院5号1层5-1内02-01室	100020	57227882
北京金路汇达典当有限公司	海淀区远大园六区沿街商场A-88号	100097	83191573
北京融金通典当有限公司	海淀区荷清路3号B座106室	100084	13811028815
北京元亨利通典当行有限公司	海淀区马连洼竹园32号楼1层108室	100093	62739180
北京德亿丰典当有限公司	海淀区上庄馨瑞嘉园2号楼1层1单元101号	102206	13439538385
北京顺通典当有限责任公司	顺义区站前街商业楼2号楼102室	101300	81498417
北京汇鑫兴业典当行有限责任公司	顺义区怡馨家园5号楼5-31室	101399	89441999
北京市融兴典当行有限责任公司	顺义区顺和路10号院2号楼1层2-10室	101399	60403648
北京通德典当有限公司	通州区玉带河东街171号	101100	60567607
北京金通达典当有限公司	通州区怡乐中街346号1层全部	101121	58017351
北京诚顺通典当有限责任公司	通州区潞苑南大街15号院18号楼1层商6室	101125	13269005788
北京恒美通典当行有限公司	通州区云景南大街185号1层	101121	61505418
北京泰桦昌典当有限责任公司	通州区北皇木厂街1号院1号楼9层904室	101199	13910368769
北京恒森典当行有限公司	通州区翠屏北里（西区）商8号1-2层全部	101121	15711120655
北京瑞博泰典当有限公司	大兴区黄村镇永华南里13号楼1层06号	102600	69261985
北京鑫海融通典当有限责任公司	大兴区黄村镇观音寺南里海北路1号楼1-4室	102600	69275577

北京亿瑞祥典当有限责任公司	大兴区黄村西大街72号1－2层	102600	69253997
北京齐融典当有限责任公司	大兴区兴丰大街（一段）18号院1号楼1层131号	102600	80225656
北京宝隆春典当有限责任公司	大兴区富强路76号	102600	69297928
北京豪泰典当有限责任公司	房山区良乡地区苏庄三里7号楼3－102室	102488	13901095953
北京龙泰典当有限责任公司	门头沟区滨河霁月园8号楼153－12号	102300	69824886
北京凯康典当有限公司	门头沟区金沙西街10号院4号楼17层1709室	102308	13810147115
北京汇信·保财典当有限责任公司	昌平区西环路29号－2室	102299	69715555
北京安诚仪典当有限责任公司	昌平区科技园区白浮泉路甲12－9号	102299	69742585
北京天循典当有限责任公司	昌平区东小口镇天通苑东苑三区48号－1至3层1－101内1层102室	102218	60789370
北京盛亨典当有限责任公司	昌平区回龙观西大街85号2层261室	102208	15901285409
北京广惠济典当有限责任公司	平谷区平谷镇府前西街7号1层7－7号	101200	89994951
北京润龙典当行有限公司	经济技术开发区富源东里一区会所	100176	58025126
北京厚融典当有限公司	经济技术开发区天华园一里四区10号楼－1至2层1106室	100176	67897868
北京银通行典当有限公司	怀柔区开放路西金台园1号北20米36号	101400	69696007
北京鑫丰典当有限责任公司	密云区密云镇车站路3号	101599	18612050010
北京中宝泰典当有限责任公司	密云区新南路42号	101599	13269419605
北京凯禹源典当有限公司	延庆区延庆镇高塔街58号绿韵广场F－13号	102100	69106060
北京立慧立德典当有限公司	延庆区延庆镇湖北西路23号（商4）23－5～23－6室	102100	69179809
北京泰达兴业典当有限责任公司	延庆区延庆镇妫水南街35号院35号楼1层102室	102199	18600222650
北京玖尚典当有限责任公司	房山区长悦路8号院10号楼1层126室	102445	67083500
北京融达典当有限责任公司	东城区珠市口东大街4号1层1－6室	100062	13901353886
北京市恒生源典当行有限公司	东城区广渠门内大街86号4号楼1层106室	100062	87555335

北京三海房屋典当有限公司	西城区阜成门外大街2号14层1604室	100037	68020938
北京尚诚典当有限责任公司	西城区车公庄大街2号院1号楼商业用房2-2室	100044	13661080806
邦得（北京）典当行有限公司	朝阳区北辰西路69号4单元216号	100029	13681478189
北京万通典当行有限公司	朝阳区望京园602号楼1层128室	100102	65130035
北京市榕汇通典当有限责任公司	顺义区仁和镇怡馨家园37号楼37-10室	101300	89465888
北京通赢典当有限公司	顺义区仁和镇前景路2号院7号楼109室	101300	69468808
北京超强典当有限公司	大兴区黄村镇兴华北路（二段）78号院-80号	102600	61252288
北京市欧宇达典当有限责任公司	大兴区黄村镇滨河西里兴丰大街二段72号	102600	69256555
北京宝元通典当有限公司	大兴区黄村镇香留园双高路161号	102600	60292321
北京鼎融典当有限公司	大兴区清澄名苑北区27号楼17层2-2001室	102699	64610025
北京天成铭典当行有限公司	大兴区兴华北路（二段）78号院5~20号1至2层20室	102610	13716351108
华瑞清恒（北京）典当有限公司	大兴区亦庄镇开泰东里17号楼1-3层108室	100023	18911696789
北京宝利通典当有限公司	大兴区旧宫镇小红门路136幢5层501室	100163	15600623777
北京鑫融通润典当有限责任公司	房山区城关街道北市村企业街1号	102400	69323333
北京聚汇通典当有限责任公司	房山区长阳镇碧桂园35号楼101室	102400	89356672
北京宝鼎典当有限责任公司	门头沟区龙兴南二路8号院2号楼1层121室	102300	69801328
北京鸿鑫典当行有限责任公司	昌平区东小口镇立汤路186甲3号楼5层516室、6层618室	102218	13691367645
北京东方圆通典当有限公司	昌平区天通中苑二区40号楼5层502室	102218	13311315600
北京康凯典当有限公司	怀柔区青春路61号院2号楼-1至2层15室	101400	61689090
北京宝源典当行有限责任公司	西城区德胜门内大街245号	100035	13860128098
安徽省信邦典当行有限公司北京丰台分公司	丰台区大成南里三区3号楼1层04室	100141	68946688
北京宝恒典当有限责任公司东城分公司	东城区西营房胡同9号院2号楼4号	100011	63953298

北京宝瑞通典当行有限责任公司常营分公司	朝阳区常通路2号院1号楼-2至5层101内地下1层B1-17b内002号	100000	68946688
北京宝瑞通典当行有限责任公司朝阳西单分公司	朝阳区十里堡甲3号商场1层1号	100025	63277668
北京宝瑞通典当行有限责任公司东城第二分公司	东城区王府井大街255号1层111室	100005	68946688
北京宝瑞通典当行有限责任公司东城分公司	东城区东四南大街1号	100005	68946688
北京宝瑞通典当行有限责任公司东大桥分公司	朝阳区工体东路13号楼1幢1层1-2内1号	100020	13701082666
北京宝瑞通典当行有限责任公司丰北桥分公司	丰台区西四环南路88号1号楼111室	100161	68946688
北京宝瑞通典当行有限责任公司丰台分公司	丰台区南三环中路70号1号楼2层1号	100068	68946688
北京宝瑞通典当行有限责任公司复兴路分公司	海淀区复兴路甲18-2号	100036	82213293
北京宝瑞通典当行有限责任公司海淀分公司	海淀区远大路1号D段1层1302号	100097	52825821
北京宝瑞通典当行有限责任公司建国门分公司	朝阳区建国门外大街10号艺嘉大厦1层	100600	83713599
北京宝瑞通典当行有限责任公司劲松分公司	朝阳区东三环南路5号1层	100021	65254408
北京宝瑞通典当行有限责任公司双井分公司	朝阳区广渠路31号九龙商厦1幢1层03A号01室	100022	68946688
北京宝瑞通典当行有限责任公司四通桥分公司	海淀区中关村南大街1号（北京友谊宾馆东北角61302室）	100044	66563188
北京宝瑞通典当行有限责任公司通州分公司	通州区北苑南路42号院6号楼1层42-1室	101101	68946688
北京宝瑞通典当行有限责任公司望京分公司	朝阳区望京阜通东大街6号院4号楼购物中心1层1-19室	100102	63277668
北京宝瑞通典当行有限责任公司西城分公司	西城区阜成门外大街6号1幢106号	100037	68946688
北京宝瑞通典当行有限责任公司宣武分公司	西城区广安门内大街304号院1号楼6-1号	100000	63277668
北京宝瑞通典当行有限责任公司亚运村分公司	朝阳区北辰东路8号汇珍楼2层	100101	65124188
北京德惠典当有限责任公司丰台分公司	丰台区美域家园北区8号楼1层108室	100166	59785938
北京鼎成典当行有限公司朝阳分公司	朝阳区广渠路28号院506号楼1层03～04室	100126	64196557

北京鼎盛典当有限责任公司顺义分公司	顺义区仁和镇西辛南区乙62号楼1层103室	101300	63277668
北京都市典当有限责任公司东四分公司	东城区鼎丰擎达东四项目B区6103号	100007	63277668
北京海泰典当有限公司新平北路分公司	平谷区平谷镇新平北路51号	101299	63315536
北京宏利典当有限公司丰台分公司	丰台区丰科路6号院•5号楼9层904室	100160	52825876
北京汇福源典当行有限公司朝外分公司	朝阳区北土城西路7号1层1单元101室	100029	88360660
北京汇福源典当行有限公司海淀分公司	海淀区万寿寺北里6号楼1层6－1号	100081	68946688
北京汇祥通典当行有限责任公司昌平分公司	昌平区昌平镇东环路47－1至47－9号1层47－1号	102299	68946688
北京汇祥通典当行有限责任公司通州分公司	通州区翠屏西路41号1至2层全部	101121	52825821
北京汇祥通典当行有限责任公司亚运村分公司	朝阳区安贞里三区15楼2门101～102号	100029	89982288
北京嘉德典当有限公司翠微路分公司	海淀区翠微路17号B楼1层翠微可晶婚纱影楼南侧（住宅）	100036	68946688
北京金鼎典当有限公司西城分公司	西城区果子巷3号院2号楼1层107室	100052	68812925
北京金马典当有限责任公司朝阳分公司	朝阳区南磨房路16号院7号楼1层105室	100124	52825908
北京金马典当有限责任公司大兴分公司	经济技术开发区荣华中路8号院8号楼115－2室	100176	64196557
北京金马典当有限责任公司方庄分公司	丰台区方庄蒲芳路1号1号楼底商	100078	68946688
北京金马典当有限责任公司海淀分公司	海淀区西直门北大街32号院2号楼13层1502B室	100082	68236662
北京金马典当有限责任公司南三环分公司	丰台区紫芳园六区4号楼1层1单元104室	100164	63277668
北京瑞源亨典当有限责任公司西城分公司	西城区珠市口西大街120号1号楼6层0617室	100050	88870593
北京市阜昌典当行有限责任公司灯市口分公司	东城区灯市口大街72号30幢1号	100006	65996103
北京市阜昌典当行有限责任公司新兴分公司	海淀区复兴路29号裙楼B1层B－108室	100036	84813835
北京市华夏典当行有限责任公司常营分公司	朝阳区常通路2号院1号楼－2至5层101内地下1层B1－20b	100024	84813835
北京市华夏典当行有限责任公司朝外分公司	朝阳区朝阳门外大街南侧商业中心C区昆泰国际中心3A房间2层	100020	84820706

北京市华夏典当行有限责任公司大兴分公司	大兴区欣宁街15号院1号楼1层01D103室	100162	69265559
北京市华夏典当行有限责任公司东四环分公司	朝阳区东四环南路9号5幢3层0315室	100016	63277668
北京市华夏典当行有限责任公司阜成门分公司	西城区阜成门外大街22号1幢1层102室	100037	52825821
北京市华夏典当行有限责任公司阜石路分公司	石景山区阜石路165号院1号楼1层1－101－J12室	100043	87816838
北京市华夏典当行有限责任公司甘家口分公司	海淀区三里河路17号2层	100091	68946688
北京市华夏典当行有限责任公司公益桥分公司	丰台区城南嘉园益城园14号楼1层F1－07A室	100083	84840666
北京市华夏典当行有限责任公司广安门分公司	西城区广安门内大街319号1层105室	10053	63277668
北京市华夏典当行有限责任公司回龙观西大街分公司	昌平区回龙观西大街111号1层154室	102208	65629352
北京市华夏典当行有限责任公司建国门分公司	朝阳区建国门外大街甲5号1幢等4幢内1幢1层1－104号	100022	52825960
北京市华夏典当行有限责任公司经济技术开发区分公司	经济技术开发区文化园东路6号1幢01E02室	100176	68946688
北京市华夏典当行有限责任公司马连道分公司	西城区马连道路25号楼F1层101－11～101－13室	100055	60521102
北京市华夏典当行有限责任公司门头沟分公司	门头沟区新城东街17号院2号楼1层12b号	102399	82666883
北京市华夏典当行有限责任公司青年路分公司	朝阳区雅成二里3号楼1层商业7室	100123	52825821
北京市华夏典当行有限责任公司清河分公司	海淀区清河中街66号院1号楼2层201室	100085	58310902
北京市华夏典当行有限责任公司四通桥分公司	海淀区北三环西路48号1号楼1层B座FA11室	100089	15801691327
北京市华夏典当行有限责任公司天通苑分公司	昌平区东小口镇立汤路186号院1号楼4层F4148室	102218	57276006
北京市华夏典当行有限责任公司通州北苑分公司	通州区新华西街58号院1号楼3层314－3063A室	101118	13671288252
北京市华夏典当行有限责任公司通州分公司	通州区云景东路1号（贵友大厦）101－1层3－150A室	101199	88366450

北京市华夏典当行有限责任公司望京北路分公司	朝阳区广顺北大街16号院3号楼1层102内A161～A162号	100102	15901398588
北京市华夏典当行有限责任公司望京分公司	朝阳区望京新城B11－1地块B区望京新城B11－11层C、D单元130号	100102	83131673
北京市华夏典当行有限责任公司文慧桥分公司	海淀区西直门北大街32号院1号楼1层106－26室	100088	52825821
北京市华夏典当行有限责任公司西单分公司	西城区西单北大街120号2幢1－07室	100045	68610110
北京市华夏典当行有限责任公司西局分公司	丰台区丰台北路17号院1号楼1层101内F2－21a－1	100070	88866600
北京市华夏典当行有限责任公司新顺南大街分公司	顺义区仁和镇新顺南大街8号院1幢（华联商厦2层F2－20/21室）	101399	64196557
北京市华夏典当行有限责任公司新兴桥分公司	海淀区复兴路甲23号1层F1－1室	100036	52825821
北京市华夏典当行有限责任公司远大路分公司	海淀区远大路1号1层1070室	100097	63277668
北京市银达典当有限责任公司崇文分公司	东城区地安门东大街88号D区西侧区域	100009	82666883
北京市银达典当有限责任公司东城分公司	东城区灯市东口10号底商	100006	88939159
北京天祥典当有限责任公司朝阳分公司	朝阳区新源里16号A0112室	100027	87316002
北京天祥典当有限责任公司海淀分公司	海淀区西三环北路87号1层105号	100048	68946688
北京天祥典当有限责任公司宣武分公司	西城区广内大街304号院1号楼1层6－1号	100053	59785938
北京天祥典当有限责任公司亦庄分公司	大兴区亦庄镇富源里3号楼2－102号1室	100176	68946688
北京通银典当有限公司朝阳分公司	朝阳区十八里店乡东三环南路106号1层	100122	58246801
北京通银典当有限公司崇文门分公司	东城区新怡家园1号楼1层商1室	100062	13811897897
北京通银典当有限公司西城分公司	西城区新居东里四号楼1层103室	100055	52825821
北京同利典当有限责任公司朝阳分公司	朝阳区望京街4号楼1层109号	100102	51727023
北京同祥典当有限公司丰台分公司	丰台区成寿寺路3号楼1层104室	100078	83669188
北京万国典当有限公司朝阳分公司	朝阳区深沟村（无线电元件九厂）［2－1］32号楼1层101室	100124	68946688

北京万国典当有限公司石景山分公司	石景山区石景山路3号玉泉大厦112室	100043	68275381
北京鑫都城典当有限责任公司华威桥分公司	朝阳区南磨房松榆南路38号院16号楼1层30室	100122	60291823
北京鑫都城典当有限责任公司亚运村分公司	朝阳区劲松二区229号楼地上1层A02室	100021	52825821
北京信邦典当有限公司新益分公司	延庆区延庆镇新兴小区51号楼北甲11号2层203室	102199	50954906
北京信邦典当有限公司延庆分公司	延庆区延庆镇新兴小区51号楼北甲11号2层201室	102199	59043059
北京中贸融生典当有限责任公司西城分公司	西城区马连道路6号院4号楼1层113室	100055	52825821
北京中强典当行有限公司第一分公司	朝阳区常惠路4号楼－1至2层部分	100000	69425300
海口京融典当有限责任公司北京大兴分公司	大兴区黄村镇富强路165号－1至2层165号	102600	84074788
海口京融典当有限责任公司北京分公司	丰台区新发地丰南路宾馆左侧	100061	15010806695
三河金鼎典当有限责任公司北京分公司	通州区怡乐北街10号楼1层411号	101121	15010806695

（5）支付机构

机构名称	地　　址	邮　编	电　话
安易联融电子商务有限公司	朝阳区朝外大街26号12层B1505A室	100020	59051005
北京畅捷通支付技术有限公司	海淀区北清路68号20号楼D2003室	100094	15001398914
北京银通支付有限公司	西城区马连道南街6号院1号楼4层4A201室	100089	68298176
贝宝支付（北京）有限公司	顺义区南法信镇顺畅大道1号B－041室	100013	57817763
北京海科融通支付服务股份有限公司	海淀区西直门北大街甲43号1号楼12层1－25－1201～1－25－1210室	100080	82685056
北京和融通支付科技有限公司	海淀区中关村南大街乙12号院1号楼20层2305室	100081	62353131
北京市政交通一卡通有限公司	海淀区知春路63号中国卫星通信大厦B座15～19层	100190	88087755

北京数字王府井科技有限公司	东城区东四十条68号西区5层	100007	84183888（-206）
易宝支付有限公司	通州区滨惠北一街3号院1号楼1层1-8-22室	100020	59017500
开联通支付服务有限公司	朝阳区朝阳公园南路10号院2号院20层（20）2001内	100088	82007633
北京华瑞富达科技有限公司	东城区崇文门外大街11号705室	100062	67081580
天翼电子商务有限公司	西城区阜成门外大街31号4层429D室	100032	58520469
北京滴滴支付科技有限公司	海淀区东北旺西路8号院35号楼5层522室	100080	18810081344
北京爱农驿站科技服务有限公司	西城区西直门外大街1号院2号楼20层22C13室	100032	65330688
随行付支付有限公司	海淀区阜成路67号17层1704室	100089	68143666
北京数码视讯支付技术有限公司	顺义区文化营村北（游乐园）3幢007号平房	100000	82345867
联通支付有限公司	西城区二龙路33号1至4层	100032	66505808
北京首采联合电子商务有限责任公司	朝阳区雅宝路10号8层801室	100020	13701279242
北京雅酷时空信息交换技术有限公司	朝阳区广顺南大街16号院2号楼28层3101-02室	100102	18610772293
北京中投科信电子商务有限责任公司	西城区北三环中路29号院3号楼8层909室	100029	59089174
北京商银科技有限公司	西城区阜成门外大街22号1幢14层1401-5号	100034	83496600
拉卡拉支付股份有限公司	海淀区北清路中关村壹号D1座6层606室	100094	56710999
北京亚科技术开发有限责任公司	顺义区后沙峪镇裕民大街7号	101318	56896370
北京和卡支付科技有限公司	海淀区中关村南大街乙12号院1号楼20层2303室	100080	84885140
北京度小满支付科技有限公司	海淀区西北旺东路10号院西区4号楼3层301室	100085	50803380
北京新浪支付科技有限公司	海淀区东北旺西路中关村软件园二期（西扩）N-1、N-2地块新浪总部科研楼5层519室	100193	62675413
北京银联商务有限公司	海淀区车公庄西路乙19号华通大厦B座10层部分、B座2层部分	100048	88019861
汇元银通（北京）在线支付技术有限公司	海淀区海淀北二街8号13层1601室	100080	59798877

北京中欣银宝通支付服务有限公司	东城区珠市口东大街14号308室	100050	67077777
易智付科技（北京）有限公司	朝阳区建国路91号院8号楼22层2201单元	100022	82652626
银盈通支付有限公司	朝阳区霄云路26号鹏润大厦B座21层部分房间	100000	56736034
北京理房通支付科技有限公司	海淀区东北旺西路8号院4号楼145号	100094	56730799
邦付宝支付科技有限公司	朝阳区建国门外大街6号12层1201内	100020	85256646
中金支付有限公司	西城区平原里小区20号楼1－7室、1－9室、1－10室	100071	53821674
北京高汇通商业管理有限公司	朝阳区酒仙桥路10号24号楼2层201室	100016	18500151235
北京钱袋宝支付技术有限公司	海淀区羊坊店路18号2幢12层1224－1室	100102	15210500398
资和信电子支付有限公司	海淀区东北旺北京中关村软件园孵化器1号楼B座1109～1110室	100033	88665588
裕福支付有限公司	朝阳区光华路30号楼遮北1层3号内101室	100020	85968888
北京恒信通电信服务有限公司	东城区夕照寺街2号2幢3层3002室	100097	64090030
网银在线（北京）科技有限公司	海淀区苏州街49－3号1层109室	100176	13911977287

（6）征信机构

机构名称	地　　址	邮　编	电　话
朴道征信有限公司	朝阳区景辉街31号院1号楼－6至57层101内53层、54层	100022	89658888
北京金融大数据有限公司	西城区阜成门外大街31号4层415B	100045	62254502
百融云创科技股份有限公司	石景山区实兴大街30号院5号楼5层76号	100043	62508065
金电联行（北京）信息技术有限公司	东城区金宝街67号S302C室	100020	58693750
天创信用服务有限公司	朝阳区京广中心11层1101室	102200	59017300
中数智汇科技股份有限公司	海淀区学院南路62号中关村资本大厦5层505室	100081	83020108

益博睿征信（北京）有限公司	朝阳区建国路77号20层05d号	100016	59267818
元素征信有限责任公司	海淀区北坞村路23号北坞创新园北区3号楼1层101~103室	100195	82602272
北京宜信致诚信用管理有限公司	朝阳区建国路118号24层2411室	100026	59644742
东方金诚信用管理（北京）有限公司	丰台区丽泽路24号院3号楼－5至45层101内42层4202－1室	100088	53771957
北京国富泰信用管理有限公司	经济技术开发区荣华中路11号2层	100176	67800100
国诚信征信有限公司	西城区木樨地北里甲11号楼1幢408室	100038	63358908
北京宸信征信有限公司	海淀区龙岗路51号院7号楼2层2003室	100190	62135800
绿盾征信（北京）有限公司	通州区观音庵北街3号院1号楼4层2单元401室	100011	56228425
北京恒诚千里征信有限公司	朝阳区八里庄乡八里庄村陈家林9号院华腾世纪总部公园项目5号楼2单元10层1002室	100020	85550012
华财征信（北京）有限公司	海淀区西直门北大街甲43号1号楼12层1－24－1202号	100044	68177808
律城信核（北京）信用管理有限公司	海淀区上地东路1号院1号楼2层201a室	100085	56291732
北京信构信用管理有限公司	丰台区郭公庄中街20号院3号楼10层1001室	100070	84109826
中大信信用管理有限公司	海淀区中关村甲3号2－A#商业楼7层819室	100086	82146640
东方安卓（北京）征信有限公司	丰台区五圈南路30号院1号楼d座7层708室	100068	67668577
企乐汇征信有限公司	朝阳区东三环北路17号1017室	100022	65818123
北京联信征信咨询有限责任公司	朝阳区东土城路8号琳达大厦b座9层9e室	100027	64466458
北京海智金诚信用管理有限公司	朝阳区望京东园523号楼17层2201室	100007	64012900
北京和融通征信服务有限公司	海淀区中关村南大街乙12号院1号楼20层2308室	100086	62353131
中品质协（北京）质量信用评估中心有限公司	东城区王府井大街99号	100006	65234700
中企评协企业征信中心（北京）有限公司	怀柔区北房镇幸福西街3号1幢101室	100048	68464519

北京联源智信征信服务有限公司	西城区北三环中路23号楼3层3－3室	100195	62621616
国民征信（北京）有限公司	朝阳区百子园4号楼3层A单元306室	100083	59447848
北京邦银汇通征信有限公司	朝阳区建国门外大街6号11层1101室	100027	85256668
北京冠捷时速信用管理有限责任公司	海淀区北三环西路25号2号楼106室	100098	68575707
全联征信有限公司	海淀区海淀大街2号9层913室	100080	62630322
北京度小满征信有限公司	海淀区西北旺东路10号院西区4号楼2层203室	100085	20681460
爱信诺征信有限公司	海淀区杏石口路甲18号1幢1层	100097	88048016
北京金堤征信服务有限公司	海淀区知春路65号1号楼b座1902号	100086	82607132
中电联（北京）征信有限公司	西城区车公庄大街9号院2号楼3门604室	100055	63253687

（7）信用评级机构

机构名称	地址	邮编	电话
中诚信国际信用评级有限责任公司	东城区南竹杆胡同2号1幢60101室	100010	66428877
联合资信评估有限公司	朝阳区建国门外大街2号院（2号楼）PICC大厦17层	100022	85679696
东方金诚国际信用评估有限公司	丰台区丽泽路24号院3号楼－5至45层101内44层4401－1室	100600	62299849
大公国际资信评估有限公司	海淀区西三环北路89号3层－01室	100125	51087768
中债资信评估有限责任公司	西城区月坛南街1号院1号楼2层2－201室	100032	88090000
标普信用评级（中国）有限公司	朝阳区东三环中路5号楼40层	100020	65692723
惠誉博华信用评级有限公司	朝阳区东三环中路5号楼9层	100020	56633855
北京中北联信用评估有限公司	海淀区北清路中关村壹号D1栋12层	100094	56170999－1143
安融信用评级有限公司	西城区丰汇园11号楼8层805室	100032	68516580

机构名称	地址	邮编	电话
中国诚信信用管理股份有限公司	东城区朝阳门内大街南竹杆胡同2号银河soho6号楼	100010	66428855
联合信用评价有限公司	通州区江米店街1号院5号楼9层927室	100101	64912118
君维诚信用评估有限公司	海淀区苏州街49号盈智大厦301室	100080	82622979
北京银建资信评估事务所	西城区广安门南滨河路7号（南楼406室）	100055	63401197

（8）协会、商会、学会、工会

机构名称	地　址	邮　编	电　话
北京证券业协会	西城区金融大街35号国际企业大厦C座17层	100033	66568614
北京保险行业协会	朝阳区安定路35号安华发展大厦906室	100029	65859115
北京保险中介行业协会	朝阳区安定路35号安华发展大厦906室	100029	66008027
北京保险学会	朝阳区安定路35号安华发展大厦906室	100029	65859115
北京金融街商会	西城区金城坊街7号金融街公寓D座	100033	66573099
北京期货商会	西城区右安门西街5号期货学院401室	100054	68780550
北京市金融学会	西城区月坛南街79号	100045	68559272
北京市现代金融学会	西城区复兴门南大街2号天银大厦B座402室	100031	66410055－4508
北京市钱币学会	西城区月坛南街79号	100045	88655187
中国金融工会北京工作委员会	西城区金融大街20号交通银行大厦B座1301室	100033	58391721
北京市金融工会	通州区运河东大街56号院7号楼	101160	55564820

（9）个人本外币兑换特许业务机构

机构名称	地　址	邮　编	电　话
北京联合货币兑换股份有限公司	顺义区北京首都国际机场三号航站楼A4E10号（首都机场内）	100621	13146782033

艾西益商务服务（北京）有限公司	朝阳区北辰西路69号楼22层1单元2502号	100029	13718668236
北京悠联货币汇兑有限公司	朝阳区和平街东土城路12号院2号楼405室	100013	13426077327
北京中汇通兑投资管理有限公司	朝阳区日坛北路17号2号楼1层1519室	100020	18576687470
北京渤海通汇投资咨询有限公司	西城区复兴门外大街A2号一幢1层大堂G04室	100045	13701113553
首科汇济融科技（北京）有限公司	石景山区鲁谷路136号院1号楼5层529室	100040	13910267232
通济隆外币兑换（中国）有限公司北京首都机场第四兑换店	顺义区首都机场二号航站楼2层E024（首都机场内）	100621	13811586995
天津渤海通汇货币兑换有限公司北京分公司	朝阳区酒仙桥路6号院7号楼1至19层101内19层1908室	100015	15010248634
宇鑫（厦门）货币兑换股份有限公司北京第一分公司	西城区德胜门内西顺城街46号3幢102室	100035	18336965308
上海携程金融信息服务有限公司北京分公司	东城区首都机场线东直门站B1乘客服务中心DZMS01室	100007	13621191987

（二）机构简介

北银理财有限责任公司

北银理财有限责任公司于 2022 年 10 月 31 日由中国银行保险监督管理委员会（以下简称中国银保监会）北京监管局批复开业，注册资本为 20 亿元人民币。截至 2022 年末，共有员工 94 人。

经营范围：面向不特定社会公众公开发行理财产品，对受托的投资者财产进行投资和管理；面向合格投资者非公开发行理财产品，对受托的投资者财产进行投资和管理；理财顾问和咨询服务；经国务院银行业监督管理机构批准的其他业务。

截至 2022 年末，北银理财有限责任公司资产总额 21.14 亿元，负债总额 1.07 亿元，所有者权益合计 20.08 亿元，全年累计实现净利润 767.71 万元。

法定代表人：步艳红

地址：北京市通州区北皇木厂北街 3 号院 1 号楼 1708 室

邮编：100037

电话：010－66220871

中国工商银行股份有限公司北京中关村分行

中国工商银行股份有限公司北京中关村分行于 2022 年 7 月 7 日获准，由中国工商银行股份有限公司北京中关村支行升格更名开业，营运资金为 10 500 万元，截至 2022 年末共有员工 598 人。

经营范围：经银行业监督管理机构批准并由总行授权办理的业务。

截至 2022 年末，该行资产总额 1 267.86亿元，负债总额 1 257.27 亿元，所有者权益 10.59 亿元。全年累计实现净利润 13.49 亿元。

负责人：潘端升

地址：北京市海淀区上地信息路 2 号

邮编：100085

电话：010－82896655

传真：010－82896655

渤海银行资金运营中心

渤海银行股份有限公司资金运营中心（以下简称资金运营中心）于 2022 年 6 月 23 日获准开业筹建，并于 2022 年 9 月 26 日正式对外营业。截至 2022 年末，资金运营中心共有员工 72 人。营运资金为人民币 1 亿元。

资金运营中心的业务范围具体包括：同业拆借，同业存款，同业借款；办理票据转贴现；发行金融债券；代理发行、代理兑付、承销政府债券；买卖政府债券、金融债券及其他债券；买卖、代理买卖外汇；办理贵金属业务；办理衍生品交易业务；经中国银保监会批准并由渤海银行总行授权经营的其他与资金营运有关的业务。

截至 2022 年末，资金运营中心资产总计 5 220.83 亿元，负债合计 5 206.92 亿元，净利润 11.85 亿元。

负责人：邓蓓

地址：北京市东城区建国门内大街28号1幢5层

邮编：100005

电话：010－65110970

创兴银行有限公司北京分行

创兴银行有限公司北京分行于2022年8月30日由中国银保监会北京监管局批复开业，营运资金为10亿元人民币等值的自由兑换货币，其中外汇营运资金2亿元人民币等值的自由兑换货币，人民币营运资金8亿元。现有正式员工35人。

经营范围：吸收公众存款；发放短期、中期和长期贷款；办理票据承兑与贴现；代理发行、代理兑付、承销政府债券；买卖政府债券、金融债券，买卖股票以外的其他外币有价证券；提供信用证服务及担保；办理国内外结算；买卖、代理买卖外汇；代理收付款项及代理保险业务；从事同业拆借；提供保管箱服务；提供资信调查和咨询服务；经国务院银行业监督管理机构批准的其他业务。可以吸收中国境内公民每笔不少于50万元人民币的定期存款。

截至2022年末，总资产为15.78亿元人民币。

负责人：唐贤清

地址：北京市西城区金融大街23号10层

邮编：100032

电话：010－63145100

传真：010－85179131

招商局仁和人寿保险股份有限公司北京分公司

招商局仁和人寿保险股份有限公司是一家股份有限公司（非上市、国有控股），成立于2017年7月。股东包括招商局金融控股有限公司、中国移动通信集团有限公司、中国民航信息网络股份有限公司、深圳市投资控股有限公司、深圳市卓越创业投资有限公司、深圳光汇石油集团股份有限公司、前海金融控股有限公司、亿赞普（北京）科技有限公司等8家公司，注册资本65.99亿元，目前在北京设立1家省级分公司。

北京分公司于2021年7月15日获批筹建，2022年1月17日正式开业，内部设置人事行政部、企划合规部、财务部、银行保险部、重要客户部、运营客服部6个部门，员工人数15人。

主要经营范围：保险业务。

负责人：陈家伟

地址：北京市西城区平安里西大街28号楼中海国际中心6层01、08、09单元

邮编：100044

电话：18800030130

金信期货有限公司华北分公司

金信期货有限公司华北分公司于2022年6月开始筹建，2022年9月15日取得工商登记，2022年10月正式开始营业。主要经营范围包括商品期货经纪、金融期货经纪。公司下设员工4人。

负责人：姚运壮

地址：北京市西城区月坛南街59号

新华大厦 501－1、501－27 房间

邮编：100045

联系电话：010－65861389

山东港信期货有限公司北京营业部

山东港信期货有限公司北京营业部筹建于 2022 年 5 月至 2022 年 10 月，2022 年 10 月 26 日完成工商登记，11 月 2 日取得中国证券监督管理委员会（以下简称中国证监会）颁发的经营证券期货业务许可证。现有员工 3 人。

主要经营范围：商品期货经纪、金融期货经纪。

负责人：赵侃

地址：北京市东城区东四十条甲 22 号 B 座 7 层 817 室

邮编：100007

联系电话：18601056208

（三）协会、商会、学会、工会活动简介

北京证券业协会

组织机构与负责人

理事长：王常青

秘书长：郑绮

副秘书长：柯于谦、许慧（任期至 10 月）、宋震、张乐久

联系方式

地址：北京市西城区金融大街 35 号国际企业大厦 C 座 17 层

邮编：100033

电话：66568614

传真：66568583

网址：http：//www. sabbj. org

电子邮箱：bjzq@163. com

重要活动

一、协会活动开展情况

2022 年 3 月，北京证券业协会（以下简称协会）与君合律师事务所合作，邀请辖区机构视频参加《绿色和可持续债券发行实战分享》培训。

2022 年 10 月，协会向北京市社会组织管理中心提交并办理完毕《2021 年度年检工作》手续。

协会分别于 10 月和 12 月召开第五届理事会第八次、第九次会议，会上审议并通过了会员入会、理监事单位代表变更、专业委员会工作指引等 8 项议案，3 项报告事项。

截至 2022 年 12 月 31 日，协会新注册会员单位 7 家，共有会员单位 695 家。

2022 年，根据协会理事会要求，本年度各专业委员会共提交课题 15 项，并完成年度工作总结，所有课题和总结汇总后报送至中国证监会北京监管局。

2022 年，协会 10 家专业委员会累计开展会议和活动 22 次，由于疫情等因素的限制，其中 19 次会议通过线上方式举办，3 次会议和活动在线下组织召开。

2022 年，协会完成本年度的会费收缴工作，收缴率达到 100%，并完成 2021 年度财务及税务审计工作。

2022 年，协会不断优化微信公众

号，面向会员单位发布82期公众号内容，发布频率基本稳定在每周2次左右。10月，协会首次利用微信公众号发布会刊。定期将微信公众号中的重要内容导入网站的相关栏目，加大向会员及社会的宣传力度。

协会不断优化会刊栏目结构，分别于1月、4月、7月、10月完成了第105～108期会刊的组稿、编辑、制作、印刷、投送工作，总印量8 000册，分送给证监系统、市政府机关和协会会员单位。协会一方面不断加强通讯员队伍建设，另一方面按时完成会刊稿酬发放工作，并在各会员单位指定会刊接收人，每期会刊出版后以挂号信的形式直投，进一步提高了投送服务的准确率。

二、配合做好监管助手工作

（一）完成监管部门交办的各项工作

2022年9月，协会调解工作站参加中国证监会北京监管局举办的调解工作研讨座谈会，提出工作建议，以提高辖区纠纷调解工作效率。

2022年11月，中国证监会北京监管局联合中证资本市场法律服务中心举办北京辖区证券期货经营机构调解工作培训暨经验交流会，协会组织辖区242家证券、基金、期货、投资咨询机构，计250余人参加线上培训。

2022年，协会按照中国证监会北京监管局要求，累计向辖区证券经营机构下发退市风险防范、投教活动、疫情防控等通知共计68条。

协会配合中国证监会北京监管局开展“守住钱袋子·护好幸福家”防范非法集资宣传月活动、《股东来了》2022投资者权益知识竞赛活动、退市中的投资者教育保护活动、投资者适当性管理课题研究活动、收集各机构开展基础设施公募REITs投教工作情况、组织《2022年个人投资者基金投资决策及配置管理问卷调查》等项工作。

协会配合中证机构间报价系统公司进行4次从业人员必修课系列投资者教育活动。

疫情期间，协会根据中国证监会北京监管局要求，定期统计北京辖区证券经营机构疫苗接种数据和复工复产情况表，要求各单位进行疫情防控培训。

2022年，协会调解工作站受理投诉调解案件126件，其中，“12386”转办案件124件，共受理71件，未受理案件42件，其余2件处于征询中；中国证监会北京监管局转办案件2件，受理2件。

2022年，协会调解工作站不断加强公益调解员队伍建设，截至年底，共有22名公益调解员。

（二）配合北京市社会组织管理中心、中国证券业协会、中国证券投资基金业协会、中国人民银行营业管理部完成交办的相关工作

2022年8月，协会配合由北京市社会组织管理中心牵头组成的联合检查小组，完成对协会收费情况现场检查。

2022年11月，协会配合中国证券业协会参与北京辖区证券公司投诉处理工作情况现场检查。

2022年，协会按照中国证券业协会的巡考安排和要求，累计完成北京辖区1次证券从业人员水平测试统考、2次CIIA考试、4次云考试的巡考工作，共计4.5万科次。中国证券投资基金业协会在北京辖区组织的基金从业人员水平测试工作因疫情影响取消。

协会受理中国证券业协会投诉类工作

转办调解案件 39 件，办结 38 件，调解成功 33 件，调解不成功 5 件。

2022 年，协会根据中国人民银行营业管理部《北京市金融年鉴》编辑部的要求，撰写并向其投送了《北京证券业协会2021 年度重要活动》，稿件客观反映了协会 2021 年所做的各项工作。

（王永刚）

北京保险行业协会

组织机构与负责人

会长：陈志强

副会长：卢　燕［中国人民财产保险股份有限公司北京市分公司党委副书记、副总经理（主持工作）］

武　博（中国太平洋财产保险股份有限公司北京分公司党委书记、总经理）

曹　阳（中国平安财产保险股份有限公司北京分公司总经理）

聂尚君（中华联合财产保险股份有限公司北京分公司总经理）

余　飞（中国人寿财产保险股份有限公司北京市分公司党委书记、总经理）

张文亮（中国人寿保险股份有限公司北京市分公司党委书记、总经理）

田　蕊（中国太平洋人寿保险股份有限公司北京分公司总经理）

徐敏彬（中国平安人寿保险股份有限公司北京分公司总经理）

孙保收（新华人寿保险股份有限公司北京分公司总经理）

崔长青（泰康人寿保险有限责任公司北京分公司总经理）

监事长：王平（太平人寿保险有限公司北京分公司总经理）

秘书长：邵艳

副秘书长：王瑾、曲彬、张阿玲

会员单位

2022 年末，北京保险行业协会（以下简称协会）共有会员单位 129 家。其中财产险公司 57 家，人身险公司 71 家，专业性公司 1 家。新增单位会员 3 家，分别是燕赵财产保险股份有限公司北京市丰台支公司、招商局仁和人寿保险股份有限公司北京分公司、国宝人寿保险股份有限公司北京分公司。

联系方式

地址：北京市朝阳区安定路 35 号安华发展大厦 9 层 906 室

邮编：100029

电话：010－65859115

网址：http：//www. biabii. org. cn

电子邮箱：biabiibgs@ 126. com

重要活动

1 月 5 日，中国银保监会北京监管局党委书记、局长李明肖和一级巡视员倪卫东一行 5 人到协会调研指导工作。北京保险行业协会、北京保险学会、北京保险中介行业协会会长、秘书处党支部书记陈志强围绕支部标准化建设和 2021 年三会工作做汇报。李明肖局长对行业和秘书处党支部一年来取得的成绩表示肯定，并对具体工作给予指导。

1 月 21 日，为全力做好北京冬奥会服务保障工作，有效防范疫情风险，保持道路畅通，保障广大车险消费者的健康安全，北京保险行业协会发布《北京冬奥会期间交通事故车险理赔服务提示》。

2 月 22 日，中国银保监会北京监管局党委委员、纪委书记任杰一行 4 人到协会调研指导工作。北京保险行业协会、北京保险学会、北京保险中介行业协会会长、秘书处党支部书记陈志强围绕秘书处党支部建设、行业清廉金融文化建设及重点工作开展情况做了汇报。任杰书记对协会的工作成绩给予充分肯定，并对持续加强支部建设和做好行业清廉金融文化建设工作给予指导。

3月16日，协会发布“北京保险业2021年消费者权益保护十项举措”，发布《树立正确理念、科学消费保险》《避免保险合同纠纷“六注意”》两项消费者提示。

3月18日，协会向广大消费者发布风险提示，提醒消费者“代理退保”的危害与风险，警惕“代理退保”骗局。

5月26日，协会就北京保险业保供稳民生工作组织线上专题新闻发布会。中国银保监会北京监管局介绍了监管引领保险业支持首都疫情防控与企业纾困发展工作情况；协会发布行业在保险支持疫情防控保供稳民生方面的主要举措；会员公司代表发布了保供稳民生具体举措、安责险经营支持疫情防控、支持京郊农业发展、线上服务支持疫情防控、银保合作保险支持疫情防控创新措施等相关情况。

6月29日，在中国银保监会北京监管局的指导下，2022年“清廉金融文化大讲堂”第一期活动成功举办，活动邀请《求是》杂志研究员、国研经略研究院特约研究员黄苇町作专题讲座。

7月21日，中国银保监会北京监管局党委委员、副局长郭左践及人身险处王丹处长一行到北京保险行业协会调研，就行业人身险工作给予指导，对北京保险业为首都医药健康产业提供保险保障工作提出具体要求。

8月10日，北京保险行业协会、北京保险学会召开第十届会员大会暨理事会、监事会第一次会议，顺利完成换届选举工作。会议审议通过了协会、学会《章程》及相关制度，选举产生了第十届理事、监事，选举陈志强为协会、学会会长，王平为监事长，邵艳为秘书长。

8月17日，中国银保监会北京监管局召开北京银行业保险业清廉金融文化建设工作交流会。协会会长陈志强参加会议并通报了北京银行业保险业清廉金融文化建设情况。

8月22日，协会以通讯方式召开协会第十届理事会第二次会议。会议审议通过探索建立行业定期沟通交流机制，协会2022年行业重点工作，王瑾、曲彬、张阿玲为协会第十届理事会秘书处副秘书长等事项。

9月3日，协会会长陈志强应邀出席服贸会2022中国国际医疗健康产业发展与投资论坛，并主持“加快推动商业健康保险进程，有益补充未满足的基本医保需求，多层次建设医疗保障体系”主题讨论。

9月28日，在中国银保监会北京监管局的指导下，协会组织举办首都保险业舆情应对及声誉风险管理专题培训，会员单位参会人员就如何提高网络信息的发现力、研判力、处置力，积极稳妥做好网络舆情应急处置工作进行了系统学习。

11月30日，在中国银保监会北京监管局指导下，由北京保险行业协会、北京市银行业协会主办，太平人寿北京分公司协办的“清廉金融文化大讲堂”2022年第二期活动暨《银行业保险业清廉金融文化建设与风险防控研究》课题报告发布会成功举办。

11月，为做好摩托车交强险投保服务工作，协会深入开展专题调研，研究制定行业规范，积极提升服务品质，公开服务网点信息。北京地区各保险公司开设的线下服务网点数量增至163个，实现了对北京地区16个行政区的全面覆盖。

12月，协会发布《北京保险业2022服务经济民生实例》，全面展示各会员单位服务经济民生的主要举措与成效。

2022年，协会对2021年北京地区保险公司分支机构经营评价指标、人身险销售品质关键指标和北京地区商业健康保险服务评价指标进行了定期发布和通报。

（李春丽）

北京保险学会

组织机构与负责人

会长：陈志强

副会长：关耀勇（华泰财产保险有限公司北京分公司总经理）

宋　悦［太平财产保险有限公司北京分公司党委副书记、副总经理（主持工作）］

李　欣（阳光财产保险股份有限公司北京分公司总经理）

郭杰声（友邦人寿保险有限公司北京分公司总经理）

章洪胜（中信保诚人寿保险有限公司北京分公司总经理）

黄睿智（中荷人寿保险有限公司北京分公司总经理）

原宇玲（中国人民人寿保险股份有限公司北京市分公司党委书记、总经理）

陶存文（中央财经大学保险学院教授）

谢远涛（对外经济贸易大学保险学院教授）

王绪瑾（北京工商大学经济学院教授）

王雅婷（首都经济贸易大学金融学院教授）

监事长：王平（太平人寿保险有限公司北京分公司总经理）

秘书长：邵艳

会员单位

2022年末，北京保险学会（以下简称学会）共有会员单位132家。其中财产险公司55家，人身险公司67家，其他机构10家。学会新增单位会员3家，分别是燕赵财产保险股份有限公司北京市丰台支公司、招商局仁和人寿保险股份有限公司北京分公司、国宝人寿保险股份有限公司北京分公司。

联系方式

地址：北京市朝阳区安定路35号安华发展大厦9层906室

邮编：100029

电话：010－65859115

网址：http://www.biabii.org.cn

电子邮箱：biabiibgs@126.com

重要活动

1月4日，学会组织开展北京地区智能网联汽车保险产品发展现状及策略研究。

3月，学会组织编写的《北京保险市场发展报告2022》课题正式启动。

4月，学会完成《北京地区保险公司2021年度活动概览（人身险、健康险）》编辑工作。

5月，《中国保险年鉴》北京编辑组获评“2021版《中国保险年鉴》优秀编辑组”称号，此为北京编辑组连续第二年获此殊荣。

6月12日，学会组织开展职工医保个人账户购买商业健康保险情况调研。

7月7日，北京保险学会、北京保险行业协会组织召开清廉金融文化建设课题结题线上研讨会。中国银保监会北京监管局、首都经济贸易大学金融学院、北京保险行业协会、北京保险学会、北京市银行业协会、中国工商银行北京市分行、中国邮政储蓄银行北京分行、太平洋财产保险股份有限公司北京分公司、中邮人寿保险股份有限公司北京分公司课题组成员及机构代表等 20 余人参加。

7 月，学会完成《中国保险年鉴》2022 版编辑组稿工作。

8 月 10 日，北京保险学会、北京保险行业协会召开第十届会员大会暨理事会、监事会第一次会议，顺利完成换届选举工作。会议审议通过了协会、学会《章程》及相关制度，选举产生了第十届理事、监事，选举陈志强为协会、学会会长，王平为监事长，邵艳为秘书长。

8 月 22 日，学会以通讯方式召开学会第十届理事会第二次会议，会议审议通过了建立行业定期沟通交流机制、年度重点工作等事项。

8 月 25 日，学会组织召开数据统计工作交流研讨会，对 2022 年上半年北京保险市场发展的概况进行研讨分析，听取参会人员对行业非现场数据平台运行及数据统计工作的意见和建议。

9 月，学会编辑完成 2021 卷《北京保险年鉴》电子版。

10 月 20 日，行业组织召开北京保险业清廉金融文化建设专业委员会第一次工作会议。

12 月 8 日，在中国银保监会北京监管局的指导下，由北京保险行业协会、学会主办，中华人寿保险股份有限公司北京分公司承办、对外经济贸易大学协办的“清廉金融文化进高校之对话清廉”活动成功举办。

12 月，学会召开年度学术专业委员会，就《北京保险市场发展报告 2022》《北京健康保险市场分析报告 2022》征求意见稿进行审议。

2022 年，学会联合北京保险行业协会组织全体会员单位，结合“3·15”消费者宣教、保险宣传日、防范非法集资宣传月、金融知识普及月等重要节点，开展了形式多样的保险消费者教育宣传活动。学会向保险消费者普及保险知识，发放宣传资料，做好风险防范提示，用实际行动筑牢消费者权益保护的第一道防线，构建良好的金融消费环境，推动北京保险业高质量发展。

（李春丽）

北京保险中介行业协会

组织机构与负责人

会长：陈志强

副会长：张一立（英大长安保险经纪有限公司副总经理）

叶正顺（北京联合保险经纪有限公司董事长）

罗　勇（华泰保险经纪有限公司总经理）

姜传栋（华信保险经纪有限公司党支部副书记、总经理）

杜立新（航联保险经纪有限公司总经理）

陈　鹏（国家电投集团保险经纪有限公司总经理）

张志刚（诚合保险经纪有限公司总经理）

李　铭［达信（中国）保险经纪有限公司执行董事、总经理］

闫锐锋［国能保险经纪（北京）有

限公司董事长〕

孙玉福（昆仑保险经纪股份有限公司党委书记、董事长）

李晓婧（大童保险销售服务有限公司执行副总裁）

张亚兰（中佳保险代理有限公司董事长）

刘国浩（北京国信行保险公估有限公司董事长、总经理）

监事长：张志安（江泰保险经纪股份有限公司副总裁）

秘书长：李枫

会员单位

2022 年末，北京保险中介行业协会（以下简称协会）共有会员单位 353 家。其中，保险代理公司 139 家，保险经纪公司 183 家，保险公估公司 29 家，保险公司 2 家。

2022 年，协会新增单位会员 13 家，分别是老友保险经纪有限公司、北京安家保险代理有限公司、微民保险代理有限公司北京分公司、北京致用保险代理有限公司、北京金颐保险代理有限公司、创信保险销售有限公司北京第一分公司、梧桐树保险经纪有限公司北京分公司、北京国腾众保保险经纪有限公司、汇丰保险经纪有限公司、北京汇明保险公估有限公司、天津来福泰保险代理有限公司北京分公司、太平保险经纪有限公司北京分公司、友太安保险经纪有限公司北京分公司。

联系方式

地址：北京市朝阳区安定路 35 号安华发展大厦 906 室

邮编：100029

电话：010 – 66008027

网址：www. bjbxzjxh. org. cn

电子邮箱：bjbiia@ 126. com

重要活动

1 月 21 日，协会发布《关于 2021 年度北京地区保险专业中介机构自律巡查工作的通报》，通报内容主要包括自律巡查工作情况、机构存在主要问题及合规管理提示等。

3 月，协会开展 2021 年度保险公司非金融类保险兼业代理机构合规管理履职情况评估工作。对 24 家主报告保险公司履职情况进行年度评估，其中财产险公司 19 家，人身险公司 5 家。

4 月，根据中国银保监会北京监管局关于在京非金融类保险兼业代理机构换发新版《保险中介许可证》的通知要求，协会做好兼业代理集中换证服务工作，协助北京监管局中介处完成 1 700 余家兼业代理机构的新版业务许可证换发工作。

6 月 29 日，协会组织会员公司近 500 名主要负责人和相关人员通过线上腾讯会议方式参加 2022 年第一期“清廉金融文化大讲堂”活动。

7 月，2022 年自律巡查工作启动，协会组织全体巡查员进行专题培训；对 339 家保险专业中介机构开展现场巡查。

8 月 12 日，协会向行业发布《2022 年上半年北京保险专业中介机构合规风险提示》。

8 月 15 日，协会制作推送“专业服务支持稳增长，主动创新助力保民生——北京保险专业中介机构支持实体经济发展”案例选编宣传长图。

8 月 26 日，协会组织召开“北京保险中介行业党建和清廉金融文化建设座谈会”。中国银保监会北京监管局中介监管处副处长赵继南、纪委办公室三级调研员向彬，协会会长陈志强及相关领导出席会议。会议采取线上线下相结合的方式，近400名中介机构的负责人及相关人员线上参加会议。

9月27日，协会召开第四届理事会第四次会议，344名会员代表参会。会议审议通过了年度工作报告、年度财务报告、《章程（修订草案）》，以及理事单位、理事变更事项。

9月29日，协会组织召开“北京保险中介行业服务实体经济和社会民生”新闻发布会。中国银保监会北京监管局介绍了北京保险中介市场整体概况及引领行业高质量发展的一系列监管举措；协会介绍了保险中介行业服务实体经济与社会民生的主要举措。

11月30日，协会组织会员公司近400名主要负责人及相关人员参加2022年第二期“清廉金融文化大讲堂”暨《银行保险业清廉金融文化建设与风险防控研究》课题报告会。

11月，协会组织会员公司参与行业“清廉金融文化建设月”活动，中介机构开展了清廉从业座谈、警示教育、专题培训、微视频展播、清廉文化创意作品征集等丰富多彩的活动。

（李春丽）

北京金融街商会

组织机构与负责人

理事长：陈耀先

常务副理事长：牛明奇［北京金融街投资（集团）有限公司董事长］

秘书长：沈宏昌［北京金融街投资（集团）有限公司副总经理］

会员单位

2022年末，共有会员单位303家。

联系方式

地址：北京市西城区金城坊街7号金融街公寓D座

邮编：100033

电话：66573099

网址：http：//www. bfscc. com

电子邮箱：BJJRJSH@163. com

重要活动

2022年是金融街建设与发展30周年。北京金融街商会一直致力于金融街软环境建设，重点推进30周年系列活动，全年开展各类系列活动45场，实际参与人数近2万人。商会会员总数达303家。

一、举办金融街30周年系列特色活动

上线“你好！金融街”30周年小程序平台，扩大30周年活动影响力，直接参与互动人数近1.3万人。新年文艺汇演在国家大剧院台湖舞美艺术中心成功举办；金融街第四届外语风采汇演在交通银行北京市分行隆重上演；探寻金融街健身打卡活动启动仪式在金融街广场举行；30周年摄影书画展总计收到2 209幅作品，评选出281幅获奖作品。

二、搭建业务、人才交流平台

成立北京市西城区经济与金融纠纷人民调解委员会，与西城区人民法院签署合作协议，化解金融街区域纠纷，促进金融街区域发展；邀请中银国际证券股份有限公司全球首席经济学家管涛走进金融街学术大讲堂进行直播分享；为驻区机构员工提供人才培训服务。

三、以优质、高效的务实服务近万人次

绿色医疗平台挂号近9 000人次，邀请权威医院专家走进金融街，开展3场半日义诊服务 50 余人次；为特殊需求人员提供入院通道服务；举办 10 场主题联谊活动；疫情期间组织“金融街运动达人”线上活动；开设瑜伽、摄影、编程等 20 场个人素养提升午间课程。

四、履行金融街社会责任，积极践行慈善公益活动

成立 2 间金融街爱心电教室、4 间金融街爱心体育教室、3 间“萌芽 100”爱心图书室；抗击新冠疫情，为西城区卫生健康委员会、金融街街道捐赠食品。

（李欣）

北京期货商会

组织机构与负责人

会长：王化栋（宏源期货有限公司董事长）

监事长：吴浩军（中粮期货有限公司总经理）

副会长：许丹良（方正中期期货有限公司总经理）

杨　青（银河期货有限公司总经理）

王永茂（格林大华期货有限公司总经理）

宁志和（中钢期货有限公司总经理）

王　可（中国国际期货股份有限公司副总经理）

唐启军（南华期货股份有限公司副总经理）

席　立（创元期货股份有限公司副总经理）

秘书长：曹婺青（专职）

联系方式

地址：北京市西城区右安门西街 5 号期货学院 401 室

邮编：100054

电话：010－68780550

网址：http：//www. bjqh. org

重要活动

组织党员赴焦庄户抗日战争遗址纪念馆、香山革命纪念馆等开展主题党日活动，巩固拓展党史学习教育成果。积极联动会员单位，发挥党建带动团建，在五四青年节前夕筹划组织行业青年团员到北大红楼参观学习活动。

组织开展“北京期货市场服务中小企业优秀案例发布暨交流会”，邀请部分获奖案例公司通过“线上＋线下”的方式分享利用期货及衍生品服务中小微企业的经验与体会，进一步发挥优秀案例的参考引领作用，中国证监会北京监管局领导莅临并致辞，1 100 人次在线观看。

发挥京津冀协同发展关键作用，立足期货市场更好地服务三地实体产业应对大宗商品价格波动，组织开展“稳增长、防风险，京津冀地区产业服务行”北京产业服务行活动，发挥期货市场在保供稳价中的重要作用，1 600 人次在线参与。

组织开展“践初心，聚合力，首都期货行业携手共助实体发展”交流活动，推动期货行业支持受疫情影响严重地区和行业加快恢复发展，助力北京地区期货经营机构发挥期货及衍生品避险功能，2 000余人次在线参与。

成功举办第十四届中国期货高管年会。本届年会以“法治挈领行稳致远，凝心聚力再谱华章”为主题，就贯彻落实党的二十大会议精神、《期货和衍生品法》对行业的深远影响、期货市场服务实体经济等进行了深入研讨。中国证监会期货监管部与北京监管局、中国期货业协会、中国期货市场监控中心及五家期货交易所领导出席并发表重要讲话，来自期货

公司、高等院校、律师事务所、信息技术公司、私募基金公司等机构的多位专家亲临现场分享交流，北京、上海、广东、江苏、浙江等地共计近500名期货公司高管在线参与。

商会合规自律管理委员会组织开展“促合规，谋发展，共谱首都期市新篇章”征文活动，在引导各期货公司深入思考和研究现阶段合规风控问题的同时提出建设性意见，并将征文汇集成册，供市场交流学习。

组织开展“迎接行业新篇章，把握市场新机遇”《期货和衍生品法》专题培训主题活动，来自期货行业人员及部分投资者近 2 000 人次在线观看学习，并在3·15投教活动、合规系列培训中增设期货法板块，做好新法律的宣传解读工作。

组织开展“聚焦前端业务能力，精进产业服务质量”——期货分支机构论坛2022线上培训交流活动，集中向北京分支机构负责人传达监管部门要求，促进分支机构提高合规经营意识。

按照中国证监会统一部署，组织开展3·15“明规则、识风险、理性投资壬寅年”、5·15“心系投资者·携手共行动”等多场专题投教活动，积极组织会员单位做好“股东来了”、“守住钱袋子·护好幸福家”、国家安全教育日普法宣传、防范非法集资宣传月活动，并形成专题报告。

做好期货类纠纷调解工作，全年共接到中证资本市场法律服务中心北京站转纠纷工单42件，包括居间人纠纷32件、强平类纠纷6件、交易系统类纠纷4件。受理纠纷调解的19件中，最终和解9件，和解金额共计约62.8万元。

启动并完成“大连商品交易所—中国农业大学期货人才项目”第四期、“大连商品交易所—中央民族大学期货人才项目”第四期，按照“一校一策”优化升级课程体系，进一步突出农业板块期货以及民族地区期货市场功能发挥，推动课程纳入高校必修课程，培训学生260余人。

联合中央民族大学参加“‘young’帆期海——大商所首届大学生衍生品实践大赛”，邀请银河德睿资本管理有限公司作为指导单位，共同完成《场外期权助力合益荣集团发展》案例并最终获得优胜奖。联合中央民族大学成功申请大连商品交易所课题研究项目《“保险+期货”推进规模性返贫风险防范的机制与路径研究》，主要对多金融手段叠加创新对规模性返贫风险防范的运行机制和政策实施效果进行研究并提出政策建议。

发挥大连商品交易所期货学院北京分院功能，结合北京工业大学实际情况举办“期货知识进校园”系列直播培训活动，就场外期权、基差贸易、期货分析研究等进行授课，244名学生参加学习。

参与第五届“郑商所杯”全国大学生金融模拟交易大赛，对接北京工业大学、北京科技大学和北京交通大学等多所高校，结合学校特点和需求制订宣讲计划，共有超过200名学生在线参与并参赛。

开展郑州商品交易所“第72期会员中层业务培训班”，提升北京地区期货经营机构服务实体经济水平，增强经营管理能力，共有1 600人次在线观看学习。

加强宣传平台建设，通过商会公众号转载发布各类文章320余篇，总点击量近万次。策划举办“筑梦双奥城·携手向未来”三八国际劳动妇女节专题活动。协同中国期货市场监控中心向甘家口社区寄送防非主题的投教产品，进一步做实做细行业宣传。

（何鑫）

北京市金融学会

组织机构与负责人

会长：杨伟中（中国人民银行营业管理部党委书记、行长）

监事长：王建红（中国工商银行股份有限公司北京市分行党委委员、副行长）

秘书长：林晓东（中国人民银行营业管理部金融研究处处长）

会员单位

2022年，北京市金融学会共有团体会员单位62家。

联系方式

办公地点：中国人民银行营业管理部

地址：北京市西城区月坛南街79号

邮编：100045

电话：010－68559272

重要活动

6月，邀请学会理事、国务院发展研究中心金融研究所研究员王刚作题为“从中央经济工作会议到稳住经济大盘——当前宏观经济形势与政策分析”专题讲座，围绕“完整、准确、全面贯彻新发展理念，加快构建新发展格局，坚持创新驱动发展，推动高质量发展”等内容进行了分析讲解，帮助首都金融工作者进一步把握当前宏观经济形势和经济金融规律，切实做好金融支持首都高质量发展工作。

12月，邀请KKR投资集团首席经济学家花长春博士作《2023年全球经济展望》讲座，对2023年全球经济形势进行分析预测，并回答会员单位关切的问题，与会员进行良好互动。

12月，邀请中指研究院常务副院长兼中指控股CEO黄瑜博士作《大数据预判2023年中国房地产市场趋势》主旨演讲，回顾总结2022年中国房地产市场的表现，并利用大数据预判了2023年中国房地产市场趋势。

（宋晓源）

北京市钱币学会

组织机构与负责人

会长：姜再勇（金融时报社总编辑）

监事长：温　桦（北京市支付清算协会秘书长）

秘书长：李　杰（中国人民银行营业管理部后勤服务中心处长）

会员单位

2022年末，共有个人会员300人，单位会员17个。

联系方式

办公地点：中国人民银行营业管理部四季青办公区设备楼202室

地址：北京市海淀区巨山东路99号

邮编：100093

电话：88655187

传真：88655166

电子邮箱：zhidongli@ sina. com

重要活动

一是做好北京市钱币学会（以下简称学会）日常工作，完成学会换届筹备。按照学会章程和北京市民政局的相关要求，学会于年初筹备换届工作。成立了以人民银行营业管理部副主任为组长的换届工作领导小组，及时召开学会五届九次理事会，启动学会换届工作。讨论通过了各项会议文件；落实学会法人人选；落实学会党建工作指导机构；按照社团管理部门的要求和示范文本修改学会章程。

二是加强会员队伍管理。2022 年第二季度开始陆续对会员换发新版会员证，拟通过对会员重新登记，达到精简和优化会员队伍的目的。本着促进学术、藏研结合，知识化、年轻化的原则，使会员规模保持在 300 人左右。

三是开展相关展览与宣传活动。4 月，学会与人民银行营业管理部、中国农业银行北京市分行、北京市公安局共同主办主题为“学雷锋，办实事，现金服务在身边”反假货币宣传活动，赴北京市石景山区为郊区群众发放反假币宣传材料，宣讲政策法规，讲解人民币辨伪知识，指导亲身体验数字人民币的开通和使用。

受新冠疫情的影响，学会减少线下钱币专题讲座和展览。为在疫情形势下与会员的联系不中断、为会员的服务不停止，利用微信、微博、快手等平台和手段坚持与会员交流，全年在会员微信群中刊发学会会员原创的钱币研究文章 90 余篇。

7 月与 8 月，学会秘书处分别组织会员参观国家博物馆《薪火赓续——罗伯昭捐赠展》和“北京国际钱币展销会”。

四是组织推动钱币研究工作，支持会员出版钱币专著。1 月，学会会员、外币收藏家张绍龙先生多年的研究成果《朝鲜现代纪念币标准目录》（第二版）出版。12 月，学会会员、民俗钱币专家童骋先生《花泉涌菁——从花钱看中国传统民俗》一书出版。学会为相关作者在文献资料、实物拣选和出版发售等方面提供帮助，委派专家为书籍题词作序，为会员的研究成果进行宣传和推广。

年初，学会受北京市社科联委托拍摄制作了介绍学会工作内容和经验的短片《小钱币，大学问》，组织 4 名专家为短片撰稿并出镜讲授。短片在北京市委组织部干教网、今日头条、社科联官网、抖音、歌华有限、北京电视台《怎么看》节目等各平台陆续推出，产生了一定的影响。

（李志东）

中国金融工会北京工作委员会

组织机构与负责人

主任：倪卫东

副主任兼办公室主任：刘培菁

兼职副主任：王建红（中国工商银行股份有限公司北京市分行党委委员、副行长）

洪英子（中国农业银行股份有限公司北京市分行党委委员、副行长、工会主席）

胡　嘉（中国信达资产管理股份有限公司北京市分公司党委委员、总经理助理、工会副主席）

刘亚鹏（太平财产保险有限公司北京分公司工会主席）

徐　闻（北京市金融工会主席）

会员单位

2022 年末，共有会员单位 37 家，会员 9 万余人。

联系方式

地址：北京市西城区金融大街 20 号交通银行大厦 B 座

邮编：100033

电话：010－58391721

传真：010－58391880

邮箱：bj_ jrgh@163. com

重要活动

1～2 月，开展“两节送温暖”活动，拨款 48 万元帮扶近 200 名病困职工。

3～9 月，继续开展女职工关爱专项工作。向 31 名单亲特困女职工发放帮扶金，并调拨专款支持中国工商银行北京市分行、中国银行北京市分行等 14 家单位建设母婴关爱室，支持中国工商银行北京珠市口支行、中国光大银行北京丰台支行、中国人民财产保险股份有限公司北京市大兴支公司建设“女职工关爱室”。

7～10 月，继续拨付专项资金支持 7 家会员单位基层工会共建“职工之家”，拨付专款用于改善基层职工工作、就餐环境或增添职工康体设施。深入共建单位与基层职工面对面交流，不断促进职工服务工作向基层一线延伸。

9 月，举办“中国梦　劳动美　金融情——喜迎二十大　建功新时代”北京金融职工演讲选拔赛。来自北京金融系统的 13 名一线职工参加本次比赛，经过激烈角逐、层层选拔，最终评选出一等奖 1 名、二等奖 2 名、三等奖 3 名，推荐一等奖选手参加全国金融职工演讲预决赛并获得入围奖。用职工故事诠释和宣讲党的十九大精神、劳动精神和中国梦，用优异成绩为党的二十大献礼。

7～12 月，开展 2022 年全国金融五一劳动奖、金融先锋号评选推报工作，最终评选推荐 5 家单位（集体）和 9 名个人获得全国金融五一劳动奖和金融先锋号荣誉称号。

10～12 月，与心理咨询公司合作，启动对会员单位心理关爱系列活动，在关心关爱金融职工心理及健康方面充分发挥工会作用。首先，为了解北京金融系统会员单位员工帮助计划（EPA）使用情况及具体需求，以便为会员单位提供更有针对性的服务，向会员单位工会负责人发放《EPA 员工关爱调查问卷》，并形成调查报告。其次，为帮助金融系统员工更好地了解自身心理状况，进一步提升对会员单位的心理健康服务水平，向各会员单位发放《北京金融职工心理问卷调查工作》。最后，疫情期间，邀请心理健康专家为会员单位 3 000 余名职工举办“关注身心健康，塑造活力自我”在线讲座。

6～12 月，持续扎实推进北京金融业集体协商工作不断取得新成效，按照协商工作程序和要求完成 2022 年度北京银行业集体合同和工资专项集体合同续签工作，合同文本在高级专业人才和技能人才待遇、职工心理健康关爱维护、女职工特殊保护、疫情期间劳动保护等方面进行了增修，同时针对“正常劳动”“工资分配情况公开”等进一步明确了范围和实质含义，进一步形成以解决职工关心的突出问题为核心、以实现劳动关系双方互利共赢为目标的协商良好局面。

12 月，按照中国金融体育协会相关工作安排，组织北京金融职工积极参与“喜迎二十大”金融职工扑克牌系列比赛和围棋比赛，体现健康向上的精神风貌。

（杨香玉）

北京市金融工会

组织机构与负责人

主席：徐　闻

副主席：张　瑜

副主席：鞠万春

兼职副主席：郝　刚（北京市地方金融监督管理局副局长）

兼职副主席：倪卫东（中国金融工

会北京工作委员会主任）

兼职副主席：王　颖（北京银行股份有限公司总行机构副总经理）

会员单位

2022 年末，共有会员单位 58 家，会员 138 726 人。其中，中央在京工会组织 16 家，市属工会组织 24 家，外埠在京工会组织（单位）18 家。

联系方式

地址：北京市通州区运河东大街 56 号院 7 号楼

邮编：101160

电话：010－55564820

邮箱：jrgh@ bjzgh. org

重要活动

1～3 月，北京市金融工会组织系统内各工会开展劳动模范慰问活动，根据全国总工会关于做好劳模专项补助资金发放工作的有关要求，结合两节“送温暖”活动多形式、多举措对系统内劳模开展慰问关怀活动。

1～12 月，北京市金融工会进一步加强职工之家、心灵驿站、暖心驿站建设工作，为表彰先进和树立典型，授予中国工商银行股份有限公司北京和平里支行工会委员会等 10 个集体“北京市金融系统先进职工之家”称号；授予中国农业银行股份有限公司北京万寿路支行工会委员会铁道支行工会小组等 8 个集体“北京市金融系统先进职工小家”称号；授予袁京生等 20 名同志“北京市金融系统优秀工会工作者”称号。选树北京银行股份有限公司长辛店支行职工心灵驿站、北京人寿保险股份有限公司职工心灵驿站、中国工商银行股份有限公司北京市翠微路支行职工心灵驿站、中国光大银行北京望京西支行职工心灵驿站、中国人民财产保险股份有限公司北京市海淀支公司职工心灵驿站为“北京市金融工会职工心灵驿站”。经北京市金融工会推荐，中国银行股份有限公司北京崇文支行户外劳动者暖心驿站、中国建设银行股份有限公司北京兴融支行暖心驿站、北京银行股份有限公司北京分行房山支行暖心驿站、华夏银行股份有限公司北京石景山支行工会户外劳动者暖心驿站、中国工商银行股份有限公司北京九龙山支行营业室暖心驿站被全国总工会命名为“最美工会户外劳动者服务站点”。

2～6 月，北京市金融工会为喜迎党的二十大、建功“十四五”，营造浓厚文化氛围，决定开展以“绘金融新篇　展奋进力量”为主题的金融系统职工书画摄影手工艺品展，28 家单位 162 件作品参展。

4～9 月，为大力弘扬劳模精神、劳动精神、工匠精神，北京市金融工会开展首届“北京金融工匠”选树活动，经过基层推荐、材料审核、专家组综合评审等环节，北京市金融工会决定授予苏晓兵等 10 人“北京金融工匠”称号。

5～12 月，北京市金融工会对金融系统工会干部进行培训，以工会工作为核心设立职工维权、工会组织建设、经费使用、工会宣传等专项课程，400 余名工会干部参加培训，进一步增强了服务职工能力。

8 月，北京市金融工会举办第七届“金”生有缘单身联谊活动，为系统内单身职工搭建相识相知、交流沟通的平台，300 余名职工参加了活动，50 余对男女员工表示有进一步交流愿望。

9 月 16 日，北京市金融工会在虎坊桥职工服务中心召开三届二次委员全会暨首届“北京金融工匠”经验交流会，对第三届委员会委员、经审委员进行届中调整，选举并替补市地方金融监督管理局党组成员、副局长郝刚为兼职副主席，原兼职副主席杨志红（市地方金融监督管理局行政审批处处长、二级巡视员）已经退休。"北京金融工匠"苏晓兵等3人在会上交流经验，北京市金融工会主席徐闻作大会报告。

3～12月，对系统内职工开展疫情防控慰问、送清凉送温暖慰问，累计发放慰问金158万元。

10～12月，为深入学习贯彻党的二十大精神，充分认识学习宣传贯彻党的二十大精神的重大意义，全面准确学习领会党的二十大精神，开展专题宣讲、培训、健步走等活动，在系统内营造良好学习氛围，千余名职工参与主题活动。

10～12月，北京市金融工会联合中国金融工会北京工作委员会开展北京银行业集体协商工作，根据新政策、新形势和市总要求，完成2023—2025年度《北京银行业集体合同》和2023年度《北京银行业工资专项集体协商合同》征求意见稿，意见稿内容在往年基础上增加技能人才薪酬制度、特殊岗位约定保密制度、员工心理健康关爱等相关条款，同时修订以往合同内容表述，做到规范统一。本次合同签订后，将覆盖北京地区31家银行企业、10万余名员工，为企业独立开展协商提供了依据与标准。

11～12月，根据市总工会整体工作部署，推进北京市金融系统"职工创新工作室"创建活动，经过单位申报、材料评审、综合评定等程序，北京市金融工会命名华夏银行股份有限公司"吕齐创新工作室"、中国邮政储蓄银行股份有限公司北京分行"秦闯劳模（工匠）创新工作室"、渤海银行股份有限公司北京分行"周传江银行数字风控创新实验室"、中国民生银行股份有限公司北京分行"王晖反洗钱创新工作室"、中国人寿保险股份有限公司"北京市分公司'薪火相传'高秋菊劳模创新工作室"5个工作室为"北京市金融工会职工创新工作室"。

（李宗烨）

（四）2022年度北京市金融系统先进集体、先进个人名录

2022年"全国金融五一劳动奖状"获得集体

（中国金融工会全国委员会　金工发〔2022〕10号　2022年12月30日）

中国建设银行股份有限公司北京市分行营业部

中国工商银行北京海淀西区支行

中国光大银行北京亦庄支行

2022年“全国金融五一劳动奖章”获得者

（中国金融工会全国委员会　金工发〔2022〕10号　2022年12月30日）

刘　欣（女）　中国人民银行营业管理部办公室（党委办公室）　副主任
吴　韬　中国工商银行北京市分行结算与现金管理部　科长
李佳慧（女）　中国农业银行股份有限公司北京万寿路支行综合管理部　经理
徐　峰　中国银行北京市分行信息科技部系统维护团队　副主管
费　霞（女）　中国建设银行股份有限公司北京市分行大兴支行　行长
李　捷（女）　交通银行股份有限公司北京市分行党委组织部部长、人力资源部总经理
王海斌　中国光大银行北京分行托管业务中心　总经理
王浩崧（满族）招商银行北京分行运营管理部运营中心外汇作业室　员工
常建龙　中国民生银行北京分行运营管理部　职员
虞　铮　中国人民财产保险股份有限公司北京市分公司国际业务营业部副总经理
贾丽艳（女）　中国银行北京角门支行　派驻业务经理
李　娜（女）　中国农业银行北京姚家园支行　个人客户经理
王　昕　中国人民财产保险股份有限公司北京市分公司特殊风险营业部总经理
吴　迪　中国建设银行北京城市建设开发专业支行　副行长
杨　玲（女）　中国进出口银行北京分行营业部　主任
齐　松　中国平安人寿保险股份有限公司北京分公司　副总经理
李晨萌（女）　北京人寿保险股份有限公司北京分公司　员工
毕　铮　中国华融资产管理股份有限公司北京市分公司　高级经理
杨　波（女）　中国人寿保险股份有限公司北京市分公司　第一收展区部总经理

2022年“全国金融先锋号”获得集体

（中国金融工会全国委员会　金工发〔2022〕10号　2022年12月30日）

中国工商银行股份有限公司北京分行个人金融业务部
交通银行股份有限公司北京西单支行营业室
中国民生银行股份有限公司北京分行运营管理部
中国平安财产保险股份有限公司北京分公司消费者权益保护部

（以上先进名录由中国金融工会北京工作委员会提供）

北京市金融系统先进职工之家、职工小家和优秀工会工作者名单

京金工发〔2022〕16 号

“北京市金融系统先进职工之家”获得集体（共 10 个）

中国工商银行股份有限公司北京和平里支行工会委员会
中国银行股份有限公司北京首都机场支行基层工会委员会
交通银行股份有限公司北京天坛支行工会委员会
北京银行股份有限公司西单管辖行工会
北京农商银行股份有限公司昌平支行工会
华夏人寿保险股份有限公司工会委员会
泰康养老保险股份有限公司工会委员会
新华人寿保险股份有限公司河南分公司工会委员会
首都信息发展股份有限公司工会
渤海银行股份有限公司北京分行工会

“北京市金融系统先进职工小家”获得集体（共 8 个）

中国农业银行股份有限公司北京万寿路支行工会委员会铁道支行工会小组
中国建设银行股份有限公司北京朝阳支行营业部工会
中国邮政储蓄银行股份有限公司北京西城区广安门支行工会
华夏银行股份有限公司北京分行营业部工会小组
华泰人寿保险股份有限公司浙江分公司工会委员会
北京银联商务有限公司工会委员会大兴业务部工会小组
杭州银行股份有限公司北京朝阳支行工会小组
厦门国际银行北京分行工会北京西城支行工会小组

“北京市金融系统优秀工会工作者”获得者（共 20 人）

袁京生　中信银行股份有限公司北京分行群工部专员
冯　松　中国光大银行股份有限公司北京分行工会委员会委员
李计山　招商银行股份有限公司北京首体支行兼职工会干事
高清洋　中国民生银行北京阜成门支行工会小组负责人
孙晓祺　中国进出口银行北京分行工会经审委员
马文辉　中国邮政储蓄银行股份有限公司北京分行工会干事
张　骊　中国人民财产保险股份有限公司北京市分公司理赔部工会主席
王健宁　北京银行股份有限公司城市副中心分行工会主席
王京京　北京农商银行股份有限公司工会干事
王燕南　华夏银行股份有限公司总行机关工会干事
陈　莉　新华人寿保险股份有限公司工会经审委员
文　忠　泰康养老保险股份有限公司工会副主席

王　晔　华泰保险集团股份有限公司工会出纳
刘云霞　北京北奥集团有限责任公司工会委员
王　暄　北京银联商务有限公司工会委员
鲍思明　渤海银行股份有限公司北京分行工会干事
崔　洪　天津银行股份有限公司北京分行工会委员会
王春红　广发银行股份有限公司北京分行工会财务专员
黄华新　平安银行股份有限公司北京分行工会主席
绳　菲　杭州银行股份有限公司工会委员会北京分行工会委员

（以上先进名录由中国金融工会北京工作委员会提供）

中国人民银行先进集体

（人力资源和社会保障部　中国人民银行　人社部发〔2022〕84号　2022年12月6日）

中国人民银行营业管理部金融稳定处

中国人民银行先进工作者

（人力资源和社会保障部　中国人民银行　人社部发〔2022〕84号　2022年12月6日）

王　涵（女）　中国人民银行中关村国家自主创新示范区中心支行　党委委员、副行长

2021—2022年度中国人民银行女职工文明示范岗

（中国人民银行工会工作委员会　银工委〔2023〕4号，2023年2月23日）

中国人民银行营业管理部法律事务处（金融消费权益保护处）

2021—2022年度中国人民银行巾帼建功标兵

（中国人民银行工会工作委员会　银工委〔2023〕4号　2023年2月23日）

赵理想　中国人民银行营业管理部人事处（党委组织部）

（以上先进名录由中国人民银行营业管理部提供）